真宗教団史の基礎的研究

織田顕信著

法藏館

随喜の序

同朋大学名誉教授　池田勇諦

今回、同朋大学名誉教授・織田顕信学兄が、多年にわたる専攻分野（真宗史・仏教史学）の研究成果を集大成して公刊されることになった。鶴首していた一人として、まことに随喜にたえない。そうした貴重な本書に小生のごとき専攻分野を異にするものが、序文などとても書けないし、またそれは僭越なことと重々承知しつつも、学兄との長年におよぶ親交から、辞退もならず駄文を記すこととなった。その点ひとえにご諒恕を賜りたい。

学兄が今日まで学問的信念とされてきたことは、同朋大学の学祖・住田智見先生の学風の翼讃であった。住田先生は真宗近代の碩学であり、その真宗学は伝統の宗学に立ちつつ、「学」の近代化に眼を向け、史学や書誌学の研究を尊重される学風であった。学兄はつねに「自分は真宗学ではないが、史学の専攻をとおして学祖の学風を母校に継承していきたい」と言い続けてこられた。

惟えば学祖の学風は、すでに教学と史学の対話を進められたものであったと言えよう。教学と史学の対話は大枠的に言えば、解学と行学の関係とも言える。教学が思想的研究であるのに対し、史学は状況的研究と言えようか。事実、教学と言っても、いつか・どこか・誰かとしてなされるものであるかぎり、それはそのまま状況として史学の領域性をもつものである。その意味で史学の扱う状況的研究の思想的意義づけ（史観）を教学論の一つの意味とすれば、その教学論の重さに比例して史学の歴史的検証のもつ説得力がいかに尊重されねばならぬかは言うを俟たない。

学兄のそうした学祖の学風理解は、いまはいずれも故人となられた藤島達朗先生（大谷大学）・小串侍先生（同朋大学）の膝下で培われてきたものであった。ここに収められている成果は学兄がライフ・ワークとされる真宗教団史の基礎的研究の諸問題を主軸とするものである。それだけに中でも初期の真宗三河門流の研究には、はやくから定評のあるところである。

その点、学兄の多年にわたる地道な研究の積み重ねと不離の関係にある二つのことを、是非ここで記しておきたい。一つは、同朋大学の図書館についてである。学兄が就任された当時の図書館は木造校舎の中の一室、まったく図書室でしかなかった。それを大学の図書館として一から整備充実化に取り組まれた。さらに名古屋音楽大・名古屋造形大の併設に伴う合同図書館造りにも参画され、献身的な努力を惜しまれなかった。今日の機械化され、かつ快適な環境にある図書館を見るにつけ、学兄の礎が思われてならない。もう一つは同朋大学仏教文化研究所についてである。現在、同研究所の歴史研究分野での高い評価も、学兄を中心とした多年におよぶ〝足による研究〟資料蒐集の蓄積が、その下敷となっていることを忘れることができない。

共に母校に職を奉じて歩んできた四十年有余、学兄について何か一言をと求められれば、すかさず〝本の虫〟、そう申し上げたい。その点で実に生き字引の人である。今日まで多くを教えられたことも、すべてその点からのものであり、感謝のほかはない。

一言蕪辞を列ねて、出版のおよろこびとさせていただくばかりである。

二〇〇八年四月十五日

真宗教団史の基礎的研究　目次

第三部　三河真宗史の研究

第四部　近世・近代東本願寺史の諸研究

真宗教団史の基礎的研究

第一部　初期真宗史の研究

三河国初期真宗教団門流考
――特に荒木門徒を中心として――

はじめに

今日の真宗史研究において、教団史の研究は特に注目を浴び、その研究分野において占める割合は実に大きい。この研究の一つの目的は、真宗興隆以来、今日に至るまで、各時代の流れの中にあっていかに教法弘宣せしめ、いかに教団が生き抜いて、今日に至っているかをみることである。今日の真宗において、今後の教団の在り方を思考する上で、欠くことのできない研究分野なのである。

このような視座から教団史をみるとき、重要なことの一つは、各時代の流れの中にあって、教団と社会とがいかなる関係にあったかを知ることである。この点について本章では、教団の中で重要な地位にある三河門徒を例として述べていくことにする。特に三河門徒の中にあって、特異な存在をもって知られている荒木門徒を中心に検討する。

三河における荒木門徒は、他の平田、和田両門徒のように三河において発生したものではない。その発祥の地は遠く武蔵国荒木（埼玉県行田市）にあって、荒木門徒の発展とともに伝播地域が拡大し、三河の地にもそれが伝えられるに至ったことは、興味深い問題を投げかけているようである。しかし、三河門徒の中でも、平田、和田両門徒については、早くから注目され、かつ研究も相当進んでいるものの、荒木門徒の研究についてはあまり進捗していないのが現状である。そこで、三河における荒木門徒について検討していくのであるが、まずはその背景となる三河真宗のはじまりについて触れておきたい。

浄土真宗が現在の愛知県の東部に位置する三河の地に伝えられた年代について、古くから広く伝えられてきた伝説によれば、親鸞が、関東より帰洛する途次、沿道の各所に立ち寄り教化したことによるという。このような伝説は当地方ばかりではなく、各地に伝えられてきてはいるが、今日これを史実とすることは難しいとされている。ところで、親鸞の帰洛はいつ頃であったのであろうか。この問題に関しては、これまでに種々の学説があって確たる定説はない。ここに一説を掲げるならば、宮崎円遵氏は親鸞六十歳から六十二歳頃ではないかと推定している。[1]参考までに三河各地に伝えられてきた年次を記してみると、もっとも古い年次を伝えているのは、親鸞五十六歳の安貞二年（一二二八）説[2]があり、その後、貞永、天福、文暦、嘉禎二年（一二三六）に至る六説がある。もっとも多く伝えられているのは貞永元年（一二三二）と嘉禎二年の二説で、いずれも史証があるわけではないが、前述の宮崎氏の説と大体一致するということは留意すべきであろう。

さて、三河に真宗が伝えられたことを伝える最初の記録としては、佐々木上宮寺（岡崎市上佐々木町）に所蔵されている『三河念仏相承日記』[3]がある。この書によれば、三河に真宗が伝えられたのは、親鸞帰洛の際ではない。親鸞帰洛を前説に従って六十歳頃から六十二歳頃の間とすれば、すでに帰洛後二十有余年を経た建長八年（一二五六）十月十三日に当国矢作の薬師寺において、真仏をはじめとして顕智、専信等一行四名が帰洛した親鸞を訪ねて上洛の途次ここに立寄り、念仏を始めたことを記している。このことは注目に値するもので、鎌倉時代に発生した新たな仏教の中で、かなり早くに三河の地に伝えられたのが真宗であったといえるのである。

このように三河に伝えられた真宗は、その後、いかなる発展をしていったのであろうか。山上正尊氏[4]と日下無倫氏[5]の研究を参照しつつ、再検討してみたい。

まず、『相承日記』によってその概況を記してみると、建長八年（一二五六）の暮れには、真仏の命によって、顕智は和田の円善の下に滞在し、その翌々年の正嘉二年（一二五八）に帰国したが、その間、三河の地にあって教化活動をしたという。当地方において、顕智の教化を受け、念仏に帰依した人々の数は、その名の知られているだけでも三十有余名となる。なかでも庄司太郎は早くも正嘉元年（一二五七）には平田に道場を構え、その後、円善の嫡子信願房も赤渋地内に道場を建立し、いよいよ三河の地に念仏隆盛への萌芽を見ることができるようになったのである。このように三河の初期真宗教団における顕智の功績は偉大なるものがあり、三河での教化を終えて下野国高田（栃木県芳賀郡二宮町）に帰った後においても、当地方からは顕智を慕って関東に発向した者も数多くあったことが『相承日記』には記されている。なかでも和田の教円坊の兄、性善坊は正安三年（一三〇一）には高田におもむいて、そのまま高田にとどまって没している。さらに延慶三年（一三一〇）の顕智没後も、その徳を慕って、高田に参詣することは絶えることなく続いており、和田門徒の中でも錚々たる門弟の一人であった信寂のごときは、夫妻共に高田参詣におもむいているくらいである。彼の妻と推測される尼性空坊にあっては、自坊に顕智の御影を安置するまでに至っている。

三河門徒のこのような高田崇敬の念は、大谷廟堂（後の本願寺）に対してもかわるところなく向けられていた。すなわち、唯善事件、覚如・存覚父子の義絶事件など、ことあるごとにその解決に尽力し、また覚如自身、再三、三河に下向しており、三河門徒が大谷廟堂とも親密なる関係にあったことが認められる。

しかし、一方ではこのような三河門徒から、円善の弟子如導が出ている。如導は後に越前大町におもむき彼地において応長元年（一三一一）には一宗の根本聖典である『教行信証』六巻を覚如から伝授されているにもかかわらず、その後本願寺側から「秘事法門」とされる教えを唱え、一線を画したのであった。

また、親鸞昵近の孫弟子専信門下は安城に居を構え、たびたび上洛していたことが『存覚袖日記』[6]などにより知られる。大いに本廟護持の念も厚かったことが想像されるが、専信の一派は後に三河においてはあまり発展せず、むしろ尾張の地にあって大いに発展していったことが、大野の光明寺（愛知県常滑市）、成岩の無量寿寺（愛知県半田市）などの動向から知られるのである。

第一節　荒木門徒の発祥とその伝播

一、源海伝について

荒木門徒の祖源海については、周知のように関東六老僧の一人として古来著名であるが、源海の伝記については、彼があまりにも著名な人物であったために、後世に至って多く潤色されており、確かな伝記を究明することは至難である。ただし、遺跡寺院など各所に断片的ではあるが記録が残されていることにより、その一端を明らかにすることはできる。

源海について記されたもっとも古い記録は、『存覚一期記』延文二年（一三五七）三月七日条ならびに康安元年（一三六一）四月条である。[7]すなわち延文二年三月七日条には「空暹上洛、源海一期行状、可記講式由、致望之間、在京四五日之間、草書畢」とある。源海在世中最後の史料である門弟連判状の出された正安四年（一三〇二）よりわずかに五十五年を経た延文二年には、源海の行状が講式に著わされているのであり、源海滅後いくばくも経ずして、その伝記が成立していたことを物語るものである。さらに康安元年四月、存覚は同書に筆を加えて願主空暹に手渡し、「前後両本依時可用」としている。このことから、内容は大同小異とみられるが、すでに二本が成立していたことも知られるのである。翌年、存覚が記した『浄典目録』[8]には「謝徳講式　依荒木満福寺住持空暹所望草之」と、延文二年の草稿本、または康安元年改稿本のいずれとも決しかねるが、確かに記されている。

残念ながら今日では両書ともに伝えられていないのであるが、さらに後世の述作ではあるものの比較的古くから伝えられているものに、『源海因縁』と呼ばれている一書が現存している。[9]本書の成立は、『浄典目録』成立より一五六年後の永正十七年（一五二〇）、実悟により輯録された『聖教目録聞書』の中に「親鸞聖人御因縁並真仏源海事　一巻」と記されているから、室町時代末期には成立していたことが知られる。その内容においては、あまり信頼し得るものではなく、当時巷間に伝えられていた伝説を収録されたものとうかがわれるが、前述の『謝徳講式』[10]二本が現存しない今日においては、他の有力な史料と矛盾しない限り、一応信拠すべき史料ということができる。

この源海の伝記については、日下無倫氏の論文[11]に全般的に述べられているので、ここでは、その主要な問題点のみ掲げていくことにしたい。『源海因縁』によれば、二子の死別を出家の動機として、その後真仏の門に入ったことを記しているが、その一方で本願寺文書[12]に出るところの真仏系譜によれば、

高田真仏　　チャクシ結城西宮信性
信性弟子　　武蔵アラキ　　源海
源海弟子　　アサフ　　　　了海云々

と記され、源海を真仏の嫡子信性の弟子としている。また結城の称名寺文書によれば、[13]

真仏（高田専修寺）――顕智（号専修寺、真壁之子也、真仏之婿也）――専空
　　――信証（真仏之子也、朝光之婿也）――源海（荒木満福寺）
　　――性空

とあって、源海は真仏の孫弟、顕智の弟子とする。この次第を伝えている文献は他に、『三河東泉記』ならびに光瀬寺乗恩の記した『二十四輩名位』がある。いずれも江戸時代の文献にして、称名寺文書、本願寺文書に比較して史料的価値は劣っているが、源海の法脈について前述のように諸説あるわけである。

この問題に関する限り史料として取るべきは『親鸞聖人門侶交名帳[14]』の諸本ならびに種々の光明本尊、高僧連座像と考える。このうち『交名帳』の中には多少問題を含んでいる箇所もあるが、これは後世の改ざんの部分であるからさして問題となすべきものでもない。これらの史料による限り、源海は真仏の附弟であることを疑うべきでない。

このように真仏の附弟であるとして、真仏の入寂は中沢見明氏の研究によれば、[15]正嘉二年の入寂であり、親鸞在世中であったから、源海が親鸞面授の弟子であるかないかについてもすでに論議されていて、両説ともにある。この問題については明確に決定するだけの史料がないが、源海の教団内における地位を考察することがこの問題を解く足がかりになると言えよう。

源海の教団内部における立場をもっとも具体的に示している史料には『交名帳』諸本、光明本尊、高僧連座像な

どのほかに本願寺文書の中に二通、現存していることは前述の通りである。⑯本願寺文書の一通は弘安三年（一二八〇）十一月十一日付の文書である。親鸞滅後十九年目、文永九年（一二七二）の大谷廟堂創立より九年目に相当し、関東教団にあっては親鸞帰洛後、すでに五十有余年も経ており、親鸞の教化に浴した者が年々減少の一途をたどりつつあった状況は否めない。そのような時代にあって、この弘安三年の文書に連署している、信海すなわち順信、高田の顕智、光信すなわち荒木の源海の三名は、文書の内容より、念仏衆を統率する立場にあったことは注意すべきである。この三名の中、順信、顕智は明らかに面授の弟子であったが、この文書冒頭に「御念仏衆之中に令申候、抑国々故上人之門徒人々」とある言葉の使い方、またこの文書の内容から推察すると、これら三名ともに面授の弟子であったと思われる。他の一通は、親鸞滅後四十年の正安四年（一三〇二）四月八日付の文書で、唯善事件に絡んで、当時留守職にあった覚恵はその自責感より、自己の留守職進退につき、門弟に意見を求めたのに対し、その儀に及ばずとして、覚恵の留守職を承認したことを記した文書である。署名者は鹿島の順信の弟子順性を筆頭に、鹿島門徒がその大半を占めているが、十二番目に光信（源海房号）を見出すことができ、ここにも門弟代表者の一人として記されていることが知られる。

以上、源海伝の問題点について論述してきたが、源海は親鸞面授の弟子であり、門弟代表者の一人であったことがうかがわれる。

二、荒木門徒の関東における門弟を中心とする展開

荒木門徒の祖源海についてはすでに論述してきた通りであるが、前述のような教団内における地位を背景として荒木門徒は如何なる方向へと展開していったのであろうか。

以下、子弟関係を中心としてその伝播の系路をたどってみよう。この展開をみることは、三河地方へ如何なる系路をたどって荒木門徒が伝播してきたかをみる重要な手がかりともなるから、できうる限り詳述しておきたい。

荒木門徒は、真宗教団内部においてもっとも発展した門徒の一つとして後にその名をとどめているが、この荒木門徒は発展過程において、少なくともその初期において、二期に区別することができる。すなわち源海によって荒木門徒が形成され、その門徒の中心が了源によって完全に関西に移り仏光寺門徒を形成するに至る第一期、それ以後を第二期とすることができる。ここでは三河における荒木門徒の展開が課題であるから、第一期を中心に述べることになる。

荒木門徒の発展について、まず『交名帳』諸本によって考察する。この『交名帳』は現在までに九種発見されているが、その中でもっとも古い時代に成立したと思われるものは、三河の桑子妙源寺（岡崎市大和町）に所蔵されている一本である。奥書によればすでに康永三年（一三四四）十月二十一日に書写されているから、その成立年代も康永三年以前であることは明らかであるが、現存のものは、やや時代の降った頃の書写になるものと推定されている。

妙源寺本『交名帳』には、光信すなわち源海の弟子としては、直弟三人、孫弟一人を記しているのに過ぎない。しかし、この妙源寺本の書写された康永三年より四年後の貞和三年（一三四七）七月五日の書写本である光薗院（京都仏光寺山内）本『交名帳』は、源海門下について特に詳しく、仏光寺系統の人々の手によって成立したことが知られる。この光薗院本系統の『交名帳』は他にも滋賀県津里光照寺本、同じく今川光台寺、樋口明照寺本などがあるが、この中でもっともよく用いられる光薗院本ならびに光照寺本によれば、源海の直弟のみでも「寂信、光念、証信、智信、光専、唯性、光善、願信、覚念、唯仏、信証、覚性、信明、光乗、円智、願明、顕性、覚善、光善、教仏、証信、覚願、円密、覚明、光寂、光専、証円、自余門弟略之」とあって、名を明らかにしているものだけでも二十七名の多きに及んでいる。これらの門弟の地理的分布についてみるに、他の鹿島門徒、高田門徒と同様極めて分布地域も広いのであるが、やはり中心道場の存在する地域に集中的に分布していることを認めることができる。

すなわち、荒木門徒においては、その祖源海が武蔵国荒木に居住していたため、同門下にあって当国に居住する者多きに至っているのは当然であり、また荒木を中心としていたことから武蔵国東部に多い。小松川の教仏、寺島の覚願、篠崎の覚明などがそれであり、さらに近隣諸国にあっては、下野国国府の信明、同国足利の証信、相模国大庭の光寂などがいた。遠隔地としては伊達野辺の唯性がある。ちなみに伊達は『存覚一期記』によれば、伊達門徒の了専、了意の父子の居住地であったことも知られる。また仙台には願信、善覚のいたことなどが挙げられる。

このように源海には多数の門下のあったことが知られ、この中には源海に継ぐ有力な門弟も多く存在していた。なかでも麻布の願明了海は、門下のうち、もっとも繁盛した一人で、後世この門下を麻布門徒と称するに至っている。了海の弟子も多くは、師の源海によって開拓された武蔵国東部に多い。地下の麻布に性智、了智があり、小石川の智教、港の教忍、上野の覚念、湯島の教智がその代表的な門弟であり、その他近隣の鎌倉には了海の弟子の中でももっとも有力な門弟であった願念すなわち誓海が甘縄に住し、元弘元年（一三三一）二月十一日、存覚も当地を来訪し寄宿したことが『存覚一期記』に見えている。

この誓海の弟子に了円すなわち明光が出たが、明光の弟子は多く鎌倉の在住者であった。すなわち明光の弟子で鎌倉在住者としては、彼の子息「慈源ザイモクザ」を始めとして了覚、了観、了性、了明、願誓、円道の七名を見ることができる。了

武蔵之荒木住
光信
　願明
　顕性
　寂信　道空
自余弟略図

妙源寺本『交名帳』

円すなわち明光自身は、後に備後国山南の地に居を転じて、一宇を建立し、光照寺と号した。当寺を中心として山南門徒を形成するに至ったことが宝田院、光照寺所蔵の絵系図によって知ることができる。明光の門下に空性房了源があり、了源は山科に興正寺（後に仏光寺と改号）を建立し、当寺を中心として活躍していた。彼の門人は多く洛中を中心に関西地方一円に分布している一方、他の地域においてはあまり見られない。この事実は『交名帳』諸本のみならず、絵系図諸本、光明本尊、連座の御影によっても立証することができる。

このように荒木門徒の中心勢力であった荒木源海から麻布の願明了海、鎌倉の願念誓海、了円明光、了源と次第して、最後には、荒木門徒の中心勢力は荒木から麻布、甘縄を経て関東より関西へと移動し、新しく仏光寺門徒、山南門徒として関西一円にその展開を示すに至ったのである。

次に源海の弟子の中にあって了海について有力な門弟として寂信がある。寂信の居住地についてはいずれの『交名帳』にも記されていないが、その門下の居住地をみることによって推察することができる。この寂信の系統は三河における荒木門徒の発展系路を知る唯一の史料であるから、これについては詳述しておきたいと思う。

寂信の門弟には道空、寂円、明善、明信、信寂、空性、寂明、善明の八名を『交名帳』に載せている中で、居住地の明記されているのは、遠江国の空性、善明、三河国の寂明の三名に過ぎない。他の五名の中、寂円については次のような史料によって同一人物なることがほぼ明らかとなり得る。すなわち『存覚一期記』元応元年（一三一九）の条に見える飯田の寂円坊道源がそれである。

寂円房道源には弟子として信州の善教のあった事が『一期記』元応元年の条に見え、寂円の後継者と思われるものに、同じ『一期記』の康永三年（一三四四）の条に飯田の頓妙が見えているから、おそらく寂円はこの地の居住者であったと推定して大過はないであろう。しかしながら現在遺跡と思われるものはなく、ただ飯田市内に現存する善勝寺の寺伝が源海と関係づけているにすぎない。すなわち『山都飯田』[17]が当寺の寺伝を紹介して「嘉禄二年源海和尚相模国倉田村に創始、水竜山長延寺と称し後永正寺と改め、天正の初め甲斐に移って（中略）飯田城主毛利秀頼の時現地に移った」と記しており、また三河国如意寺の住職が明治三十三年（一九〇〇）にした調査によれば、飯田の善勝寺は源海の遺跡一つに数えられており、この他にも京都伏見の西方寺、伊予国新井郡西条満福寺も源海の遺跡として挙げられている。

右に述べたように、飯田の善勝寺は、たとえ源海と関係があったとしても、寂円の遺跡とは考えられない。しかし、寂円の弟子善教については、了貞が、『二十四輩順拝図会』[18]巻五に「此辺りに吉田といへる所に覚如上人の御弟子善教坊乃旧跡たる善教寺といへる寺あり」と述べている。ただし、実地調査の結果、事実はこれに反して、白鳥康楽寺系の寺院であったと知られるに至った。現在当地に所在する大谷派の善勝寺には、高僧連座像一幅があって、『宝物集覧会目録』の解説によれば、親鸞以下、如信、真仏、源海、誓海とあって荒木門徒系でしかも誓海を最後としている。これはいまだ関東の地に荒木門徒の中心があった時代の相承を示すものであり、もし当地において成立したものとすれば、当寺は荒木門徒の発展し来たった足跡を残していることにもなるのである。善教については他に、覚如の『本願鈔』の奥にも見えているが、ここでは直接関係がないから省略する。以上のことから、善教の寺に、荒木門徒に関係している高僧連座像があるから、寂円の弟子は荒木門徒の一人とみなしてもさしつかえないものと思われ、この結論が許されるならば、当然その師の寂円も荒木門徒の一人である。また寂信門下の分布も遠三両州には具体的に明示されており、また次に詳述する光寂の消息によれば、荒木門徒の一支流である大庭門徒が信州にまで分布していることが知られる。ここから推察すると『存覚一期記』に記す寂円は光薗院本に見えている寂信門下の寂円とは同一人であると見なしてもよい。次の明信については、日下無倫氏が、光信の弟子である大庭の光寂が甲斐に移って甲斐門徒を確立させた一面について考察し、その中で光寂の消息の全文を紹介しているが[19]、その最後に九名の連署があり「了源寺、住侶、明信、在判」とあって、了源寺の明信であることが知られる。ただし、現在了源寺という寺が静岡県掛川地内に現存しているが、この寺は上宮寺の末寺で後世に三河から移転した寺であることが知られているから、この寺でないことは明らかである。明信を開基と伝えている寺に、仏光寺の大善院があり、当時の明信像と伝える一幅を所蔵しているから、あるいは後に当地に移ったものかもしれない。

次に、居住地は遠江国とあるのみで具体的には指摘し難いが、善明については、高田派の菅生満性寺の寂玄が、天正三年（一五七五）に他より求めた三国高僧像一幅の中に、親鸞以下、真仏、源海、了観、善明、範感、源了、一人札銘不明とあり、あるいはこの善明が同一人ではないかとも推察される。

また、光寂については、『交名帳』には「光寂オホハ」と記されているのであるが、先述の大庭の光寂の消息によれば、大いに発展して大庭門徒を形成するに至ったことが知られる。すなわち消息の中に大庭門徒の分布地域を示して、甲斐、信濃、武蔵、相模、伊豆、三浦、鎌倉とその分布地域が広範囲にわたっていることは注目に値する。

なお、『交名帳』の他に、光明本尊によって直接関係するもののみを補促しておけば、尾張の小田井西方寺に所蔵されている光明本尊は、源海系統のもので、親鸞以下、真仏、源海、覚証、成海とあり、覚証を開基と伝えているから、尾張の地にも荒木門徒の教線が拡張されていたことが知られる。

以上、荒木門徒の発祥伝播の系路が如何なるものであったかを明らかにすることができたから、次に中心課題である、三河の荒木門徒の発展について明らかにしてみよう。

第二節　三河を中心としてみた荒木門徒

一、荒木門徒研究とその成果

続いて、三河の荒木門徒について述べるにあたり、今日に至るまでの三河の荒木門徒研究の歴史をふりかえると、研究段階によって、次の二段階に分けることができよう。

その第一期は江戸時代中期から末期にわたって、各種発表された遺跡順拝記を中心とする史料、また寺伝紹介を主にしていた時代である。第二期は明治以後、昭和に至るまでを指すが、この時期にあっては、前期において発表された史料、寺伝などの批判考究に力を注いだ時期であった。

まず順序に従って第一期から考察を進めるならば、この時期にあって、三河における荒木門徒に関する遺跡を紹介したもっとも古いものでは、元禄七年（一六九四）に宗誓の著した『親鸞聖人御直弟散在記』で六老僧の一人源海について記し、その遺跡として如意寺を掲げている。その後、宗誓によって『遺徳法輪集』六巻[20]が宝永七年（一七一〇）に、続いて安永八年（一七七九）には先啓が『大谷遺跡録』四巻[21]、さらには『諸寺異説弾妄』一巻を著して、諸寺に伝えられている伝説の紹介のみにとどまることなく、史学的見地より寺伝の批判考究をも試みられていることは注意すべきである。さらに宗誓や先啓らと同じ立場にあった人に了祥がある。了祥の著である『異義集』[22]に了祥の史学的見解を随所に見ることができる。

このように第二期の特色たる寺伝の批判考究の萌芽は、一部分ではあるがすでに第一期の頃から育まれてきたのである。了祥の三河における真宗教団の門流に関する学問的研究成果は、前記『異義集』の中に数か所見ることができる。しかし、その面においては、その功績は認められても、一方荒木門徒研究の立場からすれば、先啓は別として、了祥は遺跡紹介のみにとどまり、依然として宗誓以来の伝統を追っているに過ぎない。しかし、これらの著述全体に批判考究の立場が見うけられることは、大いにその成果を認めるべきであろう。

次に、享和三年（一八〇三）に至って刊行をみた了貞の『二十四輩順拝記図絵』後編五巻に、すでに刊行されていた『遺徳法輪集』や『大谷遺跡録』などより一層見聞を広めて、今までに知ることを得なかった遺跡を数多く収録していることは注意すべきではある。しかし、三河における荒木門徒の研究としては、後に詳述するように、荒木門徒関係の遺跡である正源寺（聖眼寺）という寺が吉田城下にあることを記している。著者自身は同寺が荒木門徒関係と認識しておらず、ただ大寺である事のみを記しているので、あまり重視すべきものとはいえないにしても、視野広く扱っている点ではその功を認めてよいであろう。

これらの『順拝記』が世に出された動機については、正徳元年（一七一一）の親鸞四百五十回忌ならびに文化八年（一八一一）の五百五十回忌を中心として、その前後に発表されたものであり、さらには、この時代は学問全盛の時代的機運に乗じていたことも否めない事実であったと思われる。

以上、宗内の研究を中心にみてきたのであるが、荒木門徒関係の遺跡として、はっきりと意識されていたものは如意寺一か寺が発表されたにすぎず、聖眼寺についてはその所在のみ記されたに過ぎない。一方、如意寺は先啓によって寺伝の紹介のみならず、寺伝の批判考究にまで研究が進められてきたのである。

第一期において寺伝紹介の域から徐々に学問的研究の方法が樹立される方向へと進んだ先駆者としての先啓の立場をさらに進展し、一層深めていったのがいわゆる第二期の特色であったが、一方、地方にあっては、江戸時代に著された各種地方志誌に習ってか、新たに、明治・大正・昭和を通じて、各種地誌の出版が盛んとなり、明治よりは大正、大正よりは昭和へと時代が移ると共に一層研究は深められ、地方誌の中でも重視すべきものが数を増し、今日では、地方教団の研究には一層便宜が与えられるようになった。それにもかかわらず第二期に至るも、なお宗内で第一期に著された『順拝記』などを中心として研究が進められてきたことは、大いに反省すべきであろう。

第二期にあって、三河の荒木門徒研究の第一人者としては、既述の日下無倫氏があげられる。日下氏は昭和初期に相次いで精緻な研究成果をあげられたのであるが[23]、如意寺を中心とした研究にとどまったきらいはあり、検討の余地はある。日下氏はまた光明本尊の先駆的研究を行ったことでも知られ、数々の光明本尊の所在を明らかにした[24]。この研究によって荒木門徒の遺跡も具体的に確かめられ、三河における荒木門徒関係の遺跡として、前述の正源寺すなわち現在の豊橋市下地の聖眼寺、ならびに安城市東端の西蓮寺などが明らかとなった。これは光明本尊の研究であって、寺伝研究には不充分なことはもちろんであるが、遺跡紹介の意味においてはその功績を大いに認めるべきものがある。

この後、荒木門徒の研究はあまり進んでいなかったが、昭和三十年代（一九五五～六五）に入って笠原一男氏による社会経済史的研究が進められる中で、荒木門徒系に属する満性寺の寺伝が紹介され[25]、ここに久しく沈帯していた荒木門徒研究の好機を与えられたのである。

以上、三河における荒木門徒研究の跡を訪ねてみたのであるが、ここに注意すべきは、これらの研究は非常に断片的であり、紹介された遺跡としても寺伝まで紹介考究されてきたのは、如意寺、満性寺の二か寺であり聖眼寺についてはその存在が知られているのみで、寺伝紹介にも至らなかったものまで存在しているのが現在の研究段階であり、成果であったわけである。

二、三河における荒木門徒の分布

前節で述べたように、三河の荒木門徒の研究は日下無倫氏、笠原一男氏の両氏によって断片的ではあったが研究が進められており、その結果、荒木門徒関係の遺跡として、如意寺はもちろんであるが、その他の満性寺、聖眼寺の二か寺も明らかになった。しかし、荒木門徒としての研究をされてきたものは、如意寺のみであり、他の二か寺は他方面からの研究によって明らかにされたもので、荒木門徒としての研究はいまだなされていないようである。その後、筆者の調査によって明らかとなった遺跡もあり、史料には存在しても現存しないものなどがあるから、以下、三河における荒木門徒の分布を中心として述べてみよう。

親鸞門弟の分布をみる際に欠くことのできない史料として『交名帳』がある。三河における荒木門徒の分布については、既述のように、居住地ならびに源海門下において詳細を知ることのできる光薗院本ならびに光照寺本の二本があるが、光照寺本は今その書写年次を記していないので、ここでは光薗院本によってみてみると、源海門下において、その居住地が三河であったことを記しているのは、源海の直弟中にはなく、孫弟の寂明ただ一人が名を列ねている。光薗院本の奥書に見えている貞和三年（一三四七）七月五日の筆写年次よりも以前において、寂明が寂信の弟子として名を連ねている以上、前節二において述べた所論により遠州あるいは信州方面から伝播していたことが知られる。しかしながら寂明の遺跡として伝えている寺院がまったく見当たらないから、三河の何処に住していたかは知る由もない。

次に重視せねばならない史料として、遺跡寺院等に保存されている、光明本尊、高僧連座像が挙げられる。この中で光明本尊としては、日下無倫氏の調査によれば、荒木門徒関係のものとしては、如意寺、西蓮寺、聖眼寺の三幅がある。

まず如意寺の光明本尊からみると、親鸞以下、真仏、源海、海信、海円とあって、当寺はいまだ三河移転をくわだてず、その後、空暹、教密に至って三河に移住したと伝えているから、三河における荒木門徒を示す証左とはならない。ここに至って仏光寺了源輩出以前の源海の流れを汲む法流が三河の地ではみることができ、注目される。

次に西蓮寺のものについてみるに、これは光明本尊の左方部すなわち和朝先徳像にして、親鸞以下、真仏、源海の二人は札を読み得るも、他の二人については不明である。源海系統のものである事は明らかであり、しかも源海以下二人のみである事は、了源が出る以前のものであることになる。すなわち荒木門徒の中心が関西の地に移る以前のものであることが知られるのである。ちなみに当寺の寺伝を紹介しておけば、建武二年（一三三五）天台宗より高田派に改宗したと伝えているが、これだけの史料で具体的な分布に関する証左とはなし難い。

次に聖眼寺の光明本尊についてみるに[26]、この光明本尊は昭和二十年（一九四五）に戦火にて焼失しているので、調査記録としては唯一のものである日下無倫氏の論文[27]によれば、親鸞以下においては、真仏、源海、行源、行円、行光の五人が挙げられている。行円は当寺の開基と伝えられている人であるから、当寺は明らかに荒木門徒の発展し来たったものであることが知られる。残念なことに、源海門下の弟子行源なる者が如何なる人物であったかが不明であるため、具体的な発展系路などについては知ることができない。当寺の旧地は遠州に近い旧八名郡八名井村吉祥山であったと伝えるから、あるいは光薗院本『交名帳』に出る寂信門下と何らかの交渉があったと思われるが、寺伝ではそのことに関して何も伝えていない。しかし、光明本尊と寺伝から推察して、当地方に荒木門徒の一部として行円、行光が存在していたことだけは事実と受け取ってさしつかえないものと考えられる。

次に如意寺に所蔵されている文和三年（一三五四）の文書について記しておかねばならない。この文書は早くか

□□（武州カ）荒木源海聖人門徒
三州高橋庄志多利郷如意寺常住□□□□（幷御縁起カ）
大勧進如意寺住侶釈教蜜了感
大壇（檀）那尾州弥作久住
慶善房　円□（空カ）尼
円光房　空信尼

大施主富田性善房門弟
性蜜房
□（明カ）空房
□□（明教カ）房　教秀尼
道蜜房　法空尼
明円房　教法尼
明覚房
□（大カ）合力諸衆同行略之
文和三年甲午十月廿一日

如意寺所蔵文和３年親鸞絵伝裏書（伝）

ら知られており、和田占水氏(28)、日下無倫氏(29)が紹介しているが、文字に相異がある。あらためて筆者が調査したものの全文を掲げてみよう。

この文書は史料として疑うべき点もないではないが、原型が存在したものと考えられるから、ここに史料として取り扱うこととする。

この文和三年は、光薗院本『交名帳』の書写された貞和三年（一三四七）より七年後であるが、この文書によれば、文和三年にはすでに志多利郷に如意寺が存在し教蜜が住職であった。この如意寺を中心として、志多利郷よりも八キロメートル程北々東に位する富田には、『相承日記』の記事より推察して元和田の教円坊の兄と考えられる性善坊楽智が住していた。彼は五十三年ほど前、すなわち正安三年（一三〇一）、顕智の息女御ワキとともに顕智を訪ねて高田に参詣し、その後まもなく高田において死去した人である。この性善房を中心として多くの門弟が集っており、その中で性密尼、教密尼、道密尼、法空尼、明円房、教法尼、明覚房などが代表的な門弟であり、少なくとも文和三年までには、尾州にまでその教線は発展していたことが知られる。すなわち、愛知郡長久手町岩作の地には慶善房、円空尼、円光房、空信尼等が住していたのである。

以上、門弟の分布について史料のみによって、それをみてきた。この他寺伝を用いることを許すとするならば、さらに、その数を増すこととなるが、曖昧な点も多く存し批判の余地も多く存するので、ここではこれ以上、扱うことをさけておこう。

三、遺跡寺院の発展とその社会的基盤

前節において史料を中心として、三河における荒木門徒の分布について述べてきた。このように数多くの門弟の分布が見られ、ことに志多利の如意寺を中心とした、三河の西北部および尾張の東北部にはもっとも多く門弟の分布を見ることができるにもかかわらず、現存している遺跡寺院は非常に少なく、現在それを明らかにし得るのは二か寺のみである。この地域においては他に遺跡の現存する可能性も多分にあるから、今後の研究によって明らかにすることができよう。その他の地域においては現在二か寺より他に存在しないが、これらの地域では新たに発見される可能性があまりなく、今後の荒木門徒研究の対象となるのは三河西北部ないしは尾張東部地域に限られてくるといってもよいであろう。

遺跡寺院をして明らかにすることのできた寺院を、次に列挙し、各々について述べたい。

如意寺　真宗大谷派　豊田市力石町

万徳寺　真宗高田派　瀬戸市塩草町

満性寺　真宗高田派　岡崎市菅生町
聖眼寺　真宗高田派　豊橋市下地町

少しく注意しておかねばならないのは、いずれの地域においても同様であろうが、各々の遺跡寺院の動向をうかがうについて、共通の欠点として、室町中期以後、いずれの寺院も著しく発展していったために、室町中期以後は比較的史料も豊富となり、明確な歴史を伝えているとしても、それ以前においては史料も現存しているものは少なく、極めて範囲も狭いため、全般的な動向を知ることは困難な点である。そのために断片的史実のみをもって、全般的な動向を推測するにとどまるから結論には到達し難いものがあり、この点は後世の史料でもって補足するところもあることを承知されたい。

まず、三河西北部を中心として、荒木門徒の最初の中心道場であり、その祖である源海の建立といえる荒木の満福寺が、そのまま三河の地に移転したことを伝えている、如意寺と万徳寺が問題であるが、如意寺の伝記については、日下無倫氏[30]ならびに山上正尊氏[31]が紹介しているので、ここでは万徳寺の伝記について検討したい。

万徳寺の創立については、当時の伝説によれば源海の弟子海円によって正応元年（一二八八）、武蔵国豊島郡荒木に一宇を建立し万福寺と称したという。また当寺の末寺である高田派の祐福寺の所伝[32]によれば、海円によって、文永四年（一二六七）に一宇が創建され万福寺と称したと伝えている。前説は万福寺が源海によって文永の頃に創建されたと伝える説と矛盾し、後説は万徳寺が関東の地から移転してきたことと矛盾することとなるが、いずれも寺伝ゆえのことであり、史実の論拠とはし難い。

しかし、如意寺、万徳寺に伝えられている伝説を総合してみると、おおよそ次のようなことが推測される。

すなわち、如意寺、万徳寺はいずれも元万福寺と称していたから、両寺の源泉は荒木の万福寺であり、荒木の万福寺の基を築いたのが源海であり、その弟子海信、海円があったが、ともに源海の弟子として関東荒木の万福寺の在住者であっていまだ三河には移っていなかったことだけはおそらく事実にもっとも近いものであったと思われる。

しかし、万徳寺の伝えるところによれば開基海円以後、越戸の地に移ってより光尊（暦応四年〈一三四一〉九月六日死）、円慶（文和四年〈一三五五〉七月十九日死）、円呑（応安七年〈一三七四〉三月十四日死）、円蓮（至徳三年〈一三八六〉四月八日死）、円久（応永二十年〈一四一三〉七月十一日死）、円西（正長元年〈一四二八〉六月二十二日死）、円順（宝徳三年〈一四五一〉三月二十八日死）を経て、九代目円杯（明応五年〈一四九六〉正月二日死）の代、寛正年中（一四六〇～六六）、現地に寺基を移した。当時この地方には落武者の松原一族がいて、その中の一人松原下総守広長公は、三河の地にあった満徳寺のために土地を寄進して（現在の瀬戸市塩草町であるが、元は赤津と称された）、当地に万徳寺を移し、寛正五年（一四六四）には広長の弟元泰を通じて太子自作と伝えられている太子十六歳像を四天王寺より迎えて太子堂を建立し、さらには弟元泰が寛正三年（一四六二）に『聖徳太子伝記』五巻を筆写し、兄の広長公がこれを譲り受けて寛正五年三月六日、太子堂に寄進している。

尾州山田郡内、飽津保上村
於太子堂寄進之
寛正五年甲申三月六日
松原下総守広長（花押）

万徳寺蔵『聖徳太子伝記』奥書

万徳寺蔵の『聖徳太子伝記』の奥書には上記のようにある。

また、これと同時に寄進されたと伝えている『聖徳太子絵伝』四幅も同寺に現存している。このようにして成立した太子堂は、当地方には希にみる太子信仰の一大中心地として、その本尊はしかも日本三太子の一体としての由緒をもって現在もなお、太子信仰の厚い地域として著名である。

このようにして松原氏の外護を受けた当寺は美濃・尾張・三河の三国にわたって四十八か寺の末寺と寺中二か寺をも有する、中本山格の寺院へと、室町中期以後、著しき発展を遂げるに至ったのも、三河居住時代の中条氏、山田氏、三宅氏、さらには尾張へ移ってからの松原氏らによる外護により、その社会的基盤が実に堅実であったからであろう。

このような寺伝を有する一大寺院ではあったが、享禄・天文の二度の兵火によって、宝物記録類は灰燼に帰したため、室町中期以前における当寺の動向は現在寺伝として残っている三河在住時代の門徒について、それぞれ研究する余地を残しているにすぎない。

なお、三河在住時代の事情を多少なりとも、伝えていると思われるものに、当寺所蔵の絵伝がある。この絵伝は古い型式として珍重されている三幅仕立にして、札銘は異なるところがあるが、絵相においては、他に類例がないとされていた如意寺の三幅絵伝とまったく同一の絵相であり、如意寺の絵伝を模写したことは、容易に想像できる。また地理的位置関係からも当然であったと考えられる。すなわち三河在住時代においては、如意寺は貞和元年（一三四五）に青木原より寺基を移し、慶長十年（一六〇五）に現地に移るまでの二百五十有余年を枝下（豊田市）に居を構えていた。一方の万徳寺は移住の年次を具体的に明示はしていないが、海円が関東の地に寺基を開いてよりまもなく三河に移住してきたものと推定されるが、それ以後寛正年中に尾州赤津（瀬戸市）の地に移転するまでの間、枝下より南五キロメートルほどのところの越戸の地に居を構えていることから当然、交渉のあったことが推定でき、その証左ともいうべきものがこの絵伝なのである。

万徳寺には尾州へ移転する以前からの檀徒も多く現存しており、中条氏、山田氏、三宅氏、鈴木氏らは当時、地方豪族として、三河地方北部に居住していたものであることも、すでに種々の地方史に詳細に記しているところでもあるから今さら論ずるまでもない。

当寺が三河より尾張の地にも進出していったのは、松原氏の力も大きかったことはすでに述べたごとくであるが、この他にも大きな理由の一つとして、中条氏との関係もあったと思われる。

すなわち、如意寺の文和三年に見える、尾州弥作久住として四人を掲げ、大檀那とあるのは、如意寺の門徒の中にあっては相当に有力者であった事をまず考えねばならない。

この有力者としてまず挙げねばならないのは中条氏である。すなわち、如意寺が関東より三河の地に移住するのも中条氏の請招によったと寺伝に伝えており、中条氏との関係あるとみることはむしろ当然と言えるであろう。すなわち中条氏は文和頃、挙母の地に一族が住しており、三河西北部全域にわたって勢力を得ており、現に猿投神社、挙母の中条家の菩提寺長興寺にも一族の寄進状が伝えられている。また尾張においては一国の守護職という要職に中条氏一族は長期にわたって任ぜられており、建久六年（一一九五）から建長四年（一二五二）の間に補せられ、正応二年（一二八九）から正和三年（一三一四）の間に辞任している。また正和三年よりさらに二十四年後の暦応元年（一三三八）十二月十八日付の円覚寺文書[33]にも「当国守護中条大夫判官秀長」の名が見えている。いずれにしても相当長期にわたって尾張国の守護として補任されていたことは明らかである。また中条氏と山田氏の関係をみれば、山田氏は『尊卑分脈[34]』には、山田重親の子泰親、親氏の兄弟はともに尾張国菱野の地頭職であったことが記されているから、中条氏と山田氏は守護地頭の関係にもあり、瀬戸市山口町本泉寺の伝によれば、泰親は瀬戸市内に居住していた者にして、顕智の弟子となって名を瀞顕と改め、当寺を開創したと伝える。他にも真宗寺院の中に山田姓を名乗っているものが数か寺あり、山田氏と真宗との関係も深かったことが推察される。

以上、述べてきたところによって、この両寺がともに社会的基盤として武士階級の外護者のいたことが知られるに至ったのである。

次に三河における荒木門徒の遺跡の中で、もっとも具体的に社会的地位を示している岡崎市菅生町元菅生の満性寺の発展について述べてみよう。当寺の寺伝については笠原一男氏(35)が述べているから、ここでは開基了専と荒木門徒との関係について述べた後、了専とその周囲についてうかがってみよう。

まず、了専と荒木門徒との関係をもっとも具体的に示したもっとも古い記録として、当寺に所蔵されている震旦和朝高僧連座像一幅が現存する。

札銘によれば、宗祖以下について見ると、真仏、顕智、専空、源海、了専の五人を出すが、当寺の宝物目録によれば天文三年(一五三四)の真智裏書が存するから、これによるならば、当寺が荒木門徒系の寺院にもかかわらず、古くから高田教団に属しており、このために高田の歴代をも画かしめたものと思われる。この見解よりすれば当然、了専の師は源海となるから、当寺の伝にいう河内国荒木満福寺の源海の弟子というのは、当寺の開基了専が、河内国から三河に移住していることに附会せしめんがために武蔵とせずに出身地の河内であると後世改めたものと思われる。

了専は正応二年(一二八九)、当地に来て満性寺を開創したと伝えられているが、関東の地までも足を運んで源海の弟子となったとも考えられないから、おそらく当時三河にあって、平田、和田両門徒と荒木門徒との唯一の交渉を持っていた、和田の教円坊の兄性善坊楽智と何らかの形において関係し、その間に源海の弟子となったものと考えられる。

つづいて、了専とその周囲について述べてみよう。まず、その出自である安藤氏について考察してみるに、三河において初期教団に属する寺伝を有している中で、もっとも多く見受けられるのが安藤氏である。これらの安藤氏のうち、たとえ後世に附会した説があったものとしても、少なからず安藤氏と関係のあったことだけは認めてよいと思われる。各々の遺跡寺院の系図に接してみる時、多少の相違は見られるにしても、およそ同一系統の系図であることも暗にこの事実を物語っている。

次に、三河における安藤氏の社会的地位をもっともよく示しているのが満性寺に所蔵されている安藤家系図である。これによれば、開基了専は、弟の三郎五郎親重とともに、正応二年河内国より兵乱を遁れて三河国菅生郷に移住して、兄了専は出家して満性寺を開創し、弟親重は当地において鋳物師として定住するという伝承をもっている。

ここに正応二年以前において三河の地にも、同族の安藤氏が住していたというから、この安藤氏を頼って移住してきたものと考えられ、三河の安藤氏は親鸞在世中に三河門徒を支配しているほど、信仰の厚き一門であったから、河内より移住してきてまもなく了専の開創となったのも、このような三河門徒のあったためと考えられる。

ここに鋳物師安藤家について考察してみるに、三河における鋳物史上もっとも伝統ある一家として後世に至るまでその名をとどめている。

その起源も当国最古の歴史を持ち、正応二年に三河に移住して六十五年後の文和三年（一三五四）には足利尊氏より次頁のような安堵状[36]を与えられたと伝え、ここに天下に認められた鋳物師にまで発展していったとされるのである[37]。初めは鍋鎌などの生活必需品に限られていたようであるが[38]、十代目三郎五郎乗近の代となると梵鐘のようなものまで鋳造するに至っており、乗近は天文四年（一五三五）には徳川家康より墨付を得ているから、その後にあってもなお特技を失っていなかったことがうかがわれる。

こうした社会的特殊な基盤の上にあり、鋳物師安藤家の外護により大寺と化した満性寺も、足利氏の重臣として知られている高氏一族の菩提寺として当時この地に聞えていた菅生の総持寺が、足利氏の手厚い保護を受けて隆勢

参河国岩戸並菅生の金屋の外鍋鎌の
いぶたきなんといたさん輩におきて
は可為死罪科
如件
花押
文和三年八月廿八日

文和３年足利尊氏安堵状

を誇っていたため、一時衰退した。鋳物師を保護していた足利氏の外護が総持寺へ向けられていったためである。ただ草庵を残すのみとなったが、その草庵に安置されていた伝聖徳太子筆の阿弥陀経を松平氏四代親忠がことのほか渇仰し、これを機として親忠が先祖菩提のため明応五年七月十五日付で寺領を寄進するに至って再び盛時を迎えたのである。また高田本山専修寺の真慧、応真の二代にわたって特に交渉のあったことも当寺所蔵の消息によって知られるところである。

また、豊橋市下地町の聖眼寺について述べてみなくてはならない。当寺は、三河における高田三か寺の一として古来名高いが、宗内にあってはどうしたことかあまり知られておらず、江戸時代末期に現われた点によって、その存在のみが知られていた位である。

寺伝によれば、元八名郡八名井村吉祥山に慈覚大師円仁によって建立されて後、大河戸四郎行平の子行信なる者、嘉禎元年（一二三五）に太子夢告によって関東より帰洛途中の親鸞を屈請して名を随信房行円と改め、天台宗より改宗、その頃に渡津の今道沿道の下地郷北村地内に寺を移し、後に慶長六年（一六〇一）の東海道改新によって同九年（一六〇四）、現地に転じたという。この移転年次については、当寺に所蔵されている文書によって寺伝の誤謬を訂正することができる。

左に掲げる文書によれば、天文五年（一五三六）に至って初めて地下郷に移転し、それ以前にあっては旧地吉祥山にあったと思われる。なお、寺伝では親鸞直弟の行円を中興としているが、前述したように、光明本尊の相承とは一致しないことも付しておく。

聖眼寺の発展について寺伝をうかがってみると、室町末期以前の事跡については少しも触れておらず、むしろそれ以後における牧野氏の土地寄進があったこと、また太子信仰によって家康より厚遇されていたことを述べていることから推察すると、土地の豪族牧野氏の外護によって寺門の繁栄を見るに至ったことを裏書しているように思われる。

おわりに

以上、関東において形成され、その後勢力の拡大するに従って、各地に進展していった荒木門徒のうち、特に三河地方へ発展してきたところを中心にうかがってみた。ここに三河における荒木門徒の存在は、今日までの研究によって得られたような極部的な存在ではなく、極めて広範囲にわたって分布しており、しかもその勢力は、他の三河門徒にも匹敵するほどの存在であったことが知られる。荒木門徒のよってたつところの社会的基盤も強固なものがその初期においては存在し、その後、真宗教団全体の上に見ることのできる室町初期から中期にかけて一時的な衰退を見せることとなる。室町中期以後、初期の社会的基盤は崩壊し、新しく興った地

> 敬　白　寄進状
> 下地郷之内於本所方弐拾貫文地改而奉進納候、於後日未代子々孫々迄、不可有相違候仍為後日如件
> 　天文五年十一月十五日
> 　　　牧野田兵衛尉平成敬
> 　聖眼寺殿

聖眼寺所蔵文書

方武士により三河の荒木門徒も再興されるが、この時期には中央より地方へと太子信仰が武士の移動の中に伝えられた。この気運に乗じて三河を中心とする荒木門徒の遺跡においても、これまで述べてきたように種々な型において、めざましい発展をみたのであるが、これは荒木門徒が三河進展を開始した頃から、各々の地方における有力者と手を結ぶことができたからであろう。

ここに考慮すべきは、当時封建社会にあって各々地方の有力者と昵懇になることにより、その領地内に教法を弘宣していくことは極めて行いやすく、またその有力者の地位にありながら、教法弘宣に努力するならば、増々広められていくことは、封建社会にあってもっとも有意義な方法であったと思われる。この三河北西部、尾張東部に多く発展したのもこの好例であろう。

すなわち如意寺が中条氏の請によって、武蔵国荒木より直接三河に移住したのも一つには、武蔵国にも当時同族の中条氏が在住しており、三河にも中条が挙母に住していたことから、三河へも武蔵から直接移転してきたことを物語るものと考えられよう。また赤津の万徳寺が寛正年中に至って松原氏の請によって移転していったのも、この尾張東北部にも中条氏の一族が住していたことが考えられる。

また満性寺を例にとっても同じことがいえ、当時三河の地には同族の安藤氏が住しており、しかも真宗門徒の中では有力者であったことから、満性寺開基了専が河内より兵乱を避けて三河移住したのもこのためであって当然なことといってよい。

以上、述べてきたところによっても知られるように、常に社会における上層階級への教化に重視すべきであると同時に実行に移していかねば、社会と遊離することも当然であったのである。当時としては常に社会の動きとともに教団の動きも展開されており、ここに、当時にあっても社会的基盤は常に権力者と相離れないものが、荒木門徒全体の動きの中にも認めることができるのである。

註

（1）宮崎円遵『親鸞とその門弟』（永田文昌堂、一九五六年）八〇頁。
（2）岡崎市欠町太子堂伝。
（3）『三本対照親鸞聖人門侶交名牒　三河念仏相承日記』（丁字屋書店、一九三三年）。本文中以下『相承日記』と略称。
（4）山上正尊『南国の原始真宗』（其弘堂書店、一九三七年）、同「三河念仏相承日記を中心として観たる顕智上人の行蹟」（『高田学報』第一三輯、一九三七年）。
（5）日下無倫「三河国に於ける真宗教団の発展（上・中・下）」（『大谷学報』第一七巻第二～四号、一九三六年）。
（6）『続真宗大系』第十五巻（真宗典籍刊行会、一九三八年）。
（7）谷下一夢『存覚一期記の研究並解説』（真宗学研究所、一九四三年）。
（8）『真宗全書』第七十四巻（蔵経書院、一九一六年）。
（9）恵山写本（住田智見蔵本）。
（10）拙稿「荒木源海上人伝研究序説」（『東海仏教』第一九号、一九七四年。本書第一部第二章）。
（11）日下無倫「原始真宗に於ける荒木門徒の研究」（同『真宗史の研究』、平楽寺書店、一九三一年。初出、一九二九年）、同「三河国に於ける真宗教団の発展（中）」（『大谷学報』第一七巻第三号、一九三六年）一四頁。
（12）小串侍影写本。
（13）山田文昭『真宗史之研究』（破塵閣書房、一九三四年）二五二頁。
（14）『三本対照親鸞聖人門侶交名牒　三河念仏相承日記』（丁字屋書店、一九三三年）。なお、妙源寺本『交名帳』については原本写真が『真宗聖蹟宝典』（大阪朝報社、一九三六年）に掲載されている。
（15）中沢見明『真宗源流史論』（法藏館、一九五一年）三三五頁。
（16）「大谷本廟創立時代文書」（『続真宗大系』第十五巻、真宗典籍刊行会、一九三八年）。

(17) 飯田市史編纂会『山都飯田』(飯田市役所、一九五六年)八六頁。
(18)『二十四輩順拝図会』巻五(享和三年〈一八〇三〉版)。
(19) 日下無倫「原始真宗に於ける甲斐門徒の成立」(『大谷学報』第二一巻第三号、一九四〇年)。
(20)『真宗全書』第六十五巻(蔵経書院、一九一三年)。
(21)『真宗全書』第六十五巻(蔵経書院、一九一三年)。
(22)『続真宗大系』第十九巻(真宗典籍刊行会、一九四〇年)。
(23) 日下無倫「原始真宗に於ける荒木門徒の研究」(『大谷学報』第一〇巻第四号、一九二九年)、同『真宗史の研究』(平楽寺書店、一九三一年)、同「三河国に於ける真宗教団の発展(上・中・下)」(『大谷学報』第一七巻第二〜四号、一九三六年)。
(24) 日下無倫『真宗史の研究』(平楽寺書店、一九三一年)。そのほか、『日本宗教大講座仏教編第二』(東方書院、一九二七年)、仏教文庫編『真宗概論』(東方書院、一九三一年)も参照のこと。
(25) 笠原一男『中世における真宗教団の形成』(山喜房仏書林、一九五七年)八三頁。
(26) 仏教文庫編『真宗概論』(東方書院、一九三一年)一九四頁。
(27) 仏教文庫編『真宗概論』(東方書院、一九三一年)一九四頁。
(28) 和田占水「『三河念仏相承日記』の解説」(『真宗学報』第七号、一九三〇年)一一頁。
(29) 日下無倫「原始真宗に於ける荒木門徒の研究」(『大谷学報』第一〇巻第四号、一九二九年)二〇六頁、同「三河国に於ける真宗教団の発展(中)」(『大谷学報』第一七巻第三号、一九三六年)二五頁。
(30) 日下無倫「原始真宗に於ける荒木門徒の研究」(『大谷学報』第一〇巻第四号、一九二九年)、同「三河国に於ける真宗教団の発展(中)」(『大谷学報』第一七巻第三号、一九三六年)。
(31) 山上正尊「史蹟踏査解説」(『同朋学報』第五号、一九五八年)。
(32) 挙母市史編集委員会編『挙母市史資料』九二頁「文永四年条」(挙母市教育委員会、一九五六年)。
(33) 円覚寺文書暦応元年十二月十八日(『大日本史料』第六編之五、二〇四頁)。
(34)『新訂増補国史大系尊卑分脈第三篇』六七頁。

(35) 笠原一男『中世における真宗教団の形成』（山喜房仏書林、一九五七年）八三頁。
(36)『愛知県特殊産業の由来』上巻（愛知県実業教育振興会、一九四一年）二七五頁。
(37)『碧南市史料』第一六集「碧南鋳物誌上」（碧南市史編纂会、一九五九年）三頁。
(38)『岡崎市史』第七巻（岡崎市役所、一九二九年）四五二頁。

荒木源海伝研究序説
——『謝徳講式』と『源海因縁』——

はじめに

親鸞の門弟荒木の源海は、またの名を光信ともいい、俗姓は諸説紛々としていて明らかでないが、その名を隆光とすることは諸説の一致するところである。荒木の地名については、諸説横行しているが、埼玉県行田市荒木をもって比定するのがもっとも妥当のようである。

源海の存在は、了源によって仏光寺三世の法統継承者と定められ、また荒木門徒の祖として、その門弟の人材にも恵まれて彼の門下からは、麻布の了海を中心とする麻布門徒、等々力の源誓を中心とする甲斐門徒、鎌倉の誓海を中心とする甘縄門徒、また、はじめ鎌倉に住して後に備後に移住教化したと伝える明光を中心とする山南門徒、了源を中祖とする仏光寺門徒等、多くの派生門徒を形成した。その社会的地位は、高田の真仏、顕智、鹿島の順信、横曾根の性信等と並んで、初期真宗教団内における重鎮として、活躍していたことはよく知られておりながら、その伝記についてはあまり明らかでない。

没後まもない延文二年（一三五七）に源海の曾孫空暹の所望により、親鸞の曾孫覚如の子存覚の手によって、源海の業績を讃えて『謝徳講式（一名源海講式）』が著わされておりながら、その生没年次すら明らかにされていない。

その最大の理由は、源海門下の著しい分派と門徒の形成によってかえって伝記までも混乱させてしまったためと考えられる。それ故、早くから寺伝々承を越えて、実像の源海伝を再構成しようと努力した先行研究も数々あったのであった。

これまでの各種の二十余輩順拝記等にみられる荒唐無稽な寺伝に批判の目を向けた宗史学者の代表的な人物に、大谷派では安福寺先啓（一七一九～九七）が、『大谷遺跡録』、『諸寺異説弾妄』において、また満徳寺了祥（一七八八～一八四二）は『異義集』の中で、本願寺派にあっては慶証寺玄智（一七三四～一八一三）が『非正統伝』の中で源海の諸伝を評して随所に私見を披瀝している。

この人々によって出発した源海伝研究は、近代に至って日下無倫氏によって一層深められた。日下氏は「原始真宗に於ける荒木門徒の研究[1]」また「原始真宗に於ける甲斐門徒の成立[2]」を中心に仏光寺門流の研究によってその成果を世に問い、高く評価されている。その後、この成果を継承しつつ、視点を談義本研究に移して源海門流の特質にまで言及し問題点を展開してきたのが宮崎円遵氏であった[3]。

以上をふまえ、筆者もまた研究を進めてきたのであるが、ここでは談義本『源海因縁』を素材として成立した古浄瑠璃『源海聖人』の刊本[4]（天理図書館所蔵）の検討も含め、源海伝を構成する根本史料で不存の『謝徳講式』の成立背景、その後の流伝と、現存の談義本『源海因縁』の諸本を紹介しつつ両者の関係、談義本の特質等について考察してみたい。

第一節　『謝徳講式』について

最初に『存覚一期記』の記事を抄出してその成立経過をみておきたい。

(イ)　六十八歳（延文同二）三月七日空暹上洛、源海一期行状、可レ記二講式一之由、致レ望之間、在京四五日之間草《ニ》書了《シイ畢》。清書《ハ》綱厳僧都也《リ》

(ロ)　七十二歳同六（中略）四月比空暹上洛之次、予先年所レ草之謝徳講式聊有二存分旨《ノ》一、條々可二書《キ》改《ム》一之旨趣令《ル》レ申之間、楚忽加二添削《ヲ》一了、前後両本依時可レ用レ云（光善寺本之とあり）、清書《ハ》俊玄律師染筆者也(5)

また同じ存覚の『浄典目録』（康安元年〈一三六一〉成立）にも、

謝徳講式　依荒木満福寺住持空暹所望草之

とある。この三つの記事が『謝徳講式』(6)についての根本史料であり、本文が現存しないのでこれによってのみ撰述の事情を知り、その内容も知ることができるのである。

これらの記事に従えば、源海の曾孫にあたる空暹の願によって存覚が撰述し、綱厳に清書させたもので、内容は源海の一期行状を盛り込んで、表現方法は講式で、これを『謝徳講式』と呼んできたのである。延文二年成立後、

同六年（一三六一）に再度加添削して、俊玄に清書させて両本共に用いるべしとし願主空暹に手渡されたのであった。これは、親鸞の一期行状を盛り込んで覚如が報恩講式を著わしたのに由来するものであることは疑いをいれないところであろう。

この『謝徳講式』の名は『浄典目録』に名をとどめているが、その後百五十有余年の間の流布の事情を知る由もないが、永正十七年（一五二〇）蓮如の子実悟の記した『聖教目録聞書』(7)に次のように記されている。

報恩講式並嘆徳文真名仮名
信貴鎮守講私記　一巻
両師講私記　一巻
知恩講私記　一巻
謝徳講私記　一巻

このように『報恩講式』等とともにその名を見ることができる。「私記」と「式」の文字の相違はあるが発音が同じであるため、古来同義語として用いるのを常としており、この点では問題なく、同一書を指すものである。

実悟はこの目録編纂にあたって、存覚の『浄典目録』を参照していたかどうかは、不明であるが、実悟の目録に遅れること百四年目の寛永元年（一六二四）に成立をみた一雄の『真宗正依典籍集』と題する目録は、明らかに『浄典目録』を参照しておりながら、すでにその書名を逸している。

また恵空（一六四四〜一七二一）の『仮名書目録』(8)や同人編の『仮名聖教目録』(9)にはともに「謝徳講式両師講式ト

モ云」と記して、他方『両師講式』を別に掲げている。また先啓の『真宗聖教目録⑽』では、

謝徳講式一巻　或称伝「知恩講式」又伝「尊師講式」依二荒木満福寺住持空暹範盛大徳望撰述

（中略）

源海講式一巻　空暹範盛請レ之戴二「一期記」一⑾

としているような一連の混乱がみられるものも出てきている。

恵空門人の弘誓寺恵広（滋賀県金堂）の『仮名書目録⑿』には『両師講式』のみかかげて『謝徳講式』は載せていない。その後の諸目録に名をみるものは『存覚一期記』の記事を略出しているか、その名を載せていないかの何れかである。もっとも詳細完璧を期した玄智の三巻本『浄土真宗教典志』にもその名を発見することができない。以上によって推測されることは中世末・近世初頭にはすでに新旧両本ともに亡佚していたと考えられる。

この講式に関して、南北朝頃に、武州荒木満福寺を移転して後に改号したという如意寺⒀に現在も縁起一巻が所蔵されている。その巻頭に「私記云」とあるので、あたかも『謝徳講式』を連想させるが、これをさらに享保二年（一七一七）に書写したと思われるものが、三河三か寺の一つ勝鬘寺にも伝えられている⒁。ここでは如意寺本によって次にその全文を紹介しておこう。

私　記　云

抑源海聖人俗性者《イヘハ》（ママ）日野《ノ》安藤駿河守

隆光号《トス》鎌倉《ニテ》事候《ス》武州《ノ》為《メ》二国司一政道正《シク》雖《トモ》レ宇《(ママ)》於世《ヲ》一有為転変之風《ノ》前見《リ》二生死《ノ》去来《ヲ》一然《ルニ》　隆光発起《ノ》之由来《ヲ》尋《ルニ》　花寿月寿之両子同日同時《ニ》令《ムル》二死去一之間恩愛別離之悲《ミ》深《クシテ》而愁《シ》思満《ツ》二胸臆《クニ》一傷歎《シテ》　而不乾《ヌハカ、》レ涙《タノウ》於行之憂《ヘヲ》　増《ス》相州江之嶋《ニ》籠居《スル》或夜花月兄《ノ》弟父隆光枕《ノラニ》　立奇《テ》而告《テ》曰《ク》花月之両子者是《レ》観音勢至《ノ》二菩薩也父母《ヲ》仏道《ニ》為《メ》二引導《シ》一也于レ茲自《リ》レ都東辺《ニハ》　聖僧可二来下《シタマフ》一　是《レ》我《カ》本師也彼《ノ》所《ロニ》往《イテ》　聖化《ニ》奉《リ》レ会《ヒ》速《カニ》　仏法之至極聴《テ》聞《シテ》　深《ク》本願一実之大道《ニ》可《シト》二皈入《ス》一教《ヘ》而夢覚《ス》畢《ス》于時隆光得不思議之瑞想《ヲ》成《シ》二奇意之思《ヲ》一良堪《タヘタリ》レ感《スルニ》　遙《ハルカニ》　菩提之知識《ヲ》奉《ル》レ尋処《ニ》爰《ニ》老翁来《テ》隆光《ニ》謂《テ》云《ク》汝《ラ》仏道之望《ミ》切《ツ》也従《リ》レ是《レ》常州筑波之辺《リニ》　往《イテ》　善信御坊《ト》尋《ネ》可《シテル》レ被レ申云《テ》忽然《ト》而《テ》不レ見《マシス》　隆光大《キニ》　歓喜《テ》而彼《ノ》所《トニ》尋詣《リ》親鸞大聖《ヲ》奉《リ》レ拝《シ》上来之趣《キ》言《シテ》　白《サク》聖人隆光感《シテ》二真切一而深《ク》愍念《シテ》　而弥陀誓

願之不思議示《スニ》二他力易往《ノ》要路《ヲ》一五劫思
惟之秘術超世无上仏《ノ》智至極《ク》不可説
不可思議《ノ》信楽凡聖一致之信心　男女
易往之安心速《カニ》聴聞《シテ》立所《ロニ》獲得《ス》誠化
導銘《イシ》レ肝《モニ》数行歓喜《ノ》泪《タニ》咽《フ》信心堅固《ニ》決定《シテ》
而直《チニ》聖人《ノ》御弟子《ト》成《シタマフ》　法名源海　諱《ミナ》
光暹《ト》号《ス》恭《シク》　以《ニ》聖人《ノ》矜哀《イ》甚深《ニ》而《シテ》如《シ》父
母常随《イ》昵近之法《フ》灯朗然《トシテ》而照《ラス》二癡闇《ヲ》一
宛《モ》盲者之開《クニ》二明眼《ヲ》一等《ウニモ》　哉《カモ》恭聖人之
御真筆《ニ》九字之名号《ヲ》書給《ハル》　永《ク》家伝之
本尊也誠《ニ》聖人《ノ》聞《ク》二御教化《ヲ》一者忽《チニ》　飜《ヘシ》二
邪見《テ》一悉《ク》得二正信《テ》一疑謗輩《ラモ》　止《メテ》二偏執一趣《ク》二正見《ニ》一
偉《モカラ》　如《シ》二盛《ンナル》　市《ノ》一或《ル》時
聖人《ノ》言《ハク》　宿善深厚《ノ》故《ヘニ》　希《レニ》　遇《ヘリ》二西土《ノ》仏教《ニ》一
自行化他共《モニ》　報土得生《ヲ》可《ス》　当《ノ》時《カニ》
六角精舎之救世菩薩告命《シテ》而　善信
視《シメタマフ》　瑞想正面東方《ノ》岳山《ハ》是　日域《イキ》也数
千万憶《（ママ）》之有情群集《スルハ》　末法濁世之衆

生命《ニ》是《レ》時也告命符合《セリ》是《レ》亦　上宮
太子《ノ》広徳《ク》深遠《ナル》事《ヲ》演説而自《ラ》太子之
真像《ヲ》作《リテ》而有《ル》二御免一其後
聖人自《ラ》真影《ヲ》自《シ》画而直《ニ》有《ル》二　御免一
誠《ニ》御遺《イ》訓《ン》不レ可二勝《テ》訂《フ》一御門弟多《キ》
中《ニ》蒙《ル》二恩許一者《ハ》唯是《レ》一也可《シ》レ仰可レ信《ス》
広大深重之慈恩不レ可レ報《ス》不レ可レ付《ス》者歟
武州豊嶋《ノ》郡《リ》荒木《ニ》住《ス》
源海皈入之自《リ》レ古《ヘ》此《コノ》際《タ》所レ仰者《ハハ》　聖人
恩化之妙言《ン》一念発起住《ス》二平生業成
之安心《ニ》一造次《ニモ》必《スシモ》以《テス》二念仏《ノ》一行《ヲ》一顚沛《ニモ》必《シモ》
以《テ》二憶念称名《ク》一為《ス》二仏恩報尽経《ノ》営《ト》一自行
化他共《トモニ》同心《ニ》念仏《シテ》而
于レ時建長五年癸丑十月廿二日彰《ハシ》
前念命終之業成《ヲ》逐二後念即生《ノ》素懐《ヲ》一
春秋頽齢七十八歳
則源海聖人之御影木像有《テ》二御免一
安二置之《レヲ》可レ尊可レ信《ス》者《ノ》也穴賢々々

ここに紹介してきた『私記云』の文は、これまで内容不明とされてきた『謝徳講式』の一部分であるかのごとき書式であるが、そうでないことは次の指摘によって断言してよいであろう。

すなわち、不存の『謝徳講式』と何らかのかかわりあいをもっていたと考えられる現存の『源海因縁』とは、さきにも述べた実悟の『目録』によって同時に行われていたことから、この両者の間には大きな矛盾は無いものと推定でき、ここに『源海因縁』と『私記云』の文との内容を比較検討を加えてみると次のごとき著しい相違点を発見するのである。

一、『私記云』では源海の俗姓を具体的に日野安藤氏とする。これに関して想起されるのは寂室元光（一二九〇～一三六七）門下の松嶺道秀（一三三〇～一四一七）のことである。道秀行状⑮に、

禅師諱道秀。武州河越郷人。姓藤氏。安藤右典厩石（ママ）宗之六世後胤也。其俗也食邑于信州（ママ）之力石（・点筆者附す）

とあり、安藤氏がこの地方に当時在住していたことを示すものである。

二、『源海因縁』（以下『因縁』という）では、月寿、花寿を遊君の名とし、子息を花若、月若としているが、『私記云』では、月寿、花寿を子息の名としている。

三、『因縁』では武州荒木とあるのを、『私記云』ではさらに詳しく、武州豊嶋郡荒木⑯を宛てている。仏光寺の伝では江州荒木を、満性寺⑰伝では河州荒木をそれぞれ主張している。

四、源海の師匠を『因縁』では平太郎真仏としているが、『私記云』では善信（親鸞とは記していない）としている。このことは、親鸞面授の門弟とするための作為の結果と考えられるが、いまだ六老僧の一人と記していないのは、この思想成立以前に『私記云』の成立時点を置くことができ、『私記云』自体の史料的価値も一応認

めねばならないであろう。

五、没年記事についていえば『因縁』は出家因縁を記事内容としているので、没年までは触れていない。『私記云』では建長五年（一二五三）十月二十二日七十八歳とし、仏光寺の伝には弘安元年（一二七八）二月二十三日五十三歳と、あるいは五十歳とも九十歳とも言っている。しかし、これらはあくまでも寺伝であって、いずれも弘安三年十一月十一日付文書[18]に「光信（花押）」の署名をしているので、荒唐無稽な伝承で、事実は不明とする他はない。

以上が主な相違点である。

『私記云』の文と『源海因縁』の一致点といえば、わずかに出家の動機を二子の不慮の死に起因することくらいである。しかも、『私記云』では、源海伝を述べる中で、如意寺蔵の親鸞木像・九字名号・聖徳太子木像等の宝法物縁起までも組み込まれている。

以上、指摘してきたところからも明らかなように、『私記云』は如意寺の法宝物縁起的性格が顕著に現われており、『謝徳講式』と呼ぶには程遠いのである。

しかし、この『私記云』の中に、後世源海伝においてもっとも強調してきた、六老僧の一人とする思想はいまだみられないものの、親鸞面授の門弟とする思想はすでに定着している。六老僧思想の起源を知る重要な手がかりとなる史料としてその価値は高く評価すべきであろう（六老僧の用語最古の例は光明寺本交名帳とされていた）。

このことは、『謝徳講式』の散佚年代をも推測させるもので、さきに目録史の上から近世初頭にはすでに散佚していたことを明らかにしてきたが、『私記云』の一文の成立年代からも散佚年代を傍証してくれるであろう。

第二節　『源海因縁』について

源海の伝記史料の一つとしてもっとも信頼度の高いはずの『謝徳講式』が前述のように現存しないのであれば、談義本であるため信憑性は欠いているけれども『源海因縁』の現存することは注目されてよいであろう。

この書名については実悟の『聖教目録聞書』の中に、「親鸞聖人御因縁並真仏源海事一巻」とみえており、今はなき『謝徳講式』の名とともに収録していることは、本文が、当時両者共に行われていたことを暗示しているようである。彼の多くの自筆写本、手択本からは発見されていないので[19]仮に一歩譲って実悟がその本文に接したかどうかは、疑問は残るとしても、現存する諸本のうち、彼の活動時代と時を同じくする『因縁』が、本派本願寺、摂津小浜毫摂寺、上田市向源寺に所蔵[20]されていることが知られているので、一時期には両書ともに流布していたことは疑うべきではない。

何故か一雄以下、近世諸学匠編になる諸目録には『源海因縁』の書名はまったくみることができない。一雄を除く大方の諸目録には、『親鸞聖人御因縁』（『御因縁』のみの書名のものもあり）『真仏因縁』とは必ず載せており、それぞれ別行本として取り扱っていることから、向源寺本の外題「三上人御伝」や、『親鸞聖人御因縁秘伝鈔』の序に「三祖聖人之秘伝」とあるような親鸞、真仏、源海を一具とせずに分離していく間に『源海因縁』は忘れさられていったのか、仏光寺派との関係において故意に除かれようとしたものか、その辺の事情は明らかでない。

しかし、このようにまったく省みられなくなってしまったかというとそうではなく、現に近世の写本として大谷大学所蔵本（近世初期書写）と住田智見氏収集書中の恵空弟子恵山の書写になるものとの二本の存在が確認されている。豊田市如意寺の三幅絵伝（重文指定）とともにその開基源海に強い関心を示していた美濃安福寺の先啓了雅[21]も『浄土真宗聖教目録』に「真仏源海御因縁」として収録していたことは注目に値するである。

さらに注意すべきは、かつて筆者の発見した天理図書館所蔵の古浄瑠璃本『源海聖人』の存在である。これまで親鸞物古浄瑠璃として、親鸞・真仏についてはその存在が知られていたが、源海についてはこれにより初めて知られたのである。その素材となったのは前述の談義本『親鸞聖人御因縁』『真仏因縁』『源海因縁』であったことはこれら両者の筋書がまったく一致することによってそれを確認し得たのであった。古浄瑠璃『源海上人』については次章にその全文を紹介している。

このように近世に入って、浄瑠璃作家の目にとまるところに在りながら、写本はおろかその書名すら東西両派の学匠の脳裏には浮ぶことがなく、わずかに先啓一人注意していたにすぎないのは、あるいは源海が仏光寺の法統に掲げられていたことを意識していたためであったとも推察するのである。

いまだ現存する『源海因縁』の諸本すべての調査はできていないが、本書の成立背景、その過程を明らかにするために、宮崎円遵氏によって紹介せられた、毫摂寺本と筆者の調査した恵山本との対校によって得られた新事実をここに記して、談義本の本文が如何なる範囲において変容をとげる可能性をもつのかも併せて考えてみたい。

本書の成立背景についてはすでに宮崎円遵氏[22]も指摘しているように、親鸞、真仏、源海の法統を喧伝しつつ、坊守縁起をあらわして、妻帯の風習を強調している点から、源海を派祖とする荒木門徒の手になるものと推測されている点は的を射ているといえよう。毫摂寺本の本文構成上からもそれを指摘することが可能である。親鸞、真仏の二人の構成量と源海一人分のそれとほぼ全体を二分するのであり、源海伝が如何に重視されてきたかを示すものに他ならないであろう。あるいはもう少しおくれて荒木門徒の分流である仏光寺門徒の手によって成立したものかも知れない。次に毫摂寺本と恵山本の校異を一覧表にして掲げた。

	毫摂寺本	**恵山本**
1	文武二道はまうさぬところ	文武二道は申に及ばず
2	諸芸に長したまひたり	諸芸の達者なり
3	飛翌（比翼）のふすま（衾）のしたにかさぬるあひた	魮《ヒ》鮊《ホク》のかたらひあさからさるあひた
4	やがて当国四光山中山院の文殊坊ゑそ兄弟ともにのほせける	当国慈光山中山院の文殊坊へそ兄弟共に登りける
5	おさなきひとたち十三にこそなりにけれ	かの少年達十三にこそなりにけれ
6	玄宗皇帝のやうきみかひらうのねむり	元（ママ）宗皇帝の楊貴妃に階老の眼（ママ）
7	楽天はんそやりうのこいをねたみし	楽天楊柳のこびをねたみし
8	むまをもおきてゆくへけれとも	馬をもおきてかちにても行へけれ共
9	ふゆふかくなりけれとも、いさきよきこそてのひとつもなかりけり	冬深くなりければ、里より児達の衣替《モヘ》して登すれとも、いさぎ（そカ）小袖の一も登せさりければ

10	みのありさまかやうになりはてさふらううゐは	身の有様果報つたなく候て母におくれ候ひしよりいつしか加様に見苦布(ママ)きさまに成はて、候へは
11	御ゆるされをかふむりて、けうよりは人のましはりをはとゝめ候はんとのたまゐは、師匠おほせられけるは、あまりに御いたはしく候ゐとも	然るへくは御ゆるされを蒙て今日よりは人のまじろひをは留め候はんと歎きくとき眈《ニマ》申されけれは師匠被レ仰けるは母うへの御渡眈はさこそ何れの児立(達)にも劣り給はすこそ御渡ありしにをくれ給ひて幾年もなきに引替たる有様餘りに労はしく見まいらするにつけてもおやならぬ中とは思申はそゝろに人しれす墨染の袂をぬらし候へとも
12	御いてたちは　元三・節会・大師講三度の出仕に千貫の御襲(装)束にては候つらん　当年はかりは法師もみつきまうしたけれとも　御親父のとをくにましますためにも　しはらく御隠居候ゐとありしかは　たのむ木のもとにあめのたまらぬここちして　その日より障(陣か)屋にひきこもりぬ　ことゝふものもなきまゝに　すきゆきたまひけるこそいたはしけれ、うきなから……	御出仕はたやすからす元三・節会・大師講三度の出仕に千貫の御襲《シヤウ》束にて候ひつらん当年はかりは法師も見つき度は候へとも寺役につけてもひらふ是非なく候ふにより存知なから叶はす候ふ御親父の遠くましますためにも暫く御隠居も然へく候と有けれは内々晦を乞て人のまじろひをも留めんといは、師匠いかやうの方便にてもしばしとは留め給ふへきかと思たればたのむ木の本《モト》も雨のたまらぬ心地して其日より部屋に引籠りぬ事問者《フノ》もなきまゝに母うへの事

		を思ひ歎き甲斐なき者を忍泪をかたてに過行給ひけること労はしけれつなかぬ月日なれはうきなから……
13	かくそすさみける	かくそくちすさみける
14	御ために御命日もちかつけは、経をもあそはし念仏をもまうしたまはんをこそしかるへくと、やうやうにまうしけれは、ちこおほせられけるは、たゝいまれんしをあけて候ゑは、……	已《ニ》一周忌の御命日近付給へは御為に御経をもあそはし念仏をも申させて給て一仏浄土の縁をこそ期し給へきにさのみなき給妄のうたてさよ其親に別れてなく泪は孝養とは申せともをや又帰て是をみる眈は恩愛妄執のきつなきれずしてよみちのさはりと成と申候ことなるにそれ有為のありさまたれか无常を遁れ何れが別離の悲みに逢さらんうつゝをか一万歳西王母か九千歳彭祖か七百歳みな名のみ残りて迹もなし震旦の昔は楊貴妃去て皇帝の御歎き季夫人かかくれぬれは漢王の思《ヒ》我朝には三河の入道家照は妻の愛寿におくれその別を悲て野辺にすてたる死骸に七日そひ臥して舌を口に含てしたひなげきしかとも神ひ去りにし形なれは古《キ》家の汚たるか如くして骸《シカバネ》は乱《レ》色衰《ロ》へぬれは舌の根くされて虫のわき出けるを見てかの

		家照は代《ヨ》を厭て行ひすまして後天竺《チ》（ママ）へわたり清涼山に登り正しく大聖文殊を拝し奉ることた丶別離の悲より仏果に至り穢土の習子をさきたて丶親なけき妻を先立て夫悲み夫にをくれて妻子啼泣すおくれ先立ためし御身一人にかきらす長生を持つものみな昔語りになんぬ況や閻浮世の譏に六十年の定命そのうち不定なり御身は少《ナフ》ましませとも母を先立給へは同《シ》別とは申せとも順次の御歎なり今こそは左様に何事も心に叶はせ給ハぬとも御成人あらは御父の跡をは敵（ママ）子にておはしませは他の争ひ有へからすなんといさめ御歎かへす〳〵不ㇾ可ㇾ然《ル》よしやう〳〵に当けれは只今連子をあけて候へは
15	父は関東に住すれは	関東に父は住すれは
16	なにことにてもかたりたまゑとい丶けれは、もしきこしめさすは自害すへしまてそかたくまうしけるさうにはおよひ候、何事にてもうけたまはらんとまうしける、ちこよろこひてまうしけるは、ひとの母にいきてものをおもはせんと存し候そや	その命をめせと申上は何事にても語《リ》給へき丶申さんと云けれは申し出したらんを若し聞召すは自害すへきまても詞をかためられけれは左様にや及《ヒ》候何ことなりとも承らんと申けれは人の母に生《イキ》て思を思はせんと存し候そや

17	はなわかとのまうしけり、よな〳〵はみつからかさむかるらんとて夜半ほとにきたり候　つき夜は仙水とをりにきたり候らうかと仙水とにてまちたまはゝ子細候ましといゝけり　うけたまはるとてわかへやにかゑり	花若殿聞てされはこそ此《ノ》事われも然るへからす振廻とは思申入るゝにつけてさぞ不得心なる者此《ノ》意にて三宝の御加護なくて母にもとくおくれてうきめをみるらめと御心中の程も憚《リ》入ては候へとも恨の余り継母に思《ヒ》知せては叶《フ》ましきと計の心を先としてはぢ入なから申なり且は父思召ん処且は人の口難と云又左右の趣さの如なる弟を殺す事かはゆさといひわかれ出す事なれともとてさめ〳〵と泣給ひけり是をうつへき様はよな〳〵自《ミ》かさむからん事を悲みて小袖をもて来《リ》候か仙水通につ子は来《リ》候その辺にて待給はゝたやすくうち給へしと云なり承《ル》とて此《ノ》僧は我《カ》部屋に帰《リ》
18	それゑまいりたまゑ、観音勢至二菩薩われらなりとて	それへまひり給ひて御弟子となりて共に衆生を済度し玉へ如塔妙心経云三万恒河の沙《（ママ）》のかす全の塔をくみ供養する功徳よりもひと一人すゝめて念仏信せしめる功徳はなを勝れたりと説給へりと云て観音勢至二菩薩は我なりとて
19	かいさんせんしのころなりしを、隆光造栄《（ママ）》したりし	開山《ノ》寺なりしを隆光再興したりし故に本来不思議の

ゆへに、本来不思議の利生をかふむりて、現世には一宗相承の大師となり、後生またうたかひなし、真仏源海これなりと云々	利生ヲ蒙テ現世ニハ一宗相伝ノ大師となり一切衆生を化度し後世には還来穢国して人天を救ひ給はんこと疑なしと云々

以上、十九例の相違諸相を掲げてきたところでも知られるように、一つに恵山本に著しく説明的追加語句の多い点、二つに仮名表現が漢字表現となっていることなどが挙げられ、なかでも第十四例の大江定基伝説は、近世初頭に本書を素材として成立した古浄瑠璃『源海上人』にも、原型本にもあったとすれば、表われても当然であろうと考えられるのに、恵山本のみに出ているのは、少なくとも、恵山本は古浄瑠璃『源海上人』の成立圏外に存在していたことを示すと思われる。『源海因縁』の諸本対校の作業を進めて行く中で、異本成立の背景を明らかにするためにも注意しておきたい一項である。

また最後の第十九例において、源海の地位の向上がみられ、一宗相承の一門弟から、師匠の位に移っている点は恵山本の原本が少なくとも毫摂寺本より、その成立時期の遅れることを意味していると考えられる。

以上は『源海因縁』における、注意を要する異同関係を一例として示したにすぎない。全体にわたっての小異は随所にみられ、現存写本のすべてにわたって校異が必要でわずか二本の対校からは、それを指摘する意義は薄いと考えられるのでここでは省略することとした。

しかし、この『源海因縁』ほどではないが、これと一具であった『真仏因縁』について、岸部武利氏蔵[23]の近世初期の写本と思われる『真仏因縁』を、また毫摂寺本のこの部分と対校してみると異同関係は複雑であることも明らかになったのである。

さらに一歩進んで考えてみると、宮崎円遵氏によって紹介されてきたように、『親鸞聖人御因縁』に対する『親鸞聖人御因縁秘伝鈔』や『親鸞聖人由来』等と、毫摂寺本『源海因縁』の部分と恵山本の『源海因縁』も同様の関係にあったと考えられるのであり、このような現象は北西弘氏によっても『熊野教化集』[24]にそれを指摘されており、これらを含む談義本の一つの大きな特色であろう。

このような現象は、談義本の源流ともみられる説話文学の作品のうちにも指摘され得るのである。『沙石集』における神宮文庫本『金玉集』や満性寺所蔵の『見聞聚因抄第四』[25]としての『沙石集』の抜書がそれに当たる。

おわりに

以上、源海伝の基本史料である『謝徳講式』、『源海因縁』の二書について論を重ねてきた。個々の談義本の諸本異同の研究は始まったばかりで、今後の成果に期待するところである。またその他、仏光寺系の各種交名帳、絵系図、光明本尊等についても論及すべき点がなお数多く見出されるのである。

註

（1）『大谷学報』第一〇巻四号（一九二二年）。
（2）『大谷学報』第二一巻三号（一九四〇年）。
（3）宮崎円遵『初期真宗の研究』（永田文昌堂、一九七一年）。
（4）拙稿「天理大学蔵加賀掾正本古浄瑠璃『源海上人』について」（『同朋仏教』第六・七合併号、一九七五年）本書第一部第二章。

（5）『続真宗大系』第一五巻史伝部（国書刊行会、一九七六年）九二頁。
（6）妻木直良編『真宗全書』第四九巻真宗全書目録（蔵経書院、一九一五年）三頁。
（7）『真宗学報』第二号（一九二七年）所収。
（8）成立年次不明、恵空自筆本。奈良県岸部武利氏所蔵。
（9）元禄四年（一六九一）成立か。『叢林集』十巻本所収。
（10）寛保元年（一七四一）成立。
（11）妻木直良編『真宗全書』第四九巻「真宗全書目録」（蔵経書院、一九一五年）一五九頁。
（12）成立年次不明、自筆本。奈良県岸部武利氏所蔵。恵空の『仮名書目録』とは同名異本である。
（13）愛知県豊田市力石町。
（14）『絵讃控』所収。
（15）『続群書類従』第九ノ下伝印（群書類従完成会、一九六九年）六九九頁。
（16）東京都新宿区荒木町。
（17）愛知県岡崎市本菅生町。
（18）『続真宗大系』第一五巻史伝部（国書刊行会、一九七六年）二五頁。
（19）宮崎円遵「願得寺実悟の生涯と業績」（同『真宗書誌学の研究』永田文昌堂、一九四九年）二八一頁以下。
（20）宮崎円遵『初期真宗の研究』（永田文昌堂、一九七一年）三八六頁。
（21）「大谷遺跡録諸寺異説断妄」「開祖聖人伝絵拝鈔記目録」（佐々木月樵編『親鸞伝叢書』無我山房、一九一〇年）。
（22）宮崎円遵『初期真宗の研究』（永田文昌堂、一九七一年）三八六頁。
（23）奈良県生駒郡三郷町。
（24）北西弘「熊野教化集について」（『大谷史学』第四号、一九五四年）。
（25）拙稿「『沙石集』流伝余考―新出満性寺抄本をめぐって―」（『同朋仏教』第一三号、一九七九年）。

加賀掾正本古浄瑠璃『源海上人』について

親鸞を題材とした古浄瑠璃親鸞物といわれる一群の作品の存在は、昭和初期に穎原退蔵氏[1]によって取り上げられて以来、衆目するところとなり、つづいて、禿氏祐祥氏[2]、小川寿一氏[3]、北条秀雄氏[4]、筧五百里氏[5]らによって、次第に明らかとなってきた。そしてその成果は、真鍋廣済氏の手によって『古典文庫189　親鸞文学集[6]』一冊に集大成されたのであった。今これに収録されてきたものを紹介しておくと次の五篇である。

一、しんらん記
二、しんらんき
三、よこぞねの平太郎
四、浄土さんたん記幷おはら問答
五、しんらんき（仮題）

これらの諸書は、いずれも東本願寺側の厳しい取り締まりにあい、現存するものはきわめて少ない。すなわち、上演、板行の最初から、俗化を理由に、正保五年（一六四八）、明暦元年（一六五五）、寛文十一年（一六七一）の三度にわたる興行停止処分があり、寛文十二年（一六七二）にはついに板行も停止されるに至ったという経緯がある。

このような厳しい取り締まりにもかかわらず、作品中の登場人物の改名、あるいは改作等をなしてカモフラージュして、上演板行を続けてきたものがあった。その一つがここに紹介する『源海上人』である。筆者は本書の存在を『国書総目録』で初めて知ったのであるが、すでに斎藤月岑の『声曲類纂』に加賀掾並門弟の語ったものの一つとして[7]、その名を見ることができる。それ故、浄瑠璃研究者の間では、早くから知られていたようである。

しかし、本文中には親鸞の名は発見できず、登場人物の一人源海の師匠平太郎真仏とあるべきところを生仏上人と改名していたので、親鸞物の古浄瑠璃の一種とは何人も気付かずにいたのであった。このように登場人物をカモフラージュしている点から、親鸞物禁圧の影響下で成立したことは疑うまでもないであろう。というのは、寛文三年（一六六三）『しんらんき』を出版して、その後の取り締まりで辛酸を嘗めつくしてきた山本九兵衛その人が本書の板元となっているのである。それゆえ、さきにも述べた古典文庫『親鸞文学集』と同じ叢書で、これよりも先に出版された『加賀掾段物集』所収の「同年譜」[8]に本書の解題が附されているにもかかわらず、『親鸞文学集』にも収載されることのなかったものである。

さきの五篇の作品に、この『源海上人』を加えて一連の親鸞物としてみるとき、これらの古浄瑠璃作品成立の背景に、真鍋氏もすでに指摘[9]しているように、真宗における談義本の存在が無視できない。これらの作品の主人公は親鸞、平太郎真仏、源海の三人に限られていることなどを考慮に入れる時、一つの談義本が想起されるのである。すなわち、実悟が『聖教目録聞書』[10]の中で「親鸞聖人御因縁並真仏源海事」と記しているものである。この『親鸞聖人御因縁』の具体的内容等については宮崎円遵氏の解説[11]に譲ることとするが、古写本には室町中期のものが二、三現存するのでその成立はさらに古いものであったことは確実である。古浄瑠璃諸本と本書の内容を比較してみると筋書はまったく同じであり、ともに親鸞、真仏、源海の三人を取り扱っていることからもこれが作品の素材となっていたことは明らかである。

以上のことから、浄瑠璃作者が、当時一般によく普及していたものを題材として選んでいることは明らかとなった。しかし、同一素材から生まれたこれらの親鸞物の作者が一人であるのか多人数であるのかという問題は今後の検討課題として残さざるを得ない。

さて、ここに史料紹介するのは、『源海上人』と題する古浄瑠璃正本であり、天理図書館に一轄収蔵されている宇治加賀掾（一六三五〜一七一一）の正本中の一冊である。装幀は薄葵色表紙に銀泥下絵をかくという入念さで、本書が献上本[12]であったことがいわれていることも頷けるであろう。大きさは縦二五・五×横一七・五センチで袋綴、八行詰、本文四十四丁となっているので、前掲の古浄瑠璃親鸞物の中ではもっとも長い作品である。本文の全体の構成は、五段物で四段目の中程に「花寿道行」を置く、加賀掾本の典型である。出版年次を記していないが、横山重氏は、『加賀掾段物集[13]』の中で延宝末から天和初年頃の刊行とされている。[14]ここに全文を掲出し、研究に資することとしたい。

註

（1）古浄瑠璃「しんらんき」（『龍谷大学論叢』第二八二号、一九二八年）。
（2）古浄瑠璃「しんらんき」（『親鸞主義』昭和五年一月号、一九三〇年）。

（3）「親鸞聖人を主題とせる古浄瑠璃の停止に関する新資料」（『龍谷大学論叢』第二九一号、一九三〇年）。
（4）「浄瑠璃本平太郎記版行始末記」（『仏教文学』昭和五年五月号、一九三〇年）。
（5）「よこそねの平太郎」（『仏教文学』昭和五年十二月号、一九三〇年）。
（6）真鍋廣濟編『親鸞文学集』古典文庫189（古典文庫、一九六三年）。
（7）岩波文庫本、九四頁。
（8）真鍋廣濟編『親鸞文学集』古典文庫189（古典文庫、一九六三年）二五七頁。参考、二〇四頁、二〇八頁。
（9）同右、一八六頁。
（10）『真宗学報』第二号（一九二六年）所収。
（11）宮崎円遵『初期真宗の研究』（永田文昌堂、一九七一年）三七七頁～四〇四頁。
（12）『天理図書館稀書目録』和漢図書之部第三、源海上人条（天理図書館、一九五一年）。
（13）真鍋廣濟編『親鸞文学集』古典文庫189（古典文庫、一九六三年）二五七頁。
（14）註（7）参照。

天理図書館蔵
古浄瑠璃
加賀掾正本　源海上人

翻刻凡例

一、本書は天理図書館所蔵本をもって翻刻したものである。
一、原本の体裁を残すために、行数、字数、句点は本文のままとしたが、正本であるため全体に節譜ならびに漢字には大半仮名が附されているが、印刷の都合上これをすべて省略した。ただし、・・ハル・フシ・中・色・地色・ヲクリ等は本文のまま残すこととした。また二、三の特殊な仮名は残すこととした。たとえば「死《しに》」等のごときもの。「給」のくずし字については、すべて「たまふ」と開いて記した。「斗」（＝計）はそのままとした。
一、難解な語句に限って、漢字を（　）で行間に附けておいた。
一、変体仮名はすべて印刷の都合上普通の仮名に改めた。
一、この翻刻は天理図書館本翻刻第63号の指定を受けて行ったものである。

以上

（1オ）

源（内題墨書）　海　聖　人

扨も其後《序》世中の人の心の。浮雲に
。そらがくれする秋の月□（虫クヒ）暁を松の
色。正木のかづら長き世ハ五十六億七
千万歳とかや。此二仏の中においてて
。有がたや西方極楽世界の教主非生
に生を現じ。凡夫直入報土の縁。万
善余行の絵《ゑ》様《やう》なき荒木の源海聖
人は化現し。易行の御法をひろめたまふ

（1ウ）

其俗姓を訪るに武蔵国の住人駿河守（虫クヒ）
藤原朝臣隆光とて《カロシ》累代弓馬の
。名士也。《中》北の御方《ウ》ハ《ウ》花寿御前と申て
いと物《ウ》のミやび（雅）ふか（深）く。よろづい《ウ》ミじく
渡らせたまふ其《ウ》御弟に。花若丸とて十《ウ》三歳
。隆光養《ハル》育ましく〱て御いとをしミ浅
からずしかりとハ申せ《中》共。北の方の御《ハル》腹に
。世続のなき事を常々ほい（本意カ）なく思召。やた《スエテ》け

（２オ）

心のひとつなく。引手あまたに弓張の。月
寿といへる遊君をかたほとりにかくし置
。年比ちぎり此御中に月若丸とて十二歳
の御子あり。されども北の御方へハふかく。つゝ
ませたまひけり。扨御普代の郎等（覚）に。稲村
源太時国とて内外鉾鏥の侍たり。比し
も弥生末つかた四方山々の花盛。見まく（虫クヒ）
ほし□（虫クヒ）と月寿よりひそかに文をこしけれハ

（２ウ）

。実に此比の春雨にさぞ心地よく桜花
。使ハ来り馬に鞍それ〳〵とのたまひて
。歩儀のしつらひことさまに花見に出
させたまひけり。実世の人の。子故に
まよふ親心。爰に北の方の御母上常に
はらあしき本性にて。六十《むそじ》余りの老
の波たつ年月ハ重れど。後世の道さらに
うとく。現世をいのる心から我子の花若を

（3オ）

てうあい《(寵愛)》し《中》。哀隆光の養子《ウ》にもと年比《ウ》
思ひし甲斐《ハル》もなく。月寿の腹に月若
とて御子のありと伝へ聞。しんゐ《(瞋恚)》のほむら《(焔)》
身をこがし稲村源太を近付て。涙《スヱテ》にむせ
び始終を語り。是《地色中》を其儘置《ウ》ならバ次第《ウ》
に花寿《ウ》わきに成。他人《ハル》の家とならん事
鏡にかけておぼゆるぞや。何《ウ》とぞ御身を頼《たのむ》
ぞと身《フシ》もだへしてこそ《ハル》なげかるれ。源太《地色中》。聞□

（3ウ）

あへず。誠《ウ》に是ハ我君の御分別《ウ》ちがひとや
申《色》さん。去《詞》ながら花寿さまのつよく御異
見ましまさば。さすが御本妻と遊女とハ
覚しかへられじといへばいやなふ。あの花寿ハ
わらハに似ぬうつ《(虚)》けにて。りんき《(悋気)》するすべハ
露しらず。何とぞ其智恵つけたいがェ、是
源太。幸けふ《(今日)》ハ彼月寿隆光殿と花見に
出しと聞なれバ。御身花寿をたばかり《(謀)》出し其

（４オ）

幕近くまくうたせ可しかしの二字この様子をミせたらん
に。いかにあはう《(阿保)》の花寿成を少ハむねに
もゆる火を。こぶん《(子分)》そばよりたき付てにく
しと思ふ月寿めに。はぢをあたへ来れと
あればゑせかたうど《(方人)》する源太にて。是くつ
きやうの御思案花寿さまの御前を。能々つ《(繕)》
くろひましませさあらハしたく《(支度)》いたさんと。俄に
用意をしたりしハよしなかりける　たくミ也

（４ウ）

。かくとハいさや。白雪にまがふ花寿のだて
姿。こしもとかぶろに至る迄。ゑんになま
めく花染の。袖をかざしの桜がり。嵐に
たどる。道辺に。幕春風にしぼらせて
各《おの〳〵》　内にぞ入たまふ。隆光の御幕
には月寿月若いざなひて。くむ盃のゑひ
ご丶地。もつれて舌のしどけなく。又花の
春ハ清水の。只頼めたのもしき春もち丶

（５オ）

の《フシ》。花ざかり《フシ》。うた《ハル》ひ。どよめき《中》おハします《フシ》。花《ウ》
寿の前ハ《ハル》かくとだに。し《中》らぶる琴のいとくしく
。爪音けだかくかきならし。《哥ハル》花のはるの《中》。きん《ハル》
ぎ《中》よく。くハふうらく《中》に。りうく《(柳花苑)》ハ《ハル中》ゑん。りう
くハゑんの。うぐひすハ《ハル中》おなじ。曲の。さゑ《ハル》づり《中》
と《ウ》いきん打《地》か《ハル》さね。引返したまひしを隆
光ハ聞《色》召。《詞》エ、おこがまし一手仕るといはぬ
斗の風情。にくさもにくし哥よみてつ

（５ウ）

かハさんに定てこゝらの田夫《でんぶ》者《もの》。返哥に
つまり座にたまらずにげゆかんハ疑ひ
なし。《地中》それを肴に酒《ハル》のまんと。花の枝に
たんざくつけめのわらハ《(女童)》に仰付。それ《ウ》〳〵と
有けれバ承りてめのわらハ。する〳〵と
はしり行御笑草といひさまに。幕の
内へなげこミあと《フシ》をも見ずして帰りけり。《ハル》心《フシ》
ならずも。北の方。《地中》取上《ハル》て見たま《中》ふに《フシ》うどんげの

（6オ）

花まち。得たる。心地して。ミやまざくらにめこそうつらねど。よみもおはらず御顔をあかめ。なふ此たんざくハ我妻の御手にまがひさらになし。扨ハ内々聞及ぶ月寿とやらんをいざなハせ。出させたまふを夢程もしらで来りし我心。さぞやまばゆくおぼされんなふ時国。そちハ此御催《もよふ》しをしらざる事ハ有まじきが。さりとてハきよくも

（6ウ）

なやはや〳〵《(早々)》爰を立のかん。とく〳〵とのたまへバ源太聞もあへず。いや是けっかうだても時による。目前《もくぜん》の御ちじょく《(恥辱)》をそれともおぼさずし。爰をのかんのいや曲もないのとハさりとてハもどかしく。よし〳〵賢女だてにて此所をのきたまふ共人ハそれともいはずして。哥の返哥につまりにげたるなんどと申べし。月寿が気前

（７オ）

もあるなれば。ひらに御返哥あ《ウ》そばせと
し《フシ》きってすすめ申けり。花《地色中》寿是非なく思《ハル》
召。こがしたる扇のつまに取《ウ》あへずの御返哥
あり頓に源太にわたさる《申》ゝ。源太悦《ウ》びあら《色》
嬉しや。是《中ウ》にてはぢをす《ハル》がんと。桜に扇
折かけて編《ウ》笠ふかく腰かくし。隆光の
おハします幕のあたりにう《色》づくまひ
。さ《詞》いぜんハ有難き御哥拝見仕り身に

（７ウ）

余りて存候。しかし野人《やじん》の女子共。御返
哥とハすいさん《（推参）》ながら贈答仕り候とは
づる風情にもてなせは。隆《地色》光《中》につと
打ゑミ《ヲ、ウ》　しほらしく〳〵《ハル》。先其哥を
こなたへと。取《ウ》上吟じ見たもふに足引《フシ》の
。山《下》桜戸をま《中ウ》れにあけて。まだミぬ花の
。色をミるかなとよみもお《ハル》ハらせたまハぬに。月
寿から《ウ》〳〵と打《色》笑ひ。誠《詞》に数ならぬ身

（８オ）

のよくもつづけて侍《さぶろ》ふものかな。なふ酒之介《みきのすけ》。いやしき者ハささ《（酒）》をこそよろこべ。あの男に一つもれ《（盛）》とあれバ源太はらにすへかね。笠ぬぎすて幕の内へつつと入。何賤敷《いやしき》者に酒のませよとハ某。事成か。ヲ、いやしくも我ハ。君普代の家臣稲村源太といふ者也。定て御身ハ音にきく月寿といへる古狸《ふるたぬき》ならめ。よくも〳〵我君をたぶ

（８ウ）

らかしてハ有けるよな。エ、是に付ても我君の御所存こそはかな《（果無）》けれ。御本妻をよそになしどこともしれぬ遊女などにほだされさせたまふ事。正敷《（まさしく）》御家はめつのさう《（破滅ノ相）》やあ月寿。此源太があらんかぎりハ心のまゝにせさせじ物をとはったとにらんでのゝしれバ。酒之介たまりかねやあ源太。一国一城の主が一妻一妾《せい》に心をよするが

（９オ）

何と浮世になきならひか。よしそれとても
忠信を思ひ。君をいさむる心底ならバ何とぞ
様子も有べきに。途中にてのぞんぐ《(存外)》ハいさあ
今一言はきだせ。其座をさら《(去)》せじと太刀
のつかに手をかくる。《地色ハル》此いきほひに恐れて
や生れつきの憶病にや。源太おくれて見
ゆる所へ花《ウ》寿かけつけたまひつゝ。《ア、》う《ウ》らめし
やそ《ウ》こもにごらぬミづからが。なすわざと

（９ウ）

おぼされん人《ウ》々の心の内。さりとてハ《ウ》はづ
かししょせ《ウ》ん浮世ハ是迄と。源太がたち
に取《色》付たまへハ隆光とびつきおしとどめ。《ヲ、》
尤《地色中ハル》也理り也。重々某あやまりたり此上ハ
何事も。御《ウ》身の心にま《ら》かすべしひらに
しづまりたまハれと手をす《(摺)》ってわ《色》びたまへバ
。何《ウ》いかやうともミづからが心に任せたまハん
に。しづまれよとのた《中》まふか。扨かたじけなや

（10オ）

去ながら。わらハ月寿のまへを日のもとの
神かけてねたむ心にさぶらハぬを。もしも
さもしやおぼさんかとあまりやるかたなき
ままに。あるにもあらぬ振舞ハかへすく
もはづかしや。なをもねたまぬ。しるしにハ
。月若をわらハが子にもらひ。月寿の前をも
相かハらず。ミづから諸共二世かけて。契りを
こめてたまハるべし。しかるうへハ酒之介も源太

（10ウ）

と中《(仲)》をわぼく《(和睦)》して。君をしゅご《(守護)》しくる丶
より外別に望ハなしとあれハ。隆光はつ
とかんにたへ涙をはらくとながし。やれ
両人の者共。むかしハしらず今の世に
。かかる賢女のあるものかハ此了簡をむに
なして。たがひにいかるハひが事ぞさら
りと中《(仲)》をなをるべし。扨又花寿の望
にまかせ月若ハ御身の子。月寿ハ今より

（11オ）

い《ハル》もうとに。た《地》のむぞ〳〵花《ウ》寿とて親《ウ》子
兄弟中《(仲)》なをりの。御さかづきもかさなり
て御《ギン》きげんよろしく帰《ウ》らせたまふ北の方の
御心底。いこく《(異国)》ハしらず本朝に又と。たぐ
ひの有まじきあつはれ。賢女のずい一やと
ミなかんぜぬものこそなかりけれ

二段目

扨其後。す《中》でに卯月《ハル》のはじめつかた

（11ウ）

隆光の御やかたへ。月若いらせたまへハ千秋万
歳のちはこの玉の盃に。皆悦びの色《ウ》を
なし上下《フシ》の丶めきあへりけり。其《地中ウ》比鎌倉
頼経公。従五位《ウ》上にじよ《(叙)》したまひ右少《ウ》将に
に《ハル》んぜられ。何くれの御悦ひに近国《ウ》の諸
大名。何れも参勤致さるるよし隆光《ウ》ハ
聞召《中》。稲《ウ》村源太を召れかや《ウ》う〳〵のしゆび
なれバいそぎ鎌倉《ウ》に参《ハル》るべし。汝ハ留主

（12オ）

を守り諸事酒之介としめし合せ。扨花若《ウ》月若を当国四光山中山院へのぼせ。文始致させよと念比に仰付。吉日をゑらハれてはや鎌倉へと《三重》〽急るる。時《フシ》こそ来れと。《地ハル》北の方の御母上稲村源太をひそ《色》かにまねき《(招)》。やれ《詞》日本一の時節なりとてうし《(銚子)》かハらけ《(土器)》を出し。此毒酒にて月若と又我ままをはたらくといふ酒之介めをもりころせ。《地色中》千に《ウ》

（12ウ）

一つもさと《ハル(悟)》られて。のがれぬ時のためなればかくしぜいをこしらへ置。理不尽に打殺せ若人とハ《(問)》ゞ両人ながら狂乱したりとこ《(答)》たふべし。はや〳〵とのたまへハ源太につ《色》こと
わらひ。《詞》何伏勢迄もなく一ふくにてころ《地》りと《ハル》致させ申さんと。てうし《(銚子)》かハらけ《(土器)》取持て。月若のおハします一間《ひとま》の《ヲクリ》〽方へぞ急ける角《フシ》とハしらて。《地ハル》月若ハ御母月寿の

（13オ）

御方へ。酒之介をつかハされ只独居たまふ所へ
稲村源太参り。《詞》御隠居よりの御使とて
口上の趣一々くハしく申上。さぞ〳〵殿の
御留主にて御徒然《ごとせん》に渡らせたまハん。それに
付此酒ハ。御隠居の常々きこしめさるる
薬酒にて候が。御気ばらしのため少ながら
進上致れ候といへば月若聞召。《地色中ウ》誠に御志の
程さり《ハル》とてハ前《中》々。御《ウ》老躰の事なれバ我

（13ウ）

こそ御見《ウ》廻に参《ハル》るべきに。却て御懇請に
あづかる段とかう申上がたしと。御身心得
申《ウ》てたべとよに《フシ》うれ。しげにのたまへバ。《地色》源《中》太聞
て御《ハル》満足のよしよろしく申上べし去《色》
ながら。《詞》御徒然にもましまさんに某にお抄《しやく》
仕り。御快あがるを見て帰れとの仰なれハ
。先《地色中》々一《ハル》つとすゝめけりかゝるあやうき折《色》
ふし。酒《中ウ》之介清行ハ俄にむ《ウ》なさハぎせしと

（14オ）

道《ハル》より取てかへし。物ごしに。立《色》聞し。さ《中》れば
こそ毒《ハル》酒にて。若君をもりころさんはかり《（謀）》
事あさ〳〵しきたくミやとかけ《ウ》出《色》んとし
たりしが。いや〳〵何《ウ》を証拠に毒《ウ》酒と云
しる《ハル》しもなし。自然まことの酒ならハ却て
こなたのあやまり也。いかがせんと思う所に月
若かハらけ《（土器）》取上て。すでに飲んとしたまへバ
今ハたまらずつゝと出。かハらけ《（土器）》取て《色》をし

（14ウ）

いただき。《詞》御隠居さまのいかに仰が忝とて
。まいりもつけぬ薬酒拙者めが、《（た脱カ）》すけ申さん
と。《地色》つ《ル》つとほしてあつ《色》はれ御酒《こしゅ》や候。ま《ハル》一つ
下され候ハんと引受て二《色》つほし。《詞》さあらバ
源太殿へ慮外申さんとさしけれバ源太
奥《（興カ）》をさまし。いや此盃のもとハ月若さま
なれバ。あなたへしんぜ《（進）》られよといへバ酒之介
聞もあへず。《ム》、我が盃を御辺ハきらひ申

（15オ）

さるゝか。弓矢八幡いやでもさす《(刺)》おゝでもさ
すとたち《(刀)》に手をかけこみかくる。いや何しに
きらひ申さんとふるひ〳〵取上《ケ》て。飲まね
にもてなせバ清行から〳〵とわらひ。何と
薬酒ハ飲にくき物成か。へやずミ《(部屋住)》の事
なれば御馳走致さん風情なし。いでさかな
申さんとやにハに源太を取ておさへ。やれ侍
畜生め。勿躰なくも三代相伝の若君へ

（15ウ）

かかるたくミをしけるよな。《地》エ、はら立《ハル》やと首
をかかんとする所へかくし置たる兵共。一度
にはっとかかりしをもの〳〵しやと取てハ
なげ。引よせてハ人つぶてはらり〳〵と《三重》
〽なげにけり手《フシ》ひどかりける。《地》其隙《ハル》に源太
はう〳〵にげのびかくしせい諸共に。間の
小門さしかため弓《フシ》よやりよとひしめきけり
。清《地色》行は《中ル》がミ《(歯噛)》をなしやれ此《色》奥《(興)》者。《詞》爰をわけて

（16オ）

勝負をせよと門のかぶきに手をかけをし《(押》や《破)》ふらんとしたりしが。《地色》いや《中》〳〵爰《ウ》にて討《ハル》死せバ。たれ《ウ》有て若君を見立申さん人なしと。思ひ返して立《ウ》帰り月《ウ》若君をおひ参らせ。うしろのかべ《(壁)》を《ウ》こへ《(越)》んとせしがな《ギン》《(南)》無三ぼう浅ましや。心ハやたけに思へ共毒《ウ》酒にしやうねミだれしと。かしこに。まろび爰にけ《色》しとひ。エ《中》、口惜や是迄也。いやしきもの、手にか《ウ》ゝり

（16ウ）

むなしくならせたま《ハル》ハんより。御はら召れ候へといさめすゝ《(進)》め申《ウ》所へ北《上》の方はしり出。なふなさけなや清行わらハが命ハとらるる共。此《ウ》子をいかで殺さんやとすが《スエテ》り付てぞなげ《(歎)》かるる。清《地色》《中》行なミ《ハル》だをはら〳〵とながし。ア、さり《ウ》とてハか程迄大節成御心に。引かへたる母《ウ》上の御所存思へ《スエテ》ば。〳〵うらめしや。《地色》此《中》上ハともかくも若君の御事を。ひとへに頼《ハル》奉ると。いひおく

（17オ）

詞もよハ《ウ》〱とうしろ《(後)》へどうとたふる《(倒)》れハ。月
若おぼへずすがり付こゑ《フシ》をあげてぞ《ハル》なき
たまふ。さ《地》れ共花《ハル》寿かい〲しく。ア、ぜひもなし
月若となミだながらに手をとりて。おくを
さして入たまふあはれ《ヲクリ》⌒なりける。次第也。さ《地色》れ共
や《ハル》かたの大勢清行《ウ》が勇におそれあへて近
付ものも《中》なし。源太物《ウ》かげよりさし《色》のぞき
。《詞》エ、清行めハもはや死して有けるぞ。こわい

（17ウ）

事ハなけれ共。とてもくるひ死《しに》をしったれハ
態と引て有けるハと。地色しや《ハル》立かかりくびを
とらんとする所をはね返し取《色》ておさへ。おの《ハル》
れをこそまちたれと首ねぢきりてかしこ
にすて《(捨)》。跡《ウ》につづきしや《ウ》つはら《(奴 腹)》をじうわう
。むじんのミだれぎりはらり〱となぎた
ふし今ハ《色》はや是迄と。我とわがくびかき《ウ》お
としつゐ《キン》にむなしく成にけり後清行が

（18オ）

さいごの躰。ミるものきく者をしなへおしまぬものこそなかりけれ

三段目

去程に。月若《ハル》ハ北の方の情にてあやう《(危)》き命をまぬか《中》れ。花若諸共四光山中《ウ》山院に入たまひ。まどのほたる《(蛍)》のおのづ《(自)》から。ひかりをそふる五車の書を。明暮学びたま《ウ》ひしハすゐ《ウオクリ》たの┐もしくぞミへにける

（18ウ）

其《地中》比当山の院内に。文殊房とてちごそ《中》だちの若僧《色》有しが。《地色》花《中》若丸の御姿をちらと斗にかげろふの。か《地》けをバ行てとりつとも。人の心の《フシ》いかがとて。色《中》にハ出じ我思ひ。恋《スヱテ》のやっこもよしやよし。《中》《ア、》しんきしんだがましかとこが《フシ》れ〳〵て《ハル》ゐたりしが。い《地色》や《中》〳〵命こそぜひ《ウ》にけふハいひ出し。つもる思ひをはら《ハル》さんと。ちご

（19オ）

のへやに行けれハ人月若斗ただひとり。手ならひしてお《色》ハせしが。や《詞》。よくこそ〳〵こなたへとあれバ文殊房聞たまひ。ホ、御精こそ出れして。花若殿ハととひけれハ。されば花若ハ方丈へ召れしが。追付帰《地色》り申《中ウ》さんに先々か《ハル》たらせたまへやと。一つ二つあ《色》いさつし。誠《詞》に当山にあまたおハすといひながら。御身さま程懇にお心のつくハまし

（19ウ）

まさず。かげながら花若とも悦申候也。な《地色》を此《ハル》上にも頼奉るといとしミ〴〵とのたまへバ文殊房につ《色》ことわらひ。色《中》をも香をもしろしめしかく迄のたまふ御《ハル》心底。せめて花《ウ》若殿に爪《ウ》のさき程しらせたや。ア、《中》しんきのどくやと打《フシ》なげき《ハル》たる風《中》情也。月《地色》若《中》ちやくと《ハル》さ《色》とりつつ。い《詞》やなふぼんさま。其おもハくをとくよりも見うけてハ候へ共。をしハかり

（20オ）

てハ申されず。此上ハ某もとも〴〵取持何と
ぞしゅびさせ申べし。《地色中ウ》ア、数ならぬ《ハル》身なれ共
。せめて貴様ほどの人あらバとしとくう《(打)》てハ
文殊房ぞっと身にしミ更に又。いっそ此
子にぬ《ウ》れうかと思《フシ》ふ斗のけしき也。《地色中》されは共
心を取《色》なをし。思召《中ウ》の段近比しう《(祝着)ウ》ちゃやく
申たり。迚《とてもハル》の事に一刻もはやくもがなと
いへバ月若聞《色》たまひ。《詞》なふ幸かな今日鎮守

（20ウ）

森へ花若をともなひ小鳥をとりに参る
はづ。跡より御越なされ何とぞくどかせたまへ
。《地中》ずいぶん我《ハル》もあひづちを。う《ウ》ってなり共たゝ
いて成共此恋かなはせ申べし。心やすく思
召せとたがひにやく《(約)》して三重 出らるゝ
。《フシギン》かくとハしらで。花若ハ。《地中》月若と諸共《ウ》に。《フシ》鎮
守のもりに出たまひ。や《中》っかさこへてなくこゑの
。とりもちゐさほたづ《ウ》さへて卯《ウ》《ヲクリ(ママ)》の花。 かきね

（21オ）

°ほとほと《ハル》ぎす。す《ハル》だくうぐひすむら《ウ》
すずめ。あれよ〳〵と《ウ》めがれ（目離）せず。《中》ねらひよ
らんとしたまふ所《ハル》へ文殊房《色》つつと出。《詞》是々
°誰殿のゆるしをうけ殺生禁断の院
内にて鳥をとらるゝぞ。急度いひわけ
られよといへハ花若はっとおとろき。され
ばこそ初よりかく有べしととゞめしに
°《ホヲウ》月若よい事めさったと。《地中》まだいは《ハル》け

（21ウ）

なきことのはにをくしら《ウ》露のたま《ウ》（魂）しゐ
も飛《フシ》出る。斗の心地也。《地色中》され共今一《ハル》おどし
お《色》どしてと思ひ。《詞》いや〳〵月若殿ハおさな
けれハ。たとひ鳥をとりたまふ共志らでやぶる
ハぜひもなし。御身ハ物のわけをもしらん
人の近比そつじ千万也とにがり切て
いひければ。《地色中》花若とか《ハル》うせんかたなく。此上は
いくゑにも御わびこと申さんと。すがりつく

（22オ）

手をじっとしめ《中》。さ《詞》ほどわびさせたまふにいな
といふもいかが也。しからバ愚僧も無心あり
かなへたまハバゆるすべし。とかく貴様のお心次第
とあれバ花若につと打ゑミて。何《地色中》が扱い
かや《ウ》うにも仰ハもれじとの《ハル》たまへハ。月若そ
ばよりくつ《色》〳〵とわらひ。い《詞》やはやあいさつ
もきもいりも最早無に成申也。此《地色中》上ハ
某が志かと請《ハル》合申べし。くどきハくだよと

（22ウ）

打わらへバ文殊房聞《色》よりも。《ヲ詞》、それやさか
さ。扱《地色中》おさないが通《ハル》り者。とかくハ帰りて語
らんと手に手を取て帰《色》る所に。御《詞》里より
花若殿へ少用ありとて使たつ。こ《地中》ハいぶ《ハル》
かし何事やらん追付帰り申さんと。使と
打つれそれよりもすぐに里へぞ　《三重》
〽かへらるゝ。《フシ》やかたになれば。母《地中》のおま《ハル》へに出らるゝ
。老母御覧じ《(示)》はやくも来りて有物《色》かな。扱《詞》

（23オ）

よびにつかハす事よの義にあらず。内々
何とがなして月若をうしなひ。汝に家を
しらせんとはかる事の無に成て明くれ
こうのたねとなれハ。何とぞてだてをめぐら
し月若をさし殺し我本望をとげ
させよ。去ながら姉のあはう《阿保》が聞ならバ又
とやかくとじゃまいれんに。《地》さ《ハル》たなしにて
は《ウ》や帰れい《フシ》かに〳〵と申さるゝ。《地色》花《中》若と

（23ウ）

か《ハル》うのいなせなく。母《ウ》のかほばせ打《中》まもり。涙
をはら〳〵とながし。扨々ひたぶるにかく
迄にくませたまふぞや。あすをもしらぬ御身
にて。一大事の後生をハ何とか思召る《ハル》ゝぞ
。一じゅ《一樹》のかげのあひ《ウ》やどりすくせ《宿世》の縁と
聞なれば。ましてや是ハ隆光の御いとを
しミの子なら《中》ずや。只とにかく此《ハル》事ハ
。思ひかへさせ《ウ》たま《中》ハれど涙《フシ》に。くれて申さるゝ

（24オ）

○老《地色》母大《ハル》きに立《色》腹し。《詞エ》いまだあくち《（悪事）》もきれぬざまにて親にいけんだてハすいさんなり。やれ家のためおのれがため。じひ《（慈悲）》をたるゝ我心それ共しらぬ不孝子にへんしもそふてゑき《（益）》もなし。七生迄のかんだうぞいづくへ成共出てゆけと。ぬ《地色ハル》けしはぐきをくひしばり。はったとにらむ有様ハす《フシ》さま。じうこそミへにけれ。い《地色中》たはし《ハル》や花

（24ウ）

若ハぜひも涙にくれながら。何《ウ》が扨此《ウ》上に御《ゥ》仰ハそむくまじ。御かんきゆるしたまハれとふ《スエテ》るひ。〳〵のたまへハ。其《地色中》時お《ハル》もての色《色》をなをし
○そ《詞ヲヲ》れでこそ〳〵。と《地色中》いふもかくいふも皆《地》々わ《ハル》ごぜ《（我御前）》がためなるぞ。あしかれとてハいはぬ也時刻うつるとのたまへバ。せんかたなくもいとまをこひ御寺をさしてぞ 三重 のぼらるゝ
○山《フシ》にもなれば。む《地中》ざんやな花《ハル》若ハよ《ウ》ひより

（25オ）

ねやに引こもり。とかくの思案におちざれバふし《スエテ》しづミてぞ。おはします。か《地色》ゝ《中》る折《ハル》節文殊房。さだめておかへりましまさんが御つれ〴〵もやと《色》内に入《ル》。は《ハル》っとおどろきおきな《中》をり。いやさびしうも候ハずと。只何となくのた《ハル》まへ共。つゝむに餘る袖《ウ》のつゆは《中フシ》ら。〴〵《ハル》と落けるを。《中地》を《色》しのごひ〴〵四方山《ウ》々の物語に。取まぎら《ハル》ハし

（25ウ）

たまひしを文珠房あや《色》しミて。《詞》何とやらん御心もうかぬ躰に見うけしが。いかやうの事か候といへばいや〳〵。さまでの事も候ハず。今日母によびつけられ。学文に無精《ぶせい》なりとてさん〴〵しかられ候故。餘りかなしく存れハなげく事にて候よ。いや〳〵さやうにちんじ(枕思)たまひそ。いかさま御心にそまぬ義のありとミゆれハ。語りてむねをはら

（26オ）

したまへとぜひにしゐてと(問)ハるれバ。なふはつ
かしやつつむにあまる思草。色に出て候
かや。去ながらかたるも語られぬ次第。ことに
なじミなき御身さまへあかさるゝ事に候ハず
とあれバ文殊房聞もあへず。やらきよく
もなやたとひなじミあらず共。一言を契
約からハ千年万年なじミしも同じ
事。さあ只今にも御身のうへの大事とあらバ

（26ウ）

。おそらく火の中へも飛入しんでおめに
かけんとさもいさぎよく申さるれバ。さり
とてハか程迄思召たまハらんとハ。努々《ユメユメ》存候
ハず。しからバ語り申さんがァ、いふもうる
さしいはぬもつらし。やるかたわかぬ我身
やとしばし消入《きえいり》なきたまふ。　あやめもわかぬ
文珠房も共に。涙にむせびけり。やゝ
あって花若今ハ何をかつゝまんと。母の

（27オ）

悪逆なれどもそむけバ不孝と成次《ウ》第
残《ハル》らず語り。不《ウ》便ながら月《ウ》若を殺《ウ》し
てたべとのたまへハ。文《ウ》殊房案に相違しあ《スエテ》
きれて。返事もせざりしが。《地色中》いや〳〵《ウ》此事
もだしてハいひし詞《ウ》のた《色》ゝずと思ひ。《詞》《ヲ、》
それこそ何よりもってやすき事。去ながら
いかやうにして討申さん花若聞召。されハ
月若宿願ありとて毎朝七つの頃鎮守

（27ウ）

の弁天へまいるなり。今夜あれにて討てたべ
。《地色中》近比御難《ウ》義ながらひとへに頼奉《ハル》るとあ
れバ。《地》かゝる御用に立をこそ命かけてと
いふべけれ。追付しゅびよくおめにかけんさ
らば〳〵といひすてゝ。我本坊に帰ら
るゝ心の内こそ《三重》〽なさけなし。はや《フシ》明
方の。《地》ほの《ハル》ぐらきに文殊房ハ太刀をはき
。とあるこかげに立そふて今《フシ》ヤ〳〵と待ゐ

（28オ）

たり。《地》命の程《ハル》もミじか夜の月若と覚しくて。やしろのかたへ通りしをはしりかゝってち《色》ゃうときる。あ《ハル》っといひてたふるゝを取ておさへとゞめをさし。月影によくミれバ南《上ウ》無三ぼう花若也。こ《ウ》ハそもいかにといだき付《スエテ》わっとさけび入にけり。《地》此《ハル》こゑにおどろき院内の大衆達。手々にたいまつと《ウ》ぼしつれ何《色》事やらんとかけ付やれ。文《ハル》殊房こそ

（28ウ）

花《ウ》若を討たれと上《フシ》を下へと返しけり。《地》月《ハル》若はつとおどろきこだちおっ取きてミればうたがひもなく花《ウ》若也され《ウギン》共さすが弓取の名も隆光の御子にて少もさハく気《色》色なく。い《詞》かに文殊房。定てしさい《(子細)》有てかたるべけれども今ハ某がための敵《かたき》。八幡のかゝハせじと太刀をすばと抜たまふ。ヲ、しバらく〳〵待たまへ。何がさて此上はいきる所存ハなけ

（29オ）

れども。しいしゅ《（旨趣）》を語らで相果てハ死後の浮名もいかゞ。心をしづめて大衆達も聞て跡をとふてたべ。扨此おこり《（起り）》ハきのふ御身もしらるゝごとく。花若を老母のかたへよび下し。ぜひに月若を討て此家をつげとあるを花若達てじしたまへハ。老母大きにいかり七代迄のかんだうとあれバ。不孝と成をかなしみりやう《（領状）》でうして山に帰り。のがれかたき段々我に

（29ウ）

語り。月若を討てくれよと頼まるゝ故近比難義に思ひしかど。もだ《（黙）》しがたき一言ありてちからおよハず請合。め《地色》ん《ハル》ぼ《ウ》くなきながら御《ウ》身と思ひ討けるがなさけなくもたバ《（謀）》かられしとか《フシ中》たりもあへず《ハル》なきゐたり。月《地色》若《中》つ《ハル》く〴〵聞召。涙《ウ》にくれて花《ウ》若のしがい《ウ（死骸）》のそばに立《上》よりて。扨《ウ》も〳〵御さいごハミづから故にてましますとや。か《ウ》くあらず共あるべきに《中》思《フシ》へハ。た《ハル》ん《中》きな

（30オ）

しわざかな。よ《地色上》く〳〵是をさっするに。老母の仰
をそむかじとすれバ我父隆光への道たたず
。又我父《ウ》へ道を立れば老母《ウ》への不孝と成。《ウ》とや
せんかくの《ク》し《ウ》によりハぜひこそ中にたつか弓
。や《(矢)》たけ心の一すぢに。思ひきっ《ウ》たる所存の程
。上古にも末《ウ》代にも又《スエテ》とためしの有べきか
。是《上》といふも某ゆへ。《ウ》ふりょ《(不慮)》の死《しに》をしたまふを
よそになしながらへてハ。人間《ウ》の道たたずいかに

（30ウ）

文《ウ》殊房。御身にうらみさらになし。も《ウ》はやじがい《(自害)》
との《ウ》たまへバ文殊《キン》房聞も《中》あへず某とても生《ウ》
ながらへ何《ウ》のゐきか候《ハル》ハん。いざさしちがへんと
立《ウ》よれバこ《ウ》ハいかにと大《ウ》衆達あはて。《(色)》ふた《ノル》めき
しがミ付さりとてハい《色》っけ《(一驚)》うところ〳〵になだ
むれどぜひ《ウ》にと両人もだゆるをしわけ
。引わけせいせらるゝかの月若の御心底。扨花《ウ》
若のさい《ウ》ごのしぎ《(仕儀)》うき《ウ》世の中の。物《ウ》のあわれハ

（31オ）

是也只。是なるハと皆かんぜぬものこそなかりけれ

四段目

かくて其後一山の大衆達皆かうだうにかい
がうし。先鎌倉の隆光へも又ふるさとへも志ら
しめんと使者のひやうぎ《(評議)》せらるゝ所に。やれ月
若ハじがい《(自害)》し文殊房もしやしん《(捨身)》したりと
こゑ〴〵によばれば。こハ一山のさハぎかなとお
の〳〵。あきれおはせしが。かれといひ是といひ

（31ウ）

とかくふるさと鎌倉へ。へんじもはやくと評
定し急ぎ使者をぞつかハさる。是は扨
置。在鎌倉の隆光ハ家の子郎等召あつめ
。扨も今朝あけがたに。夢ともなくうつつ共なく
ふしぎの事こそあれ。ふるさとの月若花若
こつぜんと来り。さもしほ〳〵と涙をながし
我々ハくハんをんせいし《(観音・勢至)》二ぼさつ也。御身仏
縁ふかけれ共くハこ《(過去)》のしゆくしう《(宿執)》にて。人間と生る

。此度仏道にいれんため我々仏勅をうけ親子《しんし》
とげんず《(現)》。爰に常陸国横曾根の平太郎。今
生仏聖人とて本地あミだ如来のけしんなれバ
。此上人の弟子と成ぶつだうしゆぎやう《(仏道修行)》有べしと
。忽観勢の二廿廿《(ママ)》とあらハれしうん《(紫雲)》にぜう《(乗)》し
う《(失)》せたまふと。　御物語もおハらざるに四光山のはや
使。かやう〳〵とうつたう《(訴)》るこハそもまことかあさま
しやとまうしがちからもおちはてゝ。ふかく。なけ

（32オ）

かせたまひけり。　され共人のミる所と先々
〽一間に立忍び。つく〴〵うき世を。くハん《(感)》ずるに
。あいべつりく《(愛別離苦)》の世のならひままならぬ身としり
ながら。きうば《(弓馬)》の家に生れせんじやう《(戦場)》におもむき
て。おやにさきだつ子ハあれど。かゝるためしハいまだ
なし。扨しなしたり〳〵こハそもいか成ゐんぐハ《(因果)》
ぞやとてすでに。ミだれんとしたまふが。やれもっ
たいなしまよふたり。子にてハな《(無)》き二ぼさつの

（32ウ）

（33オ）

ごくらくじやうどへいんぜう《(引接)》のはうべん《(方便)》けしん《(化身)》の
御さうがう《(相好)》。思へば〳〵有難やな無阿ミだ仏と諸
共にうき世のきづなもとどりを。ふつっと切て今
迄の。君のこうをん《(高恩)》身のふうき《(富貴)》。時のゑいぐ《(栄華)》ハもく《(苦)》
ぢう《(集)》の花。第二の月とながめすてしゆぎやう《(修業)》の
たびにぞ　三重　出らるゝ。扨ふるさとにも。月若花
若の御わかれ。さながら憂の心地して気もたまし
ゐもさんらん《(散乱)》し。とはう《(途方)》をうもなひまします所へ

（33ウ）

。又隆光の御とんせハ。鎌倉よりつげ来《く》れハやれ
是ハいか成仏《ぶつ》ばちぞ。神ばつ成りとひれふしてきへ
いり。たへいりあこがれてなげきの。中の御なげき。し
ばらくありて北の方御涙にむせびながら。いた
ハしや我妻の御なげきのせつなさに。世をすて
たまふハ理りなれ共露程成共ミづからに。しらせたまふ物
ならば〔か〕《(虫くい)》程迄なげかじを思へバ。〳〵うらめしや。しよせん
いづこのはて迄も御跡をしたひつゝ。共にぼだいを

（34オ）

ねがハんと只一《ウ》すぢに思ひこミ。しのびて夜のまに出《ハル》たまふ
御あり ヲクリ ⌒ さまこそむざんなれ。老《地色》母《中ハル》此よし聞たまひ
。何《ウ》花寿めハわら《ウ》ハをすていづく共《ウ》なく見へざるとや
。是といふも月寿め故とかく子共《(供)》のかた《色》き也《地》。おの《ハル》れその
ままおくべきかにくしつらしとねたミ置。いきくびにくひ
つきてせめて思《ウ》ひをはらさんと。きぎやう《(鬼形)》の面をもとめ
俄に。しやうぞく《(装束)》あらためてさもおそろしきてつぢやう
を月寿のやかたへ 三重 ⌒ 急かるゝ。かゝる《フシ》たくみと。しら

（34ウ）

雲の。地中 かげをおほふが月寿《ウ》のまへ。ねやのとほそ《(戸細)》きとも《ウ》し《(灯)》
火も。ハルフシ まどうつ雨の。物《ウ》すごく。いとどさびし《ウ (淋)》さまず《ウ》ほ《(真赭)》の
すすき《(薄)》みだれ《フシ》。ミだるゝ黒《中》かミに。にほ《フシ ウ》ひをとめ《ウ》てもひ《ハル》と《中》り
ねの。うしミつ《ハル》時に成ぬれば。アゝ しばし フシ ヲクリ ⌒ まどろミ。た《ハル》まひしか
。地色中 何とやらんめ《(目)》もあハず心たまぎり《(魂消)》あやしや《ハル》と。枕をあけ
て見たまへハしやうじのあなたさハが《中》しく。はっとおとろきおき《ハル》
なをれハ。さもおそろしきおにのかほ。月日のことく両《ウ》がん
ひかりわっと云てか《色》けこめバ《色》。なふかな《ハル 地色》しやとなきわめき

（35オ）

にげんとするをひっ《色》つかミ。あ《地ハルウ》ふのけに引たふしてつ
ぢやう《(鉄杖)》ふりあげてうどうち。思ひしれとてて〳〵と
あら。う《謡》つゝなやよる《中》〳〵ハ。夢にか《ハル》よひし《中》わがたまの。い《ハル》まハ
うつゝにあらハるゝ思《入》ひの色やミるに付。ミる程にくしう
や《ウ》つ《ナヲル》らやァ、。はら立や。ねたましやとおどりあがりとび
あがりてう《ウ》〳〵ど打《ウ》よりミれバ。はや《フシ》こときれていきたゆる
。う《地》れし《ハル》やな今こそハ。思ふかたきを討たれうたれて思ひ
しるらめ。つゐに《ハル》ハはるゝむ《中ナヲスギン》ねのけふり立《キンヲクリ》やす╮らひてゐたり

（35ウ）

しが。《地色》あらうつ《ハル》たうしきづまりやめんをぬがんと思ひつゝ
。とれ共〳〵おちざれバふしぎに思ひを《色》しはなせど。《中ウ》くびこそのび《ウ》
ていため共め《ウ》んのおつべきけし《ハル》きなし。こハいかにと両手ヲかけ
ゑいや。《ハル》〳〵といきをつめ力にまかせて引いき《ク(息)》ハミやうく《(妙火)》ハと成て
もへあがり。却て我身《ウ》をやきけれハあな《ウ》あつやたへがたや《色》と。あ《ハル》た
りのためゐにとびいれバ水《ウ》ハゆだまとたちまちに。《下》一《ハリ》念のきじよ《(鬼女)》《ハル》
と成。とんでいづこのミねにかけりたに。ひゞきて今迄爰に有
よとミへしが山又山に山めぐりして大空《ウ》の風《ウ》の。とくに〽影もなし

（36オ）

花寿のまへ道行

よ《フシ》しや此身ハ。むもれ木の。はなじゆ
につらきさよあらし。まくらおど
ろくゆめの世と。さ《ウ》むれバうつゝな《フシ》き
人の。ぼ《中》だいのミちをたづねんと。はて
しなミだハむさ《ウ》しのゝ。お《フシオクリ》ばなが
袖や。ひ《(接頭語)》ちぬらんげに《フシ》あまぐもの。よ《ウ中》そ
めをちかたたど〱とた《ハル》つ野を《中》。わ《ハル》くる

（36ウ）

ころもでに。露の玉川さ《中》ら〱に
。さらす　ほ《ハツミウ》そぬ《ハル》のうちはへて。世《ハルフシ》わたる
わざの。あはれさて。ア、《中》うのはなの色ハ
なを。ゆ《中》きかとミへてしらまゆミ。いるま
のさとにしば《ウ》しとて《小ヲクリ》ほそき。ながれの
そ《ウ》こきよく。お《ウ》もひな《ウ》つなきい《フシ》はし
ミづ。　む《中ウ》すぶちぎりハくどくち《(功徳地)》の。お《スエテ》なじ
はちすとひとすぢに。た《ギン》のものかりの

（37オ）

たのもしき。　阿《謡中キン》ミだぶ《ハル》。なむあ《上》ミだぶつ
。な無あミだみだのちかひハ《中》ひ《ラス》たすらに
。か丶るつたなきみ《フシ》よしの丶。《中ウ》すゑのミのり
のよついつ丶。にごるうき世のさ《ウ》がみ
川。《フシ》さ《(賢)》がしきか《ウ》たの《ハル》。ミちかへ《ハルフシ》てぐぜい《(弘誓)》
のふねに。のりのミづ。月《中》ハやどらで
ほし月夜。《ウ》かまくらやまにい《ウ》りひか
げ《トル(ママ)》にじたつ《ハル》そらの。くもまより

（37ウ）

ひとむら。さめ《ウ》のはら〳〵とかさに《ウ》ミだれ
て。おつるなミ《中》だにぬれ〳〵し。《フシ》たもと
の《ウ》うらの《ハル》かひあらば。《中》よそにミるめのあ
はれしれ。なミのせ川やか《ハル》たせ河。をとと
聞へてさミだれのやミのうつ丶かゆめご丶
ち。い《キン》づこにやどをかりまくら。しるべも
なみのよるひると。しらぬやまぢにま
よハる丶御ありさまこそ《三重》あはれなれ

（38オ）

。げ《フシ》におやと子の。ゐ《地》んふかき此山のこがくれに。母のきじよ《(鬼女)》身をかくし。日のかさなるにしたがひ人性《スエテ》さらにうせはてゝ。しゝ《地中》《(猪猿)》さるなどをさきくらふ。ち《ウ》から車のめ《ウ》ぐりきし。ゐんぐハ《フシ》《(因果)》の種《ウハル》こそは《中》かなけれ。花《地色中》寿のまへは《ハル》かくぞとも。しらぬ山路にひくれてとは《ウ》うも涙にしづむ所《色》に。こ《地》かげのいほりにともしびミゆる。う《地色中》れしや宿《ハル》をからばやと。やがて立《中》よりほ《色》と〳〵とたゝき。わ《中》らハ、たびの女なるが。道にまよひ日《ハル》くるれば。一夜をあかさせたび

（38ウ）

た《中》まへとさ《フシ》もしほ。〳〵《ハル》とのたまへハ。き《地色中》じよ《(鬼女)》ハ我《ハル》子のこゑとしり。何《ウ》かくいふハ《ウ》花寿かとをしあけ出るかほばせに。きもたましゐもうせはてゝおぼへずしらずにげゆけバ。や《地》よまてしばし〳〵とて跡《ウ》をしたふておひのなミ。うつゝにも又我親とし《フシ中》らでにぐ《ハル》るぞあさましき。そ《地色中》れさへあ《ハル》るにむかふより。野馬一疋とび来り花寿をめがけ《色》かゝりけり。こハ《ハルウ》そもいかにいき《ウ》ながら《ウ》地ごくに来るおそろしや。跡へもさきへもゆ《ウ》かれバこそ。なふたすけたまへと手を

（39オ）

合《スエテ》なくより外の事ぞなき。さ《ハル中》れ共馬ハは《ハル》がミをし只一口
にととびかゝる。きじょ《(鬼女)》は我子をと《ウ》られじとてつぢやう《(鉄杖)》
ふりあげはた《色》とうつ。ひらりとはづしひらりととび
ひらり。〱ひら《ウ》〱といなづましきりにはた《色》ゝかみ
。さんごく《(三国)》どうじてすさま《ウ》じし馬ハじんべん《色(神変)》いりき《(威力)》
にて。つゐに花寿をひつくハへ。ゆき《フシ》がたしらずうせ
てげり。き《地》じょハ《ハル》大きにいかりをなしおどりあがって
きば《色》をかミ。おのれ天地をくつがへしても取かへさでハ

（39ウ）

おべ《ウ》きか思へハ。〱口《ウ》おしやとちのなミだをはら《ウ》〱
〱。はらり〱はら立《ウ》やといきをかぎりにかけりゆく
けんどんぐち《色》の其むくひ。无かうこそあら《ウ》おそろしやと
ミなひそまぬ人こそなかりけれ

五段目

去間。駿河守隆光ハ妻子ちんほうぎうわうゐ《(珍宝及王位)》
。りんミやうじうじふずいしやと《(臨命終時不随者)》無じゃうのことハりさ
とりつ《中》ゝ。《ウ》源海とかいミやうし其比世上《ウ》にかくれなき

（40オ）

○ひたちの国よこ《ウ》ぞねの平太郎今生仏聖人とこ
○世《ハル》に有がたきぜんちしき《(善知識)》にもんじゅぐけつ《(ママ)(面受口決)》のでしと成
○ゑのしまのいはや《(岩屋)》にミと《スエテ》せしづかにこもりゐて《地色》。きょふ
かいじんのつミふかき。じやうもつ《(常殁)》のうろくづの《下》。うかミがたき
衆生《中》のため《上》。なむ阿ミだぎょの《(ウ脱カ)》ごんはうべん《(権方便)》。《ハル》无によらい《(如来)》のおうけ《(応化)》や《中》と。たう《ウ》とまざるハ《フシ》。なかりけり《ハル》。《地色中》ある時一

（40ウ）

七日が間佛《ウ》の徳をさんだん《(讃談)》し《ハルウ》。ほうをんもよほし《地》
たまひしかバそうぞく《(僧俗男女)》なんにょもろ共に《中地》。あさ《(麻)》のかたぎぬ《(肩絹)》
じっ《ウ》とく《(十徳)》のう《ウ》らなくねがふながじゅず《ウ》《(長数珠)》のくる《ウ》ゝをおそしと
夕参り。皆だうじょう《(道場)》にあつ《ウ》まりてすで《フシ》にどつきゃう《(読経)》
はじまりけり《地中》。時に源海ちゃ《ハル》うじゅ《(聴衆)》にむ《中》かひ。にゃく《ウ》が《(若我)》
とくぶつ十はうしゅじゃう《(得仏十方衆生)》。しゝんしんげう《(至心信楽)》《ウ》よくしゃう《(欲生)》
がこく《(我国)》。ないし《(乃至)》《ウ》十ねん《(十念)》《ウ》にゃくふしゃうじゃ《(若不生者)》ふしゅ《ウ》しゃう《(不取生覚)》
がくのさんだん《(讃談)》を。しばらく《ハル》なさるゝ折節いづく共なくかの
はうべん《(方便)》のこま《(駒)》《ウ》。花寿をのせはせ来り御《ミ》だうのゑん《(椽)》に
おろし置。馬ハたちまちくせぼさつ《(救世菩薩)》とあらはれめうをん《(妙音)》

（41オ）

けだかくい《色》かに源海。汝《詞》かまくら《(鎌倉)》のごしんじ《(悟真寺)》をざうゑい《(造営)》
有しりしやう《(利生)》によりごくらく《(極楽)》わうしやうたがひ
なし。され共老母じやけん《(邪見)》にしてこんじやう《(今生)》よりき
ちく《ク》の《(よ脱カ)》すがたふびんさに。けげん《(化現)》の馬のミちびきて今
爰に来べし。汝《地色 中ウ》しめして仏道《ハルウ》に入よと《フシ》しうん《(紫雲)》に。ぜう
じてうせたまふ。源海《地色 ハル》聖人をはしめおの〳〵御跡《色》ふし
おがむ。《中》花寿餘り《ハル》のうれしさに。是くせぼさつ《(救世菩薩)》の御
はうべん且御をんほうしや《(恩報謝)》のため。わらハも共に

（41ウ）

かミをそり御でしになされたまハれとあれば聖《色》人聞
召。ヲ《詞》、しゅせう《(殊勝)》也きどく《(寄特)》也。《地中》きおんにう無ゐしんじつ
ほうおんしゃとやがて《ヲクリ》〽ていはつなされけり。《地中》あ
さの衣《ハル》をすみぞめのひ《ウ》とへにミだを頼る、しかる所《色》
へ。《地色》母《ハル》のきじょ《(鬼女)》かけ《ウ》来り《ア》、なさけなしとよ花寿の
まへ。何とてわらハを見すつるぞかたちこそき
じょ成共。子《ウ》を思ふ道にへだてなしいざ更かへれと
引たつれハ源海をしとどめ《(押止)》。《中》こんろんざん《(昆倫山)》のたまさ《ウ》かに

（42オ）

た《(虫くひ)》からの山に入ながら。手を《ウ》むなしくして帰らんとハ二度火が《ハル》いをのぞむかや。扨《ウ》いたハしやふびんやと涙《スエテ》と。共にのたまへハ。詞老母聞もあへずから〳〵とわらひ。何仏法にあハざるがたからの山に入ながらむなしく帰るにおなじと。ヲ、さやうのあた《(らカ)》たかなるうそをも誠と思ふ人も有べし。して其仏を念ずれば。何ぞめにミへてたからを得たるためしやある源海聞召。ヲ、阿ミだ如来の願にこそ。ひんぐう《(貧窮)》をのぞかんとの有かたきちかひ有。其上

（42ウ）

せっしゅ不しゃ《(摂取不捨)》のくハうやく《(光益)》有といへ共。ぼんなう《(煩悩)》のまなこ《(眼)》くらくぼんぶ《(凡夫)》かつて是をしらす十方のしゅじやうをてらしたまふハ千くハ万くハの玉よりも。何とたからにてハ有まじきかとこみかけ〳〵のたまへ共老母少も聞入ず。エ、めにミへずおほへもなき光りにてら《(虫クヒ)》され何のゑきかあらん。其上仏法のきとくとて。へうたんからこまの出た程の事も有まじとなをあざけっていひけれバ源海聞召してム、して。へうたんよら

（43オ）

こまを出しいきの内より身をげんずるをきどくと思ふ
か浅ましや。さやうの事を仏法にもちゆるにハあらね
とも。地中ほっき(発起)させんため《ハル》なれハ。幸あれ成夕かほのかきね
にミへしへうたんを。其つゝにて打てみま花さきミ
のりの力にて。こまや出んとのたまへハ老母うたがふ心にて
。いで打わらんと夕がほのかきねをさして三重 至り
つつ。つ《フシ》ゑふり上てかたと打へ《ウ》うたんさうへさっとわれ
。内よりこまハあらはれて北風にいばひつゝ。身ぶるひして

（43ウ）

かへるとミへしが覚《ウヲクリ》へず老母をのせに《キン》け《ハル》りこ《フシ》まハ
いさミて。いななけば。地色中老母の五《ハル》たいにひびきつつほねも
くだくる斗也。なふくるしや上人さま。た《ウ》すけてたべと
なきさけぶ源海ハ御覧じて。中それ見よじゃけん(邪見)はう《ウ》(放
いつ逸)にてむ《ウ》じゃうをしらぬつ《ハル》ミにより。くハゐん(禍因)のこま
身をせめてさんづ(三途)にいたるふびんやと。いよ〳〵おどし
のたまへハ老母色ほつき(発起)とがを折て。中かゝるきどくも存《ウ》
ぜずし。そしり申せしもったいなや。ぜひ《ウ》にたすけ

（44オ）

てたべとある源海聞召《色》。ア《詞》、念仏のふしぎにかく
さうあくの女人たやすく浄土に生るゝこそふ
しぎの中のふしぎなれ。しからバそれにてつくり
にしつミとがをかいけ《(改悔)》して。《地色 ハル》念仏を申されよと
をしへたまへバかうしやう《(高唱)》に。な無阿ミだ仏とと
なふるこゑの下よりも。きじよのすかたたちまちに
しやうそう《(聖僧)》のかたちと成くハうミやう《(光明)》よも《(四方)》にかがやけバ
。くハんおんせいしやうがう《(影向)》すしやうにん《(聖人)》をふしおがミ《中 ハル》

（44ウ）

。源海どくミやうぶっ《ウ》しやうゐゆいせつミ《ウ》だほんぐハん《(独明仏正意唯説弥陀本願)》
ととなへたまへハ源海の。御身よりひかりさしいき《ウ》やう
くんじ花ふりてしうんたなびき二大しハ西
のそらにぞ入たまふほとけのひかりと《色》ゞまりて。今
の世までもむけくハう《(無碍光)》じのほうをめぐら
す時津風。ゑだをならさぬ御代の春するゑ
はんじやうのものがたり。

裏表紙裏

右此本者依小子之懇望附秘密
音節自遂校合令開版者也
　　橘栄軒（この三字自署）
　　加賀掾（印）
二条通寺町西入町
　　山本九兵衛刊　黒印

神仏習合について
——岸部本『真仏因縁』の紹介——

はじめに

法然・親鸞ひいては真宗教団における神祇観の形成において、当時一般に流布していた神仏習合現象が大きく影響していたと考えられる。親鸞在世中の十二、三世紀における神仏習合の実態は、すでに多くの先行研究によって明らかにされているように、天台教学の影響を受けながら、本地垂迹理論の形成をみるに至った時期でもあった。神仏関係を説明するのに「和光同塵」の語が常套語として用いられているが、これまた『摩訶止観』によっているのも天台教学の影響大なるものがある。この中にあって、特に浄土教の独立（平安雑修浄土教から鎌倉専修浄土教への展開を意味すると考えたい）は、これまでの神仏習合思潮を根底から揺がす状況をもたらした。すなわち、敬神・不拝をめぐる攻防諍論が展開され、旧仏教・新仏教の対立が深まり、その他の非義をも加えて南都北嶺は奏上を呈し、ついには法然以下の一向専修念仏衆徒の弾圧にのり出し、新宗の独立を妨げようとする行為にまで及んだことは周知の事実である。

この点に呼応して、法然は「不可軽神明」をもって専修念仏衆団の統制を強める方向を示してきたようである。そのことは、法然の教化をそのままに実践してきた、親鸞の言動にも端的に表現されているとみてよいであろう。

よろづの仏・菩薩をかろしめまひらせ、よろづの神祇・冥道をあなづりすてたてまつるとまふすこと、この事ゆめ〳〵なきことなり(1)

親鸞のこの神祇に対する姿勢は、やがて「不可軽神明」の真宗教徒の掟として、永くこれを守り続けてきたことは、各種聖教や、蓮如の御文、その後の歴代の消息の中でもしばしば見出せるところである。(2)また、親鸞の教化を蒙って、それを遵守してきた門弟がいたとしても不思議ではないであろう。

そこで本章では、親鸞の神祇観を継承し、世俗社会の中に生活しながら実践していった門弟、すなわち平太郎真仏その人であるが、その人の伝記を中心に以下、新史料紹介を兼ねて、親鸞の神祇思想に及んでみたいと思う。

第一節　平太郎真仏について

平太郎こと真仏なる人物は、同じく真仏と名乗る高田在住の真仏〈高田専修寺二世、正嘉二年〈一二五八〉三月八日享年五十歳〉と誤伝されてきた事がしばしばであった。

ここでいう平太郎とは、親鸞の生涯を通じて、最大の悲劇として知られる善鸞事件の渦中にあって、親鸞にもっとも信頼されていた在俗の門弟おほぶの中太郎入道(3)その人と考えられている。

正応三年（一二九〇）三月、覚如は父覚恵とともに東国に下向し、親鸞遺跡を巡拝し、満二年の長期滞在の後、帰洛して三年後の永仁二年（一二九四）親鸞の三十三回忌を迎えた。その翌年、覚如は親鸞の伝記を編纂し、その伝記の下巻五段に、平太郎熊野詣の一段を組み入れたのである。その後の修訂増補の段階で、中太郎と平太郎が混同されてきた形跡を残していることは早くから指摘されてきた。しかも、その発展した掛幅絵伝にあっても混同している事実を指摘されており、まだこの頃、当人を知っている門弟等の生存が確認できる状態にあるので、覚如自身においてこの混同の原因はあったらしい。その子存覚ともなると、父覚如が親鸞伝絵を著わしてよりさらに五十年遅れて、『存覚袖日記』には「御直弟ニ平六《中六云々後聞之》トテアリケリ[4]」とみえ、その混乱は一層甚しくなっていることが知られる。

一般によく知られていた名乗りは、言うまでもなく平太郎真仏であった。平太郎真仏の熊野詣の逸話は二つの系統より構成されている。一つは儀式における拝読用の『御伝鈔』下巻五段であり、もう一つは談義本『真仏因縁』である。前者は本文も整っており、変容もまったく認められず、今日なお、儀式の中で生命を保ち続けている。後者は談義本という性格上、先年紹介してきた『源海因縁[5]』と同様、本文は稚拙で意味すら汲み取れない部分もあり、本文の統一は欠け、校合不可能なほど変容している点がこの種の諸本の特色である。

そこで以下、『真仏因縁』の新出本の紹介をしながら、平太郎真仏に関する伝承形態を探ってみることにしたい。

第二節　『真仏因縁』について

ここに紹介する『真仏因縁』は、談義本資料を大量に学会に紹介された故岸部武利氏蔵本中より、岸部氏の生前中に調査させて頂いたものである。この類書については、すでに宮崎円遵氏によって兵庫県小浜毫摂寺本[6]が、また井上鋭夫氏によって福井市浄得寺本[7]の全文が紹介されている。なお現在までに数本の所在が知られている。

前者は、『親鸞聖人御因縁』の題名のもとに、真仏因縁・源海因縁を含んでおり、実悟が永正十七年（一五二〇）

に編集した『聖教目録聞書[8]』に「親鸞聖人御因縁並真仏源海事　一巻」と記しているものと、内容的には一致すると考えられているものである。ここから、三御因縁をもって本来一具のものとしてきたものとみられる。しかし、流布に際しては単独書写も行われてきたらしく、後者の浄得寺本の場合、『真仏上人御俗姓』の名称で『真仏因縁』と内容的に異名同本のものが存在しており、『源海因縁』についても単独書写の事実をみることができるのである。

さて岸部本『真仏因縁』は、現在は他の二因縁を含まない単行本で、旧存在形態は不明である。本文は墨付十四葉、半葉五行詰で一行の字数は不揃で十字から十八字にもなっている。裏表紙に「仏照寺（花押）」の文字がみられる。いずれの仏照寺かは不明とするより他はないが、本文の文字の特徴紙質などから室町末期を下るものではないことは明らかである。なお、初丁右の初めの行間に「小汀氏蔵書」の印があり、元朝日新聞社長小汀氏の旧蔵本であったことが知られる。

『真仏因縁』は、別名『平太郎聖教[9]』等の名で一般に親しまれてきたものである。この書物は「毎年節分の夜は、門徒寺に、定まって平太郎殿の事讃談せらるゝなり。聞たびに替らぬ事ながら、殊勝なる義なれば、老若男女ともに参詣多し[10]」と西鶴の言をまつまでもなく、高田派を除く[11]、真宗各派で年中行事の一つとして行われていたことが知られているが、現在ではまったくそれを聞くことができなくなってしまった。

しかし、『平太郎聖教』で語られているところの平太郎真仏の熊野詣の話は、今日でも、年に一度は耳にする機会を失ってはいない。

それは、真宗においてもっとも重要な年中行事の一つである報恩講における御伝鈔拝読のことである。その始源は明らかでないが『空善記』によれば、蓮如の晩年、明応五年（一四九六）十一月の報恩講に蓮如自ら拝読された[12]

ことを伝えており、以来連綿として今日に及んでいる。

御伝鈔拝読に際しては、四幅の親鸞絵伝が御堂の南余間に奉懸せられることになっており、この四幅目中ほどのところに、二図に分けて平太郎の熊野詣の様子が画かれている。一つは、平太郎が熊野へ詣すに先だって、関東より帰洛した親鸞が五条西洞院に居住していた時、その坊を訪ねているところ、今一つは熊野証誠殿に参詣して、籠堂において仮眠中夢想を得たとする図である。この絵に対する詞書にあたる御伝鈔では、下巻第五段に組み入れられている。

次に、その例外的な熊野参詣図を含む絵伝の一本を紹介しておきたい。絵伝の中で例外というよりほかに形容の仕方のない山梨県等々力万福寺旧蔵本は、その成立年次も異説が多く、南北朝から室町中期説まであって一致をみない。全容が紹介されて日も浅くその存在自体は早くから知られておりながら、不明な点が多い。その構成は六幅よりなっており、六幅本として唯一の存在である。絵相も一般に知られている絵伝とは多くの相異をみる。この絵伝には十五段本系にみえる「蓮位夢想」と「定禅監察」の二段を含まない点では十三段本の永仁初稿本系統に属するといわねばならないが、第四幅目に親鸞の善光寺参詣の一段が加えられている点などは著しい相異点である。しかも、平太郎の熊野参詣の図に至っては、第五幅目の上半分と、第六幅目の最上部（六谷廟堂の図は中段に画かれている）に割って、熊野十二所権現全容を詳細に画き、その一つ一つに札銘を加え、証誠殿の本地が弥陀であることの説明も忘れておらず、山越の弥陀立像を思わせる容姿の弥陀如来像をも加えているほどで、あたかも熊野曼荼羅を描いている感をもたせられるのである。

以上のように、談義本の『平太郎聖教』や、御伝鈔の拝読、または親鸞絵伝の絵解を通じて、真宗門徒は年二度にわたり平太郎の熊野詣の話を耳にする機会があったのである。

近世に入り二十四輩順拝がようやく盛んとなるに及んで、平太郎真仏の遺跡は、本派本願寺の良如によって真仏寺[13]と命名され、現在に至っている。これまでに当寺を訪った多くの人々は、田植歌の名号の縁起とともに、御伝鈔下巻第五段を中心に『真仏因縁』の両話を合柔した因縁談に耳を傾けてきたのである。

平太郎真仏が人口に膾炙されているもう一つの理由は、親鸞物と呼ばれている一群の浄瑠璃の外題に登場してきたことによる[14]。そのうち、もっとも著名な『祇園女御九重錦』や『卅三間堂棟木由来』などは昭和に入っても上演されている。また宇治加賀掾の正本『熊野権現』も平太郎真仏を主人公に仕立てたもので、熊野権現と平太郎とは切離しては考えられないほどになっている。

しかも、これら親鸞物の大半が、前述の談義本『親鸞聖人御因縁』『真仏因縁』『源海因縁』に依拠していることから、これら談義本が、いかに普及していたかがうかがわれるであろう。

この真仏寺には平太郎にまつわるもう一つの史料が残されている。それは『一向専修之七ケ条問答』と題される聖教で、内題の下に「源空作」の撰号が加えられており、寺伝では平太郎真仏が書写したものという。この聖教は『昭和新纂法然上人全集』に収録はされているが、この古写本は、現在十数本[15]知られていながら、すべて真宗寺院に限られている。その内容のうち第一条に不可軽神明の一項があって、平太郎書写本という伝承もそれに相応しいものとなっている。現在では本書は偽撰聖教とされてはいるが、その成立は、さきにも記した実悟の『聖教目録聞書』の中に「一向専修七箇条問答真名仮名　一巻」とあり、室町中期以前の成立であり、しかも真名本と仮名本ともに流布していたことが知られるのである。

第三節　『真仏因縁』にみる神祇思想

次に『真仏因縁』における神祇思想について述べていきたい。

最初に親鸞の教説として、「神ハ迷ノ御姿、仏ハ悟ノ躰ナレバ、念仏申モノハ、アナカチニ神ニツカヘス」と述べて神仏関係の立場を明らかにしている。熊野参詣の道中は一般に行っているような精進潔斎するわけでもなかった。『御伝鈔』の言葉を借りるならば、「道の作法別整儀なし」と、すなわち汚穢不浄のまま、自らの意志によらず、主命に従って熊野に参詣したというのである。このように反社会的行動としての専修念仏者の「神祇不拝」行為といわれるもののうちに、禁忌否定の意識を含んでいると理解した池見澄隆氏の見解[16]に注目すべきであろう。すなわち、神祇不拝の徒とされながら、法然の伝統を継承してきた不可軽神明の思想も認められるべきと考える。

熊野の神は主人佐竹末方の疑義に対して、最後に一首の歌を残している。

イヤシキモ　清キモ　今ハ　オシナメテ(へ)　南无阿弥陀仏トイフハ　ホトケソ

この歌に続いて、「平太郎、真《マコト》ノ仏ナリ」と言い残したところで夢は終わり、通夜に参加した一千七百余人のすべてが平太郎を礼拝したというのである。ここでは神が仏を礼拝する結果となり、この思想は平安時代以来伝統的なものとして何ら変化をみないのである。

真宗教団内において神仏習合に意を用いてきた流派に源海・了源系の仏光寺門流がありそれを勘案するならば、

先述のように談義本の『親鸞聖人御因縁』『真仏因縁』『源海因縁』を一具のものであったことが考えられる以上、『真仏因縁』の最後に「相承血脈退転　セスシテ　イマニ親鸞真仏トハ　マフシケリ」とあって相承不退転を伝えており『源海因縁』にもそれがみえている。それ故、源海の師は談義本によれば、平太郎真仏であるべきだろう。これまで源海の師真仏は高田の真仏と考えられてきている面が強い。というのは各種の『親鸞聖門侶交名帳』では高田真仏のもとに記載されているためであった。

源海門流で甲斐門徒の祖源誓を開基とする前述の等々力万福寺旧蔵六幅絵伝における平太郎能野詣の図の異様さは、この門流が、神仏関係に強い興味を示しており、同門の了源を祖とする仏光寺門流が、親鸞、真仏、源海、了海、誓海、明光、了源と法系を血脈相承としてこれを強く打ち出し、この真仏が高田真仏でなく平太郎真仏であった可能性が強く、室町末期成立と考えられている現存最古の『御伝鈔聞書』[17]にも平太郎真仏を仏光寺真仏と解しているが、その後の御伝鈔講録などではそれを指摘してきたものが見えなくなっている。また仏光寺門流が神仏関係を強調し続けてきているのは、右のような伝統が継承されていたものと考えられよう。もし、仏光寺の真仏が平太郎真仏であるとすれば、多くの伝世品を伝える光明本尊中の真仏は、越前三門徒系とその他特殊な例を除けば、平太郎真仏である可能性が強く、これまでの教団発展系統についても再考を要する。

おわりに

最後に談義本としての岸部本『真仏因縁』の全文を翻刻して紹介し、その特徴について、補記しておきたい。翻刻にあたって、毫摂寺本[18]、ならびに浄得寺本[19]の二本を対校してみた結果、浄得寺本は漢字をもっとも多く取り入れて表現しているが、毫摂寺本は極端に平仮名が多いことが明らかとなった。その中間に位置するのが岸部本であろう。三本ともに意の通じ兼ねる部分もあり、互いに補充しながら完本の原形本に一歩接近することができたと考えている。

談義本の研究においては、宮崎円遵氏[20]によって談義本の諸本が紹介され、さらに岸部武利氏[21]により諸本の充実を得た。しかし、同一内容の諸本間の比較研究は遅れがちであり、数種の点検を終えたのみであり、しかも、完成には至っていないのが現状である。その点、北西弘氏によって『能野教化集[22]』の校合が行われていることは極めて貴重な研究の一つであったといえよう。

談義本の研究の発展は、同種の諸本紹介が基礎的作業であり、その積み重ねによってのみ成果の向上がみられるのであり、その布石として一本をここに紹介するのである。

以上、平太郎真仏の人物像を探りながら、そこに真宗の神祇観が具現されてきた事実を通じて、当時の神仏習合思潮か如何なるものであったかを究明しつつ、真宗初期の神祇観が、その中で如何なる特徴をもっていたか、検討を加えたのである。

註

（1）『親鸞聖人全集』書簡篇（親鸞聖人全集刊行会、一九六一年）一三四頁。
（2）北西弘「中世の民間宗教」（『日本宗教史講座』第三巻、三一書房、一九五九年）九二頁以下。
（3）『親鸞聖人全集』書簡篇（親鸞聖人全集刊行会、一九六一年）一四四頁。
（4）『大日本史料』第六編之三七（東京大学出版会、一九六七年）一〇三頁参照。
（5）拙稿「荒木源海上人伝研究序説」（『東海仏教』第一九号、東海印度学仏教会、一九七四年）。本書第一部第二章。

（6）宮崎円遵『初期真宗の研究』（永田文昌堂、一九七一年）三九一頁以下。

（7）井上鋭夫『一向一揆の研究』（吉川弘文館、一九六八年）七八八頁以下所収。本書は戦災にて焼失した。

（8）『真宗学報』第二号（一九二六年）。

（9）著者不明『本願寺聖人親鸞伝絵私記』（慶安三年刊、『真宗史料集成』第七巻、同朋舎、一九七五年、一七一頁）や知空の『御伝照蒙記』（寛文三年刊）『御伝探証記』等にも見えており、大谷大学にはこの書名をもつ写本もある。またその他『平太郎縁起』（大谷大学所蔵、宝永五年写本）等、異名同本や、類書が数多く知られている。

（10）井原西鶴「世間胸算用」巻五、平太郎殿（『日本古典文学大系』第四八巻、岩波書店、一九六〇年）三〇〇頁以下所収。

（11）良空『親鸞聖人正統伝』には「私云、世ニ平太郎聖教ト云フ双紙アリ。平太郎熊野ニ参シハ節分ノ夜ナリトテ、他流ニ節分ノ夜コレヲヨム事ヲ好モノ挙テ聞之」（『真宗史料集成』第七巻、同朋舎、一九七五年、三六〇頁参照）。また高田派の人々の手になった伝絵の注釈書には『平太郎聖教』に触れていない。たとえば慶安四年刊になる恵雲の御伝絵鈔、宝永三年刊の普門の絵伝撮要等がそうである。

（12）稲葉昌丸編『蓮如上人行実』（法蔵館、一九四八年）三〇頁。

（13）茨城県水戸市飯富町。

（14）拙稿「古浄瑠璃『源海上人』について」（『同朋仏教』第六・七合併号、一九七五年）。本書第一部第三章。

（15）『古写古本真宗聖教現存目録』（本願寺派宗学院編、一九七六年）その他。

（16）池見澄隆「不浄禁忌と専修念仏―中世民衆の意識動向―」（『人文学論集』第六号、一九七二年）。

（17）『真宗史料集成』第七巻（同朋舎、一九七五年）一三三頁。

（18）宮崎円遵『初期真宗の研究』（永田文昌堂、一九七一年）。

（19）井上鋭夫『一向一揆の研究』（吉川弘文館、一九六八年）。

（20）宮崎円遵『真宗書誌学の研究』（永田文昌堂、一九四九年）。

（21）岸部武利「真宗聖教に就いて」（『真宗研究』第一七号、一九七一年）。

（22）『大谷史学』第四号（一九二九年）。

故岸部武利氏所蔵 『真仏因縁』（仮題）

翻刻凡例

一、底本は、奈良県三郷町故岸部武利氏所蔵本を用いた。本書には外・内・尾題ともになく仮題を用いることとした。

一、対校にはすでに紹介されている小浜毫摂寺本、福井浄得寺本を用い、各々本文中では（毫）（浄）と略記しておいた。

一、本文全体の校合は極めて困難であり、かつ繁雑にするばかりなので、注意すべき箇所のみにとどめたことを諒承せられたい。

一、改行、振仮名はすべて底本のままとし、古・異体文字は現在の字体に改めた。

例　支＝夫　䛒＝部　顚＝願　念＝念　子＝ネ　〻＝マ等

（1右）

真仏上人《シンブチシヤウニン》ハ常陸《ヒタチ》ノ国横《クニヨコ》
剃ト《ソヘ》①　イフ所《トコロ》ノ　アヤシノ田夫《デンフ》
ナリ　アル時國《トキクニ》ノ領主《リヤウシユ》佐竹《サタケ》ノ
形部《キヤウフ》左《サ》衛《エ》門《モン》末方《スエカタ》年籠《トシコモリ》ニ
熊野《クマノ》参詣《サンケイ》ノ宿願《シユクガン》アリケルカ

（1左）

ステニ　道中《タウチウ》ニ　ナリケリ　カノ
横剃《ヨコソヘ》ノ平太郎《ヘイタラウ》　公事《クシ》ニ　カラ
レ　夫《フ》ニ　コウ（ソ）　マヒリケル　心《コヽロ》ニ　思《オモフ》
様《ヤウ》　イツソヤ　親鸞聖人《シンランシヤウニン》　トテ
念仏《ネムフチ》ノ　大師《タイシ》クタリ　給《タマヒ》タリシ（カ）ハ

（2右）

神《カミ》ハ迷《マヨヒ》ノ御姿《オンスカタ》　仏《フチ》ハ　悟《サトリ》ノ
躰《タイ》ナレハ　念仏申《ネンフチマフス》モノハ　アナ
カチニ神《カミ》ニ　ツカヘストモト　聴聞《チヤウモン》
申《マフシ》タリ　シカトモ　コレハ　力《チカラ》ヲヨハ
ス　主命《シユメイ》ナレハ　トテ　参《マヒリ》ケル　道《タウ》

（2左）

中《チウ》ノ　アリサマ　余《ヨ》ノ夫《フ》②ニハ　同《タウ》セ
スシテ　朝《アシタ》ノ飯《ハン》ヲハクヰ　夕《ユウ》
ヘノヲハ　飢渇《ウヘカツヘ》タルモノ　路《ミチ》ニア

①よこそゑ（毫）、添（浄）

②ソレ（毫・浄）

（3右）

ヒナント　スレハ　ク（ママ）ハセケリ　余《ヨ》ノ
夫黨《フタウ》トモ　主《シュ》ニ　訴詔《ソセウ》シケリ
アノ　横劘《ヨコソヘ》ノ　平太郎《ヘイタラウ》カ　道《タウ》
者《シャ》ノ　ヒノモノヲ　ヨシナキモノ
ニ　クハセ候《サフラフ》ユヘ　ヤラン　ワレラカ

（3左）

穢《ケカレ》ニ　マケテ　頭《カシラ》モ　イタク足《アシ》モ
ハレ　ナントシ候《サフラウ》ト　申《マフシ》ケレハ　者《シャ》（シ奴カ）ツ
ヲ　メシテ　問《トヘ》ヿ（事）テ　メサル　己ハ　モ
ノカ　クハレスハ　馬《ムマ》ナントニ　カイ
ハセテ　火《ヒ》ノモノヲ　チラスコトハ

（4右）

由《ヨシ》ナシトテ　ステニ　ウチハルホ
トニ　シカリケルトキニ　平太郎《ヘイタラウ》
スコシモ　ヲソレスシテ　先達《センタチ》ニ　云《イ〳〵》
ケレハ　神《カミ》ハ　非例《ヒレイ》ヲ　ウケス
仏《フチ》ハ　慈悲《シヒ》ヲ本《ホン》トス　面々《メン〳〵》ノ

（4左）

食召《キコシメス》モノヲ　蝿《ハイ》ナント　食《クイ》サフラフ
ハ　又ヤラントテ　アサ笑《ハライ》ケレハ
先達《センタチ》モ　道者《タフシヤ》モ　一同《イチトウ》ニ　トツト

（5右）

ソ笑《ハライ》ケル　ソレヨリ　シテ　熊野《クマノ》参《マヒリ》
ニハ　蝿《ハイ》トテ　ヒトヲ　扶持《フチ》スルナリ
サテ人々《ヒト〳〵》ハ　南无《ナモ》証誠《ショウシヤウ》大菩薩《タイホサチ》
ト唱《トナフレ》ハ　コレハ　南无阿弥陀《ナモワアミタ》仏《フチ》トソ
称□ケル　ソノ外《ホカ》　路次□スカラノ　ア
リサマモ　サラニ　精進潔済《シヤウシンケツサイ》モ
セス　アマツサヘ　田那部《タナヘ》ニテハ　土《ト》

（5左）

佐船《サフネ》ノ　入海《ニフカイ》　シテ　死骸《シカイ》トモ
汀《ミキハニ》　ヨリタルヲ　熊野道《クマノタウ》ノコト
ナレハ　物忌《モノイミ》タケキ所《トコロ》ニテ　ト
リノクル人《ヒト》ナシ　道者カナシミ
ケルヲ　カノ平太郎《ヘイタラウ》　夜《ヨ》ニマキ
レテ　死骸《シカイ》トモヲ　トリカクシケ
ル　サルホトニ　ハヤク　本宮《ホンク》ニツク

（6右）

ステニ　年籠《ネンラウ》ノ事《コト》□（ナ）　レハ　ミナ
長床《ナカトコ》ニ　通夜《ツヤ》マフシケル　平太《ヘイタ》
郎《ラフ》モ　人並々《ヒトナミ〳〵》ニ　（衍字）長床《ナカトコ》ノ角《スミ》ニ
候《サフライ》ヒケリ　ソノ夜年超《ヨトシコヘ》（越）ノ夜《ヨ》

ナレハ　地下《チケ》ノ人々《ヒト〱》　道者《タウシヤ》トモ
（6左）
通夜《ツウヤ》スルコト　一千七百二《ヰチセンシチヒヤクニ》十七《ジフシチ》③
人《ニン》トソ　キコヱシ　佐竹殿《サタケトノ》ヲ始《ハシメ》ト
シテ　通夜《ツウヤ》ノ　人々《ヒト〱》ニ　示現《シケン》アリ
十二《シフニ》所権現《シヨコムケン》ノ　御戸《ミト》　一一《ヰチヰチ》ニ　開《ヒライ》
テ　証誠殿《シヨウシヤウテン》ト　オホシキ　神《カミ》ヨリ
（7右）
初《ハシメ》　マヒラセテ　アルヒハ　笑《ハライ》　アルヒ
ハ　涙《ナミダ》ヲ　ナカシ　ナントシテ　彼平《カノヘイ》
太郎《タラウ》ヲ　三度《サント》ツヽ拝《ヲカミ》タマヒテ
金《コカネ》ノ　帳《チヤウ》ニカヘリ給《タマヒ》ナントス　ソ
ノトキ　佐竹殿証誠殿《サタケトノシヨウシヤウテン》ト　オホシ
（7左）
キ　御前《コセン》ニ　跪《ヒサマツイ》テ　ワヒ④　ステニ　年《トシ》
ノ比《コロ》　精誠《セイセイ》ヲ　運《ハコヒ》テ　参《マイリ》サフラフニ
我《ワレ》ニハ　イカナル　御利生《コリシヤウ》モ　候《サフラフ》
テ　アノアサマシキモノヽ　アマ
サヘ　道中《タウチウ》ナントヲ　穢《ケカシ》ツルモノニ
（8右）
カヽル御利生《コリシヤウ》ハ　ソモ　ナニ　事《コト》ソ
ヤト　マフシケレハ　権現御泪《ゴンケンオンナミタ》ニ

③七八三（毫・浄）

④我（毫・浄）

（8左）

ムセハせ給《タマヒ》テ　言《ノタマハ》ク　ナンチラ　シラ
スヤ　否《イナ》ヤ　峨《ガ》々《カ》タル　嶮難《ケンナン》ニ
駒《コマ》ニ　鞭《ムチ》ヲ打《ウチ》テ　参《マイル》モノモ　蕩《タウ》
蕩《タウ》タル　波《ナミ》ノウヘニ　舷《フナハタ》ヲ　枻《タヽイ》テ
来《キタル》モノモ　限《カギリ》アル　命《イノチ》ヲ　ネカヒ
アラサル宝《タカラ》ヲ　コヒネカフユヘニ
ワレラカ　三熱《サムネチ》ノ　炎《ホノヲ》トナリテ
身《ミ》ヲ　コカス　夏《ナツ》ハ　極熱《コクネチ》トナ

（9右）

リテ　肝ヲ　ヤキ（ママ）《ス》　冬ハ　寒嵐⑤ト　ナ
リテ　膚《ハタヘ》ヲトホシ　コレ（ソレヲ）神　トナ
リツル　三熱《サムネチ》ノ　炎《ホノヲ》ナリ　男《ヲトコ》ノ　平《ヘイ》
太郎《タラウ》　家《イエ》ヲ　イテシヨリ　称名《シヨウミヨウ》
念仏《ネムフチ》シテ　参《マイル》アヒタ　我等《ワレラ》カ　本《ホン》

（9左）

来《ライ》　不思議《フシキ》ノ　名ヲ　キクカラニ
スナハチ　三熱《サムネチ》ノ　ホムラ（炎）サメ　テ
魂《タマシヰ》　スミヤカニ　広大无辺《クワウタイムヘン》ノ　極《コク》
楽《ラク》ニ　アソフ⑥　ソノ　ウレシサニ
恩徳《オントク》ヲ　報《ホウ》せントテ　拝《オカム》ナリト

⑤サムキカゼ（毫）、風（浄）

⑥カヘル（毫・浄）

（10右）

ノタマヘハ夢《ユメ》ノウチニ　佐竹《サタケ》　申《マウス》
ヤウ　サテハ　念仏《ネムフチ》タニ　マフせハ
御《オン》コ、ロニ　叶《カナフ》ヘキヤ　神《シン》　答《コタヘ》テ　ノ
タマワク　云《イフ》ニヤ　ヲヨフ　神《カミ》ハ　本《ホン》
地《チ》ヲ　アラハスニ⑦　コ、ロエ⑧ムナリ

（10左）

トテ⑨御歌《オンウタ》アリ
イヤシキモ　清《キヨキ（ママ）》キモ　今《イマ》ハ　オシナメテ⑩
南无阿弥陀仏《ナモワアミタフチ》トイフハ　ホトケソト⑪
カノ平太郎《ヘイタラウ》　真《マコト》ノ佛ナリ　トテ⑫
金《コカネ》ノ帳《チヤウ》ニカヘラせ　タマフト　ミテ

（11右）

夢サメケレハ　コノ人《ヒト》ニ　カキラス
一千七百《ヰチセンシチヒヤクヨ》　余人《ニン》ノ　通夜《ツウヤ》ノ　ヒト〱
ワレモ〱　各《ヲノ〱》⑬　ミタテ　マツルト　ノ
ノメキ　ワタリテ　カノ　平太郎《ヘイタラウ》
殿《トノ》　ヲソ　拝《ヲカミ》ケル　中《ナカ》　ニモ　栗《アワ》ノ木《キノ》⑭

（11左）

房証　力法印《ハウシヨウリキホフイン》ト　マフス　山臥《ヤマフシ》　大《オ、》
峯《ミネ》　十七度《シフシチト》ノ　先達《センタチ》ナリ　ステ
ニソノ暁《アカツキ》　宿願《シフクワン》アリテ　籠《コモリ》ケ⑮

⑦セハ（毫・浄）
⑧ニ咲（浄）
⑨ヤカテ（毫）、聽而（浄）
⑩へ（毫）、モナミテ（浄）
⑪（毫・浄ナシ）
⑫俗コレマコトノ仏ナリ（毫）、彼俗是実ノ仏ナリ（浄）
⑬カク（毫）、角見奉《ラン》（浄）
⑭クリキノ（毫）、栗（浄）
⑮ミネイリセントシタマイケルカ（毫）、峯入セントシタマイケル（浄）

（12右）

ルカ　七十年《シチシフネン》ノ　苦《ク》行《キヤウ》ヲ　タスト⑯
イヘトモ　カノ御力《オンチカラ》　ニヨリテ　御《コ》
神躰ヲ　拝申《オカミマフス》スコトノ　嬉《ウレシ》サヨト
テ頭巾《トキン》ヲ　ステ　直《チキ》ニ　御弟子《オンテシ》
トナル　サラハ　御《コ》前《セン》ニテ　出家《シユチケ》シ⑰
候《サフラフ》へ申⑱　テ　カノ　平太《ヘイタ》郎殿《ラウトノ》ヲ　権《コン》

（12左）

現《ケン》ノ　示《シ》現《ケン》ニ　マカセテ　ヨハント⑲
スルトコロニ　御《コ》宝殿《ホウテン》ヨリ　真仏《シンフチ》々〱
ト御《オン》ヨヒアリケレハ　諸人《シヨニン》ハ　タカ
事《コト》　ナルラント　イロメキ　ケレト
答申人《コタヘマウスヒト》ナシ　平太《ヘイタ》郎《ラウ》　答《コタヘ》ハヤト⑳
思《オモイ》テ　ヤツ㉑答《コタヘ》ケル　㉒佐《サ》竹殿《タケトノ》ハ　真仏《シンフチ》㉓

（13右）

ヲ　御《コ》利《リ》生《シヤウ》ニ　ヱ　マヒラセテ　ノ
チニ　新宮《シンク》那《ナ》智《チ》ニ　マヒル　マテモ
ナキソトテ　我《ワカ》ノリタリシ輿《コシ》ニ
ノセタテマツリ　京都《キヤウト》ニソ　ノホ
リケル　ステニ　道中《タウチウ》ニテ　人《ヒト》ヲ

（13左）

勧進《クワンシン》スルコト　二《ニ》万八千人《マンハチセンニン》トソ

⑯イ（毫・浄）

⑰一字ナシ（毫・浄）

⑱ヱト（毫・浄）

⑲「ヨハントスル」より「答ケル」（十二ノ左五行目）まで毫なし。毫本はこの部分浄と校合する。に「真仏房トソマウシケル」とあり。

⑳我名《ワカナ》ニナケレハイラヱル人モナシ
平太郎　イラヱハヤト（浄）

㉑ヨト（浄）

㉒サルホトニ（浄）

㉓マコトノ仏（毫）、実ノ仏（浄）

㉔ノ（毫・浄）

㉕京都ニノホリテ（毫）、京都ニ登テ（浄）

（14右）

キコエシ　ソノ　チ㉔　㉕亀山《カメヤマ》ノ　天《テン》
皇《ワウ》ノ　御宇《キヨウ》㉖　弘長　元　年正《コフチヤウクワンネンシヤウ》
月二《クワチニ》十一日《シフヰチニチ》ニ　真仏上　人《シンフチシヤウニン》ニ　フせ
ラレ　㉗シカトモ　我《ワレ》ハ　親鸞聖　人《シンランシヤウニン》
ノ　常陸《ヒタチ》へ　御修行□　アリシトキ
一念発起《ヰチネムホチキ》　シタリシ　間《アヒタ》　コノ　上人《シヤウニン》
ノ御《コ》　在生《サイシヤウ》㉘　ノ間《アヒタ》ハ　上人《シヤウニン》トハ㉙　ヨ
ハル　マシトテ㉚　㉛又《マタ》　御供《ヲントモ》シテ　常《ヒ》

（14左）

陸《タチ》へ（ク脱カ）　タリ　タマヒシカハ㉜　イヨ〳〵
相承　血脈　退転《サワシヨウケチミヤクタイテン》　セス㉝　シ　テイ
マニ㉞　親鸞真仏《シンランシンブチ》トソ　マフシケ
リ　アナカシコ〳〵

干時天正六年六月十日（浄奥書）

裏表紙裏左下角ニ　仏照寺（花押）

㉖二字ナシ（毫・浄）
㉗ル、トイヱトモ（毫）、ルルト雖ヘトモ（浄）
㉘座（毫・浄）
㉙号ヲハ（毫・浄）
㉚マシキトテ（毫）・マシキト（浄）
㉛親鸞上人ノ御トモシテマタ（毫）、親鸞聖人ノ御共シテ又（浄）
㉜ケレハ（毫）、タリケレハ（浄）
㉝二字ナシ（毫・浄）
㉞モ（毫・浄）

浄勝寺本『信海聞書』について

はじめに

新出の真宗聖教の一種『信海聞書』が、かつて岸部武利氏[1]や細川行信氏[2]によって発見紹介された。この発見紹介の意義は、著者とみられる信海の親鸞門弟中における地位を考える時、研究史上極めて大きいのであるが、これまで十分に検討されていない。発見された本書が鎌倉期の古写本とはいいながら、首部一紙を欠く無題書にして、唯一冊の伝本ということであり、史料不備がこれまでの研究を妨げてきたことであろう。

さて、岸部・細川両氏の紹介によると、奥書には、

依二親鸞上人相伝注是
弘安八歳乙酉十一月十八日
応安六年八月廿六日書写之

とあるという。この奥書から第一発見者岸部氏は、弘安八年（一二八五）信海述、応安六年（一三七三）の古写本

と断定、書名を『信海聞書』と仮題命名された（以下本書を岸部本と称する）。

ところで筆者も、近世中期の写本ながら、岸部本とは別系統の首尾完結した一本を発見した。新しく発見したこの一本は、岸部本にはみられない多くの特色をもっており、仮題『信海聞書』という書名についても、また著書と目されている信海の伝記についても重要な問題を提起していると考えられるので、以下に紹介し、これらの問題点についても検討を加えてみたいと思う。

第一節　本書発見の経緯

まず、発見の経緯について説明しておきたい。それは一九八三年三月の末、浄勝寺丹山文庫(3)の調査で同寺を訪問した際、住職上野達之氏より、『入出二門偈』『真実信心意趣』『十四行偈聞書』の三部を合綴した小冊子を筆者に示されたことが、本書発見の端緒となったのである。

丹山文庫といえば、近世末期に同寺の生んだ碩学丹山順芸(4)の収集書に名付けられたものである。万巻に及ぶ夥しい数の書籍、その中に多数の古今にわたる善本を含んでいたことでもつとに知られている。没後まもなく遺弟等によって経蔵が建立され、ここに収蔵され今日に及んでいる。

丹山順芸の名を不朽のものとしたのは、この収書もさることながら、十三年間を費して、京都南禅寺の高麗蔵の閲読、校合三度に及ぶ大事業を成し遂げたことにあろう。また丹山順芸を代表する著作の一つに『称名信楽二願希決』(5)がある。本書が真宗学発展のために寄与したことは余りにも有名な事実である。本書の原本は今も同寺で大切に保管されている。また、今日でも本書は同寺の門徒達の間でよく読まれている姿を目前にして、筆者も感銘深く原本に接したことであった。

その後、丹山文庫の一部は市中に流出して散佚したものもあるが、大部分は同寺の経蔵に大切に保管せられている。また一部は大谷大学へ移管されたものもある。その中には高麗蔵の校合本、坂東本教行信証の影写本、法隆寺一切経等が含まれており、その多くは貴重本として大切に保管されている。

同寺の経蔵保管分については、やむを得ない事情もあって、長い間、放置されていた。そのため万巻にも及ぶ群書は惨状を呈し求書探索にも困難な状態にあった。幸いにも同寺門徒の中には丹山順芸の偉業を慕う者が今なお多く、丹山順芸が没して百三十年余にもなるのに、丹山順芸の述作を通じての感化を受けつつ導かれている人の多いことに驚かされる。これが丹山順芸の顕彰作業につながり、大谷大学名誉教授藤原幸章氏の指導のもと、整理作業が行われ、完了したのである。

この整理の過程で新たな発見もいくつかあった。以下に紹介する『信海聞書』順故写本（以下浄勝寺本と称する）の発見もその一つであった。ここにその本文を翻刻して紹介し、研究に資することにしたい。また、脚注に岸部本との異同関係を示しておいたので参照されたい。

第二節　本文翻刻

浄　勝　寺　本

「観無量寿経言《ノタマハク》

無量寿仏ニ八万四千ノ相マシマス一一ノ相ニオノ〳〵八万四千ノ随形好マシ

岸部本との校異

「　」岸部本欠文

1「コレ」二字有

〱一一ノ好ニマタ八万四千ノ光明マシマス一一ノ光明アマ子ク十方世界ヲテラシタマヒテ念仏ノ衆生ヲ摂取シテステタマハス善導コノ文ヲ述シテノタマハク無量寿トイフハスナハチコノ地ノ漢音ナリ南無阿弥陀仏トイフハ又コレ西国ノ正音ナリマタ南トイフハコレ帰ノコトハナリ无トイフハコレ命ノコトハナリ阿トイフハ[1]」無ノコトハナリ弥トイフハ[2]コレ量ノコトハナリ陀トイフハコレ寿ノコトハナリ仏トイフハコレ覚ノコトハナリカルカユヘニ帰命无量寿覚トノタマヘリ[3]コレスナハチ梵漢相対シテ[4]其義カクノコトシマタ梵トイフハ天竺ノコトハナリ漢トイフハ[5]震旦[6]コノ朝ノコトハナリ天竺ニシテハ阿弥陀トナツケタテマツリ和国ニシテハ無量寿仏トナツケタテマツル天竺[7]ヲハ浄土ニ対シ[8]震旦[9]コノ朝[10]ヲハ娑婆ニタトヘテコヽロ[11]フヘシ[12]イマ無[13]量寿トイフハ[14]コレ法ナリ覚トイフハコレ人ナリ人法並彰故名阿弥陀トヽキタマヘリ[15]コノ文ノ[16]コヽロハ人法ナラヘテアラ[17]ワスカユヘニ阿弥陀トナツケタテマツルタトヘハ衆生ノ名字ナクハ仏ノ名字アラ[18]ワレカタシモトヨリ一切衆生ニ仏ノ大慈大悲[19]ヲタレマシマスコトヲアラハサムトナリシカレハ阿弥陀仏ノ大慈[20]ハ人ニナラヒタマヒテヒイテタマフ[21]コトナリ[22]カミニイフトコロノ人法並彰故名阿弥陀トイフハ法トイフハ[23]世々ノ先徳ノ御身ナリ人トイフハ仏法ノ名字ヲキクトモカラナリ[24]カミニトキタマ[25]ヘルトコロノ無量寿仏トイフハ[26]宗ノ善知識ニテマシマスナリ寿量品ノ教主トナリテイノチ[27]ミチカキ衆生六道ニ輪廻シテ生死ニシツ

2 「コレ」二字無
3 コレスナハチ＝此乃
4 其＝ソノ
5 震＝晨
6 コノ＝此
7 ヲハ＝オハ
8 震＝晨
9 コ＝此
10 ヲハ＝オハ
11 フ＝ウ
12 イマ＝今
13 量＝量重字とする
14 「コレ」二字無
15 コノ＝此
16 コ、ロ＝心
17 ワ＝ハ
18 ワ＝ハ
19 「ヲ」一字無
20 「大悲」二字有
21 「コト」二字無
22 カミ＝上
23 世々《セセ》《ヨ〱》の両訓あり
24 カミ＝上

ムヘキトモカラニ無量ノイノチヲアタヘ[28]タマフ教主ニマシマスユヘニ直説ノ人ヲサシテ無量寿仏ト釈シタマヘルナリシカレハ浄土ノアルシトミタテマツルトキハ阿弥陀トナツケタテマツリ穢土ノ教主トミタテマツルトキハ無量寿仏ト善導釈シタマヘリコノユヘヲモテ同《キ》観経ノ流通ニトキタマハク仏告阿難汝好持是語持是語者即是持無量寿仏名コノ文ノコヽロハ仏阿難ニツケタマハクナンチヨクコノコトハヲタモテコノコトハヲタモテトイフハスナワチコレ無量寿仏ノミナヲタモテトナリコノ観経ノ宗義ハ機[29]ニオモムキテ法ヲアラハシタマフトシルヘシマタコノ無量寿仏ノ名号ヲ双巻経ニアラハシ[30]タマフトコロニハ法蔵比丘ノイニシヘ世自在王如来ノミモトニシテ二百一十億ノ諸仏ノ浄土ヲアラハシタマフトコロニハ世自在王如来ノ浄土ニハ世自在王如来ノミナヲ南無尊音[31]王仏ト[32]十《ト》度《タヒ》トナ[33]ヱ《ヘカ》タテマツリテ一切衆生往生ヲトクヘシト都[34]見シタマヒテ法蔵比丘無生法忍ヲサトリタマヘリ法蔵比丘カノ浄土ヲトリテワカ浄土トシテワカ国[35]ニムマレン[36]衆生モマタワカ名ヲトナヘテ仏ニナルヘシト願ヲオコシ四十八[37]ノ大願ヲオコシテマツ第十七ニ設我得仏十方諸仏不悉咨嗟称我名者不取正覚[38]トイヘリコノ文ノコヽロハタトヒワレ[39]仏ヲエタラム二十方世界ノ無量ノ諸仏コト〱クホメ〱[40]テワカ名[41]ヲ称セスハ正覚ヲトラシトナリコノ願ヲオコシテ名号[42]ノ因トシタマヘリコノ文ヲ釈迦如来成就シタマフニハ十方恒沙諸仏如来皆共讃嘆無量寿仏威神功徳不可思議コノ文ノコヽロハ

25　ヘ＝エ
26　宗＝イマ
27　チ＝シ
28　ヘ＝エ
29　機ニ＝「シュシャウ也」の左訓あり
30　「ミナ」二字有
31　「音」一字無
32　十度＝トタヒ
33　ヱ＝ヘ
34　都＝覩
35　国＝クニ
36　ン＝ム
37　「ノ」一字無
38　「トイヘリ」四字無
39　レ＝カ
40　〱＝ラレ
41　名＝ナ
42　ノ＝ヲ
43　「ナリ」二字無
44　「願コノ」三字無

十方恒沙ノ諸仏如来ミナトモニ無量寿仏ノ威神功徳ノ不可思議ナルコトヲ讃嘆シタマフナリ[43]マタ第十八ニ念仏往生ノ願[44]コノ願[45]ヲオコシテ報土ノ正因トシタマヘリ設我得仏十方衆生至心信楽欲生我国乃至十念若不生者不取正覚コノ文ノコ、ロハタトヒワレ仏ヲヱ[46]タランニ十方ノ衆生心ヲイタシ信楽シテワカ国[47]ニムマレン[48]トオモフテ乃至十念セムニ[49]モシムマレスハ正覚ヲトラシコノ文ヲ釈迦如来成就シタマフニハ諸有衆生聞其名号信心歓喜乃至一念至心廻向願生彼国即得往生住不退転コノ文ノコ、ロハアラユル衆生ソノ名号ヲキ、テ信心歓喜セムコト乃至一念セム心ヲイタシ廻向シタマヘリカノ国[50]ニ生セムト願スレハスナワチ往生ヲヱ[51]テ不退転ニ住ストナリカノ無量寿仏ノミナヲ往生ノ因トスルコト法蔵比丘ノイニシヘヨリ弥陀如来ノイマニイタルマテ明白ナリ親鸞ノタマハク弥陀ノ本願ヲトキアラハ《ワ》[52]ス人ヲモテ浄土ノイヱトス経ノ宗致トス無量寿仏ノ名号ヲモテ経ノ躰トスト釈シタマヘリコ、ヲモテキクトコロヲヨロコヒヱ[53]ルトコロヲ　メ[54]テタテマツルコノユヘニ双巻経ノ流通ニトキ[55]タマハク遇善知識聞法能行此亦為難若聞此経信楽受持難中之難無過此難ト云ヘリコノ文ノコ、ロハ善知識ニアヒ法ヲキ、ヨク行スル[56]コトマタカタシトスモシコノ経ヲキ、テ信楽受持スルコトカタキカナカニコ[57]レニスキテカタキコトナシコ、ヲモテ阿弥陀経ニモ極難信法トトキタマヘリコノ文ノコ、ロハキハ[58]メテ信シカタキ法ナリトイフコ、ロナリコノ双巻経ハ法ニ対シテ機ノ浅深

45 願の訓に「シャク」とあり
46 ヱ=エ
47 国=クニ
48 シ=ム
49 「ニ」一字無
50 国=クニ
51 ヱ=エ
52 「ハ」を抹消「ワ」と訂記あり
53 ヱ=エ　但しエの右側に「ウ」の訂記あり
54 「テ」一字無
55 「ト云ヘリ」四字無
56 「コト」二字無
57 「コレカタシ」五字有
58 ハ=ワ
59 ヱ=エ
60 一ニハ=一ニハ
61 二ニハ=二ニハ
62 三ニハ=三ニハ
63 四ニハ=四ニハ
64 五ニハ=五ニハ
65 66 68 イカ、=イカムカ
67 智=知

ヲ[59]ヱラハサルナリ浄土論ニイハク報土ノ正因ヲ信知スヘキコト五念門ノ行ヲ修行スヘシソノ五念門トイフハ一[60]ニハ礼拝門二[61]ニハ讃嘆門三[62]ニハ作願門四[63]ニハ観察門五[64]ニハ廻向門ナリイカ、[65]礼拝スル身業ニ阿弥陀如来ノ応正遍知ヲ礼拝シタテマツル[66]イカ、讃嘆スル口業ニ讃嘆シカノ如来ノ名ヲ称シカノ如来ノ光明智相[67]ノコトクカノ名義ノコトク実ノコトク修行シ相応セムトオモフカユヘニイカ[68]、作願スル一心ニ専念シ畢竟[69]シテ安楽国土ニ往生シテ実[70]ノコトク奢摩陀ヲ修行セムトオモフカユヘニイカ[71]、観察スル智恵[72]ヲシテ観察[73]シ正念ニカシコヲ観シテ実ノコトク毗婆舎那ヲ修行セムトオモフカユヘニカノ観察[74]ニ三種アリナムラカ三種一[75]ニハカノ仏国土ノ荘厳功徳ヲ観察ス二[76]ニハ阿弥陀仏ノ荘厳功徳ヲ観察ス三[77]ニハカノモロ〳〵ノ菩薩ノ荘厳功徳ヲ観察スイカ[78]、廻向スル一切苦悩ノ衆生ヲステスシテ心ニツ子ニ作願スラク廻向ヲ首[79]トシテ大悲心ヲ成就スルコトヲヱ[80]タマヘ[81]ルカユヘニマタ教主ニ二[82]ノ差別アリ一[83]ニハカノ土ノ教主トコ、ロウルトキハ阿弥陀仏トシルヘシトナリ二[84]ニコノ土ノ教主トコ、ロウルトキハ無量寿仏トシルヘシトナリソノ無量寿仏トマフスハ[85]世世《ヨ〳〵》ノ先徳聖人ヲマ[86]フスナリ寿[87]量品ノ教主トイフハ一切衆生ノ善知識トシテ寿命無量ノ智慧ヲアタヱ[88]タマフ教主ニマシ〳〵[89]トシルヘシトナリシカレハカノ善知識ノ相好ニ五念門ノ修行ヲ具足シタマヘリトシルヘシソノ五念門トイフハ一[90]ニハカノ善知識ノカタチヲ世尊トミタテマツルヲ礼拝[91]トイフ二[92]ニハカノカタチヨリ智慧

69　竟＝欠画文字とする。
70　「欲下如二実一修中行奢摩也上故」と漢文のままとする。
71　イカ、＝イカムカ
72　恵＝慧
73　「観察シ」三字無
74　察ニ＝察ニ
75　一ニハ＝一ニハ
76　二ニハ＝二ニハ
77　三ニハ＝三ニハ
78　ン一字有
79　首《シュ》《カシラ》両訓あり
80　ヱ＝エ
81　ヘ＝エ
82　二＝フタツ
83　一ニハ＝一ニハ
84　二ニハ＝二ニハ
85　世世《ヨ〳〵》＝世世《セ〳〵》
86　マフス＝申ス
87　「寿量品ノ教主ニマシマスユヘニ」十四文字有
88　ヱ＝ヘ
89　〳〵＝マス

ヲアラハシタマフヲ弥陀如来トミタテマツルヲ讃嘆門トイフ三ニ[93]ハカノ智慧ヲモテ一切衆生ヲ仏ニナシタマフカユヘニ作願門トイフ四ニ[94]ハカノ智慧ヲモテ衆生ヲ仏ニナシタマヒテトリオサメタマフカユヘニ浄土トミタテマツルヲ観察門トイフ五ニ[96]ハイマ現ニ一切衆生ノナカニシテ本[97]願力ノ不思議ニマシマスコトヲトキアラハシタマフカユヘニ廻向門トイフカクノコトク不可思議力ヲコヽロウルヲ真実ノ信心ヲ具足ストシルヘシシカレハ[99]世々《ヨ〈》[100]ノ先徳ノマシマスヲハ[101]本願ノ[102](脱カ)チカトシルヘシトナリ智慧ト光明トハヒトツモノナリトシルヘシトナリコノ智慧ト光明トハ善知識ノ相好ヨリアラハ《ワ》[103]レタマフトナリコノ智慧ヲウルヲ無上涅槃ニ[104]イタルトモ安養ニイタルトモ報土ニイタルトモ実相ヲ証ストモ智土ニイタルトモ光明土ニイタルトモ西方ニイタルトモ法性ノ常楽ヲ証ストモ弥陀ノ浄土ニイタルトモ願土ニイタルトモトキタマヘリコレニヨリテ善知識ヲモテ浄土ノイヱトス浄土ノアルシトス浄土ノ祖師トスト釈シタマヘリコノム子ヲ[105]　ヨク〳〵コヽロウヘシカミ[106]ニイフトコロノ奢摩他毗婆舎那トイフハ天丘[107]ノコトハナリ奢摩他ハ止也[108]毗婆舎那ハ観ナリカルカユヘニコヽニハ止観トイフ止トイフハ定ナリ観トイフハ慧ナリカルカユヘニ和国ニハ世々《ヨ〈》[109]ノ上[110]人ハ諸教ニワタリテ定慧ノ二業ト釈シタマヘリ定トイフハ法性ノミナモトヲキワメテサトルナリ法性ノミナモトヲキワメテサトルトイフハ智慧ノミナモトヲサトルナリコ[111]ノコトハリヲハ[112]タヽ直説ニツキテ一道清浄ノ義

90　一ニハ＝一ニハ
91　「門」一字有
92　二ニハ＝二ニハ
93　三ニハ＝三ニハ
94　四ニハ＝四ニハ
95　「タ」一字無
96　五ニハ＝五ニハ
97　本＝ホン
98　ハ＝ワ
99　シカレバ＝トナリ
100　世世《ヨ〈》＝世世《セ〈》
101　ヲ＝オ
102　「ラ」一字有
103　ハ《マワ》レ＝ハシ、「ハ」を抹消「ワ」と訂記あり
104　槃ニ＝槃ニ
105　「モテ」二字有
106　カミ＝上
107　丘＝竺
108　也＝ナリ
109　世世《ヨ〈》＝世世《セ〈》
110　上＝聖
111　コノ＝此

ヲアラワスナリ[113]一道清浄トイフハ一無㝵道ナリ一無㝵道トイフハ生死スナハ[114]
チ涅槃ナリトサトルサカヒナリコノユヘニ相好荘厳即是法身ト釈シタマヘリ
ツキニ慧トイフハ一切衆生ヲミソナワシテ心ニツ子ニ作願スラク廻向ヲ首ト
シテ大悲心ヲ成就スルコトヲヱ[115]タマヒテ教化地ニイタリテ本願力ノ智慧ヲモ[116]
テ悪業煩悩ノ衆生ヲコシラヘテ悪趣ノ門ヲトチ浄土ノ門ヲヒライ[117]テ無上涅槃
ニイタラシムルユヘ[118]ニ慧トイフト釈シタマヘリ

　観仏本願力　遇無空過者　能令速満足　功徳大宝海

コノ[119]コ[120]、ロハ仏ノ本願力ヲ観スルニマフアフテムナシクスクルモノナシヨ
クスミヤカニ功徳ノ大宝海ヲ満足セシムトナリ本願力トイフハ世[121]々ノ先徳ノ
真実ノ智慧トコ、ロウヘシ観[122]スルトイフハ真実ノ[123]智慧ヲミタテマツルトナリ
マフアフトイフハ真実ノ智[124]恵ヲ上人《ノト二点アリ》ニマレニアヒタテマツルトナリタマ〳〵
アヒタテマツルトイフハ真実ニキクナリキクトイフハマコトニタモツナリマ
コトニタモツトイフハ如来ノ御[125]コトハヲタ、チニキクト信知スルナリムナシ
クスクルヒト[126]トナシトイフハ智者ニアヒタテマツリヌレハカナラス仏ニナリテ
ヨクスミヤカニ功徳ノ大宝海ヲ満足セシムトナリ功徳ノ大宝海ヲ満足セシム
トイフハ智慧ノ名号ヲヱ[127]タテマツルカユヘニ十方ノヨロツノ衆生ニホトコス
コト無量無辺ニシテキワナシトナリ

[128]弘安四年辛巳正月八日　沙弥信海五十四歳

112　「ハ」一字無
113　ワ＝ハ
114　ハ＝ワ
115　ヱ＝エ
116　モ＝シ
117　イ＝キ
118　「カ」一字有
119　「文ノ」二字有
120　ココロ＝心
121　世世＝世世《セ〳〵》
122　「ヘシ」の下「トナリ」三字有
123　「ノ」一字無
124　智恵ヲ上人ニ＝智者ニ
125　御＝ミ
126　ヒト＝人
127　ヱ＝エ
128　依㆓親鸞上人相㆒伝㆓注是㆒　信海
　弘安八歳乙酉十一月十八日
　応安六年八月廿六日書写之

依親鸞相伝沙弥信海真実信心意趣註之
正応第五壬辰初冬下旬第九書了
(朱筆)右之本高田専修寺什物也

第三節　『信海聞書』と『真実信心意趣』

つづいて本書のあらましについて述べておきたい。本書は小部なため一冊本ではなく、他の小部聖教『入出二門偈頌』『十四行偈聞書』と合綴されており、題名は『真実信心意趣』となっている。題下には「聖人御意信海筆記高田専修寺什物」の注記が施されている。後に細川氏の紹介された『信海聞書』と対校してみると、大同小異の同一本であることが明らかとなった。書写年次は不明ながら筆者については表紙に誌されてあるように同寺九代順故〈寛延四年〈一七五一〉三月七日没〉である。順故は無一院ともいい、同郡大味法雲寺真観の甥にあたり、内室もまた親観の女で当時法雲寺とはもっとも深い関係にあった。このことは「高田専修寺什物」の注記の意味を考える時忘れてならないことであろう。

本書は袋綴で縦二五センチ・横一六・九センチの美濃判の大きさである。首尾完結した一本である。以下『信海聞書』の部分についてのみ触れておくと全紙八丁・一面八行・一行三十字内外である。本文の冒頭「観無量寿経言……阿トイフハ」までの一八〇字は、岸部本の欠損一葉分に相当し、これによって、岸部本の欠損部の内容が類推できよう。

すでに紹介したように、岸部氏は自架蔵本の奥書によって『信海聞書』と仮題命名されてきた。丹山順芸は順故写本の表題によって『真実信心意趣』と呼称していたことが、丹山順芸自身残していた丹山文庫目録[6]によって明らかとなった。この目録は二分冊となっており、合して墨付百八十四丁に及ぶもので、『千字文』の「天」から「皇」に至る八十分類されている。収録範囲は内典のうち経部を除いて、経疏・論疏、各宗疏、史紀、目録のすべてにわたっているが未定稿である。なお文庫には今もなお、この目録以外にも相当数伝蔵されており、内容も経部・国書・儒書・六芸・洋学等広範囲に及んでいる。これらの蔵書目録は作られずに終ったと思われる。

この目録のうち、第四十三番目にあたる「麗」字部（目録八十一丁）に『真実信心意趣　一巻』というのがみえている。この書名こそ、丹山順芸が先代無一院順故より受けついできたものである。

この箱には、同目録によれば、この他に真宗の帖外聖教や、今日談義本と一括して呼ばれている雑聖教六十余部が収められており、この中に『真実信心意趣』一巻も、この仲間として丹山順芸は同一部類に加えていたことは卓見であったといえよう。

表紙や丹山文庫目録に用いられた書名は、本文は無題のため内題や尾題には置かれていない。しかし、後にも触れるように、『真実信心聞書』という名で本書の一部分が早くから独立別行している事実と併せてみる時、順故や丹山順芸の用いた書名『真実信心意趣』は、順故が名付けて用いた書名であり、信海自身は『真実信心聞書』としていたのではないだろうか。しかし現存する真宗関係各種の書籍目録にはみることはなく、丹山順芸の目録にのみ記されているのである。本書に関する唯一の記録上に現われた書名として注意しておく必要があろう。

まったく異なった題名が与えられていることに関連して、両本の奥書について検討を加えておく必要があろう。

さきに紹介した両本の奥書を比較してみると、共通すると思われる部分はわずかに一行のみであり、岸部本では「依親鸞上人相伝註是信海」（筆者傍点、以下同じ）とあるのに対し、浄勝寺本では「依親鸞相伝沙弥信海真実信心意趣註之」とある箇所がそれである。しかし、これとても完全な一致ではない。しかも、岸部本には浄勝寺本にみられる「真実信心意趣」の六字がみえないため、岸部氏は『信海聞書』としか命名できなかったともいえよう。このことから、両者奥書を対比してみると岸部本の奥書には、本来、記されていなければならない部分が欠落していることをうかがわせる。このことは浄勝寺本の発見により岸部本奥書の不備が立証できたようである。これと類似した現象はすでに小山正文氏が親鸞述作の『聖徳奉讃』や『太子奉讃』について指摘したものがある。(7)

比較した一方の浄勝寺本も転写本である点では、誤写等の理由による奥書部分の不備がないとは断言できないが、奥書の一般様式に従えば、浄勝寺本の方がより原型に近い古態を保持しているように思われてならない。

岸部本発見当時、岸部本の弘安八年は撰述年次と考えられてきたが、浄勝寺本の出現により、これより四年前の弘安四年（一二八一）信海五十四歳の述作と改めねばならなくなった。

また、浄勝寺本により信海の年令が知られたことで、逆算して安貞二年（一二二八）誕生となり、親鸞在関中の弟子とすることは難しくなってきた。ここに至って信海の行実はこれまで知られていた、弘安三年（一二八〇）十一月の顕智・光信との連署状(8)、弘安五年（一二八二）十一月の信海書状(9)と合せて、彼の五十三、四、五歳の三年間の生活振りの一端が、年令によって示されることとなった。したがって顕智よりも二歳年下ということになり、親鸞没時、信海は三十五歳であったことになる。とすれば覚信尼の没前後にあって関東教団のリーダーとなっていた人達の年令が五十歳を過ぎたばかりの年令構成であったことになり、教団史研究において留意すべき問題である。

それでは、岸部本の弘安八年は何を意味するのであろうか。考えられることは唯一、書写年次を示すものに他ならない。となれば、岸部本は撰述後、四年にして書写され、さらに八十八年後の応安六年（一三七三）に再び書写されたことになる。そうなると、応安六年の古写本にしては奥書部分での浄勝寺本との間に開きが大きすぎはしないか。

ここに理解を助けるために両本の関係を図示しておこう。

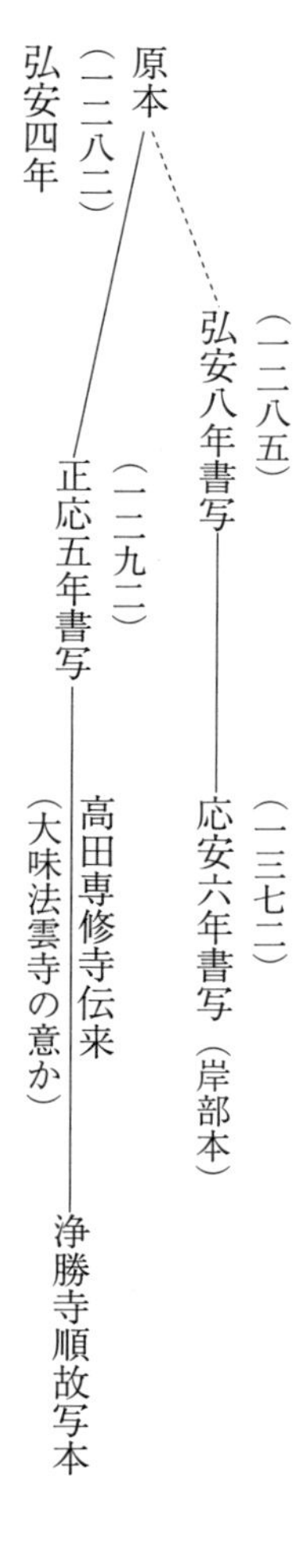

（実線は関係の明らかなもの、点線は関係の不明なもの）

この関係図のうち、正応五年書写本は浄勝寺本によって大味法雲寺に所蔵されていることが推理されよう。法雲寺本が確認されれば、浄勝寺本の正確さが実証されることになる。順故自身の写本は時代こそ降るが、正確な書写本であることは本文中の行間注記の事実などから十分うかがい知られるところである。いずれにせよ、浄勝寺本の出現によって岸部本のもつ問題点が明らかとなってきたことだけは確かである。

本文の文章・文字について留意すべき点を指摘しておきたい。岸部本が応安の古写本そのものであることから言えば本文脚注69で指摘しておいたように、親鸞もしばしば用いてきた欠画文字をわずか一箇所に過ぎないが残していることは、その伝統を重んじてのことかとうかがわれる。両本比較という視点からいえば、冒頭の岸部本の欠を浄勝寺本は補っていることで、本書の全容を知ることができたことの意義は大きいといえよう。また岸部本は漢文・漢字表現が多く、そのために全体に振り仮名が見られるのに対し、浄勝寺本は、本文に延書、仮名表現が多いこともあってか振り仮名はほとんど見ない。次に助詞についていえば、浄勝寺本のヲ・ハ・ヱに対して、それぞれ岸部本はオ・ワ・エ、とあり「エ」は「ヘ」と区別して使われている。漢字の読法での顕著な事実は「世々」について浄勝寺本はすべて「ヨ〳〵」と発音させ、岸部本ではすべて「セ〳〵」となっているのが注目されるところである。

本文と奥書との対語について注意すべきことは、両本共に本文中わずか一箇所ではあるが、「親鸞ノタマハク」という語句がある。本文中では、敬称を用いていないにもかかわらず、奥書では、岸部本は上人の敬称を用いているのに対し、浄勝寺本は依然としてこれを用いようとはしなかった点、この当時成立した真宗関係諸聖教中他に類をみない用法であり注目されてよい。またこの仮題『信海聞書』の「親鸞ノタマハク」以下を独立させて、『真実信心聞書』として別行したものは、「上人」という敬称が用いられている。それでも「聖人」となっていないことは留意すべきであろう。

第四節　『信海聞書』とその受容史の一齣

『信海聞書』の本文について、調査を進めてきた結果、この他にも次の二点の事実が明らかとなってきた。

第一は、本文中の「親鸞ノタマハク」以下、終わりまでは、『真実信心聞書』の全文と大略一致することが判明したことである。

ここにいう『真実信心聞書』は談義本の一種とこれまで考えられてきており、現に『信海聞書』の所蔵者岸部氏所蔵の室町時代写本を底本として、『真宗史料集成　第五、談義本[10]』に翻刻されており、その全容を知ることができる。この『真実信心聞書』には同名異本のあることが、『高田学報』二五・二六号に翻刻されたことから確かめられた。すなわち、二五号に名古屋市万福寺蔵の真慧自筆の一本が[11]、二六号に、『古写古本真宗聖教現存目録』No.一一九五の佐々木上宮寺本[12]が、前号に続いて同題異本として紹介された。真慧自筆本については後述するとして、後者の上宮寺本は、まさに岸部本と合致し、その差異は校正ミス程度のものでしかない。しかも、その箇所も全体で八箇所に過ぎず異なる点は極めて少ないといえよう。岸部氏と上宮寺とのこれまでの諸経緯を勘案するならば右の両本が同一本である可能性もないではないが、しかし、共に未見であるので、性急に結論することは差し控えたい。

さきに『信海聞書』について、岸部本と浄勝寺本との比較をしておいたが、今その比較したものと、この『真実信心聞書』と相当する部分について対校してみると、『真実信心聞書』は、岸部本『信海聞書』よりも、浄勝寺本『真実信心意趣』に極めて近い関係にあることも確められた。現在『真実信心聞書』についての古写本も、前述のごとく室町中・末期のもので岸部本・上宮寺本の二点が知られているに過ぎない。傍証となり得べき古いいくつかの聖教目録類にもその名をみないため、本書の存在が学界で確認されたのは比較的新しく、昭和に入ってからということである。

また近世に入っての写本は、これまで発見されておらず『国書総目録』にもその書名すら見当たらないので、本書の写本が発見されたとすれば珍しいことに属するといえよう。『信海聞書』の成立を前述のように考えれば、この『真実信心聞書』の成立はそれをさかのぼることはないと思われる。それでも室町中頃にはすでに『信海聞書』より分れて、一人歩きを始めていたものと考えられよう。本書が『真実信心聞書』として流行していたことを思う時、丹山順芸が、丹山文庫目録の中で、この仮題『信海聞書』に相当する書名として『真実信心意趣一巻』として掲げ順故の写本に従っているとはいえ注目に値しよう。

この『信海聞書』は浄勝寺本・岸部本ともに外題・内題・尾題を伝えていないので、第一発見者の岸部氏は奥書の取意に従って仮題『信海聞書』としたといい、丹山順芸は、順故の命名に従って『真実信心意趣』と呼称していたことはさきにも述べたところである。とするならば、原題はこの他に求めるべきであり、『真実信心聞書』というこの書名こそが、原題であったとしても、岸部本・浄勝寺本の奥書や、本文の内容から考えて不自然ではないと思われると仮定すれば、この『真実信心聞書』こそが、前半を省略しながらも、原題をそのまま残していたものという推論も一考の余地があるといえよう。

また真慧自筆の写本『真実信心聞書』は名古屋市緑区鳴海の万福寺（高田派）に所蔵されているもので、冒頭が「大無量寿経言」で始まる同名異本である。[13]

巻末に真慧の次のような識語がある。すなわち、「右此書者当寺代々相伝也」とあって、同名異本の本書も、その成立は室町中期以前と考えてよい。『高田上人代々聞書』[14]によれば、存覚述作分の一つとして「真実信心聞書」の名がみえてはいるが目録に現われるのはこれ一つのみである。この書名だけでは、岸部・上宮寺本系か、高田真慧本系を意味するかは明らかでないが、真慧本や目録が高田系の伝統の上にあることを思い合すとき、異本の真慧本についての伝統解釈であったと解されよう。

次に明らかとなった第二点について触れておきたい。それは岸部本『信海聞書』でいえば十四左から十六左の初めにかけて、五念門釈の一文がみえている。この全文が、そのまま談義本の『三心三信同一事』[15]の末尾に置かれている五念門釈と対校してみると同一文である。ということは前述の岸部・上宮寺本系の『真実信心聞書』にも包摂されていることは言をまたないであろう。

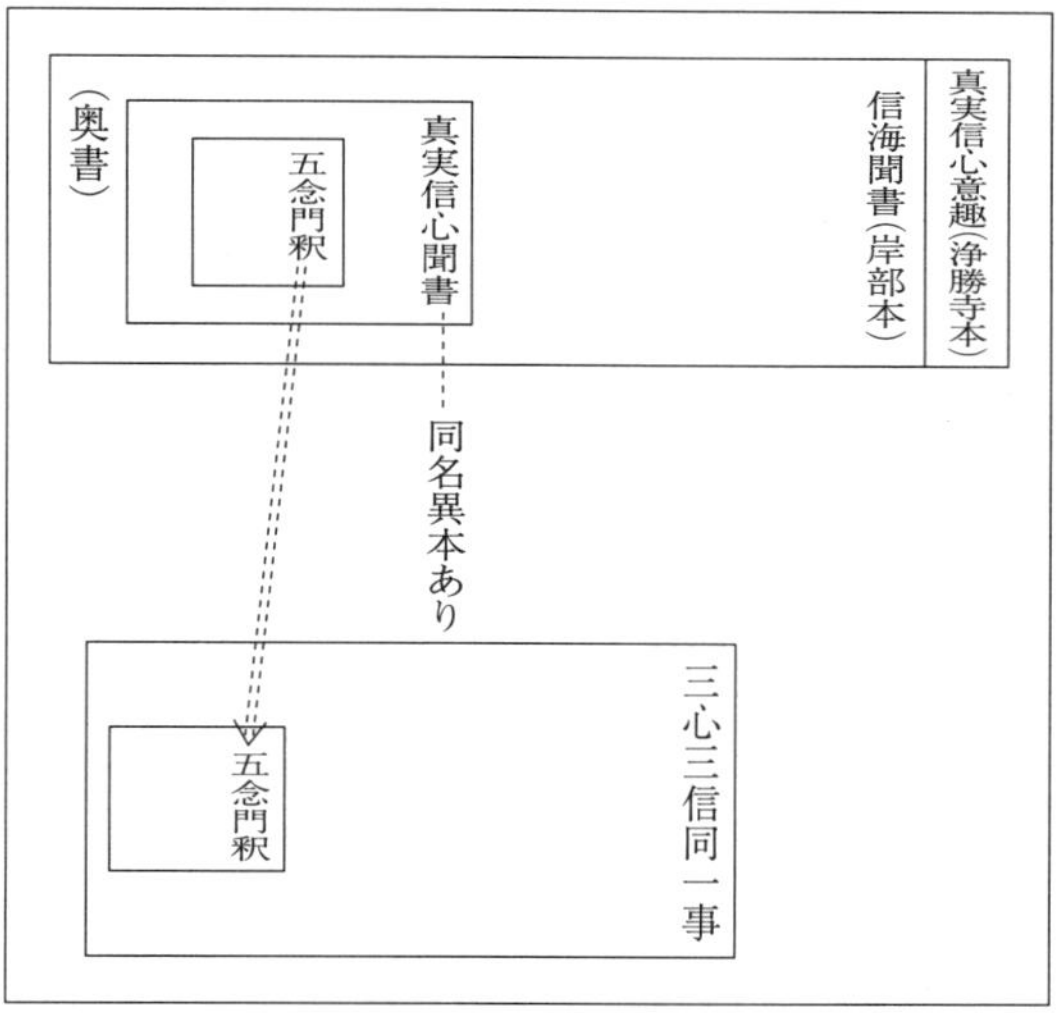

図

『三心三信同一事』は性応寺一雄が寛永元年（一六二四）編した『浄土真宗依典籍集』(16)で存覚述として以来、恵空を初め多くの先学も述者として存覚を宛ててきた。泰厳が『菽麦私記』(17)で偽作としたことから了祥も異義書(18)の一つとして取り上げるに至った。また近代に入ってからはもっぱら談義本の一種として取り扱われるようになった。『三心三信同一事』の写本としては、『国書総目録』を検索してみても近世のものが四点中三点を占めており、この他に室町期の古写本として、『古写古本真宗聖教現存目録』のNo.一四二二に岐阜県美濃市の願念寺本・伊藤義賢著の『親鸞聖人古写本御消息色紙聖教』(19)では広島県府中市明泉寺の一本を紹介している。このように伝本はあまり多くはないが、ともかく室町期に『三心三信同一事』の一部として、また『信海聞書』『真実信心聞書』の一部として、この五念門釈が知られていたことになる。

このように『信海聞書』は書名や本文の一部を省略しながら、他の談義本に変形し流伝していたことの事実が明るみに出たことで、本書の意義を改めて問われねばならない方向に事態は発展していったのである。

なお、以上述べてきたところについて、各々の諸関係を整理して図示しておく。

おわりに

本章では、新出の浄勝寺本『信海聞書』を紹介してきた。親鸞滅後の初期教団を相続していった人達は、二つのグループを形成していた。一つは親鸞の墓所を守るその遺族、他の一つは、親鸞の在関時代からの門弟、あるいは帰洛後、京都の親鸞を訪って門人となった人々であった。後者はことに親鸞の教えを伝える重大な責任があった。『信海聞書』の筆者と目される信海のごときは後者の代表的存在であり、東国の門弟代表の一人として顕著な行動には目を見張るべきものがあった。この行動の背景にはなき親鸞の声が、そのまま心の中に生き続けていたのであろう。こうした親鸞の声が、唯円の『歎異抄』であり、この『信海聞書』ではなかったであろうか。それゆえ、信海の人となりが後世に与える影響にも顕著なものがあったとしても不思議ではない。信海にそれを求めるとすれば信海門徒の形成であり、『真実信心聞書』や『三心三信同一事』あるいは『五念門トイフハ』という聖教ではなかったであろうか。

註

（1）岸部武利「真宗聖教に就いて」（『真宗研究』第一七号、真宗連合学会、一九七一年）。
（2）細川行信『真宗成立史の研究』（法藏館、一九七七年）。
（3）福井県丹生群朝日町下糸生・真宗大谷派。
（4）丹山師の詳伝に関しては次書が参考となる。山田秋甫『浄勝寺丹山』（丹山文庫、一九一四年）。
（5）木津無庵『貫珠院遺稿』（破塵閣書房、一九三三年）に影印本を所収する。

（6）同朋学園仏教文化研究所採訪資料。
（7）小山正文「覚如本『聖徳奉讃』と『太子和讃』の奥書をめぐって」（『同朋大学論叢』第四七号、一九八二年）。
（8）弘安三年十一月十一日付、信海等・念仏衆に告状（『真宗史料集成』第一巻、同朋舎、一九七四年、九六八頁）。
（9）弘安五年十一月廿四日付、信海書状（『真宗史料集成』第一巻、同朋舎、一九七四年、九六九頁）。
（10）『真宗史料集成』第一巻（同朋舎、一九七一年）三三二頁以下。
（11）生桑完明「鳴海萬福寺蔵『真実信心聞書』翻刻解説」（『高田学報』第二五輯、一九五九年）口絵、本文一一五頁以下。
（12）佐々木善祐「真実信心聞書の同題異本を紹介す」（『高田学報』第二六輯、一九五八年）。
（13）註（8）参照。
（14）『真宗史料集成』第四巻（同朋舎、一九八二年）九四頁。
（15）『真宗史料集成』第五巻（同朋舎、一九八三年）一五七頁。
（16）『真宗全書』目録部（国書刊行会、一九七六年）八〇頁。
（17）同右、六〇頁。
（18）『真宗大系』第三六巻（国書刊行会、一九七四年）二三一頁。
（19）伊藤義賢『親鸞聖人古写本御消息色紙聖教』（竹下学寮、一九三七年）一五〇頁。

本文中の無と无は別字としてそのままとした。ただし、岸部本との異同は不問とした。巨と因・卆と衆・䙺と観の混用はみられるが、通常の字体に改めた。その他國・釋等の旧字体は新字体に統一した。岸部本には全体に振仮名がみられるが、これを省略した。

第二部　親鸞絵伝・絵像の研究

慶長末年以前在銘「親鸞絵伝」目録稿

はじめに

『親鸞絵伝』に関しては、従来の研究に加えて、絵解き研究や画中画研究の対象となり得るとして、新たな視点から注目されつつある。ところが、その研究の基礎となる所在目録すら、諸般の事情により作成をみていない。

そこで本章では、成立年次を確定できる在銘遺品中、慶長末年以前に限って目録化を試みておきたい。

ここで取り扱う範囲は、真宗の宗祖（開祖）親鸞の一期行状を著わした『親鸞伝絵』に従って、掛幅絵伝化されたもののみに限定しておきたい。そのため、絵巻物形態の伝絵や、近世に入って添削増補したとみられる仏光寺派や高田派、木辺派などで、依用されるようになった同意趣の絵伝等はここでは触れない。したがって、ここで対象となる絵伝とは、本廟本願寺を中心に強力な中央集権体制のもとに、発展形成をみた東西両本願寺と、それに属する諸寺に本願寺から下付所蔵されてきたものが中心となる。

現在、両派を含む真宗教団に所属する寺院数は、二万か寺を超えている。各寺で毎年執行されている宗祖親鸞（弘長二年〈一二六二〉十一月二十八日入滅）の報恩講には欠くことのできない荘厳具の一つとなっていることもあって、その大半の寺院が所蔵しているものとみてよい。それを根拠に推定してみると、絵伝の現存総数はざっと一万数千点を越えているとみられる。しかも、その中には何らかの理由によって失なわれ、再下付されたものも相当数含んでいるとみられるので、これを加えるとすれば、さらにその数は上回っていたものといえよう。

このように、数が多いのと、頂点に立つ本願寺の強い指導統制と、工房である絵所の整備（慶長七年〈一六〇二〉東西分立後は二つの絵所となる）とが重なっての図柄の形式化が目立ったため、研究課題として正面から取り組まれることが少なかった。近代における絵伝研究をふりかえってみると、作品事例を数多く取り扱っての研究では日下無倫氏[1]を除いては皆無に等しい。戦後、東西分立という新たな視点に立つ研究が進み、裏書史料が注目されたが、そのなかに、絵伝の裏書も含まれていた。

その端著となったのは藤島達朗氏[2]であった。その後、上場謙澄氏[3]、柏原祐泉氏[4]、北西弘氏[5]らの研究が出て、絵伝の所在目録作成に寄与するところ大なるものとなった。また、全国各地で行われてきた文化財調査や地方史誌編纂過程で多くの絵伝資料が追加された。すでに一部の地方では、悉皆調査を実施[6]して、その報告書を刊行したところもあって、所蔵者の実態や成立年次別の分布状況も次第に明らかとなりつつある。さらに『真宗重宝聚英』[7]第四巻が刊行され、絵伝の写真・裏書多数が収録され画中画研究を一層容易にしたことである。

それらの成果をふまえつつ、絵伝の実数について通史的に概観しておくと、ここで扱おうとする慶長末年以前は極めて少なく、元和・寛永期から次第に増加の傾向を示し、寛文元年（一六六一）宗祖親鸞の四百回忌以後、正徳元年（一七一一）、宝暦十一年（一七六一）、文化八年（一八一一）と五十年ごとに迎える御遠忌を中心にその前後で、下付数のピークを示しつつ増大傾向にあった。一応寺院全体に行きわたってしまうと、製作点数は一挙に減少傾向をみせるようになった。その時期は、近世末期からすでに始まっている。

ちなみに、今日でも標準タイプの絵伝（縦一メートル六〇センチ・横一メートル）絹本着彩四幅を肉筆で仕上げるとすると、専属の絵師一人が、かかりきりで、最底で四十日かかるといわれ、現今の真宗大谷派では、それを下付してもらう場合、その費用二百万円を本山に納めねばならないことになっている。こうして製作された絵伝は、両本山ともに絵表所で調製（本山表装）裏書して、箱に収められ添状を付して、願主に手渡されるのである。天正十八年（一五九〇）頃顕如によって創設をみた絵所は東西分立によって、絵所が二か所に増えたことになり、実質量産を可能にしたと考えてよい。

本章ではさきにも触れたように在銘絵伝中最古の建武五年（一三三八）より慶長二十年（一六一五）までに限って収録しておくこととしたい（ただし、本章の原論文初出の一九八八年段階の情報である…筆者註）。

註

（1）日下無倫『本願寺聖人伝絵講要』（本願寺安居事務所、一九三九年。後に改題して日下無倫『総説親鸞伝絵』、史籍刊行会、一九五八年）。
（2）藤島達朗「真宗東西分派の一視点―教如の立場を中心に―」（『大谷史学』第六号、一九五六年）。
（3）上場謙澄「教如上人と難波別院」（『真宗研究』第九輯、一九六三年）。
（4）柏原祐泉「本願寺教団の東西分立―教如教団の形成について―」（『大谷大学研究年報』第一八号、一九五九年）。
（5）北西弘『一向一揆の研究』（春秋社、一九八一年）。
附記　最近、金龍静氏は「戦国期本願寺教団の裏書考」（『年報中世史研究』第一三号、一九八八年）で、蓮如裏書14・実如8・証如2・顕如4・教如2・准如3と数量のみで報告している。
（6）『愛知県西尾市「西尾の仏教絵伝展」目録』（同朋舎、一九八五年）、稲沢市『真宗寺院什物調査報告書』（稲沢市教育委員会、一九八五年）、吉原忠雄「堺の親鸞聖人絵伝」（『堺市博物館年報』Ⅶ、一九八八年）が注目される。
（7）『真宗重宝聚英』第四巻、親鸞聖人絵像・木像・絵伝（同朋舎出版、一九八八年）。

慶長末年以前現存親鸞聖人絵伝目録

整理番号	裏書に見える名称	下付者	下付年月日（）内西暦	願主	現蔵者・住所寺名
1	親鸞聖人伝絵	不明	建武五年二月（一三三八）	明尊	広島県沼隈郡　光照寺
2	縁起	不明	文和三年一〇月二一日（一三五四）		愛知県豊田市　如意寺
3	大谷本願寺上人御縁起	不明	応永二六年七月二二日（一四一九）	仏乗	石川県加賀市　願成寺
4	東山大谷本願寺開山聖人之御縁起	存如	宝徳元年二月二八日（一四四九）	真光	石川県加賀市　専称寺
5	大谷本願寺親鸞聖人之御影四幅之縁起	蓮如	寛正五年四月二五日（一四六四）		滋賀県大津市　本福寺
6	大谷本願寺親鸞聖人之縁起	〃	寛正五年五月一四日（一四六四）		滋賀県守山市　西別院顕証寺
7	大谷本願寺親鸞聖人之縁起	蓮如	文明二年一〇月二八日（一四七〇）	道見	大阪府堺市　真宗寺
8	大谷本願寺親鸞聖人之縁起	〃	文明二年一二月一七日（一四七〇）	善性	岐阜県河野　六坊組合
9	縁起	〃	文明三年三月一四日（一四七一）	玄英寄進	京都市下京区　西本願寺
10	大谷本願寺親鸞聖人之縁起	〃	文明三年六月二五日（一四七一）	乗誓	石川県珠洲市　明光寺
11	大谷本願寺親鸞聖人縁起	〃	文明三年九月四日（一四七一）		石川県金沢市　専光寺
12	大谷本願寺親鸞聖人之伝絵	〃	文明七年八月八日（一四七五）	蓮崇	京都市下京区　常楽寺
13	大谷本願寺親鸞聖人之縁起	〃	文明七年九月二二日（一四七五）	法円	大阪府八尾市　慈願寺
14	大谷本願寺親鸞聖人之縁起	〃	文明七年九月二八日（一四七五）	祐淳	大阪府高槻市　教行寺
15	大谷本願寺親鸞聖人縁起御影	〃	文明一六年八月一四日（一四八四）	蓮光	石川県小松市　本蓮寺

16	大谷本願寺親鸞聖人伝絵	〃	明応七年正月二八日（一四九八）		和歌山市　妙慶寺
17	大谷本願寺親鸞聖人御伝	実如	明応七年七月二八日（一四九八）	西照	滋賀県びわ町　真宗寺
18	大谷本願寺親鸞聖人御伝	〃	明応七年一〇月一八日（一四九八）	実淳	石川県金沢市　長徳寺
19	大谷本願寺親鸞聖人御影（スコ）	〃	明応七年一一月二八日（一四九八）	了芸	滋賀県近江町　福田寺
20	大谷本願寺親鸞聖人伝絵	〃	永正元年一二月一一日（一五〇四）		兵庫県姫路市　本徳寺
21	大谷本願寺親鸞聖人伝絵	〃	永正六年閏八月二八日（一五〇九）	賢心	富山県東砺波郡　瑞泉寺
22	大谷本願寺親鸞聖人伝絵	〃	永正一一年六月七日（一五一四）	実玄	奈良県吉野郡　本善寺
23	大谷本願寺親鸞聖人伝絵	〃	永正一六年一一月一〇日（一五一九）	実玄（前項同名異人）	富山県高岡市　勝興寺
24	大谷本願寺親鸞聖人御伝	証如	享禄四年閏五月二八日（一五二八）	空誓	大阪府堺市　源光寺
25	大谷本願寺親鸞聖人伝絵	証如	天文九年九月一六日（一五四〇）	了顕	名古屋市中区　聖徳寺
26	大谷本願寺親鸞聖人御縁起	顕如	元亀二年四月上旬（一五七一）	浄心同行中	大阪府南河内郡　林光寺
27	大谷本願寺親鸞聖人縁起	〃	元亀三年七月（一五七二）	浄心	富山県射水郡　西養寺
28	大谷本願寺親鸞聖人伝絵	〃	天正二年一二月四日（一五七四）		和歌山市　鷺森別院
29		〃	天正三年――（一五七五）	定朝	滋賀県長浜市　願浄寺
30	大谷本願寺親鸞聖人伝絵	教如	天正九年三月二日（一五八一）	乗了	岐阜県郡上郡　安養寺
31	親鸞聖人縁起	顕如	天正九年四月一八日（一五八一）		奈良県大和高田市　信証寺
32	大谷本願寺親鸞聖人伝絵	教如	天正九年一一月二八日（一五八一）	明海	新潟市　真浄寺

33	親鸞聖人伝絵	顕如	天正一〇年一〇月一四日（一五八二）	唯明	滋賀県愛知郡　善照寺
34	大谷本願寺親鸞聖人伝記	〃	天正一六年四月八日（一八八五）	順海	大阪府堺市　正覚寺
35	〃	〃	〃	祐慶	京都市東山区　万因寺
36	〃	〃	〃		岐阜県揖斐郡　仏照寺
37	〃	〃	〃		山形市　専称寺
38	〃	〃	〃		兵庫県赤穂市　永応寺
39	奉修覆親鸞聖人伝絵	教如	慶長四年正月二八日（一五九九）	明了	岐阜県高山市　高山別院
40	大谷本願寺親鸞聖人縁起	准如	慶長五年三月二三日（一六〇〇）	忍尊	奈良県橿原市　称念寺
41	大谷本願寺親鸞聖人縁起	〃	慶長七年九月一四日（一六〇二）	尭海	東京都港区　善福寺
42	大谷本願寺親鸞聖人伝絵	教如	慶長一〇年六月一三日（一六〇五）	空勝	富山県東励波郡　善徳寺
43	大谷本願寺親鸞聖人之縁起	准如	慶長一〇年八月九日（一六〇五）		滋賀県番方講中持廻り
44	大谷本願寺親鸞聖人之縁起	〃	慶長一〇年一〇月一八日（一六〇五）	准照	福井市　超勝寺（西）
45	大谷本願寺親鸞聖人伝絵	教如	慶長一一年二月一六日（一六〇六）	祐賢	京都市中京区　泉龍寺
46	大谷本願寺親鸞聖人伝絵	〃	慶長一一年九月一三日（一六〇六）	祐慶	岐阜県安八郡　満福寺
47	大谷本願寺親鸞聖人之縁起	准如	慶長一二年七月一二日（一六〇七）	浄正	秋田県仙北郡　円徳寺
48	大谷本願寺親鸞聖人之縁起	〃	慶長一二年九月三〇日（一六〇七）		岐阜県本巣郡　善永寺
49	大谷本願寺親鸞聖人伝絵	教如	慶長一二年一〇月二八日（一六〇七）	栄寿	岐阜県不破郡　願証寺

50	大谷本願寺親鸞聖人伝絵	〃	慶長一三年二月二日（一六〇八）	賢恵	岐阜市　願正坊
51	大谷本願寺親鸞聖人縁起	〃	慶長一四年九月二日（一六〇九）		秋田県横手市　浄円寺
52	大谷本願寺親鸞聖人之縁起	准如	慶長一五年六月二八日（一六一〇）	祐祢	三重県桑名市　法盛寺
53	大谷本願寺親鸞聖人伝絵	教如	慶長一五年一〇月一五日（一六一〇）	顕了　了存	山形県甲府市　甲府別院
54	大谷本願寺親鸞聖人之縁起	准如	慶長一六年正月二八日（一六一一）	空誓	長野県上田市　向源寺
55	大谷本願寺親鸞聖人伝絵	教如	慶長一六年五月一〇日（一六一一）	祐恩	石川県珠洲市　妙厳寺
56	大谷本願寺親鸞聖人之縁起	准如	慶長一七年四月一六日（一六一二）	覚乗	富山県婦負郡　聞名寺
57	大谷本願寺親鸞聖人伝絵	教如	慶長一八年二月七日（一六一三）	休昧	岐阜県安八郡　信願寺
58	大谷本願寺親鸞聖人之縁起	准如	慶長一八年三月一三日（一六一三）	専了	岐阜県安八郡　性顕寺
59		教如		唯宗	愛知県西尾市　聖運寺
60	大谷本願寺親鸞聖人伝絵	宣如	慶長二〇年八月一六日（一六一五）	尼妙受円至	東京都台東区　徳本寺
61	大谷本願寺親鸞聖人伝絵	〃	慶長二〇年一一月一五日（一六一五）		東京都台東区　東京本願寺

次に順序に従って裏書を示し、解説を加えておきたい（番号は目録番号を示す）。参考文献については、補記の文中では書名等のみ記し、刊行年次等の詳細については末尾に一覧で掲出する。

(1)

> 親鸞聖人伝絵
>
> 建武□備後国布熊郡　山南郷光照寺也
>
> 画工法眼隆円筆也□□願主釈明尊

（補記）内容は、永仁初稿本善信聖人親鸞伝絵と同じ、一幅仕立として他に例がない。在銘遺品中最古のもの。これと対になっているものに法然上人絵伝三幅があり、銘の欠損部分はそれで補うことが可能である。それに従えば建武五年（一三三八）下付されたものと知られる。画工隆円は、栗田口流の隆円と比定されている。裏書の写真は『日本絵画史年紀資料集成』二一五頁参照。

(2)

□□（武州カ）荒木源海聖人門徒
三州高橋庄志多利郷如意寺常住□□□□（幷御縁起カ）
大勧進如意寺住侶釈教蜜了感
大壇（檀）那尾州弥作久住
慶善房　円□（空カ）尼
円光房　空信尼

大施主富田性善房門弟
性蜜房
□（明カ）空房
□□（明教カ）房　教秀尼
道蜜房　法空尼
明円房　教法尼
明覚房
□（大カ）合力諸衆同行略之
文和三年甲午十月廿一日

（補記）裏書は絹地に書かれており、今は別幅仕立となっている。このような例は他に見当たらず、裏書なのかどうか古くより議論があるが、基本的に裏書として認めてよいと考える。字の判読についても時代を追って変化がある。江戸中期の『勝鬘寺絵讃之控』に写されて収録されている段階、日下無倫氏の研究段階、そして現段階で相違がある。字がかすれて時代を追うごとに、次第に読めなくなっていく具体的な一事例である。絵伝そのものは三幅仕立で、山南光照寺本と同様永仁初稿本系統のものである。同寺では、現行四幅絵伝も備えておらず、報恩講に御伝鈔を拝読する儀式も、昔から行っていないとのことである。

裏書の写真は『豊田市史』第一巻五〇四頁、または『真宗重宝聚英』第四巻一〇六頁を参照。この裏書によれば、製作年次が覚如入滅後のことになり、永仁初稿本系のものが康永定本成立後も行われていたことを示すものとして注目されよう。なお、文中の「弥作久」は現在の「岩作」（やざこ）か。

ちなみに本書でこの絵伝裏書文書は二二二頁と二三五頁におい

ても掲げて紹介して、検討しているので参照されたい。

(3)

応永廿六年己亥七月廿二日
画工民部法眼隆光
大谷本願寺上人御縁起四補内　加賀国熊坂庄内荻生
第四巻　願主釈仏乗

（補記）　これは四幅十五段本の在銘最古のものである（以下に収録したものはすべてこの系統に属する）。画工隆光は栗田口流の隆光と考えられている。

第一幅の裏書写真は『古美術』八四号五四頁に、第二幅は『真宗重宝聚英』第四巻一二二頁、第三幅は『石川県銘文集成』経典仏画編二一七頁、第四幅は『日本絵巻物全集』（角川版）第二〇巻解説の部をそれぞれ参照。裏書中に「上人」とあるのも他に例がなく、一般にはすべて「聖人」となっている。

(4)

四巻　宝徳元年己巳十一月廿八日　本願寺住持釈存如
（花押）
東山大谷本願寺開山親鸞聖人御縁起也
加州江沼郡山城庄川崎専稱寺住持釈真光
但於此御伝者不可出専称寺門外者也

（補記）　絵相は固定する以前のものである。画中に札銘が無くなってくるものの最古の例であり、下付者の名が現われる最古のものでもある。またこれより一か月前十月十四日に蓮如より真光に御伝鈔二巻が下付され、伏木勝興寺（富山県高岡市）に現存（宮崎円遵『真宗書誌学の研究』二五一頁）している。絵伝と御伝鈔が一具で残っているものとして最古の例であり、裏書の型式も整っていない時期のものと考えられるものである。裏書の写真は『日本絵巻物全集』に第四巻が、また『石川県銘文集成』経展仏画篇二一九頁に第一巻・第二巻が紹介されている。

(5)

第一幅

江州志賀郡堅田法住道場常住物也

大谷本願寺親鸞聖人　一巻之縁起

第二幅

大谷本願寺釈蓮如（花押）

寛正五歳甲申四月廿五日

江州志賀郡堅田法住道場常住物也

大谷本願寺親鸞聖人之御影四幅之縁起

第三幅

大谷本願寺釈蓮如（花押）

寛正五歳甲申四月廿五日

大谷本願寺親鸞聖人之御影四幅之縁起

（補記）　裏書にみるような「聖人之御影四幅之縁起」とある例は少なく、同じく№15蓮如下付のものに御影としてその右脇に縁起と書き添えているものがある。宛先が道場名のみである。また同朋学園仏教文化研究所が実地調査をした際「大谷本願寺親鸞聖人（蓮台）」と記した一幅の軸が発見された。この他、日付のみのものなど未表装で切断されたままの断簡も発見された。これを合わせてみると、正しく絵伝の裏書の断簡であることが確認できる。現在裏書は第一幅目の部分と第二幅目・第三幅目に残されており、この断簡一幅分が、四幅目のものと推定できる。

江州志賀郡堅田法住道場常住物也

第四幅

この裏書の日付について、同寺の記録『本福寺由来記』や『本福寺跡書』『本福寺次第草案』には、すべて二十三日と何故か誤伝している。また『本福寺由来記』には「画師ヲ召レイツレヨリモ人形ヲイカニモ大キニカケ法住コノミソト仰ケル」と記されている。図柄研究には重要な指摘であり、注意しておきたい。

(6)

大谷本願寺釈蓮如（花押）
寛正五歳甲申五月十四日
大谷本願寺親鸞聖人之縁起
江州野州《(ママ)》南郡赤野井
惣門徒中常住物也

（補記）同朋学園仏教文化研究所調査による。

(7)

大谷本願寺親鸞聖人御縁起

釈蓮如（花押）
文明二歳庚寅十月廿八日
摂州住吉郡境北庄
山口中町
願釈道見

（補記）この絵伝については、吉原忠雄氏が詳細な報告を行っている（『堺市博物館館報』Ⅶ）。それによると裏書は改装の際、別幅仕立とし四幅分を一幅にしたことが知られる。裏書は本来同一紙に記されることが原則であり、このように別幅で保存されたり、本紙に貼込みとなっている場合、それは改装したものであることを示しているものと考えてよい。

(8)

大谷本願寺親鸞聖人之縁起

釈蓮如（花押）
文明二歳庚寅十二月十七日
尾張国葉粟郡本庄郷
河野惣門徒中安置物也
願主釈善性

（補記）これも(7)と同じく裏書が別装一軸となっている。

(9)

（第四幅目裏）
右斯縁起者玄英為報恩謝徳今図画之、当寺江奉寄進処也於自今已後者大谷本願寺可為常住物者也
文明三歳辛卯三月廿四日釈蓮如（花押）

（補記）　表の絵は『秘宝・西本願寺』や『西本願寺の秘宝』展にも出されてよく知られているが、裏書は『真宗史料集成』第二巻の「蓮如上人裏書集」でも脱落してしまうほど知られていないものである。幸いにも西光寺祐俊の『法流故実条々秘録』に寛永十一年（一六三四）十一月二十一日に写しとっておいた旨が記され、裏書が紹介されている（『真宗史料集成』第九巻四〇八頁）。これは見て分かる通り裏書でなく寄進の縁由を述べたものである。それによれば本願寺ではこれを長い間使用していたことが知られる。

(10)

大谷本願寺親鸞聖人縁起

釈蓮如（花押）

文明三歳六月廿五日

加州加卜（ママ）郡蒼月庄

木越光徳寺常住物也

願主釈乗誓

（附第四巻追記）

「釈宣如（花押）

右四軸依展転長福寺下

能州鈴郡正院町西光寺

釈慶円奉安置者也

寛永参暦丙寅閏四月廿八日加筆之」

（補記）　この絵伝の日付から知られることは、蓮如が吉崎御坊建立の準備を進めていた時にあたるということである。御文によれば五月に越前に入り、七月二十七日坊舎建立したと述べている。また寛永五年（一六一九）の追認の裏書によって早い時期に所蔵者のかわったことを知ることができるものとして注意したい。

(11)

大谷本願寺親鸞聖人縁起
釈蓮如（花押）
文明三歳辛卯九月四日
加州石河郡大野庄
吉藤専光寺常住物也

（補記）早くからその存在は知られていたもので、同朋学園仏教文化研究所も調査済みである。これも日付によって蓮如が吉崎帯留中のものと知られる。裏書は四幅分を一軸に別装しているので、何れが何幅目のものか知り得ない。

(12)

大谷本願寺親鸞聖人之伝絵
釈蓮如（花押）
文明七年乙未八月八日
越前国葦羽郡北庄浜
願主釈蓮崇

（補記）この月二十一日蓮如は吉崎を立ち去り、河内出口に向かっているので、その直前に蓮崇に下付したことが知られ、また同日蓮如は蓮崇に「親鸞聖人御影」（石川県恵光寺蔵裏書）をも与えており注目される。現在では両方とも蓮崇の住地を離れて伝来しているが、この背景は知る由もない。「聖人之伝絵」と記したのはこのほか蓮如の裏書をもつものでは(16)(17)のみである。

(13)

大谷本願寺親鸞聖人之縁起

釈蓮如（花押）

文明七年乙未九月廿二日

河内国渋河郡橘島久宝寺

慈願寺常住物也

願主釈法円

（補記）裏書写真は『八尾市史文化財編』や『福井山慈願寺』（寺誌）にも紹介されているが、第何幅目にあたるかは不明。日付から蓮如が吉崎を去って間もない頃のものであることが知られる。裏書は別幅となっている。

(14)

大谷本願寺親鸞聖人之縁起

釈蓮如（花押）

文明七年乙未起九月廿八日

和州広瀬郡百済之庄

迎田東道場常住物也

願主釈祐淳

（補記）『蓮如と大阪』展（難波別院・朝日新聞社、一九九六年）で初めて紹介されたものである。裏書写真は会場でのみ展示されていたので、そのメモに基づいて目録の裏書部分の誤っている文字の二、三を訂正した。これは本寺の教行寺よりさきに道場へ下付されたことが知られるものとして注目される。今日この道場は廃されたので教行寺へ収められたものである。さきの慈願寺下付のものより五日当方が遅れているのみであり、絵伝製作の状況の一端を知ることができるものとして注目される。

⒂

本願寺釈蓮如（花押）
文明拾六歳甲辰八月十四日
縁起
大谷本願寺親鸞聖人御影〻〻
加州能美郡下粟津
本蓮寺常住物也
願主釈蓮光

（補記）同朋学園仏教文化研究所が実地調査を行ったものである。ここに示したのは第一幅目の裏書で御影と書いてその右脇に小さ目に縁起と添書している。また、第二・三・四幅とも「聖人縁起」とあって「聖人之縁起」とは書いていない。本蓮寺本と⒁との間には十年の開きがある。文明十年（一四七八）山科に占地して本願寺の再興の意志をかためさらに工事に着工、文明十五年八月にはほぼ完成している。この大工事と空白期間とは無関係でないように思われる。自らの署名に本願寺を冠称していることも注意を引くところである。

(16)

大谷本願寺親鸞聖人伝絵

釈蓮如（花押）

明応七歳戊午正月廿八日

摂州嶋上郡富田

常住物也

（補記）　裏書は小山正文氏より教示を得たものである。明応七年（一四九八）といえばすでに蓮如の子実如が裏書をしている年代であり注意すべきである。宛名が富田のみであることは、教行寺への下付物であることを示唆しているように思われる。裏書によってこの絵伝は所蔵者が後に変更になっていることが知られるが、その時期は明らかでない。

(17)

大谷本願寺親鸞聖人御伝

釈実如（花抑）

明応七年戊午七月廿八日

江州浅井西郡益田郷中西

願主釈西照

（補記）　この絵伝は『親鸞聖人教如上人展出品目録』（虎姫高校、一九六二年）でその所在を知り、住職の報告によって裏書を知ることができたもの。新出品である。

⒅

（第三幅）

大谷本願寺親鸞聖人御伝

釈実如（花押）

明応七年戊午後十月十八日

□□□□（吉藤専光）寺加州能美郡

山上郷清水常住物也

願主釈実淳

（第四幅）

右同文につづいて

開山聖人之縁起者、実如上人真筆也

専光寺属下長徳寺釈順悦安置焉

延宝弐稔甲寅晩秋十五日

大僧正常如（花押）

（補記）この絵伝の存在が知られるようになったのは近年のことである。この絵伝にはいくつかの傍証史料があるので、現存する絵伝の複雑な裏書の周辺を明らかにできるので重要である。今後のこの種の裏書研究に益するところ大なるものがあろう。本山側の史料である『粟津家申物帳』の寛文十三年（延宝と改元、一六七三）六月二十一日の条と、また近世を通じて長徳寺の上寺となっていた金沢専光寺に所蔵される「三ケ国末学衆申物帳」に裏書記載があり、原裏書が一部抹消されていて不明となっていた部分の解明もできた。絵伝裏書の全銘文が把握できたことから、同寺の旧地である辰口町の『辰口町史』第二巻（一九八七年）では復元したものを収載している。次に参考として掲げておきたい。なお、昭和六十一年（一九八六）十一月十四日「北国新聞」ではこの絵伝の発見を大々的に報道している。

（参考資料1）『寛文十三　申物帳』（『金沢別院史』下三一五頁より）

六月廿一日

一、御絵伝（印）　専光寺下加州

寅十一月十二日出ル　能美郡山上郷清水

一二畐計　長徳寺　順悦

右者先規ゟ安置候処三四畐者其儘有之

一弐畐紛失故此度御断有修覆之御礼銀上候

被成　御免候

（参考資料2）『金沢専光寺文書』四三二〜四頁より

第一　専光寺属下加州能美郡

山上郷清水長徳寺常

大谷本願寺親鸞聖人縁起　住物也

開山聖人之縁起全部四巻

実如上人賜干釈実淳也

雖然因事変而二巻者

今已亡矣沢順悦補

其闕旨欲備干後於是

書二巻応其願望云尒

延宝甲寅季秋九月中旬
大僧正（ママ）常如御判書之

第二
大僧正常如御判
延宝二歳甲寅季秋十五日書之
専光寺下加州能美郡
大谷本願寺親鸞聖人縁起　山上郷清水長徳寺常住
物也
願主
釈順悦

第三
釈実如御判
明応七年戊午後十月十八日
大谷本願寺親鸞聖人御伝　吉藤専光寺加州能美郡
山上郷清水常住物也
願主釈実淳

第四
明応七年戊午後十月十八日

大谷本願寺親鸞聖人御伝

吉藤専光寺門徒
加州能美郡山上郷清水常
住物也　願主釈実淳

角御朱印三所
開山聖人之縁起者実如上人直筆也
専光寺属下長徳寺釈順悦安置
焉
延宝弐稔甲寅晩秋十五日
大僧正常如御判

（参考資料3）『辰口町史』第二巻五〇一～五〇二頁

六六　親鸞絵伝　四幅　　金沢市彦三町　長徳寺所蔵

絹本著色。第三幅縦一三五・七センチ、横七七・八センチ、第四幅縦一四〇・九センチ、横七八・〇センチ。

（第三幅裏書）

釈実如（花押）

明応七年戊午後十月十八日

□□□□（吉藤専光）寺加州能美郡

大谷本願寺親鸞聖人御伝

山上郷清水常住物也、

願主釈実淳

（第四幅裏書）

（前欠）

明応七年戊午後十月十八日

大谷本願寺親鸞聖人御伝　□□□□（吉藤専光）寺門徒

加州能美郡山上郷清水常住物也、

願主釈実□（淳）

…………………（朱印三顆・印文白字「光晴」）…………………（紙継目）

（別紙貼継、異筆）

開山聖人之縁起者、実如上人真筆也、

専光寺属下長徳寺釈順悦安置焉、

延宝弐稔甲寅晩秋十五日

大僧正常如（花押）

○抹消部分ニツイテハ、『金沢専光寺文書』所収ノ「三ケ国末学衆申物帳」ニヨツテ知ラレル原文ヲ内ニ示シタ。

第一幅・第二幅ハ延宝二年ノ後補デアルガ、参考ノタメ両幅ノ裏書モ付載スル。

（第一幅裏書）

□□（専光）寺属下加州能美郡山上郷

大谷本願寺親鸞聖人縁起

清水長徳寺常住物也、
開山聖人之縁起全部四巻、
実如上人賜于釈実淳也、雖然因
事変而、二巻者今已亡矣、釈順悦
補其闕、目（以）欲備于後於是書二巻、
応其願望云爾、
延宝甲寅季秋九月中旬
大僧正常如（花押）書是、

（第二幅裏書）

大谷本願寺親鸞聖人縁起

大僧正常如（花押）
延宝二歳甲寅季秋十五日　書之、
□□（専光）寺下加州能美都
山上郷清水長徳寺常住
物也、
願主
釈　順　悦

⑲

大谷本願寺親鸞聖人御影（ママ）

釈実如（花押）

明応七年戊午霜月廿八日

江州坂田南郡

福田寺常住物也

願主釈了芸

（補記）この絵伝の存在はすでに明治四十一年（一九〇八）西本願寺で行われた宝物集覧会の目録にあって注目されていた。その後、昭和十一年（一九三六）には西本願寺宗学院の調査によって再度紹介されたが（『宗学院論輯』二〇輯一八〇頁）、佐々木芳雄氏は『蓮如上人伝の研究』二九九頁で近くの長浜市大戌亥・勝福寺の絵伝を誤って福田寺本として紹介したり、森竜吉氏は『湖北有情』一一〇頁のなかで下付年次を明応三年（一四九四）と誤って紹介したりして混乱していたが、北西弘氏が『一向一揆の研究』七四五頁に学術報告として紹介し決着をみたものである。ちなみに福田寺了芸の父宗俊は宝徳二年（一四五〇）蓮如より御伝抄を下付され、この本より転写した御伝鈔が全国各地に古写本として六、七本が伝存している。名称の所で「聖人縁起」あるいは「聖人伝絵」等とあるべきところ、ここでは「御影」となっているので、注意しなければならない。また画中札銘二十五か所あることも注目される。

⒇

大谷本願寺親鸞聖人伝絵

釈実如（花押）
永正元年甲子十二月十一日書之
播州飾西郡英賀東
本徳寺常住物也

（補記）この絵伝も同朋学園仏教文化研究所で調査したものである。

㉑

大谷本願寺親鸞聖人伝絵

釈実如（花押）
永正六年己巳閏八月廿八日書之
越中国利波郡
山斐郷斐波村
瑞泉寺常住物也
願主釈賢心

（補記）これも同朋学園仏教文化研究所で調査した。当寺には絵伝の願主賢心の書写になる御伝鈔上下二巻も伝えられており、絵と伝一具をなすものとみられるもので注目してよいであろう。

(22)

釈実如（花押）
永正十一年甲戌六月七日書之
大谷本願寺親鸞聖人伝絵
大和国吉野郡官（マヽ）上部郷
飯貝本誓（善）寺常住物也
願主釈実玄

（補記）　これも同朋学園仏教文化研究所で調査したものである。康永二年（一三四三）撰述の十五段本系で二幅の在銘遺品最古の例である。無銘では福井浄得寺本があるのみである。後世のこの種のものは、定型化された四幅十五段本を単純に上下に合せて二幅に仕立てたものが多いが、この絵伝は、構図上、工夫をこらして、多くの場面で絵を省略して表現した場面があり、他にない諸図をここにみることができる点注意したい。他の同種絵伝と比較する時、多くの示唆を与えることであろう。

⑵③

大谷本願寺親鸞聖人伝絵

釈実如（花押）

永正十六年己卯十一月十日書之

越中国利波郡

蟹谷庄内安養寺村

勝興寺常住物也

願主釈実玄

（補記）これは井上鋭夫氏の『一向一揆の研究』四二一頁と久保尚文氏の『勝興寺と越中一向一揆』八〇頁に裏書の写真を紹介しているが、両者まったく字配まで同一ながら、幅数の指示がしてないため第何幅目の裏書か不明である。これをみる限り、四幅とも同じ裏書ではないかと推測する。

⑵④

大谷本願寺親鸞聖人御伝

釈証如（花押）

享禄四歳辛卯後五月廿八日書之

泉州大鳥郡堺南庄

舳松源光寺常住物也

願主釈空誓

（補記）証如裏書の絵伝は、この⑵④と⑵⑤の二点の存在が確認されているのみである。これも吉原忠雄氏が『堺市博物館館報』Ⅶで報告している。

(25)

大谷本願寺親鸞聖人伝絵 釈証如（花押） 天文九年庚子九月十六日 尾州葉粟郡大浦郷 聖徳寺常住物也 願主釈了顕

（補記）　これも同朋学園仏教文化研究所で調査した。

(26)

大谷本願寺親鸞聖人御縁起 本願寺釈顕如（花押） 文亀二年辛未四月上旬 願主釈浄心同行中

（補記）『全国寺院名鑑』でその存在を知った。裏書については住職の報告による。顕如時代の石山戦争の最中で、しかも激化しはじめていることに起因するのか、絵伝のみならず多くの下付物について理解に苦しむような裏書がみられ、その類型化は不可能に近い。しかし、画技が衰えるというものではない。ことに本願寺自身各地を転住し天正十七年（一五八九）京都に安住するまでの間にも制作は続けられていたのである。この裏書と寺伝の間に年数の上で隔り

があり問題としてみたところ、もと紀州有田郡千田にいた医師がもっていたものという。

⑵7

大谷本願寺親鸞聖人縁起

本願寺釈顕如（花押）

文亀三年□申七月　日

願主釈浄心

（補記）この絵伝は『富山県史』史料Ⅱ付録四二頁№83として紹介され、北西弘氏の『一向一揆の研究』にも収録されているもの。『富山県史』の指摘するところでは裏書に貼り誤りがあるらしく、第一幅目のものは現在第四幅目に貼りつけているという。

⑵8

大谷本願寺親鸞聖人伝絵

顕如（木判）

天正二年甲戌十二月四日書之

宇治郷鷺森

（補記）この裏書は、『鷺森旧事記』四三八頁に依ったものである。他に調査紹介した文献を知らない。

(29)

顕如

天正三年

願主釈定朝

（補記）『全国寺院名鑑』でその存在を知った。住職からの報告による。戦時中に土居次義氏もこれを調査され、戦後に長浜教育委員会も調査したとのことである。

(30)

大谷本願寺親鸞聖人伝絵

釈教如（花押）

天正九年辛巳三月二日書之

濃州郡上安養寺常住物也

願主釈乗了

（補記）裏書の写真は『安養寺の歴史』八〇頁に収載されている。同朋学園仏教文化研究所も調査を終えたものの一つである。

(31)

親鸞聖人縁起

大谷本願寺釈顕如（花押）
天正九年四月十八日

（補記）　日下無倫『総説親鸞伝絵』八一頁には「願主釈浄宗」と記されているが、住職の報告では浄宗の名はなく、上記のごとくであるという。

(32)

大谷本願寺親鸞聖人伝絵

大谷本願寺釈教如（花押）
天正九年辛巳十一月廿八日書之
信州水内郡太田庄赤
沼郷真浄寺常住物也
願主釈明海

（補記）　『村のお寺とお宮』（『咮方禾古草子』六号四一頁）所載。この裏書に示されているごとく、同寺は元信州にあったと伝え、このように寺基移転の具体的史料となる場合も少なからずあるので注意すべきものであろう。

⑶³

親鸞聖人伝絵

大谷本願寺顕如（花押）

天正十年壬午十月十四日

近江国愛知郡薩摩

善照寺常住物也

願主釈唯明

（補記）　滋賀県『愛知郡誌』第五巻七九六頁収載のものによる。

⑶⁴

大谷本願寺親鸞聖人伝記

本願寺釈顕如（花押）

天正十六卯朞四月八日

願□□　越之前州安田村

願主釈順海

（補記）　裏書は吉原忠雄氏が『堺市博物館館報』Ⅶ三頁に紹介されたもの。同氏の調査では明治時代に購入されたものという。『大阪府全志』巻五三五二頁では由緒不明とするも寺は元越前にありといっている。現在福井県内に安田と称する地名は二か所ある。一つは、福井市内にありいま一つは坂井郡丸岡町にあるが、この裏書の地名が何れに該当するかは明らかでない。

(35)

釈顕如（花押）
願主祐慶

（補記）これも『全国寺院名鑑』でその所在を知った。住職の報告によって記したが、寺伝では同寺四代目の祐慶のとき転派し石山合戦の功により賜ったという記録があるという。この簡略な裏書は他にもあるが年次についてはほとんど伝承の域を出ないので顕如の下付するものであることのみが知られる新出史料である。

(36)

釈顕如（花押）
仏照寺

（補記）裏書は『寺内町の研究』五四頁による。同五五頁に下間頼廉免許状（折紙）十二月十六日付刑部卿法眼頼廉→ミノホウライ仏照寺、同門徒惣中絵伝免許という一通の文書のあることを紹介している。金龍静「戦国時代の本願寺内衆下間氏」によれば頼廉が刑部卿法眼の官途を名乗っていたのは天正四年（一五七六）から天正十四年（一五八六）までの間としているので、その頃の下付と考えられる。

(37)

本願寺釈顕如（花押） 専称寺

（補記）『最上首山専称寺歴代通塞記』でその所在を知った。住職の報告によって裏書の内容も確認できたものである。

(38)

顕如（花押）

（補記）神戸新聞社主催「親鸞展」目録No.38に収載されている。住職の報告によると元禄年間の箱書とともに古い包紙が残っていてそれには「古キ軸ノ書ニ云クコノ縁起大阪御篭城ノ内ニ□□御免也。天正七年六月橘十郎右ノ通リ表装ミトトケリ絵ハ土蔵但馬表教念」と記してあるという。

(39)

奉修復
親鸞聖人伝絵

大谷本願寺釈教如（花押）
慶長四年乙亥正月廿八日
飛驒国白川郷
中野照蓮寺
願本釈明了

（補記） 同朋学園仏教文化研究所の調査による。修復銘は名号などには多く見られるが、絵伝ではこの他にその存在を知らない。となれば絵の方の成立年次はこれよりはるかに早い時代に成立したものとみられる。画中二十四か所の札銘がある。札銘があってもその数は一定していないことも留意したい。

(40)

大谷本願寺親鸞聖人縁起

釈准如（花押）
慶長五朞庚子三月廿三日
和州高市郡今井
称念寺常住物也
願主釈忍尊

（補記） 『今井町史』三七八頁所載の裏書による。

(41)

釈准如（花押）
慶長七朞壬寅九月十四日
大谷本願寺親鸞聖人縁起　武蔵国豊島郡飯倉郷阿佐布
善福寺常住物也
願主釈尭海

（補記）筆者の実地調査記録による。

(42)

釈教如（花押）
慶長拾乙巳稔六月十三日
大谷本願寺親鸞聖人伝絵　越中国利波郡山田郷
城ヶ鼻村善徳寺常住物也
願主釈空勝

（補記）同朋学園仏教文化研究所調査記録による。

(43)

大谷本願寺親鸞聖人之縁起

釈准如（花押）

慶長十年乙巳八月九日

江州中郡番方

（補記）『番方講由緒』七〇頁所載のものによった。『真宗史料集成』第九巻二五九～二六〇頁に所収される「中物諸願取扱方之記」にもその記録と裏書をみることができる。現在は中郡という呼称はないが、近世末までは湖南地域の坂田、犬上、愛知、神崎、蒲生の五郡総称として用いられていた。講員の所有となっており寡聞にして所有者名を知ることができなかった。

(44)

大谷本願寺親鸞聖人之縁起

釈准如（花押）

慶長十季乙巳十月十八日

越前国吉田郡林之郷藤嶋

超勝寺常住物也

願主釈准照

（補記）福井市西超勝寺所蔵になるもので『越前若狭一向一揆史料集成』五二九頁では長松寺由緒書に収載、同八二五頁には所蔵者を「福井市超勝寺」とのみ記載しているが当所には西超勝寺、東超勝寺と同系の超勝寺が新たに建立されているので所蔵者についても正確な記述を必要とする場合の好例であろう。

(45)

釈教如（花押）
慶長拾一丙午稔二月十六日
大谷本願寺親鸞聖人伝絵　城州愛宕郡東洞院通
泉龍寺常住物也
願主釈祐賢
（補記）　同朋学園仏教文化研究所の調査記録による。これまでまったく知られていなかったものである。この泉龍寺祐賢は尾張出身で天正八年（一五八〇）蟹江に泉龍寺を建立後、名古屋に移り、さらに京都に移住している。同寺には祐賢自筆の御伝鈔二冊もすでに尾張時代に書写していたものが残されている。画中二十三か所の札のみあって
銘はない。ちなみに祐賢は東本願寺御堂衆の一人である。

(46)

釈教如（花押）
慶長拾一丙午稔九月十三日
大谷本願寺親鸞聖人伝絵　尾州羽栗郡西角間庄
足近村満福寺常住物也
願主釈佑慶
（補記）　現在この御絵伝は岐阜安八郡の満福寺に蔵されているもので寺基移転を示す重要史料である。そして旧地足近には尾張の寺田より移ってきた西方寺がある。この裏書は青木忠夫氏の報告によるものである。

⑷7)

大谷本願寺親鸞聖人之縁起

釈准如（花押）
慶長十二年丁未七月十二日
奥州斯波郡平沢
善証寺常住物也
願主釈浄正

（補記）『東北のお西さん』の円徳寺の条でその存在を知った。裏書は住職の報告によって詳細を知ることができたものである。この裏書に従えば初めから同寺に下付されたものでなく、現在秋田県の六郷町にある善証寺がもと盛岡市の南平沢より移転したことを示すとともに、何らかの理由で善証寺を離れ円徳寺に入ったのであるがその詳細は不明である。

⑷8)

大谷本願寺親鸞聖人之縁起

釈准如（花押）
慶長十二年丁未九月卅日
濃州本巣郡文殊村
善永寺常住物也
願主釈

（補記）善永寺よりの報告による。これもまったく存在を知られていなかったものである。願主釈まであって願主名がない珍しいもの。

(49)

大谷本願寺親鸞聖人伝絵
釈教如（花押）
慶長十二丁未年十月廿八日
濃州不破郡平尾村
真徳寺常住物也
願主釈栄寿

（補記）同朋学園仏教文化研究所の調査記録による。真徳寺は願証寺の旧名。

(50)

大谷本願寺親鸞聖人伝絵
釈教如（花押）
慶長拾参戊申稔二月二日
濃州厚見郡岐阜
願正坊常住物也
願主釈賢恵

（補記）同朋学園仏教文化研究所の調査記録による。この裏書は原装のままとなっており、改装のあとはまったくないので、裏書が記される情況をよく読みとることのできるものとして注目される。すなわち、表装が表具師の手で行われて後、裏書は所定の場所へ記されて願主のもとへ届けられるという仕組みになっていたのである。画中に札のみ二十四か所あって銘文が書き入れられていない珍しいものである。札・札銘は場面の説明にあたり重要な役割をなすものであるが、⑳では二十五か所、㊵㊾では二十四か所、㊺では二十三か所とその数まちまちである。このことは裏書のない古絵伝についても同じ結果が出ており注意すべき点であろう。

(51)

大谷本願寺親鸞聖人縁起

大谷本願寺釈教如（花押）

慶長十四年九月二日

（補記）『東北のお西さん』でその所在を知ったもので横手市浄円寺所蔵になるもの。裏書は住職の報告による。住所願主の書かれる場所は切断した様子がみあたらないとのことである。これも新たな発見であった。

(52)

大谷本願寺親鸞聖人之縁起

釈准如（花押）

慶長十五庚戌年六月廿八日

興正寺門徒

伊勢国員弁郡

桑名法盛寺常住物也

願主釈祐祢

（補記）裏書は住職からの報告による。箱も古いもので箱書は、「絵伝　願主法盛寺」とのみあるという。

(53)

大谷本願寺親鸞聖人伝絵
釈教如（花押）
慶長拾五庚戌稔十月五日
甲斐国山梨郡府中
長延寺常住物也
願主釈顕了
釈了存

（補記）同朋学園仏教文化研究所の調査記録による。裏書写真は北西弘『一向一揆の研究』七四七頁にも紹介されている。願主が連名となっていることで注目され、寺伝によれば顕了は武田信玄の孫にあたるという。裏書は原装のままで巻数明示のないものが一般的でこれもそうであるが、絵の濃淡が裏ににじんで出ているので何幅目の裏書か理解できるもので調査の際の一つの指標となるであろう。札のみ二十三か所ある。

(54)

大谷本願寺親鸞聖人之縁起
釈准如（花押）
慶長十六朞正月廿八日
（貼紙）□　信州小県郡小泉庄
上田原向源寺常住物也
願主釈空誓

（補記）北西弘『一向一揆の研究』七四七頁による。

⑸⑸

大谷本願寺親鸞聖人伝絵

釈教如（花押）
慶長拾六辛寅稔五月十日
能州珠々郡若山庄内
鵜飼村妙厳寺常住物也
願主釈祐恩

（補記）　昭和四十年（一九七〇）金沢丸越デパートで開催された「蓮如上人と本願寺展」で紹介されて以来著名となったもの。裏書は『珠州市史』第二巻六六二頁や北西弘『一向一揆の研究』七四七頁にも紹介されている。いまはそれらによった。

⑸⑹

大谷本願寺親鸞聖人之縁起

釈准如（花押）
慶長十七壬子稔卯月十六日
越中国婦負郡桧原保内八尾村
聞名寺常住物也
願主釈覚乗

（補記）　『八尾町史』四七頁に裏書写真紹介されているのでそれによった。

⑸⑺

大谷本願寺親鸞聖人伝絵
釈教如（花押）
慶長十八癸丑年二月七日
濃州安八郡平野庄
末守村信願寺常住物也
願主釈休昧

（補記）裏書は『岐阜県文化財調査報告』第六巻一八頁に写真紹介されているので、いまはそれによった。次の性顕寺本も、同じ一村落内にあって互いに張りあっていたことの知られるものとして注目したい。一方は東本願寺教如より一方は西本願寺准如より、しかも両者下付の間には時間差はほとんどなくわずかに一か月後となっている。

⑸⑻

大谷本願寺親鸞聖人之縁起
釈准如（花押）
慶長十八年癸丑三月十三日
濃州安八郡平野庄末守村
性顕寺常住物也
願主釈専了

（補記）裏書は『岐阜県文化財調査報告』第六巻一二頁に写真紹介されているが鮮明ではないので同じ一三頁の解読したものによることとした。

(59)

本願寺釈教如（花押）
聖運寺
願主釈唯宗

（補記） 同朋学園仏教文化研究所調査記録による。唯宗は宝光坊唯宗とも呼び、教如について京都へ移り、御堂衆となった人である。寺号聖運寺は聖人の木像を前橋妙安寺より運んだ功により許されたものと伝えている。その唯宗が三河に居を占めていた頃に下付されたもので、実年代はこれよりかなりさかのぼるものとみられる。

(60)

（第一幅目裏書）

大谷本願寺釈宣如（花押）
慶長廿乙卯年八月十六日
親鸞聖人伝絵
本證寺下武州豊島郡
江戸徳本寺常住物也
願主　本多上州母儀
釈尼妙受
釈　円至

（補記） 裏書は『校注教如上人御伝記』六一頁に収載されているのでそれに従った。妙受は本多正信の内室である。教如が慶長十九年（一六一四）十月五日五十七歳でこの世を去ったあと、この宣如が十三歳で継職した。その初期の裏書としても注目したい。

(61)

親鸞聖人伝絵 大谷本願寺釈宣如（花押） 慶長廿乙卯稔十一月十五日 武州豊島郡江戸神田 光瑞寺常住物也

（補記）『浅草本願寺史』三五頁にこの裏書は収録されているのでいまはそれによることとした。光瑞寺は後浅草本願寺へと発展していったのである。

以上は現存する絵伝のうち、裏書によって成立時期が確かめられ、裏書を原形通り知ることのできるもののみ紹介した。

以下には、紹介されながら、何らかの理由で不明確な点の残るもの、記録のみを残して消失してしまったものなどを一括して紹介して、今後の研究の手がかりとしておきたい。このうちには、今後の調査では前記一覧に加えなければならないものもいくつか含まれていることはいうまでもない。

(1)

善立寺（滋賀県守山市）

この絵伝は、同寺記録によって早くから紹介されていながら、現存しないものである。その裏書を、『守山の仏教遺宝』によって紹介しておこう。

> 大谷本願寺親鸞聖人縁起

> 本願寺釈蓮如（花押）
> 寛正四年癸未十一月廿八日
> 江州野州（南）郡金森西善門徒
> 願主釈道西

とあったという。これが事実とすれば、蓮如によって下付された最初のものとなる。同寺に住して、大谷派初代講師となった近世の学匠恵空が残した『金森日記抜書』には後日譚として「御絵伝ヲ御免アリケル処ニ金森兵乱ノトキヌスマレテ粉失シヌ。ソノ後山科トカヤニテ或人タシカニ見候シトカタラレ候」と記されている。なお同寺に現存するのは寛文九年（一六六九）再下付されたものである。

(2)

本宗寺

この絵伝があったことは新行紀一『一向一揆の基礎構造』二一九頁に明和五年（一七六八）成立の「土呂山畠今昔録」を引用して「御絵伝四幅共本願寺八代目蓮如上人（御年六十）御裏文明七未年二月九日額田郡土呂トアリ」と紹介したが、その後、『新編岡崎市史六　史料古代中世』五三三頁で、『平地光顔寺由緒』所載の裏書が紹介され、その内容が一層詳しく知ることができるようになった。次にそれを記しておこう。

文明七年末二月九日 　　　　　　釈蓮如御判 三河国額田郡土呂 大谷本願寺親鸞聖人縁起 　余三幅も右ニ同　願主

また本宗寺絵伝に関して次のような文書が『新編岡崎市史六　史料古代中世』五七二〜三頁に上宮寺文書として二通収載されているので併せてここに紹介しておこう。

(一)

　天正十六

態令啓達候、平地御坊へ　御伝レ絵被差下候、報恩講ニ此方へ無御上落(洛)候者、御坊へ　七昼夜被成御越、如土呂・鷲塚不相替、万端可然様可有御馳走候、此才之通、能々可申旨被仰出候、恐惶謹言、

　霜月十二日　　　　　刑卩卿(下間頼廉)

本証寺殿

勝万寺殿
上宮寺殿
人々御中

(二)

天正十六

御印有
態申入候、仍而当月報恩講之儀付而、平地御坊江御絵伝御下向被成候、無御油断御坊へ御出仕可被成候由、
興門様(顕尊)ヨリ御意候、其為被顕　御印候也、尚良乗可申候、恐惶謹言、
美作法橋(下間)
霜月十二日　　頼亮判
勝万寺殿
上宮寺殿
本證寺殿
人々御中

「御絵伝」下向のことがみえているが、ここにいう御絵伝が、さきに紹介した蓮如裏書の本宗寺の絵伝であるかどうかは文面からは不明である。三河一向一揆後、寺基を土呂から平地に移して復興再建されたばか

りの、新しい御堂で報恩講を本願寺と同様七日間勤修していること、それも「御絵伝」を持参しての上でのことなど合せ考えてみると、他寺の絵伝のごとくその寺に安置していたのではなく、本宗寺では毎年報恩講を勤める時に本宗寺の本寺京都興正寺より持参して勤めていたのであろう。そのため、いつかの「御絵伝」下向の際に誰人かによって、その裏書を写しとっていたものが伝写されてきた。それが上記のように紹介されたものかもしれない。両者は出典こそ異なるが、同一絵伝についての記事であることは疑うすべもないことは明らかである。

(3)　上宮寺（愛知県岡崎市）

本願寺釈蓮如（花押） 文明十八歳丙午十一月廿日 大谷本願寺親鸞聖人伝絵　　参川国幡豆郡志貴庄佐々木 上宮寺常住物也 願主釈尼如慶

補記　何故か北西氏の裏書集も『真宗史料集成』第二巻四〇一頁(112)の裏書にも誤りがあるので第一幅目の裏書は前記のように正しておく。第二幅以下では最初の下付者名部分が「大谷本願寺釈蓮如（花押）」となって大谷を冠し、また住所の部分で庄の次、佐々木より改行していることが知られる。残念なことに昭

和六十三年（一九八八）八月三十一日の同寺火災で焼失してしまった。

(4) 光善寺本（大阪府枚方市）

現存するが裏書はない。近世末に同寺で発行した『光善寺略縁起幷宝物目録』には「四軸御絵伝　蓮如上人御裏　書画工土佐光国筆」と記している。

(5) 浄興寺本（新潟県上越市）

これもその所在は早くから知られていながら、未調査になっているもの。『高田市文化財調査報告書』第三集八四頁に「明応三年七月廿八日実如裏」とのみ紹介されているが、調査が進めば、一覧表に加えねばならないものの一つである。

(6) 慈光寺本（大阪府堺市）

これは、裏書が『津村別院誌』二八頁に紹介されて、正確に知られるが、第二次大戦で焼失したことが惜しまれる。

次にその裏書を記しておこう。

釈実如（花押）
明応三年甲寅十月廿八日書之

大谷本願寺親鸞聖人御伝　和泉国大鳥郡開口郷堺南庄
慈光寺之為常住物者也
願主釈円浄

(7)　福勝寺本（滋賀県長浜市）

これも、現存しながら未紹介のままとなっている。『親鸞聖人教如上人展出品目録』では「明応五年実如上人裏書、天文十四年証如上人添筆」と紹介されているもの。

(8)　宝福寺本（滋賀県坂田郡）

これは龍谷大学の調査報告（『宗学院論輯』二〇、一七九頁）によれば永正九年（一五一二）の実如裏書があり、願主は元禄十年（一六九七）に宝福寺と改称した旧箕浦誓願寺の了祐となっていたという。現在同寺には伝存しないとのことである。

(9)　勝光寺本（石川県加賀市）

記録のみあって現存しないが、元亀二年（一五七一）五月九日の裏書があったらしい。とすれば、顕如の下付したもので、同寺の住持は第七世祐恩の時代である。また同日の奥書をもつ御伝鈔もあったと伝える（『加賀市史』資料編三、二二九～二三〇頁）。ちなみに現存する絵伝は良如下付になるというが、裏書は破損して解読不能の状態にあるとのことである。

⑽　正願寺本（広島県東広島市）

『全国寺院名鑑』（広島県一六頁）によれば天正二年（一五七四）の裏書があるという。住職の教示によれば、大阪にあったものを後に買入れたものらしいとのことである。現在は調査不能の状態にあるということでこれ以上の詳しいことは不明である。

⑾　普願寺本（長野県須坂市）

近代改装によって裏書を失ったとのことであるが、絵伝そのものは伝存する。「普願寺歴代之記」（井上鋭夫『一向一揆の研究』七五〇頁）によれば、天正五年（一五七七）五月二十八日の顕如裏書で願主は慶恵であったという。このように改装の結果、裏書が失われて不明になっていった例もある。

⑿　本誓寺本（新潟県上越市）

この絵伝は日下無倫『総説親鸞伝絵』八一頁に紹介されているが、以来未調査のままとなっているものである。これによれば裏書は顕如で天正六年（一五七八）十月三日　本誓寺の旧地長野県高井郡笠原の本誓寺超英が願主となっている。このように裏書に示された地名によって旧地からの移転を実証してくれるものもあり注意すべきであろう。

⒀　証明寺本（福井県小浜市）

この絵伝の存在はよく知られていながら、正式の報告がなされていない。筆者も未見のものである。すでに『真宗研究』九号（一五頁）や、『大谷大学研究年報』第一八号一四一頁に文禄二年（一五九三）二月八日教如裏書ありとして紹介され、伝山楽筆と伝えて有名である。寺よりの書上記録（『東本願寺史料』第一巻六八一頁天保二年一月九日条）に「文禄二年癸巳之春四幅之御絵伝教如上人様より寛文（年中脱カ）浄恩へ拝領被為仰付寺号証明寺と賜り（以下略）」とあるので調査はできても公表を許されない事情があったともうかがえよう。

⒁　専正寺（秋田県鹿角市）

『東北のお西さん』三〇五頁に文禄以前のもので市の文化財指定になっていることを紹介しているが詳細は不明である。もし、これが事実とすれば、顕如裏書のものを一点付加することができる。

⒂　永徳寺（岐阜県安八郡）

『寺内町の研究』に裏書なしの絵伝四幅が紹介されている。同寺由緒書によれば、慶長五年関ケ原合戦の戦功により教如より下付されたものと伝え、現にそれは岐阜県指定文化財となっている。

⒃　昌蔵寺（福井県吉田郡）

同寺蔵の享保三年（一七一六）九月付の「昌蔵寺法物等書上」（『福井県史』資料編四、三九頁）に、「一、御絵伝　御印形　慶長七年壬寅十月□」とあり、もしこれが裏書の日付であるとすれば、同文書に慶長七年（一六〇二）九月六日の裏書をもつ宗祖御影は准如下付ということになっているから、この絵伝も准如の慶長七年裏書があったと解されるものであるが未調査のため詳細は不明である。

(17) 専福寺（愛知県岡崎市）

『同朋学園仏教文化研究所紀要』六号一七五頁所収の同寺蔵文書寛政五年（一七九三）二月廿五日付「覚」によれば、

御絵伝、教如上人様より祐欽拝領仕候
慶長拾九乙巳年七月廿四日
右之直被為遊・御免候処・寛文十庚戌年四月二日
類焼仕再興之願望申上延宝二甲寅年初頁六日
常如光様御裏ニ而祐順拝領仕候

とあって、延宝二年（一六七四）再下付されたものが現在用いられているものである。このように同一寺院で何らかの理由で二度も下付されている例を知ることができ重要なものである。

(18) 乗満寺（東京都世田谷区）

『御府内寺社備考』七巻二二一頁乗満寺の項に次のような絵伝裏書が記されている。日付に多少の問題は残るとしても他は疑うべきものでないようである。

大谷本願寺釈宣如印
慶長十九甲寅年三（ママ）日
城州紀伊郡伏見
林松寺常住物也
願主受閑

以上、現存する親鸞絵伝のうち、成立年次の確定できるもの、推測可能なもので、建武五年より慶長二十年末までのものについて、現存するもの六十一点、その他記録のみのもの、存否不明なもの十八点、計七十九点を目録化した。脱漏があれば御教示を願う次第である。

参考文献

・井上鋭夫『一向一揆の研究』（吉川弘文館、一九六八年）。
・井上正雄『大阪府全志』（清文堂出版、一九七五年）。
・大桑斉『「寺内町の研究」報告書』（文部省科学研究費補助金研究成果報告書、一九八二～八三年）。
・小笠原義雄『浅草本願寺史』（浅草本願寺、一九三九年）。
・北西弘『一向一揆の研究』（春秋社、一九八一年）。
・北西弘『金沢専光寺文書』（北国出版社、一九八五年）。
・北西弘『真宗大谷派金沢別院史』（北国出版社、一九八三年）。
・日下無倫『総説親鸞伝絵』（史籍刊行会、一九五八年）。
・久保尚文『勝興寺と越中一向一揆』（桂書房、一九八六年）。

・桜井甚一編『石川県銘文集成』（北国出版社、一九七一年）。
・佐々木芳雄『蓮如上人伝の研究』（中外出版、一九二六年）。
・新行紀一『一向一揆の基礎構造』（吉川弘文館、一九七五年）。
・南溟寺洗心『教如上人御伝記　校注神田徳本寺由緒秘録』（法藏館、一九三九年）。
・宮崎円遵『真宗書誌学の研究』（永田文昌堂、一九四九年）。
・森竜吉『湖北有情』（福田寺大谷家出版会、一九七五年）。
・鷲尾教導編『津村別院史』（本願寺津村別院、一九二六年）。
・『愛知郡誌』（愛知郡、一九二三年）。
・『安養寺の歴史』（安養寺、一九八五年）。
・『今井町史』（今井町史編纂委員会、一九五七年）。
・『越前・若狭一向一揆関係史料集成』（同朋舎出版、一九八〇年）。
・『大谷大学研究年報』（法藏館、一九四二年）。
・『新編岡崎市史』（新編岡崎市史編さん委員会、一九八三年）。
・『加賀市史』（加賀市、一九七五～七九年）。
・『岐阜県文化財調査報告』（岐阜県教育委員会、一九六三年）。
・『光善寺略縁起幷宝物目録』（光善寺）。
・『古美術』第八四号（三彩社、一九六三年～）
・『御府内寺社備考』（名著出版、一九八七年）。
・『最上首山専称寺歴代通塞記』（専称寺、一八九八年）。
・『堺市博物館館報』（堺市博物館、一九八二年～）。
・『鷺森旧事記』（鈴木学術財団編『大日本仏教全書』第六九巻、一九七二年）。
・『寺内町の研究』（一九八四年）。
・『真宗研究』（真宗連合学会）。
・『真宗重宝聚英』第四巻（同朋舎出版、一九八七年）。
・『真宗史料集成』（同朋舎、一九七四年）。
・『親鸞聖人教如上人展出品目録』（虎姫高校、一九六二年）。
・「親鸞展」目録（神戸新聞社、一九六九年）。
・『全国寺院名鑑』（全国仏教会寺院名鑑刊行会、一九六九年）。
・『高田市文化財調査報告書』（高田市文化財調査委員会、一九六一年）。
・『辰口町史』（辰口町、一九八二～八七年）。
・『同朋学園仏教文化研究所紀要』（同朋学園仏教文化研究所）。
・『東北のお西さん』（浄土真宗本願寺派東北教区教務所、一九八三年）。
・『富山県史』（富山県、一九七〇年）。

・『豊田市史』（豊田市、一九七六年）。
・「『西本願寺の秘宝』展図録」（京都国立博物館、一九八〇年）。
・『日本絵巻物全集』（角川書店、一九五八年）。
・『日本絵画史年紀資料集成』十世紀～十四世紀（東京国立文化財研究所、一九八四年）。
・『番方請由緒』（筈見権右衛門編、一九六二年）。
・『東本願寺史料』（名著出版、一九七三年）。
・『秘宝・西本願寺』（講談社、一九七三年）。
・『福井県史』（福井県、一九八四年）。
・『福井山慈願寺』（慈願寺、一九六五年）。
・『村のお寺とお宮』（『味方稽古草子』六号、新潟県西蒲原郡味方村、一九八二年）。
・内田秀雄・高橋正隆共編『近江守山の仏教遺宝』（文栄堂書店、一九七八年）。
・『八尾町史』（八尾町、一九六八年）。
・『八尾市史文化財編』（八尾市役所、一九七七年）。
・「『蓮如と大阪』展図録」（難波別院・朝日新聞社、一九九六年）。
・『珠洲市史』（珠洲市史編さん専門委員会、一九七六～八〇年）。

十四段本『善信聖人親鸞伝絵』の成立
――新出『御伝鈔』をめぐって――

はじめに

覚如の著わした「伝絵」といえば、周知のように親鸞の伝記を内容とするものであるが、現存する覚如自筆本といわれているものの中に、内容を異にする伝絵三種が含まれている。覚如という人は八十年の生涯のうち、曾祖父親鸞の伝記研究を通じて、五十年以上の長きにわたって本願寺開山としての親鸞顕彰に余念が無かったことは、「伝絵」一つを取り上げてみても充分にうかがえる。すなわち、永仁三年（一二九五）十月十二日最初に完成した『善信聖人親鸞伝絵』はまさにその出発点であり、結論的に到達し得たのが康永二年（一三四三）十月に完成をみた『本願寺聖人親鸞伝絵』であった。

その間、正安三年（一三〇一）には『拾遺古徳伝』を、元弘元年（一三三一）には『口伝鈔』、建武四年（一三三七）には『改邪鈔』を著わすなど、これら一連の述作は、さきの伝絵の内容を補完するのに充分な内容を備えており、『口伝鈔』に至っては、後者の伝絵成立に大きな影響を及ぼしていることはよく知られている。

さて、永仁三年十月に完成した「伝絵」に、本文の推敲と内容に増補改訂を加えていった結果、内容を異にする三種の「伝絵」が遂次成立していった。その三種とは周知のように、高田専修寺に蔵する永仁転写本（この本はこれまで一般に永仁本と呼んできたが、それでは原本と誤解される恐れがあり、本論の展開上支障もあるので、ここでは永仁転写本と呼ぶこととしたい）、西本願寺に蔵する琳阿本、東本願寺蔵の康永本とを指していることはいうまでもない（以下本文ではこの略称に従う）。これを内容構成によって分類してみると、永仁転写本は十三段、琳阿本は十四段、康永本は十五段で構成されている。それも段数増加に従って内容も追加され、豊富なものとなっていった。これまで永仁転写本と内容を同じくする古絵伝が数点伝えられていることが確認されており、永仁三年十月撰述当初の伝絵は、十三段本であったと考えられてきた。

また、康永本に至っては、内容を同じくする古絵伝をはじめ多くの模本が製作されて定型化し、今日に至ってもその製作が続けられていることは周知のことである。その意味で東・西両本願寺で用いられている現行絵伝・御伝鈔の底本ともいうべきものは、この康永本であったといえよう。

しかし、琳阿本と内容を同じくする絵伝は、今日に至ってもまったく発見されていないばかりか、他の二本に比して成立・内容・奥書等に関して多くの問題を抱えていることも周知のことである。

ところで、近年この琳阿本と構成・内容で一致することで著名な明性寺本御伝鈔と同系の一本が最勝寺[1]で発見され、また専福寺[2]、西入坊[3]より、琳阿本と内容を異にする同じ十四段本構成の御伝鈔が発見された。以下これらの新出史料を紹介しつつ十四段本の抱えている諸問題について検討してみたい。

第一節　『琳阿本』とその系統本について

琳阿本の抱えている問題点はいくつかあるが、その一つに十四段という構成内容の問題がある。一般には永仁三年十月覚如が撰述した当初では十三段であったことは、永仁転写の伝絵、十三段の内容をもつ古絵伝・御伝鈔が伝えられていることから一般に容認されてきた。このことと関連して問題となっていたのは琳阿本の奥書であった。琳阿本は明らかに内容構成で一段の増補が認められるにもかかわらず、奥書は、永仁三年十月の初稿の奥書のみが記されていることである。また、専福寺と西入坊からそれぞれ発見された御伝鈔の古写本も、十四段で構成上は琳阿本と一致するが、内容という点で一致しない。しかも、新出二本の御伝鈔もまた永仁三年十月撰述当初の奥書のみ記して、その後の転写の奥書は伝えていない。とすれば、書名・奥書にのみ限定していえば、共通点をもっており、永仁転写本を含めて初稿本の面影を伝えるものが三種現存すると考えねばならなくなった。しかし、現存するそれは、内容では三種三様となっており一致しない。このうち、内容で初稿本にもっとも近いのは十三段の永仁転写本とされている。現存する絵伝・御伝鈔のうち最古に属する遺品が、内容で一致していることからも傍証されよう。

それでは、内容の異なる二種の十四段本の初稿奥書や、内容の異なる点をどう理解すべきか。これが問題である。まず奥書についていえば、同一書で内容を異にしながら、同じ奥書をもつものに、同じ覚如撰述の『口伝鈔』等があり、その意味で、今はこの奥書について問題としなくてもよいかもしれない。琳阿本の場合、そのものについて明らかなことは、原本でなく転写本であるということである。すなわち、永仁転写本・康永本伝絵と照合してみた結果、原本としてはあり得ない誤字・脱文の箇所が認められたことによるもので、この見解は定説化している。

次に内容についてみておきたい。一段増補のことである。それは「入西鑑察」の一段といわれるもので、この段についてはこれまでにも多くの問題点が指摘されてきた。その一つに、絵巻物製作の常識として、詞と絵が別に書かれて後にこれを継ぎ合わせて完成させるものであるということがあるにもかかわらず、この原則をここでは著しく崩していることがいわれている。[4]

すなわち、前段の「信心諍論」の図の残紙余白、しかも絵図の終わることを示す霞引部分にもかかわらず、この部分に詞書用の料紙を改めることなく、「入西鑑察」の一段の前半の詞を書き続け、次いで、一紙を継ぎ合せている。その一紙も最後の六行分は行間を少なくし、詰めて書いたがそれでも終わらないので、絵の料紙を継ぎ合わせ、絵の空間部分を利用して詞書の部分を終わらせている。このような現象は琳阿本には下巻第三段の詞書にも見られ、これによって製作にあたっての計画性が無かったことも指摘されているが、一方このことが追加を示すことに他ならないとの見解も出されている。[5]

この「定禅夢想」の一段の追加がいつ行われたかについて、赤松俊秀氏は、鏡御影を覚如が見出して修復を加えた後の応長以後のことと推定している。[6]そして琳阿本の転写時期も鎌倉末、南北朝初期と結論した。さらに赤松氏は、琳阿本は一気に書き上げられたものではなく、「定禅夢想」の段は他の部分とは別に後から書き加えられたものという。[7]ここに一つの重大な見落しがある。それは、前段の「信心諍論」の詞書の末尾に二字分の擦消があり、注意してみるとここに「御弟」[8]とあったことが知られる。つづいて「信心諍論」の絵二紙分が継ぎ合わされ、第二紙後半から「入西鑑察」の詞が書き始められている。問題は二字の擦消文字は、正しく「入西鑑察」の書き出し部分の「御弟子入西房」の最初の二字であったと認められることである。しかも、琳阿本は全体に詞書のいずれの段も、以下の余白を残さないよう気づかっていることが充分うかがわれ、このことが、前段の詞書に続けて次段も書き継ぎしようとして中断したこととも深い関わりをもっているように思われてならない。もし、そうであるとするならば、後から書き加えたと解するよりも同時筆と考えることの方が当を得ているといえよう。この事実は、琳阿本そのものとは別に、これ以前になった底本らしきものの存在したことを物語っているのであり、そこにすでに

「入西鑑察」の一段は含まれていたと考えるのが自然であろう。

これまで、「入西鑑察」の一段を含んだ十四段を内容とする絵伝の確認はされていないが、御伝鈔は唯一本、明性寺本が知られていたにすぎない。今回はからずも、さきに触れたごとく最勝寺（福井県大野市）に明性寺本と系統を同じくする一本の存在することが確められた。[9] 現存するのは残念ながら上巻七段分のみである。本書は現在二軸に貼り込まれており、初めは冊子本であったことが現状より容易に知られる。また、軸装に改装された時期も、同寺に残る記録によって江戸末期であったと知られる。[10] 寺伝によれば覚如筆といい、蓮如より住持専順に与えられたものという。覚如筆というのはともかくも、紙質、筆跡等から室町中期を下らない古写本である。縦二一・五センチ、横一四・四センチ、一面五行、一行一一字から一五字詰となっており、偈文以外の漢文の部分はほとんど延書となっている。このことは明性寺本とも一致する。[11] この明性寺、最勝寺蔵両御伝鈔はともに段数表示がしてあるので、上七段・下七段の十四段本として独立した一本であり、決して十五段本から一段が欠落して現状にあるというのではない。題名もともに『善信聖人親鸞伝絵』とあって、康永本以前の古名を残している。この事実は琳阿本の在り方、成立時期を考える時、重要な示唆を与えるであろう。さらに成立時については、永仁転写本よりは新しく康永本よりは古いことを如実に物語っている。さらに付け加えておくならば永仁転写本系の十三段より琳阿本系十四段本に展開したのは新たに「入西鑑察」の一段が増加したことにあるが、さらにこの十四段本は康永十五段本へと展開していった。この「入西鑑察」の一段を絵相について、琳阿本と康永本で比較してみると定禅が親鸞を前にして写生している図のみであったものから、夢想の内容を伝える一図がこの前に起されて二図となるので、この傾向は、上六段、下七段の永仁転写本の他の段、たとえば第一段の得度の図の前に範綱と親鸞が慈鎮和尚を訪ねる一図が、また信行両座の前図にもその下相談の一図が康永本には加えられている。この他にも例があり、この現象は絵相で詞の内容をより一層わかりやすく説明しようとする意途がありありとみえている。そのために、前者に多く含まれていた道行の美しい景色は省略されていった。こうした分析の方法によっても伝絵における絵相の展開方向が明らかとなってくる。このことからさきに触れた「入西鑑察」の絵相の上七段・下七段の十四段本から康永本への展開の具体的姿を知り得よう。

いまこの明性寺・最勝寺の両御伝鈔と琳阿本とは構成内容上では一致するが、詞書のうち重要な箇所で一致しない部分がある。それは両本ともに第二段の初めは「建仁第三の暦」となっており、永仁転写本や康永本と一致しているのに対し、琳阿本のみが正しく「建仁第一の暦」と改められていること、今一つは第三段の初めは両本ともに永仁転写本や康永本と同じく「建仁三年辛酉」と干支を誤って記すが、琳阿本のみは「建仁三年癸亥」と干支を正しく記している。[12] 最勝寺本の下巻は失なわれているので正確さを欠くが、明性寺本によれば下巻五段の琳阿本で脱文となっている「聖人の訓を信じて……」以下は、詞書が残っており、[13] 琳阿本の方が脱文であることも、これで知られる。このような差異のあることが確められた以上、琳阿本の直接転写本が明性寺写本であるというように両本間の親子関係は認めがたいといえよう。

明性寺本は、奥書によれば貞治二年（一三六三）三月一日、木辺の錦織寺で書写校合[14]したことが知られるが、これだけではその底本が伝絵か、また御伝鈔であったかは明らかには成し難い。とはいえ、琳阿本と同系の上七段、下七段構成の一本が錦織寺に伝えられていたことは認めねばならないであろう。その転写本の明性寺本や最勝寺本によって知られるごとく、同じ上七段・下七段で、内容構成共に一致する琳阿本ということであればさきのような不一致はみられないはずなのに、さきに指摘したような重要な点での差異がみられるのは如何なる理由によるものであろうか。その理由を明らかにする鍵が、錦織寺にかつて安置され、今は散佚してしまった上八段・下七段という構成で知られる康永本の転写本にあるように思われる。すなわち、存覚の『袖日記』に記す、「錦織寺絵事」とある一条である。[15]

それによれば、明性寺本が、性一によって書写される四年前の延文五年（一三六〇）十一月、存覚が子息公厳のため、伝絵製作の準備として詞書のみを転写したものである。またこの記事によって詳細な転写過程も知られ、『慕帰絵詞』[16]の伝絵製作を具体的に示す絵図とともに当時における絵巻物の製作過程を知る上で貴重な史料といえよう。

さきにみてきたように、内容を異にする親鸞の伝記が、同じ錦織寺を舞台に住持公厳を介し時を同じくして転写事実のあったことは注目に値する。また同じ時期に二つの異なる伝絵が所蔵されていたらしく、それも、あまり普及性を持たなかった上七段・下七段の御伝鈔で、しかも性一による転写時期が、すでに普及し始めていた上八段・下七段本の後に属していること、また、他方で上六段・下七段の永仁転写本系、後に触れる上六段・下八段という十四段本の御伝鈔や御絵伝等が行われている時期にもあたっている。

すでに名畑崇氏[17]によって指摘されているように、この明性寺の性一写本は琳阿本の文詞より、康永本に近いという。

さきにみたごとく、書写時の状況にこれを勘案してみると、あるいは錦織寺において明性寺本の底本と康永本の延文転写本との交渉があったと解しても不思議ではない。その結果、琳阿本で是正されたはずの上巻第二段の建仁元年が、建仁三年と元に戻され、永仁転写本や康永本の誤っている側に改められて、明性寺本や最勝寺本が誕生したという可能性は皆無とはいえないであろう。また永仁三年十月の奥書部分について、永仁転写本・琳阿本・康永本の三本と明性寺本御伝鈔とを対比してみる時、系譜上では琳阿本に近いはずなのに、永仁転写本や康永本に近いのもそのためであるかも知れない。奥書に覚如と浄賀を併記しているが、これは後にも触れるように康永本の伝統でもある。琳阿本は覚如によって書かれてから、しばらくして寺外に流出し、向福寺琳阿の手にわたったが、何時頃からか明らかでないが、また本願寺の所有に帰することとなった。このように寺外に流出した事実があって、琳阿本そのものは伝絵・絵伝・御伝鈔の流伝史上、早い時期にはその影響はなく、その意味では宗内にとどまって最勝寺本御伝鈔のごとき、転写本を生むに至ったと思われる明性寺本こそ意味をもっていたと考えるべきであろう。

さて、次に同じ十四段本であっても上六段・下八段で構成され、前者と内容を異にする御伝鈔がこれまた、二本も続いて発見された。そのため琳阿本成立の周辺、また伝絵・絵伝・御伝鈔の流伝史、あるいは親鸞伝そのものに再検討を要する重要課題を新発見の御伝鈔は含んでいるので、これを紹介し、新出によって関わる諸問題について章を改めて取り扱ってみたい。

第二節　新出十四段本『御伝鈔』について

すでに専福寺蔵本については、本文翻刻に解説を加えて別稿で紹介した[18]。別稿執筆中に、専福寺本と同一系統のもう一本を、西入坊宝物中より発見したので、本章ではそれを紹介し、あわせて検討し、成立次第を中心に二、三の問題点について論及しておこう。

同朋学園仏教文化研究所では昭和五十八年（一九八四）以来、尾張・美濃地域における代表的存在として注目を集めている河野門徒の総合調査を開始し、そのなかで河野西入坊の所蔵史料調査を行った。初めての本格的な調査であったこともあり、大きな成果が得られた。まず、河野門徒を蓮如に取り次いだ行（巧）念[19]の書写になる『持名鈔』末巻、『諸神本懐集』上下を初め室町中期の古写聖教のいくつかが発見された[20]。つづいて、以下に問題とする『御伝鈔』に至っては、残欠本ながら、系統を異にするもの二部を伝えている。一本は康永二年成立の十五段本に属しながら、他の十五段本に比して多くの相違点を持っているので、今後注目されてよいものであるが、本章の課題とは直接関係はしないので別の機会に紹介したいと思う。

内容＼書名		専修寺 永仁転本	専福寺本 西入坊本	西本願寺 琳阿本	東本願寺 康永本
上巻	出家学道	○1	○1	○1	○1
	吉水入室	○2	○2	○2	○2
	六角夢想	○3	○3	○3	○3
	蓮位夢想	×	×	×	○4
	選択附属	○4	○4	○4	○5
	信行両座	○5	○5	○5	○6
	信心諍論	○6	○6	○6	○7
	入西鑑察	×	×	○7	○8
下巻	師資遷謫	○7	○7	○8	○9
	稲田興法	○8	○8	○9	○10
	弁円済度	○9	○9	○10	○11
	箱根霊告	○10	○10	○11	○12
	熊野霊告	○11	○11	○12	○13
	一切経校合	×	○12	×	×
	洛陽遷化	○12	○13	○13	○14
	廟堂創立	○13	○14	○14	○15

○印　収載段を示す。×印　未収載段を示す。印の下の数字は各本の通段数を示す。

表　御伝鈔、伝絵関係諸本の内容比較

もう一本は、以下に紹介しようとするもので、前に紹介した専福寺本[21]と同じ内容をもっている。西本願寺所蔵の琳阿本伝絵、明性寺蔵の『御伝鈔』と同様十四段で構成されておりながら系統をまったく異にするので、これまでいわれてきたように十四段本は一系統のみと考えることはできなくなった。さらにいえば、十三段本・十四段本・十五段本の順序で成立したとする学説は再検討を要することにもなる。そこでこの専福寺蔵本・西入坊蔵本が、他の三伝絵とどのような関係にあるものかを具体的に知るために、諸本の内容構成を中心に一覧表にしてみよう。

この表からも知られるように、新出二本の御伝鈔は一切経校合の一段を含む十四段本で構成されている。ここで新たに発見された西入坊本について書誌的説明を加えておきたい。

大きさは縦二一・七センチ、横一五・二センチ、上下合して一冊粘帖綴である。押界線を用い、一面五行、一行一二〜一五字詰となっている。全体の紙数は不明である。というのは一部に落丁があり、しかも保存状態は極めて悪く発見された時には虫捐のため板状になっていたので開巻不能な部分が多いためである。

書名については冒頭部が欠失しており不明であるが、幸い下巻の内題は残っている。それには、

善信上人親鸞伝絵　下

とあり、専福寺本[22]のそれと完全に一致している。ただし、専福寺本の上巻内題は「上」が「聖」となっており、下巻内題と一致していない。

西入坊本は本文構成・内題に至るまで専福寺本とは共通点が多く、本文について開巻可能部分で可能な限り対校してみると、専福寺本で明らかに誤写と考えられる数箇所について、訂記できるぐらいで全体的には専福寺本と異なるものでないと判断してよいであろう。

奥書に続いて、筆者または所持者名があったと思われる箇所が短冊形に切断されているので不明となっているが、書写年代は筆跡や、料紙などからみて室町中期を下らないものとみられる。

内容についていえば専福寺本と同じで、各段の初めに段数表示がしてあり、さきの表でも知られるように上巻では蓮位夢想と入西鑑察の二段が含まれていないので六段構成となっている。上巻だけみておれば題名・構成共に永仁転写本に一致する。しかし、下巻では「熊野参詣」の後に第六段として「一切経校合」の一段を加えて、全八段

で構成されている。さきにも触れたように、伝記の鉄則ともいうべき年序を乱しているという点では、琳阿本と内容こそ異なるが同じである。一切経校合に関しては別の多くの問題を抱えているので別稿に譲ることとしたい。
次に巻末識語の奥書について述べておきたい。まずその全文を紹介しながら、この奥書のもつ意味について考えてみたい。

右縁起画図之志偏存知恩報徳不
為戯論狂言剰又染（馳）紫毫拾翰林
其躰尤（最）拙其（厥）詞是苟付冥付顕有
痛有恥（耻）雖然只憑後見賢者（慮）之取
捨無顧当時愚案之紕（紺）繆而已

干時永仁第三暦応鐘仲旬第二
天（覃）至于輔時終草（一字ナシ）書之篇畢（訖）
執筆（桑門）覚如（書之）
切断

（文中の□内は本紙破損のため専福寺本をもって宛てた部分である。また行の右側（　）内は参考までに琳阿本の奥書を対校したものである）。

右のようになっているが、だからといって、新出のこの二種の御伝鈔が、さきにも触れたように、永仁三年十月完成当初の原態を留めているとは考え難い。というのは、永仁転写本の忠実な転写本とされている東京報恩寺本とそれとの間には他の一本を置かない限り、その忠実さの範囲を理解できない微妙な変化が両本の間にはみられ、奥書においては専修寺本が二か月後の転写を示すのに対し、報恩寺本は完成当初の奥書、すなわち、西本願寺の琳阿本やこの新出御伝鈔と同じ永仁三年十月の奥書を伝えているのみである。このように原奥書を伝えているにもかかわらず、これら諸本の間にはいくつかの本質的な差異がみられることからもその取り扱いには慎重であらねばならない。

奥書に関しては永仁三年十月完成当初の奥書そのものは、各々の写本の校合によって誤字だけでは済まされないほどの差異が検出されるが、その背景に著者自身の語句推敲のあともうかがえ、永仁三年十月当初の奥書の原態までも不明なものにしているようである。さらにこの問題を複雑にしてきたのは、東本願寺に蔵する康永本の第一奥書である。本書に至って初めて、永仁三年十月の伝絵の画師を「法眼浄賀号康楽寺」と記していることである。ちなみに康永本そのものは、上巻末の末尾に「康楽寺沙弥円寂」、下巻末の末尾に「大法師宗舜康楽寺弟子」と記して画師を確定できるただ一本である。後世になると康永本系の御伝鈔の奥書から永仁本奥書にあった執筆者覚如の名は消えて、逆に康永本に至って初めて現われた画師浄賀の名のみが伝えられるようになって、いわゆる康永本系の流布本が誕生することとなる。

また、西入坊本と専福寺本と対校してみる時、西入坊本にのみ見られる特色は、他本との校合の跡がわずかではあるが、うかがわれることであろう。そのことは本書の周辺を知る上で留意すべき点と考えるので、その全箇所を指摘しておきたい。とは言っても、それは上巻三段に限られているので問題解決には程遠いが、まず「聖人ユメノツケマシ〱キ」の文の「ユメノ」の右側に「夢想《ムサウ》ノ」とある。行者宿報の偈文に左訓のあることは専福寺本も同じであるが、「峨々タル岳山アリソノタカキヤマニ」の「タカキヤマニ」の右側に「高山《カウサン》ニ」と、また「聖人ノチノトキニオホセラレテイハク」の「イハク」の右側に「ノタマハク」と校異を示している。また「スナハチ勢至ノ化身」の「チ勢」の右側に「大」一字を補記している。

　以上であるが、この対校部分は本文と同筆であり、すべて康永本すなわち、十五段本の第三段と一致している。そこでさきに紹介した書写年代を異にする西入坊蔵の十五段本のこの箇所と対校してみると、十五段本の第三段は全文残っているが、「聖人、後時オホセラレテノタマハク仏教」の一行分が誤写により脱落しているので、西入坊本十四段本のこの箇所は、西入坊本十五段本と対校したものでないことも明らかである。それ故同寺蔵の両本の間には直接的な関係を認めるわけにはいかないようである。このように西入坊十四段本書写当時、この周辺に別の十五本の一本が関係していたことは、右のことからみて確実である。このように御伝鈔で対校のあとが確認されることは違例のことに属し、後世のように拝読のための御伝鈔ではなく、他の真宗諸聖教と同じように研鑽のためのものであった可能性がたかい。また、一つの寺に、十四段本、十五段本とまったく異質の御伝鈔が二本も伝えられてきたことはさきの錦織寺の場合と同じようにあまり例をみない。計らずも「一切経校合」の一段を含む十四段本が、一つは岡崎市の専福寺、一つはここに紹介した各務原市の西入坊から発見されたことは、前者が佐々木如光門徒に属し、後者が河野門徒に属し、ともに東海地域における蓮如教団の双璧をなす伝統上に位置する両寺であることは、たとえ両本が他から移されたものとしても留意すべきことかと思われる。

　またこの「一切経校合」の一段を含む『御伝鈔』古写本の発見で、「一切経校合」の一段を含んでいることで知られている仏光寺派依用の御伝鈔の謎となっている部分解明に寄与することができ、さらには御伝鈔における「一切経校合」をも併せ考えることが必要になった。そのことは『口伝鈔』における「一切経校合」の話とともに、親鸞伝研究において新たに取り組まねばならない課題でもある。

第三節　新出『御伝鈔』と上宮寺絵伝との関連性

前章において下巻六段に「一切経校合」の一段を含む新出御伝鈔を紹介してきたが、ここで御伝鈔と対をなす絵伝に目を向けてみることとしよう。これまで知られていない新しい御伝鈔発見によって系統不明とされていた絵伝の系統が明らかとなったものがあり、それについて触れておきたい。

それは、これまで紹介されてきた多くの親鸞絵伝のうちで、従来、知られていた十三段と十五段の伝絵に大半は対配せられてきたが、なかには内容によって、この何れの系統にも組み込み難いものが数点あった。その一つに上宮寺本[24]二幅絵伝というものがある。この絵伝の存在は、早くから紹介されていながら[25]、その詳細は今日まで報告されることの少なかったものである。寡聞にして昭和五十二年（一九七七）津市文化財指定の事前調査をされた平松令三氏の報告を知るのみである。

この絵伝は二幅で完結している二幅絵伝とこれまで解されてきたが、専修寺十三段本に対配させてきた妙源寺本三幅絵伝と対比の結果、元来三幅で完結していたものとみられ、したがって現存しているのは第一幅と第三幅で、第二幅が欠けているものと考えられる。以下この上宮寺本についてはこの所説に従って解釈を試みていきたい。

現状は両幅共に破損が著しく、第一幅目の画面右側が縦にかなりの破損がみられ、第三幅に至っては、右側に縦の破損、最上部一段分はまったく画面を残さないという傷み方である。このように破損が著しかったため近世中頃

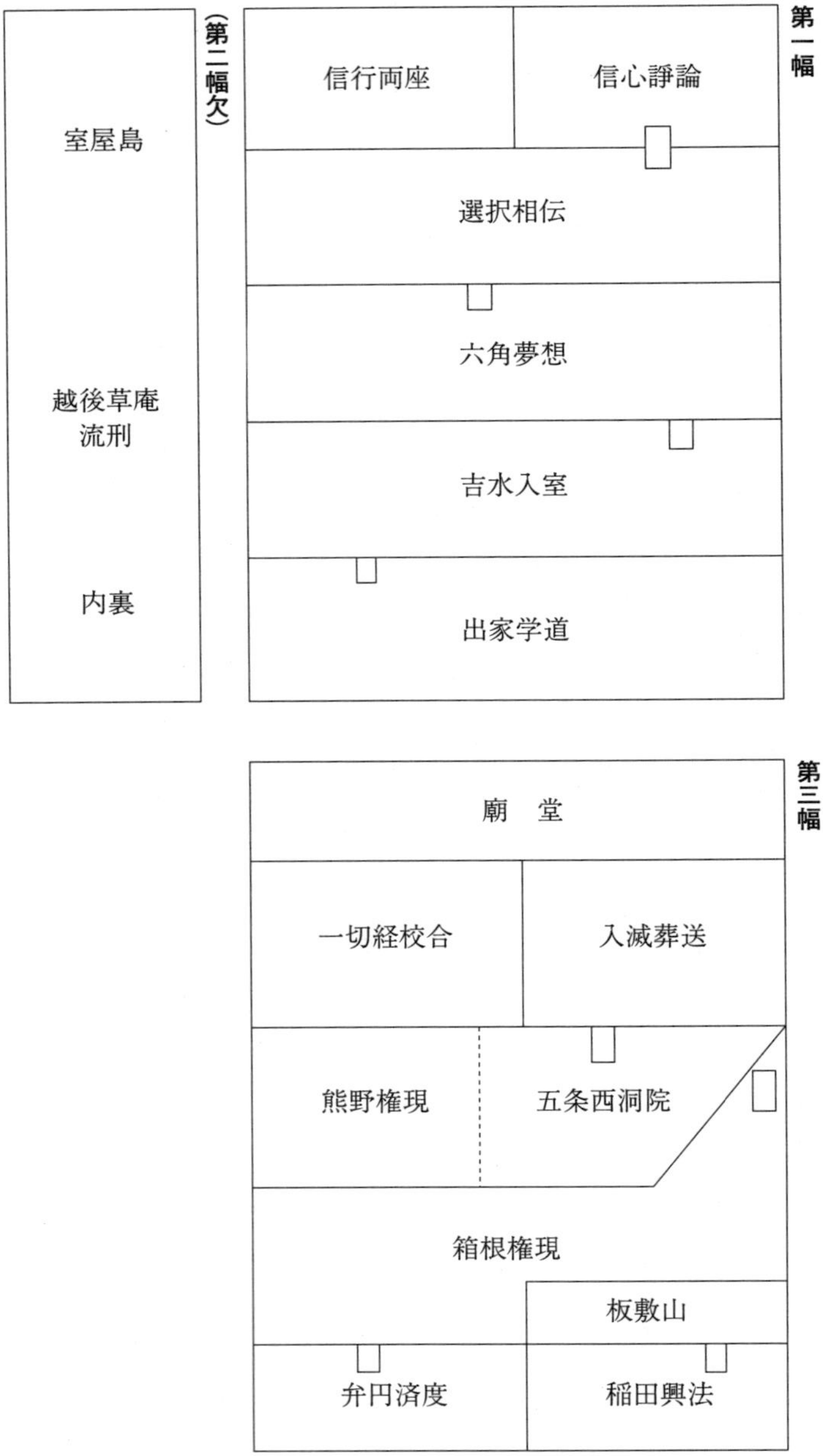
第一幅
信心諍論
信行両座
選択相伝
六角夢想
吉水入室
出家学道
（第二幅欠）
室屋島
越後草庵
流刑
内裏
第三幅
廟　堂
入滅葬送
一切経校合
五条西洞院
熊野権現
箱根権現
板敷山
稲田興法
弁円済度

の修復の時にも困難を極めたらしく、第一幅と第三幅と場所を誤って貼り込んだとしか考えられない場所もある。そのため原態を著しく損ねてはいるが、新出御伝鈔とこの絵伝との内容について比較検討の結果、多くの点で一致がみられ、両者の対配が可能であるとの結論に達した。なかでも第一幅目に十五段本にあるべき位置に「蓮位夢想」と「入西鑑察」の二段の図相が発見できないこと、貼り込みの位置を、新出の御伝鈔によって訂正し復元してみると、第一幅最上段の左図の「一切経校合」図を第三幅の上から二段目の左側に移し、現在は第三幅の上から二段目左にある「信行両座」の一図を、第一幅の最上段左の位置に移すことによって、「一切経校合」の一段が「熊野霊告」の後に配図されることになり、新出御伝鈔の「一切経校合」の一段と位置からいっても矛盾しないことになる。この二つの一致によって、両者の対配は決定的なものとなったといえよう。また「一切経校合」の一段に関する限り、仏光寺派依用の源海作と伝える御伝文（御伝鈔）も下巻第七段に位置しておりこれとも一致している。しかし『口伝鈔』や新出の両古写御伝鈔にいうように一切経校合の歴史事実が親鸞の在関時代のこととすれば、伝記の原則である年代順序をこの場所に入れる限り乱したことになる。前頁に復元した第一幅と第三幅の配図を図解しておこう。

おわりに

以上、新出史料の紹介を中心に論じてきた。両十四段本が、十三段本から十五段本への移行途中にあることの確認されたことは、これまでの研究成果とかわらないが、両十四段本の成立前後関係を明らかにするための手がかりを探ることはできた。なお、本論中には組み込めなかったが、検討した結果、新知見に及んだことも多々あったので、それをまとめて一覧表にしておきたい。

註

(1) 福井県大野市・真宗大谷派。
(2) 愛知県岡崎市・真宗大谷派。
(3) 岐阜県各務原市・真宗大谷派。
(4) 赤松俊秀『鎌倉仏教の研究』(平楽寺書店、一九五七年) 一五〇頁。
(5) 同右、一五七頁。
(6) 同右、一五三頁。
(7) 同右、一五八頁。
(8) 本願寺出版協会刊複製本による。
(9) 『越前若狭一向一揆関係資料集成』(福井県教育委員会、一九七六年) 八二六頁。
(10) 『大野市史』社寺文書篇 (大野市、一九七八年) 一六一頁。
(11) 『真宗聖教全書』三、列祖部 (興教書院、一九四〇年) 六三九頁。以下脚注に明性寺本の対校校異がある。
(12) この三年は「元」を「三」と誤写したものとすれば辛酉が正しいことになり、これに対しては意見の分かれるところとなっている。
(13) 『真宗聖教全書』三、列祖部 (興教書院、一九四〇年) 六五一頁。
(14) 『宗学院論輯』二〇号 (宗学院、一九四八年) 口絵参照。
(15) 龍谷大学仏教文化研究所編『龍谷大学善本叢書』三 (思文閣出版、一九八一年) 二〇四頁。
(16) 『続日本絵巻大成』四 (中央公論社、一九八五年) 四四頁。
(17) 『大谷学報』第四七巻三号 (大谷学会、一九五九年) 五二頁。
(18) 『同朋学園仏教文化研究所紀要』第六号 (一九八四年) 一八八頁以下。

(19) 稲葉昌丸編『蓮如上人行実』（法藏館、一九四八年）三八頁一〇二条。
(20) 『同朋学園仏教文化研究所報』創刊号（一九八五年）一〇頁。
(21) 註（14）参照。
(22) 専福寺本翻刻文中の下巻題名の「聖」は「上」の誤植につきここに訂正する。
(23) 永仁転写本と一切経校合の一段を加えた十四段本とは上巻のみで発見された場合、区別するのに慎重であらねばならない。
(24) 三重県津市・真宗高田派。
(25) 日下無倫『本願寺聖人伝絵講要』（本願寺安居事務所、一九三九年）前篇五二頁。

題名	善信聖人親鸞伝絵（永仁本系）		
内容	十三段本	十四段本	
形式	上六段　下七段	上七段　下七段	上六段　下八段
伝絵（絵巻）	専修寺本（三重） 永仁三・一二・一三（写本） 報恩寺本（東京） 照願寺本（茨城） 東京国立博物館本（東京）	本派本願寺本（京都） 〔一名琳阿本〕	旧源光寺本（大阪） 〔現在龍大ニ転写本ノミアリ〕
絵伝（掛幅）	光照寺本（広島）一幅 建武五裏書 妙源寺本（愛知）三幅 万徳寺本（〃）三幅 東京本願寺本（東京） 〔右は旧東京源光寺本カ〕三幅 参考 三月寺本（愛知） 三幅〔戦災焼失〕		上宮寺本（三重） 三幅中ノ二幅現存
御伝鈔（冊子本）	慶専寺本（山梨） 元奥・元亨元・九本の転写本 三光寺（山梨） 青龍寺本（三重） 慶長一二写	明性寺本（滋賀） 貞治二・三・一　性一書写 最勝寺本（福井） 〔上巻ノミ〕	専福寺本（愛知） 西入坊本（岐阜）

本願寺聖人親鸞伝絵	
十五段 上八段　下七段	十三段本系
真宗大谷派本願寺本（京都） 康永二・一一・二　奥 〔一名康永本〕 照願寺本（千葉） 康永三・一一・一　奥 真宗大谷派本願寺本 貞和二・一〇・二　奥 〔一名弘願本〕 光明寺本（茨城） 西方寺本（京都） 康楽寺本（長野）	
浄得寺本（福井）二幅 善徳寺本（富山） 三幅中二幅現存 所蔵者不明（『続法林墨』華地 所収）三幅本中一幅 本誓寺本（石川） 四幅中二幅現存 願成寺本（石川）四幅 応永二六・七・二二願主仏乗 専称寺本（石川）四幅 宝徳元・一一・二八願主真光	願照寺本（愛知）三幅 如意寺本（愛知）三幅 文和三・十・二一裏書 旧万福寺本（山梨）六幅 〔現在西本願寺蔵〕 三光寺（山梨） 蓮福寺門徒分蔵（山梨）六幅本
楢谷寺本（岐阜） 貞和五・一・一五　乗観写 大谷大学（京都） 〔上巻ノミ現存知章主〕 浄興寺本（新写） 応永三一・八—性順 〃（〃） 〔平仮名本〕周観 〃（〃） 勝興寺本（富山） 宝徳元・一〇・一四 願主真光	

『親鸞聖人絵伝』の展開について

――十三段本から十五段本へ――

はじめに

本章では、真宗信仰の造形美術的表現という視点から「親鸞聖人絵伝」（以下、「親鸞絵伝」とする）を取り上げてみたい。

真宗で用いられた絵伝としてはこの他に、「善光寺如来絵伝」や「聖徳太子絵伝」「法然絵伝」「蓮如絵伝」等が代表的なものであるが、なんといっても「親鸞絵伝」がその中心であったことはいうまでもない。

「親鸞絵伝」は、真宗絵画を代表するもので、一般に流布しているものは、四幅を一組（古来、絵伝を数える単位として、真宗では流《ながれ》という表現を用いていた）とする、宗内では最大規模をもつ作品である。

永仁三年（一二九五）覚如が「伝絵」（絵巻物仕立のもの）を製作してまもなく、絵と詞が分離して用いられるようになり、前者は本章で問題とする「絵伝」（掛幅仕立のもの）として、後者は「御伝鈔」（書籍仕立のもの。聖教の一つに数えられている）として流布しはじめた。「絵伝」に関していえば、慶長末年以前の作例だけでも確認できたもの八十点にも及んでいる。以来、近世をその最盛期として今日に至るまで製作が続けられている。そして、その間に製作されたものは、一万数千点にも達していると推定される。真宗で用いられてきた他の絵伝や、他宗派で用いられている絵伝類を含めて、この数字は他の追随を許さないものといえよう。こうした傾向は主題を異にする諸絵伝が、中世を最盛期として次第に姿を消していくのとは対照的にその頃から増加への一途をたどってきた。その背景として教団独自の特別な事情があったことも考慮に入れる必要があろう。伝絵から絵伝と御伝鈔が分離するのは絵解きを媒体としてのことであったらしいが、のちに絵伝は報恩講の荘厳具として欠くことのできないものという教団の強い要請にも応えていかねばならなくなった。

そのため、堂内の御伝の間の奥深い所にそのつど懸けられるために、一般の人々の目に触れることが少なくなり、わずかに風入・虫干しのときに縁があれば拝観の栄に浴し、そこで昔から語り伝えられてきた縁起を拝聴して数百年の時に思いを馳せていたと思われる。

ところで、「親鸞絵伝」の展開を考察していくにあたっては、絵伝の内容について概略紹介しておくことが必要かと思われるのでみておきたい。繰り返すが、覚如の著わした二巻の親鸞聖人縁起は、伝絵に端を発して絵伝と御伝鈔とに分かれて、あるときは個別に、またあるときは一具のものとして展開していった。それゆえ、伝絵と絵伝・御伝鈔とは不可分の関係にあることはいうまでもなかろう。また内容という点でいえば、大略十三段本から十五段本へと展開していることも周知の通りである。

十三段本とは、永仁三年十月に覚如が最初に製作したもので、内容は次の十三段から成っているものをいう。

上巻	下巻
①出家学道	①師資遷謫
②吉水入室	②稲田興法
③六角夢想	③弁円済度
④選択附属	④箱根霊告
⑤信行両座	⑤熊野霊告
⑥信心諍論	⑥洛陽遷化
	⑦廟堂創立

十三段本構成

次に十五段本とは、覚如が十三段本を書いて五十年後、康永二年（一三四三）に改めて筆をとっているので康永本ともいわれている。内容は増補改訂され、後に御伝鈔・御絵伝といえば、この十五段本そのものを指して呼ぶのであり、定本と化する点、重要である。

十五段本は十三段本に二段追加されたが、その場所は上巻の部分で、十五段本でいう第四段「蓮位夢想」と第八段「入西鑑察」である。以上がその概要である。このほかに、右二書の中間的存在ともいうべきもので内容の一部分を異にする十四段本二種が現存することも知られるようになったので付記しておきたい(1)。

第一節　十三段本における伝絵から絵伝へ

はじめに、十三段本伝絵から十三段本絵伝への展開について考察を加えてみたい。

十三段本伝絵の原本は建武の兵火で大谷廟堂とともに焼失したと考えられており、現存する最古のものは、成立して二か月後の十二月に転写されたものが、高田専修寺に蔵されている。これは現在最古の写本にちがいないが、これまでの研究で書写当時の原態を失っていることがすでに明らかとなっており、絵伝への展開を考えるとき、その復元こそ重要課題といえよう。その意味で、この高田専修寺本の複製本を刊行するにあたって平松令三氏が解説され、新資料を加えて復元を試みられたことは問題解決のために一歩も二歩も前進したと考えてよい。

ところで、同朋学園仏教文化研究所が山梨県地方真宗寺院調査を行った成果のうちに、慶専寺本御伝鈔の精密調査と三光寺本御伝鈔の発見があった(2)(3)。三光寺本御伝鈔の表紙には、等々力万福寺旧蔵六幅本絵伝の御伝鈔であることが註記され、内容は十三段本そのものであり、対校の結果、慶専寺本の浄写本とみて誤りはないとの結論に達した。また三光寺では万福寺本絵伝の近世初期模写とおぼしき六幅の絵伝も新たに発見されたのである。この調査・

発見により、平松氏の行った十三段本の原態復元より一層原態に近づけることが可能となった。ここで、それを復元したものと伝存する十三段本系の絵伝と絵相について比較検討してみると、もっとも出入りの少ないものとして、妙源寺三幅絵伝[4]、建武五年（一三三八）の成立と確定し得る光照寺一幅絵伝[5]、東京本願寺三幅絵伝[6]、また妙源寺本と同一構図の室町期の模写になる万徳寺三幅絵伝[7]の現存するもの四点が浮かび上がってきた。

以下、指摘する諸点は必ずしも十三段本の絵伝への展開のみの課題ではないが、議論の出発点とすべきということで述べておきたい。伝絵が形を異にする絵伝へ展開する場合、どのような変化をみることができるか、この問題に関してさぐってみたい。

伝絵の場合、左向展開を常としており、したがって一段ごとの絵相は必ず時間・空間ともに右から左へ描かれていくとともに継ぎ足しが可能であるので、場面の展開にゆとりさえ感じられる。また、一段ごとの話の展開とは無関係な風景・自然描写も多く取り入れられるため賞翫にも向いていたことは、絵伝における各々の場面と比較してみれば一目瞭然のことといえよう。

それに反して絵伝の方は、一幅一幅の絹地を継ぎ足してという技術は可能であっても軸としての大きさ、すなわち、縦横の比率をあまり大きく崩すことは許されないであろう。とすれば、伝絵に収められている全画面を矮小化して収めるか、話の展開に則して無関係な箇所を省略して重要な部分のみを描くか、そのために伝絵に描かれている画面構成の一部分を絵師の才量にまかせて描きかえることも必要であった。絵師はこれらの諸条件を加味しつつ、十三段本についていえば全体を一幅で描きあげるか、または三幅・六幅と、十五段本でいえば二幅から四幅へ統一され画面全体の拡大に表現意欲を燃やすかの方法を選びながら完成していったことが、現存する絵伝から十分に感ぜられることであろう。

絵伝の場合、展開させる技法として上向蛇行展開を原則としていることから、伝絵の展開方向と逆行する構図描法を取り入れることも必要であった。全体を構成する場面が少なければ少ないほど、この描法は必要となり、原則は崩され、絵解きなどの際にはたいへん理解しにくくなっていくことも当然のことながら予想されるであろう。

以上の諸点に留意しつつ、以下十三段本伝絵から十三段本絵伝への展開について論じてみたい。このうち注目されるのは何をさておいても、光照寺本をあげねばなるまい。というのは、成立年次、画工も裏書によって知ることができるばかりか、伝来した場所も移転することなく今日まで保存されてきたからである。裏書などの詳細は個別解説に譲るとして、画工隆円についてはこれまでのところ祇園社の絵師で元徳三年（一三三一）に「祇園御社絵図」を記した隆円がおり、この人と同一人物ではあるまいかと推測されている。この推測の背景には、当時の本願寺が東山大谷にあり、現在の知恩院か祇園社の境内に隣接していたことや、「親鸞伝絵」の作者覚如の一期行状を記した「慕帰絵」の作者中に祇園社の絵所職を掌握していた藤原隆章らが加わっているなど、祇園社と本願寺の関係の深さを熟知すべきであろう。

この作品は全一幅で完成している。全幅を上六段下七段に霞で区切り、十三段二十場面をその中に配図し、絵伝の鉄則ともいうべき上向蛇行展開の技法を堅く守っている唯一の例でもある。そのため伝絵と配置が逆となったり（上ノ三）、反対方向に進展（下ノ一）したりしているものもある（下ノ一「越後下向」）。また、下ノ四「箱根霊告段」のように、占める位置は逆行すべき位置にありながら構図を簡略にするのみで伝絵と同じ構図法をとったものもある。十三段本では上巻第四段にあたる「選択附属の段」は伝絵では異時同図法で三場面を著わしているものを①「厳師上人許与選択集所」、②「被書授同書内題並名字」、③「被書与真影銘所」という三つの札銘で三場面に分断し、①と②の間は同一霞切内にあるため、山を描いてその場面の異時であることを示し、この場面に限定していえば、他の親鸞絵伝ではあまり用いられていない画技法を導入して興味深いものがある。

その他、時差を著わす描写法で絵伝にあらわれたものをみてみると、大きなものは霞・山・門・塀・垣根があり、小さきは、橋・廊下であったりする。前者は断絶による区分法、後者は接続による小時差を著わすためのものと考えられよう。下巻第一段の場合、その場面が親鸞伝の中でもっとも重要であることを示すためか、伝絵ではもっとも多くの料紙を費やして描かれている。すなわち、親鸞打捕に始まり越後の草庵はもっとも詳細に描いているが、一幅本という厳しい条件下であるためか、罪状僉議と越後下向の二図を描いているにすぎない。これなどは著しい省略の例でもあろう。

次に「親鸞絵伝」のうち、成立時を示す裏書をもってはいないが、描法などの特徴から鎌倉時代の成立と考えられ、三幅本でしかも十三段本伝絵にもっとも忠実な点で、さきの光照寺本と同様と考えてよいものに妙源寺本と東京本願寺本の二種が代表作品として挙げられよう。以下この二本を中心に、高田専修寺本の原態復元伝絵との比較を行ってみたい。全体が三幅で構成されているという点では、さきの光照寺本と同量の内容を描き込む場合、約二倍近いスペースを取ることが可能である。このことはさきにも、画面拡大、場面が少なくなれば上向蛇行原則は崩壊することを指摘しておいたが、そのよい例がこの二本であるといえよう。

妙源寺本と東京本願寺本とでは上巻第一段の出家学道段は対照的である。すなわち妙源寺本では伝絵のその部分を省略するというよりも倭小化した霞切一段表現となっているのに、東京本願寺本の方は、伝絵の絵相を忠実に描きだそうとして一幅を四段に霞で分けたが、その四分三近くを占有してしまった。そのことが全体の配図に影響を与えたようで絵師の構想の無計画ささえ感ぜられよう。これに続く第二段は上下で霞切れ二段に分割、第三段は第一幅と第二幅にまたがるという異例の配置となった。そのため第二幅は上向蛇行展開の原則は守られずに下方に向

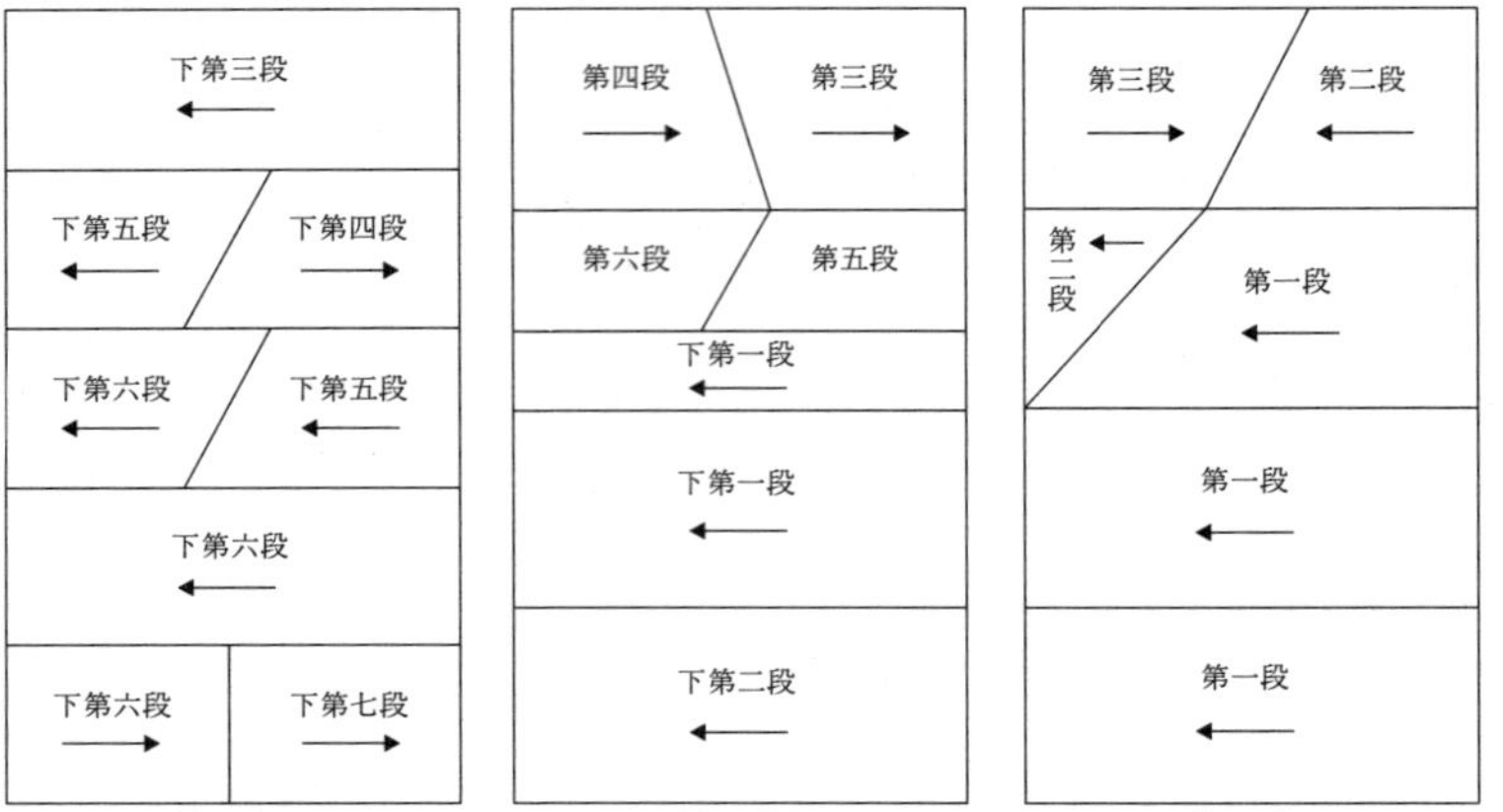

第三幅　第二幅　第一幅

①図中 ─▶ 印は展開方向を示す。
②段数表示は十三段本構成の場合の順序を示している。

かって展開し、第三幅も変則的に上方より下方へと展開していったのである。その複雑な配図構成は略図で示しておく。

また、古絵伝の一つの特徴ともなっている札銘は絵解きと深いかかわりをもつと考えられ、この研究は重要であろう。この東京本願寺本絵伝の場合、他と比較して異常に少なく全体で十七か所にすぎず、それも他の絵伝にみられるように絵相の説明にはとうていあたらない語句が並べられている点も、この絵伝のみのもつ特色といえよう。この東京本願寺本三幅絵伝は、全三幅中の上・下の配分は大略半々となっており、光照寺一幅本の上・下の配分率三対四とあまり変わらないが、妙源寺三幅本では第一幅が上五段分、第二・第三幅が上巻第六段と、下巻七段分を割りあてており、第二幅目の途中に上巻末尾第六段の絵一図が入り込んでいるので、結果として全体の上向蛇行展開の原則をここでも崩してしまっているが、その他の部分では大略それに従っている。全体の構図配分からいえば、第二幅目の下巻第一段すなわち「師資流謫」の一段が伝絵に従いながらも、一幅のうち半分近くを占有している。この占有率は、その後、十五段本四幅絵伝にも引き継がれていっており、さきに指摘したことは、やはり親鸞の流罪事件が生涯においてもっとも重要であったことを示唆しているようである。な

□□（武州カ）荒木源海聖人門徒
三州高橋庄志多利郷如意寺常住□□□□（幷御縁起カ）
大勧進如意寺住侶釈教蜜了感
大壇（檀）那尾州弥作久住
　慶善房　円□（空カ）尼
　円光房　空信尼

大施主富田性善房門弟
　性蜜房
　□（明カ）空房
　□□（明教カ）房　教秀尼
　道蜜房　法空尼
　明円房　教法尼
　明覚房
□（大カ）合力諸衆同行略之
　文和三年甲午十月廿一日

如意寺所蔵文和３年親鸞絵伝裏書（伝）

お、さきに記した万徳寺（愛知県瀬戸市）に蔵せられている三幅絵伝は室町期の妙源寺本三幅絵伝の忠実な模写本と考えられるので、妙源寺本絵伝研究には欠くことのできないものとなっている。ちなみにこの絵伝の存在が学界で知られるようになったのは昭和四十年代に入ってからのことである。万徳寺本で注意すべきことは下巻第五段の札銘の中で「平太郎」でなく「忠太郎」としていることで、妙源寺本のその個所が「平太郎」とし、平の左側に小さく「忠イ」と添え書きしているのと対照的である。

　次に十三段本伝絵の特徴をそのまま引き継ぎながら、これまで紹介してきた諸例のようには伝絵と絵伝の絵相が一致しないが、これらに匹敵する諸絵伝についてみておきたい。

　これに属するものは二本あり、ともに三河の地に伝えられてきたものである。一つは如意寺本三幅絵伝[8]である。この絵伝は近世中頃にはすでにその存在は知られていたものである。この絵伝を著名にしたのはほかでもなく近世真宗史学の樹立者でもあった先啓了雅の紹介によるものであった。すなわち『御伝絵指示記』一巻を天明三年（一七八三）刊行したが、そのとき、底本としてこの如意寺本絵伝を用いていたのである。実はこの如意寺には別幅になっている絹本の絵伝裏書と称する文書を伝えている。現状では判読不可能な部分もあるが、江戸中期の『勝鬘寺絵讃之控』において、この文書が写されて収録されている段階では判読できている部分もあるので、それを参考に解読してみたい。ここから、文和三年（一三五四）十月二十一日の成立であると知られる。もしこれが正しければ、覚如入滅後のこととなり、寺伝と一致しないことになるが、いかがなものであろうか。この絵伝そのものはこのころの製作になることは、筆法や画風などからみて問題なさそうである。

この絵伝で問題となるのは、十三段本伝絵からは解釈に苦しむ一段が二場面にわたって第一幅の最下段に設けられていることである。その第一の場面は札銘が「上人御誕生所」と解読でき、場面もそのようである。いま一つは、その続きに、幼児が竹馬で遊んでいる場面である。これについで、伝絵上巻の第一段に続いている。それに続く他の段の第一幅中における配図は、さきにみた妙源寺三幅本絵伝と色彩の濃淡の問題を除けば、他は完全な一致をみることさえできる。

次に問題になるのは願照寺[9]三幅絵伝である。その第一幅目の第一段のうちより一区画をさいて、札銘では破損著しいので銘文の残画より推読すると「母子教訓」とあったらしく、絵図も母親らしき人物が病に臥し、枕元に幼児（親鸞）を引き寄せて何かを伝える様子が描かれ、そばで添人が心配そうにしている様子を描いているので、後の伝承にいうごとく早く母親に死別したことも一つの理由となって出家したとも解釈できる場面である。この一事を除けば如意寺三幅絵伝や、妙源寺本とまったく同じである。この如意寺本、願照寺本の異相を有するについて、これらは「親鸞伝絵」を著わしたあと、ついで覚如は『拾遺古徳伝』と題する法然絵伝を著わしているので、その影響によっているのではないかと解釈される向きもある。これらのうちでの異なりは、大同小異といってもよいであろう。

次に論じてみたい万福寺旧蔵六幅絵伝に至っては、十三段本伝絵とどう継ぎ合わせてよいかわからない絵相が多数加えられてくる場合がある。この内容を検討してみると、やはり十三段本伝絵がその底流となっていることを認めないわけにはいかないであろう。最前から触れてきたように、専修寺蔵伝絵の原態復元に重要な役割を果たしてくれる三光寺本・慶専寺本御伝鈔との関係が明らかとなってきた以上、そのことを認めないわけにはいかない。この六幅本の異相についてはすでに先学の論ずるところで[10]、ここに再言しないが、さきの願照寺本絵伝・如意寺本絵伝と併せ考えてみるとき、これらの異相の成立背景に、各地に分立する門徒集団に各々伝承されてきた親鸞伝と、著者覚如が知っていた親鸞伝の間に落差が生じていたことは推測に難くはないし、また覚如が撰述した伝絵の詞書の一解釈とみなすことも可能であろう。たとえば、上巻第一段「出家学道」段にしても、如意寺本のように誕生、幼児期の姿を思い起して画いたとしても不思議ではないし、願照寺本のように出家の原因に母子教訓を置いても不思議ではない。万福寺六幅本には、家を出発する幼なき親鸞を見送る図に札銘として「有範宿所」があてられたとしても不自然な解釈とはいえないであろう。また、万福寺本のもっとも大きな特色として、善光寺図が加えられているが、これも配置からみれば越後より関東に赴く道行図《みちゆき》とも捉えることもできよう。

以上のように、伝絵から絵伝への展開という課題を考えるにあたっては、数ある絵伝のうち、初期の成立の古絵伝の絵相、札銘、詞書の諸関係を詳細に究明する作業は必須である。

第二節　十三段本伝絵から十五段本伝絵へ

次に十三段本伝絵から十五段本伝絵への展開について考えていきたい。前節のような絵相の比較研究は、すでに平松氏によって完成しており、屋上屋を重ねるに等しいかもしれないが、視点をかえて再検討してみたいと思う。覚如が永仁三年、最初に伝絵を撰述してから、五十年あまり時を経て再度、伝絵の製作にあたったのが、康永本と呼ばれるようになるものであったが、その五十年あまりの間に、教団状況も大きく様がわりした。すなわち、唯善事件を体験したなかで、御真影を安置する廟堂は元亨元年（一三二一）以前には本願寺という寺号をもつに至った。そのことが、やがて「善信上人親鸞伝絵」という題名を改めることにつながった。そして出来上がったのが「本願寺聖人親鸞伝絵」であり、康永二年（一三四三）の完成である。これが康永本なのである。

ここで専修寺本伝絵の元態を復元したものと、この康永本と比較してみると、前述のように上巻において二段の内容を追加したことがあげられる。そのため上巻八段、下巻七段の計十五段構成へと変化した。

そのうえ絵相でも大きな変化をみることができる。場面構成について比較してみると、上巻第一段に得度図の前に慈円との対面図が加わってくる。第三段の次に「蓮位夢想」の一段が加わって、以下一段ずつ繰り下がる。次の第五段「選択相伝」のところでは、十三段本では相伝許可・内題銘・真影の銘を書く三場面を描いていたが、前二者を一図に合して二場面のみとし整理している。次の「信行両座」の段では前日の申し合わせの図を追加し、参入する僧俗を取り除いて屏風を設け、駈け込む蓮生房と椽に急ぎ上がって訪ねている場面の三場面へと展開させている。第七段「信行両座」の次に「入西鑑察」の一段を新たに加えるが、これも打ち合わせと画図の二場を設定している。

次に下巻に移ると、その第一段「親鸞流謫」の前に法然流謫の一図を加えている。また、同段中の越後下着図は省略、第二段の初めの関東への出発地越後国分寺図省略、稲田草庵は、伝絵特有の左向展開を破って、なぜか右向展開図となっている。下巻四段「箱根権現」図では葦河の宿は消え、社頭図芦湖も消え、著しい省略がここにみられる。下巻第五段の前半西洞院御坊図も右向展開となり、後半は社殿のみで、山間自然描写は消えていった。下巻六段では入滅図前に病床図が加わり、入滅後部屋より送り出す輿《こし》がなくなっている。火葬地の次の十三重の塔や墓所も消えていった。

このように、上巻では著しい増図がみられるのに、下巻では著しい省略がめだっている。このことに注意してみると、覚如の撰述意図に大きな差異のあったことがみえてくるのである。すなわち、ゆとりの自然描写はほとんど姿を消し、教義・教学的説明を補足するような場面展開が前面に押し出されてきたと考えてよいであろう。いま一つ注目したいのは、永仁三年伝絵撰述後、七年にして法然の伝記『拾遺古徳伝』九巻という大部なものを著わした。これも伝絵から絵伝へと形をかえて普及していったことが知られており、本書ではことに他の法然伝に親鸞との関わりを盛り込んだものがなかっただけに、覚如はたいへんな熱の入れようであったにちがいない。この「法然絵伝」の普及は、「親鸞絵伝」にも影響を与えていたと考えられる。十年に及ぶ唯善事件以来、覚如の留守識としての自覚も次第に高揚していったことを、一連の述作は語っているのであろう。

第三節　十五段本伝絵から十五段本絵伝へ

次に、十五段本伝絵から十五段本絵伝へと展開していく姿を追ってみたいと思う。

十五段本を内容とする絵伝で古いものを掲げてみると、次の三点である。

浄得寺[11]の二幅本

城端別院[12]の残欠二幅（元三幅か）

『続法林墨華』所収本[13]の残欠一幅（元三幅か）

これらについて制作年次を知り得る文字資料はないが、画法・画質などから推して室町初期を降るものではないと考える。

浄得寺本は、浄得寺の歴史からみて他からの流入品と考えられよう。二幅で完結しており、かつては十三段本絵伝として取り扱われたこともあったが、今日では十五段本と考えることが常識化している。上巻八段分を前半一幅に描き、後半の一幅に下巻七段分を描いていることは札銘ごと剝落して判読すら不可能であるが、絵相解読によりその内容は一目瞭然で、さきに指摘しておいた十五段本の特徴をすべて整えている。十五段本では伝絵ですら左向展開の原則を無視しているところから浄得寺本も上向蛇行展開の法則を崩してしまっている。試みに第一幅以下を解図して略図で示しておく。第二幅では下巻一段が約半分近くを占めていることが知られよう。

次に城端別院善徳寺本について触れておきたい。第一幅、第二幅は図の通りである。ここでわかるように、上巻六・七・八と下巻の第一段が欠けている。他の四幅絵伝とは配図を異にしているので、あるいは十五段三幅の事例と考えるが如何なものであろうか。

さらに『続宝林墨華』所収の一幅についても図に示しておく。これは残欠一幅を知るのみである。原本所蔵者は

〈城端別院本〉

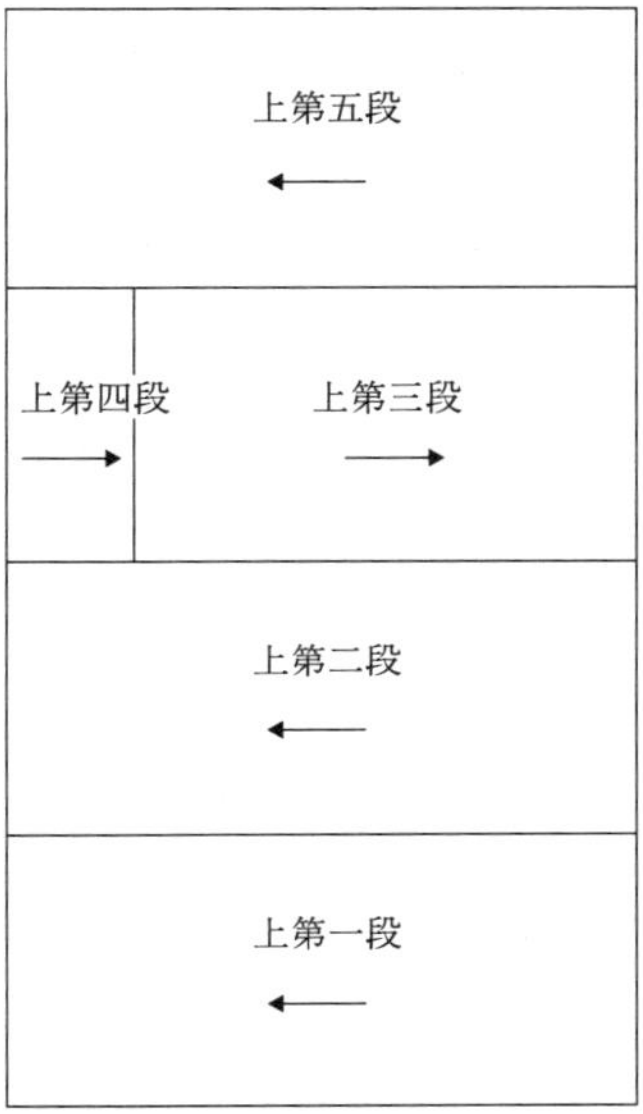

第一幅

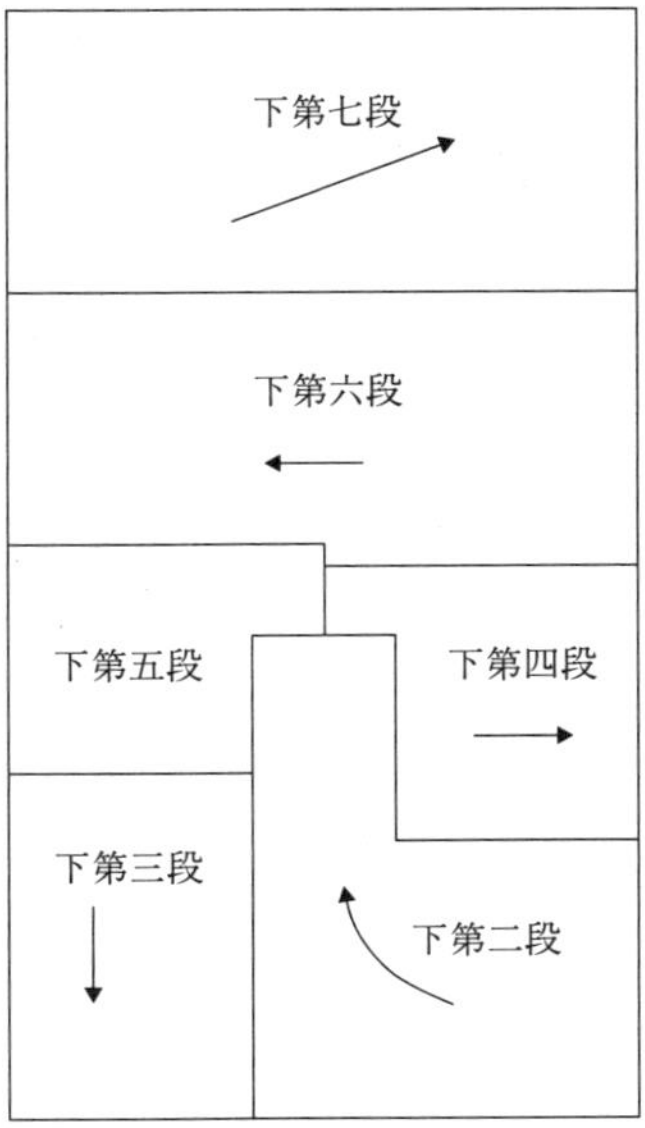

第二幅

↓は展開方向を示す。

〈浄得寺本〉

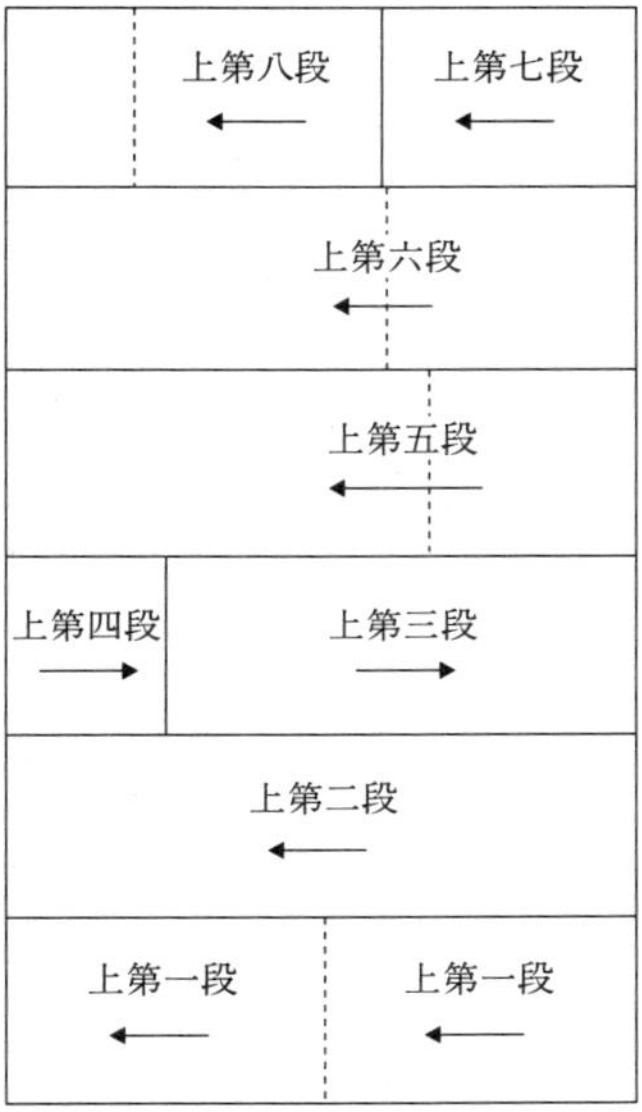

第一幅

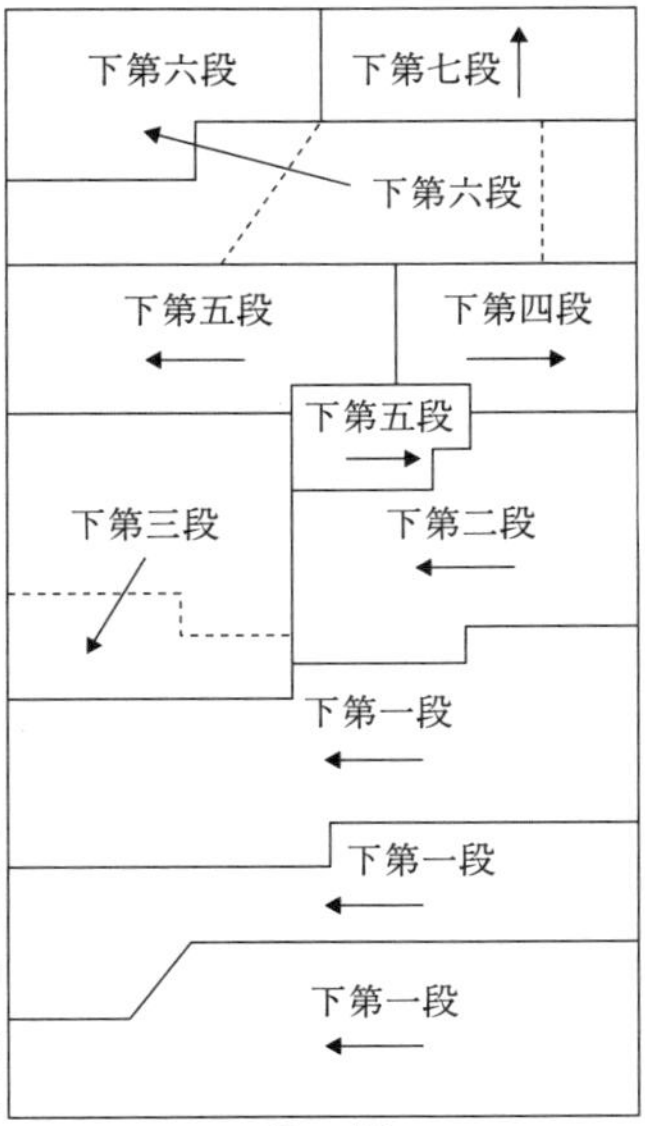

第二幅

↓は展開方向を示す。

『続宝林墨華』所収の一幅

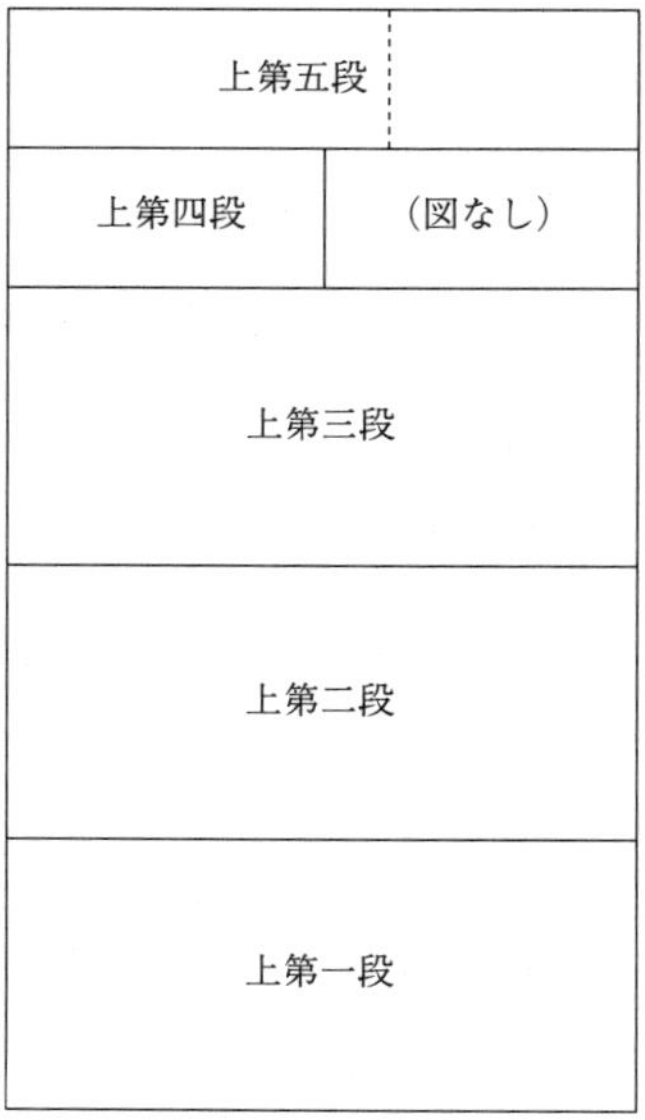

不明である。この一幅も、さきの城端別院本一幅とほぼ同じ配図となっているので、同様三幅本である可能性が高い。以上十五段本の二幅本や三幅本と思われるものを紹介してきた。

最後に定型化しもっとも普及した十五段四幅本についてその展開をみておきたい。四幅本で最古のものは、これまでのところ願成寺（石川県加賀市）蔵のものとされており、裏書によると、応永二十六年（一四一九）七月二十二日の画工民部法眼隆光、願主は荻生仏乗とある。作者名の知られる点、重要な史料というべきである。この隆光は、京都粟田口流画工の一人に同名の人物がおり、その人と同一人物とみなされているところから、近時作歴を通じて注目されつつある。画法は他の四幅絵伝に比して卓越した作品といえよう。構図に第一幅上巻一段や、下巻七段廟堂建立図などは他に類をみない秀れた構図法をとっている。札銘も全文解読が可能であり、絵伝のもつ絵解き性をいかんなく発揮したものといえよう。

次に紹介する専称寺（石川県加賀市）所蔵の宝徳元年（一四九九）十一月二十八日裏書本は、今日残されている四幅本の元祖と考えられ、十五段四幅絵伝の絵相の固定化がこの頃から始まったことを示す最古のものである。と同時に、富山県高岡市の勝興寺に所蔵する『御伝鈔』の古写本は、この絵伝と一対をなすもので、やがて報恩講の儀式用具の一つとして定着していくので、御絵伝奉懸・御伝鈔拝読の起源を探るうえで重要な史料でもある。

四幅絵伝の定形化をめぐって注意しておきたいのは、「蓮位夢想」の一段と「信行両座」の一段である。前者は親鸞と太子の位置が新しいものと反対で、応永二十六年の願成寺本以前のものは宝徳元年専称寺本以後のものとは反対になっている。また後者は十三段本ではみられない図柄を含み注目される。すなわち場面展開の上でみると、打ち合わせする蓮生房、あわただしく門を入ってきた蓮生房、そして椽にかけ上がった蓮生房と、三場面にわたっての蓮生房を描いてきたが、これも宝徳元年の専称寺本を最後に姿を消し、以後の作品では門を駈け入る蓮生房の姿が消えて、松や柳でその姿を隠すように描くようになってくる点、四幅絵伝も宝徳・寛正と蓮如の時代に入って絵相の統一も強化され、次第に見応えある異色作品は姿を消しはじめたことが比較研究の結果、明らかとなってきたことである。その他でも微細な部分では主題となる部分は動かないまでも、主題と無関係な部分の背景などにはかなりの出入りのあることも認めねばならない。

おわりに

以上、親鸞伝絵から絵伝へと展開してきた過程で問題となるべき点について、十分とはいえないまでも、少しは明らかにすることができたように思う。最後に、今後これを題材として研究を進めるべき課題の一つについて提起しておきたい。

これほど長い時間をかけて多くの作品を残した親鸞絵伝という作品群の比較研究を通じ顕在化してくる課題の一つとして、画中画の研究を見落としてはならないであろう。すなわち日本建築史上、また家具の歴史上重要な史料を提供してくれるはずである。というのは室町中期以後のものでいえば、ほとんどのものが裏書を残していることである。これは実年代を残すことの少ない家具や部屋の装飾等の様式変遷を知ることができるという点で注目に値しよう。この利点は、民俗学研究においても、絵解きという文化史という点ばかりでなく、生活史にも多大な貢献を約束するであろう。

註

(1) 拙稿「十四段本『善信上人親鸞伝絵』の成立―新出『御伝鈔』をめぐって―」(『同朋仏教』第二〇・二一合併号、一九八九年。本書第二部第二章)。
(2) 山梨県東山梨郡勝沼町・真宗大谷派。
(3) 山梨県東山梨郡勝沼町・真宗大谷派。
(4) 愛知県岡崎市・真宗高田派。
(5) 広島県沼隈郡沼隈町・浄土真宗本願寺派。
(6) 東京都台東区。これと同じ構図のものが、三月寺(愛知県津島市・真宗大谷派)に伝えられていたが、戦災で焼失。写真のみ現存)。
(7) 愛知県瀬戸市・真宗高田派。
(8) 愛知県豊田市。
(9) 愛知県岡崎市・浄土真宗本願寺派。
(10) 日下無倫「原始真宗に於ける甲斐門徒の成立」(『大谷学報』第二一巻三号、一九四〇年)。小山正文「関東門徒の真宗絵伝―甲斐国万福寺旧蔵絵伝を探る―」(『高田学報』第六八号、一九九九年)。
(11) 福井県福井市・真宗大谷派。
(12) 富山県東礪波郡城端町・真宗大谷派。
(13) 現所蔵者不明。

新知見親鸞聖人康永本系三幅絵伝考

はじめに

真宗教団が、親鸞滅後、親鸞を祖師開山として仰ぎ、歩み始めてから今日に至るまで七百年余りの歴史をたどるなかで、その信仰の中心的役割を荷っていたものは、何といっても、廟堂＝本願寺に安置されてきた親鸞木像＝「御真影」であった。

それ故、この像主（親鸞）の一期行状を語り続けてきたことが、その後の発展の大きな力となっていた。その意味で像主の曾孫覚如が、親鸞の三十三回忌を過ぎた永仁三年（一二九五）初めて「善信聖人親鸞伝絵」として上下二巻からなる像主の一期行状縁起絵図を著わしたことは教団展開史上極めて重要な出来事であった。この一期行状縁起は製作直後より門弟の間に広まっていった。そのなかで、刻々変化していく教団状況に応ずるというかたちで伝絵が一人あるきをするようなこともあり、後には著者覚如自身の手で増補改編をしなければならない事情も生じてきた。その教団状況とはすなわち、真影の安置された廟堂の寺院化と教団統制とであった。

事情はともあれ増補改編という現象は、何も親鸞伝絵の場合に限られるというわけではなく、中世高僧伝絵、絵伝には一般的にみられる現象である。その背景として今日では普及・拡大のための絵解きが深く関与していたものとの指摘がなされている。

親鸞伝絵の場合、永仁三年初めて述作された後、五十年近くを経た康永二年（一三四三）紆余曲折したのち、今度は「本願寺聖人親鸞伝絵」と改題し、内容で二段分を増補して全十五段とし、著者自身の手で改稿した。事実上これが最終稿となった。一般に前者を永仁本、後者を康永本と呼んでいる。この康永本も、成立直後より流布し始めているが、その形態は、「伝絵」「絵伝」「御伝鈔」と様々な形態をとっていた。

その後の教団発展にともない、絵伝の場合、歴代の本願寺留守職就任者により門末に対して下付するという伝統を重んじてきた。蓮如以後、教団整備の一環として統一されていったこと[1]もあって、その内容は永仁本系から康永本系四幅絵伝へと統一、四幅全体の絵相も画一化への道を歩んでいったのである。

現存する画一化される以前の絵伝としては、永仁本系に属するものには建武五年（一三三八）成立の光照寺一幅本、文和三年（一三五四）年成立の如意寺三幅本という成立年次の確定できる基準作をはじめ、妙源寺本、願照寺本、万徳寺三幅本等、万福寺旧蔵六幅絵伝（現在西本願寺蔵）に至るまで、一幅、三幅、六幅仕立のものが知られ、なかでも三幅仕立のものが主流を占めていたようである。康永本系絵伝では、現在確認されている浄得寺二幅本、応永二十六年（一四一九）の裏書をもつ願成寺四幅本、宝徳元年（一四四九）銘の専称寺四幅本等が知られている二幅、四幅仕立のものであった。これに加えて新たに康永本系三幅絵伝が、不完全ながら二組も現存することが確認できたのでここに報告し、康永本系諸絵伝の画一化に至る過程について検討しておきたい。

第一節　康永本系三幅絵伝の所在

これまで三幅仕立の絵伝というのは康永本系絵伝のうちからは発見もされておらず、実際には存在しないと考えられてきた。これに対し前章では、康永本系絵伝の中にも三幅絵伝は存在するであろうとの見解を示しておいた(2)。それを証明する二組の存在を確認し得たのでここに紹介することにしたい。

それは、これまで二幅完本とか、四幅不完本とか解されて、内容を誤認されたまま紹介されてきたものである。善徳寺（富山県南砺市）所蔵の二幅絵伝、本誓寺（石川県松任市）所蔵の二幅絵伝がそれである。再調査の結果、共に康永本系三幅絵伝の不完本二幅ずつであることが明らかとなった。結論から先にいえば、善徳寺本は三幅中の第一幅、第三幅にあたり、本誓寺本は第一幅と第二幅とに相当する。前者では第二幅、後者では第三幅が欠失していたという次第である。

その結果、康永本が本願寺中興の祖といわれる蓮如によって画一化される以前の親鸞絵伝の流布実態は、永仁本系では一、三、六幅仕立のもの、康永本系では二、四幅仕立の他に、新たに三幅仕立のものを加える必要が出てきた。この結果、四幅現行本へと画一化されていく過程についての考え方も改めねばならなくなった。すなわち四幅絵伝の成立は本来上下二巻で、これまで単純に康永本系の上巻を第一幅、下巻を第二幅とする浄得寺二幅絵伝を出発点とし、原本の上・下巻四軸に基づいて上巻を二幅に下巻を二幅に配当して四幅に仕立てた願成寺、専称寺四幅絵伝を経て、長禄二年（一四五八）蓮如継職直後の寛正二年（一四六一）、親鸞二百回忌を契機に画一化が急速に進められ、現行本に至ったものとみられてきた。しかし以下に詳述するごとく、新知見の本誓寺本は別として善徳寺、

永仁本内容	康永本内容	康永本段数
出家学道	同上	上一段
吉水入室	〃	〃二〃
六角告命	〃	〃三〃
なし	蓮位夢想	〃四〃
選択附属	同上	〃五〃
信行両座	〃	〃六〃
信心諍論	〃	〃七〃
なし	入西鑑察	〃八〃
師弟配流	同上	下巻一段
稲田興法	〃	二
弁円済度	〃	三
箱根示現	同上	四
熊野示現	〃	五
洛陽遷化	〃	六
本廟創立	〃	七

永仁本、康永本構成比較表

三幅仕立の絵伝にあっては、その成立時期が、これまで知られている浄得寺本二幅絵伝と相前後するものと考えられ、原本の二巻四軸構成ということからいえば、成立圏を異にし、形態としてはむしろ永仁本系三幅絵伝に祖型を求めていくべきもので、康永本受容の一形態として注目されるものといえよう。

　ここで改めて永仁本、康永本の違いについて再論の要は無いと思われるが、次で論を進めるにあたって必要と思われる内容について摘記しておきたい。

　上記の表のように「親鸞絵伝」は永仁本を出発点とし、それより五十年近く経って成った康永本に至って内容上二段の増補をみ、ここに十三段構成から十五段構成へと新たな展開をみせている（以下段数を示す場はこれによる）。以下文中の用語について一定の定義を与えておきたい。永仁、康永両本いずれも流布過程で詞と絵を合した絵巻物形態の伝絵、絵のみ集めた掛幅仕立の絵伝、詞書だけを集めた冊子装の御伝鈔とがあるので以下ではこの区分に従っておくこととする。もし三者を合して総称する場合、廟堂建立の縁起という意味も含めて、本章では一期行状縁起という意味で「縁起」と呼ぶこととしておきたい。

第二節　善徳寺・本誓寺二幅絵伝研究史

まず、善徳寺本からみていこう。この絵伝が世に紹介されるに至ったのは比較的新しいことで、それは明治に入ってからのことであった。以下でこの経緯について触れておきたい。

この絵伝を所蔵する善徳寺は現在富山県南砺市城端町にあって真宗大谷派の別院となっている寺である。この絵伝の伝来については、裏書もなく、寺側に古い記録もなく、伝承すら残されていないので伝来経緯は不明である。

かつて昭和五十五年（一九九〇）虫干法会の際出品されていたのを実見した。その際の出品目録によれば、八十点ほど収載されていた。実際出品されていたのはこれよりはるかに多い点数であった。しかしこの出品目録には、この絵伝のことは記されていなかった。それくらい寺側でも注目していなかったものである。また当寺の草創縁起中にも一度もこの二幅の絵伝については語られていない。後述するごとく、この二幅の絵伝の成立は、当寺の草創期の文明年中を遥かにさかのぼるものと認められるもので、寺伝縁起等にも語られていないものとすれば、当初より当寺に伝来していたものではないということも情況としては考えられよう。というのは善徳寺にはこの二幅絵伝とは別に慶長十年（一六〇五）の裏書をもつ四幅絵伝も蔵している。[3]

この四幅絵伝の方は裏書もあり、栗津勝兵衛（村昌カ）の印判状もある。この印判状から善徳寺空勝が同十年東本願寺教如より取り立てられた時、同時に絵伝も下付されたという事情を詳しく知ることのできるもの[4]として注目されるものである。この慶長十年の裏書をもつ四幅絵伝こそ当寺に下付された最初の絵伝であったに違いない。とすれば当寺現蔵の二幅の絵伝は他からの流入品と考えるのが妥当と思われる。残念なことに旧蔵者や流入時期について知る手がかりは先述のごとく一向に得られていない。この二幅の絵伝が善徳寺にあることが知られるようになったのは、近代に入ってからのことのようである。その初見は大正四年（一九一五）東本願寺で開催された宝物集覧会出陳であった。その時の目録(5)には、「祖師聖人伝絵双幅《（ママ）》　越中　城端別院」とのみ記されている。次いで大正十三年（一九二四）東本願寺より発行された『讃仰帖』に図版入りで紹介され解説も加えられた。これが、善徳寺二幅絵伝と称するものの最初の解説となった。

ここに解説の全文を紹介しておこう。

越中善徳寺

宗祖　聖人伝絵二幅　伝覚如上人筆　浄賀画　縦四尺一寸五分　横二尺七寸五分　この伝絵は絹本着色にして覚如上人の伝絵十五段の詞を規範として、上二巻の出家得度の段より入西鑑察の段までを第一幅とし、下二巻の流罪配所の段より廟堂創立の段までを第二幅として画せしものなり。札の文字全く剥落して読むこと能はず。

その後、昭和十四年（一九三九）藤原猶雪氏も、実見しながらも前記『讃仰帖』の記事に従って見解を述べている(6)。同じ年日下無倫氏は、東本願寺の安居で伝絵を取り上げ『本願寺聖人伝絵講要』前編・後編二冊の大部の絵伝の研究としてまとめられた。この中で、『讃仰帖』の解説の誤りを実見した上で訂正された。すなわち、これまで言われてきたような二幅完本ではなく四幅完本の第一幅と第四幅であると解した。その内容にも触れて、第一幅目は上巻第一段より第四段までを、第四幅目は下巻四段より最後の下巻七段までを収めているとし、第二・第三幅は散逸したものであろうとの見解を示した。(7)この説は、その後、二十年近くも経て昭和三十二年（一九五七）発行された『親鸞聖人全集』の絵伝解説をされた藤島達朗氏の見解にも引き継がれることとなった。藤島氏の解説の中で一つ傾聴しておきたいことは善徳寺残欠二幅絵伝の成立時期を推定して、室町中期以前と断定されたことである。(8)ここに初めて成立年代についても論を展開させることとなった。

このように、専門家の間でも長い間、誤解を重ねねばならないほど原本の損傷は進んではいないが、一見した感じでは破損著しく解読不可能なようにみえることがその原因となっていたようである。

次に本誓寺本二幅絵伝について触れておきたい。所蔵者本誓寺は石川県松任市にある真宗大谷派の寺である。本誓寺本は善徳寺二幅絵伝に比べて、存在が知られたのは早く、江戸中期の元文三年（一七三八）先啓の著わした『大谷遺跡録』(9)に初めて紹介された。同書は重校の後、安永八年（一七七九）に出版され、当時の巡拝者等のよきガイドブックとなっていたことは著名な事実である。何故か、その後も幾種もの巡拝記が出版されたにもかかわらず、この二幅の絵伝は紹介された形跡は認められない。

先啓は天明三年（一七八三）刊行した『御伝絵指示記』にも所在のみであるが紹介している。このように近世にあっては先啓がただ一人この存在に注目してきたに過ぎない。明治に入って三十四年（一九〇一）に東本願寺より刊行された『続宝林墨華』に写真で第一幅目が紹介された。しかし、この時所蔵寺院名を記さずして紹介、筆者も長い間、所蔵者をつきとめることができずにいたが、平成二年度の同朋大学仏教文化研究所の調査で所蔵者は本誓寺であることが判明した。これより先、日下無倫氏も実地調査を昭和九年（一九三四）に行い、その結果を『本願寺聖人伝絵講要』(10)で報告している。しかし、そこでも前述の善徳寺本の場合と同様、四幅絵伝の前半二幅と断定し、善徳寺本の誤認がそのまま影響を及ぼしていたようである。

第三節　康永本系三幅絵伝検証

さきにこの両本が康永本系三幅絵伝の残欠であると結論だけを示しておいた。ここに改めてその事について論じておきたい。

康永本系三幅絵伝であるということは、これまでの絵伝の常識からすれば永仁本系三幅絵伝でもなく、康永本系四幅絵伝でもないということである。

そこで、この善徳寺・本誓寺の二幅本が康永本系三幅本であるということを検証するために次のような図を次頁に掲げておこう。

ここに掲げた図は、上段に、康永本系定型四幅絵伝を解図して数字に置き換えたものである。下段に善徳寺本・本誓寺本各幅の、各段の配置図、上記四幅絵伝の解図に対配して相当する数字で示してみたものである。

これによって、永仁本には見られない康永本特有の上巻四段、上巻八段の二段三図を含んでいることから善徳寺本・本誓寺本絵伝が共に十五段で構成される康永本系であることは明らかであろう。すなわち、善徳寺本・本誓寺本共にその一幅に、十三段で構成される永仁本系には加えられていない第四段「蓮位夢想」の一段が加えられていること、また、善徳寺本は欠幅となっており、知り得ないが、本誓寺本によると他の一幅にこれまた永仁本系に含まれていない上巻第八段「入西鑑察」の一段が加えられている。このことから少なくとも本誓寺本は、康永本系に属しているものとみて問題はないようである。なお、善徳寺本に上巻第四段の「蓮位夢想」の一段が入っていて、「入西鑑察」の一段がみえない点は、「蓮位夢想」の一段がなく、「入西鑑察」の一段のみが加わっている西本願寺所蔵の琳阿本伝絵の例や、愛知県岡崎市専福寺所蔵になる「善信聖人親鸞伝絵」と題する御伝鈔[11]のように、永仁本系に属しながら、一切経校合の一段を加えて、全体を十四段構成としているものも知られているので速断は許されないが、善徳寺本も本誓寺本同様、康永本系に属していたものと考えてよいであろう。その理由には次の二点を考えておきたい。

すなわち、第一点は善徳寺本・本誓寺本共に二幅のうち各一幅中に、永仁本にみえない上巻四段の「蓮位夢想」の一段を配図の仕方に相違はみられるが共にこれを含み、しかも、内容構成で上巻の一段より五段までが同じように収められているという両本間に共通点が見出されるということである。

第二の点は、本誓寺本の他の一幅が、上巻六・七・八、下巻一段までを内容とし、善徳寺本の他の一幅にはそれに続く下巻第二段より終段の下巻七段までを収載しているということである。ここに両本共通する一幅と本誓寺本の他の一幅、善徳寺本の他の一幅を合わせてみると、康永本系浄得寺二幅完本や、四幅本のさきに掲げた願成寺本・専称寺本、また画一化された現行本と各幅の配図の仕方が異なっているもので、内容構成では康永本として過不足なく一致している。以上のことから本誓寺本・善徳寺本は共に元来三幅をもって完本であったと考えておきたい。

とすれば、三幅完本のうち、善徳寺本は第一幅と第三幅、本誓寺本は第一幅と第二幅に相当するものと断定できよう。しかも両本の間には画風も異なり成立年時期をも異にしていることが歴然としており、かつて康永本系三幅絵伝は二組は存在したということにもなるのであろう。ここに至って、康永本系の絵伝には、二幅、三幅、四幅、特例として西本願寺の八幅絵伝を加えるとして、康永本系には四種の幅数の異なった絵伝が存在することが明らかとなった。

定型四幅本各段配置図

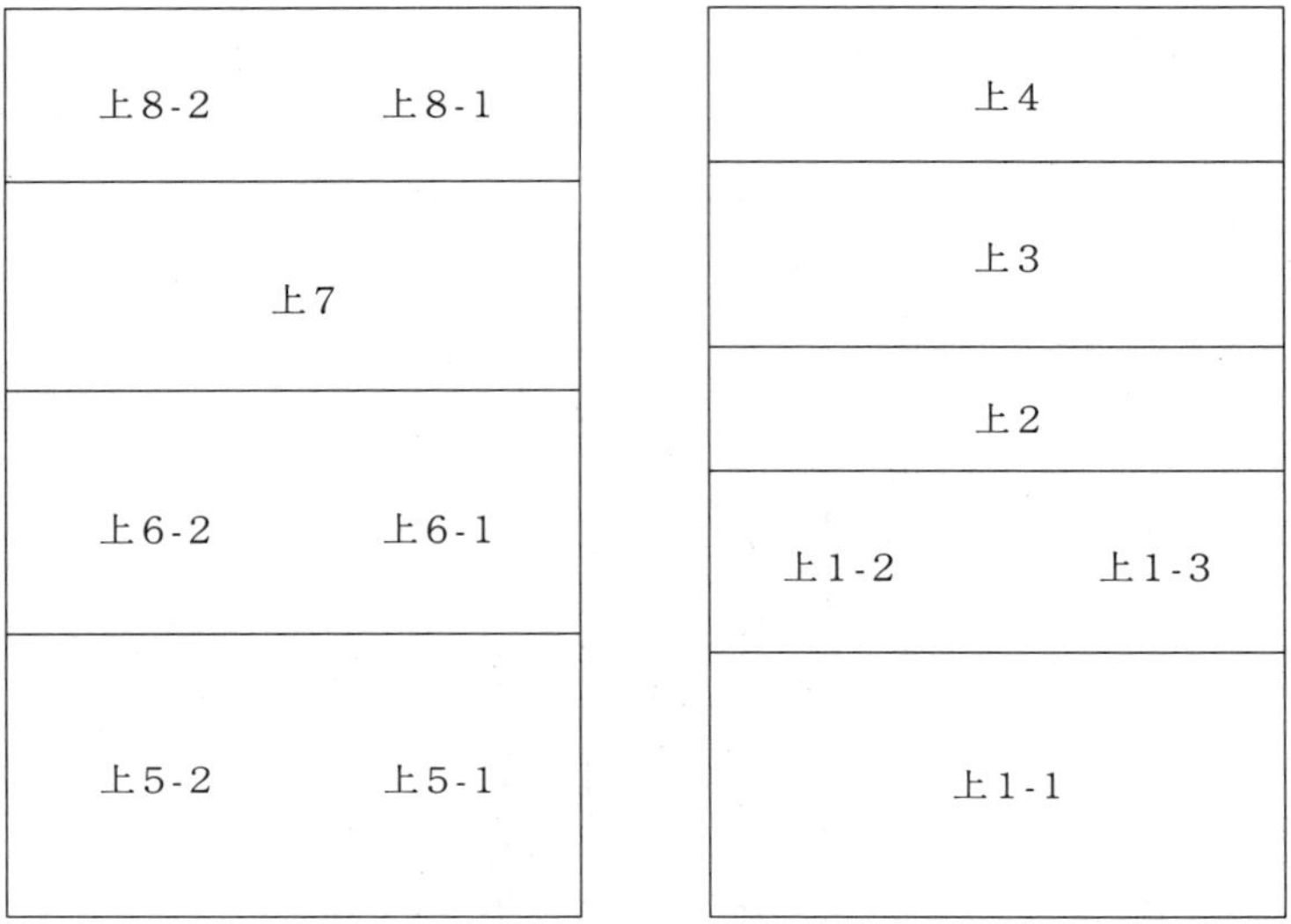

第二幅　第一幅

康永本系三幅絵伝各段配置図

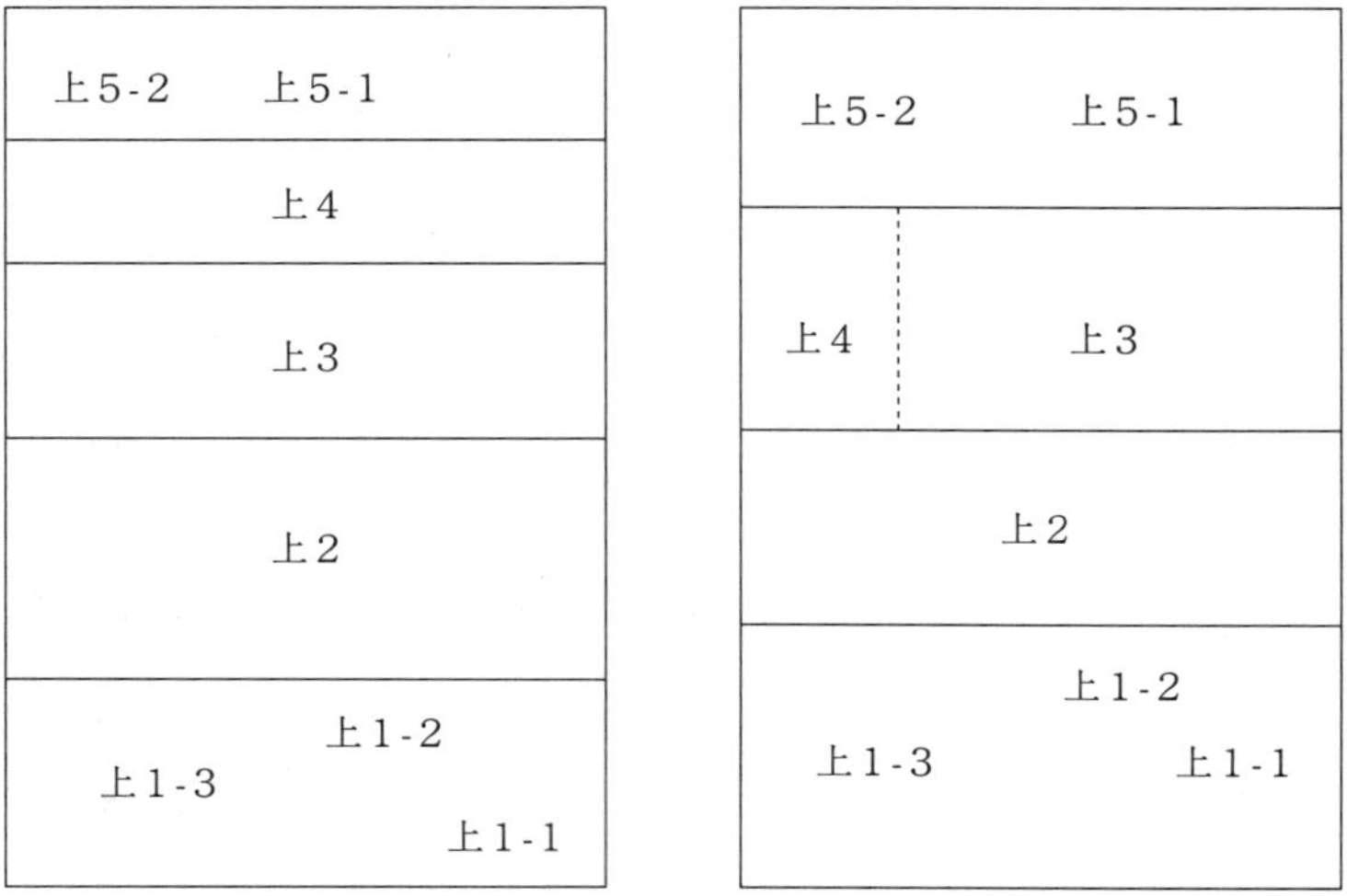

本誓寺本第一幅　善徳寺本第一幅

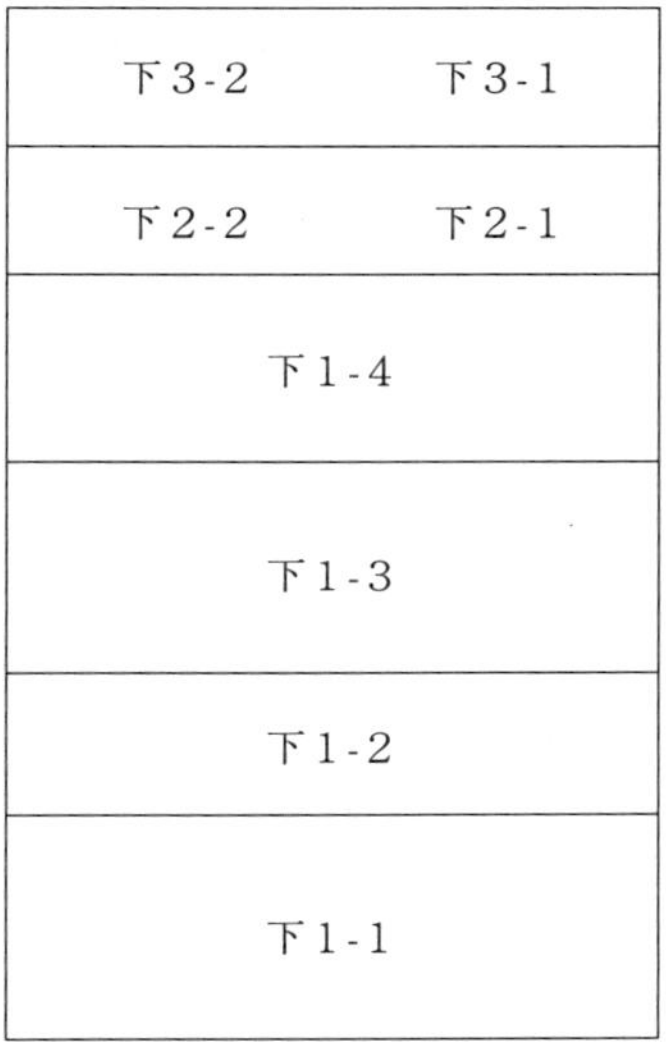

第三幅

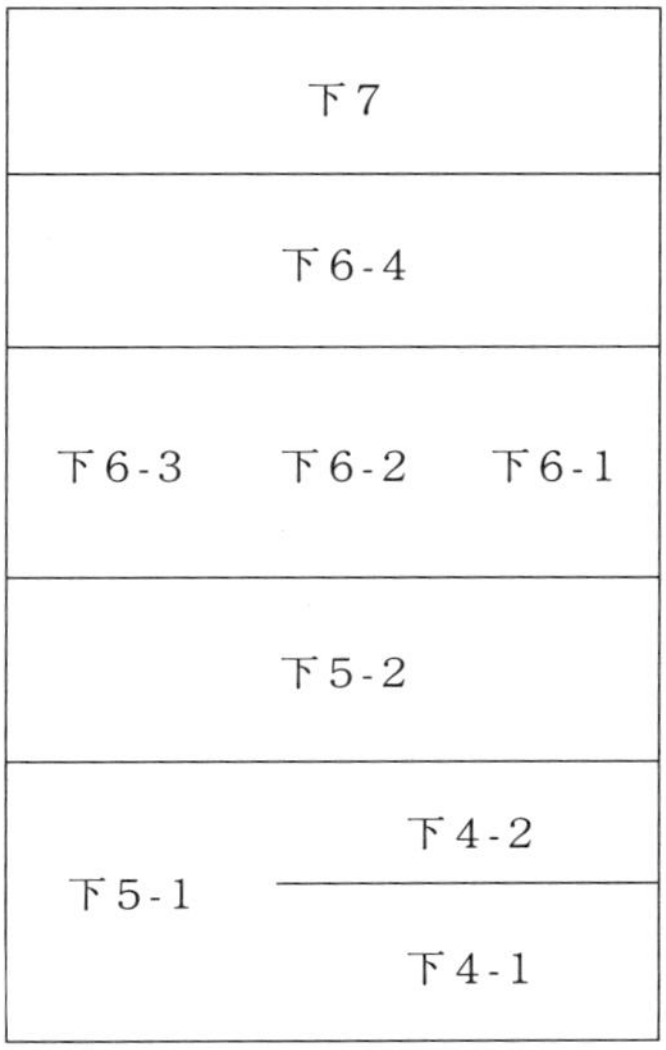

第四幅

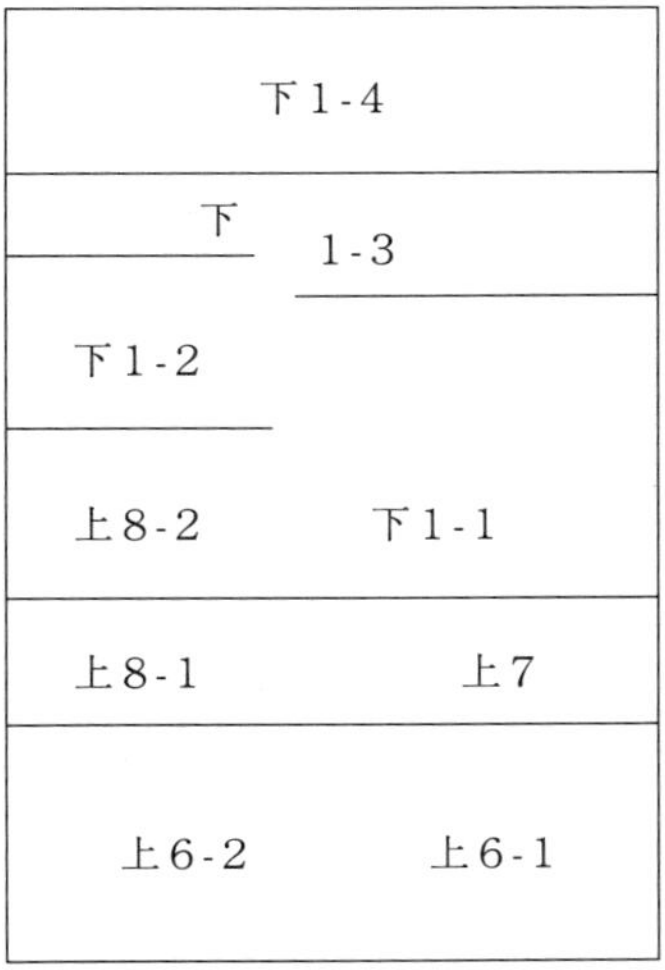

本誓寺本第二幅

本幅は霞《かすみ》引の部分が特定できないため絵相の配置のみ示しておいた。

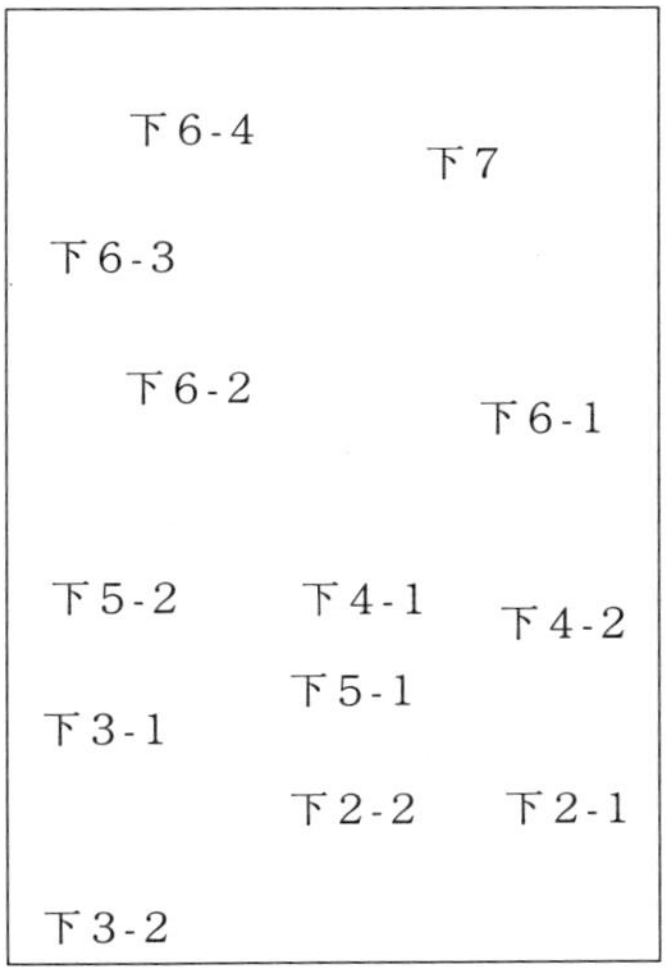

善徳寺本第三幅

第四節　善徳寺三幅絵伝の解読と問題点

さきにみてきたように善徳寺本・本誓寺本が共に康永本系三幅絵伝であったことが明らかとなったので、このことを前提に以下個別にこの両絵伝の個々について考察しておきたい。

ここで善徳寺三幅絵伝について紹介しておこう。絹本着色、縦一二五・八センチ、横八三・二センチ、三巾。現存するのは第一幅と第三幅である。現存寸法は上記の通りであるが、二幅共上で左右に切断の痕跡を残し、ことに天地の霞引きの不均衡や、左端、右端に位置する札銘に著しい。ただし札中の銘文は判読不能な状態にある。この絵伝で注目される点の一つに霞引きに著しい特徴をみることができよう。

まずその縁取りについていえば、微かにそれと知られるほどに引かれており、このことは、その成立の古さを示しているものとみてよい。霞引きの著しい特徴として、画中随所に建造物の柱などによって垂直に霞が切断された部分があったり、山の稜線に沿って不規則に切断されたりしている箇所が多いということである。さらに加えて濃紺色を用いていることから、絵相部分が、この色彩の濃さに負けてしまいそうにも感じられ、画幅の全体構成が今一歩洗練されていないようである。特にこの点は第三幅の下半分に著しく現われている。一方こうした技法を可能にしたのは、伝絵では画面展開は平行移動に限られるが、絵伝では斜向展開を可能としていると同時に霞引きの縁取りがほとんどされていないに等しく、それによってのみ可能となった技法であったともいえよう。

料絹も、織目が細く上質の絵絹で、二巾で一幅仕立にしているため画幅中央部に左右二分するがごとく、継目の傷みが顕著である。

また採色の退色は仕方ないとしても絵絹の破損も少なく保存状態は良好である。写真では鮮明さを欠くが、実物をよく拝見してみると描線は鮮かに残っており、画面の解読には支障はない。人物描写は、表情も豊かで躍動感に溢れ、自然描写も大和絵の伝統的技法を遺憾なく発揮しており絵師の技量も秀れたものといえよう。

次に第一幅目の構成についてみておこう。幅全体を霞引きで四区に仕切って、上記図にみたごとく、上巻の第一段から第五段までを収めている。その画面構図をみると、康永本系二幅完本の浄得寺本のその部分とはほとんどの点で、合致していることは、両本の間に成立史上何らかの関係があったのではないかと考えてよいようである。なかでも、第一段にあたる部分は、永仁本系諸絵伝からは見出し得ない親鸞と慈円の対面図が慈円御坊の門を入ってすぐの所にやや小さめに描かれているところや、第三区内の右側に大きく「六角夢想」の段を、左側に「蓮位夢想」の段を小さく描き、親鸞を右側、聖徳太子を左に配置することまでも合致している。第二幅目は欠損しており、不明であるが、本誓寺本第二幅目によって補足すれば、上巻六・七・八段、下巻一段までが収められていたものと思われる。

第三幅目は下巻第二段より下巻第七段までを収めているが、前記配置図から判るごとく幅全体に斜向展開図法を多く用いているため全体の構成が複雑になっている。ことに下半分に収載された下巻二段から五段まではそれが顕著となっている。

この複雑さは、永仁本系諸本に多く見られる現象である。善徳寺本が元来康永本系三幅完本であったことを考える時、康永本系三幅絵伝や四幅絵伝と大いに異なる点で、この点永仁本系三幅絵伝の影響を強く受けてきたものと考えられないだろうか。

また、永仁本系、康永本系いずれにしろ共通の内容を持ちながら絵相の著しい違いをみせる箇所が何か所かある。

そのうち、前図でいう下2—1図もその一つである。永仁本系諸絵伝では越後から東国へ向う道すがら下野国にさしかかり、国分寺、室八島の各所を遠望する親鸞の姿があり、康永本系諸絵伝では白砂青松の浜を行く親鸞へと大きく変化していくのである。この場面の解釈について、これまで越後巡化の図であるとして下巻第一段の一部であるとの解釈が一般的であった。しかし、あらためて注目してみると、永仁本系諸絵伝の室ノ八島の図に相当する所であり、略化していくうちに康永本原本にみえる構図となり、室の八島の浮島が白砂青松の砂浜に置き換えられて塩屋まで添加されていった。このような白砂青松の景観は下野では考えられないことから下巻第一段の詞書にみる「勅免ありといえども、かしこに化を施さんために、なおしばらく在国し給けり」という文言を、第二段の冒頭にみえる「聖人越後国より常陸国に越えて」という二つの言詞から、このような解釈も生まれたものとみられる。この描写を説明する札銘といえば定形化された絵伝の中にも、この部分に正しく札・銘が置かれているものをみることがある。永仁本系三幅絵伝のこれに相当する札銘には必ず「室（無扉とあるものもある）八島」と記されている。また康永本系の古絵伝では札銘の読めるものがないので問題は残る。

しかし、康永本系の古絵伝のうち札銘のあるものをみてみると応永二十六年（一四一九）銘の願成寺本では札銘に一部破損があり、明応七年（一四九八）の裏書のある滋賀県近江町福田寺本と合わせてみると善徳寺のこの札銘部分には「自越後国常陸国越所」とあったのではないだろうか。問題なのは、この福田寺本は何故か、さきに掲げた下3—1の位置すなわち板敷山の山中図の説明位置に置かれている。その後、本願寺下付の四幅絵伝の中に札や銘のあるものは数こそ少ないが、何れも福田寺と同じ箇所にこの札または銘が置かれていることはその内容が明らかでなくなってしまったことを意味しているのではないかと考えたい。この後著わされた幾多の絵伝解説書にもこのような混乱がみられる。とすれば永仁本系伝絵、絵伝にいう「室ノ八島」といわないまでも、願成寺本にみえる

「自越後国自常陸国之所」と解し直すべきであろう。この下2―1図が、小ぢんまりと小さく描かれていることは、

浄得寺本とも共通している場面である。下2―2図は、左下より右下へ斜向展開図法で広く場面を占めていること

に注目しておきたい。下3―1・2図は永仁本系三幅絵伝が右山中図から左笠間坊図を置いているが、善徳寺本は

浄得寺本と同一構図で下3―1の下に下3―2図を配している。下4―1・2図では、浄得寺本の構図をそのまま

に、霞引きによって右下に下4―2を左上に下4―1図を左方向に右下から左上へわずかであるが斜向展開をみせ

ている。

次に下5―1・2図では、画幅中央部に下5―1図を左上方向に展開させその左上端に下5―2図を置くが、両側から延びる霞引きで分断しながら、その下に位置する下2―2図とは逆に右下より左上へと斜向展開図法を用いている。したがって第三幅下半分は中央部より上方に向って下2―2と下5―1・2図の逆方向の斜向展開図法を用いて下3―1・2と下4―1・2図を分断した対角線構図となり、下半部の構図を複雑にしている要因ともなっている。この構図法は浄得寺本の場合も同様であるが霞引きが淡いため、淡さがこの複雑さを掻き消す効果を発揮している。この点、善徳寺本の絵画作品としての構図上の未発達さを感ぜざるを得ない。

つづいて、上半分はといえば、下6―1・2・3・4と下7を合して上方左施転回しながら、永仁本にみられない康永本特有の一場面として知られる下6―1図・2・3・4図、下7図へと展開することはこれまた、浄得寺本と同構図である。

以上みてきたように、二幅完本の浄得寺本との近似性が強く、また色合いも保存状態も善徳寺本は浄得寺本に極めて近いものとなっていることも注目しておきたい。構図上では、浄得寺二幅本を、三幅本にそのまま引き延ばしたものが、善徳寺本であったものと考えられないだろうか。

このように考えてみるとき、前述のごとく浄得寺二幅完本は原本の上・下二巻を一幅ずつに配したことは誰でも解されようが、これが善徳寺本や次に詳述する本誓寺本のように各段の配置を原本の巻数に捕らわれず三幅完本とすることは、先行する永仁本系三幅絵伝を起源として生まれたものとすれば、康永本系三幅絵伝の起源についての解釈は成り立つものとみられよう。

第五節　本誓寺三幅絵伝の解説と問題点

次に本誓寺本についてみておきたい。

本誓寺本はさきにも触れたように、三幅完本中の第一幅と第二幅に相当する部分が残ったものと考えられる。その大きさは第一幅目が縦一四六センチ、横八二・八センチ、第二幅目は縦一三九センチ、横八二・七センチで、少しばかり第一幅のみ大きいが、これは後の修復の際の裁断によるものと考えてよいであろう。絵絹は善徳寺本や浄得寺本と同様良質なものを用いている。しかも保存状態は極めて良好で彩色もほとんど退色していない。霞引きの縁取りはかすかに認められる位で、善徳寺本よりは淡い群青色で、画面構成とよく馴染んで洗練され、技法的にも秀れたものとなっている。その引き方も、善徳寺本や浄得寺本のような複雑さはみられず、このことは四幅定型化へと一歩近づきつつあることを示しているのであろうか。

ここで、画面構成について、四幅定型化された絵伝と比較するためさきの配置図を参考にしてみておきたい。絵相を説明する札銘についてであるが、善徳寺本の場合、ある箇所は確認できても銘の文字は判読できない状態にあるのに対し、本誓寺本第一幅は八箇所の札銘が確認される。その違いは上２図で善徳寺本は入門する親鸞について札銘を設けていることで、他は同じである。

本誓寺本には解読できる箇所が八箇所中五箇所ある。すなわち、「親鸞上人御出家」「慈鎮和尚御前」「吉水御坊」「蓮□□□《(位夢想)》」「選択集附□《(嘱)》」の部分である。

ここで注意しておきたいのは、伝絵で「聖人」としているのに関わらず、絵伝札銘では、永仁本系、康永本系を問わず「上人」としており、本誓寺本とて例外ではなかったということである。真宗教団内では早くから聖・上の使い分けが問題となっているが、それについての一視点として注目されよう。

第二幅目には札は五か所にあるが、銘が書かれたような形跡はみられないのは、あるいは未完成品であった可能性もあり、三幅完本のうち、第一幅・第二幅のみが製作されて、初めから三幅目は造られなかった可能性が無いとはいえない。しかし、ここでは札銘のみ未完成で、三幅の絵伝としては完成していたものと判断して行論することとしたい。

本誓寺本は、さきの配置図でみる限り、少なくとも浄得寺二幅本とも、定型化四幅絵伝とも異なることが知られる。また、善徳寺本第一幅と、この第一幅目は収載内容は完全に一致するが、内容でいえば上３・上４の取り扱いに大きな違いをみせていることに注意しておきたい。

すなわち、善徳寺本で上３の左端に小さく上４の「蓮位夢想」の一段が描かれ、この点さきに触れたように浄得寺本とは通しているが、本誓寺本はこの上４の場面は独立しているのである。この両本の違いは、康永本系絵伝は二幅絵伝、三幅絵伝を経て定型化四幅絵伝へと展開していったことを示しているものと考えられる。すなわちこの段が小さな画面から独立した一区画を成すに至る絵伝の定型化への歩みとみて差し支えないようである。

しかし、細部に目を通してみる時、この上４の図柄が定型化するには今しばらく時を必要としていたことも考慮しておかねばならない。

すなわち、一つには、聖徳太子と親鸞との位置関係である。これより後に成立したと考えられる現存最古の願成寺四幅本を含めて太子が左、親鸞が右に描かれている。ということは、宝徳元年成立の専称寺本四幅絵伝以後定型化した四幅絵伝すべて太子が右、親鸞が左となり、その位置が逆になっていったという部分的展開もあったものとみられる。

いま一つは、浄得寺二幅本や善徳寺三幅本では、親鸞を太子が礼拝する夢告の場面のみが画面の一部を析いて描かれているのに対し、本誓寺三幅本を含めて、以後成立する四幅絵伝が、建物外の風景描写に意を注ぐようになっていくという変遷の問題である。

本誓寺では礼拝図の前に花鳥水池を描き横は市松模様の板囲をして、残された右半分の空間を樹木で埋めていった。願成寺四幅本では、前庭図、囲を省いて、柳で埋めている。専称寺本では前庭はないが右半分に内垣と冠木門と塀を描き上3図の岳山の樹木を延長して埋めている。その後に成立したものはこの門を描いたり描かなかったり、上3図の岳山をこの空間に延長させたりさせなかったりと、表現は様々であり四幅定型化された絵伝のうち、もっとも揺れ動きのある部分として注目される場面である。

次に第二幅目についてみておきたい。さきに示した配置図によって知られるごとく、最下部の上6―1・2の信行両座に始まっている。この上6―1・2の構図は門を入ったばかりの蓮生房が描かれるという場面を含め三場面からなり古態を示し定型化後のものは二場面へと移行するという展開のあったことがうかがわれる。次の第二区画内には、右半分に上7の信心諍論の図を収め、左半分には上8―1を加えており、これも康永本の特徴とされ、この部分だけでみていると浄得寺本と構図は完全に一致している。なかでも、両段の中間前方に草叢があり、そこに一人の童子が描かれている。この童子は浄得寺二幅絵伝にも描かれ、最前より注目されてきたところである。この点成立過程で、浄得寺本との関係を無視できないものがあるようである。

上8―2は、上8―1図の上に霞を引いて分断、上下二段に描かれている。これは、下1―1・2図を上方左向展開図としているので、その空間を利用しているものとみられる。同技法によって生じた右上方の空間部分には霞と松一本で埋めている。次下1―3・4図は一部に斜向展開図法を残しながら最上部を埋めている。

このように一部斜向展開図法を用いているため、善徳寺本の第三幅目ほどではないにしても霞引きが複雑に入り組んでいることは、定型化四幅絵伝成立の一歩手前に位置付けることができよう。本誓寺本はこの二幅が現存し、第三幅に相当する部分が欠けている。そこで、善徳寺本で補ってみると、第三幅目は先述したごとく下巻第二段より終巻七段まであったと考えられよう。このことは善徳寺本と共通する第一幅目の在り方によって導かれるところの結果として、至当な結論と考えたい。

以上に指摘してきた点から成立年次を勘案してみると、浄得寺本あるいは善徳寺本に始まった康永本系絵伝は本誓寺本を経て、願成寺・専称寺本へと展開していき、この間、二幅本ないし三幅本を経て四幅本へと展開していったものと考えておきたい。

おわりに

以上、絵相を中心に親鸞絵伝の生成発展過程について追ってみた。その結果不完全ながら、康永本系三幅絵伝の存在することが明らかとなった。

このことは、これまで考えられてきた永仁本系、康永本系を含めた絵伝の流布過程、蓮如期に急速に普及するに及んで四幅定型化へと進んだ道程について考えなおす必要が出てきたことの意義は大きいといわねばなるまい。

註

（1）ここでは、近世高田派専修寺・仏光寺派仏光寺より門末下付のものはここに含めないものとする。
（2）拙稿「『親鸞聖人絵伝』の展開について―十三段本から十五段本へ―」（『真宗重宝聚英』第四巻、同朋舎、一九八七年、二八四頁。本書第二部第三章）。
（3）拙稿「慶長末年以前『親鸞聖人絵伝』目録稿」（『同朋学園仏教文化研究所紀要』第一三号、一九九一年。本書第二部第一章）。
（4）「善徳寺文書」（『城端町史』、一九五九年、六七〇頁）参照。『善徳寺文書目録』（富山県教育委員会、一九八二年、二〇頁、六九号文書）。
（5）『宗報』第一七一号（一九一五年）一〇頁。
（6）藤原猶雪『真宗史研究』（大東出版社、一九三九年）三九三頁。
（7）日下無倫『本願寺聖人伝絵講要』前篇（本願寺安居事務所、一九三九年）五三頁。再録、『総説親鸞伝絵』六三頁。
（8）『親鸞聖人全集』言行篇2（親鸞聖人全集刊行会、一九五五年）二三四頁。
（9）『真宗史料集成』第八巻（同朋舎、一九八三年）六八二頁。
（10）日下無倫『本願寺聖人伝絵講要』前篇（本願寺安居事務所、一九三九年）五四頁。
（11）「三河専福寺資料の研究」解説（『同朋学園仏教文化研究所紀要』第六号、一九八四年）。

なお本章で紹介した他寺所蔵絵伝については『真宗重宝聚英』第四巻（同朋舎出版、一九八七年）にすべてが写真掲載されているので参照されたい。また次頁に伝絵・絵伝等の系統図を掲げておく。

（参考資料）『善信聖人親鸞伝絵』系統図

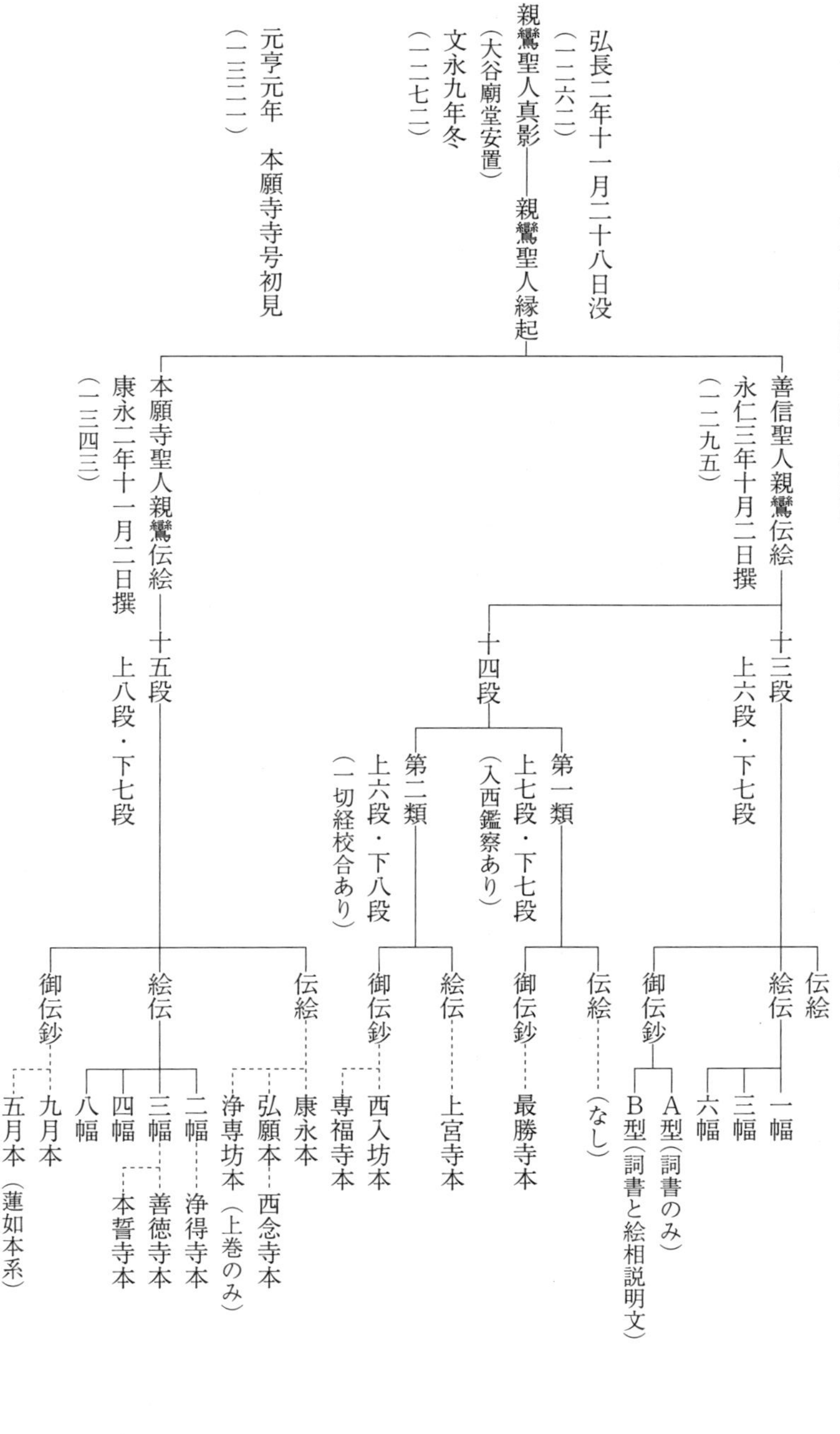

『安城御影』模本成立と祖師信仰

はじめに

「安城御影」は「鏡御影」とともに、宗祖親鸞の寿像としてあまりにも著名である。以前には、この両御影を含めて『親鸞聖人真影集』一帙が刊行された。誕生八百回記念法要に際しては、「鏡御影」の原寸大の複製が刊行され、また近くは、安城御影の模本として著名な蓮如写本が、これまた、原寸大で複製刊行された。現代ではこのように両御影とも複製画をはじめ、写真等で機会あるたびに紹介されてきたので、何時、何処でも眼幅の栄に浴することは可能であり、さほど困難さを感じ無くなっている。それでも、原本に接しようとするならば展観等に供せられない限り、ほとんど不可能であるといってよい。少し以前にさかのぼってみると、こうした状況はまったく異なっていたようである。案内記を片手に所蔵者を諸国に訪ねることもあったであろう。また、五十年に一度の親鸞の御遠忌を待つ門信徒は東西両本願寺でそのたびに拝観を許してきたであろう宝物集覧会に百里の道も遠しとせず、上洛し、談義僧の語る宝物縁起に耳を傾け勝縁にあうことのできた喜びを土産に帰郷した門徒も決して少なくはなかったはずである。

このように拝見の機会がまれであればあるほど、崇敬の念は高まり、帰依渇仰の思いが募る計りであった。

しかし、同じ寿像とはいっても「鏡御影」の方はこうした方向性はほとんどなく、「安城御影」とは対照的存在である。「安城御影」については、勝縁に遇うた人々が一様に諸書のうちで帰依渇仰の思いを筆に染めており、これらの記録に接する時、今もその思いが我々の胸にも伝わってくるようである。

また模本を製作して安置することも行われ、機会あるごとに拝観を許し、由来を語って帰依渇仰の思いを満たしてきたことであろう。

以下少しく、この「安城御影」の模本流行のあとを通じて、真宗における祖師信仰の在り方について触れてみたい。模本の研究はすでに先学によって行われている[1]が、その後、多く発見されたものも含めて問題の整理を試みておきたい。

第一節　「安城御影」の呼称

最初にこの御影にはいくつかの呼名が伝えられているのでその呼名について整理しておきたい。

「安城御影」という呼び方は、その正本の伝来経緯に重きを置いてのことである。製作後まもなく、願主となった専信とその門流の間に相伝されることになった。早くから門流は三河の安城に住していた。永正の頃この御影が本願寺へ進上されるまでの約二百五十年の長きにわたり、門流の中心として発展してきた願照寺に安置されてきたことから、この地方での崇敬の中心となってきたものである。近年この呼び名に統一されようとする機運が広がっていることは周知のことであろう。

今一つ「安静御影」という呼称は、従前もっともなじみの深く、もっとも普及していた名称でもある。この方は製作意図を大切にしたためであろう。

すなわち、「安静御影」成立の一年前、建長六年（一二五四）三帖和讃が完成しており、この完成の喜びをあらわして作られたと解されている。

また「うそぶき（嘯）御影」とも呼ばれることがある。この場合は画かれた容貌に由来しているが、特殊な表現のためか、あまり用いられなかったらしい。

呼称について大略以上のごとくであるが、従前には次のような説明もあった。すなわち、「安静」というのは「安城」の音通で「安城」の誤用であろうというものであったが、これはかえって誤った理解であることは以上のことから知らされよう。

また、東本願寺蔵の金宝寺進上本を「安静」、西本願寺に蔵せられている願照寺進上本を「安城」と区別して呼ぶという見解が江戸時代にあったことから、[2]今日もこの説に従おうとする人もまま見受けられる。

さて本章では、このうち第一の「安城御影」という呼称で統一して用いることとしよう。

第二節　「安城御影」諸本の整理

まず、これまで知見に及んだもので、いわゆる「安城御影」の範囲に属すると考えられるものを便宜上、次の三類に分類整理しておきたい。

第一類　正本系

正本系というのは、西本願寺所蔵の三河願照寺進上本と同じ図柄で、しかも上二段、下一段と同一讃銘の備わっているもの、または欠けてはいるが明らかに後になって切除されてしまったと認められるものを含むものとする。

(1) 三河願照寺進上正本　西本願寺蔵（国宝指定）
(2) 蓮如模写本　〃（〃）
(3) 京都金宝寺進上本　東本願寺蔵（重要文化財指定）
(4) 三河満性寺蔵本　満性寺蔵（愛知県岡崎市[3]）ただし、下一段の讃は欠となっている。
(5) 福井法雲寺蔵本　法雲寺蔵（福井県丹生郡越廼村[4]）ただし八十三歳の箇所は「建長七年十月廿二日」と日付まで入っている。
(6) 三重専修寺蔵本　専修寺蔵（三重県津市[5]）
(7) 冷泉為恭写本　本誓寺蔵[6]（石川県松任市）
(8) 〃　西栄寺蔵[7]（石川県加賀市）
(9) 〃　東本願寺枳殻邸内[8]
(10) 〃　願正寺蔵[9]（愛知県豊田市）
(11) 佐賀安楽寺蔵進上本写　安楽寺蔵（佐賀県唐津市[10]）

第二類　略本系

次に略本系に属するものは、絵相部分は「安城御影」と完全に一致し、前の置物も火桶、草履、杖も揃って画かれておりながら、讃銘のみが二、三枚の色紙に略出されていたり、和讃が用いられたり、讃銘がまったく無いものというようなものに限るものとする。

(1)浄竜寺（真宗高田派）　愛知県岡崎市⑾
(2)西方寺（　〃　）　愛知県岡崎市⑿
(3)西蓮寺（　〃　）　愛知県安城市⒀
(4)称名寺（　〃　）　福井県足羽郡美山町⒁
(5)常福寺（真宗大谷派）　石川県金沢市⒂

第三類　異本系

ここでは正本系、略本系に含まれないもので前記絵相の部分ともいうべき真像部分のみ「安城御影」をそのまま画いたもの、あるいは略本系の図全体を裏返しに画いたもの等で明らかに安城御影の影響を受けたと知られるものを含むものとする。

(1)西信寺（真宗高田派）　三重県津市⒃
(2)本照寺（　〃　）　三重県鳥羽市⒄

(3)超恩寺（真宗大谷派）　福井県武生市[18]
(4)専照寺（三門徒派本山）　福井県福井市[19]
(5)法雲寺（真宗大谷派）　福井県丹生郡越廼村[20]
(6)安楽寺（浄土真宗本願寺派）　福井県福井市[21]
(7)善永寺（浄土真宗本願寺派）　岐阜県本巣郡文珠
(8)妙源寺（真宗高田派）　愛知県岡崎市
(9)本福寺（浄土真宗本願寺派）　滋賀県大津市

その他文献のみで知られる諸本についてもここに触れておきたい。

一の(1)に依って(2)が模写されたものであることは『反古裏書』によって知られるが、その時、二幅が模写されたと記している。その一つが蓮如が隠居所と定めていた摂津の富田教行寺に安置したといっている。日下無倫氏はこの一幅を同寺に現存するがごとくに紹介しているが[22]、実際には明治の中頃すでに寺外に流出所在不明となっているのが事実のようである[23]。これは明治以後所在不明となった唯一の例である。

次に一の(3)に関して、金宝寺の寺史ともいうべき『紫雲殿由縁起』[24]では、親鸞から同寺の道珍に与えたもので、文明十八年（一四八六）正月二十八日蓮如の望みで山科へこの御影を持参、二月朔日より十一日にかけて御影を写したと伝えているが、存否は不明となっている。蓮如は正本裏書で語っているごとく[25]、一の(1)から二幅を転写したことは前述のごとくであるので、この他にも蓮如は写していたであろうことを示唆するものとして留意しておく必要があろう。

また安城御影の本願寺進上については『反故裏書』[26]にはその日時までは記していないが、金宝寺進上本について『紫雲殿由縁起』によれば長享二年（一四八八）八月二十八日の進上月日を伝え、[27]そのかわりに満足御影一幅を賜うといい、三河の願照寺が進上した場合も、かわりの親鸞絵像を賜ったと、『反古裏書』では述べており重宝の進上については代替物の下付ということが行われていたことが知られよう。

また『栗津重要日記抜書』によれば、寛永三年（一六二六）六月九日東本願寺では、金宝寺進上本を虫干ししたのを機会に帯刀（伝不明）に命じて模写本一幅を造ったというが、[28]存否のほどは不明である。

また西本願寺でも『安城御影記』によれば、寛文二年（一六六二）五月九日の准如三十三回忌に際して阿弥陀堂で正本（後に蓮如写本にかえる）を展観したのを機会に模写一幅を作成している。[29]

以上で、明治以前の諸本について列挙してきたので、以下諸本の略解を試みるとともに諸本各々のもっている問題点を探ってみよう。

第三節　「安城御影」諸本の略解

まず一の(1)(2)(3)に関しては先行研究が多いので、それらに譲り、以下のものについて解説を加えておきたい。

一の(4)について

満性寺は岡崎の町を東西に流れ矢作川に合流する菅生川辺にあって、たび重なる水害にもかかわらず大切に護られてきた。それ故傷みの著しいものとなっている。同寺は現在、真宗高田派に属しているが、元来は荒木門徒に属し如意寺（愛知県豊田市）や、聖眼寺（愛知県豊橋市）等と同列寺院で、三河の高田三箇寺の一つとされている。この安城御影は戦後になって公開され、その存在が知られるようになった。成立時期は室町初期とみられ、写本中ではもっとも古いものの一つであろう。ということは、本願寺へ正本が進上される以前のことになり、三河の地にあって直接正本より模写した可能性をもっていると考えてもよい。しかし、面貌は正本にみるような厳しさはすでに失なわれて優しささえ感じられる。またこの一軸の全体構成からみて、不均衡が目立っているので下段の正信偈の讃文はもともとあったものと思われる。残った上二段の讃文中上の方は下地の白胡粉までも剝落し解読不能な状態にあるので、正本との比較は難しいが、下の方の讃文についていえば、行数では一致しているものの、字配りという点では一致をみない。また他の諸本と比較してみても、これと字配に至るまで一致するものは見当たらない。また畳の書き方にも、正本は向かって左奥に角がみえるように書かれているのに、この満性寺本では一直線に書かれてしまっているなど、全体に正本に比較して各所で崩れをみせ始めており、安城御影が転写されていく間に正本への忠実さが次第に失われていく様子と、その方向を示唆しているように思われる。ちなみに絹本着色、縦九五センチ、横四六・三センチとなっている。いずれにしても、蓮如模写本成立以前の模写本の一本として注目したい。『存覚袖日記』の記事では上下の讃の下地色が各々異なることを示しており、この満性寺本、そして後に触れるところの一の⑹専修寺本にもくっきりと銘文下地の色の各々異なることが認められることは、一の⑴正本ですら見分けがつかなくなっている有様なので原初の実態を探るには参考とすべきであろう。

一の⑸⑹について

法雲寺は福井県丹生郡越廼村にある真宗大谷派の寺である。その前身は北陸の高田門徒の中心となった熊坂専修寺である。

法雲寺本の「安城御影」は、近世の巡拝記等には「伝法御影[30]」として紹介されてきたもので、当山第一の宝物とされている。収められてきた箱が竹の筒でできていたので珍重がられていた。真仏に相伝され以後、今日に至っているという。

昭和四十二年（一九六七）県文化財に指定された[31]ことで、にわかに注目され始めたもので、これまで別名で呼ばれてきたこともあり、「安城御影」としては未知の一本である。「安城御影」古写本の一本としてここに新たに加えることができた。

ここで注意すべきは、安城御影を模写して「伝法御影」と呼びならわしてきたことと、文明四年（一四七二）高田専修寺の真慧が著わした『顕正流義鈔』に次のように記す記事とが、その内容からみて無関係ではあり得ないと思われることである。

親鸞上人八十三ノオントシ、定禅法橋ニ夢想ノツケニヨリテ、ウツサシメタマヒシワカ影ニ、自筆シタマフトコロノ教行証一部六巻、マタ真筆ニ書シ、高田開山真仏上人、顕智上人ニナラヘテアタヘタマフ、コレマコトニ付法相承ノ義、顕然ナリ（中略）御身筆ソ教行証、オナシク御身筆ノ銘文ソ御影、イマニ伝持ス[32]

このように絵像の部分の筆者を『御伝鈔』の「入西鑑察」の一段に登場する定禅に引き当てており、『存覚袖日記』によって伝えられている筆者朝円とはその伝承を異するが、しかし親鸞八十三歳の建長七年（一二五五）に銘文を書き加えて、自筆の『教行信証』とともに真仏、顕智に与え、「附法相承ノ義顕然ナリ」と結んで「安城御影」の名称を用いずして、附法相承が強調されていることでは軌を一にしていることは注目に値する。

また「御自筆ノ銘文ノ御影イマニ伝持ス」とあるが、この事に関していえば一の(6)に記したように高田専修寺に室町中期頃の作と考えられる模写本一幅が伝来している。それが、『顕正流義鈔』にいうごとく伝持する御影にあたるのか、またここに紹介した法雲寺本を指すのかは詳かではない。というのは法雲寺本も高田専修寺にかつて伝えられていた可能性もあるからである。すなわち、近世初頭にこの両寺で寺跡を回って百五十年間に及ぶ係争のあったこと、その間に両者の間に法宝物の出入もあったことをうかがわせる法宝物のいくつかが今日両寺に残っていることでも右のような推測を可能にしてくれよう。

また三の(4)のように「安心相承御影」と呼ばれている「安城御影」を裏返しにした形の絵像もある。すなわち親鸞像の前に置かれている道具の位置もすべて逆に置かれている。帽子、袈裟を少し誇張ぎみに絵像を書き、讃は上部を二枚の色紙讃のみで極めて簡略化された図像である。この専照寺蔵「安心相承御影」[33]から前に置かれている杖、草履、火桶を取り除いて讃銘を取りかえてみると、これまた、大味法雲寺旧蔵となっていた形見御影[34](別名「平座御影」)と同図になる。それには明応五年（一四九六）正月二十八日真慧の裏書が残っており、この事実からこれら一連の作品の成立時期が室町時代前期に属していたものと考えてよいであろう。

さて法雲寺蔵のこの安城御影は『文化財調査報告書』[35]によれば、上下の讃銘は完備していて他の正本ならびにその系列のものと変わるところはない。行数、文字配置では東本願寺所蔵の金宝寺進上本に近い。もっとも大きな特徴といえば、下段の末尾部分に正本等では「愚禿親鸞八十三歳」となっているところに「于時建長七年乙卯十月二十二日、親鸞」と年月日が記されていることである。この、建長七年は親鸞八十三歳であるから年次は問題ないとしても月日の十月二十二日としていることは他に記すものがなく、転写の間に新しい解釈が生れたものかと思われる。

また下段の初行には「親鸞法師」とみえていることは、[36]すでに妙音院了祥の指摘するところでもある。上段に「婆数槃豆菩薩造曰」とあって「造」の一字を加えていること、全体の行格は金宝寺進上本に近い点、古写本の大半が願照寺進上本に依拠しているのと異なる点が注目されよう。

一の(7)(8)(9)(10)について

(7)(8)(9)の三点は日下無倫氏[37]の紹介によるものであり、(10)は筆者が学生時代に発見したものである。このうち、(7)は日下氏の報告中もっとも重要なものである。すなわちこれを含む四点の製作背景を知ることができるからである。(7)の裏書を日下氏の報告から引用してみよう。

爰ニ安政五年戊午三月教行寺御影貫主上人（厳如）御覧御所望ニテ岡田式部少丞為恭ニ模写仰付ラレ、燕申堂（枳殻邸内仏壇）へ御収蔵アリシトキ教行寺モ同ク草本ヲ作ラレケル、本誓寺ハ有縁ノ事ナレハトテ一本ヲ乞テ法宝トスルナリ

とあって二幅が為恭の手によって模写された。またその箱書には教行寺へ安置された一幅を本誓寺へ譲るといっているので、(7)(9)の二本の成立、移譲関係は疑うべくもないであろう。

(8)も日下氏が紹介したものであるが、昭和八年（一九三三）四月宝物集覧会の際撮影した写真帖[38]に収められている。(10)は正本を進上した願照寺と同じく専信を開基としており、寺では進上本を交替で奉持したことを伝えている。それゆえ安城御影模本が蔵せられていることも頷けるであろう。

この模本には裏書もなく、伝承については同寺に何一つ記録が残されていないので不明とする他はないが、さきの冷泉為恭模写本と出来映えは勝るとも劣らぬ作品である。

前記⑺⑼が安政五年（一八五八）三月為恭によって模写されたが、その前年には為恭は三河にあって徳川家菩提寺において襖絵の大作を残している。㊴また為恭は田中納言にも師事している。この納言にも親鸞像㊵の写本のあったことはまったく知られていない。また為恭は仏画の模写には労力を惜しまなかった人のようであり、絵巻物遺品中最大規模の法然四十八巻伝を四十二歳の短い一生の間に三度にわたって模写しているほどである。また表具のうち天地の一文字には当時使用が限られていた三葉葵の連紋を用いているのも本図の来歴の一端を示唆しているとみられよう。これらの諸事情を勘案した上で、この作品は為恭の作品と考えておきたい。

一の⑾、二の⑸両本について

順序は相前後するが、両本の間には他ではみられない関係があるように考えるので、ここに併せて紹介しておこう。

安楽寺進上の安城御影を最初に紹介したのは、真宗大谷派初代講師恵空㊶であった。それによると、慶長年中に東本願寺へ進上され、その時、下間宮内卿法橋の御印書も得ており、安楽寺六代智山はそれを恵空に示したという。この時の御印書は、寺側ではその存否についての確認は行われていないが、進上した時、その写しの「安城御影」が下付され今日まで伝持されているということ㊷である。

安楽寺より進上された「安城御影」らしきものは今日の東本願寺宝物中には見当たらないようである。ちなみにこの安楽寺の前身は唐津の端坊である。文禄元年（一五九二）名護屋六坊の一つとして唐津の地に建てられたという由緒をもっている。こうした由緒をもつ寺院にいつ頃から進上本、安城御影が伝えられることになったかは不明であり、作者についても伝えていないという。進上されたのが慶長年間といえば本願寺はまさしく教如の時代である。進上本が本願寺に現存しないとすれば、それは如何なる理由によるものであろうか。今その理由の一つを考えさせてくれるものに二の(5)がある。

二の(5)について常福寺の伝[43]では慶長十二年（一六〇七）教如より、同寺開基祐念に下付されたものと伝えている。しかも、この慶長十二年は金沢別院が、祐念等の尽力によって建立された年にあたっている。またこの安城御影には貞享四年（一六八七）三月この御影を持参して上山した際、京都長覚寺噫慶より、「御本寺の蓮如上人御写の御影と見合せて蓮如上人自筆に紛れなし」との御墨付を得ている。

常福寺で「安城御影」といっているものは、「安城御影」特有の上下にわたる三段の銘文は初めから無かったようであり、画像部分のみで構成されている。画中右端中頃に「愚禿親鸞八十三歳」と書くべきところを「八十二歳」と誤って記載している。これは普通の「安城御影」では下段の讃の末尾に置かれるべきものであり、この常福寺本の特色といえよう。

この常福寺本は寺伝や噫慶の御墨付をそのまま信ずることはできないとしてもそのものは室町期の成立と考えてよく、西本願寺所蔵の蓮如写本と相前後する古写の一本であることには相違ない点、注目してもよいであろう。また寺側の記録の中に「御本寺の蓮如上人御写の御影[44]」とみえており、教行寺伝来の蓮如写本が一時東本願寺にあったことを匂わせる文言のあることも留意しておく必要があろう。

この常福寺が教如より下付されたという伝承を、唐津安楽寺本が慶長年中東本願寺へ進上された時期とが一致していることは、おそらく慶長十六年（一六一一）の東西分立後に行われた親鸞三百五十年遠忌と無関係ではないように思われる。また常福寺本のように本願寺より下付されたという例も他にはないようであり、唐津安楽寺進上本が見当たらないとすれば、寄進されたものをあらためて他所へこのように下付したことも考えておく必要がありはしないか。

そして今、唐津の安楽寺には進上した後、その写が下付されて伝存しているので、この写の一本もまた慶長期を下るものではないと思われるが、実見していないので結論は差し控えたい。

二の⑴⑵⑶⑷について

この四本はいずれも近世中頃の親鸞四百五十回忌前後から高田本山専修寺より末寺に対して下付してきたものである。それぞれ写真図版等によってその存在を知った場合が多く、実査に及んだのは二の(2)のみである。二の(1)は妙源寺の元寺中で、妙源寺のすぐ前に所在する。裏書によれば、元文二年（一七三七）三月廿八日、円猷の下付である。讃は信巻の文五行を添えている。[45] 二の(2)もかつて妙源寺の末寺で隠居所にあたる岩中西方寺に蔵するもので讃は『正信偈』「不断煩悩得……」以下の四句を引いている。[46]

また二の(3)はこの種のものとしては珍しく上二段の讃をもっている。『正信偈』の本願名号以下四句、つづいて和讃真実信心ウルユヘニ一首、下の段には、『浄土論』の観仏本願力四句、『教行信証』証巻の一文を加えている。寺伝では宝暦年間の下付という。[47]

二の(4)は、紹介された文献[48]に図版がないため不明な点が多いが、住職の教示によれば前述のものと同系と考えられるのでここに組み入れておいた。二の(5)はさきに触れた通りで、ここでは改めて記さない。

次に三の(1)、(2)の両本も、両寺からの報告でその存在を知った。これは像主のみ「安城御影」に依拠し、畳台は礼盤に替わっており、前の三種の置物は取り払われている。何れも高田本山より下付されたものである。讃は両本とも正信偈の本願名号以下四句の簡単なものである。これらは何れも高田本山からの下付物であることに注目したい。

三の(3)は、昭和五十九年（一九八四）武生市郷土資料館で行われた『親鸞聖人展図録』で初めてその存在を知った。同目録には武生市陽願寺蔵となっており、先啓の『大谷遺跡録』[49]にもそのようになっていることを確めることができた。しかし、陽願寺へそれを訪ねたところ自坊にはそのようなものは無いとの返事であった。そればかりか隣寺の超恩寺から出品されたものがそれではないかとの教示を得たので早速超恩寺に問い合せてみたところ、当寺より出品したものであるとの返答であった。このようにして目録の誤りは明らかとなった。とすれば『大谷遺跡録』に記載する「安城御影」はどうなってしまったのであろうか。あるいは超恩寺本と同一本である可能性もある。この場合、地理的条件からみてもその可能性は高いことが予想されよう。この絵像は他の安城御影と異なるところが多い点、注目に値しよう。前に置かれているはずの火桶はなく、草履はそのままであるが杖は真横一直線に置かれており、讃銘もなく、成立年代は室町時代と考えられている。

三の(4)、三の(5)についてはすでに一の(5)のところで触れた。前者は「安城御影」の類に見立ててもよいが、後者は本来「形見御影」と呼ばれて、像容から「安城御影」とはまったく異質のものと考えられる。しかし、三の(4)図の発展について考察する時、どうしても触れないでは済まされないものであろう。

次に三の(6)についてみておきたい。この存在を知ったのは『足羽町史』[50]の紹介記事であった。同寺に問い合せてみたところ、簡単な上讃と畳台に座する像主のみが、「安城御影」と同じで、他の像前にあるべき三種の置物は何も画かれていないという返答であった。前述の町史によれば開基唯念が親鸞より賜ったといい、その後蓮如の吉崎滞留中に裏書を加えられたと伝えている。裏書は判読困難な状態にあるという。なおこの安楽寺は上莇生田にあり、指呼の間に大町があり、この像の成立と大町門徒の展開とも深いかかわりをもっているものとみられよう。

次に三の(7)(8)であるが、この二本をここに加えたのはさきの三の(4)(5)に深いかかわりをもつと思われたのでここで取り上げることとした。三の(7)は同寺からの報告写真によって、所在が明らかとなったものである。絵像は近世末の成立と比較的新しいが、像容はまさしく三の(8)に掲げた妙源寺の和朝高僧連座像[51]の親鸞像をそのまま提出して画かれたものであろうことは、両者を対比してみることによって確認できる。この両像は「安城御影」」の裏返し像の展開をみる時、密接なかかわりをもっているとみられるので、このことを今後の一連の御影の研究を進めていくなかで留意して置く必要があろう。

最後に三の(9)であるが、周知のごとくこれは、親鸞・蓮如連座像であり、このうちの親鸞像に注目したい。同朋舎より原寸大の複製本が刊行されて見易くなったものである。

この像は親鸞の二百回忌にあたる寛正二年（一四六一）十二月二十三日付の蓮如の裏書が残っている。

これ以後、蓮如が末寺門徒に下付する親鸞・蓮如の連座像をはじめ親鸞の単身像には、この連座御影のような特徴は次第に薄れ変化していくのに、これだけが「安城御影」像の影響が顕著にみられるのは、下付者蓮如の胸中が、親鸞二百回忌という関心事で占められていたことにもよるであろう。この年十月、「安城御影」を三河より取り寄せて修復し、さらに文明十二年（一四八〇）「安城御影」の複本を二幅も作成している。またその他の事実性は未確認ながら、「安城御影」と蓮如との関係を伝えているのに福井の安楽寺、金沢の常福寺等があり両者の関係がいかに深い関りをもっていたかを、これらの事実伝承は教えてくれるであろう。

おわりに

本章の検討から、一概に「安城御影」といっても多種多様な姿を我々の前にみせており、これまでのような単純なとらえ方ではますます処理は困難となることが明らかとなった。また、宗祖親鸞の寿像ということが具体的に知られることから、早くから長い間かかって形成してきた特色ある祖師信仰の一端を垣間みることができた。すなわち、親鸞滅後、まず門弟等により舎利骨を収める墓所が営まれた。その後十年経った文永九年（一二七二）廟堂が建立され木造の御真影が安置された。一方、有力門徒の一つ三河門徒は寿像であった「安城御影」を長い間奉拝してきた。実は本廟の木造御真影に匹敵するほどの信仰の深さを、この「安城御影」に対して持ち続けてきたことも模本流行過程を通じて明らかとなってきた。まさに真宗祖師信仰の二大柱の一つに成長していったといえよう。その裏にあって終始「祖師に帰れ」を合言葉に生涯を送った蓮如の姿を思わずに「安城御影」の研究はできないことを痛感せられたことである。

註

（1）　A日下無倫「親鸞聖人寿像の研究」（『真宗史の研究』平楽寺書店、一九三一年）。
　　日下無倫「親鸞聖人の画像と冷泉為恭」（『日出芸林』洛東社、一九三三年）。
　B手塚唯聡「親鸞聖人の画像―特に安城御影とその模本について―」（『京都女子大紀要』第一一号、第一四号、一九五八年、一九六一年）。

（2）　『紫雲殿由縁起』（『真宗全書』五一頁）。

（3）『新編岡崎市史』第一七巻、美術工芸（新編岡崎市史編さん委員会、一九八四年）四〇一頁。
（4）A高道正信『越前法雲寺物語』（法雲寺、一九六七年）口絵。
B『図録法雲寺』所収写真。
C福井県郷土誌懇談会編『文化財調査報告』第一八集、三五頁。
（5）三井淳辯「高田派傳持の宗祖御真蹟に就きて」（『龍谷大学論叢』第二九五号、一九三一年）五五頁。
（6）「聖き道5」（「中外日報」昭和三四年一一月、一九五九年）。
（7）「昭和八年四月法宝物集覧会写真帖」（同朋学園大学部付属図書館蔵）。
（8）註（1）A参照。
（9）『豊田市史』第一巻（豊田市、一九七六年）五〇六頁。
（10）A『叢林集』九（『真宗全書』三八七頁）。
B『全国寺院名鑑』（全日本仏教界寺院名鑑刊行会、一九六九年）佐賀県唐津市安楽寺ノ項（なお、日下無倫は註（1）Aにおいて安楽寺を誤って安養寺として紹介しているので取り扱いに注意を要する）。
（11）『岡崎市史矢作史料編』（岡崎市、一九六一年）図版四八、解説八九頁。
（12）筆者手控。
（13）『安城市文化財図録』（安城市教育委員会、一九八三年）二八頁。
（14）「大谷大学真宗総合研究所研究紀要」第三号、一六五頁。
（15）『加賀常福寺誌』（常福寺、一九八一年）口絵、本文一五頁。『金沢市の寺社文化財』（石川県美術館、一九七七年）図No.21。
（16）西信寺より報告。
（17）本照寺より報告。
（18）武生市教育委員会編『親鸞聖人展』一三頁。陽願寺住職より御教示。
（19）昭和五十年度第二十二回真宗連合会記念配布「安心相承御影写真」一葉。
（20）註（4）参照。

(21)『足羽町史』（福井市、一九七六年）九四四頁。
(22)註（1）A参照。
(23)教行寺住職の御教示による。
(24)註（2）参照以下関係頁数、五〇～五一頁、一三五頁、一三八～一四一頁、三二〇頁。
(25)日下無倫『真宗史の研究』（平楽寺書店、一九三一年）二〇五頁所奥書は何によったものか明らかでないが多くの誤りを含んでいるので、宮崎円遵『親鸞遺芳』（同朋舎出版、一九八四年）四三頁諸種奥書が正しく引用しているので、これに従うべきであろう。それによると「右斯御影者、寛正二年十月之時分雖奉修覆令破損之間、重而奉修覆処也　文明十二年亥己（庚子の誤り）十月十五日　隠士（蓮如花押）」。
(26)妻木直良編『真宗全書』三（国書刊行会、一九七四年）九五八頁。
(27)註（2）参照。
(28)『続真宗大系』第一六巻（国書刊行会、一九七六年）一三七頁。
(29)『真宗大系』第三六巻（国書刊行会、一九七六年）八〇頁。
(30)『遺徳法輪集巻二』（『真宗史料集成』第八巻、同朋舎、一九七四年、五八九頁）。『大谷遺跡録巻二』（『真宗史料集成』第八巻、六七九頁）。『二十四輩順拝料図会巻二』（『真宗史料集成』第八巻、七八九頁）。
(31)註（4）C参照。
(32)『真宗史料集成』第四巻（同朋舎、一九八二年）一〇頁。
(33)註（19）参照。
(34)註（4）参照。
(35)註（4）C参照。
(36)『続真宗大系』第三六巻（国書刊行会、一九七六年）八〇頁。
(37)註（1）A参照。
(38)註（7）参照。
(39)『國華』第八四四号（國華社、一九六七年）大樹寺障壁画特輯。

(40) 岡崎市福岡町浄専寺所蔵。
(41) 註(10)A参照。
(42) 註(10)B参照、御住職の教示による。
(43) 註(15)参照。
(44) 註(15)参照。
(45) 註(11)参照。
(46) 註(12)参照。
(47) 註(13)参照。
(48) 註(14)参照。
(49) 『真宗史料集成』第八巻(同朋舎、一九七四年)六七七頁以下。
(50) 註(21)参照。
(51) 『岡崎市史矢作史料編』(岡崎市、一九六一年)図四三。

付記 庄司暁憲「『相伝義書』の系譜」(『同朋学園仏教文化研究所紀要』第七・八合併号、三四三頁・三四六頁)において、安城御影が光善寺・教行寺では相伝物の一に数えられていたことが指摘されている。

第三部　三河真宗史の研究

三河「平田庄」についての覚書

——『室町幕府引付史料集成』上 所収文書一通をめぐって——

はじめに

三河地方が中世政治史上極めて重要なところであったことが、近年における一連の足利氏研究を通じて再確認されつつあることは周知の通りである。[1]なかでも室町幕府と三河の関係は、足利氏一族の所領支配をめぐる実態解明、三河出身の幕府奉公衆の動向を具体的に把握する諸研究において注目されている。

さて、『室町幕府引付史料集成』[2]（以下『集成』と略称）が刊行されたが、その中に、これまで真宗史研究者の間でのみ問題とされてきた三河平田庄に関する文書一通が含まれている。本章ではこれをあらためて検討してみたい。最初に文書の全文を紹介しておこう。

細河駿河守氏家与和田中務丞親直相論参川国(碧海郡)平田庄事

如氏家訴申者、帯観応二年御下文知行之処、親直父掠給之間、嘉慶二年雖被召決、終依不参決、以違背篇被成御下知、至応永六年令知行之、爰裏松家代官称和田由緒之地令押領之、而親直混本領今度安堵条、為非分歟、然者於平田庄者可被返付氏家之旨訴之、如親直支申者、同観応二年拝領（御下文安封裏、日付先日也、）已来、領知無其妨者也、雖然亡父依一旦之過失被召放之、明徳年中被進裏松家之処、駿河守至応永六年知行云々、無跡形姧曲也、就中違背御下知事曾不存知題目、旁可被任当知行之由支之、所詮、糺明之処、於違背之科者不及子孫之由、伝奏(万里小路時房・広橋親光)被勘申、如評定衆等申者、被付替地於和田之後、可被返下駿河守云々、将又応永六年駿河守知行之段無子細之旨、守護人代氏家越前守以罰文註進之上者、奏事不実之過難遁者乎、仍於当庄者被返付氏家、至親直者可被下替地之由、共以被成下御教書訖、

永享三年十二月廿七日

散位貞元

左衛門尉秀藤

肥前守為種

この文書によって初めて、室町期前半の観応二年（一三五一）から永享三年（一四三一）に至る八十年間の三河平田庄支配をめぐる細川氏と和田氏の訴訟事件のあった事実とその経過の概略が明らかとなったのである。平田庄については従来、親鸞の門弟顕智と庄司太郎（法名念信）の努力で正嘉元年（一二五七）平田道場が開かれ、後に明眼寺（改現在妙源寺）へと展開したとみられる中で、同寺に対して中世を通じ在地土豪等により土地寄進が続けられており、その関係文書の中に「平田庄」の庄名がしばしば登場してきたことが確かめられていたに過ぎない。(3)そのような研究状況の中で、主に一九七〇年代の安城市史編纂過程で新たに発見された「平田庄」に関する二、三の史料(4)と、この文書の存在は今後の研究進展に大きく寄与するものとみられる。

この文書により、初期三河真宗門徒をとりまく社会的状況の一端を知る手がかりが得られた。また数少ない三河地方における庄園の個別研究の対象に加えることができたとしてよい。さらに訴訟当事者の細川氏家なる人物が、

『康富記』の記事により、三河の守護代の地位にあったことが確認できることから、一色氏守護時代から細川氏守護時代に交替する以前、細川氏には一族による三河守護代時代のあったことが新たに明らかとなる。その一方で、和田氏もその一族が幕府奉公衆であったことが『後鑑』の記載その他から確証が得られ、中央での職務内容や、在地での活動の一端が知られる。以下これらの点を中心に論じてみたい。

第一節　平田庄と三河真宗門徒

三河の平田（庄）の地名の初見は『三河念仏相承日記』[5]（以下『相承日記』と略称）にみえる正嘉元年の平田道場創建の記事である。

『相承日記』によれば、これより三年前の建長八年（一二五六）十月、京都に帰住した親鸞を訪ねて、関東より真仏・顕智・専信等が上洛、その途次と下向を機縁として、たまたま矢作薬師寺[6]で念仏勧進をしたことから始まって、その成果として平田庄内の中心地に道場が創建されるに至った。平田庄成立の時期は、立券文書等有力史料がないため具体的には不明であるが、同庄をとりまくように平安中・末期に成立した志貴庄や、重原庄、碧海庄、高橋庄[7]があったことが知られており、この平田庄も成立はこれらと同様あるいは平安時代にさかのぼることが予想されよう。

さて、平田道場は庄司太郎（法名念信）が願主となり顕智を迎えて創建された。庄司の名乗りからの連想かと思われるが、近世に至って、道場の後身妙源寺を紹介した寺島良安は『倭漢三才図絵』のなかで、庄司太郎を平田庄領主[8]と解している。しかし、根拠はなく、実態も不明である。

同寺は真宗寺院としては珍しく豊富な文化財と、その長い歴史を偲ばせる多くの古文書を有し、地方文化を育ててきた一大拠点であった。所蔵する文書によって確かめられるように、この妙源寺のある場所は、かつて平田庄桑子名内(9)と呼ばれてきたが、庄園の弱体化の進行に、拍車をかけた近世的郷村制への移行にともない由緒ある平田庄の名は忘れ去られ、第二次大戦後の地方行政の整備によって、岡崎市へ合併、地名改正のため歴史的に記念すべき桑子の地名も大和町と改められた。やがて、平田庄とともに過去の地名として、新住民の間から消え去っていく運命にあろう。

平田（庄）の地名であるが、これは全国各地に存在することが知られており(10)、三河に限っても、庄名ではないが旧宝飯郡にその名を発見することができる。すなわち、三河細川氏と関係深い蒲郡市平田町がそれである。ここも歴史は古く、京都地蔵院文書中に史徴があり、鎌倉時代にはすでにその名をみることができる。この地蔵院は三河細川に生まれた細川頼之を開基とし、夢窓国師を開山に請じ、碧潭周皎自らはその二世を継いだ寺院で、三河の地とは縁故は深い。その地蔵院に所蔵してきた多くの中世文書は、現在京都大学所蔵となっている。そのうちの一通康永四年（一三四五）七月二十二日付文書には「西郡平田(11)」とみえている。この西郡は現在の蒲郡市に相当する地域の地名であり、平田は一時期「牧田」とも記したことがある。ここに問題とする平田庄についても地名表記上同様の伝承のあったことも知られている。それゆえ、同じ地名であっても国名や郡名等明らかに指摘できる冠称がある場合は問題ないが、それがない場合、その地名比定には慎重であらねばならない。また庄・郷の混用にも留意せねばならないことはいうまでもない。

この『相承日記』の記載による「平田」の場合も、同書の別の箇所で「アツウミノ庄アカソフ《（ヲ）》」（碧海庄赤渋）と庄郷名を明記していることと合わせ考えるならば、これも平田庄平田郷（名）とも解せられないこともない。

これに近い理解が得られる史料に、妙源寺に所蔵されている正和三年（一三一四）の太子堂修理棟札がある。そこには「平田住持慶念・桑子専修念仏柳堂門徒[12]」と記載しており、平田と桑子はあたかも別の地名のような感を与える。しかし、同寺に所蔵する多くの中世文書のうちからは、平田庄桑子名と記載した例を多く見出す[13]ことから、前記の棟札や『相承日記』の「平田」の記載は、共に平田庄の略称と解した方がよいと考えられる。

この他にも貞和三年（一三四七）七月書写の京都光薗院本『親鸞聖人門弟等交名帳』にみえる「慶念ミカハノクニヒラタ[14]」はもちろん、存覚の手記『袖日記[15]』にみえる「平田本」も、国名等を冠していないので問題は残るが、三河平田庄に比定してよいと考えられる。かつて『袖日記』を発見紹介された鷲尾教導氏は、本派本願寺に所属する学匠であったためか、本派本願寺に所属する大坊明照寺の所在する「近江犬上郡福満村平田」（現在滋賀県彦根市平田[16]）にこの平田を比定した。それ以来、その後刊行されたものはすべて鷲尾説に従ってきた。しかし、『袖日記』には三か所ほど「平田本」の語句がみられるが、いずれも三河に関係が深いとされる九字名号本尊をめぐる箇所である。現在妙源寺に所蔵されている光明本尊（三幅仕立）の中尊一幅は紺紙金泥の籠文字九字名号で、上下の讃銘も加えられている。この名号と『袖日記』の「平田本」注記のある名号の記載とがよく一致するのである。また当時の教団状況からも三河の平田を指すものと考えてよいであろう。すなわち、三河の平田門徒・和田門徒は京都の大谷本廟と関東門弟の中心の一つ高田（栃木県芳賀郡）との中間に位置してさまざまな活躍をし、教団発展のために尽くした業績は高く評価されているので、よく知られていたと考えられる。

それゆえ、当時平田とのみ記せば、それが三河の平田を指すものと解していたとしても不思議ではない。

三河平田道場に下付した、九字名号を中尊とする三幅仕立の光明本尊と呼ばれているものは他に類例はない。しかし九字の紺紙金泥の名号は『袖日記』にも他に事例のいくつかが記載されているばかりでなく、現在著名寺院を調査してみると、残されている九字の名号本尊のうちには『袖日記』の記された時期をあまり遠く隔てない頃のものと考えられるものも、多く蔵していることが知られている。ただ、妙源寺本が波状光明であることを除けば大同少異であり、『袖日記』が「平田本」と呼び習わしてきたことと合わせて考えるならば、妙源寺所蔵のこの九字名号が、これら名号本尊の祖型と考えられていたとしても不思議ではない。[17]

次に、この平田道場の成立発展を考えるにあたって、平田庄の庄域についても考えておく必要があろう。しかし、さきにも触れたように、この他に庄園文書を残さない平田庄であってみれば、手がかりは少ない。戦後、旧矢作町のこの地域が、安城市や岡崎市に分割合併し、地名改正が実施され、伝統ある地名の多くが失われていった。庄域を確認する手がかりの一つに、残存地名がある。すなわち妙源寺の所在する桑子周辺の村落のなかに、小字名として「平田」の地名を残しているものが集中している。また古記録や金石文中に庄名を冠した郷名が見出されること、また隣接する諸庄園の庄域が確定されてきたことも、重要な手がかりである。

平田の小字名を残していた諸村落が、中世を通じて存在していたことは、妙源寺文書や近くにある上宮寺・大樹寺文書によっても確かめ得られるところである。このことは平田庄の地名の痕跡とも考えられるであろうし、歴史的諸状況からみて、これら平田の名を伝えてきた諸村落が、平田庄の中心地域であったことも推測できよう。なかでも妙源寺の所在する桑子はその中心であったと考えられる。古くは『催馬楽』の「貫河」第二段にみえる「矢矧の市に沓買ひにかむ」の詞は妙源寺の所在する小字名が沓市場であり、この地名の起源ともされてきたことからも頷けるであろう。

平田の小字名を伝えるのは、旧碧海郡矢作町西北部に分布する富永・西本郷・東本郷・桑子[18]がそれであり、その隣接地、新堀地内には東小平田、西小平田の小字名があり、妙源寺文書のうち、天正二年（一五七四）八月十日、天正五年（一五七七）十二月十五日付の二通の文書中[19]にみえる小平田と同一地域を指すものとみられ、後に何かの事情により東西に分けられたものと考えられる。これより先、文明十六年（一四八四）成立の『如光弟子帳』にも、「新堀一箇所 平田誓順[20]」とみえており、現在もこの後身と伝える新堀の光善寺は、これを受けて平田姓を称している。妙源寺文書中、文明十六年十二月二日付の売券には、長坂氏連判の「さゝき□人助　平田善久へ渡申候」と宛名するが、この平田は姓名である可能性があり、同時代の『如光弟子帳』記載の平田も地名でなく姓であることも同書の他氏の記載例からも指摘し得るので、その一族である可能性が高い。平田庄内に平田姓を名乗る住人が居たと考えても不自然ではないであろう。

また、註(4)に示した三つの史料は、小字名を持たないが、庄内にあったことを確かめられた重要なものである。ここにいう大岡という村落は、現在安城市東北端部に位置する大岡であることはいうまでもない。

さらに三河一向一揆の直前となる永禄五年（一五六二）十一月二十五日付の大樹寺文書に従えば、この地方で「平田枡」が売渡用に使用されていた[21]ことも知られており、この大岡で発見された天正十七年（一五八七）の検地算用記録とともに、この庄内末期の経済状況の一端を示すものとして注目されてよいであろう。この大岡に小白山とあるのは、明治維新の廃仏毀釈で神宮寺は失ってしまったが、現在も神社は存続しており、三河地方白山信仰の一大拠点[22]であったことも知られている。これまで述べてきたところからも推察されるであろうが、庄内にあって、住民の精神生活のなかに、妙源寺・大岡白山社の信仰が深く入り込んでいたことが知られよう。

平田庄の名は、この大岡白山社の天正十七年の記録を最後に公的には再び使用されることはなかった。その意味では、成立の最下限と考えられる正嘉元年より天正十七年までの五百有余年の長い歴史が閉じられ、その後はこの地方も近世郷村制へと組み込まれていったことになるであろう。

しかも、このように長く用いられた平田庄の消え行くなかで、この地名にあやかって、その名を他の土地で残すことになったことも、三河での平田庄の終焉を意味しているのではないだろうか。徳川家康の家臣平岩親吉由縁の名古屋市東区平田《ヘイデン》町[23]がそれである。この平岩親吉は妙源寺の門徒として、慶長年間の太子堂修理奉行[24]として活躍したが重責を終えることなく、慶長十六年（一六一一）十二月晦日この世を去った。太子堂上葺は同十八年（一六一三）に完成をみたのである。これより先、慶長十四年（一六〇九）には尾張中嶋郡地内百石を同寺に寄進していることも、親吉と妙源寺の関係がただならないものであった証左ともいえよう。この平田町には親吉の菩提寺平田院があり、その名は親吉の院号に由来する。はじめ三河の高浜に創建され妙源寺末寺であったが、後各地を転住し、慶長十八年現地へ移され、寛文三年（一六六三）浄土宗に改宗、建中寺末となった。この頃、他にも三河の妙源寺末寺中から建中寺末へ転派した寺院が数か寺あったようである。

この三河平岩氏と妙源寺との関係についてはすでに中沢見明氏の所説もあり[25]、詳細はこれに譲るが、平岩氏は妙源寺を介して家伝を述べてきたらしく、物部守屋（弓削大臣）の後胤といい、弓削・平岩と改め、同族に長坂・都筑を加えるなど、妙源寺文書中にこれら諸姓を冠した文書でその大半を占めていること、また同文書最古の註(3)A建武三年寄進状にみる物部熙氏を照氏と読んで一族の祖に加えていること[26]などは物部氏伝承として近くの真福寺が物部守屋の子息真福の建立として中世初期成立の『古今目録抄』や『私注抄』[27]等に早くから喧伝されていることとあわせて興味を引かれよう。

また妙源寺には同寺旧本尊（現在東京増上寺護国殿本尊）である黒本尊にまつわるものとして、一般に知られている浄瑠璃姫伝説と中心人物名を異にする説話が残されており[28]、柳堂伝説の源流となっていることに今後注目されるべきであろう。

先述のように、平田庄の庄域に含まれる諸郷は、富永、桑子、東西本郷（天正年間分村という）、新堀、大岡等十指に満たず、小庄園であったと推定されよう。現在の状況といえば、矢作川の西岡崎市の西北隅と安城市東北端大岡を含む場所である。

その周辺を囲んで有力な庄園が二つも隣接し、西から北にかけて鎌倉時代以来、一貫して二階堂氏の所領となっていた重原庄、南にはその一部を観応二年（一三五一）京都三聖寺末楞伽寺へ寄進はしたが、その後も有力な公家近衛家領として伝領された志貴庄が存在[29]している。東は、碧海庄の一部と考えられる「西矢作」が矢作川を挟んで東矢作[30]と対峙しており、庄域は拡大できる状態ではなかったと考えられる。平田庄に隣接していた西矢作の地は、この矢作川を挟んでしばしば戦場と化したようである。なかでも平田庄に大きな影響を与えたのは建武二年（一三三五）秋の足利尊氏・新田義貞両軍の矢作川合戦であった。十一月二十五日の戦いを中心に前後数度にわたってこの地が戦場となったのである。この様子は『梅松論』[31]『太平記』[32]『神皇正統記』[33]等がその激しさを伝え、また高橋茂宗[34]や長沼朝実[35]等の軍忠状等にも、その悲惨な戦況を偲ぶことができよう。ことに『梅松論』では当日矢作川の西岸に陣していた新田軍勢中に足利軍が火をかけた[36]ことを伝えている。これに呼応するように、『岡崎市史』は「柳堂由緒記」を参考して、建武二年明眼寺太子堂（俗に柳堂と呼ぶ）の兵火焼失[37]を記している。この焼失を裏書するように、現在の妙源寺には多くの中世文書を所蔵するうち、建武三年（一三三六）の文書をもって最古とする。それは正嘉元年創建より七十七年目にあたっている。この間まったく文書・記録を残していないことはさきの焼失が事実であることを物語っているように思われてならない。しかし、現存する太子堂は正和三年（一三一四）の修理を示す棟札を残していることも明白な事実である。註(12)で紹介した棟札は、元禄十五年（一七〇二）の修理棟札と同筆で、正和三年の棟札の裏側に転写されたもので、念のため「面テ見兼申故裏改写者也」と注意書まで追記しており、現在でも、表側にはその墨痕を残し、その文字も一部分ではあるが解読可能な状態にあり、元禄転写時点ではこれよりさらに良好な状態にあったことであろう。

これより、平岩親吉が奉行となり慶長十八年に完成をみた棟札まで、三百年の間の棟札はみられない。その間、建武の兵火や、天災・地変による被害もあったと考えられること、また建武兵火の翌年改めて太子堂敷地が寄進されていること、建築細部における様式上の時代的特徴などから、正和の建造物とするには、今一つ問題が残るであろう。しかし、現存する真宗文化圏で残された最古の建造物であることにかわりはない。(38)

第二節　三河における細川氏

文書中にみられる係争関係にあった細川氏家や、和田親直についてこれまでまったく知られていない人物である。本人についての論及はもちろんであるが、その背景として考えられる、三河における細川氏・和田氏そのものの実態について、関係史料を紹介しながら明らかにしてみたい。それは三河真宗門徒発展の側面を追求していくときにも、一つの大きな手がかりとなるであろう。

三河が細川氏発祥の地であることは著名な事実となっているにもかかわらず、三河における細川氏の実態はまったくといってよいほど明らかでない。

というのはその一族が故地を離れて、南北朝以後著しい発展を遂げていることに最大の理由があるであろう。一族で数か国に及ぶ守護職を掌握したが、その任国は三河を遠く離れた、中国・四国地方にあった。これを基盤に管領家細川氏が生まれていったのである。それは細川氏の三河における在地性を喪失することにつながっていったと考えられる。その後は一方の同族一色氏が三河で台頭し、次第に在地性を強化しつつ、守護領国制を確立した。そして一色範光が康暦の頃守護[39]となって以来、永享十二年（一四四〇）一色義貫が細川氏によって滅亡に追い込まれるまで四代六十年間、一色氏の全盛期を形成したのである。さらにその後をうけて細川持常・成之二代六十年間の細川氏時代を迎えることとなった。

すなわち、細川氏が再び故地三河との関係を密にすることができたのは、永享十二年のことであった。その年五月、四代六十年にわたって支配してきた一色氏も義貫（義範）が、将軍義教の命により細川持常等によって大和の陣中に追討して殺された。その功により持常は三河守護に任ぜられている[40]。しかし、持常はその十年後四十一歳の若さで急死したので甥成之が継職した。時にわずか十六歳であった。

成之継職後、三河では、寛正六年（一四六五）の額田郡一揆が起こっているが、台頭してきた被官松平・戸田氏の手を借りて鎮圧している[41]。その後応仁の乱を経て、全国的に拡がっていた守護勢力の弱体化の波はこの三河にも押し寄せていた。乱終結まもない文明九年（一四七七）、一色義貫の子義直は細川氏の被官で三河の守護代であった東条国氏を近江に没落させ、さらに成之の部下三百人を奈良に逃亡せしめるという事件が発生し[42]、成之の守護支配を以後不可能なまでにしてしまったのである。細川氏が三河の守護の地位を保持できたのは、持常・成之の二代四十年ほどであった。

とはいえ、三河を拠点に出発した細川氏が、長い空白時代を経て再びこの三河に支配権を掌握したことからいえば、空白時代に、所領をまったく失ってしまったとは考えにくく、三河にあって散在地なりとも土地支配をしてきたことは想像に難くない。また持常はさきにみたごとく功によって三河の守護となるが、それ以前に、故地という理由だけでなく、それなりの三河における政治基盤のあったことも充分考えられよう。

それを示唆する史料が、本章で問題にしている永享三年十二月二十七日付文書一通なのである。

文中にみえるように、細川駿河守氏家が守護代の地位にあったことは注目すべき事実である。さらにこのことを傍証するものに『康富記』の応永三十年（一四二三）八月二十三日の条項がある。すなわち、「三河守護代氏家今日下向云々」とみえるこの記事である。これによって少なくとも応永三十年より、永享三年に至る九年間、三河の守護一色義範（義貫）のもとにあって守護代を勤めていたことになるであろう。あるいはこの永享三年文書にみるように応永六年（一三九九）三河の平田庄知行開始と同時か、または少し遅れた頃に守護代と成っていたことも考えられる。あるいは新行氏の指摘するところに従えば、応永の中頃まで若狭守護代の小笠原氏が三河で守護代を兼ねていた可能性があるので、[43]応永中頃小笠原氏と交替してこの細川氏家がなった可能性もあるだろう。

三河守護代については、延文五年（一三六〇）大島義高の守護代西郷弾正左衛門以後、この細川氏家に至るまで、その職にあった者の名は伝えられていない。このことは、小笠原守護代説が確認されれば別であるが、この細川氏家の応永六年平田庄知行と氏家の守護代就職との間に密接な関係があるように思われる。

佐藤進一氏の研究[44]に従えば、大島氏が応安六年（一三七三）六月を最後に姿を消し、それより六年後の康暦元年（一三七九）一色範光が登場し、永享十二年、一色義貫が倒されて細川氏に交替するまで六十年間、四代にわたって三河の守護職を掌握してきた。その間に細川氏家が守護代に登場してきたのである。このようにみれば、この細川氏家なる人物は、この後、一色氏に交替して細川持常、成之二代にわたる守護時代を形成するための鍵となる人物であったことが考えられよう。それでは、この細川駿河守氏家とは何者であったであろうか。

今のところそれを知る同時代史料は、この永享三年文書と、前述の『康富記』応永三十年八月二十三日条の記事以外に知り得ないが、『尊卑分脈』によれば、細川宗家の出身でなく庶流の出身であることが知られる。関係する部分を次に掲げる[45]（□の囲いのある人物は本章に関係する人物）。

細川義季―義久―義胤―義門―氏清―氏久―[氏家]―元家
　└俊氏―公頼―和氏―[尼恵鑒]（『尊卑分脈』無記載。参考として補充）
　　　　　　　├頼春―詮春―義之―満久―[持常]―[成之]
　　　　　　　│　　├[頼之]
　　　　　　　│　　└頼有―頼顕
　　　　　　　│　　　　　└頼長
　　　　　　　└師氏―氏春
　　　　　　　　　　└[信氏]

このうち義久流にみえている氏家がそれであろう。その子元家の官途名が父と同じ駿河守であることは当時一般的風潮でもあり、そのことからも確かめられよう。

観応二年以来、和田氏の侵略にもめげずに細川氏が八十年間死守してきた平田庄であったが、氏家以前の伝領者名を明かすことのできないのは残念でならない。観応二年細川氏によって知行が開始されたが、その頃庄内において桑子太子堂へ土地寄進が道広なる人物によって行われた事実がある。しかし、この道広と細川氏との関係は一領民であったのか、細川氏の被官であったかは今のところ不明である。また同じ一族でこの三河に所領のあったことが確認できるものに、さきに記した系図の管領家に属する和氏の女恵鑒は額田郡の被官与三太郎の屋敷跡を貞和五年（一三四九）臨川寺へ父母菩提のため寄進[46]していることは周知の事実である。この周辺では翌観応元年（一三五〇）額田郡一揆[47]が発生しており、その対策に苦慮していた様子が臨川寺文書[48]からもうかがわれるところである。

この恵鑒の従兄弟にあたる信氏も、永徳二年（一三八二）八月同郡内片寄にある寂室派の天恩寺に、将軍義満二十五回目の誕生祈禱料として、所領を三か所寄進してきた事実が、滋賀県永源寺文書(49)から知られている。この信氏は『太平記』(50)の記すところに従えば、父師氏や叔父教春等とともに讃岐の合戦に出陣しており、在地性は希薄であったと考えられる。その寄進領のうちには宝飯郡の一部分が含まれていること、東矢作の在家が含まれるなど、散在所領を示すばかりか、寄進状のうちに「御判之内、不レ残、所レ為二天恩寺領一」の文言があり、この地域における信氏所領のすべてであることを明日にしていることは、三河の地にあって細川一族の所領内容の一般をうかがい知られて重要である。主家の伝領ですらこの状況にあるのに、この庶流の氏家が前節で触れたように、小庄ながら平田庄一円を支配獲得し、和田氏の妨害にも屈せず保持し得たことは、やがて守護代時代から守護時代へと飛躍するための重要な礎石であったとも考えられる。

また、細川頼之の開創になる京都地蔵院文書中に、前節で触れたように、康永四年七月二十二日付三河国西郡平田以下遵行状一通の他に、応永二十二年（一四一五）六月三日、足利満詮より三河国西郡内沢川慈恩寺および同寺領等を昌育首座に譲渡した文書二通からも、細川氏と関係があったと考えられる。西郡は現在蒲郡市内中心部を占める位置にあるが、その近く同市内御馬古城跡がある。後の伝承ではあるものの、はじめは高師直所領であったが、後に応安二年義満が細川頼之に命じ、頼有に築城せしめ、頼顕・頼長・時氏・政信と在城したこと(51)、あるいは勝久・政信・教春を指して宝飯郡の三細川と呼ぶなどこの地方に集中的に細川氏伝説を残し、いずれも今川義忠の三河攻略によってその勢力は潰滅した(52)と伝えている。またこの地方での細川氏との関係は、細川氏が三河の守護となった永享十二年以後も享徳元年（一四五二）御津明神への梵鐘寄進(53)など密接な関係を維持していることから、これらの諸伝承もその残影として受けとめてよいと考える。

むしろ細川氏興起の地、細川周辺部にはこうした伝承も知られず、わずかに細川の蓮性院に頼之位牌や、義季・頼之の墓[54]、またその対岸豊田市幸町隣松寺にも義季・俊氏・公頼三代[55]の墓と称するものを伝えているにすぎず、平田庄がかつて細川氏の所領であったこともまったく地元では忘れ去られてしまっているのが実態であり、細川氏の支配も、西から東へ移っていったことを反映して次第に伝承までも影を潜めてしまったとも考えられる。

第三節　奉公衆和田親直について

本章で問題にしている永享三年文書によれば、この和田氏は観応二年以来父子二代八十年にわたって、平田庄をめぐって、細川氏と係争関係にあった。

事件の決着をみた永享三年、細川家はこれより先、三河の守護一色義貫の守護代となった氏家が、また和田家は事件の発端者となった父某に代わって子息親直が当事者となっていた。親直は替地（場所不明）を与えられて平田庄を細川氏家に返付することにより一応の解決をみたようである。

細川氏との係争関係発生後、まもなく、細川氏の発言からうかがわれるように和田氏は明徳年中裏松家に平田庄を寄進し、領家に仰ぎ、裏松家の代官として細川氏に抗していたようである。当時裏松家[56]は将軍家に女を嫁して公家に身を置きながら、武家政権に深く入り込んで、将軍家の公家化にも一役をはたしてきたほどである。この明徳年中といえば裏松家の祖、資康がその元年（一三九〇）八月十日に薨じ、家督を二十一歳の重光が継ぎ同五年（一三九四）には従三位にまで昇進[57]している。

時の伝奏、万里小路時房はともかく、広橋親光は裏松と同じく日野家の庶流であり、ともに和田氏に味方する発言をしながら、一方の幕府奉行人はこれを除いて細川氏のために有利に計らい、和田氏には替地を与えて平田庄を細川氏に還付することで落着せしめている。これにより当時の幕府行政の有り方の一端を示しているものといえよう。

ここにいう和田中務丞親直とは、永享二年七月二十五日に行われた将軍義教の拝賀に参列した和田中務丞親直と同一人物であろう[58]。また年次未決としながら『相京職抄』五所収の『室町殿元服昇進拝賀記[59]』にも布衣衆の一人として参列したことを記している。

このように幕府の臨時の諸儀式に参列していることから、幕府内において、常時にあっても何らかの役務を課せられていたことが考えられる。その一端として、公家の年中行事に始まり武家の年中行事となり室町時代を通じて毎年一月十七日に行われていた弓始の儀に、射礼手の一人として上京参勤していたことが次の史料からうかがわれよう。

すなわち『後鑑』所引の「大的日記」に、永享元年より五年まで和田中務丞[60]の名で登場している人物が、年代的にも矛盾しないばかりか官途名も同じであり、親直と同一人物と考えられるのである。とすれば、「永享番帳」や「文安御番帳」にみえる和田中務丞も同一人物の可能性が強い。また、「長享番帳」の和田与九郎も同族の一人と考えてよいであろう。

この射手任命にあたっては奉公衆武田満信[61]の例にみられるように、前年の十月に管領職より任命書が本人宛に発給されていたらしいことから、幕府奉公衆和田氏に対する射手としての手続きも同様であったと思われる。ここに在京中の奉公衆和田氏の具体的姿の一面をとらえることができよう。

和田氏が弓始の射手に加えられていたことに留意しながら『後鑑』を紐解いてみると、応永期にはその名を発見できないが、嘉慶二年（一三八八）一月十七日の弓始、明徳二年（一三九一）八月十五日の条に引用する「室町殿春日詣記」、また明徳三年（一三九二）八月二十八日条所引の「相国寺供養記」に、和田九郎左衛門尉源満平という人物を発見する。また永徳元年（一三八一）三月十一日、「後円融帝将軍家行幸記」には「九番　わたのみかわのひこ九郎」の名をみることができる。なお、応永期に一族の名をみることのないのは、前掲の本文中に「亡父依一旦之過失被召放之」とみえる事情からと思われる。

この和田満平、ひこ九郎が、同じ一族であるかどうかは、これだけの史料からは断言できないが、満平を手がかりにして、この課題を追求してみると、大浜称名寺（愛知県碧南市、時宗）に満平の寄進状一通を含む一群の中世文書があり、関連が考えられよう。それは、

康暦二年四月廿一日　　沙弥道弘　二通
康応元年六月廿四日　　満平　一通
応永廿伍年八月廿八日　　持平　一通
応永廿八年十月十一日　　政平　一通
正長元年七月十一日　　親平　一通
年次欠　十二月五日　書状　　持頼　一通

の七通[62]についてである。この文書にはすべて苗字を冠していないので、問題は残るが、室町将軍家の一字拝領名であることは気付かれようから、さきにみた、満平はこの一族にみる満平と同一人と考えて大過ないものと思われる。

また「ひこ九郎」は年代的にみて道弘である可能性もある。

この一族が大浜称名寺とこのような関係にあることは、大浜に居住していたことを意味しているとみてよいであろう。

この和田道弘が三河大浜に居住していたことは、次に示す刊本『大般若経』の結縁刻名によっても立証されよう。全六百巻のうちわずか四巻において和田道弘の名を確認できるので、その分を次に抄出してみよう。

巻四五〇　和田大浜沙弥道弘
巻四八九　三河国和田大浜修理亮入道沙弥道弘息女　加喜子
巻五一八　和田大浜修理亮入道沙弥道弘
巻五二八　〃

これにより三河和田氏一族が大般若出版の結縁者となっていたことも明らかとなった。

この刻記をもつ同一版本は和歌山県大高能寺他数か寺に所蔵されていることが、これまで橘恭堂氏や清野謙次氏等の報告(63)によって知られている。この『大般若経』の刊行年次を明らかにすることは和田氏の祖とされる道弘の生存年代を知るのに重要である。

この『大般若経』は多くの知識結縁により刊行をみたものとして、出版史上のみならず貫達人氏が紹介された同時期の智感版(64)とともに当時の政治情況の一端をも知り得る貴重なものである。残念ながら刊行年次については以下にも述べるように不可解な点が多く、これが明らかにならない限り決定するには問題が残る。刊年推定の有力な史料となる年記を刻するものが全六百巻中に三種も含んでおり、それより察するに全巻刊行のためには困難な事情のあったことと思われる。まずその三種の刻記を次に示してみる。

(一)　巻三〇七（東福寺）
洛之慧峯正統庵置大般若印版四百
内焉此丘永清発誠心而化有力命工続
造矣宜哉印文打就衆人摸写以茲功
勲普利恩有者也旹応安甲寅（一三七四）仲秋（七）
日　　　幹縁比丘永清造之
（清野論文写真第一図）

(二)　巻四九九
伏願開此巻功勲回向無上菩提
開明心地永成般若智林仏種不断
法灯不絶治隆三宝上報（マヽ）四恩下
資三有法界証同円種智耳
南瞻部州大日本国作州錦織村
光禅庵住持比丘至脱
永和（一三七六）歳在丙辰六（二）月十七日　謹誌
（清野論文写真第二図、田岡論文写真第二図）

(三)　巻六〇〇（A）
此経板喜捨施入

江州佐々木新八幡宮専
為上酬四恩下資三有無
辺法界広大流通者
康暦元年（一三七九）己未八月七日
幹縁比丘勝源
願主当国太守菩薩戒弟子崇永
（『大東急記念文庫貴重書解題』仏書之部　図版四八）

巻六〇〇(B)として(A)の二行目十字分を「江州蒲生豊浦新宮大社」と入れかえているものも橘氏により報告されている。

このうち、(一)(二)は刊記として問題ないと考えられるが、(三)の史料は刊記ではなく施入記と解すべきであろう。この経の結縁知識者のうちに和田氏の他に三河在住者として巻四八五に「三河国星野刑部少輔高範」とみえており、『尊卑分脈』の熱田大宮司流にみえる千秋高範がこれであろう。

また清野氏以来指摘されているように巻四七九、巻五七九にみえる結縁者「光厳」の名は、北朝の光厳天皇を指すと考えられてきているが、巻三〇七にみえる東福寺とのかかわりを背景に注意してみると、康永二年（一三四三）の「常楽拝塔偈」の中に「博多　光厳[65]」の名もあり、なお結論づけるには検討が必要と考える。

この『大般若経』刊行より四十年も以前の暦応元年（一三三八）赤松義則が、母の菩提のために『五部大乗経[66]』を出版している。そのうちの『華厳経』巻二六に「沙弥道弘」巻四七に「加喜子」と刻しているが、この二人はさきの『大般若経』刊行に助縁してきた和田氏の親子であることは明らかである。この赤松義則の従兄弟の顕則が、『大般若経』巻四〇・四四九と二巻分に助縁してきたことも注目されるところである。この他にも両者ともに関わってきた人物もあり、勧進地域も共通していることから、この両者の間には密接な関係にあったことが想起されよう。また義則の弟三河守時則は応永三年（一三九六）『注華厳法界観門』[67]一帖を刊行したことも知られていることから、当時の奉公衆の文化活動の一端を知ることもできる。

また『大般若経』の刊行と佐々木氏頼との関係について、知り得たことは延文三年（一三五八）氏頼が発願施主となって刊行をみた『重刊景徳伝灯録』全三十巻の終巻三〇には「大禅比丘勝源[68]」とあり、永徳三年（一三八三）、勝源が願主となって刊行された『五部大乗経』には「江州大禅寺[69]」の名がみえていることから、勝源は佐々木氏頼と関係深く、江州大禅寺に住した者で勧進僧としてもその名を知られていたと思われる。三河和田氏も、佐々木氏、赤松氏等との政治接触などの背景があって勧進対象となったものと考えられる。なお、大禅寺所在地については明らかでない。

以上みてきたように三河に本拠を置き、出京して奉公衆の役を勤めてきた和田氏でありながら、和田氏について三河の地で注目されることがなかったのは何故であろうか。親直のこの記事を最後にまったく姿を現わさず、伝承すら見当たらないまでに潰滅してしまったようにみえる。その後この地方では松平氏が台頭し始めていることと、この滅亡とが呼応しているのかも知れない。

和田氏についてはわずかに幕末以後二、三の人が注目してきたにすぎなかった。すなわち、最初に和田氏に論及したのは幕末の儒官成島司直の養子良譲であった。彼は『後鑑』の編者で、この書の編纂中に知り得た和田氏の考証結果を、菩提寺である大浜称名寺へ天保九年（一八三八）八月に報告している。この『後鑑』には称名寺に所蔵する和田文書は一通も収録しなかったが、編纂史料として収集していたことは、同寺に蔵されるその紹介状の文面からもうかがわれる。

その後、『岡崎市史』[70]の編者は、この良譲の報告書に従って、この一族の系譜を『尊卑分脈』に依るとしてそのまま抄出しているが、これは良譲と同時代の史家飯田忠彦氏の編纂になる『系図纂要』の管領畠山家の国清次男宗基に端を発する一庶流の抄出であり、『尊卑分脈』とするのは誤りである。ここに『系図纂要』から関係部分を抄出する。

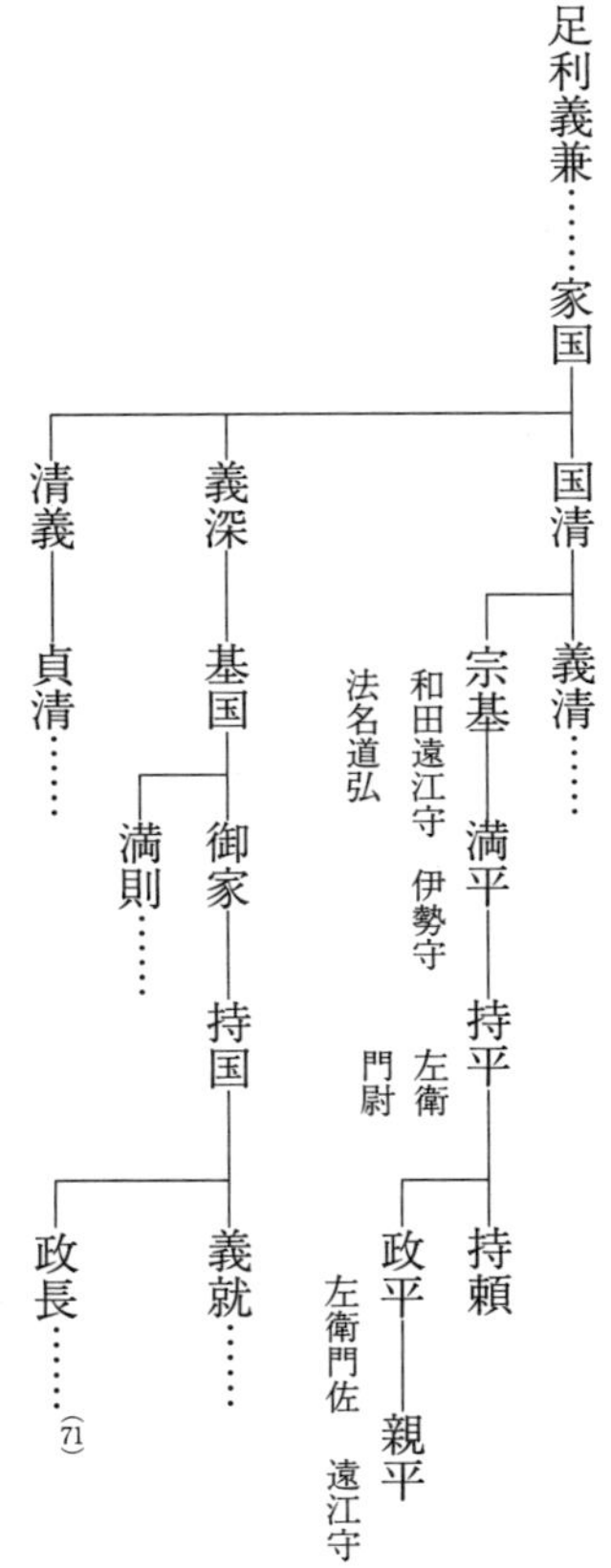

ここにみられる和田氏は、太田亮氏の『姓氏家系大辞典』にも、その他の諸系図類にも取り上げられていないもので、もちろん飯田忠彦が何を底本にしたかも知り得ない。地元にあってはその一族の伝承すらなく、旧碧海郡北部の若林や堤地方ではこの一族を本多（田）一族として誤伝されてきたほど[72]である。

それでも、称名寺文書を中心に、これまで引用してきた諸史料を年代別に配当していく限り、一応『系図纂要』の畠山流和田氏の系図に支障はみられない。しかし、畠山氏とこの和田一族とを結ぶ史料は他に知り得ないので、しばらく『系図纂要』（以下『纂要』と略称）の意見に従っておきたい。『纂要』所収和田系図には、冒頭に掲げた永享三年文書にみえる和田親直について記すところがなく、系図上位置づけするにも、誰一人生没を明らかに伝えたものが無いので困難を極める。永享三年文書中にいうように、親直の父某が観応二年以来嘉慶二年に至る三十八年間のうちに細川氏の所領掠奪を計ったことが知られ、その後、一旦の過失により奉公衆出仕が停止されていたことは、前述のように射礼出仕が応永以前と永享以後に集中して記事が散見され、応永年間にまったくその名を留めていないこと、この間、称名寺への寄進が相い次いでいることから、その間在国して、出仕を待っていたということも考えられよう。残念ながら親直については和田系図の中での位置づけができなかったことが惜しまれてならない。今後の課題である。

おわりに

以上、新出の永享三年文書を中心に、平田庄の実態の一部を明らかにすることができ、また係争者細川氏と和田氏の社会的背景と地位を充分とはいかないまでも具体的事実を確認し得た。三河地方の政治的宗教的重要性を検討していく一つの手がかりとしたい。

註

（1）小川信編『論集日本歴史五　室町政権』（有精堂出版、一九七五年）、福田豊彦「鎌倉時代における足利氏の家政管理機構」（『日本歴史』三四七号、吉川弘文館、一九七七年）、小川信『足利一門守護発展史の研究』（吉川弘文館、一九八〇年）、新行紀一「足利氏の三河額田郡支配―鎌倉時代を中心に―」（『芳賀幸四郎先生古稀記念　日本社会史研究』、笠間書院、一九八〇年）。

（2）桑山浩然校訂『室町幕府引付史料集成』上（近藤出版、一九八〇年）三六～三七頁。

（3）次に史料六通を掲げる。

（A）

奉寄進三河国平田庄

桑子左近五郎屋敷幷

畠伍事

右於畠者、為太子堂職（敷）地之

上者、至于子々孫々不可成

妨、仍所奉寄進如件

建武参年十二月五日

物部熙氏（花押）

（B）

奉寄進太子堂敷地事

合壱段者　幷田参段

右参州平田庄内桑子名

畠、奉寄進太子堂之状

如件

観応二季辛卯五月二日　道広（花押）

（C）

寄進申平田庄桑子名内畠地事
合弐反　平次郎屋敷 并田参段
右於此太子堂、兼曰寄進申上又
重奉寄此畠地者也、可被致御
祈禱之精誠者也、仍寄進状如件
延文元年丙申十月七日
宮内少輔重遠（花押）

（D）

三河国平田庄桑子太子堂
敷地之事
右田畠永代所奉寄進
也、然者、当寺任先例致
修理祈禱精誠可有
知行之状如件
貞治二二〔四〕年八月廿日
散位重道（花押）

（E）

寄進申平田庄桑子名田畠地之事
合三反　ぬり御堂前 多んこ畠・壱段
右田畑永代所奉寄進也
至于子々孫々不可成妨、仍
如件

文亀二壬戌年十月四日　直之《安藤彦太郎》（花押）
平田庄桑子
明眼寺

（F）
為妙性田地弐反末代寄進申
処也、（下略）
大永七年丁亥七月六日　忠成《石川与八郎》（花押）
平田明眼寺参　妙性往生六月廿八日

（4）

（A）安城市新田町慈光院蔵　鰐口　銘
「平田庄小白山神宮寺　金口
文安三年九月十六日　勧進願主　彦八」
（小山正文「大岡白山神宮寺の鰐口をめぐって」『安城歴史研究』創刊号、一九七五年）

（B）『三河鐘鰐口銘』所収　小白山権現鐘
「諸行無常・是生滅法・生滅々已・寂滅為楽
三河国碧海郡平田郷大是（岡）小白山御宝前鋳
祈願成就之砌也
明応八已未十月十五日
施主　源之則久
願主　座主玉栄　敬白
（坪井良平『日本古鐘銘集成』、角川書店、一九七二年、四〇二頁参照）

（C）安城市大岡白山社蔵
御縄打歩測御帳
「天正拾七年己丑九月廿八日

御縄打歩測御帳　中記（人名）
三州碧海郡平田荘大岡」
（『安城市史』、安城市、一九七一年、三二二頁参照）

（5）『三河念仏相承日記』は、佐々木月樵『親鸞聖人伝』（無我山房、一九一〇年）に初めて紹介されて以来数種復刻が試みられているが、ここでは細川行信氏の『真宗成立史の研究』（法藏館、一九七七年）所収本を参考とした。なお岡崎市東泉寺にも一本写本のあることが知られる。

（6）小山正文「三河念仏相承日記の一考察」（『日本歴史』三九一号、吉川弘文館、一九八〇年）でその場所が北野廃寺であることが確認された。

（7）志貴庄、重原庄については『安城市史』（安城市、一九七一年）古代・中世の諸項参照。碧海庄に関しては、中川覚「三河国高橋庄史料　附、碧海庄設立由来」（『安城市博物館彙報』第一巻二号、一九五九年所収）。高橋庄については、『豊田市史』第一巻、古代・中世編（豊田市、一九六七年）の本文編ならびに史料編を参照。

（8）近藤恒次編『三河文献集成』近世編上（国書刊行会、一九八〇年）一四頁。

（9）註（3）B、以下、引用文書参照。

（10）永原慶二『中世史ハンドブック』（近藤出版社、一九七八年）四〇三頁以下、荘園一覧参照。

（11）佐藤進一『室町幕府守護地頭制度の研究』上（東京大学出版会、一九六七年）九〇頁。地蔵院に関しては、『京都市の地名』（『日本歴史地名大系』第二七巻、平凡社、一九七九年）一一一六頁、山本大「細川氏と土佐国田村庄」（『日本歴史』二五〇号、吉川弘文館、一九六九年）、熱田公解説『古文書解題』（『古文書研究』二号、日本古文書学会、一九六九年、一二〇頁）、京都大学文学部国史研究室所蔵文書（地蔵院文書中この他の三河関係文書としては、応永二十二年六月三日付の足利満詮、三河西郡沢川慈恩寺および同寺領等を昌育首座に譲渡することを内容とした文書一通が『大日本史料』七編二二巻二〇八頁に収録されている）。平田が牧田と記されたことについては、早川彦右衛門編著『新訂三河国宝飯郡誌』（国書刊行会、一九八〇年）二六九～二七〇頁、『参河国碧海郡誌』（安城市、一九一六年）一七四頁、東牧内西牧内条。

（12）『岡崎市史　矢作史料編』（岡崎市、一九六一年）九〇図写真参照。

棟札裏銘
「奉加修理太子堂上葺廊等満、干時正和三季八月六日　平田住持慶念　桑子専修念仏柳堂
門徒衆等之菩提也」
面テ見兼申故裏改写者也。

(13) 註(3)参照。
(14) 仏教史学会編『仏光寺小部集』八四頁、滋賀・光照寺本も同じ註記あり（同書一一〇頁）。
(15) 常楽寺蔵版『存覚袖日記』二三、二八、一二三頁。
(16)『角川日本地名大辞典』第二十五巻、滋賀県、六〇二頁。
(17)『岡崎市史　矢作史料編』（岡崎市、一九六一年）四三図。
(18)『参河国碧海郡誌』（安城町、一九一六年）七一頁以下。
(19)（A）
永代寄進申下地之事
合六斗目者　在所小平田 小作くわこ九郎左衛門
（中略）
天正弐年甲戌八月十日　荒川権六 勝忠（花押）
明眼寺殿様
（B）永代寄進申田地之事
合六斗目者　在所小平田 小作、くわこ、九郎左衛門
（中略）
天正五年丁丑十二月十五日　天野七蔵　久政（花押）
明眼寺殿様
(20)『新編一宮市史　資料編六』（一宮市、一九七〇年）四五三頁。
(21) 江島孝導「三河大樹寺寺院形態の具体像」（『仏教大学大学院研究紀要』四号、一九七五年）、大樹寺古文書一〇七号。

(22) 小山正文「大岡白山社神宮寺の本地仏と懸仏」（『安城歴史研究』二号、一九七六年）。
(23) 『名古屋市史』第五巻、社寺編（愛知県郷土資料刊行会、一九八〇年）七〇〇頁。名古屋市蓬左文庫編『尾張徇行記』第一巻（愛知県郷土資料刊行会、一九七六年）三一一頁。水谷盛光『名古屋の地名』（中日新聞本社、一九八〇年）四六頁。
(24) 『岡崎市史　矢作史料編』（岡崎市、一九六一年）一一二頁。
(25) 中沢見明『真宗源流史論』（法藏館、一九五一年）二三一頁以下。
(26) 千鹿野茂編『新訂寛政重修諸家譜家紋』第十八巻（続群書類従完成会、一九九二年）九七頁以下。
(27) 註(6)参照。
(28) 拙稿「黒本尊縁起について―柳堂伝説とのかかわりあい―」（『真宗大谷派教学大会紀要』四十八年度、同誌表題以下本文中に墨本尊とあるは黒本尊の誤りにつき訂正）。本書四〇七頁以下。
(29) 註(7)参照。竹内理三「日本庄園史」第三十四講（『日本歴史』一五八号、吉川弘文館、一九六一年）。
(30) 新行紀一「矢作東宿・明大寺・岡崎」（『岡崎市史研究』三号、一九八一年）。
(31) 『新撰日本古典文庫8』所収本六九頁以下。
(32) 日本古典文学大系第三十四『太平記二』（岩波書店、一九六〇年）五三頁以下。
(33) 同右、一八七頁。
(34) 魚澄物五郎『摂津多田院と多田荘』（京阪神急行電鉄、一九四四年）四一頁。
(35) 『栃木県史　史料編中世三』（栃木県、一九七八年）五〇頁。
(36) 註(30)所収本七三頁。
(37) 『岡崎市史』第七巻（岡崎市、一九二六年）、五〇六頁。
(38) 『重要文化財　建造物Ⅰ』三二四頁、同索引二八頁。
(39) 佐藤進一『室町幕府守護制度の研究』上（東京大学出版会、一九六七年）九三頁。
(40) 「東寺執行日記」永享十二年五月十六日条、「斉藤基恒日記」同日条。
新行紀一「十五世紀三河の守護と国人」（『年報中世史研究』四号、一九七九年）。

(41)「親元日記」寛正六年五月二十六日条、新行紀一『一向一揆の基礎構造』（吉川弘文館、一九七五年）三一一頁以下。
(42)「大乗院日記目録三」文明九年九月二十四日、「大乗院寺社雑事記」同日条。
(43)註（2）新行論文。
(44)註（1）参照。
(45)尊卑分脈（『新訂国史大系』一二、二七八頁）。
(46)小川信『足利一門守護発展史研究』（吉川弘文館、一九八〇年）七三頁。
(47)『栃木県史　史料　中世三』（栃木県、一九七八年）四〇六頁。
(48)臨川寺重要案文（『大日本史料』六―一八、五一〇頁）。
三木靖「観応元年十二月十日三河国額田郡一揆」（『鹿児島短大研究紀要』二号、五号一九七〇年）。
(49)『近江愛知郡志』五、七一頁、七二頁所収。

寄進
天恩寺領卅在所片寄郷
参河国額田郡内片寄郷幷大多伊良次、矢作東宿内、在家、次、保井郡内市田郷内三名等。
右所々者信氏拝領知行之地也。爰奉下為
上方御誕生日御祈禱上　一紙御判之内不レ残二所一、為二天恩寺領一奉レ寄二進弥天和尚一之処、寺号天恩寺山号広沢山。一　恭被
レ下二御筆一之間。永領無二子細一者也。然者専二御祈禱一、不レ可レ有二違失一、仍奉二寄進一之状、如レ件。
永徳二年八月廿二日　　源　信　氏花押

(50)日本古典文学大系第三十七巻『太平記三』（岩波書店、一九六二年）四一一頁。
(51)早川彦右衛門編著『新訂三河国宝飯郡誌』（国書刊行会、一九八〇年）二三五頁。『三河国二葉松』下（『近世三河地方文献集』所収、愛知県宝飯地方史編纂委員会、一九五九年、八九頁）。
(52)太田亮『姓氏家系大辞典』第三巻（姓氏家系大辞典刊行会、一九三六年）五四〇一頁。今川義忠の三河攻略については これまで論及されていないので今後の課題の一つとしておきたい。
(53)坪井良平『日本古鐘銘集成』（角川書店、一九七二年）三三一頁。

(54) 小川信『細川頼之』（吉川弘文館、一九七二年）五頁。
(55) 『中部日本新聞』昭和三十一年一月十八日朝刊（三河版）
(56) 平山敏治郎『日本中世家族の研究』（法政大学出版局、一九八〇年）二〇三頁以下。
(57) 『公卿補任』（新訂増補国史大系第三篇三三頁）。
(58) 『後鑑』同日条（新訂増補国史大系三五巻八三四頁）。
(59) 近藤瓶城『続史籍集覧』（近藤出版部、一八九四年～）所収本、巻五、九頁。
(60) 『後鑑』永享元年一月十七日条（新訂増補国史大系三五巻七九六頁。同二・三・四・五年の同月日条にもみえる）。
(61) 『後鑑』応永二十四年十月十五日条（新訂増補国史大系三五巻六三二頁）。
(62) 柴田顕正『岡崎市史別巻　徳川家康と其周囲』（国書刊行会、一九八七年）二五頁～二九頁。柴田顕正『岡崎市史』第一巻（岡崎市、一九二六年）一五三頁、第五節、和田氏条。
(63) 橘恭堂「紀州隅田大高能寺蔵大般若経について—東福寺正統庵版の書誌学的研究—」（『禅学研究』五三号所収、花園大学、一九六三年）。清野謙次「大般若経の研究（其一）」（『宝雲』第一九冊所収、宝雲刊行会（京都）、一九三七年）。田岡香逸「朝光寺蔵版本大般若経について」（『史迹と美術』第三一輯ノ三号所収、一九六一年）。小倉豊文『広島県の文化財めぐり』（第一法規出版、一九七六年）二四八頁、尾道市西国寺条。木宮泰彦『日本古印刷文化史』（富山房、一九三二年）二九〇頁～二九六頁、五八四頁、二七四頁。
(64) 貫達人「円覚寺蔵大般若経の刊記等について」（『金沢文庫研究』通巻七五号～八四号所収、一九六二年）。
(65) 『金峯山世尊院東福寺誌』（金峰山東福寺、一九六八年）二一八頁。
(66) 黒板勝美編『真福寺善本目録、続輯』（黒板勝美、一九三六年）四八三頁以下。
(67) 木宮泰彦『日本印刷文化史』（富山房、一九三二年）六一六頁。
(68) 註(67)木宮著書五七一頁。
(69) 註(67)木宮著書九九五頁。
(70) 柴田顕正編『岡崎市史』第一巻（岡崎市、一九二六年）一五三頁、第五節、和田氏の項。
(71) 『系図纂要』第十冊（名著出版、一九七四年）六二九頁、六三〇頁。

(72)『高岡町誌』(豊田市教育委員会、一九六八年)三五九頁。

佐々木如光とその周辺

はじめに

慧星のように現われ去った如光の没後、上宮寺はどのように維持されたか、その末寺道場の運営はいかがであったかを考えてみたい。それによって、如光活躍の基盤となっていた、上宮寺門徒の基礎構造を解明することができよう。

ここにいう如光とはいうまでもなく三河三か寺の一つ佐々木上宮寺如光のことである。寺伝によれば応永二十四年（一四一七）、西端に生まれる。後に上宮寺に入寺して、応永二十八年（一四二一）没した如全の跡を継職。応仁二年（一四六八）十一月一日没したという。時に五十二歳。したがって蓮如より二歳年下ということになる。

如光が顕著な活躍をみせるのは、寛正二年（一四六一）から応仁二年（一四六八）に至る八年間であり[1]、その間の業績は高く評価されている[2]。すなわち、寛正六年（一四六五）一月叡山衆徒の大谷本願寺焼打に際しては機敏な処置をとり[3]、応仁二年東国教化から帰洛する蓮如を西端（愛知県碧南市）に招き[4]、教化なさしめ三河教団の基礎を確立した[5]。この年、土呂（愛知県岡崎市）に本宗寺が開創され[6]、三河教団の中心として、如光没後その重要性はさらに増していったが、如光は同年十一月一日に五十余歳で没したために[7]、上宮寺門徒はその中心を失い動揺を招いた。如光には男子がなかったから、後継者は女性の手に委ねられ[8]、彼の娘如慶が、蓮如の孫と伝える幸寿丸（法名如舜）を養子に迎えるまで[9]二十余年不安な状態が続いた。

右のように、上宮寺門徒の支配者の空白時代がしばらく続くのであるが、このような悪条件のためであろうか、三河周辺では文明六年（一四七四）の聖教異解[10]を初見として、文明七、八年頃には秘事法門[11]、同十一年（一四七九）知識帰命[12]等の、いわゆる異義・異安心が続発している。

この事態に対し、如光側近の活躍が望まれたのは当然であろう。それに答えるように、坂崎（愛知県額田郡幸田町）の修理亮入道浄光・同良全、青野（岡崎市）の八郎左衛門入道真慶の三人は、事態拾収のためにしばしば蓮如の下を訪れ指導を仰いでいる[13]。その後、このような事態発生をさけるためには、上宮寺を中心とする門徒団の結束が必要となってきたことはいうまでもない。文明十六年（一四八四）十一月一日如光十七回忌にあたって、いわゆる『如光弟子帳[14]』が制定されたのもそのためであろう。

このように、門徒の協力を得て、強力な組織ならびに支配体制が整えられたため、動揺の不安は解消し、延徳頃（一四八九～九一）に至って尼如順（如光妻、俗名角殿）の遺言により、その娘如慶が幸寿丸を迎えるようになったのである。

第一節　『如光弟子帳』の検討

如光没後、上宮寺を支えたのは、如光の側近を中心とした上宮寺門徒であったことはいうまでもない。以下、上宮寺を中心とする教団の支配体制を『如光弟子帳』によって考えてみよう。

『如光弟子帳』にみられる末寺道場の分布は、三河をはじめとして、尾張・美濃東部、伊勢一か所にわたる。もちろん分布地域によって、かなりの疎密が指摘されるが、その分布は広範囲にわたり一〇三か所にも及んでいる。その支配形態をみると、直接支配が可能であったのは、三河の一部に限られていた。その他の地方では、地域ごとに中心道場を設けて、その配下におく間接支配の方法をとっていた。[15] そのために直接支配地域の末寺道場と、間接支配地域の中心末寺道場とは、その性格を異にしており、多くの末道場をもっていたとしても、必ずしも、上宮寺末寺中にあって優勢を誇っていたとは考え難い。

また『如光弟子帳』の成立は、彼の没後十七年も経ており、有力門弟でありながらすでに没したもの、あるいは有力門弟で生存が確認されていながら、『如光弟子帳』に記載されていないものもあるので、史料として利用する場合、一考を要するが、そのような史料的性格を考慮しながら、『如光弟子帳』と天正十五年（一五八七）の『教如様御下向ニ附末寺江ワリ付控』[16]（上宮寺所蔵）によって、各々の末寺道場の勢力および相互関係について考察してみよう。両史料の内容の対比表を本章末尾に掲げた。その表から推定されることは、当時多額の番銭を上宮寺に収めていた末寺道場が、文明十六年当時他の末寺に対して優越性を誇っていたことである。その後の発展を『末寺鏡』（上宮寺所蔵）によって対比してみれば明らかである。これらの有力末寺道場の優越性は、上宮寺との特殊な関係、あるいは道場成立基盤の相違に由来した結果と考えられる。

次に対比表の上位を占める十一末寺道場について具体的に考察をしてみよう。その大半が西端に本拠を占めていた杉浦氏同族団によって構成されており、まず杉浦氏の社会的地位を明らかにする必要がある。しかし彼らが在地の土豪であったことが推定されるほかは史料不足のため、いまのところ具体的に言及できない。

まず、高取専修坊（愛知県高浜市）には如光の養父恵薫[17]（俗名杉浦三郎右衛門）の甥にあたる渓玉が住し（『末寺鏡』）、坂崎（額田郡幸田町）の法蔵坊には、「杉浦太郎左衛門尉直善法名光善《法カ》西端村より出候而養子取候」（『末寺鏡』）とあって西端出身の杉浦氏であった。

同浄光は詳しくは修理亮入道浄光といい（『蓮如上人遺文』一九八頁）、『如光弟子帳』にみえる吉浜（高浜市）の道満（俗名杉浦修理輔）の長男と伝え、浄光の長男道喜は宮口道場（愛知県豊田市）に入寺している（『浄覚寺過去帳』）。宮口道場は西端に住した恵久の子勝覚が開創した（『末寺鏡』）。同修理亮は法名了全といい（『末寺鏡』）、専修坊に伝えている本尊裏書（明応四年三月一日実如）にある「吉浜郷願主釈良全」と同一人とみられる。また後世には西照寺（岡崎市）に発展した矢作の新兵衛尉は法名恵順と称し（『末寺鏡』）、杉浦姓を称していたという。大友（岡崎市）の順性は恵順の婿というから（『末寺鏡』）、石川姓同族団と考えてよい。

このように如光ともっとも関係深い杉浦氏一族の末寺道場の地位は高く、如光門徒成立過程にあって大きな役割を果してきたことは充分考えられる。

次に注意すべきは野田（愛知県渥美郡田原町）の兵衛次良と大平（岡崎市）の専秀である。彼らは杉浦氏との直接関係を明らかにできないが、如光門徒として重要な地位にあった。野田の保井道場（後に西円寺）は早くから細川氏被官であり田原の城主であった戸田氏と関係をもち、[18]大平の地も戸田氏が代官として支配していた。[19]いずれも道場草創期にあって、戸田氏と関係をもっていたものと考えられる。

次に村高郷内合歓木（岡崎市）の兆従（正願寺五世）は、和田門徒の法流を汲み如光とともに寛正二年蓮如に帰依したと伝える。如光が聖教に親しくしていたと同様、彼も聖教書写に意を用いていたようであり、現に『諸神本懐集末』（岡崎市願照寺所蔵）を寛正五年（一四六四）に書写し、『歩船鈔上下』（上宮寺所蔵）を同五、六年の両年にわたって書写していたものが残されている。応仁以前の門弟の動向を知るのに重要である。その後、彼は明応二年

（一四九三）実如より本尊を下付されている。

また広瀬（愛知県豊田市）の明覚坊（後に智誓寺）は荒木門徒の一員として、また和田門徒との交渉も深かったことより文明頃上宮寺配下に加わったものと考えられる。

以上、主要末寺道場の各々について触れてきたが、前述のように『如光弟子帳』にみられない主要門弟として、浄光・良全らと常に行動をともにしていた八郎左衛門入道真慶、如光の養父恵薫等が確認できる。両者ともにすでに触れているが、ここでは真慶についてさらに触れておこう。

文明年間に真慶は青野[20]（岡崎市）に住し、蓮如よりいわゆる太刀の御文二通（富山県光慶寺所蔵）、前述の聖教異解についての御文等を送られている。[21]文明十二年（一四八〇）六月十八日の御文（『蓮如上人遺文』三一〇頁）によれば如光の遺志をついだ一人でもあった。ところで、『末寺鏡』には、

富岡一箇所同末（犬山心光坊）　今ハ犬山信慶佐々木古井一生之内三ケ寺建立実如様御代御書出今ハ浄光寺と
申候寺号教如様御代御免候西蓮寺ト云実如様之時エノ本尊ヲ御免ニ被成候

とあり、犬山の信慶を佐々木（岡崎市正福寺）・古井（愛知県安城市願力寺）の開基としているが、これは誤伝で別人と考えたい。なぜならば、犬山の西蓮寺では信慶を俗姓土岐氏（文亀三年二月十二日病没という）と伝え、文亀三年（一五〇三）五月十四日には絵像本尊を受けている。一方の真慶は、正福寺（『如光弟子帳』佐々木珠賢）の伝には俗姓山田氏（文明十六年九月九日没）、刈安賀専称坊（後に正福寺）はその遺跡と伝え、多くの末道場を配下においている。これは、尾張地方に本拠をもつ在地土豪山田氏の背景を考えるべきであろう。また、その一族には古井の行専（安城市願力寺）があり、真慶の弟と伝える。

以上みてきたように、なお推測の域を出ないものの、如光の活躍・門徒の発展を容易ならしめたのは、如光の周辺にこのような在地土豪と関係をもつ有力門弟とその背景のあったことを忘れてはならないであろう。如光没後、上宮寺は女性による相続がしばらく続いた。その間にあっても、有力末寺道場主は、如光との関係も深く、社会的にも活躍する背景のあったことなどから、如光没後のややもすれば乱れがちであった上宮寺門徒の統制を計り、その後の寺運を隆盛に向わしめたのであった。

このような有力門弟が如光門下に多く集まったことから如光の活躍も容易であったと考えられる。

第二節　本願寺蓮如と如光の関係

次に、当初より上宮寺に伝蔵されてきた蓮如・如光二尊像の下付時における諸状況から導き出されるその意義について考えてみたい。

蓮如と如光の交渉が始まったのは、寺伝では永享元年（一四二九）蓮如の弟子[22]となったことに始まるとするが、この年蓮如は十五歳、如光十三歳ということになり、少し早過ぎるように思われる。このような寺伝が生じた背景には、蓮如はこの年に一宗再興の志を起こしたとも伝えられているので、これにあやかってのことではないだろうか。

同時代史料によって両者の関係が具体的に知られるようになるのは、それより三十三年後、如光にとっては晩年のことである。すなわち、親鸞二百回忌にあたる寛正二年（一四六一）の九月二日、上宮寺本尊[23]として、紙本墨書十字名号を与えられたのが初見である。如光の没する応仁二年の八年前のことである。

この十字名号本尊は、蓮如下付の名号のうち、長禄・寛正期のものとしては他に類をみない紙本墨書・無蓮台という簡素なものである。しかし当時、蓮如が近江在住の門弟を中心に下付し続けてきた紺紙金泥の本尊と本質的にはかわるものではない。この紺紙金泥の十字名号は、无导光本尊とも称され、現存遺品や『存覚袖日記』などの記録をたどっていく限り、親鸞に端を発し、覚如・存覚以来の本願寺教団の伝統の系譜上に位置づけられるもので、蓮如の独創ではない。

この无导光本尊下付が活発になっていくに従い、比叡山より警戒されることとなり、寛正五、六年には赤野井門徒・東山大谷本願寺への弾圧と事態は急速に悪化の一途をたどっていった。この本尊下付については、当時の真宗門流にあって隆盛を極めていた光明本尊の流布や、在来の善光寺如来・聖徳太子を本尊とする者などが多くいたことに対し、親鸞精神復興を意識していた蓮如はその実践として名号下付を行ってきたと考えられる。上宮寺如光は、名号下付にともなって派生した寛正の法難という極めて重大な危機に立たされていた蓮如を助けてきた有力門弟の一人として、その存在と活躍ぶりはあまりにも著名である[24]。

このように両者が互いに親交を深めていったのは史料の示す限り、寛正初年以後のこととされている。これを実証してくれる史料がもう一点ある。それは、専福寺（岡崎市）に蓮如弔状として伝えられている蓮如自筆の書状一通である。本書状には宛名も発信日時も記されてはいないが、内容、紙質、筆跡からも蓮如自筆として誤りないものと考えられる。伝えるところに従えば、如光内室角殿（法名如順、文明三年六月二十四日没）に与えられたもので、本来、佐々木上宮寺に伝えられているべき性質のものである。そして確かに近世初頭まで上宮寺に伝えられていたことも上宮寺所蔵『太子山絵伝[25]』の札銘によって知られる。その本文の一節に「この四、五年はうちそい、いつれともよろつなに事もたのみ入候」とあり、如光没時の応仁二年まで四、五年といえば、寛正の初め頃からと解されるので前述の諸状況と年次の上でも一致する。

寛正の法難前後における真宗教団の状況といえば、仏光寺門徒の本願寺門徒化と背反運動、下野高田専修寺の伊勢一身田への移転を背景に内部分裂が表面化し、一部高田門徒の本願寺門徒化の動きが活発となっていた時期である。一方三河地方に目を転じてみると、真宗伝播以来高田門流の意識が強く、本願寺門徒としての意識はこのころ希薄であったが、如光の出現によりそれを一転せしめる結果となった。真宗以外では教学史上極めて親しい関係にあった証空を派祖とする浄土宗西山派が、播磨より進出して、三河法蔵寺を拠点に著しい発展振りをみせ始めていた。(26)こうした周囲の状況下にあって如光にかける蓮如の期待は教線拡張や教学面でも大きかったとみられる。

蓮如にとって、如光に本尊を与えたこの寛正二年は、親鸞二百回忌にあたる。これが一大転機となって、蓮如の行動は以後急速に活発となっていった。そのことは安城御影の修復と親鸞像の下付の始まりに端的に象徴されている。蓮如における中興の精神が、宗祖親鸞への復帰にあるとすれば、これに優る行為は他になかったであろう。

まず、安城御影についてであるが、寛正年間には三河の専信房遺跡願照寺に伝えられていたが、これまでにも、この御影はしばしば上洛せしめられ、親鸞像として由緒正しく著名な存在となっていた。(27)それを蓮如はこの記念すべき二百回忌を目前にして、三河より取り寄せ修復し返却したのは、如光に本尊を与えて一か月余後の十月のことであった。しかも親鸞没後二百回忌正当の一か月前のことである。(28)

また正当命日直後の十二月二十三日には、堅田法住道揚へ親鸞・蓮如の二尊連座像を下付している。これが事実上、蓮如にとって留守職継職後、最初の親鸞像下付であり、自らの寿像下付の最初ともなったと本福寺側の記録では特記してきた。(29)この本福寺側の主張をただちに信ずることはできないにしても、蓮如生涯のうち極めて重要と思われる両事実があまりにも接近していることや、寛正の法難で東山大谷本願寺が焼失した時、難を逃れた親鸞真影をまず堅田法住道場に仮安置していることを考えあわせると、蓮如が法住や如光を介して、堅田門徒や三河門徒とは寛正の法難以前から特別な関係にあったことがうかがわれ、両門徒がその後の教団発展の基軸となっていたことも頷けよう。この法難も、如光・法住らの働きで翌応仁元年（一四六七）三月、末寺銭三千貫文を毎年比叡山に送ることで結着をみた。その間、本願寺留守職を蓮如長男の順如から叡山の正教坊住持となっていた実如に改めたことなどもその一対策と考えられている。[30]その頃、京中では嘉吉の乱に端を発し、応仁・文明の乱へと激動を重ね、十年余にわたって市中を混乱せしめるに至ったこともあって寛正の法難以後、蓮如は山科に本願寺を再興するまでの十年間というもの、一所不住の生活を強いられねばならなくなっていた。その矢先の応仁二年十一月一日に如光は没したのである。やがて山科に本願寺が再興され、御影堂が成った文明十二年（一四八〇）十月、御正忌を前に再度三河より安城御影を取り寄せ修復するとともに、二幅の模写本を作成し、また願照寺へ返却している。『反古裏書』によれば、この二幅の模本のうち一本は「山科ノ貴坊」に、他の一幅は富田教行寺に安置されることとなったという。

願照寺へ返却された安城御影は、蓮如没後、住持正了によって本願寺へ進上され、かわりの親鸞単身像が永正十五年（一五一八）五月十八日に実如より下付されている。[31]西本願寺には現在この原本安城御影と副本二本中の一本が蔵されている。この副本の裏には『存覚袖日記』の安城御影記録部分を蓮如が抄出して書き留めていること、[32]また蓮如晩年明応六年（一四九七）四月十六日にも安城御影を上洛せしめていることなどあわせ考えるに、[33]蓮如はこの安城御影に対し格別な思いを寄せていたことが知られる。その間の事情を『反古裏書』は詳しく伝えている。すなわち、実如が本願寺留守職にあった永正年間の頃、伊勢国長嶋（三重県）に住した蓮淳は願照寺正了をして正本を寄進せしめるべく円如に進言して、ついに正本安城御影は本願寺へ進上されたという。[34]この進上の背景には、永正八年（一五一一）親鸞二百五十回忌が時期的にみて意識されていたことも考えられよう。

永正十四年（一五一八）三河の如光門徒にとっては重要な如光五十回忌を迎えている。その直後、永正十六年（一五一九）本願寺では一門一家制が成立、教団の組織が確立したが、この年三河にあっては、如光の墓所が営構されたと推定せられる鷲塚湊の地に三河三か寺支配に所属しない鷲塚惣道場[36]が建立された。蓮如あるいは実如を開山とし、土呂本宗寺実円が兼帯していたことから、本宗寺とともに一門一家制の中に組み入れられ、その役割をこの道場も果たしていたと考えられる。建立された場所や時期が、安城御影進上、如光五十回忌、如光墓所の営構、本願寺の一門一家制施行と時が一致しており、この時期は三河真宗史上極めて重要な時期であったこともこれらの事実からうかがわれよう。また安城御影を介して願照寺と蓮如との関係は格別であったらしく、願照寺に現存する蓮如寿像[37]は、山科八幅御影中の蓮如像とまったく同形の袈代装束をまとっており、一般末寺への下付した蓮如像としては、他に例をみないものである。裏書を失っているので下付された年次は明らかにできないが、その時期は安城御影二回目の修復、山科本願寺の建立と無関係ではないと考えられる。

なお、同型のものが、東寺執行阿刀家にも一本伝えられているが、これには証如が裏書[38]しているので、都合三幅、袈代装束の蓮如像が知られていることにも注意しておきたい。

ここで、蓮如が、親鸞二百回忌を期に下付し始めた親鸞真影について蓮如・如光二尊像を考える前提としてみておきたい。

さきにも言及した堅田法住道場へ下付された親鸞真影は、現存する遺品のなかでも蓮如裏書を有する親鸞真影としては最初のもので、裏書には「大谷本願寺親鸞聖人之御影」としながら、実は表側には四十七歳を迎えた自らの像を加えている。この様式の二尊像（連座像ともいう）は以後、各地の門徒に下付されており、いずれも「親鸞聖人真影」とのみ裏書しているので、裏書のみの紹介では、後に多く下付される単身の親鸞聖人真影と混同しやすいため、その旨注記し区別して取り扱う必要がある。(39)

現に法住に与えた親鸞真影は堅田本福寺に蔵されており、形式は二尊像で、『本福寺由来記』では蓮如寿像の最初としていることと、現存する蓮如像中最初のものであることとの一致はみたが、これは本福寺側の伝承である。一方、本願寺側では、蓮如寿像について『山科御坊事其時代之事』には「御寿像は蓮如卅三の御時始寿像を書事」としているが、稲葉昌丸氏はその内容に疑問をもち、三十三歳は四十三歳の誤りであろうとしつつ、本福寺側の史料にもあらためて注目している。もし四十三歳とすれば、父存如が没し、留守職を継職した年にあたるが、これに相当する蓮如寿像が、発見されていない今日、本福寺側の伝承も無視できないであろう。

以後各地門徒に下付してきた蓮如単身像を含めて、日本美術史上、この時期にあって八十五歳の生涯を終えるまで、これほど多くの寿像を画かしめてきた人物は蓮如を除いて他にあまり無いであろう。

蓮如はこのような絵像下付を行いつつ、活発な教化活動を開始している。

蓮如の教化の方法は御文に端的にあらわれていると指摘されるが、現存する最初の御文が寛正二年であること、この御文の蓮如自筆本を伝えていたものが、上宮寺の江戸掛所となっていた早稲田の竜善寺に伝来していたことも偶然ではないであろう。(40)

また十字名号を多く道場本尊として下付してきた蓮如が、寛正の法難を境として、方便法身尊形に次第にかわっていくなかで、注目されるのは草体六字名号の普及である。

一般にこの様式の名号には裏書を記さないのが通例であるが、このもっとも早い時期のものと考えられるものが、三河の如光誕生地で、後に上宮寺隠居所へと発展していった西端（碧南市）の応仁寺、三河三か寺の一つの野寺

（安城市）の本證寺に各々一幅ずつ伝えられ、しかも、それには裏書もあっていずれも「応仁二年五月廿日」となっている。如光の没する半年前のことである。この種の名号では、他に裏書は今日発見されておらず、これを草体六字名号下付の開始時期と考える場合、注目しなければならない。

これより後は、『本願寺作法次第』によれば、二十五日（法然命日）御斎前には三百幅、二十八日（親鸞命日）、十八日（存如命日）御斎前にも百幅・二百幅名号を書かれたことが著名な逸話として伝えられている。[41] また、『拾塵記』には、このように多くの名号を書きつづけてきた理由として「蓮如上人ノ御物語アリシハ、自余ノ御坊ハ惣門徒ノ志ニテ作ラル、也、大坂ノ坊ハ蓮如名号ヲ人ノ申サル、ソノ御礼ノツモリシヲ以チテ御建立ノ御坊也」と伝え、名号の礼銭をもって堂宇建立の志としてきたことを考える時、寛正の法難で東山大谷本願寺が焼失した直後、三河の地で早くも応仁二年草体六字名号下付の事例がみられることは、自然の成り行きであったと考えられよう。

以上に述べてきたところからも、蓮如の意識中において占める、如光の存在は極めて大きかったことがうかがい知られるであろう。それ故、蓮如・如光連座像の生まれる必然性がここにあったとみられるのであり、蓮如下付物中異例に属するこの連座像があっても不思議でないことが知られよう。この連座像の裏書は「如光真影[42]」とありながら、先述の親鸞真影と同様、蓮如と如光の連座像である。下付年月日は応仁二年十一月一日、すなわち如光の没したその日付であり、願主は如光内室の如順となっている。

蓮如門弟の単身像は、堺真宗寺道祐像[43]や、八尾慈願寺法円[44]、磯部勝願寺善忠像[45]等が知られているが、蓮如との連座像は、同時代のものとしては他に知ることができない。

また「如光真影」の裏書日付についていえば、表の絵像と裏書は同時筆でない可能性が高い。すなわち当日記したものでなく、後日、遺族角殿が如光没後百か日を前に出家し如順と法名が与えられたが、その上洛を機に蓮如によって裏書がしたためられたものであろう。上宮寺に伝えられてきた『太子山絵伝』第四幅目の札銘の示すところに従えば、その時期は文明元年（一四六九）二月のことと伝えている。なお、このような事例は他にもあったことが、『本願寺作法次第』百四十一条などからも知られる。当時の各種御影には裏書日付と絵像の成立時期を異にするもののあったことが知られるのである。

「如光真影」とまったく同一の二尊像の一幅が、伊勢射沢本宗寺にも蔵せられていることが、『別本如光弟子帳』[46]から知られるが、『太子山絵伝』にもその事をうかがわせる札銘がある。すなわち、

① 「応仁元丁亥秋此如光参詣授㆓与二尊立㆒」
② 「如光上人於㆓勢州射沢《（ママ）》㆒御化益」
③ 「依㆓如順尼願二尊立御再昼」
④ 「如順尼滞㆓留如光遺跡勢州射沢[47]㆒」

とあるのがそれである。『別本如光弟子帳』によれば射沢に上宮寺末道場があり、後真楽寺と改めたことが知られ、さらにこれが本宗寺と改号したとしている。

また佐々木上宮寺末西雲寺[48]には、近世初期の作と推定される向かって右向きの如光自画と伝える如光の単身像一幅を所蔵しており注目される。これは上宮寺の二尊像中の如光像とは向きが反対であり、模写とはいい難いので他に依るべき原本があったと思われるが、今はそれが何であったかは明らかでない。同寺は、『如光弟子帳』にみえる「高村一箇所　向専」とあるものの、後身説が一般に認められているにもかかわらず、寺伝には歴代中この向専

の名はまったく伝えられていない。如光像の縁起等によれば如光と関係があったのは法敬房蓮順であり、如光像はこの蓮順に与えられたものとしている。寺伝と史料とがこのように一致しないにもかかわらず、如光との関係を伝えている伝承として今後注目しなければなるまい。『如光弟子帳』には百三か所に及ぶ末道場を伝えておりながら、その後何らかの事情で姿を消してしまいその遺跡すら確認されないものも数多くある。遺跡確認はできても具体的に如光との関係を伝えているものは極めて少ない。西雲寺の他に、西端の如光隠居地を除けば、乙川正通寺と合歓木の正願寺が如光との関係を伝えているに過ぎない。乙川正通寺は半田市乙川にあり、如光の位牌を守ってきた寺で、もとは鷲塚にあったというから、あるいは如光の墓所が発展し移って現在地にあると考えるべきかも知れない。次の正願寺は、『如光弟子帳』には「村高一箇所　兆従」の遺跡であり、同寺には、近世末の絵像ながら、蓮如・如光・兆従三尊像一幅が伝えられている。図柄は蓮如を上に画き下に如光・兆従を対座せしめ、如光が聖教を読み、兆従がそれを筆受しているというもので、如光在世中に兆従が書写した『諸神本懐集』[49]や、『歩船鈔』[50]が伝存し、上宮寺には如光の手択聖教[51]が伝えられていることから、このような画像が生まれたのであろう。

　その他、鈴木家文書[52]には、応仁元年如光とともに蓮如が三河教化したことを伝えているものがある。これは、上宮寺の末寺が一部渥美郡に集中していることとも関係があると思われる。『太子山絵伝』にもそのことが記されており、西雲寺如光像縁起や鈴木家文書が、『太子山絵伝』と同一伝承圏にあったことがうかがわれる。蓮如と如光が同道しての教化活動もあったかも知れない。

おわりに

最後に、新出の天海自筆の『如光目安状』（仮題）一通について触れて、むすびにかえたい。

如光はさきにみたように寛正の法難において政治的手腕を発揮してきたが、一方教学や安心面にも精通していたことは、蓮如の文明十二年（一四八〇）六月十八日付御文によってよく知られている。しかし、その傍証ともなるべき著述に関してはこれまでまったく知られておらず、わずかに上宮寺その他に伝えられてきた手択聖教や、本願寺からの伝授聖教の存在が知られていたにすぎない。

ここに紹介する『如光目安状』一通は一九八一年に叡山文庫で発見したものである『同朋学園仏教文化研究紀要』三号に恵山写本「目安状」として全文翻刻し、解題を附しておいたので参照されたい[53]。『十王讃歎』以下真宗聖教七部、すなわち、『正信念仏偈註』『持名鈔』『破邪顕正抄』『安心決定鈔』『真要集（抄）』『袈娑（裟）功徳要文』の全文を書写した後、未題のまま一紙半の短文一通が収録されており、この一通が、仮題『如光目安状』である。本書は表紙に『十王讃歎』と最初の写本の書名のみある。表紙裏の目次の次に「天海蔵・山門蔵本」の墨印、末尾余白に「天海」の署名があり、全文天海筆跡としてよい。表紙の易字分類「蹇」と「十王讃歎」は天海の弟子公海の筆跡と考えられる。というのは、『法宝総目録』第三冊七七七頁以下に収録する「天海蔵」目録は、天海の没後十三回忌を前にして承応三年（一六五四）公海の編したものである「蹇」字部中に「十王讃歎一冊」とあるものと、本書の表紙にみえるそれとが合致することで知られる。目次の「安心決定鈔」の頭註に「覚如ノ御作宝光坊ノ云」とあるが、この宝光坊[54]は三河の出身で、二代祐乗は本願寺教如の葬儀大導師を勤めている。さきの公海[55]は花山院忠長の子で教如の孫にあたる人物である。『如光日安状』の最初に「如幸（光）ハ三川ノ人比ノ作」とある。内容は、最初に三因仏性を解し、後に聖道諸宗の仏性論を論じ、真宗の信心仏性を帰結とし、最後に聖道諸宗の悟を方便として沙汰するを秘事法門と誤解されては困ることを訴えて結びとしていることは、蓮如の御文(56)にいう三河の手作り法門に対応するものであり、この一文が上宮寺如光作と伝えられていたとしても当然のことといえよう。

註

(1) 上宮寺所蔵、十字名号裏書（寛正二年九月二日願主妙光）。
(2) 文明十二年六月十八日御文（『蓮如上人遺文』三〇九頁）。
(3) 『本福寺跡書』『本福寺由来記』（両書とも『真宗全書』第六九巻）。
(4) 『蓮如上人一期記』（『真宗聖教全書』第五巻）。
(5) 西端応仁寺所蔵、六字名号裏書（応仁二年五月二十日願主恵薫）。
野寺本證寺所蔵、六字名号裏書（応仁二年五月二十日願主教誓）。
(6) 『大谷本願寺系図』（『蓮如上人行実』二九四頁）、『本願寺通紀』（『大日本仏教全書』二一一頁）。
(7) 『如光弟子帳』『上宮寺絵縁起』（いずれも上宮寺所蔵。なお、『上宮寺絵縁起』は後に『太子山絵伝』と称することにした〈著者註〉）。
(8) 如光真影裏書（蓮如如光連座）応仁二年十一月一日願主釈尼如順（如光妻）
尼如順往生　文明三年八月廿四日（『如光弟子帳』）
親鸞聖人真影裏書　文明十四年十二月十三日　願主尼妙光
〃　絵伝裏書　文明十八年十一月廿日　願主尼如慶
法然上人真影裏書　延徳元年十月十日　願主妙慶
教行信証延書廿帖　延徳元年十月廿八日―（日野環氏蔵…本章の初出年次段階の所蔵者〈著者註〉）

（9）「爾為内意、幸寿丸、跡定度之由申候間、坊守相定候、各此分可被心得候也。穴賢々々

十二月八日　実如（花押）

佐々木門徒中へ」（上宮寺所蔵文書）

（10）文明六年六月廿一日御文（『蓮如上人遺文』一四七頁）。

（11）文明九年一月御文（『蓮如上人遺文』二六九頁）。

（12）文明十一年十一月御文（『蓮如上人遺文』三〇三頁）。

（13）文明六年六月廿二日御文（『蓮如上人遺文』一五〇頁）。文明六年六月御文（『蓮如上人遺文』一九八頁）。文明十二年六月十八御文（『蓮如上人遺文』三一一頁）。

（14）笠原一男『一向一揆の研究』（山川出版社、一九六二年）五六八頁以下。辻善之助『日本仏教史』第六巻、中世編五（岩波書店、一九六〇年）一六頁以下。

（15）如光弟子帳支配関係表

三河部

直接支配末寺道場			支配関係	間接支配末寺道場		
所在地	道場住持名	該当地名		所在地	道場住持名	該当地名
佐々木　三	恵見・珠賢・道観	岡崎市				
大友　一	順性	岡崎市				
西畠　一	恵久（恵薫）	碧南市				
鷹取　一	専修坊	高浜市	手次	大浜　一	四郎左衛門	碧南市
			〃	吉浜　一	道満	碧海郡高浜町
坂崎　一	修理亮・法蔵坊・浄光	額田郡幸田町	手次	長沢　一	図書助	

古井	一	行専	安城市					
大浜	一	妙専	碧南市					
矢作	一	新兵衛尉	岡崎市					
大平	一	専秀	岡崎市	手次	磯部	一	太良左衛門	不明（渥美郡カ）
				手次	山中	一	了専	岡崎市
若林	一	道正	豊田市					
高村	一	向専	右同　竹村					
牛田	一	三井四良左衛門	知立市					
長瀬	一	三良五良	岡崎市舳越町					
鷹田	一	舟津弾正	額田郡幸田町					
尾崎	一	道喜	岡崎市					
村高	一	兆従	岡崎市合歓木	手次	鷹落	一	良賢	西尾市
池田	一		豊田市					
竹見	三		豊田市鷹見					
鷲沢	一		〃　押沢	末	大島	一		東加茂郡足助町
				〃	小峯	一		豊田市
				〃	祖母居屋敷	一		不明
				〃	広瀬	一		豊田市
				〃	高橋竹尾	一	笠屋右衛門五良	豊田市竹生
				〃	足助岩崎	一		東加茂郡足助町
コイタハ	一		豊田市富田地内	末	アカツノ一シキ	一		不明

			〃	ミウチタイラ　一		西加茂郡藤岡村御内平
			〃	ヒカシトツラ　一		〃ヒカシトツラ
			〃	ミツクリ　一		〃御作
			〃	中山　一		不明
			〃	河口　一		西加茂郡藤岡村
左桐　一						
松峰　一		豊田市松嶺	直			
ホウノツ　一		不明				
木瀬　一		西加茂郡小原村				
ノカイ　一		不明				
サウシキ　一		西加茂郡小原村雑敷				
アカハネ　一		西加茂郡小原村赤羽根				
オカサキ　一		岡崎市祐欽町				
大門　一	道幸	岡崎市大門町				
河崎　一	藤三良	不明				
勢女　一	彦右衛門	豊田市中切				
俵賀利　一	良金	豊田市渡刈				
江田　一	四良左衛門	岡崎市				
田代　一	清右衛門	東加茂郡下山町				

細河　一		岡崎市	直			
竹尾　一	藤左衛門	豊田市竹生				
下河口　一		西加茂郡藤岡村				
井谷　一		刈谷市井谷				
新堀　一	平田誓順	岡崎市				
奥郡野田　一	兵衛次良	渥美郡田原町				

尾張美濃伊勢部

大部　二	六良満	大府市				不明
北尾　一		大府市				不明
(馬寄)　一	普光寺	一宮市今伊勢町馬寄	末	花井　二		一宮市大和町刈安賀
			〃	高木　一		一宮市萩原町
			〃	左千原　二		一宮市佐千原
			〃	朝宮　一		一宮市萩原町
			〃	八幡　一		一宮市大字八幡
			〃	浅井　一		一宮市浅井町東浅井
			〃	漕田　一		稲沢市陸田町
			〃	東条　一		不明
			〃	美濃結　一		岐阜県安八郡安八町

（刈安賀）一	専称坊	一宮市大和町	手次	於保　一	道順	一宮市大和町
			〃	〃　一	性全	
			末	伊勢長枝　一		三重県桑名郡多度町香取
			〃	木全　一		稲沢市木全町
			〃	花井　一		一宮市大和町花井方
			〃	宮地　一		一宮市大和町
			〃	奥　一		一宮市奥町
			〃	於保　一		一宮市大和町
			〃	林野　一		一宮市萩原町
（犬山カ）一	浄光坊	犬山市（カ）				
（美濃鵜沼）一	正法寺	犬山市	末	（美濃）蘇原二		岐阜県各務原市
			〃	（〃）太田一		加茂市太田町
			〃	（〃）スエ一		各務原市須衛
（刈安賀）一	乗専坊	一宮市大和町	手次	此坪　一		尾西市板原町高坪
（犬山）一	心光坊	犬山市	末	富岡　一		犬山市富岡町
			〃	（美濃）沢　一		羽島郡柳津町佐波
			〃	（〃）鶉　一		岐阜市鶉町
			〃	（〃）赤部二		〃　茜部町
			〃	（〃）郡部一		不明
			〃	（〃）桑森一		不明

(16) この割付記は教如の上宮寺下向に際し、その経費を末寺道場に負担させた覚である。その基準となった番銭は、番数に応じての均等割でなく末寺道場の経済基盤に対応して規定し、番数も末寺道場によって異なる。この天正十五年の番銭基準は、当寺蔵の元和七年御堂番帳の末記に、「永禄弐年之番帳有天正十九年之番帳有慶長元年之番帳有不審候ハ、相見可申候」とあり、天正十五年以前では、永禄二年の番帳に従ったと考えられる。しかし、永禄六、七年に三河一向一揆が蜂起しており、「永禄二季之番帳三人宛五人宛《ニテ》 勤㆓輪番㆒然《ニ》末山或《ハ》一揆之節出㆑国不㆑還或《ハ》退転或《ハ》幻季《タル》 故且除《ク》㆓此分㆒」(元和七年御堂番帳)とある。このような変動にもかかわらず、永禄二年の番帳に従ったと解され、順調に教線が拡大してきたことより、各々の末寺道場の勢力関係は、割付記にあっても変動が少ないものと考えられる。なお、当番制においては三河在住者に限られている。尾張分は一括して銭高で割り宛られており、この尾張分については『末寺鏡』による相互関係より推定されねばならない。

(17) 応仁二年蓮如の門弟となり、西端に道場を構え後唯願寺と称したが、一般には如光の院居所と呼ばれていた。恵薫は蓮如より次のものを下付されている。

応仁二年五月廿日　六字名号　一幅(西端応仁寺蔵裏書)

長享三年四月七日　絵像本尊　一幅(右同)

延徳三年三月十八日　蓮如真影　一幅(同　栄願寺蔵裏書)

(18) 『渥美郡史』一(愛知県渥美郡、一九二三年)四三四頁参照。

(19) 『親元日記』寛正六年五月廿六日条「(前略)淳親蜷川掃部助也知行大平郷代官事十(戸)田ワ契約之間如比」。

(20) 文明六年六月廿五日御文(『蓮如上人遺文』一九八頁)。

(21) 文明六年六月廿一日(『蓮如上人遺文』一五〇頁)。真本富山県光慶寺所蔵。

割付覚・如光弟子帳対比表

天正十五年教如下向末寺割付		文明十六年如光弟子帳該当分	備考　（末）＝末寺鏡　（寺）＝寺伝縁起　（裏）＝裏書
割付金額	割付末寺名		
貫　文 四、〇〇〇	尾張分		
二、四〇〇	専修坊	鷹取　専修坊┬大浜　四郎左衛門 └吉浜　道満	（裏）渓玉（明応五年七月二十八日蓮如真影） （裏）了全（明応四年三月一日本尊）
〃	誓忍	奥郡野田　兵衛次良	天文日記十三年十一月十五日初見、西円寺
〃	西蔵坊	太平　専秀┬磯部　太郎左衛門 └山中　了専	
一、五一六	正願寺	村高　兆従─鷹落・良賢	（裏）兆従（明応二年十一月十日本尊）
〃	西照寺	矢作　新兵衛尉	（裏）浄覚（文明十八年三月十八日本尊） （寺）杉浦氏（末）法名恵順
〃	西端	西畠　恵久裏	（末）是ハ如光院居所也寺号唯願寺鷹取慶玉イトコ也・恵久父恵薫居住

一、四〇〇	ひろせ明覚坊	コイタハ─┬アカツノイシキ ├ミウチタイラ ├ヒガシトツラ ├ミツクリ ├中山 └河口	三河念仏相承日記性善房の末裔 現在富田智誓寺
〃	坂崎	坂崎　修理亮 法蔵坊 浄光─長沢　図書助	（末）了全 （末）法善杉浦太郎左衛門尉直善西端出身 （末）道満子─浄光子道喜宮口入寺
一、二〇〇	直参分	松嶺　直　次良左衛門 細河　直	
一、〇〇〇	宮口 大友	大友　順性	（末）恵久─勝覚　宮口浄覚寺 （末）是ハ矢作恵順聟也
九五〇	細川	細河　直	
四〇〇	若林 ちくこ 牛田 保久 恵田 修堅	若林　道正 牛田　三井四郎左衛門 田代　清右衛門 江田　四良左衛門	（寺）西端出身杉浦氏法名祐照

	古井	古井　行専	（裏）教誓（永正十二年五月十四日本尊）
	教順		
	祐智		
	舞木	山中　専秀了専	
	赤坂	井谷	
	吉田唯蔵		
	竹村	高村　向専	
	にしはた		
	祐明		
	祐欽	オカサキ	（裏）祐念（永正十五年四月二十五日） （末）祐欽ニ恵順＝ハオイ也
三〇〇	順教		
	風呂下	大浜　妙専	
	いそべ祐専		
二〇〇	ほそ河重正		
	念秀		
	善秀		
一〇〇	にしはた浄西		（末）杉浦三郎右衛門子

三〇、三〇〇（実数三〇、二九八）割付基準　番銭の十倍をもってこれに定る

(22) 拙稿「『本宗寺』考(一)」(『真宗教学研究』第三号、一九七九年)三六頁。本書第三部第四章。
(23) 『真宗史料集成』第二巻(同朋舎、一九七七年)三九一頁。
(24) 『本福寺跡書』(『真宗史料集成』第二巻、同朋舎、一九七七年)六三七頁~六三八頁。『本福寺由来記』(『真宗史料集成』第二巻、同朋舎、一九七七年)六六六頁。
(25) 拙稿「『本宗寺』考(一)」(『真宗教学研究』第三号、一九七九年)。本書第三部第四章。仮題『上宮寺縁起絵』と呼称してきたが、その後の同寺の調査において、次のような一紙が発見されたことから以後『太子山絵伝』と呼ぶこととする。なお画工慶女とあるが、その伝はまったく不明である。

「　三河国碧海郡志貴之庄
太子山絵伝第五　再建之部
　佐々木上宮寺什物
　　画工慶女三七齢」

(26) 『法水分流記』(『真宗史料集成』第七巻(同朋舎、一九七五年)八一八頁~八一九頁。浜島覚成「浄土宗西山深草派三河十二本山を中心として」(『岡崎地方史研究会研究紀要』四号、一九七六年)。
(27) 安城之御影副本裏書。
(28) 『真宗史料集成』第二巻(同朋舎、一九七七年)三九八頁No.八五。
(29) 『本福寺由来記』(『真宗史料集成』第二巻、同朋舎、一九七七年)六六五頁。『本福寺跡書』(『真宗史料集成』第二巻、同朋舎、一九七七年)六三四頁。『山科御坊事並其時代事』(『真宗史料集成』第二巻、同朋舎、一九七七年)五五頁。稲葉昌丸編『蓮如上人行実』(法藏館、一九四八年)二一五頁、五八〇条。
(30) 藤島達朗「寛正法難後の蓮如上人の動向について」(大谷大学国史学会編『論集日本人の生活と信仰』同朋舎出版、一九七九年、二七六頁)。
(31) 『岡崎市史　矢作史料編』(岡崎市、一九六一年)。
(32) 宮崎円遵・岡田譲等『西本願寺　その美術と歴史』(淡交新社、一九六一年)一六五頁~二〇四頁。
(33) 『空善記』八十一条(『蓮如上人行実』三一頁)。

(34)『反古裏書』（『真宗史料集成』第二巻、同朋舎、一九七七年）。
(35)『太子山絵伝』第四幅札銘。
(36)本尊裏書、『本願寺作法次第』第十九・四十二条参照。
(37)『岡崎市史　矢作史料編』（岡崎市、一九六一年）。
(38)阿刀弘文『祈禱寺』（阿刀家、一九六一年）所収口絵参照。
(39)『真宗史料集成』第二巻に収録された蓮如裏書集はそのいずれであるのか不明であり、その意味で不親切といわざるを得ない。また、北西弘『一向一揆の研究』（春秋社、一九八一年）七五〇頁以下所収の宗祖御影裏書集についても同様である。
(40)龍善寺蔵版宝物目録。
(41)『本願寺作法之次第』第四十条・百二十八条（『真宗史料集成』第二巻、同朋舎、一九七七年）。
(42)『岡崎市史　矢作史料編』（岡崎市、一九六一年）図版五一解説九〇頁。
(43)『真宗史料集成』第二巻（同朋舎、一九七七年）三八三頁No.七〇。
(44)『真宗史料集成』第二巻（同朋舎、一九七七年）三八四頁No.九〇。
(45)『真宗史料集成』第二巻（同朋舎、一九七七年）三八七頁No.一四〇。
(46)『新編一宮市史　資料篇』第六巻（一宮市、一九六三年）四五四頁。
(47)拙稿「『本宗寺』考（一）」（『真宗教学研究』第三号、一九七九年）。本書第三部第四章。
(48)『高岡町誌』（豊田市教育委員会、一九六八年）三八八頁〜三八九頁。
(49)『古写古本真宗聖教現存目録』（宗学院、一九三七年）No.一一九四。
(50)『古写古本真宗聖教現存目録』（宗学院、一九三七年）No.一一八〇。
(51)『古写古本真宗聖教現存目録』（宗学院、一九三七年）No.一一七六。
(52)下村賢三氏所蔵文書（渥美郡渥美町）。
(53)『重要日記抜書』慶長十九年十月十一日条（『続真宗大系』第一六巻、国書刊行会、一九七六年、一三四頁）、日下無倫「東本願寺草創時代の御堂僧について」（『日本仏教史学』第三巻一号、一九四四年、一四頁）。

(54) 小串侍「公海僧正と東本願寺」(『近世の東本願寺』、法藏館、一九六五年)。
(55) 文明九年一月御文『真宗史料集成』第二巻、同朋舎、一九七七年、二一九頁No.九八、文明十一年十一月御文『真宗史料集成』第二巻(同朋舎、一九七七年)二三三頁No.一一二。

三河三か寺門徒団の基礎的研究
――勝鬘寺末寺を中心として――

はじめに

三河三か寺門徒団について、前章における上宮寺の検討[1]にひき続き、本章では勝鬘寺を中心に論じてみよう。

この勝鬘寺には、上宮寺における『如光弟子帳』のようなものは存在しないが、享保二年（一七一七）に三河・尾張・美濃・遠江に散在する末寺より提出させ、本寺勝鬘寺の住持性純によって整理された『末寺触下絵讃之控』（以下『絵讃之控』と略称）が草稿本・清書本ともに現存しており、きわめて貴重な史料である。以下これを中心に実地調査および各種末寺帳の史料を加えて勝鬘寺末寺の発展の追跡をしてみよう。

勝鬘寺は初期真宗の時代にその発祥を求めることができる。すなわち、高田門徒の支流和田門徒の本寺としてはじまり、そして蓮如教団にあっては三河三か寺（＝佐々木上宮寺・野寺本證寺・針崎勝鬘寺）の一つとして、また永禄六、七年（一五六三・四年）の三河一向一揆にはその首謀者の一人として、著しい事跡を残してきた。近世に入ってからは、寺中二か寺、末寺触下総じて百六、七十か寺、門徒は侍・町人・百姓とも六、七千といわれる[2]。宝暦五年（一七五七）七月の『宗旨改手形』によれば、寺域に居を占める人々が総じて一四一人であったと記され、その内訳を次のように記録される。

内	男	七拾三人	女	六拾八人	
右之内					
出家	住持共	拾弐人			
俗人	捨弐人	内	男	三人・女	九人
下人	拾三人	内	男	六人・女	七人
百姓	百四人	内	男	五十二人・女	五十二人

また、『寛政二年書上之覚』によれば、境域七七〇〇余坪といい、中本寺としての貫録充分であった。少なくとも、これらの数字は他の上宮寺・本證寺の勢力を凌ぐものであったと考えられる。このような大坊が最初から成立したとは考え難く、発展の時流のなかで何回もの挫折を体験しながら得られた結果であったことは想像に難くない。

本章では、このように栄光と挫折とをかみしめつつ展開してきた事実を踏まえて、勝鬘寺、ならびに門徒集団の成長過程を年次を追いつつ論を展開し、もって勝鬘寺門徒団の形成過程を把握することを目的とする。

第一節　和田門徒の本寺和田道場

『高田ノ上人代々ノ聞書』には「三河ニ和田野寺ト云フ両寺久キ高田ノ有二末寺一。和田寺ニ久ク住持絶ヘテ無《シ》レ之。真恵ノ得二御意《ヲ》一、本願寺ノソシ《(庶子)》ニ和田寺ヲ持セ給フ。本願寺ノユカリアルニヨリ、終ニ本願寺へ成リテ、今ニ如レシ此」(3)とある。ここにいう和田寺とは後の針崎勝鬘寺をさすと考えられる。当寺の開創は信願房了海と伝え、『三河念仏相承日記』には「正嘉二年に御のぼりのとき顕智ひじりの御すゝめにて、権守殿（出家法名円善）の嫡子袈裟太郎殿（出家して信願房）念仏法名出家ともに顕智聖人相伝なり。（中略）つぎに信願御房、あつうみの庄あかそぶにして、またはじめて道場をたつ。そののち、国中の道場はんじゃうするところなり。（中略）いま三河の念仏弘通のみなもとをしるすことは、高田の顕智ひじりのおんものがたり、ならびにあかそぶの信願ひじりのいにしへのおんものがたりにつきて、たいがいばかりをしるすところなり」[4]と記され、三河門徒の一流である和田門徒の重鎮であったことが知られるのである。当寺の他に信願房を開祖と仰いでいる寺は、浄妙寺（愛知県岡崎市）と勝鬘皇寺（岡崎市）があり、勝鬘寺を含めて、いずれも文明年中、火災、あるいは水害に依るとして寺基を移転したことを伝えている。しかも寺伝では住持は連綿として続いていたことを伝え残してはいるが、無住時代のあったとする方がより真に近いということができる。

また同門の人々には、野寺本證寺開基となった和田の教円を始め、荒木門徒の三河進出の足がかりとなった教円の兄性善坊楽智[5]、のち越前、近江に進出して大町門徒の主流を形成した如導や道性等がおり、また三河に在住して三河和田門徒の代表格であった信寂・寂静父子の存在も特筆される[6]。

さて室町初期に至ってこれまで隆盛を誇ってきた和田門徒は完全に越前三門徒に主流を独占され、一時三河にあっては断絶したかにみられた。そして、室町時代中頃に至って勝鬘寺高珍は娘を石田西光寺蓮慶に嫁させて、越前との交渉をさらに親密なものにしていったのである。この両人の間に生まれた了顕を高珍の後継者として勝鬘寺に入寺させたことは『反古裏書』[7]に詳しい。その『反古裏書』が、本願寺の庶子入寺として力説していることに注意するならば、三河門徒のなかにおける勝鬘寺の優位性を指摘しないわけにはいかないであろう。この了顕について願得寺実悟の『大谷一流系図』[8]に従えば、大永元年（一五二一）四十二歳で没しているので、これより逆算すれば、文明十二年（一四八〇）の生まれである。そして十六歳の明応四年（一四九五）五月八日に得度していることが知られる。(9)また了顕の祖父にあたる高珍は、『反古裏書』によれば勝鬘寺の末寺として如導を開基として越前に君臨してきた大町専修寺の後住問題解決のために、吉崎滞在中の蓮如より招換され、越前に赴いている。

その結果、高珍は女婿の石田西光寺蓮慶の専修寺入寺を進言して、これを蓮如も聞き入れて後住問題は解決したのであった。蓮如吉崎在住時代というから文明三年（一四七一）から七年の間の出来事となる。この結果、越前一円に蔓延していた三門徒不拝衆の帰参という思わぬ方向にその成果が現われてきている。また高珍自ら大町専修寺で命終していることも、この背景なくして現実とはならなかったであろう。

以上のような経過をもって蓮如教団への参加をみた勝鬘寺が、その後如何なる方向へと発展していったのであろうか。勝鬘寺集団の基礎構造に焦点をおいて末寺道場の発展消長の実態を中心に探ってみたい。

第二節　蓮如、実如時代における勝鬘寺門徒の発展過程について

前述のように、勝鬘寺高珍・了顕時代は、本願寺にあっては蓮如、実如時代に相当し、教団の発展もっとも著しい時期でもあった。その気風が自ずから発現した結果、一向一揆まで引き起こし、ために各地に門徒集団の結束がみられるに至った。勝鬘寺門徒成立の背景もこのような事情を含んできたことはいうまでもない。

さて三河の末寺門徒と蓮如との関係を示すもっとも早いものは、上宮寺如光に与えた名号本尊の裏書であり、時に寛正二年（一四六一）九月二日のことである。この年は親鸞二百回忌にあたり、蓮如は翌月の十月には三河の願照寺（岡崎市）に伝えられてきた安城の御影の修復を終えている。如光は寛正の法難における活躍をはじめ多くの

功績を残して多くの人々に惜しまれつつ五十有余歳で応仁二年（一四六八）十一月一日没していった。統率者を失った三河門徒はその後さまざまな面で乱れを生じていくことになる⑩。

高珍の時代は勝鬘寺にとって不安定な時代であった。文明の初めには寺基を赤渋道場の旧地から現在の針崎に移し、また末寺の大町専修寺後住問題がおこるなど東奔西走の有様であった。また社会的には応仁の乱の余燼くすぶる最中でもあった。この中から松平氏（＝徳川家）が頭角をあらわしつつあった時期であり、三河にあっても新旧支配勢力の交替期にもあたっていたのである。このような状況が当寺の発展にも大きく影響してきたことは想像に難くはないであろう。以上のような混乱のなかから、本證寺、上宮寺、勝鬘寺を本寺に仰ぐ末寺群の成立をみ、如光門徒は完全に解体され、その余流は上宮寺門徒として活動の場をもち続けていったのである。なお、後にこの三か寺の上に位置する本宗寺の創建年代もこの頃のこととするのがもっとも有力な説であるが、たとえそうであったとしても、三か寺の勢力は強く、その当初から実力を発揮していたとは考えられない。

蓮如時代における勝鬘寺は末寺集団発生の時代であり、その勢力は極めて微弱であったことは、前述の事情や、次の絵像本尊等の下付の情況からうかがい知れる。

裏書年月日	種類	願主	発展遺跡名
文明　十年　二月　十九日	絵像本尊	八橋　性厳	知立市八橋　浄教寺（真宗大谷派）
十年　六月　十日	〃	葦田　道場	岡崎市井田町　泉竜寺（〃）
十三年　二月　七日	〃	高村　慈通	豊田市竹元町　光恩寺（〃）

十五年十一月　二十日	〃	経師　円海	西尾市細池町	浄徳寺（〃）
			〃　上矢田町	浄徳寺（〃）
十六年　二月　四日	〃	岡山　誓珍	岡崎市桂町	正覚寺（〃）
			西尾市岡山町	正覚寺（浄土真宗本願寺派）
十六年　六月二十五日	蓮如絵像	矢作勝蓮寺　善慶	額田郡幸田町	聞入寺（真宗大谷派）
			岡崎市矢作町	勝蓮寺（〃）
長享　三年　四月二十七日	絵像本尊	三木　浄欽	岡崎市三木町	円立寺（浄土真宗本願寺派）
			蒲郡市御馬	敬円寺（真宗大谷派）

その他に年次等不明であるが蓮如下付と伝える絵像本尊を所蔵する勝鬘寺末寺には池島超仁寺、[11]須田浄賢寺、[12]六栗明善寺、[13]荻原教蓮寺[14]があり、合計十一道場が確認される。上宮寺・本證寺と異なり、尾張地域の末道場への下付事例はない。

さて、末寺の中でわずか一か寺ではあるが早い段階から寺号を名乗っているのが矢作の勝蓮寺である。当寺は、寺伝によれば本寺勝鬘寺と同じく、鎌倉時代にその成立をみるのであり、末寺中筆頭格の老分寺として後世に至るまで勝鬘寺より処遇されてきた。

さきに一覧したこれらの道場のうち開基の俗系を伝えているものに、八橋の性厳と竹村の慈通があり、ともに鈴木氏を伝えている。この鈴木氏は、当地方における豪族の一つで、中世初期より、中条氏の被官とし磯谷氏とともに活躍してきた家柄であったことが、猿投神社[15]に残された古文書等によって知られる。[16]

また三木道場の浄欽は、嘉吉の乱で敗走し諸国流浪の身となった赤松満祐の子息満照の後身と伝えている。三木道場近くの中島崇福寺(17)は西山十二本寺の一つとして当地方に三十余か寺の末山を有してきた大坊であるが、当寺の開山天祐は文安年中当地の昌泰寺に入寺改宗したことを伝える。この天祐は赤松師範の子息と伝え、三河地方の西山派山祖山中法蔵寺(18)の開山竜芸も播磨宝福寺の法系を伝え来住したとあれば、貞和二年（一三四六）二階堂行存より赤松次郎左衛門に三河のうち重原庄内三か郷の知行権を譲られている(19)ことも、赤松氏と三河との交流の激しさを語るものとして注意されよう。

次に実如時代における勝鬘寺末道場の本尊下付状況を『絵讃之控』等によって一覧しておけば次表の通りである。

下付年月日	道場願主名	発展遺跡名
明応四年　四月———	西伊文　西念	不明（西尾市伊文町）
〃六年　二月———	中島　覚永	覚円寺（名古屋市中村区）
〃九年　十月　十三日	泉田　了永	順慶寺（刈谷市泉田町）
文亀一年　八月　十三日	駒立　——（俗名柴田助家子）	本光寺（岡崎市駒立町）
〃一年十一月二十八日	横根　善明（俗名宇佐美市之進）	正願寺（大府市横根町）
〃三年　五月　三日	井之口　明心	西光寺（岡崎市奥殿町）
永正七年　四月二十八日	上吉良三井谷　称念寺	正念寺（西尾市西ノ町）
〃七年　六月　十一日	駒場　徳念	徳念寺（豊田市駒場町）

大永三年　三月二十八日	太田　西心（俗名松平信了）	信光寺（豊田市太田）
〃五年　八月二十八日	橋爪　道珍	正久寺（犬山市橋爪）

以上十件のほかに、年次不詳あるいは裏書等不完全ではあるが、明らかに実如時代のものと推定される絵像本尊を有する寺院の存在も含めて考慮すべきであろう。それは次の四件である。

東加茂郡足助町田振	楽円寺
岡崎市稲熊町	法泉寺
岡崎市土井町	誓法寺
豊川市牛久保町	浄福寺

また後に勝鬘寺配下に加わった「永正十二年六月十五日」付で「江原忽《ママ》道場物也」の裏書を有する一件を加えれば、合計十五道場である。さきに述べた蓮如時代の道場とあわせれば、この時代の道場数は二十六道場となる。このうちすでに寺号を有するものは勝蓮寺と正念寺の二か寺であった。この時期は前述のように、大町専修寺より迎えた了顕が明応四年五月八日に得度し、了顕の子了勝も永正十一年（一五一四）九月二十八日に得度して、本格的に発展を開始し、尾張地方にも初めて教線が拡張され、中島道場・橋爪道場・横根道場の三道場の開創をみることができるのである。

第三節　証如時代における発展

次に証如時代の勝鬘寺末道場の発展を絵像本尊下付の事例を中心にみていきたい。先例に従って下付年次の知られるものを一覧しておけば次の通りである。

下付年月日	道場願主名	発展寺跡名
天文五年三月十六日	奥村　善正（天文二十二年十一月二十日没）	宝光寺（一宮市奥町宝光寺　名古屋市中区勝鬘寺寺中法光寺）
〃八年六月五日	滝脇　誓度	専光寺（豊田市滝脇町）
〃八年――	山路　浄友	芳友寺（豊田市山路町）
〃九年二月二十五日	西神戸　浄空下　乗了	蓮西寺（一宮市今伊勢町）

以上四件のほか、年次を明らかにすることはできないが、明らかに証如時代のものと推定される本尊を所持している末寺は次の七か寺である。

碧南市棚尾	安専寺

岡崎市福岡町	浄専寺
〃　下和田町	常楽寺
〃　坂左右町	西運寺
豊橋市花園町	正琳寺
名古屋市熱田区	長円寺
〃　中野	長円寺

以上あわせて十一道場の追加がみられる。証如時代には、実如時代に開創された土井誓法寺がすでに廃寺同様になっており、以後再建されたのは江戸時代の文政年間に至り新城浄泉寺より浄顕なる僧の入寺による。また西伊文の西念についても後継道場不明である。[20] 必ずしも発展の一途をたどらない事例もあり、今後の調査によって総数などに変動の可能性はある。

また注目すべきは、顕如あるいは教如の裏書をもつ証如絵像の存在がある。この問題については単に勝鬘寺門徒に限るのでなく、教団全体の事例から論究せねばならないことはいうまでもないが、ここでは勝鬘寺末についてのみ触れてみることにする。問題解明の糸口としてまず一覧表を作製しておきたい。

証如絵像所蔵一覧表

所在地	寺名	下付年月日	願主
豊橋市花園町	正林寺	天正十一年閏一月　二日	吉田総道場
岡崎市奥殿町	西光寺	―	
岡崎市六名町	弘願寺	―	
岡崎市滝町	弘願寺	―	
		以上四点	顕如上人裏書
名古屋市西区下小田井	西方寺	天正　九年　一月二十八日	祐心
碧南市大浜	西方寺	〃　九年　四月二十八日	念信
名古屋市中川区	浄賢寺	〃　九年　七月　十三日	順誓
名古屋市西区	法蔵寺	〃　九年　八月　十三日	―
一宮市尾関	善徳寺	〃　九年　九月二十八日	顔正
名古屋市中川区	宝泉寺	〃　九年十二月　三日	法泉
海部郡蟹江町	徳円寺	〃　十年　二月　三日	万休
		以上七点	教如上人裏書

問題の証如絵像は天正八年（一五八〇）時点における大坂石山本願寺退城派の顕如と籠城を主張する教如との対

立のなかで下付されたものと推測され、勝鬘寺門徒中に限らず全国的な傾向であったことが今後の研究によって確かめられるであろう。顕如裏書において年次が明らかにならないものが多いが、教如裏書において天正九年（一五八一）に集中していることは[21]、この事情を無視できないことを物語っている。また大坂石山本願寺と生死をともにしてきた証如の真影であることから、これらの願主の心境のなかに退城・籠城の対立をめぐって心の動揺はさけられないものがあったことも留意しておきたいことである。

第四節　顕如時代における勝鬘寺門徒

この時期は勝鬘寺にとっても重大な危機を迎えたのであった。すなわち、永禄六、七年（一五六三・四）における三河一向一揆の勃発により兵火に伽藍は焼失し、国外追放の憂目にあい、第十一世了順をはじめ、弟の超了、子息了意の三人は信州井上に縁故を求めて、追放後の居地としてしばらく逗留していた。天正十一年（一五八三）禁制は解かれたにもかかわらず三河三か寺らは帰国は許されなかった。天正十三年（一五八五）上宮寺・本證寺とともに帰国が許されたが、この二十年の不在期間は当寺にとって大きな損失となっていた。さらに本寺大坂石山本願寺にあっても元亀・天正期は戦に明け暮れ、多くの地方門徒を動員してきたが、そうした事情が反映して、道場閉鎖もやむなきに至ったもの、また旧地をすて他国に安住地を求めるなどして地方の道場も、もっとも激しい危機に見舞われた。勝鬘寺末寺中にあっても同様であり、末寺道場のうち、絵像本尊をこの時期に下付されたのは照光寺（碧南市）、高福寺（豊田市）、正光寺（岐阜県）の三か寺に過ぎず、その年次を知ることができない。しかも顕如にあっては勝鬘寺門徒中、寿像は一幅も伝えられていないが、顕如絵像、教如絵像については多数を伝えている。教如、宣如らによる顕如絵像の下付について、各寺の伝えるところを総合してみると、石山参戦による功績を賞する縁起を述べているものが多い。石山参戦の功績とするいわれは、教如寿像となればさらに明瞭に伝えられる。

次に『絵讃之控』と末寺調査等を総合して顕如絵像の下付物一覧表を掲げておきたい。

顕如絵像所蔵一覧表（年次不同）

熱田	興徳寺	教順	慶長 八年 九月 廿二日	教如	
星崎	西来寺	等乗	慶長十一年十二月 廿三日	教如	
深井丸	興西寺		慶長 七年十二月 二日	教如	
玉野	善福寺	行信	――――		（以上尾張郡）
中泉	西願寺	敬伝	慶長十三年 四月 八日	教如	（遠州）
梅坪	安長寺	法珍	慶長 八年 八月 十四日	教如	
木田	正向寺		慶長 八年 十月 十五日	教如	
細池	浄徳寺		慶長 七年 九月 十四日	教如	
矢田	浄徳寺		慶長十五年――	教如	
須田	浄賢寺		慶長 六年 九月 廿九日	教如	
西尾	善福寺		慶長 六年 九月 廿二日	教如	
土呂	浄専寺		慶長 十年十二月二十九日	教如	

駒立	本光寺	祐順	慶長十五年 十月 五日	教如
栃立	高福寺		慶長十一年 一月――	教如
太田	信光寺		慶長 十年十二月 十九日	教如
西迫	西福寺		慶長十一年 五月 三日	教如
小江	西眼寺		慶長 九年 八月 廿四日	教如（以上三河部）

以上十七件であるが、今後の調査により増加する可能性は高い。

第五節　教如時代とそれ以後の勝鬘寺

教如時代以降においては先に触れたように、顕如との対立関係もあって大坂石山本願寺から東西分派への激しい動きは地方末寺にも影響し、勝鬘寺末寺門徒団にもその著しい傾向がみられる。三河では三か寺と早くから対立関係にあった本宗寺はいち早く准如方に加担して当地方における東西分派への先鞭をつけた。さらに慶長十四年（一六〇九）三月に教如が勝鬘寺に下向したことは勝鬘寺門徒団における東西分派の方向性を決定的なものとしていった。すなわちこの下向に際して多くの経費が末寺、門徒に課せられ、それに不満をもった末寺門徒が追放され[22]西派へと転派していったのである。ゆえに三河に散在する浄土真宗本願寺派の末寺の歴史をたずねてみると、大半が旧勝鬘寺門徒であったことを伝える。この頃より勝鬘寺に関する末寺帳各種が現存するので、その成立年次や史料的性格についてはそれぞれ注意する必要はあるが、検討を加えてみたい。

『蓮如上人御隠棲実記』のうちに記される「鷲塚御坊勤番月割記[23]」によれば、実円が本宗寺を住持していた時代の三河国内における勝鬘寺末寺総数は五十五坊を数え、三か寺のうち最高の数を誇っていたことになる。その内容を知ることができないのが残念であるが、この資料にもっとも近い数字を読むことのできるものに本宗寺[24]の『御堂番次第』があって、それによれば先の資料より二か寺の増加がみられる。ただし、もちろんその出入については検討は不可能である。

ここで『御堂番次第』にみられる勝鬘寺末寺分を摘出して、地名、人名を現在の寺院名、遺跡住所に比定して一覧しておこう。

コマル	智光	額田郡額田町 保久	長興寺（真宗大谷派）
		額田郡額田町 小丸	長光寺（浄土真宗本願寺派）
コマタチ	祐順	岡崎市駒立町	本光寺（真宗大谷派）
フカウス	善西	額田郡幸田町深溝	円超寺（元真宗大谷派現在単立）
ウニヤ	祐□	額田郡幸田町海谷	円宗寺（浄土真宗本願寺派）
ハツ	宗弥	幡豆郡幡豆町	（東幡豆福泉寺・西幡豆祐正寺のいずれか）
オホハマ	念心	碧南市字浜《（大浜）》家	西方寺（真宗大谷派）
ハスミ	教恵	西尾市上羽角町	専念寺（真宗大谷派）
ニシハサマ	円西	蒲郡市西迫町	西福寺（真宗大谷派）
ナクリ	善順	岡崎市稲熊町	法専寺（真宗大谷派）寺基移転、元投町にあり

ムツクリ	了恩	額田郡幸田町六栗	明善寺（真宗大谷派）
カウリキ	教専	額田郡幸田町高力	山泉寺（真宗大谷派）
オカヤマ	正祐	岡崎市桂町	正覚寺（真宗大谷派）移転（元岡山にあり）
		幡豆郡吉良町岡山	正覚寺（浄土真宗本願寺派）（旧地再興）
	永弥	不明	
ミツキ	順智	岡崎市上三木町	円立寺（浄土真宗本願寺派）（旧地再興）
		蒲郡市御馬	敬円寺（真宗大谷派）移転（元三木にあり）
エタケ	法道	西尾市家武	円満寺（真宗大谷派）
ノハ	教本	額田郡幸田町野場	専光寺（浄土真宗本願寺派）
キヤウシ	永弥	西尾市細池町	浄徳寺（真宗大谷派）寺跡
		西尾市矢田町	浄徳寺（真宗大谷派）移転
クワカヤ	専心	岡崎市桂町	徳円寺（真宗大谷派）寺基移転（元桑谷にあり）
マチ	□□	不明	
サカサキ	頓西	額田郡幸田町坂崎	正源寺（真宗大谷派）
タンサカ	浄誓	岡崎市丹坂町	道　場（浄土真宗本願寺派）
マチ	幸春	不明	
マチ	教祐	西尾市西ノ町	称念寺（真宗大谷派）
エナカウチ	正順	岡崎市米河内町	徳善寺（浄土真宗本願寺派）

ヨシタ	正善	不明		
ニシヲ	浄賢	西尾市須田	浄賢寺（真宗大谷派）	
オカサキ	善明	岡崎市矢作町	勝蓮寺（真宗大谷派）	寺基移転
タキワキ	誓教	豊田市滝脇	専光寺（真宗大谷派）	
アカソフ	修弥	岡崎市赤渋町		廃絶
トロ	祐正	岡崎市福岡町	浄専寺（真宗大谷派）	
シモワタ	教弥	岡崎市下和田町	常楽寺（真宗大谷派）	
ニシヲ	順正	西尾市中町	善福寺（真宗大谷派）	
コマンバ	道場	西尾市駒場町	随縁寺（真宗大谷派）	
ウトウ	教弥	岡崎市宇頭町	聖善寺（浄土真宗本願寺派）	
カマヤ	慶宗	西尾市鎌谷町	蓮光寺（真宗大谷派）	
オホクサ	教頓	額田郡幸田町大草	正楽寺（真宗大谷派）	
オクトノ	空願	岡崎市奥殿町	西光寺（真宗大谷派）	
ワカマツ	順西	岡崎市若松町	等周寺（真宗大谷派）	
ナカハタ	永順	西尾市中畑町	浄願寺（浄土真宗本願寺派）	
ナカソノ	良忍	不明		
タイタ	祐専	豊田市豊松	信光寺（真宗大谷派）	
オホカヤ	道場	岡崎市大柳《カヤ》町	道　場（浄土真宗本願寺派）	

ハチテウ	教忍	岡崎市八帖町	光円寺（真宗大谷派）
ヤツハシ	誓順	知立市八橋町	浄教寺（真宗大谷派）
イツミタ	了徳	刈谷市逢見町	順慶寺・西念寺のいずれか
ウラヘ	寿専	不明	
サカサウ	寿誓	岡崎市坂左右町	西運寺（真宗大谷派）
タカムラ	善西	豊田市竹町	光恩寺（真宗大谷派）
トチタチ	教祐	東加茂郡下山村栃立	高福寺（真宗大谷派）
オホイノ	誓順	岡崎市大井野町	源光寺（真宗大谷派）
タキヤウ	智順	豊田市竹生町	廃絶
ムツナ	明忍	岡崎市六名町	正福寺（浄土真宗本願寺派）
キタ	顕信	幡豆郡吉良町木田	正向寺（真宗大谷派）
ウラヘ	専正	不明	
ウエチ	正珎	岡崎市上地町	寂静寺（浄土真宗本願寺派）
ヤスト	教順	岡崎市安戸町	廃絶
カマカタ	西願	蒲郡市小江	西眼寺（真宗大谷派）

以上二つの資料はいずれも東西分派以前のもので、前者は実円時代というから当然三河一向一揆以前の実情を伝えたものであり、後者は、主として天正復興後慶長期に至る間の活躍者の多いことから一揆後、分派以前の実情を

伝えているものと考えてよいであろう。勝鬘寺門徒中にあってもっとも早く東西分派に至る動きをみせたのは、慶長十三年（一六〇八）十二月二十八日に至って准如より絵像本尊、親鸞絵像を下付された明願寺（岡崎市伊賀町）の了忍であり、また同日、正福寺某（岡崎市六名町）[25]は蓮如絵像を、同上和田の良祐は親鸞絵像を十月二十八日准如より下付されている。

つづいてさきにも述べたように、勝鬘寺第十四世顕正院了明代の慶長十四年三月、教如東下の際、当寺に宿泊することとなり、その接待をめぐって不参加寺院道場があった。この時の処分を不満として西派に多くの寺院道場主らが転派していったのである。その後帰参したものもあるが大部分は転派のままとなってしまった。

その後にあっては、しばしば秘事法門、異安心等の発覚により処分をさけて西派にはしったものもあって、三か寺門徒集団のなかにあってはもっとも不安定な集団であり、数の上ではあまり差は現われてこなくても、内容を子細に迫求していくと、以上のようにかなりの寺院道場の出入のあったことが知られよう。

この『御堂番次第』につづいて残された資料は大谷大学本『勝鬘寺末寺帳』であろう。これは表紙に「三州尾州末寺帳」とありながら三州部のみが記されており以下余白となっているので未完本として考えていかねばならないと思われる。しかし、こと三河に関する限り完璧に近い姿をとどめているので、前記番帳と比較しながらその内容に検討を加えてみたいと思う。次にそれを所在地と寺名のみ抽出して略記してみよう。

大浜	西方寺	細池	浄徳寺
西町	正念寺	西尾須田	善福寺分家
西尾	善福寺	釜屋	蓮光寺

木田　正徳寺
岡山　正覚寺
家武　円満寺
駒場　道　場
羽角　専念寺
浦辺　永専坊
野場　　　　了明代西へ
六米(栗カ)
御馬　慶円寺　元西福寺末
羽豆　福専寺　元西福寺末
釜形　道　場　元永専坊
大草　正楽寺
坂崎　善正寺改正源寺
土呂　浄専寺　桑名―播磨―郡山
寺中　徳円寺　元桑ケ谷
六名　道　場　了明代西へ門徒直参
矢作　勝蓮寺
丹坂　道　場　道場主西福寺出勤

西迫　西福寺　末寺八九人ノ老分寺
駒立　本光寺
奥殿　西光寺
滝脇　専光寺
太田　信光寺
栃立　真光坊高福寺
田代　道　場
発(保)久　長興寺　小丸二寺アリ　二ケ寺トナル
　　　　　　　　　発久へ隠居
多野　源光寺
滝　　弘願寺
稲熊　法泉寺
伊賀　明願寺　了明代西へ門徒直参
不動院　正蓮坊
梅ケ坪　安長寺
竹村　光恩寺
八橋　浄教寺
横根　正願寺
宇頭　正善寺　秘事発覚西へ

今川　巌西寺
浦辺正名　道場
浦辺国正　道場　西へ
三ツ木　道場
下和田　道場
野畠　道場
上和田　道場　廃絶
赤渋　道場　廃絶
順海　円長寺
釜形　西眼寺
田振　楽円寺
桑田和　道場
山路　芳友寺
泉田　順慶寺

泉田　西念寺
坂左右　道場
中畠　道場　正念寺下西へ
荻原　道場　正徳寺下西へ
中野　道場　正徳寺下西へ
郡力　道場　正楽寺下
（久保田カ）（無記入）　道場　正覚寺下
阿知和　道場　弘願寺下西へ
池島　道場　西光寺下
川口　道場　西光寺下
藤沢　道場　西光寺下　直末へ
駒場　道場　浄教寺下　廃絶

（以下余白）

以上のように『御堂番次第』と『勝鬘寺末寺帳』に出てくる寺院を並べてみると、両方に記されている寺院道場もあれば、次掲のようにどちらか一方の史料にしか記されていないものもある。

『御堂番次第』のみ（二十か所）
フカウス善西（円超寺） ウニヤ祐□（円宗寺） ナクリ善順 永珎 クワカヤ専心 マチ□□ マチ幸春 エナカウチ正順 ヨシタ正善 オカサキ善明 ワカマツ順西 ナカソノ良忍 オホカヤ道場 ハチテウ教忍 イツミタ了徳 ウラヘ寿専 タキヤウ智順 ウラヘ専正 ウヘチ正珍 ヤスト教順

『勝鬘寺末寺帳』のみ（三十か所）
ウラヘ永専坊 寺中徳円寺（元桑谷。『御堂番次第』の「クワカヤ恵心」遺跡） 矢作勝蓮寺 田代道場 滝弘願寺 稲熊法泉寺（『御堂番次第』の「ナグリ善順」遺跡） 伊賀明願寺 不動院正蓮坊 梅ケ坪安長寺 横根正願寺 今川厳西寺 浦辺正名道場 浦辺国正道場 野畑道場 上和田道場 順海円長寺 釜形西眼寺 田振楽円寺 桑田和道場 山路芳友寺 泉田順慶寺（『御堂番次第』の「イズミタ了徳」遺跡） 泉田西念寺（同前） 荻原道場 中野道場（久保田）道場 阿知和道場 池島道場 川口道場 藤沢道場 駒場道場

さらに『貞享四年末寺覚』[26]になると、次の七十六か所となる。

土呂	浄専寺	芦谷	安楽寺	幡豆	祐正寺
坂崎	正源寺	六栗	明善寺	西迫	西福寺
久保田	説讃	深溝	円超寺	蒲形（郡）	専覚寺
大草	正楽寺	幡豆	福泉寺	西之郡	西岸寺

御馬　教(敬)円寺
新城　浄専寺
牛久保　法信寺
牛久保　浄福寺
藤川　伝誓寺
小美　順性寺
針崎　正覚寺
針崎　徳円寺
野畑　常念寺
下和田　常楽寺
坂左右　西運寺
羽角　専念寺
江原　福浄寺
和気　来宮(空)寺
高河原　慶恩寺
駒場　随円寺
家武　円満寺
花蔵寺　慶昌寺

善明　良清
寺嶋　誓立寺
木田　正徳寺
釜谷　蓮光寺
細池　浄徳寺
今川　厳西寺
西尾　浄賢寺
同所　善福寺
西ノ町　称念寺
大浜　西方寺
神有　照光寺
棚尾　安専寺
岡崎能見町　覚恩寺
伊田　泉龍寺
稲熊　法泉寺
滝村　弘願寺
駒立　本光寺
多野　源光寺

発久　長興寺
栃立　高福寺
花沢　福念寺
滝脇　専光寺
奥殿　西光寺
中垣内　徳山寺
大田村　信光寺
田振　楽円寺
桑田和　久遠寺
足助　宗恩寺
山路村　芳友寺
力石村　如意寺
池島　超仁寺
川口村　栄行寺
藤沢　極楽寺
不動堂　明正(勝)寺
梅ケ坪　安長寺
伊保　和徳寺

八橋　浄教寺　　駒場　徳念寺　　横根　正願寺
竹村　高（光）恩寺　　今岡　乗蓮寺　　高力村　山泉寺
矢作　勝蓮寺　　泉田　順慶寺
東境　泉正寺　　泉田　西念寺

これまでの史料では五十数か所であったのが、貞享四年（一六八六）のこの史料では七十六か寺にも及び、著しく増加がみられる。ここには従来いわれてきた意味の末寺と異なる配下あるいは触下と称される客分まで含まれている。そのことは次の史料から明らかである。

すなわち享保二年、当寺十八世真了（性純）代に末寺改めが行われたことが、草稿本・清書本の二種の『絵讃之控』の詳記で知られ、さきの『貞享四年末寺覚』より遅れること三十年ではあるが、そこでは末寺と配下との区分がなされているのである。しかも、これまでの史料がすべて三河国内に限られていたのに対して『絵讃之控』によって初めて尾張地区における末寺分も明らかとなり、三河三か寺の一つである勝鬘寺末寺群の全体が明らかとなってくる。

次に享保二年『絵讃之控』（所収寺院のみ）によって、末寺・孫末寺、支配寺院道場の区分を整理しておく。なお、現代ではこのような上下関係はない。あくまで近世の実態を知るための作業である。

末寺　　孫末寺
八橋　浄教寺――駒場　徳念寺
（三河）矢作　勝蓮寺
竹村　光恩寺

- 東境　泉正寺
- 泉田　順慶寺
- 泉田　西念寺
- 井田　泉龍寺
- 稲熊　法専寺
- 滝　弘願寺
- 駒立　本光寺
- 多野　源光寺
- 保久　長興寺
- 栃立　高福寺
- 滝脇　専光寺
- 奥殿　西光寺
  - 川口　栄行寺
  - 藤沢　極楽寺
  - 池島　超仁寺
- 大田　信光寺
- 田振　楽円寺
- 桑田和　久遠寺
- 山路　芳友寺

- 不動堂　明勝寺
- 梅坪　安長寺
- 伊保　和徳寺
- 野畑　常念寺
- 下和田　常楽寺
- 坂左右　西運寺
- 羽角　専念寺
- 駒場　随縁寺
- 家武　円満寺
- 木田　正向寺
- 鎌谷　蓮光寺
- 細池　浄徳寺
  - 矢田　浄徳寺
- 今川　厳西寺
- 中町　善福寺
- 須田　浄賢寺
- 西ノ町　称念寺
- 大浜　西方寺
  - 神有　照光寺
  - 棚尾　安専寺

土呂 浄専寺―萱薗 円覚寺
野見 浄専寺
坂崎 正源寺
久保田 聞入寺
針崎 正覚寺―西幡豆 祐正寺
大草 正楽寺―高力 山泉寺
六栗 明善寺
深溝 円超寺
西迫 西福寺―東幡豆 福泉寺
釜形 専覚寺
蒲郡 西眼寺
御馬 教円寺
吉田 正覚寺
（遠州）中泉 西願寺
藤枝 蓮照寺
（尾張）大津町 法光寺
小田井 西方寺―松下 正明寺
木全 教円寺―東五城 慇重寺

熱田 興徳寺
笹谷 乗西寺
戸田 宝泉寺―馬ケ池 宝泉寺
星崎 西来寺
野府 円光寺┬馬寄 聴信寺
　　　　　└西神戸 蓮西寺
北一色 善行寺―米野 円福寺
中野 長円寺―熱田 長円寺
（巾下）深井丸 興西寺
尾関 善徳寺
名古屋 法蔵寺
押切 養照寺
戸田 浄賢寺
春田 浄栄寺
戸田 西照寺
中島 覚円寺
羽黒 立円寺
日置 敬円寺

蟹江　徳円寺
大谷　専西寺
下起　忍順寺
華正　円覚寺
玉野　善福寺
片原一色　荘厳寺
橋爪　正久寺
池之内　徳泉寺
万場　光円寺
桜木　崇清寺
久渕　西光寺
東村　宝光寺
美濃大樽　正光寺

支配

今川（岡）乗蓮寺

能見　覚恩寺
中垣内　徳山寺
足助　宗恩寺
江原　福浄寺
和気　来空寺
高河原　慶恩寺
華蔵寺　慶昌寺
寺島　誓立寺
芦谷　安楽寺
牛久保　浄福寺
藤川　伝誓寺
小美　順正寺
力石　如意寺
新城　浄専寺
牛久保　法信寺

地方別の諸数字をまとめると次頁の別表のとおりである。『絵讃之控』によって抽出した孫末、支配を除けば、

	三河	尾州	遠州	濃州	
末寺	49	32	2	1	84
孫末	11	7			18
支配	16	0			16
	76	39	2	1	118

三河部の勝鬘寺直末の総数は四十九か寺となって『貞享四年末寺覚』と同数である。そのうち出入りは『貞享四年末寺覚』には横根正願寺があって『絵讃之控』になく、これとは反対に記述されているのが寺中の徳円寺であり、わずか二か寺のみである。よって、この三十年間の寺院道場の増加は大略固定したものと考えてよいであろう。

　三河・尾張部については以上でおおよそ把握できたのであるが、天正十八年（一五九〇）徳川家康の江戸城移封によってみられた三河三か寺の掛所の成立や末寺の移転、また元和五年（一六一九）徳川頼宜の紀州和歌山への移封に随従した多くの末寺についてはまったく把握できていない。

　そこで当寺の末寺触下を完璧に把握していると考えられる文政二年（一八一九）『末寺触下廻順記』を最後に紹介することとしよう。

（・傍点ノ文字ハ後ヨリ挿入）

寂光山

末寺触下　廻　順　記

針崎知事

持弧ノ文字ハ康運ノ挿入スルモノナリ

当寺国法向キ不レハレ
慶寺同様之事

吉良筋

額田郡羽根
平　覚　照　寺

碧海郡土井村
触下　平　誓　法　寺

碧海郡野畑
平　常　念　寺

碧海郡下和田
飛　常楽寺
同郡坂左右
平　西運寺
同郡在家
触下　飛　養楽寺
幡豆郡羽角
飛　専念寺
碧海郡高落
触下　飛　順覚寺
同郡江原
同断　飛　福浄寺
同郡和気
同断　飛　来空寺
同郡高河原
同断　飛　慶恩寺
幡豆郡
同郡駒場

飛　随縁寺
同郡家武
飛　円満寺
同郡善明
触下　善徳寺
同郡花蔵寺
同断　飛　慶昌寺
同郡寺島
同断　飛　精立寺
幡豆郡木田
飛　正向寺
同郡鎌谷
飛　蓮光寺　殿・
同郡細池
飛　浄徳寺　殿・
同郡今川
飛　厳西寺
同郡矢田

飛　浄徳寺
同郡西尾須田町
余間　飛　浄賢寺殿・
同郡同所中町
飛　善福寺殿・
同郡西ノ町
飛　称念寺殿・
碧海郡大浜
西方寺
同郡鶴ケ崎
西方寺掛所　西・光・寺・
碧海郡神有
西方寺末　余間飛　照光寺
同郡棚尾
同断　安専寺殿・
右二十八六ケ寺（筆者註　土井誓法寺、鶴ケ崎西光寺を含めて二十八か寺となる）
山ノ内　額田郡土呂
宝内筋　飛　浄専寺

同郡菅園
飛　円覚寺
同郡坂崎
余間　飛　正源寺殿・
同郡高力
飛　山泉寺
同郡久保田
触下　飛　聞入寺
長峯村
同断　平　専・福・寺・
同郡大草
飛　正楽寺殿・
同郡芦谷
触下　飛　安楽寺
幡豆郡六栗
飛　明善寺
額田郡深溝
飛　円超寺

幡豆郡西幡豆
正覚寺下　飛　祐正寺
同郡東幡豆
飛　福泉寺
宝飯郡西迫
飛　西福寺殿・
同郡柏原
平　忠安寺
同郡蒲形
飛　専覚寺殿
同郡小江
飛　西眼寺
同郡御馬
飛　敬円寺殿
同郡牛久保
触下　飛　浄福寺
額田郡藤川宿
触下　飛　伝誓寺

同郡小美
同断　飛　順正寺
右十九箇寺
山中筋
額田郡能見町
触下　覚恩寺殿
同郡井田
飛　泉竜寺
額田郡稲熊
飛　法専寺
同郡滝村
飛　弘願寺
同郡大井野
飛　源光寺
同郡駒立
飛　本光寺
額田郡保久
飛　長奥寺

賀茂郡栃立
飛　高福寺
同郡柵沢
飛　福念寺
同郡滝脇
飛　専光寺殿
額田郡奥殿
飛　西光寺殿
賀茂郡中垣内
触下　飛　徳山寺
同郡太田
飛　信光寺殿・
同郡田振
飛　楽円寺
同郡桑田和
飛　久遠寺
同郡足助町
触下　飛　宗恩寺

賀茂郡山路
飛　芳友寺
同郡川口
栄行寺
（無記入）超・仁・寺・
同郡藤沢
触下　極楽寺
西光寺下
但諸願者末寺と相認可申
同郡力石
触下　飛　如意寺殿・
同郡不動堂
飛　明勝寺
同郡梅ケ坪
飛　安長寺殿
同郡伊保
飛　和徳寺殿
右二十四・三ケ寺

境目
碧海郡矢作
（無記入）勝蓮寺殿
碧海郡八ツ橋
飛　浄教寺殿・
同郡竹村
飛　光恩寺殿・
同郡境村
飛　泉正寺
同郡今川
触下
飛　乗蓮寺
同郡泉田
飛　順慶寺殿・
同郡同所
飛　西念寺
右七ケ寺
急触

覚《ノミ》恩寺殿
泉《イタノ》龍寺
法《タキ》専寺
源《ナイノ》光寺
本《コマタチ》光寺
長《ホツキウ》興寺
高《トチタチ》福寺
福《マセノサワ》・念・寺・
専《タキワキ》光寺殿
右八箇寺
又同一手
法《イナクマ》専寺
西《オクトノ》光寺殿
徳《ナカカイト》山寺
信《タイタ》光寺
楽《タフリ》円寺
久《タワタワ》遠寺
宗《アスケ》恩寺

如《チカライシ》意寺殿・
芳《ヤマチ》友寺
栄《カワクチ》行寺
超・仁・寺・
極《フチサワ》楽寺
明《フトウフトウ》勝寺
安《ムメツホ》長寺殿・
和《イホ》徳寺殿・
右拾四箇寺
触下　拾八箇寺
孫末　四箇寺
本末　五拾三箇寺
〆七十九ケ寺
他徳円寺正覚寺
都合七十五ケ寺
文政弐己卯年九月二日改之
寂光山勝鬘寺役者
尾州末寺

笹屋町　乗西寺
押場　養照寺殿
五平蔵町　奥西寺殿
新道町　法蔵寺殿
愛知郡
中島村　覚円寺
日置村　敬円寺
荒井村　西来寺殿
北一宮　善行寺
熱田　奥徳寺
中野村　長円寺
中島郡
大矢（ママ）村　専西寺
玉野村　善福寺
桜木村　崇精寺
井原一色村　荘厳寺
下起村　忍順寺
付島村　教円寺
福島村　徳因寺
久淵村　西光寺

野府村　円光寺
五城村　慇重寺
海東郡　高田村　宝光寺
尾関村　善徳寺
海東郡　花正村　光照（ママ）寺
万場村　光円寺殿・
春日村　浄栄寺殿・
戸田村　宝泉寺殿・
〃　西照寺殿・
〃　浄賢寺殿・
海西郡　馬ケ池村　宝泉寺
春日井郡小田井村　西方寺殿・
池之内村　徳泉寺
丹羽郡　橋爪村　正久寺
羽黒村　立円寺
知多郡　横根村　正願寺
濃州安八郡大榑村　正光寺
西方寺下

海東郡　松下村　松名寺
円光寺末
中島郡　西神戸村　蓮西寺
同寺末
同　馬寄村　聴信寺
善行寺末
愛知郡　米野村　円福寺
江戸末寺
院家　長教寺
等光寺
通覚寺
真覚寺
正行寺
遠州　浜松　芳蘇寺
中泉　西願寺
横須賀　善福寺

駿州　府中　西教寺殿・　〃　万法寺
同寺寺中　法蔵寺　〃　正明寺
相州　小田原　正恩寺　加州　十八講　円満寺
藤枝　蓮生寺　羽州　庄内霍ケ岡　光明寺
紀州　和歌山　善福寺

その他『申物帳』(25)によって次の三か寺が追加できる。

尾州海東郡松葉　長福寺（寛永五年三月一日条）
海東郡松葉庄西条　円長寺（寛永三年十月廿八日条、寛永九年八月廿三日条）
愛知郡名古野　泉正寺（元和七年二月二日条、寛永五年十一月十二日条）

他の記録にまったくみられないものであり、ここに掲げておきたい。

おわりに

以上、勝鬘寺末寺団の発展について、時代を追って史料を確かめながら整理してきた。中世から近世へと時代の幅が長きにわたり、理解に煩瑣な点もあるが、基礎的作業として必要なことである。これをふまえてさらに検討を進めるべきであるが、その際に、このような編成をもつ末寺団が具体的にどのような組織と動向をもって勝鬘寺を支えたのかといった課題は重要である。

註

（1）拙稿「佐々木如光とその周辺」（『真宗研究』第一〇号、一九七〇年）。
（2）『勝万寺境内古記』（勝鬘寺所蔵）。
（3）『高田学報』第六二号（一九七〇年）五六頁。
（4）『続真宗大系』第一五巻（真宗典籍刊行会、一九三八年）九四頁。
（5）『三河念仏相承日記』（『三本対照親鸞聖人門侶交名牒　三河念仏相承日記』（丁字屋書店、一九三三年））。
（6）『袖日記』『存覚一期記』（両書ともに『続真宗大系』第一五巻、真宗典籍刊行会、一九三八年）。
（7）『真宗聖教全書』第三巻（興教書院、一九四二年）。
（8）稲葉昌丸編『蓮如上人行実』（法藏館、一九四八年）。
（9）法名下付状（勝鬘寺所蔵）。
（10）拙稿「佐々木如光とその周辺」（『真宗研究』第一〇号、一九七〇年）。
（11）東加茂郡旭町池島・真宗大谷派。
（12）西尾市須田町・真宗大谷派。
（13）額田郡幸田町六栗・真宗大谷派。
（14）幡豆郡吉良町荻原・浄土真宗本願寺派。
（15）豊田市猿投町。
（16）拙稿「猿投半行社々家目録」（『同朋学報』第一七号、一九六八年）。拙稿「廃仏毀釈以前における神宮寺—猿投神社の場合—」（『同朋学報』第一八・一九合併号、一九六八年）。
（17）岡崎市中島町。

(18) 岡崎市本宿町。
(19) 「二階堂文書」貞和二年十二月廿七日（大日本史料同日条）。
(20) 本尊は岡崎市能見町浄専寺所蔵。
(21) 柏原祐泉「本願寺教団の東西分裂」（『大谷大学研究年報』第一八号、一九六六年）。
(22) 慶長十四年九月連判状（勝鬘寺所蔵）。
(23) 妻木直良編『真宗全書』第六九巻（蔵経書院、一九一三年）所収本。
(24) 岡崎市美合町。
(25) 上和田説教所所蔵。
(26) 岡崎市佐々木町上宮寺所蔵。

『本宗寺』考

はじめに

本章では本宗寺の創建について検討する。ここにいう本宗寺は、応仁二年（一四六八）本願寺蓮如によって建立されたと伝える三河の土呂本宗寺のことである。本宗寺が、当地方の本願寺教団発展において重要な役割を果たしてきたことはいうまでもない事実である。また本願寺教団全体の発展の上からも極めて重要な役割を担ってきたことも確かで、これまでにも多くの研究者によって指摘されてきたことでもある(1)。

しかし、本宗寺そのものの個別的研究は、史料の制約や寺跡の継承をめぐる複雑な事情があったことから、なかなか進展していなかった。

現在、土呂本宗寺の寺跡を継いでいる寺院は、次の四か寺が知られている。

(1) 本宗寺　岡崎市美合町平地、浄土真宗本願寺派、姓都路（以下平地本宗寺と称す）
中興祖四世良乗入寺の元和・寛永頃から光顔寺と称してきたが、文化十三年（一八一六）九月に本宗寺と復称す。

(2) 本宗寺 三重県松坂市射和町、真宗大谷派五か寺、姓井沢（以下射和本宗寺と称す）
旧真楽寺。宝暦六年（一七五六）本宗寺と改号。

(3) 本宗寺 三重県亀山市市ケ坂町、真宗大谷派、姓土呂（以下亀山本宗寺と称す）
元和五年（一六一九）願成寺と号して再建、貞享元年（一六八四）廃絶柔順寺取立、文政五年（一八二二）土呂殿本宗寺と改号す。

(4) 本宗寺 岡崎市福岡町御堂山、真宗大谷派、射和本宗寺支坊、姓堀田（以下旧地再興本宗寺と称す）
明治二十三年（一八九〇年）再興。

また、平地本宗寺の血脈分流寺院といわれているものに次の三か寺がある。

(1) 善宗寺 東京都世田谷区玉川上野毛町、浄土真宗本願寺派、姓西垣
(2) 徳応寺 岡崎市美合町平地、浄土真宗本願寺派、姓都路
(3) 紫雲寺 岡崎市大平町辻重、浄土真宗本願寺派、姓佐々木

さらに、本宗寺縁故寺院として次の二か寺の存在も知られている。

(1) 法円寺 岡崎市若宮町、真宗大谷派、姓中根
(2) 願随寺 碧南市鷲塚八丁、浄土真宗本願寺派、姓杉浦

（3）　照雲寺　岡崎市坂屋町、浄土真宗本願寺派、姓筒井

なお、戦国時代には「奈良本宗寺」の存在も知られるが、その後の消息は不明である。[2]

以上のように、関係諸寺は少なからずありながら、まとまった史料がほとんど現存せず、わずかながら伝持してきた平地本宗寺も昭和四十三年（一九六八）三月三十一日の不慮の火災で本堂が全焼、かろうじて庫裡は残ったが、重要史料の大半がこの火災で失なわれてしまった。筆者がこの火災以前に調査した時のメモのなかに今となっては貴重な史料となったものがあり、この時の記憶をたどり、これらの諸寺に残された断片的な史料をもとに、以下本宗寺の歴史を明らかにしていきたい。

第一節　一家衆本宗寺

土呂本宗寺は応仁二年（一四六七）蓮如によって創建をみたと伝えているが、はじめは住職が置かれなかったらしく、諸伝はすべて蓮如の孫実円をもって住職初代としてきている。

この実円入寺により本宗寺は一家衆・勅許院家へと展開し、教団内部の最上層部を構成した。その地位は東西分派後にあっても、東本願寺では五か寺の寺格が与えられ一派の式務をとりしきり、西本願寺にあっては侍真職にあり式務はもちろん、門主の代理導師、一派門徒の帰敬式をも行う特権が許され、現在に至っている。[3]

本宗寺の在地における存在形態は他の大坊とは明らかに異なっていた。例えば、本願寺御堂番体制にそれが顕著にみられる。

蓮如が山科本願寺創建時に始めたと考えられる本願寺御堂番体制については、大坊を中心に出仕・加役を命ぜられていた。しかし、本宗寺の場合はこれらを免除されていたらしく、『天文日記』や、御堂番に関する諸文書にその名を確認することはできない。少数の例外を除けば一門一家衆の除外は全国的現象であったようである[4]。

さらに本宗寺の場合、独自に御堂番体制をとっていたことも、開始時期は不明ながら、東西分派直前の慶長六年（一六〇一）まで続けられてきたことが、諸種の史料から明らかとなった。また本山への上申についても本宗寺を経由せず直参末寺が直接これを本山に取り次いでいたことも知られている。

本願寺においては、蓮如の行動開始時期にあたる親鸞二百回忌を前後して急速に教団は拡大の方向にあり、蓮如の子実如が本願寺留守職を継職した後、永正八年（一五一一）の親鸞二百五十回忌前後をピークとして教団の状況は大きく変わり、教団本質とかかわりあう異義・異安心の発生や、他方にあっては社会的勢力として為政者との間に摩擦を生じ、一向一揆を誘発することもしばしばであった。

ここに至って組織の再編成と確立を急がねばならなくなっていた教団状況があった。永正十六年（一五一九）一門一家制[5]を敷くに至ったのはこのためと考えられよう。教団拡大にともない「さすがさやうにもなりまいらせぬ御体（実如）にて候ほどに、一家衆かまへてねんごろに法義すすめられ候へ、頼入せられ候[6]」と地方分権をもって全体を管掌せしめる方向を取るべく、この制を用いることとなった。

教団拡大はことに東海・北陸において目を見張るものがあった。それゆえ東海地方には長嶋願証寺、土呂本宗寺をこの一家衆に組み入れて地方教団に対する監督権の一部を付与して、統括させることとなったのである。ただし、このような願証寺・本宗寺といった一家衆寺院が、従来の本末関係を結んできたものの上位に位置づけられ、階層的本末組織をより複雑な方向にしていったと理解されている向きが多いが、この理解には問題があろう。その理由の一つに「本宗寺下」または「本宗寺門徒」と記された下付物の裏書は一点も発見されていないことがある。三河地方において、本宗寺創建後または一家衆に取り立てられた後も、下付物の裏書に変化はみられない。裏書に明記された本末関係は、そのまま実体であるため、重要な意味をもっていたことはいうまでもない。もしこれが誤って記載された場合、道場廃絶に追い込まれる事態も発生しているほどである。[7] 本宗寺が三河の本末関係の一階層を成すとすれば、当然「本宗寺下」等の文字が確認されてしかるべきであろうが、それがないのである。

また、三河三か寺などは早くから三河の国境を越えて、尾張・美濃・伊勢等に末道場の開設をみているが、これらの諸道場等についても、各々本寺が、通所あるいは懸所を設けて国内とは別に関接支配体制をとってきたのであって、本宗寺が、これに関与したと考えられる史料も発見されてはいない。

ただし、三河国内に限って本宗寺の権限の行使が認められる史料として、本宗寺御堂番制に関するいくつかの文献はある。これについては本章最後で述べよう。

さて、本宗寺には実円が入寺して初代となっていたが、その後、兄の円如が大永元年（一五二一）八月二十日に死去したことにより、実円は四人の兄弟のうちただ一人の生存者となった。そして、その後幼少の本願寺留守職証如の後見役となり教団内における地位はにわかに上昇していき、山科本願寺々内に住する日々が多くなっていったのである。播磨本徳寺も兼務していた実円にとっては多忙を極めるに至ったことはいうまでもないであろう。実円の事跡についても後述したい。

第二節　創建地「土呂」について

これまで本宗寺の所在地「土呂」について、歴史地理学的考察はまったくなされていなかった。地方史においてもこのことについて多くを語っていない。しかし、本宗寺のような重要寺院が、この土呂に建立されたことについてはそれなりの理由があったことは確かであり、検討する必要がある。

土呂というところは本宗寺の創建により歴史は始まったといっても過言ではない。本宗寺の旧所在地土呂は明治十一年（一八七八）まで行政単位「土呂村」として残されていたが、その後合併して額田郡福岡町となり、さらに戦後の「町村合併促進法」によって周辺八か町村とともに昭和三十年（一八九七）に岡崎市に吸収合併された。現在は岡崎市福岡町に含まれ、土呂は通称としては残り、行政単位上の地名としては消滅してしまった[9]。

地理的には、岡崎城下と西尾城下のほぼ中間にあり、三河三か寺中もっとも遠い野寺本證寺（安城市）で六キロメートルの地点であり、土呂と岡崎城との関係もあまりかわらないところに位置している。そのため、岡崎文化圏にありながら、東海道宿場町岡崎城下とはほとんど関係なく、中世・近世を通じてなかば孤立的に発展してきた町である。永禄六、七年（一五六三・四）の一向一揆以前は本宗寺を中心とする寺内町を形成し、およそ一世紀にわたって繁栄を続けてきた。しかし、一揆後はその本宗寺の還住が許されず町の発展の支柱が失われ、衰微していった。住人らは生計を商業に求め、一揆後の町の復興に際しては周辺の定期市場開設を当地に移させることに成功した[10]ことから市場町として発展していったのである。現在も土呂三八市が、戦時中は中断していたものの、戦後復活し多くの人々に親しまれている。

この土呂で、市街化区域が形成された場所は、北の丘陵地を背に南に突出した舌状台地であったことから、それ以上の発展は望み得なかったので、発展にも自ら限界のあった町である。この丘陵地に立ってみる時、現在とはおよそかけはなれた景観の地であったことを、この土呂の歴史をみていく場合、忘れてはならないであろう。

すなわち、台地足下より東南に奥深くまで広がる岩堀池[11]（後に菱池と呼ぶ）があり、これより矢作川に通ずる水路（現在広田川）とその周辺の沼沢地、その対岸には西尾・幸田方面に延びる三ケ根山を中心とする幡豆山地の小高い山並みの続く景勝の地であった。しかし、慶長十年（一六〇五）の矢作新川の開削工事やその後の岩堀池の干拓でその面影は次第に薄れ、この景観は現在では池は地名としてのみ残り、広田川としてその跡を残すのみとなった[12]。

岩堀池の周辺村落への土呂からの交通は、多く舟を利用していたことが語り伝えられており、この池の特産物に三稜菱・鮒・鯉など淡水魚等の漁にもめぐまれていた。主生業は農業であったが、副業的に水産業にもたずさわってきたことは、舟役も住民に荷せられていたことなどから知られる。このような生活体系も、池の周辺部の干拓が進むに従って崩壊していったことはいうまでもない。幕末維新期に急速にこの干拓が進んでいるので、その頃に至ってこのような変化を遂げてきたと考えられる。

この景観は北陸において蓮如が拠点とした吉崎と酷似していることに気づくであろう。

現在では、この舌状台地の最北端に土呂八幡宮（社伝では本殿は一向一揆焼失後の天正初年に再建と伝える。重要文化財）が鎮座している。本宗寺はその前付近にあたるところに造立されたとされ、この丘陵地は長い間、御堂山とも呼ばれてきた。この本宗寺を中心に南に向けて寺内町が広がっていたらしく、小字名に対屋（多屋の意）・西八町・地光寺・上明寺等を発見することができる。

本宗寺創建と同時に寺内町が形成されていったとすれば、文明三年（一四七一）の吉崎、文明十一年（一四七九）

の山科、天文元年（一五三二）の大坂石山に先行するものである。寺内町研究上、没却することのできない重要な存在となるであろう。また、退転直前の永禄三年（一五六〇）十一月に、前年の本願寺の門跡昇格にともない、本宗寺も最初の勅許院家となったことも重大な問題として意識しておく必要がある。

さて、当時、町の西側を北から南へ流れていた旧矢作川と、岩堀池を結ぶ内陸部の水運の至便であったことは、『信長公記』に「家康公未だ壮年にも及ばれざる以前に、三川国端に土呂、佐座喜（佐々木）、大浜、鷲塚とて海手へ付いて然るべき要害、富貴にして人多き湊なり⒀」とあることからもうかがい知られるところである。

土呂より西南部の西尾北部地域に広がる沼沢水路はあたかも水郷のような景観を呈していたので、文人墨客の訪うこともしばしばであったらしい。連歌師宗長⒁もその一人であった。幕末の地方画家貫河堂の描写⒂はその面影をよく伝えて余りあるものがある。

寛永期の成立と考えられる「三河国全図⒃」に従えば、岩堀池の岸辺には北側に西から土呂、上地、坂崎、高力、鷲田、岩堀、南側に西から永良、羽角、南永井、野場、六栗があった（土呂、上地を除くすべては現在の愛知県額田郡幸田町に所属する）。これらのうちには文明十六年（一四八四）成立の『如光弟子帳』には坂崎の修理亮法蔵坊浄光（記載様式から三人の三道場と数えることも多いが、御文によれば一人と考えられる）と鷲田の舟津弾正（旧猿投神社神官）の道場のあったことが知られている。

元禄十四年（一七〇一）の「三河国全図⒄」では矢作川の治水・周辺の干拓とが進んで土呂、上地、羽角が岸から離れたため水産業の放棄へと生活様式の変化を遂げている。

永禄一向一揆で壊滅状態に追い込まれた、本宗寺とその寺内町の規模旧跡も、現在ではまったく確認されておらず、復元も困難な状態にある。地籍図『明治十五年愛知県郡町村字調⒅』に残るわずかな地名だけがその手がかりを残しているにすぎない。

一揆で本宗寺は退転し、寺内町は荒廃するに及んだ後、土呂郷は上林政重（後利休の弟子となる）が元亀四年（一五七三）頃から支配するに及び[19]、土呂八町新市を起こした。この市は近郷近在にその名を知られていたほどで、現在も続いている土呂の三八市はこれを起源としている。天正に入ってからは松平親宅（長沢松平氏、法名念誓）らと茶園を拓いて、歴代将軍の年始の茶をここから献上していた[20]。

本宗寺はその後、天正十三年（一五八五）十月二十八日に土呂の旧地より東四キロメートルの馬頭野の石川氏屋敷の一部に再興を許された。その後も数度の易地を余儀なくされているが、現在の美合町本宗寺は馬頭野寺跡に臨接して慶長六年に再建されたものである[21]。本宗寺が去ったあとの土呂の町には本宗寺門前にあった浄専寺がその中心となり、現在では「土呂の蓮如さん」といえばこの浄専寺（岡崎市福岡町・真宗大谷派）を指している。毎年四月下旬に勤められている一月遅れの蓮如忌には当寺の宝物拝観[22]も許され、多くの参詣者でにぎわっている。

また、この浄専寺より分かれた能見町浄専寺は「能見の蓮如さん」として親しまれてきた。当寺の祐賢は本多忠勝の帰依を受けて寺基を再興させ、以来本多氏随伴寺院の一つとして、慶長十五年（一六一〇）には桑名へ転住。その後は姫路、大和郡山等を経て、明和七年（一七七〇）本多忠粛に従って石見浜田より岡崎に入り、寛政五年（一七九三）二月六地蔵町に移り住していた。大正八年（一九一九）に焼失し[23]、現在地に移って再建したのが現在の姿である。以上が、同系寺院が市内に二か寺ある由縁である。六地蔵時代の当時の蓮如忌の賑わいについて『参河国名勝志[24]』では「岡崎駅第一の美観なり」と伝えている。なお、土呂浄専寺の寺伝によれば、佐々木如光とともに住持唯念は蓮如の三河教化を助けたと伝えている。寺伝の類ではあるが、注意しておきたい課題である。

第三節　本宗寺の創建

本宗寺の創建に関する同時代史料は、一揆壊滅等によりほとんど残存していない。

一揆後帰住して入寺した当寺四世で中興祖良乗と六世了念によって元和・寛永頃に当寺の由緒が語られて[25]以来、三河地方の諸志では本宗寺を外護してきた石川氏伝来の文安三年（一四四六）創建説が一般的であったが、明治の書上に至って、玄智の『本願寺通記』所説の応仁二年（一四六七）説に従ったことから以後、応仁二年説が一般化するに至った。

前者の文安三年説は、三河石川家と本宗寺に伝えられてきたもので、三河石川家の祖石川政康が蓮如に随伴して三河へ来住した年と伝えてきたところに縁由があると考えられる。後者は多くの蓮如伝に支えられながら三河に早くから弘通していた応仁二年、西端への教化説にもとづくものである。さらに先啓の『蓮如上人縁起』では伊勢射和本宗寺創建[26]と上宮寺との関係を三河本宗寺創建に関連せしめて、上宮寺如光がこれに深くかかわりあいを持ったとする説まで出された程である。

ところで、上宮寺には、寺史を語る資料が後世のものながら二つ存在する。その一つは『古今纂補鈔』五巻であり、享保十年（一七二五）から十五年（一七三〇）にかけて住持真光が撰述したものである。内容配分からみて第二巻が如光の伝であったかと推測されるが、明治末以後にこの第二巻のみ行方不明となっている。他の一つは本書と対応して作製されたと考えられる『上宮寺縁起絵』（『太子山絵伝』）五幅である。このうち、如光に関する部分の第三・四幅の銘を次に記してみよう。

〔第三幅〕（　）内は現存史料との関連を示すもの

1　応永二十四丁酉夏四月十五日従三河国油淵化児出現
2　村老謁□□□以ト名如光令継上宮寺
3　永享元己酉冬十一月如光為蓮如上人□（之）弟子
4　依如光上人之化導大蛇天上
5　寛正二（ママ）丙子春二月大衆□（会）合大講堂之処（寛正六年一月八日〔延暦寺西塔院不断経集会事書〕）
6　同季春二年十六日大谷破却（寛正六年一月十日本願寺破却〔『経覚私要鈔』『本福寺跡書』〕）
7　同日日輪告怪異於如光上人
8　大田杉浦門徒守護如光而上洛
9　如光於大津近松□蓮如上人堅田
10　如光与大衆問答決択
11　大衆依如光之勇力躊躇悚悚
12　如光与大衆□（切断）和□
13　如光得祖師之形像発大津
14　如光勧三州御下向于蓮（如脱カ）上人

〔第四幅〕

15　寛正二辛己春三月七日蓮□上人従大津出船
16　如光於大走（津カ）浦吟詠

17　同秋九月二日蓮如上人着入上宮寺（上宮寺所蔵如光宛十字名号裏書）
18　同四癸未秋比蓮舜法師被送書于三州
19　蓮如上人依蓮舜法師之内通還帰近松
20　応仁元丁亥秋比如光参詣授与二尊立（射沢本宗寺所蔵蓮如・如光連座像）
21　如光上人於勢州射沢□(勧)化益
22　同二戊子冬十一月朔日如光往生（『如光弟子帳』）
23　於藤野火葬
24　如光上人之墳墓築于同国鷲塚
25　如光往生之旨以使僧達于蓮如上人
26　如光室角従蓮如上人賜御弔状（岡崎市祐欽町専福寺所蔵蓮如筆弔状）
27　文明元己丑春二月如光室角於近松□(成カ)御弟子
28　依如順尼願二尊立御再昼（上宮寺所蔵蓮如・如光連座像裏書）
29　如順尼滞留如光遺跡勢州射沢
30　文明三□(辛)卯夏五月大衆再乱入大谷願智勇力
31　文明十二□庚子夏六月蓮如上人□(御)述懐御書（文明十二年六月十八日付『帖外御文』第三十四）
32　同十六甲辰冬十一月朔日□□(如光)十七廻忌□山訪以御帳清記与末寺帳（『如光弟子帳』）
33　文明十六甲辰夏六月如順尼集来山遺言（順序32項の前にあるべきか）
34　延徳元□(己)酉冬十二月八日□如順如光遺言人之事□(幸寿)丸続□□□（上宮寺所蔵実如消息）

このように第三・四幅の大半が如光の伝で費やされているこの『上宮寺縁起絵』は、第五幅の最後に「就東西御分尊祐」とあって、その成立時期は江戸初期とみてよいものである[27]。

構成は一般の絵伝にみるように下から上へ、同段中では右から左への順序を踏襲しており、画風は稚拙ながらも当時流行の奈良絵本のごとき筆法がみられ、色彩はあたかも丹緑本にみられるような淡い色彩を全幅に用いている点でも、成立時期を江戸初期とする推定がうなずけるであろう。

札銘の内容を年次を追って見ていくと、一見順序次第に錯乱を生じているようにみられるが、5項で「寛正二丙子」とあるのは康正二年丙子を誤ったと思われるが、内容は以下13項まで、『本福寺跡書』にみられる如光の活動と一致する点が多く、寛正六年（一四六五）大谷本願寺破却に関連する内容であることはいうまでもない。次幅の寛正二年（一四六一）上宮寺への蓮如来化と年次の上で順番が前後交錯しているのは、如光の伝記においては寛正の法難の功はもっとも強調すべき事件であり、内容のまとまりによって絵伝が構成され、絵解きが行われていたのではないかと思われる。

この点を除けば如光伝に誇張はみられず、およそ（ ）内に注記した現存諸史料と合致するものの多いことから、この『上宮寺縁起絵』の史料的価値を再評価すべきものと思われる。ことに『古今纂補鈔』第二巻が紛失している今日、他に頼るべき史料を見出し得ない如光伝という点でも注目すべきものである。

しかし、これほど多くの如光伝記的事実を紹介しながら如光の土呂本宗寺創建についてはまったく触れていないし、その他上宮寺側の諸史料からは如光の本宗寺創建伝説すら発見できないことは、応仁二年（一四六八）十一月一日に逝去した如光と本宗寺創建という事実関係に疑問をいだかざるを得ないことである。

先述の『上宮寺縁起絵』の札銘中にあって、これまであまり注意もされてこなかった如光の墓が24によれば鷲塚に設けられていたらしいことは再確認していく必要があろう。この地には本願寺実如を開山とする鷲塚御坊が成立年代を伝えないまま、かつて存在していたことと関係があると思われる。一門一家制を制度化した永正十六年（一五一九）鷲塚惣道場に絵像本尊が下付されており[28]、願主は恵性である。現在不明となっている当道場の月番割記[29]に永正十一年（一五一四）に絵像本尊を下付された恵性が性順、順慶在庵出勤となっている。恵性は、伝えるところでは延宝九年（一六八一）西本願寺末へ転派するまで上宮寺末寺であった鷲塚願随寺の七世とされ、そして、性順を八世、順慶を九世としているので、鷲塚惣道場の発展したものが願随寺であるという説は成り立たず、別個の存在であったと考えるべきであろう。

如光没後五十年余を経過して、実如を開山[30]に仰いで鷲塚惣道場が開創された。この道場は土呂本宗寺と常に対比される存在であった。その後、永禄一向一揆で廃絶したが、本宗寺にあてた慶長四年（一五九九）十一月二十九日付田中吉政安堵状[31]には「諸役等前々如鷲塚令免除事」とあることより、再興された鷲塚惣道場が、一時期ではあるが、土呂本宗寺の代役として役割を果たしてきたこと、江戸時代には鷲塚山本宗寺と称してきたことなどから、如光の廟所が発展して鷲塚惣道場となったことが推測される。このことが反映して、土呂本宗寺如光創建伝承へと発展していった可能性は強い。

如光の没年と推定される本宗寺創建の年次とが一致していることから、如光との関係を無視することはできないが、本宗寺・亀山石川家側に伝承されている文安三年（一四四六）の年次はともかく、蓮如と石川家祖政康とが親密な関係にあったこともまた想像に難くない。現在、平地本宗寺境内にも、石川政康の墓として室町末期頃の特徴を示す宝篋印塔一基があり、塔身は金剛界四仏を、基壇正面には「登空院殿釈種現龍大居士、文亀二壬戌年、七月十八日」、向かって左の面には中央に「石川下野宿《ママ》頭政康墓」とある。

また政康の墓と伝えるものは、彼の故郷安城の小川蓮泉寺にも残されており、当寺では法名を「光照院殿釈了善」とし、没年は文明十八年（一四八六）三月二十五日と伝えており、前者とまったく異なった伝承をもっている。蓮泉寺は、かつて昭和の初め頃、愛知石川会が事務所を当寺に置いて顕彰活動を進めてきており、『浄土真宗と三河石川』や『意真上人伝』（岡崎市中島町浄光寺開基）などの著書の出版等も行い、盛んな活動を続けてきたが、政康と蓮泉寺の関係についてはなお究明すべき点が少なくない。

本宗寺創建と深いかかわりあいをもっていると伝えてきた石川政康についてさえ前述のような状態にあり、真宗と三河石川氏の関係を具体的に示し、当時石川氏蟠踞の状況を伝えてあまりある天文十八年（一五四九）の本證寺連判状にみられる多くの石川氏の血縁関係にしてもほとんど不明である。現在知られている範囲では、筆頭署名者の石川与八郎忠成が、桑子妙源寺所蔵の大永七年（一五二七）七月六日付寄進状の発給者として知られるのを最古とし、永禄一向一揆前後においては石川家成の活躍が顕著である。さらに本宗寺にとりわけ関係深い石川数正が天正十三年に秀吉方へ出奔して以来[32]、その最後は京都で死したとは伝えられていたが、没年も不明のまま諸説流布する結果となっていた。『言継卿記』に「石川伯耆守（数正）葬礼七条河原ニテ有之、興門（顕尊）引導也[33]」とあって、本願寺顕如が没して葬儀の四日後、顕如と同じ七条河原に葬儀を執行していたことが知られることにはなったが、その命日は依然として不明である。文安三年下野より三河に移住したとされ、多くの分家を残し、後に大名家を生んだ石川家が、その最初より真宗と深いかかわりあいを保ち、三河本願寺教団の最大の危機であった永禄一向一揆の戦後処理においては、家康との間にあって取成役を充分に果たしてきたことは周知の事実である。このように本願寺教団との関係を無視できない三河石川氏は、後南朝再興運動の一中核[34]としても役割を果たしてきている。この点にも注意をしていく必要があろう。

以上みてきたように、本宗寺創建に関しては応仁二年創建説が妥当と考えられるが、その協力者に如光と石川政康とが伝えられ、いずれも確証を得るまでには至っていない。ただし、今後の研究の方向だけは、右に述べてきたところで明らかとなったであろう。

続いて、開基実円入寺に至るまで、どのような状況にあったのか考えてみたい。

実円の出生は、明応七年（一四九八）であることが知られている。本宗寺に入寺する時期は伝えられていないが、近世末の編になる『石川家記録』（岡崎市在家養楽寺所蔵）に、永正七年（一五一〇）三月、石川康成が本宗寺実円の弟子となり、法名恵盛と改めたと伝えている。このことは、三河の諸寺院の開基伝承が親鸞あるいは蓮如に結びつけて伝えていることが多いのに、一人恵盛のみ実円の弟子と伝えていることは、より史料価値を高めることにもならないであろうか。また実円の外祖父高倉永継（永正七年十月十二日没、当時実円十三歳）の十七回忌（大永六年十月十二日正当）を前に、実円が永継の孫永家に宛てた消息[35]に「□十七年□ほどなくなりまいらせ候、まことニいまさらのやうニおほしめし候ハんとおしハかりまいらせ候事候」とあり、永継と懇意であったことがうかがわれるので、永正七年頃まで実円は在京していたらしい。

本宗寺へ入寺していた事実を確認できるのは、永正十二年（一五一五）に実円の兄播磨本徳寺実玄が十九歳で死去したために実円が本徳寺兼帯となったことを記す『反古裏書』や実悟の『本願寺系図』であり、この時すでに入寺していたことは確実である。しかし、父実如の後継者となっていた兄円如も三十二歳で大永元年（一五二一）八月に死去し、その子証如が後継に内定した事情もあって、実如とともに常に在京の身となったと『反古裏書』にみえるから、永正七年入寺としても、大永元年まで十年ほどである。大永五年（一五二五）父実如没する直前の一月十八日には子息を四歳で得度させ、法名実勝として[36]、本宗寺を継職せしめている。

以上のことから、応仁二年の本宗寺創建以来、初代住持実円入寺までは約五十年もの空白期間があったことになるが、その間、本宗寺の宗教活動を伝えているものがまったくないわけではない。新行紀一氏によって初めて紹介された『土呂山畠今昔実録』には「本宗寺祖師聖師無図之御影、其外ニ御絵伝四幅共本願寺八代目蓮如上人御年六十裏文明七未年二月九日額田郡土呂トアリ」[37]とみえており、親鸞絵像や、親鸞絵伝四幅が下付されていたことが知られる。また最初に縁故寺院の一つとして若宮法円寺を紹介したが、当寺は宝暦年中に本宗寺宝物の木仏、絵像本尊、親鸞絵像（実如裏書）の三点を中根甚之助が譲り受けて道場とし、法名了円と称してきた[38]という。昭和二十年（一九四五）の空襲でこれらはすべて焼失しているので確認はできないが、記録にいうようにこれらが本宗寺の宝物であったとすれば、親鸞絵像が二幅あったこととなる。射沢本宗寺には、中世のものとみられる親鸞絵伝が伝えられていることを確認はしているが、未調査のまま現在に至っている。

また、能見浄専寺には文明元年（一四六九）十一月廿八日、願主釈良存の裏書をもつ蓮如絵像（寿像）があり、寺伝のように最初、土呂に道場を設けたとすれば、本宗寺応仁二年創建説を支える重要な史料ともいうべきであろう。

おわりに

以上、本宗寺の創建より、初代住持実円入寺に至るまでの当寺の歴史を追ってみた。最後に、地方における中本寺の末寺支配と御堂番制について、あらためて述べることにより、地方教団の構造と、その中に位置する本宗寺や三河三か寺の存在形態を確かめ、本章のむすびとしたい。

封建社会下にあって、宗派を問わず本末関係についてみた場合、末寺の力は弱く、中本寺の権力的支配に終わることが多かったことは、一般社会の諸集団の場合と大差なかった。

その場合「末寺役」に代表される、諸役、ならびに経済的負担の遂行は、重要な意味をもち、もし、これらを履行しなかったような場合は中本寺はこれに制裁を加え、堪えかねた末寺は転派によってその処遇を逃れようとする方向にあり、これがため、中本寺も厳しい取り締まりのできない弱さを持っていたことも事実であった。

ところで、三河の本願寺教団内部に中世末から近世初頭にかけて顕著にみられた御堂番制度は、本末関係の骨格ともみなされるものであった。当時の三河における本末構成について図式化しておけば、次のようになる。

本願寺─┬─本宗寺（一家衆）─┬─三河三か寺─国内在住末寺─門徒
　　　　│　　　　　　　　　└─直参諸末寺─門徒
　　　　└─三河三か寺─国外在住末寺─門徒

このような本宗寺の地位を守成できたのは実円在世中に限られており、その後は住持後見役として留守居を設け、山本与兵衛を申し付けている。永禄一向一揆後は次第に三か寺とは対立関係になり、東西分派後は勝鬘寺の不満派を率いて西派の中核的存在へと移行していくことになる。以上のような立場に置かれつつも、本宗寺には国内在住の三か寺末寺をはじめとする直参末寺等を構成員として、一か月十数名による御堂番制が東西分派直前まで行われてきた形跡がうかがわれるのであるが[39]、三か寺の住職のみはこれに加わっていないのが原則であった。

三か寺の末寺は、本宗寺御堂番出仕と同様に中本寺への御堂番も勤めることとなっていた。この方は各中本寺によって規定も異なっていたらしく、時勢の推移によっても異同がみられ、時期相応の改訂が行われていたようである。たとえば上宮寺の場合では、天文頃から実施されていたようであるが、他国末寺には金銭代納法を、国内在住者は原則として出仕する事が立前で、やむを得ない事情のある場合、これも金銭代納が認められていたのである。また永禄一揆前後における末寺道場の変動によって増減が生じた場合、詰日数などで調整する方法をとってきた。勝鬘寺の場合、末寺数が絶対的に多いことが直接原因となり、国内在住末寺でも当番役の付加されない場合もあったのである。また、番数も末寺の経済力等によって査定され、数番を受けもつものもいた。一末寺の査定評価についてもかなり流動的であったらしく、ある時期には四番を受け、他の時期では一番を受ける場合もあり、時代の進展とは関係なく増減のみられることにも注意を払う必要があろう。

次に上宮寺における改訂年次についてみるならば、永禄二年（一五五九）、天正十九年（一五九一）、慶長元年（一五九六）、元和七年（一六二一）の四度の改訂をみるが、時代の下るにつれて規模の縮少がみられるのも大きな変化である。また御堂番における番数査定評価は他の臨時費負担の算定基礎となった[40]。このように本末関係の中核として、長期にわたって強固に行なわれ、江戸幕府の用いた触頭制度の影響はあまりみられず、三か寺の触下は客分扱いとなし、当番には加わらなかったのである。

三河三か寺の場合、その御堂番制度の存続によって、本末関係を維持し、近世社会に君臨することができたのである。しかし、本宗寺の場合は、一家衆寺院として、三河本願寺教団の最上位に立ちながら、独自の末寺による御堂番制度をとりえなかったために、近世に入った時、その力は相対的に失なわれていくことになった。

註

（1）笠原一男『一向一揆の研究』（山川出版社、一九六二年）六二二頁～六三二頁。新行紀一『一向一揆の基礎構造』（吉川弘文館、一九七五年）二一九頁。

（2）『天文日記』（『真宗史料集成』第三巻、同朋舎、一九七九年）天文十二年一月七日条「自奈良本宗寺下弐百疋」、同十三年十一月廿四日条「奈良本宗寺門徒中、廿五日非事之頭事闕怠之由候、然者如先々相勤度之通、望之也。㢦事二八去々年雖相望各不可調之由、申出之処、又重而望申之間、其上者可相勤之由、所申出也」、同廿年七月七日条「自奈良本宗寺方小手桶二到来」。

（3）パンフレット『本宗寺』一三頁。

（4）金龍静「卅日番衆考」（名古屋大学文学部国史研究室編『名古屋大学日本史論集』、吉川弘文館、一九七五年）四五八頁。

（5）『反古裏書』（『真宗史料集成』第二巻、同朋舎、一九七七年）七四六頁。

（6）『栄玄記』第二十一条（『真宗史料集成』第二巻、同朋舎、一九七七年）五九一頁。

（7）『別本如光弟子帳』坂崎条（『新編一宮市史　資料編』第六巻、一宮市、一九六三年）四六六頁。

（8）拙稿「佐々木如光とその周辺」（『真宗研究』一〇号、一九七〇年）。本書第三部第二章。

（9）『日本地理集成』第四巻「愛知県の地理」（光文館、一九六四年）三二五頁。

（10）『家忠日記』天正六年八月廿六日、天正七年四月七日、天正十一年七月八日の各条。

（11）『鷲田風土記』五九頁によれば、元禄十四年には南北十七町半、東西一里十八町の大きさであった。

（12）『鷲田風土記』五七頁、『日本地理集成』第四巻「愛知県の地理」（光文館、一九六四年）二八九頁～二九二頁参照。

（13）角川文庫本三五一頁。

（14）『宗長日記』大永四年六月八日条。

（15）『岡崎市史』第六巻、（岡崎市、一九二八年）四五九頁図参照。

（16）『岡崎市史』（岡崎市、一九二八年）添付地図。

（17）『岡崎市史』（岡崎市、一九二八年）添付地図。

(18)『明治十五年愛知県郡町村字調』では、福岡村の条に、北御坊山、南御坊山、御坊山、御堂山、堂後、北市仲、西市仲、北西仲、南西仲等の字名がみえており、地続きの上地村には上明寺・地光寺がある。
(19)中村孝也『徳川家康文書の研究』上(日本学術振興会、一九五八年)二〇〇頁。『史籍雑纂』第三(国書刊行会、一九一一年)所収『上林竹庵由緒書』参照。
(20)中嶋次太郎『松平忠輝と家臣団』(名著出版、一九七五年)一二三頁。中村孝也『徳川家康文書の研究』上(日本学術振興会、一九五八年)五六一頁。『岡崎市史』第七巻(岡崎市、一九二八年)四七一頁。
(21)佐々木正磨『石川数正伝』(私家版、一九五八年)口絵所載『宝永八年光顔寺古御堂趾および新御堂絵図』。
(22)『岡崎地方史研究会研究紀要』四号(一九七五年)八頁〜一〇頁。
(23)『岡崎市史』第六巻(岡崎市、一九二八年)五二二頁、浄専寺条。
(24)『岡崎市史』第七巻(岡崎市、一九二八年)五二五頁参照。
(25)『三河国光顔寺由緒』(新城市新城中学保管牧野文庫所蔵)。『国書総目録』では九州大学図書館所蔵として「光顔寺中興記一冊、光顔寺由緒書写一冊」の二部を掲げともに著者了念としているので、本宗寺(旧名光顔寺)六世了念の記録と考えられる。土呂浄専寺所蔵『本宗寺系図』によれば、「良乗　寛永十二年九月十二日寂」「良念　天和元年四月二十日寂」と伝えているので、その成立年時もこれ以前であることが推測される。
(26)『新編一宮市史　資料編六』(一宮市、一九六三年)四六四頁、『別本如光弟子帳』『上宮寺縁起絵』。
(27)『岡崎市史　矢作史料編』(岡崎市、一九六一年)図七〇・七一に四幅を収め、解説にも四幅となっているが五幅の誤りで、五幅中の第四幅が調査もれとなっている。
(28)碧南市願随寺所蔵本尊裏書。
(29)『蓮如上人御隠棲実記』(別名『蓮如上人御遺跡図絵』)。
(30)『本願寺作法次弟』(『真宗史料集成』第二巻、同朋舎、一九七七年)五六五頁。
(31)『岡崎市史』第七巻(岡崎市、一九六一年)四七三頁。
(32)『家忠日記』同年十一月十三日条。
(33)文禄元年十二月十四日条。

(34) 石川玄『浄土真宗と三河石川』(愛知石川会、一九三五年)八頁。
(35)『言継卿記』(一)大永七年紙背文書(『史料纂集　古文書編第一』、続群類従完成会、一九七二年)。
(36)『実如上人闍維中陰録』(『真宗史料集成』第二巻)。
(37) 新行紀一『一向一揆の基礎構造』(吉川弘文館、一九七五年)二二九頁。
(38)『岡崎市史』第七巻(岡崎市、一九二六年)五二六頁、法円寺条。
(39)『慶長年中御堂番壁書』
(40) 天正十五年教如下向附割付控(上宮寺所蔵)。

三河一向一揆に関する諸記録について

はじめに

新行紀一氏の『三河一向一揆の基礎構造』（以下、「本書」とする）が刊行されて二年あまりの間に五本もの書評が発表されている。それらは次のとおりである。

重松明久『日本歴史』　昭和五十年十一月号
煎本増夫『史学雑誌』　八四編一一号
金龍　静『史林』　五九巻三号
所理喜夫『歴史学研究』　四三五号
河合　勲『日本史研究』　一六九号

それぞれの立場から種々の問題点が指摘されており、一書について、これほど多くの書評が寄せられた例も他にあまり見当たらない。このことは、本書が公刊された意義が極めて大きかったことを物語っているであろう。また、著者への今後の研究成果にも期待が寄せられている証であるといってもよい。筆者のような者があらためて筆を取る必要はないと思っていたが、真宗史・仏教史、三河地方史研究の立場からの発言を、という強い要請もあって、遅ればせながら筆をとることにしたのである。本書を読んだことを契機に、本書に取りあげられていない諸問題についても若干の私見を述べてみたい。

第一節　護法史観と松平中心史観

三河一向一揆の研究の歴史は長く、近代史学の中で論ぜられるようになってからでも、すでに半世紀以上の時を経過した。

その間、多くの研究者によって論ぜられながら、今日においても、その成果はいまだ充分とはいいがたい。研究の進展を阻んできたものは、当事者間の史料はもちろん、同時代史料の欠如していることが第一に考えられる。その他に、その後、現在に至るまでに残されてきた史料の大半が、本願寺方と松平氏（徳川氏）方に帰属せられるものであるため、前者にあっては護法史観、後者にあっては新行氏が指摘してきた「松平中心史観」に基づく記述であることから、成立時の新古にかかわらず、客観性に乏しい点が指摘される。このような史料の制約に対処していくには史料批判が充分なされ得てはじめて、史実を客観的に把握できることになろう。

本書のもっとも特色とすべき点は、著者が序文でも述べているように、松平中心史観の暗雲を除去しながら、松平氏の発展を正確に把握することに努力された点である。その結果、天文の後半から弘治・永禄へと約十年間にわたる今川氏の三河領国支配という具体的事実が明らかになった。戦国大名今川氏研究の新課題として重要であり、今後さらに検討が深められていくことになるであろう。

第二節　今川氏領国支配と宗教政策

戦国大名の領国支配政策の重要な部分を占めるものの一つに宗教政策がある。新行氏は今川氏の領国支配を究明しながら、宗教政策について語るところがない。時あたかも、キリスト教伝来の直前・直後のことでもあり、宗教界の動きも活発化しつつあったところである。

今川氏において、その中心人物として活動したのが太原崇孚（?～一五五五）すなわち雪斎である。彼は今川義元の軍師として著名であるばかりでなく、また禅僧としての存在意義も大きい。軍師として三河入部以来、宗教活動も顕著な事実であり、天文十九年（一五五〇）三月二十九日には再興なった京都妙心寺第三十五世として入寺、没後、その功をもって「宝珠護国禅師」と追謚されている。

太原崇孚は天文十五年（一五四六）西尾の実相寺を再興して東福寺派から妙心寺派に転派させている。この実相寺の転派は三河山間部に明応五年（一四九六）妙心寺第八世柏庭宗松によって開創をみた三玄寺[1]とその末寺三か寺を除けば、平野部における最初の妙心寺派の伝播であった。しかも実相寺は、今川氏発祥の地の近くにあり、同族吉良氏の菩提寺でもあった。これを布石として、東観音寺・大平寺・正宗寺[2]とその末寺をも含めて、太原一派の門弟等によって禅宗諸派より妙心寺へ転派せしめて、三河の禅宗地図を大きく塗りかえていった。また三玄寺柏庭門下の仁峯によって天正十九年、天恩寺とその末寺群が永源寺派から妙心寺派に多数転派せられるに及んで、三河の臨済禅は、鎌倉五山系の諸派と東福寺派・永源寺派は大きく後退し、現在の臨済各派の分布の基本が確立するに及んだのである。

三河地方の臨済禅の現況は、妙心寺派一三三か寺（うち太原門派八十か寺）、永源寺派二一か寺、東福寺派八か寺、方広寺派八か寺、南禅寺派二か寺の合計一七二か寺である（『愛知県宗教法人名簿』昭和四十七年版）。

太原崇孚の活動は無視できないものであり、今川氏の三河領国支配のなかで、宗教政策も重要な部分を構成していたであろうことは現況からも読破され得るのである。さらに明治初年の廃仏毀釈による妙心寺系の減少をも考慮するならば、太原崇孚の存在はさらに重要性を増してくることはいうまでもない。この点にも留意しながら今後の今川氏の三河領国支配研究は進められねばならないであろう。

第三節　『三河記』について

新行氏は本書の第六章第一節以下において、一向一揆の基礎史料として取り扱われている諸書について、細心の注意を払いながら書誌的研究を一歩前進せしめた。その結果、これまで成立年代不明であったものが次第に明らかとなってきた。これは、この方面の研究者にとって非常に貴重な成果である。

新行氏も指摘しているように三河一向一揆の経過をまとめて記した最初のものは、寛永二年（一六二五）成立の大久保忠教の『三河物語』である。この原本『三河物語』は三巻三冊であるが、異本『三河記』成立に至る経過について、書誌的課題の解明を試みることが是非必要であると思われるので、少しくここに触れておきたい。

『三河物語』は一名『三河記』とも呼ばれるが、関野済安著になる同名異本八巻八冊本があって、ともに『三河記』という別称で呼ばれてきた。そのため早くから両者の間に混乱が起こり、それを整理しようとする動きが、江

戸末期には早くも生まれている。すなわち、『国書総目録』によれば、

三河記異本考　　　竹尾次春（号覚済）〔文政八年成立〕
三河記異本部類　　墨　海　山　筆八十七（内閣文庫所蔵）
三河記諸本考異大概　山本正邦（内閣文庫所蔵写本）

等が著されていることが知られる。ここで取り扱われた『三河記』の諸本は十数本に及び、それぞれ解題を加えており、そのうち現存する諸本も、『国書総目録』中で紹介されている。

ただし、大久保忠教の『三河物語』三巻は現在自筆本が残されており、全文写真で公開され、さらに後の諸異本成立過程も、久曾神昇氏等の研究で明らかとなってきたが、自筆の原本が残存しているためか、異本成立の背景等についてはあまり追求されてこなかった。

しかし、次に指摘するように異本が成立する重要な背景のあったことを忘れてはならない。『誹風柳多留』に「三河記をやはやはとゝくだんぎ僧[3]」というのがある。この『三河記』は忠教の『三河物語』の方を指すものと考えられる。「だんぎ僧」は、また談義坊・談義坊主とも呼ばれ、仏教の教えなどを、わかりやすくおもしろく説き聞かせる僧侶である。これを聴聞せんとして談義場（説教所）へ多くの人が談義参と称して集まってきたらしく、俳諧書の『類船集』には「談儀参も遅参の人には縁にゐて聴聞するそ侘しき[4]」とまでのにぎわいをみせていたらしい。また真宗においては、節分の夜に平太郎説教（談義）をする風習[5]もあり、その談義本が大谷大学図書館には所蔵されている。このように『三河記』異本の成立背景に談義僧の活躍は無視されるべきではないであろう。

また同じ『誹風柳多留』のなかには、三河一向一揆について読まれたものもある。たとえば、増上寺に安置されている黒本尊の戦功を読んで「真黒な加勢《イ》白幡立《テ》直し　加丈」（巻九八）、また「針崎一《ッ》揆糸をひく御注進　よしほ」（巻一六二）、「針崎の一揆主君をめどに取り　〆丸」（巻一六六）などがあり、これなどから推測されることは、談義僧の対象とした『三河記』はそのすべてではなく、この三巻のうち中巻に収録されている三河一向一揆の顛末に関する部分[6]が中心であったと考えられる。この部分を抽出して別行しているものに『三ケ寺物語』[7]『永禄年間三河国浄土真宗一揆之事』[8]と称してきたものがあるのも、それを裏付けてくれよう。

第四節　『三河記異考拾遺録』の書名について

次に『三河記』に関して、触れておかねばならないのが『三河記異考拾遺録』（三巻）である。この書は、新行氏の研究に従えば『三河記』の一向一揆に関する部分の拾遺・追補であるが、諸異本との関係は不明である（二五〇頁）。内容検討の結果、『三河記異考拾遺録』（以下『拾遺録』と略称）は、最古写本が元禄十五年（一七〇三）本で、その後次第に整備されて『三河国門徒兵乱記』（以下『兵乱記』と略称）、『参州一向宗乱記』（以下『宗乱記』と略称）へと発展したものとして一系列をなしたものとされる（二五一頁）。このうち、活字化されているのは、最後の『宗乱記』のみで、黒川本が日本歴史文庫（一九〇七年刊）に、東京大学総合図書館本が『日本思想大系』第一七巻（一九七二年刊）に収録されたのみで、他は断片的に諸書に引用されているにすぎない。なお、後者については、中島次太郎氏によって注釈書『参州一向宗乱記注釈』が出版されており参考になる。

『国書総目録』が出版されてより、これらの諸書の所在が明確となり、これまでまったく知られていないものも多数知られるに至ったため、再検討の必要に迫られている。一例として『国書総目録』にみるような厳密な書名の取り方を守るとすれば、書名による異本・同本の弁別にも苦慮すべき問題をもっている。

たとえば書名からは前述の『兵乱記』に属する写本の一つと考えられる西尾市立図書館内岩瀬文庫本について精査してみると、次のような事実を指摘し得る。異名の多い書名の呼称には慎重を要する問題である。

①　国書総目録　三州本願寺宗一揆兵乱記　一冊

②　愛知県郷土資料総合目録〔1〕（一五七一）三州本願寺一揆兵乱記　一冊

③　岩瀬文庫目録　三州本願寺一揆兵乱記　一冊

右に記したものは各種目録に収載された、同一図書についての記載例である。本書の表題には正しくは『三州本願寺一撥（揆）兵乱記』とあって、③を参照しながら作製されたと思われる①において「宗」の一字が加えられている。原本の内題には「宗」の一字が加えられてはいるが、「三州」の部分は「参州」となっている点、いずれに照合しても不適当と考えられよう。②の場合は、目次・尾題の部分に共通するが、書名として取る場合不適当と考えられる。

さらに複雑な事例として浄専寺本[9]がある。書名からは『拾遺録』に属するものであるが、

（表　紙）三河国一向宗一揆蜂起拾遺録　上下

（内表紙）（中央部に）三河国一揆蜂起之事
三ケ寺帰参事

（左 端 に）三河国一揆蜂起拾遺録
（目　 次）三河国異考拾遺録上　目録（下巻同じ）
（内　 題）三河記異考拾遺録
（尾　 題）なし

とあって、書名としては、内題をもって一般に共通するものとなっているので、他の部分から題名を取った場合の書名だけをみていると別本のごとき感を覚えるので、これら類書にあっては一本ごとに検討を加えた上で誤解を招かない書名の決定が必要かと考えられる。

参考事例としては、新行氏が『三河一揆巻』『三州土呂一揆濫觴記』二部を内閣文庫蔵として紹介している（本文二五二頁）のに対して、『国書総目録』では、『参河一揆巻』の見出し項目中に別名として『三州土呂一揆濫觴記』と『三州一揆巻』とを掲げて、その写本として内閣文庫本には「三州一揆之事」と内題を明示して一本のみを掲げ、別名の各々の項目には、『参河一揆巻』をみよとして、新行氏の二部に対して一部のみとしているなど指摘し得るのである。このように説明不足による誤解を生ずることもあり得る。

第五節　類書の成立時期――『黒本尊縁起』を手掛りに――

ここにいう黒本尊とは、芝増上寺に宝暦十一年（一七六一）護国殿本尊として安置された阿弥陀如来を指す。

この尊像は、かつて三河真宗発祥の道場として知られてきた桑子妙源寺（元明眼寺、後に家康により改む）の根本本尊として信仰されてきたが、永禄の三河一向一揆直後に家康の念持仏とされ、家康没後、増上寺へ寄進された。そして、後には家康の位牌を安置した安国殿とともに境内に護国殿を造営して奉安してきたほど、丁重な扱いを受けてきたのである。この本尊に対する徳川将軍家の信仰はことのほか厚く、それゆえ、源家にまつわる数多くの霊験談を残し、それを喧伝するために用意されたいくつかの系統を異にする縁起書が、写本として、あるいは刊本として現存している。これら各種の縁起書に収録されてきた話の多くは、荒唐無稽なものとして一笑に付せられる性質のものではあるが、伝承説話としてこれを再見する時、新たな問題を提起することになる。

黒本尊縁起が形態を整えて板行された最初のものは、宝永七年（一七一〇）初刊になる、珂然校閲、良信著の『浄宗護国篇』四巻四冊である。本書の内容は四篇より成り、参州大樹寺開山勢誉、中興登誉、増上寺中興観智国師伝につづいて増上寺阿弥陀仏霊像記が加えられている。その後、観徹の序が加えられているのであるが、正徳二年（一七一二）、正徳五年（一七一五）、安永七年（一七七八）、文化六年（一八〇九）とわずか百年の間に五度までも版を重ねて出版されたことは、注目すべき事実であろう。

これに加えて、校閲者の珂然が『浄宗護国篇成語考』四巻を前者再刊の正徳二年に開版している。[10]その間、増上寺にあっては、本尊を仮堂へ安置し、または本堂に仮安置してきたが、宝暦十一年三月に一堂宇を本殿真裏に造営し護国殿と名付けて黒本尊を安置した。[11]その結構は安国殿と並び称されるほどで『江戸名所図絵』にその詳細を描写している。このように次第に江戸庶民にも親しまれるようになり、新井白石は『伸書』に黒本尊の霊験を語り、また『俳風柳多留』（巻八一）には「金箔は付かずと光る黒本尊」とまで親しまれるに至り、多くの参詣者も押寄せ、ことに御開帳には、その縁起が拝読され木版刷の縁起が頒布されていた。その一つに刊年不明の『黒本尊霊験略記』一冊がある。[12]全紙わずかに五葉で、刊年はなく、頒布所の「増上寺護国殿守護所」と末尾に記すのみであり、内容は以下に述べる『黒本尊縁起』の意抄出本である。

この『黒本尊縁起』には二種の刊本があるが、いずれも刊記をもっていない。序跋より刊年を推定しているため完全な書誌記述が得られず、『国書総目録』では四種の刊本を認めることとなったが、事実は二種の刊本が認められるにすぎない。その一本は、嘉永元年（一八四八）十月源興院十世法了瑩の自序と、十二月に伝通院の立玄順の序を置くもので、一般に嘉永元年板と呼ばれてきたものである。他の一本は、表紙題簽に『重修黒本尊縁起』とあり安政六年（一八五九）八月当時護国殿の守護職にあった天光院八世親碩の自序をもち、翌年の万延元年（一八六〇）四月、増上寺大僧正慧厳の序をもつもので、万延元年刊本とすべきものである。にもかかわらず、『国書総目録』には万延元年刊本とともに安政六年刊本を掲げているが、これはカード製作者の認識不足に原因があるようである。『国書総目録』に刊年不明本として掲げられているのは、この二本ともに刊記をもたないことに起因する別本扱いと考えられ、嘉永元年⒀、万延元年本筆者架蔵の二種に限られるようである。ともに内容は同一で字句の異同がみられるにすぎないのであり、題簽から嘉永本の重修本か万延本であることが知られるのであり、内容量からはこれが最大のものと考えられる。この両黒本尊縁起の祖型となったのは、摂門の編になる『三縁山志』巻之二で、本書は三十年も以前の文政二年（一八一九）に出版されたことのある本で、もっとも当時普及していた『浄宗護国篇』によっていないのである。また察阿の『浄宗祭神祝禱編』⒁で、『三縁山志』所引の『妙源寺記』について補説していることも注目を要する事柄である。またこれらとは別に『国書総目録』には『黒本尊阿弥陀如来略縁起』の写本として内閣文庫本、東大本の二本を掲げている。内容の詳細は調査にあたっていないので不明であるが、『縁山志』巻二に抄録している略縁起と同一のものであろうかと思われる。

以上、黒本尊に関する各種縁起についてその大要を述べてきたのであるが、そのほか、元安置されていた三河妙源寺において語られてきたもの以外では、三河地方に関する地誌中でも詳細を伝えているのは『三河名所図絵』[15]下巻ぐらいで、他は断片的な記載がみられるに留まる。また宗内での順拝記類が多く江戸中頃より出版されているが、『二十四輩順拝図絵』後篇五にやや詳しい記述がみられるのみである。妙源寺側では黒本尊の所望状とその身代りの本尊として、運慶作と伝える別光三尊仏、増上寺忍海筆の黒本尊絵像とが今に什宝として保存され、毎年の虫干しには必ず黒本尊の縁起が談義されてきたのである。それ故に、「黒本尊ノ縁起三州以来安置且霊験ノ事共ハ諸記ニ出ルト云𪜈(トモ)明(妙)源寺ヲ以テ本拠トスベシ予三縁山志弟(第)一(二ノ誤リ)ノ巻ノ処ニ本尊ノ来由幷類仏利験ノ事共雑述セシカト其時イマダ明源寺記ヲ見サリシ故唯旧記ヲ採略セシ也」と察阿は『浄宗祭神祝禱編』下刊本五十三丁で妙源寺を信拠すべきことを強調してきたのであり、また妙源寺側の伝承をこれによって知ることができるのである。

それでは「黒本尊」の名称がいつ頃から用いられ始めたのであろうか。永禄七年[16]（一五六四）と推定される家康の懇望状[17]には、「恵心之阿弥陀」と記されるので、家康所望当時は用いていない。その後使用され出したとしても家康自身用いていたかどうかは明らかでないが、延宝四年（一六七六）以前に原型の成立したと思われる『三州一向宗乱記』にその名称縁起[18]が略記されており、「黒本尊」名称の用いられたものの初見である。その依拠したと思われる、大久保忠教の『三河物語』（元和八年〈一六二二〉成立）には、黒本尊について語られてもよいのであるが、その片鱗すらうかがうことを得ないので、それ以後使用に及んだものと考えられる。増上寺へ入仏した年次は明らかではないが、寛永七年（一六三〇）将軍秀忠の命で御厨子所が造営され、本尊が安置された[19]というから、増上寺入仏後に使用され始めたと考えてさしつかえないであろう。

以上みてきたように、黒本尊の縁起は『三州一向宗乱記』に始まり、増上寺において別殿が造営されて以後、にわかに喧伝され始め、以後次第に内容が充実、整備され、内容の固定化が計られてきたものと考えられる。ここには、古代・中世以来行われてきた霊験記に源流をもちつつ、幕府弱体化のうちにあって武勇伝を交えつつ徳川創業史の一翼を荷い、その政治的意途を黒本尊を通じて庶民に教化せしめていったのであり、その果たした役割は極めて大きかったといわねばならないであろう。

次に、このようにして普及し続けてきた黒本尊縁起のうちに収録されてきた霊験談のうちより注意すべきものについて述べておきたい。

一つには妙源寺建立縁起についていえば、柳堂伝説についてまったく触れておらず、矢作の長者、浄瑠璃姫伝説に結びつけている点である。しかも、これまで矢作の長者といえば兼高長者が一般通説であるのに、ここでは大江定基伝説に結びつけて大江元長を矢作の長者とし、その姫浄瑠璃としており、したがって浄瑠璃姫伝説における伏見中納言源師仲についても触れるところがまったくみられないことである。このような通説にない説話の始源については現在のところ明らかにしない。東三河地方には応永以後大江氏と称する一族の活動も明らかにされており、三河地方における大江氏の社会的勢力もかなりのようであり、これを無視することができなかった背景を考慮すべきであろう。[20]

次に柳堂伝説との関連性についてみるに、現在も妙源寺境内には柳堂として親しまれている太子堂一棟が真宗関係最古の室町初期の建造物として国の重文に指定されている。この太子堂には後世の写しではあるが、正和三年（一三一四）の年号をもつ棟札一枚があり、すでにこれに桑子専修念仏柳堂門徒の名称があらわれている。[21]しかもこの地は『三河念仏相承日記』にいうように、かつて平田道場と呼ばれ、正嘉元年（一二五七）庄司太郎こと念伝房蓮慶が顕智を請して開いたが、その後、建武二年（一三三五）十一月この地で矢作川の合戦があり、焼失後再建され、その頃の古文書も現在当寺に保存されている。『天文日記』にみえる伊勢柳堂も、建武二年の兵火により伊勢に逃れて再興されたといい、室町中期には柳堂阿弥陀寺とも称して親しまれてきている。またこれとは別に、柳堂古本尊と称して三河三か寺の勝鬘寺に伝えられ、慶長二十年（一六一五）八月五日付旧蔵書矢作勝蓮寺の添状、および寛永六年（一六二九）三月十九日付の勝鬘寺了明買得を伝える古文書、延宝年間の成立という『柳堂本尊縁起』とともに保存されてきているものがある。これらの史料から現在の太子堂が即柳堂でないことは明らかで、本尊は弥陀如来であったことを思わしめるものがある。しかも黒本尊は秘仏で法量を求め得られないが、縁起では二尺六寸と伝え、柳堂本尊としてもふさわしく、一方で勝鬘寺の柳堂本尊と称するものは破損も著しいが一尺に足らないものであり、黒本尊三河時代の御前立に相当するものとも考えられよう。しかも黒本尊縁起には、大江元長孫元勝より、念信房蓮慶に送られ、これを本尊として明眼寺（妙源寺の古称）を建立したと伝えられている。以上のことから、平田道場明眼寺は柳堂と称する阿弥陀堂に、増上寺の黒本尊を安置し、境内に現存の太子堂を併立し、伊勢三日市の太子寺如来寺を想起せしめるものがあり、それを支えてきたのが柳堂門徒であったといえよう。

さて、『拾遺録』『兵乱記』『宗乱記』の諸本は共通してこの黒本尊を「方丈仏」として収録している。黒本尊は、これら類書の祖型本の成立年代を明らかにする重要な鍵を握っているものと考えられる。

すなわち、浄専寺[22]・善証寺[23]所蔵の『拾遺録』、浄専寺本の対校本で享保八年（一七二三）の奥書のある浄教坊[24]所蔵『拾遺録』、また安城市立図書館、西尾市立図書館内岩瀬文庫所蔵の『兵乱記』、また日本歴史文庫所収黒川本[25]、『日本思想大系』所収、東大総合図書館所蔵の『宗乱記』の諸本ともに、黒本尊は芝増上寺へ寄進後「今の方丈仏是也」と記されている。しかも類書中の諸本において内容の異同はまったく認められず文言の少差にすぎない。してみると本記事成立時点では増上寺方丈に一時安置されていたことを示すものである。黒本尊は宝暦十一年（一七六一）増上寺境内に護国殿が完成されにわかに喧伝され始め、縁起絵巻が作られたり、各種縁起が出版されたりしてきたことから、霊仏として江戸市中において庶民信仰の対象化されてきたことなどは、これら諸本の記載内容からは感じ取ることはできない。

しかも単独の黒本尊縁起として最古に属する『浄宗護国篇』（宝永七年成立）附録「武州三縁山増上寺阿弥陀仏霊像記」には「宜《ク》《シト》レ安三置《ス》之《ヲ》二於廟堂之地《ニ》一矣。遂降《ニ》二釣命《シメ》一遷《ス》二于増上寺《ニ》一、延宝四年九月二十二日夜丈室《ノ》失火《ス》、霊像所居之処焔火已盛、欲レ救無レ方、時有二一人一躍レ身入二煙焔之中一、捧レ之移二於庭外一衆人大喜見レ之（以下略）」とあって延宝四年（一六七六）まで丈室すなわち方丈に安置されていたことを知る。このことから、延宝四年九月まで方丈に黒本尊は安置されていたのであり、「今の方丈仏是也」の文言は、この時以前の状況を伝えたものである。諸縁起に従えば方丈焼失後は、一時本堂に安置されてきたのであったが、一本堂に二躰の阿弥陀如来があっては不自然であるということで、仮別堂が設けられることとなった。その後宝暦十一年護国殿を建立して安置することになった。とすれば、方丈焼失後、再建後の方丈に安置されてきたこともないことは明らかである。このことから『拾遺録』『兵乱記』『宗乱記』等の類書の祖型部分中もっとも変化の少なかった黒本尊縁起の部分は、最下限延宝四年の成立とみることができ、成立の古さでは、『永禄一揆由来』とあまり差はないものと考えられよう。

また、これまでまったく顧みられることのなかったもので注目すべきものに『本朝通鑑』がある。これは幕命を受けて父林羅山の後鵞峯がこれを引継いで寛文十年（一六七〇）完成したものである。完全な刊本としては国書刊行会本があるのみで一般的でなく、本文もすべて漢文体であるためあまり利用されなかったと考えられるが、著述目的が史書として明白な目的をもっており、異説をそのまま載せて結論を急がない点、良心的な史料の一つとして使用に堪え得る内容をもっている。三河一向一揆に関する部分については、その量において『三河物語』に匹敵するものであり、永禄六年（一五六三）九月一揆蜂起を伝え、その遠因として菅沼氏の上宮寺乱入事件を取り上げている点は、記事の正確さという点で、今後大いに活用されてよい史料の一つとして指摘しておきたい。

おわりに

以上にみてきたところからも理解されることであるが、三河一向一揆の研究に不用意に用いてきた史料に再検討を加え、類書の書誌に関心を寄せつつ、史料の体系化を急ぐことが必須である。また、従来看過されてきた史料についても、綿密に史料批判することにより、用いることができる。黒本尊縁起などはその一例である。

註

(1) 東加茂郡旭町東萩平。
(2) 三か寺とも豊橋市内。
(3) 『誹風柳多留』巻二、明和三年刊。
(4) 『日本国語大辞典』第七巻（小学館、一九八〇年）「たんぎまいり」の条所引。
(5) 井原西鶴『世間胸算用』。
(6) 『原本三河物語研究』研究・訳文篇（勉誠社、一九七〇年）一〇四頁〜一二〇頁。
(7) 大谷大学図書館粟津文庫蔵。
(8) 岡崎市福岡町浄専寺蔵。
(9) 岡崎市福岡町。
(10) 『図書総目録』参照。
(11) 『三縁山志』第二巻（『浄土宗全書』第一九巻、浄土宗開宗八百年記念慶讃準備局、一九七五年）。

(12) 筆者架蔵。
(13) 同朋大学所蔵。
(14) 天保二年刊一八三。
(15) 夏目可敬著、嘉永四年夏。
(16) 中村孝也氏は永禄八、九年頃と推定(『徳川家康文書の研究』上、日本学術振興会、一九五八年、八二頁)。
(17) 恵心之阿弥陀申請度候由候処御本
寺ヘ可被仰届候段相意得候然者先其内
可被預ヶ置候旨申入候処御領掌令祝着候
自然余寺ヘ可為寄進も様ニ御内証候
聊非其儀候(酒井正親)家康持仏堂ニ為可令安哉
置ニ候委細雅楽助可申入候恐々
謹言
三月廿二日　　家康(花押)
明眼寺
(妙源寺文書)
(18) 『参州一向宗乱記』(『日本思想大系』第一七巻、岩波書店、一九七二年)三〇六頁。
然るに御大将には、妙源寺に御座《おわし》まして、仏前の内陣に向はせ給ひ、一揆退治、国家安泰の御祈願有《あり》しとせ。恵心僧都の黒本尊此霊験に依て、今度の危難を遁れさせ給ひしかば、深く御信心有《あり》て、三月廿五日に御書を被㆓成下《なしくだされ》㆒、此黒本尊を御請待有《あり》て、御持仏堂に御安置ましまして、ふかく御信心有《あり》けり。御一統の後、江戸芝増上寺へ御寄進有《あり》て、今の方丈仏是《これ》也。右の御書幷《ならびに》黒本尊の代りに納《おさめ》給ひし本尊今に伝て妙源寺にあり。
参考
遂降㆓釣命㆒遷㆓干増上寺㆒延宝四年九月二十二日夜丈堂失火霊僧所之処焔火己盛欲㆑救無㆑方時有㆓一人㆒躍㆑身入㆓煙焔之中㆒棒㆑之移㆓於庭外㆒衆人大喜㆒。
(浄宗護国篇附武州三縁山増上寺阿弥陀仏霊像記)
(19) 嘉永元年版黒本尊縁起。

(20)『神社を中心としたる宝飯郡史』(一九三〇年)三六四頁以下。
(21)『岡崎市史　矢作史料編』(岡崎市、一九六一年)参照。
(22)岡崎市福岡町。
(23)安城市野寺町。
(24)岡崎市恵田町。
(25)寛政九年以後成立。

『参州一向宗乱記』と類書に関する覚書

――書誌を中心として――

はじめに

三河一向一揆は永禄六年（一五六三）から七年にかけて、矢作川下流域を中心に、狭い地域内（＝家康支配領内）でわずか半年あまりの集中戦として展開した。この戦いは家康にとって領内支配権確立につながるものであり、すでに本願寺門徒化していた家臣団の掌握は見逃すことのできない重要課題であった。

この頃、家康をめぐる周辺状況は大きく変化しつつあった。蓮如・如光の合力によって建立された土呂本宗寺は親鸞三百回忌を前にした永禄二年（一五五九）、本願寺が門跡に昇補されたのにともない、翌三年（一五六〇）十一月には勅許院家に補せられた。

これより先、五月には桶狭間の戦で信長は今川義元を敗死させた。その直後に発生した三河一向一揆で勝利を得た家康はさらに東三河に進出、今川領内を次第に東進して信長に援けられつつ支配領域を拡大、それに成功していった。二十二、三歳の家康にとってこの対応ぶりはまさに後の幕府創業の出発点ともいえる重要な意味をもっていた。

この意義こそ、三河一向一揆が近代における一向一揆研究史上、もっとも長い歴史をもって研究されている背景であるとも考えられよう。この長い研究史のうちで、三河については他の地域発生の一向一揆に比較して、あまりにも直接史料の少ないことが、常に指摘されてきたことである。この悪条件のなかで、一際目立って、利用されてきた史料が『参州一向宗乱記』とその一群の類書であった。しかし、本書の著者はもちろん、その成立時や、成立後の書承関係も明らかにされないまま利用されているのが現実である。

本書に関して新行紀一氏の著書『一向一揆の基礎構造』(1)は、これら本書の不明な部分について、部分的とはいえ、明らかにされた。三河一向一揆研究の欠陥を指摘されたことは、今後の三河一向一揆研究の発展のために一石を投ぜられたこととなり、その意義は大きい。

前章(2)では、その問題の一端に触れ、これまで不用意に用いてきた史料に再検討を加え、類書の書誌に関心を寄せつつ、史料の体系化を急がねばならないことを指摘した。本章ではさらに『参州一向宗乱記』とその類書の現存状況を把握分析し、近世におけるその流布状況を明らかにすることを課題とする。

第一節　『参州一向宗乱記』という書名

詳細に本文を検討してみると、同一書名の諸本間にも文脈は同じで、文字配列上大異小同の関係にあるもの、また書名を異にしながら、大同小異の関係にある諸本の存在が確認されている。

前者の場合、全文より抄出しているため、大異小同となった場合もあり、前・後者ともに転写による誤字のあった事実も認められる。書写した人が、私見を加えて大幅に本文・注を増補した事例も知られるので、本文の原態を探ることは容易ではない。しかし、諸本の本文について検討の結果、共通して、次に掲げる七項目の順序に従って配列されているということが確認されたならば、ここに問題とすべき『参州一向宗乱記』とその類書として考えてよいようである。

① 一揆蜂起濫觴の事
② 岡崎の宗徒叛逆の事
③ 出奔岡崎楯籠諸々逆臣の事
④ 祐欽善秀扱の事
⑤ 励忠節諸将幷勇士事
⑥ 岡崎方と一揆諸所闘の事
⑦ 一揆降参静謐の事

この項目からうかがわれることは、事件の全容を体系的にとらえたものということである。諸書ともに書出し部分は「家康公（神祖・東照大権現等）岡崎に御座まして、駿河今川家に属し給ひしが……」で始まり、末尾は「夫より次第に一向宗を再興し、御慈悲を悦びける」に続けて、石川日向守（家成）母方宛の家康の本願寺門徒宥免状を載せ、光顔寺所蔵を示す文面で結びとなっている。

以上は一書として独立したものであることが必須条件であるが、一書として独立していない場合でも前記諸条件を満たしているとすれば、これに準じて取り扱う必要が生じてくることも確かである。たとえば、『家忠日記増補』や、徳川義直の撰とする五巻本の『三河記』などはその最たるものであろう。このことは、すでに新行氏によって指摘されているように、『三河記異考拾遺録』を原態として、『三河国門徒兵乱記』を経て、『参州一向宗乱記』へと発展していったとすれば、『参州一向宗乱記』が『三河記』を出発点としていることは、あらためていうまでもなかろう。それゆえ、三河の永禄一向一揆の記事内容（それも前記の次第を備えたもの）をもつ諸書の検討こそ重要課題の一つといえる。

新行氏は『参州一向宗乱記』とその類書の異名同本としてさきに触れたように、

㈠『三河記異考拾遺録』
㈡『三河国門徒兵乱記』
㈢『三州一向宗乱記』

の三本を代表的なものとして数えている。

このうち㈡の書名について私見を加えておくならば、表題で『三州本願寺宗一揆兵乱記』という同一書名の大同小異の写本数本の存在を確認しており、書名の取り方（表題・目次・内題・尾題）如何によっては、㈡と同一系統とみてよい。すなわち、㈡の場合、表題に従っているのであり、本書はあらためて内題を置かないが、目次前の内題に匹敵する部分には「三州本願寺宗一揆兵乱記」とあり、完全な一致をみる。したがってこれは異名同本と考えるよりも、同本で書名の具略関係にあるとみてよい。それゆえ㈡の一般的書名としては「三州本願寺宗一揆兵乱記」と考えるのが妥当といえよう。

さて、標題に㈢の『三州一向宗乱記』（以下『宗乱記』と略称）を選んだ理由は、およそ次のような事情によるものである。

それは、新行氏の指摘するように、もっとも完成された姿を留め、しかも、近世末以来、もっとも知名度が高く、当時の研究者も好んで用いた書名であったからである。

徳川幕府にあっては、『徳川実紀』編纂に際して『三州宗乱記』（大系本一一頁）と略称して引用書目中にそれをみるが、一方『朝野旧聞裒藁』では巻二五～三五にわたって『三州一向宗乱記』の書名でその大部分を引用している。

同書では異名同本と考えられる『三州土呂一揆濫觴記』も引用していることから、同本の比較研究もすでに行われていたことが知られる。そして『宗乱記』の方が優位に扱われていることに注目する必要があろう。

また近代に入って活字化が試みられたが、(3) そこで用いた底本は、黒川真道蔵本と東大図書館本との二種であり、底本を異にしながらも、同一書名の『三（参）州一向宗乱記』（黒川本は三、東大本は参）であったこと、また東大図書館本の奥書にみるように、同一書が三転、四転と重ねて書写された事実もその奥書から知られる。

第二節　三河一向一揆関係文献の所在

次に三河永禄一向一揆のみを独立して取り扱った諸書について、流伝実態を知るために博捜して得た資料をもとに、伝・不伝を問わず、まず列記してみよう。

最初にもっとも豊富な資料を提供してくれた『国書総目録』から、書名より関係分と思われるものを抽出してみよう（記載略記号は『国書総目録』の表記に従うこととする）。

①　永禄年中三州一向宗一揆　一冊　慶大
（三州一揆巻→三河一揆巻）
②　三州一向宗背乱記　一冊　日大（享保十七）
③　三州一向宗乱記　一冊　東大（文政十二）
④　〃　東大史料
⑤　〃　三冊　京都府
⑥　〃　旧彰考（焼失）
⑦　三州土呂一揆　五巻　一冊　東北大狩野
（三州土呂一揆濫觴記→参河一揆巻）
⑧　三州本願寺一揆記　一冊　橋良
⑨　参州本願寺一揆書　一冊　豊橋
別名　三州一揆之事（内題）
⑩　参州本願寺一揆記　一冊　国会鳥海四
⑪　三州本願寺宗一揆兵乱記　一冊　大谷
⑫　〃　岩瀬
⑬　〃　旧穂国（焼失）
⑭　三州本願寺門徒一揆　一冊　橋良
別名　三州本願寺兵乱一揆記

⑮ 浄土真宗三河一揆之事　一冊　岡崎（焼失確認済）
参河一揆巻
別名　三州土呂一揆濫觴記三州一揆巻
⑯ 〃　一冊　内閣（「三州一揆之事」）
⑰ 〃　一冊　岡崎（「三河一揆之事」焼失確認済）
⑱ 三河一向一揆史料抄　一冊　天理
⑲ 三河記異考拾遺録　二巻二冊　国会
別名　参河記拾遺録・三河三ケ寺物語
⑳ 〃　二巻一冊　内閣（元禄十五写）
㉑ 〃　大谷（「三河国異考拾遺録」明治写）
㉒ 〃　京大
㉓ 〃　三冊　早大
㉔ 〃　一冊　岡崎
㉕ 〃　二冊　牧野
㉖ 〃　加藤五一
㉗ 三河国一揆（角書永禄）　一冊　牧野
㉘ 三河国浄土真宗一揆ノ事　一冊　大谷（永禄七成・粟露一号）

以上、一五項二八点を見出すことができた。しかし、そのすべてが、ここで問題としている『宗乱記』とその一類のものとは限らない。この点一々の内容を検討してみない限り断定は許されないが、一、二の例を除けば、その大半は『宗乱記』類に属すものとみられる。

この他、管見に及んだもので、前記の『国書総目録』に見えない書目について掲げてみよう。

㉙　永禄一揆由来　一巻　岡崎市勝鬘寺蔵

㉚　永禄三河国一揆　一冊　名大図書館蔵

㉛　三河一向宗一乱記　一冊　永村真氏蔵

㉜　三河一向乱記　一冊　早川氏旧蔵（現在所有不明）

㉝　三河永禄記　一冊　名古屋市祐誓寺蔵

㉞　三河国門徒兵乱記　一冊　安城市図書館蔵

この他、『国書総目録』に書名の見えているもので、管見に及んだ未収のものを次に紹介しておきたい。

㉟　三州本願寺宗一揆兵乱記　一冊　大谷大学（宗大三一〇八本）蔵

㊱　〃　一冊　大谷大学（宗大五八九二本）蔵

㊲　三河記異考拾遺録　一冊　安城市善証寺蔵

㊳　〃　一冊　岡崎市浄専寺蔵

㊴　三河記異考拾遺録　一冊　豊田市願誓寺蔵
㊵　〃　一冊　岡崎市野村氏蔵

その他に『三州土呂一揆』と同名の一本を古書即売会の目録で見かけたが入手できず、その後の所蔵者を確認できていないのは残念でならない。

また、明治以前において、他書で内容の一部分が紹介されたものがある。それは⑪の大谷大学宗大五一六六本に『本宗寺一揆事実』と題した一本である。この書の詳細については後述する。

今一つは本間長玄の『三河堤』に引用されている「本願寺一揆記」、略して「一揆記」と呼称されてきた一本がある。文脈は『宗乱記』類に一致するが、語句について大幅な異同のあることが対校して明らかとなった。この書は、渡辺政香の『三河志』や、羽多野敬雄の『三河名所図絵』にもそのまま引き継がれているが、原本の所在は明らかでない。羽多野敬雄はこの「本願寺一揆記」と並んで、植田本（この植田は交友義方をいうか）の一本も紹介している。この『三河堤』そのものが多くの写本群を形成しており、この書を通じて『本願寺一揆記』の流布の一端をうかがうことができよう。

また明治以後も所在が明らかでありながら、今日存否不明となっているものに㊳の対校本に用いられた享保八年（一七二三）書写の岡崎市浄教寺本や、『三州本願寺宗一揆兵乱記』と題する一本が西尾市伊文神社に蔵せられていたことなどが知られる。

以上みてきたもののなかには、戦災で焼失したもの、調査後行方不明となっているものも含んでいるので正確さを欠くことは仕方ないとしても、その数四十本にものぼっている。そのうち、学術調査の対象となったものは数本に過ぎず、『三州一向宗乱記』とその類書の書誌学的研究は、まだ端緒についたばかりといってよい。

ここで一つ注意しておきたいことは、以上みてきたところで知られるように写本ばかりの場合、書名の取り方によっては、異名同本と化してしまう恐れがあり、一つの法則に従って書名の確定をしなければならないということである。例を示して、この問題について触れておきたい。

昭和六年（一九三一）東本願寺より発刊された『記念帖』の後半に展観目録がある。そのなかに、護法殉教者遺物記念展覧会出品一目録というものがある。それによると三河永禄一揆に関するもの三本が、それぞれ別名で収載されている。すなわち、

㈤　三河一向宗一揆蜂起拾遺録　上下一部　愛知県浄専寺
㈦　三河国異考拾遺録　写本一部　愛知県願誓寺
㈨　三河一揆蜂起ノ事　写本一部　愛知県善証寺

この三本は内容検討の結果、いずれも先述の㊲㊳㊴のそれを指すことが明らかとなった。これに㉑を加えて、この四本は書承関係の知り得る貴重な存在である。すなわち、㊲を祖本として㊳㊴が明治に入って成立し、さらに㊴を底本として㉑が成立したというものである。この㉑について『国書総目録』では、「三河国異考拾遺録」明治写との注記を与えている。これは、『三河記異考拾遺録』に対する微細な相違に対する注記と受け止められよう。これらは同一祖本からの転写の過程で生じた相違が、やがて書名の不統一、異名同本発生に至る好例といえよう。

この問題解明への糸口として、まず㊲の善証寺本について紹介しておこう。本書を蔵する善証寺は三河三か寺の

一つ野寺本證寺の門前にあって、かつて本證寺々中四か寺中の一つであった。本書の書写年次を知る奥書はないが、目次の前に「寛政年公儀へ言上申候、尤も其後も細書御届ニ付安政七年此ニも言上候之」とあって近世末の頃の書写本であることが知られる。

まず、表題についてであるが、同じ表紙に三か所の書名が載せてある。一つは原名と思われるもので左肩より「三河国一揆蜂起之□《(事カ)》」とあり、つぎに原名が摩滅しかかっていたので、あらためて中央部に大字で「三河国一揆蜂起之事」と記した。さらに右端にその内容を示すのに便利なように「三ケ寺帰参之事」と記した。

次に、目次の部分についてみると、「三河国異考拾遺録上目録」以下五項をたて、次紙に移って同下巻目録と記した後二項をたてている。続いて上巻内題として「三河記異考拾遺録」と記し、尾題では「三河国記異考拾遺録上終」と国の一字を加え、下巻内題では上巻内題に下の一字を付けているのみであり、下巻尾題は置かれていない。表題中の「三河国一揆蜂起之事」とあるのは、上巻内題の次に初の項目として、同一名が置かれているのでこれを表題に用いた可能性がある。その背景に三河国という意識の働きが上巻尾題を複雑なものとしたものと考えられる。

本書の最後の転写本㉑の大谷大学宗大一二一七本では、上巻内題までも「三河国異考拾遺録」と「記」を「国」と改めてしまっている。㊳の浄専寺本では㊲の表紙を中表紙とし、㊲の左端の「三河国一揆蜂起之□」とあるところを「三河国一揆蜂起拾遺録」と「之□」を内題以下に「拾遺録」とあることから「拾遺録」とあったように解している。それに上表紙を加えて、そこには「三河国一向宗一揆蜂起拾遺録　上下」と新しく題名を勘案して付けている。㉑の場合は㊲の表題を無視して、中表紙も、外表紙も「三河国遺考拾遺録」で統一している。『国書総目録』で異名同本として、記を国としている注記もここに起因していることが、これで明らかとなったことであろう。また先述の『記念帖』に三様の書名で記載された書名はいずれも表題を取ったことによってその書名が異なってきたもので、内容的には問題とするまでもなく同一書の原本とその転写本という関係にあることは、明白な事実である。

今一つの事例を紹介しておくと次のようなものがある。それは新行紀一氏が『三河一揆巻』と『三州土呂一揆濫觴記』の二部を内閣文庫蔵本と紹介していながら、『国書総目録』では前述の①⑦の後の無番号（〇）内注記と⑯の三項の指示に従うと、三州一揆巻・三河一揆巻・参河一揆巻・三州土呂一揆濫觴記・三州一揆之事はすべてが一冊の書名に帰することになる。二部あるものが一部と解されるという誤解を生じた。

『国書総目録』の誤解の原因はおよそ次のことによると考えられる。

それは内閣文庫二一八三七番の表題『三河一揆巻』とある一冊の表紙部分に押紙があって、「閣本三州土呂一揆濫觴記　コレト同書ナリ　コノ方ガ宜シ　但コレヨリハ写アシキヤウナリ」の注記があり、この注記を誤解して本書の一書名としてしまったものと考えられる。その他については、表題は前記のとおりであるが、内題に「参河一揆巻」、改行して「三州一揆之事」とあるのみで、三州一揆巻の名目は本書のどの部分にも見当たらないのである。

また『三州土呂一揆濫觴記』に関して付記しておくと、この書名は先述のように、『朝野旧聞裒藁』（以下『裒藁』と略称する）に引用され、三河の文人と交流のあった太田南畝も一本を蔵していたらしく、静嘉堂文庫蔵の南畝の蔵書目録中にみえている。新行氏のいう内閣文庫本は、あるいはこの『裒藁』の底本として用いられた可能性は内閣文庫の成立史からみて極めて高いものと考えてよいであろう。

その他にも同一書について出版された蔵書目録各種を対校してみると、印刷上の制約はあるとしても、誤植や原稿の誤記による誤りもあって、それが原因で異名同本と解してしまう場合もあり、『国書総目録』のように微細な相違点まで留意する場合、細心の注意を必要とすることは言をまたない。

第三節 「拾遺録」「兵乱記」「宗乱記」等諸本略解

前節で紹介してきた諸本の体系化を本節で試みようと思う。しかし、大半は原本にあたっていないので、見聞に及んだ範囲でそれに考察を加えておきたい。

まず、内容はともかくとして、同一書名で三本以上伝えられているものを抽出してみると、『三河記異考拾遺録』がもっとも多く十二本（⑲⑳㉑㉒㉓㉔㉕㉖㊲㊳㊴㊵）、その次に多いのは『三州本願寺宗一揆兵乱記』で六本（⑪⑫⑬⑭㉟㊱）、『三州一向宗乱記』は四本（③④⑤⑥）の順となっている。その他二本ずつが二件、他は一本のみというのが十四件となっている。この順序は新行氏の指摘している成立順序と一致する。この上位三書が三河永禄一向一揆に関してもっとも普及していたことが知られるので、この三書を中心にまず論じてみたい。

一、「拾遺録」について

『国書総目録』には、本書の別名として『三河記拾遺録』『三河三ケ寺物語』を掲げているが、後者には同名別本があり、内容は『三河物語』の中巻一向一揆部分を抄出したもので、混乱しないよう取り扱い上留意すべきであろう。正確には『三河記異考拾遺録』とするのがよいであろう。

本書の大きな特色は、類書の構成第四項の「祐欽・善秀扱の事」とあるところが、「岡崎四か寺並善秀の事」として四人ないし五人について取り扱っていること、上・下二巻一冊仕立てになっていること、この分巻法は黒川本の『宗乱記』も踏襲している。

今日、同名諸本は十二本知り得たが、そのうち元禄十五年（一七〇二）の最古写本⑳の内閣文庫本、それに新行氏が発見された宝暦三年（一七五三）写本㊵の野村本の二本にすぎない。後者の野村本は元岡崎市の滝山寺亮泉の蔵書で、明治以後寺外に流出したものである。書写年次不明の㊲の善証寺本を祖本とする㊳浄専寺本、㊴の願誓寺本、㉑の大谷大学明治四十二年転写本のうち、注目すべきものは㊳の岡崎市福岡町浄専寺本である。本書も明治末年頃同寺住職安藤伝祥氏が書写されたものであることは署名は無いが筆跡から判断できる。本書には一本と対校して、それを朱点で示されており、巻尾に一本の奥書、旧蔵者を明示する次の識語が載せられている。

清水小左衛門

享保八癸卯季六月上旬写之

三陽岡崎伝馬町

高橋平七郎六十八歳

一本ト書称之ハ恵田浄教坊より借覧已上朱書ヲ以為ニ補筆者也中一本ニ無キ処ヲ示ス也ハカリ斗トアルヲ示也朱書ハ享保写ニ有ル処ヲ補フ也可知

対校一本は享保八年の写本であり、年次を知り得る古写本として注目されよう。なかでも、上宮寺勝祐・信祐両僧大力のことについて享保写本に細書注があり、この注に取り上げられている大力の事例は、これより二年後の享保十年（一七二五）上宮寺住持真光によって編纂された『古今纂補鈔』巻四ノ第一にそのまま同じ話が取り上げられている。両書の交流は確認できないまでも、同時代に場所を異にして伝えられていることは、多くの同系異本を生成していく過程を知る上で、黒川本『宗乱記』捜話と合わせて留意する必要があろう。㉖の豊川市の加藤五一蔵本については、㉒の京大本と合わせて近藤恒次氏が『三河文献綜覧』で紹介している。表題は、本書の別称の一つとして『国書総目録』に指示されている『参河記拾遺録』であり、内題に「三河記異考拾遺録」とある。近藤氏は享保頃の写本と推定している。とすれば、元禄・享保・宝暦と古写本の存在が確認され、『拾遺録』一群の書が成立したのは少なくとも元禄十五年以前ということがいえるであろう。このことは書名に冠せられた「三河記」の多くの異本別本が知られるうちで、少なくとも元禄十五年以前に成立していた『三河記』が出発点となっていたと考えねばならないであろう。新行氏は『拾遺録』成立に関して『一向一揆の基礎構造』（二五八頁）で、この他に類書「三河一揆巻（書）」も先行文献の一つであろうと解されており、検討を要する。

二、「兵乱記」について

新行氏は、この系統の代表的なものとして㉞の安城市図書館本を指摘するが、先述したようにこれは妥当性を欠くと思われる。それで、ここでは⑪㉟㊱等で一般に用いられている『三州本願寺宗一揆兵乱記』をもってその代表的名称と考えたい。⑪では本書を指して『兵乱記』と略称していることにも注意したい。

この系統本には⑪⑫⑬⑭㉟㊱に㉞を加えて七本を知り得た。このうち⑬は戦災で焼失しているので現存するもの六本ということになる。この他に和田康道氏の『永禄法難史』（未刊）、『西尾町史』に引用されていながら行方不明となっている西尾市伊文神社本の存在が知られる。

大谷大学にはこの同系統本を三部所蔵しており混乱をきたさないため整理番号で呼称することにしたい。書写年次の知られるもので最古写本は㊱の大谷大学宗大五八九二本で、その奥書は次のとおりである。

安永四年未春写之
　三州額田郡保久村
持主　深津氏
　　政利（花押）

この奥書によって『兵乱記』系統は、その成立年代についての考え方をあらためねばならなくなった。『兵乱記』の名も安永四年（一七七五）をさらにさかのぼるものと考えてよい。

今一つ注意すべき一本は⑪の宗大五一六六本であろう。これは大谷大学蔵本三本中ただ一本のみ『国書総目録』に収載されたものである。

本書の表表紙裏と巻末二紙にわたって注目すべき記載がある。その全文をここに紹介してみよう。

表表紙裏
此兵乱記一小冊子、不著作者、名目疑書於大林寺　高月院　真《信》光明寺等僧徒之手字別有本願寺手書一小冊与此
本其旨大異小同（ママ）　就中　其論　兵乱之最初発大不同　也

この識語にみえる大林寺・高月院・信光明寺等は三河における浄土宗の中心的存在である。
このことは本書が浄土宗の僧の手になったものであろうといい、本願寺側での成立一本の存在を強調している。
また巻末に別の一本の内容の一部を紹介しており、この方は本願寺方の僧の手になったものと解している。そして

内容を比較してみると其旨「大異小同」という有様であるという。

次に巻末の記事について紹介しておこう。

一　本宗寺一揆事実トヒヤウダイスル本乙（也）
一　吉良荒川酒井蜜（ママ）談事附拓中島安楽寺円了於東城事
一　荒川入本宗寺蜜（ママ）談事附岡崎城中諸士一味同心血判事
一　本宗寺称祖忌引上集門末事并門末寺血判
一　野寺春崎以下集会檀越事
一　本宗寺門末寺并門徒血判事附新造簇捧仏前上人以下読経事
一　本宗寺門末并寺所々楯籠事附門徒等軍用閑銭差上事
一　本宗寺并門末同行等所々戦事
一　滝川一益吉良荒川及同心諸家人事附
一　本宗寺一揆静謐《和睦》事附安楽寺本宗ノ侍従勢州へ□□
　　右一書ニノブル所ノ條書也

書名を『本宗寺一揆事実』といい、右にみえる九か条をもって構成されていたことが知られる。今日では、この条件内容を満たす書物は発見されていない。前言にあるようにこの書名・目次から本願寺僧の手によって撰せられたものであることが明らかにうかがわれよう。本書は目次のみ残ったが、それだけでも一向一揆における院家本宗寺の絶大な統制力と三か寺末寺・門徒の強固な団結の実態の一端を伝えており、その点他の類書からうかがうことのできない一側面を呈しているといってもよいであろう。

㉟の大谷大学蔵の一本も『国書総目録』には未収の一本である。本書の目次裏に「平川久」の署名があるのみで、書写年次等の手がかりは一切得られない。

⑫の西尾岩瀬文庫本については、表題は「三州本願寺一揆兵乱記」とあって宗の一字が脱落しているが、内題ではこの一字が加えられていて、この系統本であることに変りはない。本書も、奥書があってもこれまで注意されたことがないので、奥書についての新知見を紹介しておきたい。奥書は次の通りである。

安政四年丁巳九月写之終
桑名町
寄田氏
於于水竹居中写

寄田氏と水竹居について少し追及してみたところ、太田正弘氏編の『尾張著述家綜覧』一七四頁に水竹居寄田保延九峯という人物のいたことを知った。百石を禄する尾張藩士で、画家でもあった。住地は桑名町であったという。現在の名古屋市中区丸ノ内二町目にあたる。九峯は天保十年（一八三九）に没しているので、書写された安政四年（一八五七）までは十九年を経ている。ともかく九峯蔵書より転写したものであることは確かであろう。九峯のような尾張藩士達も、三河の永禄一向一揆に関心を寄せていたことを考えさせるものとして書写年次こそ新しいが、流伝史上注目されてよいであろう。

㉞の安城市図書館本は、表題は「三河国門徒兵乱記」とあって、これを書名とする限り、この項に加えるべきではないと考えられるが、目次の前に置かれている題は「三州本願寺宗一揆兵乱記」とあって、もっとも標準的書名となっており、内容の比較検討の結果も同様に、この「兵乱記」の系統に加えるべきものである。

⑭の橋良文庫であるが、これも書名が誤って伝えられている部分があり問題を残す一本である。本書の表題は「三州本願寺門徒一揆」とあって、この一本も、前項と同じく書名からはこの部類で取り扱うべきでないかも知れない。しかし、『国書総目録』では別名として「三州本願寺兵乱一揆記」とあり、原本にあたってみるとこれは誤記で、内題には「三州本願寺一揆兵乱記」とある。すなわち、兵乱と一揆が逆転している。この誤りの発端は近藤恒次氏の『三河文献綜覧』二三頁の誤記によるのであろう。それでも宗の一字がなく問題は残る。本文の比較検討を加えてみると、文中の七項はそのまま置きながら目次は置かず、各寺へ籠城した人名は、はじめの二、三名を記して以下何人とする省記法を用い、しかも速写した形跡がありありとうかがえるもので、末尾に筆者、あるいは所蔵者名があったらしいが、その部分のみ切断されて不明である。しかし書体からみて、真宗の学匠の手になったもののようである。内容からはまぎれもなく本項の一書に加えられるべきものであることが明らかとなった。

三、「宗乱記」について

この系統本は、知名度が高いのに伝本は極めて少ない。事実、③④⑤⑥の四本に原本行方不明の黒川本が活字化されて歴史文庫の一冊に加えられている一本があるにすぎない。また抄本ではあるが、本文の大部分残っているものに『裒藁』の巻二五から巻三五にわたって随所に引用されている一本が知られるのみである。それゆえ、③と黒川本との関係を中心に述べておくことにしよう。

ここにいう黒川本とは日本歴史文庫所収本の底本となった一本である。残念ながら今日では存否不明となっている。それゆえ、不本意ながら、日本歴史文庫所収本によって論を進めていかざるをえない。本書が③東大本と深い関わりをもっていることを次の点から指摘しておきたい。

すなわち末尾において、両書のみにみえる一文があることである。黒川本（文庫本二八三頁五行目以下三行分）における一文を次に掲げる。なお、（　）内は③東大本日本思想大系所収本三二三頁との対校である。

野寺(村)本證寺に侍ふる神君(祖)より賜り(リ一字ナシ)し御書に　宗門再興申付候　委敷(敷一字ナシ)は本多作左衛門より達すべきなり(也)とありし由　此寺の末寺長寿寺旦那簗籠村庄六兵衛が物語なり(也)

また文庫本二四六頁、大系本三〇七頁に恩任寺（大系本の恩は文庫本で忍とするがこのような寺はなく恩が正しい）の大力住持の話が載せられて、その中に「今寛政中」と欄外・本文末注の所載形式は異なるが、ともに記されており、こうした共通する事実は少なくとも祖本が同一本であったことを示すものといえよう。

これ以下に記すことは黒川本のみにみられるが、本書の祖本が寛政頃の成立であったことを教示しており、先述の「寛政中」の語句とともに重要なものといえよう。

右の浄珠院は、元檀林一統の頃に無住故にや、妙心寺[4]に移るか、又三木蔵人信孝、此寺へ他所を寄附せし時の状には、岡崎与十郎信孝と有る由、則ち此浄珠院の旦那なりといふ。今此子孫、五百石余にて、松平阿波守とて、山の手辺に屋敷ありとなり。右は浄珠院現住空天霊和尚の話なり。

『寛政重修諸家譜』によれば、この松平阿波守は安房守忠敷に相当し、寛政九年（一七九七）安房守に任ぜられていたことが知られる。また『浄土宗西山深草派寺院名鑑』によれば、釈空天霊和尚とは、同院第二十三世に沢空天霊という一字違いの名を知るがこの人に相違ない。この前住通翁万徹が寛政十年（一七九八）二月、また前々住第二十一代憲空積常が同じく十一年八月に没しているので、その頃入寺したと考えられる。なお天霊和尚は文化六年（一八〇九）八月五日没している。この事実は黒川本それ自体が寛政末年には成立していたことを示すものである。したがって新行氏が『一向一揆の基礎構造』二五一頁において本書と同列の東大本の成立は十九世紀初頭をさかのぼりえないと考えるのは誤りと考えたい。しかし、黒川本とて後の加筆を認めなければならない部分もある。盤城平藩家老鍋田三善は③本と深いかかわりをもつ人物であり、本書に登場する鍋田助左衛門正数は、先祖の一人らしく、知人の中村左仲は文化年間鍋田系図を編纂したことを伝えている。これと同一書かどうかは明らかではないが、黒川本のみに『鍋田家譜』（文庫本二五九頁）を引用していることは、祖本からの転写以後の加筆部分にあたると考えられる。しかし、その加筆年代を確定することはできなかった。このような情況から、現行の両宗乱記には数度にわたる加筆部分のあることは認めねばならないであろう。また新行氏の指摘するところに従えば、文化四年（一八〇七）中村左仲より『三州一向宗乱記』を借用して三善が書写した後、本書を水戸の小宮山楓軒に送ったという。[5] 楓軒は水戸彰考館に勤務していたことなど考え合わせてみると、学術調査の対象にされることなく戦災で焼失した前掲の⑥本が、鍋田三善が書写して楓軒へ送った一本であったかもしれない。

四、『三州一揆之事』について

⑨の『参州本願寺一揆書』、⑯の『三河一揆巻』および、『三州土呂一揆濫觴記』は、書名は一致しないが本文は一致する。しかし、これまでにみてきた、『拾遺録』『兵乱記宗乱記』の本文とは大きな隔たりがあって、これだけで一系統を成している。⑨⑯によれば、本文の書き出しは「合抱ノ木八寸苗ヨリ生シ」に始まる序文にあたる一文があって、以下一つ書きで十三か条を記し、最後を「前分国中本ノ如クニ一向宗門ノ寺々ヲ再興シテ御慈悲ヲ悦ヒ奉ル」と結んでいる。序の一文を除けば大略、『拾遺録』『兵乱記』『宗乱記』と内容は一致する。ここに「参州土呂一揆濫觴記」という書名が与えられているのは奇異に感ぜられるかも知れないが、前二書と一致することが本文対校結果明らかであるので、あらためて別項をたてここにおいた。

⑪の大谷大学宗大五一六六本のところで述べたように、「本宗寺一揆事実」と題する一本がかつて存在したことであり、未確認のままであるが、⑦の東北大狩野文庫本の『三州土呂一揆』五巻一冊といい、古書即売会に現われた正徳年間（一七一一～一六）東都隠士雪渓道人識語の『三州土呂一揆』一冊といい、三河永禄一向一揆における土呂御堂本宗寺の果たした役割の重大さが、他に類をみない書名を形成していったことが、その背景にあったとみられる。なお、先述の内閣文庫本『三州土呂一揆濫觴記』は、『裒藁』所引の同書名一本の底本として用いられたものと考えるのもあながち無理な推論ではないと思う。また同書名は、三河の文人とも交流を深くしていた太田南畝の蔵書目録にも一本記されている。この系統の写本では奥書のあるものはないが、『裒藁』の編纂開始（文政二年）以後、太田南畝の死（文政六年）以前の成立は確実であり、三州土呂一揆がもし内容で一致し、この系類に加わるとすれば正徳写本も存在しているので、その成立時期において、『拾遺録』と比して遜色ないものとなるであ

ろう。なお表題書名では著しい相違がみられるので各書の内題にみえる「三州一揆之事」を共通普遍な題名としてみたが、いかがなものであろうか。

五、『三河永禄記』について

本書は前記整理番号㉝の本である。名古屋市祐誓寺に伝えられているもので、戦後の架蔵である。書名については表題・内題ともに『三河永禄記』とある。内容は『拾遺録』『兵乱記』『宗乱記』の域を出ないが、本文終了後、助禄・私考と項をあらためて、内容について諸書を引用しての論証・反証を加えていることは類書にみない特色である。

次に奥書を示す。

寛政十歳午三月吉日　写之
持主　加藤七右衛門

類書中比較的早い時期の写本といえよう。蔵書印から尾張藩家老渡辺家に伝来したことが知られるので、伝来も明らかである。本書の体裁はもちろん、書写の様式にも特色があって、本文は平仮名混りで、「伝曰」「私曰」等は片仮名混り文で底格細注とし、整った書体で終始一貫しており、書写した加藤氏の気質を伝えるに充分なものがある。本書は書写されたのが寛政十年というからには、その成立はこれ以前でなければならない。助禄・私考の中に「私ニ云貞享元禄ノ頃」という年次がみえており、成立はこれ以後のことでなくてはならない。今一つ助禄・私考の最初に本文中の四郎高綱について佐々木盛綱の誤りとして反論している長文は、浄専寺本対校に用いた浄教寺本のところで触れたように上宮寺蔵の『古今纂補鈔』と無関係でないことが両書の本文を比較してみたことから明らかとなった。とすれば『古今纂補鈔』成立の享保中期以後の成立とみてよいであろう。また本書の目次、本文中の項目は他にみられない特徴的なものであり、ここに両者を比較しやすくするため対照一覧表としておきたい。

目次	本文中標目
	項なし
	一揆荷膽の面々評定用意の事
	土呂御堂におゐて会合の事
三筒寺并五ケ寺一揆監賜(觴力)	岡崎宗徒人数名前の事
荷膽諸士岡崎ヲ立退キ籠城	岡崎を立退諸方楯籠ル逆心の事
於佐崎裏門ニ戸田酒井夜討	祐金善秀扱の事
戌十二月廿五日針崎兵与ニ和田ノ兵戦一	励忠勤ヲ請将并勇士之事
	凶徒於所々闘の事
酒井将監与本多平八郎忠勝石川日向守戦	上野酒井が手勢敗軍の事
子正月十一日針崎兵与和田兵戦土屋討死	(永禄七年正月十一日) 項なし
同十二日針崎勢与和田兵戦杢平金助死	(永禄七年正月十二日) 項なし
同十三日和田兵針崎堀越合戦	(永禄七年正月十三日) 項なし

丑年田原合戦附佐崎合戦矢田作十郎 松平三蔵討死（永禄七年正月廿五日）項なし
佐々木勢筒針ヲ攻落ス（　　二月　三日）項なし
土呂針崎佐々木勢小豆坂馬頭戦　一揆静謐之事・逆臣宥免之事
二月三日針崎物見合戦根来十内討死
同月八日八面野寺与両将共安政合戦

助禄・私考

六、『三河一向宗一乱記』について

前記整理番号では㉛に属する。原本は未見であるが、岡崎市立図書館に備え付けられている複製本によって紹介しておきたい。本書末尾に永村真氏の書付があり、それによると昭和四十九年（一九七四）に古書市で入手されたものである。巻頭蔵書印によると明治二十八年（一八九五）福井県石別保願念寺住職がいずれかより入手されたものであったことが知られる。

本書は目次、本文すべてが、『参河徳川歴代』という書物の巻九の後半から、巻一〇のすべて、巻一一の第一項までの三河一向一揆に関する部分を抄出したものであったことが両書対校して明らかとなった。このことは本書の書写年次が、新・古ということと無関係に『参河徳川歴代』の成立時、そのまま本書の成立時となるわけである。ところでこの『参河徳川歴代』という書物は別名『参河徳川歴代記』、単に『徳川歴代』ともいわれているもので全四十巻にも及ぶ大著である。本書の序に従えば天正十七年（一五八九）大須賀康高が著わし、その後天正十八年（一五八〇）より慶長三年（一五九八）までを康高の子忠政の命により家人の久世・坂部・筧等が書き継いだものとあるが、文中に元禄三年（一六九〇）の記事がみられるので、その後の加筆のあったことを認めねばならない。『国書総目録』によれば、これとは別に『参河徳川歴代』を岡田正利が増補し、享保十一年（一七二六）に書写されたものが京大に、また田丸定利が『重修参河徳川歴代』を著わし、これは内閣文庫に蔵せられていることも知られており、多くの人々が本書に関心を寄せていたと推察される。しかし、本書の成立に関しては早くより疑いの眼でみられていたことも事実で、『武徳編年集成』の著者木村高敦はその著の凡例において「徳川歴代記は大須賀康高が名を偽りて書く也」と指摘したことより、識者間ではこの説に傾倒していた。新井白石も本書について触れたものがあるので祖本というべきものの成立は早いかも知れないが、その成立は元禄〜享保間とみて大過ないようである。本書の最大の特色ともいうべきは菅沼藤十郎を定顕と実名を記しているところにある。また本文中に酒井忠次に対する人物評価を示す「戦を嫌う酒井で功もナシ忠次々ノ武士」という落書が収録されていることが留意される。この一首は『寛永系図伝』や、『本朝通鑑』等に収録された三州民謡として著名な「仏高力、鬼作左、不厳不柔天野三兵」とともに一揆の社会的評価の一端をうかがわせるものであろう。

その他㉙の『永禄一揆由来』については新行氏が『歴史研究』一九号に、㉜に関しては巽俊雄氏が同一〇号に紹介している。

第四節　禁書化された「宗乱記」とその類書

以上、現在知られ得る限りの伝本を紹介してきたが、これ程多くの類本を伝えてきたにもかかわらず、その大半が近世末期に至るまでの写本である。

このように写本のみで伝来したその背景には、次のような状況のあったことが考えられよう。すなわち、幕府政策の一つである禁書令の影響は無視できなかったようである。キリシタン禁制の強化にともない、その効果をより一層高めるために、教義書等を禁書に指定し、輸入はもちろん、所持することも、書写することも禁止するという厳しいものがあった。この政策は次第に拡大化の傾向をおび、ついには洋学の禁止にまで発展していった。

同時に幕藩体制批判にも厳しい言論、出版統制が施かれてきた事実があり、なかでも享保七年（一七二二）の出版に関する条目中に、「一、権現様之御儀は勿論、惣て御当家之御事板行書本、自今無用ニ可ㇾ仕候」の一条が加わり、貞享・明和の禁書書目のうちには家康・徳川家（松平家）に関するものはもちろん、その出身地三河に関するものまでが含まれている。『三州一向宗乱記類』はこのなかにその名を留めないが、内容はもちろん家康に関するものであり、当然この条目に触れるものであることは明白な事実であるため、禁書の一つと考えられていたかもしれない。この厳しい取り締まりをくぐり抜けて秘書と化し、転写所持されていたとしても不思議ではない。秘書化した書物に共通していえることは、多くの異名同本や同名異本を生ずる傾向がある。そして筆者も書写年次も不明とするのはこのように禁書令下という事情があってのことであろう。その意味で本書とて例外ではない。しかし、こうした厳しい状況下でも、これ程多くの写本が現存することには以下に述べるような特別な関心がもたれねばならない事情もあったようである。その意味では本書の場合、普及する条件に恵まれていたといえよう。すなわち登場人物が豊富で、しかも、事件発生場所が三河であったこと、幕府創設者が三河出身者で、一揆関係者の多くが後に幕府の要人となった場合や、家臣となった場合が多く、その点、他地域に比して条件に恵まれていたのであった。同時に社会的に先祖・家・家系が重視された時代思潮も反映して、自己関心を呼び起こすのに最適の時代でもあった。また幕命による寛永・寛政の二度にわたる大規模な呈譜を求めての系図編纂や、貞享書上のような必要に応じて史料を提出させられるなど、『三州一向宗乱記』類は先祖書・家伝呈譜には欠くことのできない性質のものであった。個々の家々に伝来してきた本書の写本のなかにはこのような必要性にせまられての転写もあったようである。あるいは真宗寺院等で伝えられてきたもののなかには、「三河記をやは〳〵と説く談義僧」の川柳にみるように、大久保忠教の『三河物語』中巻にみえる一向一揆を通じて護法精神を植えつけるべく語りの台本となった場合もあるであろう。

また近世末期には考証学の発展に影響を受け、幕府の『裒藁』に代表されるごとく史書の編纂や地方文人、たとえば③の東大本に関わった柴田左仲・鍋田三善・本間長玄の『三河堤』を介しての渡辺政香や羽多野敬雄らの本書への関心も、本書の普及に大きな役割を果たしてきたことはいうまでもないであろう。

第五節　『拾遺録』の原典『三河記』について

『三州一向宗乱記』の直接の出発点となったと考えられる『三河記異考拾遺録』は、その書名が示すように、その背景に『三河記』のあったことは、天明期の川柳「三河記をやは〳〵と説く談義僧」のあったことからも、容易に理解されよう。この『三河記』にも多くの同名異本があったことは、早くから異本研究が盛んに行われていたことからも知られるように周知のこととなっている。竹尾寛斉は『三河記異本考』を著わして十七部を取り扱い、墨海山は『三河記異本部類』を著わして十五部を扱っている。また山本正邦は『三河記諸本考異大概』を著わしてその整理を試みた。また渡辺政香は『三河志』の最初に書目を掲げ、『三河記』の項で「同名五部あり、其意目次を立て家忠日記に同じ、阿部長解は三河記十余部ありと、一書大久保忠孝《ママ》書」とあるように、『三河記』の研究には多くの人々の苦心のほどが知られる。それゆえ、今日でも、『三河記異考拾遺録』にみえる『三河記』が、この異本研究の対象下にあったのか、それともこの外に同名異本があってその異本がもととなったのかも明らかにされていない。なかには三巻の『三河記』は不充分であるとして貞享三年（一六八六）木下順庵等の手で再編され、三十巻の『武徳大成記』と改名されたことは周知のことである。『拾遺録』の最古写本が先述のように元禄十五年とすれば、これ以前に『三河記』と呼称されたものがいかほどあったであろうか。一向一揆そのものは三河の真宗僧侶にとっては最大関心事の一つであった。その現われとして、佐々木上宮寺の寺史で享保十年に編纂を終えた『古今纂補鈔』巻三の第四項に、「与二三河記一就二相違一以レ証問答之事」との一文を草し、そのはじめに「近代之三河記曰」として道場破却宗門断絶に反証をかかげて論破している。この『三河記』も漢文体で引用されているので、漢文体のものもその研究対象とすべきであり、もっとも早く成立したもので、『三河記』の異名をとったのは元和八年（一六二二）成立の大久保忠教の『三河物語』であり、その後、成立した多くの異本『三河記』を研究対象とせねばならない。『拾遺録』に内容的にみてもっとも近い関係にあると考える一本をここに紹介しておきたい。

それは徳川義直の直撰で漢文体、五巻の『神君年譜』と略称されているものに、家臣の堀杏庵が編纂しなおしたと伝える（没後年譜は成立しているので問題はある）。同じ五巻本の『御年譜』と呼ばれ、別名『三河記』といわれてきた一本がそれである。名古屋市祐誓寺所蔵の一本は表題ともに『三河記』となっているが、宝暦五年（一七五五）の奥書には「右御年譜五巻」と記している。その巻一の後半から、巻二のはじめにかけて、三河一向一揆関係の記事にあてており、しかも、先に紹介した『三河永禄記』と同じ渡辺家に伝蔵されていたもので、筆者は渡辺忠房で三州挙母城で書写したことが知られる。この渡辺家は一向一揆の当事者守綱・高綱の末孫であり、関心は高い。本文は「永禄五年秋、三州住人菅沼藤十郎砦為兵粮行佐崎上宮寺取籾入城……」に始まるが、そのもとで「或説云」として、「菅沼藤十郎在田峯不出岡崎」として反証を掲げ、以下一八項にわたって一書しながら、『拾遺録』のほとんど全文を紹介している。末尾は光顔寺とせず「西本願寺平地善秀寺有之」で結んでいる。堀杏庵が本書をいつ完成させたかは明らかでないが、義直が正保三年（一六四六）御年譜を完成しているから、杏庵の子供達も学者であったからこの人々の手によって成った可能性がある。いずれにしても『拾遺録』研究に欠くことはできないもので、先の竹尾の『異本考』では五番目に林大学頭本三冊として紹介されているものと、この祐誓寺本五巻一冊の『三河記』とは細部まで一致をみ、『拾遺録』のほとんど全文を包含していることは、あるいは祐誓寺本に代表される『三河記』が『拾遺録』のそれである可能性は高い。とすれば新行氏の指摘する『拾遺録』の先行本として⑨や⑯を想定することには問題が残るであろう。

おわりに

本章において、『宗乱記』とその類書の伝存状況が少なからず明らかになったことと思う。三河一向一揆の波紋が、これらの諸書を通じて、それとの関わり方は実に多種多様であるが、人々の胸中に生き続け、伝承され、伝統となって心を支配してきたことも知らされた。

なお、『裒藁』の関係部分に引用されたもので、一揆関係の記事を含む他書についても大同小異のものが多く、検討を要する課題である。

註

（1）新行紀一『一向一揆の基礎構造』（吉川弘文館、一九七五年）。
（2）拙稿「三河一向一揆に関する諸記録について」（『仏教史学研究』第二〇号第一号、一九七八年）。
（3）最初に活字化されたのは、明治四十四年のことである。日本歴史文庫の一冊に『四戦記聞』『石山退去録』と合して集文館より出版された。その底本となったのは、解題によればこの文庫の編輯主任となっていた黒川真道の蔵本であった。父真頼、祖父春村は国学者としてまた蔵書家としても知られていた。この人々によって収集された蔵書は今日では各所に黒川文庫として分蔵されている。しかしこれらの文庫中には、この原本は発見されていない。日本歴史文庫本は昭和五十一年に『松平記・徳川合戦史料大成』として、日本シェル出版から復刊された。しかし、一部、字句を改めた箇所がある。シェル出版本の頁数で指摘しておくと、次の五か所である。

シェル版				日本歴史文庫本
二九一頁	上	一二行目	皆	二三頁「愈」とあり
同	上	二二行目	先進す	一二四頁「危き命を助かりける」とあり
三〇一	下	二一行目	（なし）	二七一頁「爰」一字あり
三〇二	上	一行目	御	二七二頁「に」とあり
三〇三	上	三行目	それ	二七六頁「扨夫」とあり

次に東大図書館文政十二年写本が底本として出版されたのは、戦後の昭和二十五年、中島次太郎氏の謄写印刷が最初である。続いて二十六年同氏はこれに注釈を加えて、『参州一向宗乱記注釈』として同じく謄写刷りで刊行された。この二十六年版を複刻したのが、昭和五十六年国書刊行会より出版された『参州一向宗乱記注釈』である。その間四十七年には笠原一男氏によって注釈が加えられて、岩波書店より『日本思想大系』の一冊『蓮如・一向一揆』のうちに収められて刊行をみた。これも底本は中島次太郎氏の使用した東大図書館の文政十二年写本であった。
（4）京都の円福寺と寺号交換して今は円福寺と称する。
（5）西山松之助先生古稀記念会編『江戸の芸能と文化』（吉川弘文館、一九八五年）。

第四部　近世・近代東本願寺史の諸研究

東本願寺一如とその時代

はじめに

東本願寺第十六世一如は、慶安二年（一六四九）に誕生、元禄十三年（一七〇〇）没するまで、五十二年の生涯を送った人である。この五十二年の生涯については次の四期にわけてみたい。

㈠ 幼少時代（一～十三歳）　慶安二年（一六四九）誕生から、万治四年（一六六一・改元寛文元）得度するまでの十三年間。

㈡ 福井本瑞寺時代（十四～二十三歳）　寛文二年（一六六二）本瑞寺の住職となってから、寛文十二年（一六七二）大坂八尾の大信寺へ転住するまでの十年間。

㈢ 八尾大信寺時代（二十三～三十歳）　寛文十二年（一六七二）大信寺住職となってから延宝六年（一六七八）本願寺法嗣となって本願寺に移るまでの七年間。

㈣ 本願寺時代（三十～五十二歳）　延宝六年（一六七八）、法嗣として京都東本願寺に移り続いて第十六世を継承してから、在職中元禄十三年（一七〇〇）五十二歳で没するまでの二十二年間。

日本史の上で一如をみていこうとするならば、その全生涯をみていくべきであることはいうまでもないが、東本願寺史上において一如時代とは、この四期のうち最後の二十二年間を指すものと考えるべきであろう。このことを前提としながら、本章では一如の生涯を追ってみたい。

第一節　幼少時代

まず、誕生についてみてみよう。一如は、慶安二年（一六四九）七月一日、京都東本願寺において生まれた。幼名利与丸といった。父は本願寺第十四世を継いだ琢如で、その第六子であった。母は、広橋兼賢の息女佐津（幸とも書く）姫という。兄常如とは異母兄弟の関係にあり、九歳年下であった。また弟に三歳年下の恵明院如晴（慶安四年〈一六五一〉～享保七年〈一七二二〉）がいた。この如晴は、長じて、水戸光圀の請うところとなり、水戸の願入寺を継いだ人で、名古屋御坊建立にも尽力した人として御坊の歴史を語る時、忘れてならない人物の一人である。

さて、一如が誕生した慶安二年といえば、将軍家光の晩年にあたっており、打ち続く大名家の御家騒動等により、幕府支配に陰りが見え始めていた時である。これより二年後の同四年には、幕府にとっては最初の危機を迎えた由比正雪による慶安事件が起き、そして同じ年、家光もこの世を去っている。一方この頃の東・西両本願寺の動勢に目を移してみると、西本願寺は、良如の時代で、両堂再建が成就して安定期に入り、教学振興のため、学林を整備し始めていた時期であった。しかし、このあと教団全体を百年あまりにわたって動揺させた三業惑乱という教学論争が始まろうとしていた時でもあった。一方の東本願寺は、一如の祖父宣如の時代であり、親鸞四百回忌を十年後に控えて、東西分派以来初めての両堂再建造営工事が始まろうとしていた時期である。

一如が幼少期をどのように過ごしたか、その事跡を伝える史料はない。しかし、その周辺では着実に時代を変える大きな動きがみられ、成長期の一如にとって、大きな影響を受けてきたことであろう。その一つと思われるものに両堂再建工事があった。これはいうまでもなく四百回忌の準備であった。こうした晴々しい外的環境とはうらはらに、家庭内不和が長い間続いていた。この直接的原因となったのは、正保元年（一六四一）当時四歳であった兄常如の生母長姫がこの世を去ったことである。以来、兄常如は、一如の生母に育てられることになった。常如にとっては継母との生活が始まったのである。このような人間関係が、尾を引いて、後には、常如の本願寺住職隠退という異例な事態にまで追い込んで、本願寺内に暗い影を落とす結果となった。こうした折々の様子は、常如、一如の残した私信の端々からうかがうことができる(1)。このためか、一如の行動には兄常如への遠慮もあったようにうかがわれる。

また一如の幼少時代には、本願寺住職は兄常如が父琢如のあとを継ぐべきものと目されていたので、その意味では一如は自由の身であった。そのため、他の兄弟と同じように、早くから寺外での生活が始まった。

第二節　福井本瑞寺時代

一如が最初におもむいたところは福井であった。その年次は明らかでないが、十二歳の万治四年（一六六一）福井の本瑞寺より養父の龍華院宣享に伴われて上山、三月十日に得度式を受けている。これより前に福井本瑞寺へ下向していたことは確かであろう。東本願寺では御遠忌準備のための造作が終わっていなかったので、得度式は臨時に九字の間に仮安置された親鸞真影の前で行われた。参列者には父の本門琢如、兄の新門常如をはじめ、後見役には、養父龍華院、剃髪役には尾張出身の御堂衆法光寺が、連枝では智光院宣縁、桑名本統寺琢恵、霊蔵院琢証等が参列、その他諸役についた御堂衆の参列を得て行われた。御堂での式後、書院で御祝いの宴がもたれたのであった[2]。一如はこの時、諱瑛亨、法名琢性と名乗ることとなった。この得度式後、親鸞四百回御遠忌が三月十八日より二十八日まで執行されようとしていた。ここに新門常如の連枝として出仕したのであろう。翌寛文二年（一六六二）正式に本瑞寺住職となりその重責を十二年にわたって勤めてきた。寛文三年（一六六三）には院号恩光院と定められた。本瑞寺のある福井城下は、蓮如ゆかりの吉崎御坊とも近く、以前から吉崎御坊の出先機関として「越前総坊」が設けられていた。それを継承したのが本瑞寺ということであった。

本瑞寺が最初に建立されたのは、関東の結城であった。慶長五年（一六〇〇）徳川家康の二男秀康が、結城よりこの地に移封された時、本瑞寺もこれに従って移ってきたものである。一如の養父となった宣享は、父は本法院教瑛、母は教如の女亀姫であり、本願寺と一族関係にあった。

そのため、本瑞寺は同じ福井の町に西本願寺の准如が建立した本行寺と対峙する重要寺院の一つでもあった。それゆえ代々住職は本願寺と因縁深い連枝がその地位につく御坊の一つであった。

しかし、一如が入寺したころの本瑞寺は、万治二年（一六五九）四月三日の火災で焼失し、仮御堂のままとなっていた。本御堂の再建を着工したのは、一如が退寺して十八年目の元禄二年（一六八九）で、同五年完成をみた。その時住職をしていたのは、一如の兄瑛白であった。その規模、十五間に十七間という大建築であった。同じ時期に一如が建立した名古屋御坊より少し規模では上まわっていたのである。

一如が本瑞寺住職として在職していた十二年間に起きた事件としては、寛文六年（一六六八）藤島超勝寺（福井市）の西本願寺派への転派事件くらいで、あとは知られていない。

一如が、福井御坊本瑞寺をゆえあって退出、京都へ帰ったのは寛文十二年（一六七二）正月のことであった。松原信三氏の研究によれば、その時、藩主への正月独礼に関して、一如の意に反した態度がみられたことを理由に帰洛してしまったという[(3)]。

粟津文書中に「越前福井本行寺理光院（准如）龍華院（東本願寺福井御坊住職）年頭並住職御礼東西勝劣論」（カッコ内著者）という記録が残されていることや、以下に記す住職継承問題もこの一件の影響が大きなものであったかがうかがわれよう。こうして住職を失った本瑞寺の後住問題は、「御門跡連枝入院之事ハ、国民の費たる故、従二先代（光通）御代一御同心難レ無レ之[(4)]」と藩側の事情を訴え、後見役の善林寺、称念寺に反感を買うなど紛糾していた。これに便乗して、西本願寺派からは藩主による吉崎山の東御坊への一方的寄進に口入れして、一層の混乱を招いた。ついに天和三年（一六八三）四月本瑞寺での琢如十三回忌厳修中に出仕中の僧百人が席を立つという事件が起こった。いわゆる百か寺騒動と呼んでいるものである。この事件の収拾した元禄二年（一六八九）本瑞寺はようやく本御堂建立に着工したというのである。

このように一如の福井御坊退出は不本意なものであった。それだけに後住と復興問題は大変なものであった。一如がこうして福井を去る前年の寛文十一年（一六七一）四月十四日、父琢如は内室と常如の不和を心痛しながら死を迎えねばならなかった。それにしても、両堂再建成就の大業を終え、墓所を京都東山大谷に移し、大造営工事を着工し、完成をみずして四十七歳の若さでの死であった。

第三節　八尾大信寺時代

一如の福井御坊本瑞寺の退出は、前述のように、まったく予期しない突然の出来事であった。寛文十二年（一六七二）正月二十八日以前に早くも、八尾御坊大信寺（大阪府八尾市）に一如を入寺させることが内定しており、この日、本山御堂衆常徳寺休甫がその交渉のため下向した。(5) この八尾大信寺は、慶長十二年（一六〇七）東本願寺第十二世教如建立の由緒をもち、寛文十二年（一六七二）当時、一如の叔父、智光院宣縁が二代目住職として入寺していた。福井御坊本瑞寺と同じく代々連枝住職寺院でもあった。一如が入寺したのは、それからまもない二月晦日のことであった。それからまもなく前住宣縁が亡くなった。一如は大信寺入寺によって諱を瑛含、法名を琢亭と改めた。

八尾大信寺での在職年数は短く、延宝六年（一六七八）法嗣に定められて、京都本山東本願寺に移り住むまでの七年間にすぎなかった。

この間、本山では、幕命によって兄常如が退隠させられる(6)という事態に追い込まれる始末で、まさに激動の時期であった。大信寺住職時代の一如にとっては、福井御坊の後住問題が解決をみておらず、気がかりであったに違いないが、私事においては、結婚、長男誕生、生母、正室の相次ぐ逝去と悲喜こもごもの時代であった。一如は入寺後に、本願寺家老宇野氏の女と結婚し、延宝三年（一六七五）には長男一源が誕生した。(7) 翌四年七月二十九日には正室を亡くしている。満教院源性尼と法名が付されている。この四日前、一如の母順誓院英明禅尼を亡くしたばかりで、一如は八尾大信寺にあって、母・内室を旬日のうちにさきだたれ、大変な年であったといわねばなるまい。

一方で、兄常如との間の心の溝を掘り続けていた順誓尼の死は、山積する難問の一つが解決したことにもなった。

常如は生来病弱の身であったことから、継職後四年目の寛文八年（一六六八）早くも親交のあった石川丈山に退隠の意を漏らしていたという。(8) 保養のため寺を離れることが多く、時には退隠のことが実現しないというならば、帰寺しないとまで口外されて、家臣を困惑させることもしばしばであった。そのため寺務停滞もしばしばという状態にあったらしい。一時は寺務を父琢如へ返上ということも考えられていた。一如にとって大信寺時代の終焉を告げることとなった兄常如の退隠も、幕命によるとはいえ、在職中に何度も退隠を表明してきたことからいえば、それがここに実現したということで、本願寺にとって一つの難題は解決したものといえよう。この時に至って、常如のあとを継ぐべき子息がみな夭折しており、存命していなかったことは常如の意中を察して余りあるものがあろう。

第四節　東本願寺住職時代

一如は、兄常如の退隠によって入寺、東本願寺第十六世を継職した。それは延宝七年（一六七九）十一月二十四日のことである。この日は毎年欠くことなく全国門末が、京都東本願寺の親鸞真影の前に集いて執行されている報恩講のちょうど中日にあたっていた。このことが参詣者に伝えられたのはそれから五日後の二十九日のことであった。(9) 時に一如三十一歳であった。当時の本願寺の慣習からすれば、一如の継職は、余程のことがない限り、予想すらできなかったはずである。

常如の退隠が異常のうちに行われたことから、ここまで事を運ぶのに時間をかけることは許されない状況に置かれていたことは容易に推測されるであろう。

次にこの短期間中に行われた事柄を日時を追ってまとめてみよう。

延宝六年五月六日　常如、幕府に隠居を命じられる（『七条日記』）。

五月十二日　一如、法嗣となる（『常葉年表』）。

五月十四日　一如、法眼に叙せられる（『大谷嫡流実記』）。諱光海と改め、近衛基熈猶子となる（右同）。

六月二日　一如、御礼のため参内す（『常葉年表』）。

六月二十七日　常如、光海を法嗣に定め、幕府へ届け出る（『徳川実紀』[10]）。

八月九日　一如、任大僧都（『常葉年表』等）。

延宝七年一月十一日　一如、法印に叙せられ、正僧正に任じられる（『大谷嫡流実記』等）。

一月二十四日　御礼のため参内する（前同）。

四月十三日　（江戸下向）公卿引見、常如、弟一如を養子とすることの許しを蒙るを謝し、かつ正僧正を謝し奉り、兄の養子となりしを謝し奉る（『徳川実紀』）。

十一月二十四日　一如、継職（『門跡伝二』[11]、『常葉年表』等）。

十二月十五日　一如、常如の隠居を謝して使いを出す（『徳川実紀』）。

延宝八年二月三日　転任大僧正。

三月七日　光晴（一如光海の誤り）大僧正拝任を謝して使いを出す（『徳川実紀』）。

以上、継職にともなう僧綱昇進等の諸事を列挙してみたが、『安永勧進』[12]には、これらの諸事に関して、直叙法眼より大僧正拝任まで、三年のうちになされたのはこの時に始まるといい、近衛家の猶子も異例とするなど異例づくめであったという点が注目されよう。

また、兄から弟への継職も異例で、その後の歴代継職者決定にも大きな影響を与えた。その関係部分を取り出して図示してみよう。

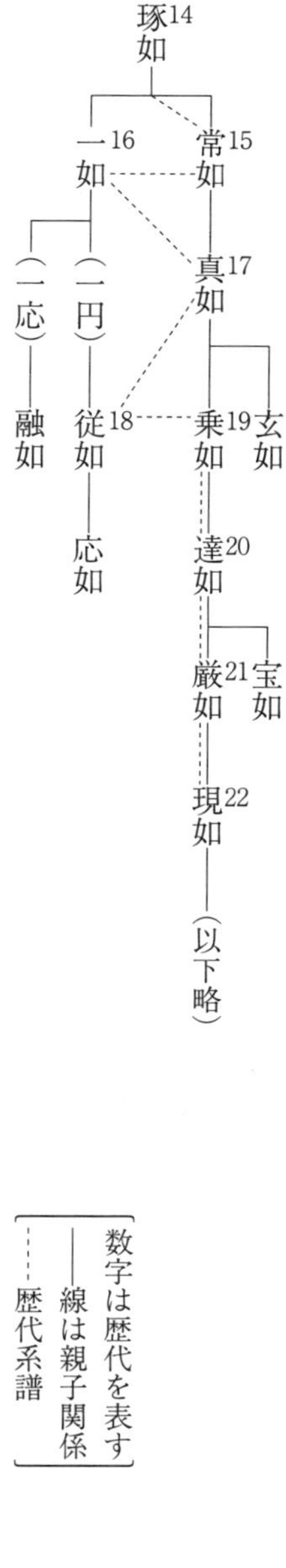

と入り組んでいる様子から、後継者選びに複雑な事情があったであろうことを推測させてくれよう。

この一如は継職以後、五十二歳で入滅する元禄十三年（一七〇〇）までの二十二年間の長期におよんで重責をまっとうされたのである。この期間を東本願寺史上、「一如時代」とでも呼称しておきたいといったのは他意があるわけではないが、これまでこの時代の研究はまったくなされておらず、名付けることもしなかったことに由来するのである。本願寺で、近世を通じて秘籍の一つに数えてきたものに、堺真宗寺の超尊の選した『安永勧進』という書物がある。本書の最初に「御別当職御相承次第之事」と題する一項が設けられている。そのうちに、常如・一如・真如各歴代の略伝も含まれている。なかでも一如に関する部分は他に認められない重要な記事がいくつかみられるので、次にその部分を抄出してみよう。

> 延宝七年ノ冬。御寺務御相続ナリ。御若年ヨリ御連枝ニテ。五畿内北国ノ体ヲモ御覚ナサレ。御末寺御門徒ノ風俗ヲモ。ヨク御存知マシ〳〵。御宗旨繁栄ニツイテ。次第ニ本寺モ厳重ニナリシコトハ。已テニ門末下々ノ情。上ヘ通シカタク。本山諸役人ノ私曲ナントモ。多キコトヲ知シ召ケレハ。此御寺務ノ初ニ。先ツ中比ノ政道ヲ改メラレ。数ケ條ノ條目ヲ立テ。掟ヲ定メ玉ヒ。集会所ニ役人ヲ置テ。門末ノ訴訟ヲキカシメ。六ケ敷公事訴訟ナトハ。御自ラ昭召ケルユヘニ。明君ニテテハシマストテ。自宗他宗トモニ従ヒナヒキタテマツルナリ。延宝、天和ノ御仕置替ヘト申シ奉ルハ。此時ナリ。元禄十三年ノ春ヨリ御不例ニテ。同年四月十二日。東御所ニテ御遷化。五十二歳ナリ。無礙光院ト号シ奉ル。三字ノ御院号ハ。願成就院順如上人ノ御例ナリ。此後ハ御一流ニテハ。御別当職ノ御院号ハ。三字ヲ用ヒルラ、恒例トナリヌ。君達モ多クオハシマシケレトモ。皆御連枝ニナサレ。常如上人ノ御末子。真如上人ヲ御附弟ト定メ。御得度ナサシメ。新御門主ト定メタマヘリ。

冒頭に述べていることは、さきにも触れてきたように、一如は、越前福井本瑞寺、河内八尾大信寺の住職として、現地で生活してきたことが、本願寺住職となってから大変に役にたったというのである。このように他国での生活体験が生かされる場合は少ないようである。

この頃、継職後、初めての条目をたてて掟を定め施政方針を発表したというが、その条目は残念ながらこれまでの調査では存否不明で明らかにできない。次に集会所という役所を新設したことに触れている。これこそ、さきに指摘しておいたような本山組織の弊害を取り除くことを目的に集会所を開設したというのである。この集会所設置の年次には諸説あるが、名古屋聖徳寺蔵の『貞享三年諸事留帳』[13]の四月八日の条に、「此節ハ集会所におく留と申候得とも、聖徳寺義ハ其後諸事上檀へ出ス古例ニ相成也」と細注があって、貞享三年（一六八六）には少なくとも設置されていたことを知る。

しかし、その後の集会所は、一如の意にかなう人材の不足していることを、噫慶や粟津元隅に、次のように答えている。[14]

集会所之義我等所ニかなひ候人躰無之（中略）何とも我等一人の難儀千万ニ候

という有様であった。さらに語意を強くして、[15]

役人共如何沙汰候哉、ふかく何事もかまわぬようなれバ、本寺あほうニ成申候、又利口になれハいにしへの喧嘩ニ返り候、とかくケ様の事ハよきかげんニ仕度物と存事候、とかく本寺ノ支配ヲ聞ぬヲ其儘置候てハ、又本寺立かたく候へく候、此了簡候て、よろしく相はからひ可被申候

とまで一如をしていわせるほど、当時の役人の資質低下のほどが知らされ、結局、改革のため集会所を新設してもその効果はまったく表われてこなかったようである。このように宗政改革もあまりその実を上げることはできなかったが、内部での評価は高く、「明君ニテオハシマストテ、自宗他宗トモニ従ヒナヒキ奉ルナリ」と超尊は賛辞を

贈ったのである。

また地方に御坊と称して本山直属の末刹を創建し、古い御坊では御堂の改築を行うなど、地方に意を用いてきたことは注目されてよい。東西分派後の御坊創立については教如の十七か所、それに次いで多いのが一如である。『本願寺誌要』[16]によれば、越後三条、同新井、名古屋、大和新家、高山の五つをあげるが、今日の学問水準からみるとき、多少疑わしいものも含まれていることは、時代の趨勢からみて仕方ないところであろう。以下、創建当時の教団の地方状況についてもみておきたい。

一如時代、教団体制を揺るがすような事件が各地で相い次いで発生しているが、なかでも越後騒動は異安心事件としてその最たるものであった。貞享元年（一六八四）に発生、教団あげて教学振興にあたっていた時期での出来事であっただけにその影響は大きく、一如も、これには意を尽くし、このような事件の再発を防ぐ意味も含めて、貞享元年（一六八四）には新井御坊、元禄三年（一六九〇）三条御坊を創建した。そして同年、名古屋御坊建立公許も得られた。ここでは建立に地元市中諸寺院が多く反対していたことから、創建に至る過程には紆余曲折があった。

そのため、名古屋御坊建立については、多くの有力者の仲介が必要であった。たとえば、一如の弟で水戸願入寺の住職恵明院如晴、水戸藩主光圀、尾張藩主光友、市中在住の有力商人で構成されていた九日講中のメンバーなどであり、また藩家老の渡辺家もその一人であった。これらの人々の協力と、尾張・三河・伊勢・美濃の門末の協力体制もまた一如の消息発布の形でもって押し進められた。しかし、御堂建立が成就したのは一如没後の元禄十五年（一七〇二）のことであった。元禄十五年には十四間に十五間の大御堂の上棟式が取り行われたのである。また晩年の元禄十年（一六九七）には、大和長福寺を新家御坊として取り立てている。このように各地に御坊建立に意を用いるとともに、他の御坊でも増改築を必要とする時期に直面していたので、その工事着手と完成に一如は尽力した。この背景として、教団においては各地の御坊を支える門末の拡充が計られたことを、掲げねばならないであろう。元禄年間前後は、道場が寺号を名乗って、寺院化の段階を終えていった時代であった。

以上のこれらは地方教化の一端を示すにほかならないが、目的を異にする江戸城登城御礼、幕府に忠誓を誓う血判誓詞の奉呈のための江戸下向、あるいは、日光東照宮参詣のための下向の上・下道中各地に逗留して教化することを忘れなかった。地方ではこれを「御成」と呼んで、大変な歓待振りを記録として残し、今日まで語り継がれてきたものも少なくない。こうした事実からみると、一如の教化活動の幅広いことに驚かされる。波瀾の人生のうちにも多くの趣味をもっていた人物のようで、なかでも俳句の世界では兄常如と共に北村季吟の弟子として活躍していたことが知られている。

一如は、最晩年の元禄十二年（一六九九）には東大谷の御堂再建を企てたが、これまた完成を待たず翌元禄十三年（一七〇〇）四月十二日、ついに逝去している。時に五十二歳であった。

なお一如の葬儀に関しては龍谷大学図書館に『一如上人御葬送之式』一冊が残されている。『名古屋別院史』[17]史料編に翻刻を所載したので参照されたい。

おわりに

東本願寺第十六世一如は、東西分派後の東本願寺教団が曲り角に立った元禄年間を中心に、東本願寺の内部機構の大改革を推進して、教団のその後の進むべき方向を打ち出して、一応の基礎固めをしてきた。その功績は、『安永勧進』の著者堺真宗寺超尊ならずとも、高く評価してよいであろう。

註

（1）『常如上人御消息集』（真宗大谷派宗史編修所、一九三七年）、『一如上人御消息集』（真宗大谷派宗学院編修部、一九四一年）、小串侍『近世の東本願寺』（法藏館、一九六五年）など。
（2）『本瑞寺殿得度記』『粟津重要日記抜書』など。
（3）松原信三「越前東御坊と百ケ寺騒動」（『若越郷土研究』第一三巻一号、福井県郷土誌懇談会、一九五八年）。
（4）粟津家文書「国守越前守殿往復書」。
（5）『粟津日記』寛文十二年正月二十八日条。
（6）『七条日記』延宝六年九月六日条。
（7）和田康道編『常葉年表』（常葉年表発行所、一九〇三年）、大谷大学編『大谷嫡流実記』（真宗大谷派出版部、一九七二年）から逆算。
（8）『粟津日記』寛文九年正月十四日条。
（9）小串侍『近世の東本願寺』（法藏館、一九六五年）。
（10）『徳川実紀第五篇』（新訂増補『国史大系』42、吉川弘文館、一九六五年）。
（11）『門跡伝』（文献出版、一九七八年）。
（12）『安永勧進』（『真宗史料集成』第九巻、同朋舎、一九七六年）。
（13）同朋大学仏教文化研究所調査記録。
（14）『一如上人御消息集』（真宗大谷派宗学院編修部、一九四一年）。
（15）『一如上人御消息集』（真宗大谷派宗学院編修部、一九四一年）。

明暦度再建東本願寺御影堂造営について

――新出『遷座之記』を中心に――

はじめに

一九七八年五月、東本願寺明治造営百年を記念して『東本願寺』と題する図録ならびに解説書二巻一帙が刊行された。[1] 明治十二年（一八七九）五月十二日に両堂再建発示がなされて百年を迎えるにあたり、その記念事業の一つとして完成をみたのである。建築史研究においては、「真宗寺院の建築」が解明急務の課題の一つとして取り上げられ、多くの成果が世に問われてきている。[2] そのような時に、本書の出版をみた意義は大きく、今後の研究の一指針となるであろう。

東本願寺では、現代に至るまでに六回にわたる造営事業が行われたことは周知のことであるが、その全容が明らかにされたのは、本書が初めてのことである。まず、本書に添付された「東本願寺造営年表」より御影堂造営部分を摘録補記し、その概要を記してみよう。

（一）慶長度造営	分派独立のため北屋敷隠居所より移建	工期	二年
（二）明暦・寛文度造営	狭少につき拡充のため	〃	十八年

（三）寛政度造営　天明八年一月卅日焼失につき再建　工期　十年
（四）文政度造営　文政六年十一月十五日焼失につき再建　〃　九年
（五）安政度造営　安政五年六月四日焼失につき再建　〃　二年
（六）明治度造営　元治元年七月廿日焼失につき再建　〃　十五年

六回の造営は以上のようなものであるが、本書の出版によって、すべてが明らかとなったというわけでなく、未解決の部分や、問題提起となった部分も少なくない。今後の研究に期待が寄せられるところである。

さて、本章ではこのうち、第二回目の明暦・寛文度造営事業の御影堂再建に関する一史料を紹介し、工事内容について、その一端を解明することにしたい。まず新史料『遷座之記』の全文を紹介しておこう。

遷座之記

釋因智述

夫孝養父母者世善至要恭敬三宝者出世之洪範憶念衆生者大悲本意也是以父母名恩田三宝名福田衆生名悲田所謂恩田者若無父者能生之因即闕若無母者所生之縁即乖若二人倶無即失託生之地要須父母縁具方有受身之處既欲受身以自業識爲内因以父母精血爲外縁因縁和合故有此身以此義故父母恩重故経説三福以爲浄業正因孝養世福之一也古曰孝者百行之本諸善之

源又云君子務本本立而道生孝悌也其為仁之本歟然徒為世行孝養者非真報恩故経曰棄恩入无為真實報恩者是以必須敬三寶尽恩愛源底也三寶者出世福也所謂三寶有多數言同体別相住持是也同体者以衆生心性有覺了軌持和合之義説為同体別相者十方諸佛所説法藏所化賢聖衆名為別相住持者素質金容黄巻朱軸剃髪染衣名為住持久住世間施饒益為浅識衆生最為親所謂此三種通名寶如世珍寶為衆生福田故已

知三宝又宜荷負恩徳須運兼済心饒益有情若
任自度心者永背大悲心故菩薩建弘誓先度衆
生名菩提心是名度衆生心即是饒益有情戒也若
人欲発心作仏即是心広大周遍法界是心長遠尽
未来際是心一発離二乗障永傾无始生死有輪呼
発心之功力莫大哉一度穿菩提心渠溝則衆善
自流入薩般若海是以寄花於五浄瓜日不萎附
水於恒河世界无竭若発心僻越者万行徒施右
曰徒善不足以為政徒法不能以自行云爰　本願寺

寛永己巳年
同六年ノ事カ

十三世之大德　宣如大僧正荷負佛恩重擔祖
師慇念衆生發伽藍建立之大願去寛永巳巳年
新造大殿對面處唯恨境内狹小不堪建立大伽藍
由茲空送春秋然其志願確乎不拔顯心應冥助
時運已啓受　大樹家光公境内新加之命師喜
認書簡　命諸方之末寺告都鄙之門葉述伽
藍建立之旨趣乞財産資具之助成末寺門葉
等見義爲勇抛珍財而備寺具進之　大僧正
使命于西村越前荻木三河兩工規矩於指圖準縄

於地放上于時京師之門葉道俗貴賤老少男女悦瑞
華之難遇不顧身心苦労午々持籠各々荷簣運
東鴨川之砂石覆一簣而盛山去承應元年六月
二十八日棟梁越前三河兩近爲規矩企斧斤釗
其儀式次第之法有之翌年巳歳地形既成欲（八月廿五日より九月八日迄）
築其礎及此時都内都外門弟等欲伽藍之速成
不論緇素老少各以綾羅錦繍纏其身振金銀
戴笠戴其頭八十老翁化爲少児老若僧衆爪
流之出立見者驚目四隅之𥬶簷張金襴睨子之

申ノ年四月十八日柱立し
未ノ年十一月十三日上ゑアゲ

幕樹藤櫻之作花打鐘鼓取拍子築其礎于時内海《ウツミ》
爲惠作五首新曲令謳歌于時見聞貴賤寺内為前
然无一言口論喧𠵅諸人亦深感嘆于同三年伽
藍既成御堂四面南北三十七間余東西二十七間半
二重講堂高《サ》二十間三尺余破風金物眩陽揚光耀四隅
之宝鐸順風出梵響南北模磨金容四維龍振鈎
十豆切頬鬚
鬚《ホウヒケ》御拜殿神仙歡樂之躰刻天人遊戯之相金擬
現无畏德飛龍亦自在力内陣正面天人乗雲舞
頻伽舒翅囀臺向椽迫以金天井板飾用薄須旅
徊カ

檀左右高欄磨瑚璃並面階級布瑠璃宮殿巖麗瑒摩尼玉十字丸字尊号之間模八功德池畫色々蓮花遮那華藏刹弥陀法家悉以蓮爲本奇哉々々經爲髓目佛爲眼是以下品中以花淨土宣哉々々進想遠公蓮社友退詠周氏愛蓮説六字名号之間種々莊嚴盡善足美北壁瓔珞御簾内庫子圖淨利菩提樹畫安養六種鳥參詣道俗拜此伽藍者不覺轉入淨土門礼眞影者自然流入智願海精舍有種々利益具見諸經文加之東山多々

景遮リ眼前ニ去来進止怡ニ神識ヲ覩テハ大佛遮那梵宮ヲ慕フ
奠ノ報土ヲ眺メテハ豐國明神宝殿ヲ悟ル世ノ非常ヲ向テハ三十三間御
堂千手千眼ノ大悲ナリ泉涌ノ流清メ十メ律ノ院恵日光リ新ヌ多
精舎見テハ稲荷新熊ノ神跡リ和光同塵方便ヲ覩テハ清水
八坂ノ塔ヲ想フ行眉浄蔵旧時ラ靈山称号バ起ヲ於印
度祇園ノ加名ハ始ル於西域ニ円山長楽寺ノ佳景吉水
智恩院ノ旻跡南禅ノ之畫棟黒谷之佛閣冊青年モ
亦タ不可ヌ禅林ノ春ノ朝ニ観念ノ花自ラ開ケ孤山秋ノ暮ニ心性ノ
月鎮ノ澄リ四明雲巻テ東寺月照ニ世間ヲハ中堂风静ヌ定水

除心拵然間明暦四戊戌年春三月廿三日工
迄随例設上棟之礼供具式法是宗一時見物
也同二十七日辰刻有月次逮夜之法事迨夜過
有御遷座之式従仮堂至新御堂階下引
地布又御輿以赤地金襴包之垣《カキ》入テ右御堂内
陳之北間有御影御掃并御珠数總替以白絹
蓋御影向対面御遷座御輿従内陳正面出御於
外陳二十余輩之僧衆請取於御輿但装束法服
五條及御輿出御之時階下楽人十八人二行羅列奏

音楽下間治部卿装束鈍色五條次先供之
院家衆装束鈍色七條御輿之先末（琢如上人）御門跡
御装束紅鈍色襟多羅衣同後東（宣如上人）御門跡御
装束紅鈍色襟多羅衣新御門跡御装束
同前供奉院家一家衆同装束鈍色七條　御輿
有御入堂安置于内陣正面東向此時楽人奏
退出之楽各退散乃真影奉移宮殿内陣餝五
色花束十具前卓両花瓶北松心一色南竹心草花
色々立花池坊前置礼盤翌日廿八日晨朝之勤於阿

弥陀堂ニ十四行偈任先規ニ一炷燒之勤行過テ有點心点心
竟集會之鐘鳴諸僧來入于集會堂有行列皆任之次
第一番黒衣黒袈裟之輩次ニ黒衣五条次ニ鈍色五條次ニ
鈍色七條如先記皆任列座飛檐輩襲装束法服七條任ニ
官位前後出次列座次ニ御堂衆襲装束法服七条遊臘次出座
列座次選人十八人外陣北間向西列座次ニ一家衆次ニ院家衆
装束法服一條靈藏院殿本流寺殿智光院殿靈瑞院
殿先供ノ童子各五人小結十人次ニ新御門跡御装束紅御法
服讃多羅衣先供童子十三人二行引立列御供奉御児一人

諸大夫二人小結二人有布衣持本御門跡御装束紅法
服瞿多羅衣先供童子同前御児一人諸大夫三人小結布
衣同前東御門跡御装束紫御法服瞿多羅衣先供
童子同前御供奉御児一人諸大夫三人小結布衣同前参
岸注之示御着座之次第北横畳東奉着御門跡前大僧正宣如
上人南横畳本御門跡大僧正瑶如上人同新御門跡正僧正着座
之公家畳北之葉室大納言殿由小路中納言殿樋口宰相殿南広橋大
納言殿小川坊城中納言殿万里小路宰相殿院家衆次第列座
一老誦伽陀有附物之示東御門跡登高座御焼香三礼

御経上巻次下巻本御門跡御始次観経新御門跡御始
観経竟有御式之伽陀畢登高座之楽嘆徳式両御門跡
更御読誦秘記竟又登高座之楽東御門跡有
礼盤御移伽陀中諸大夫八人配花籠漢音之弥陀経行道竟
如本御着座勤行文類正信偈和讃弥陀成佛七宝論堂。妙土廣大三首
廻向願以此功徳之偈満座聴衆観喜信受作礼而去是迄達佛記録
原夫迦毘羅法王統御三界主領悉土故釈梵来下
請法轉人王恭敬設供養是以祇陀施林須達布
金外伏祇薗成佛住舎衛化乃是西城精舎権輿

平又伽藍阿練若道場之号不一　惣名寺者是宗
者由永平十年騰蘭入漢帝勅館鴻臚寺同十
一年創白馬寺故就始惣称寺騰蘭入寺始釋
佛経爾来彼土熾熟而佛化弥昌焉　是以梁至光
宅乃宋開恵林皆鏤金玉而修飾焉　本朝之創
乃執規模於支那稍目建向原八耳立四天是本
朝練若之元基也凡伽藍之繁興国家之吉祥良
皇王賢運祚相将昌家業是皆佛家所資也故
皇太子奏推古帝雖娯熊凝精舎規模甚少頃

上段造亦是先壯嚴基　聖帝許之今大安寺
是也厩資王化守國祚也過茲視之當寺建立
亦是　王臣安穏之瑞也仰願　皇帝聖代
萬万　公方福壽无量伏乞護法四天加威力三宝
長慇重納受伽藍基固遙及于慈氏三會曉法
末流遠普沾於法滅百歳時　某　稽首敬白
于時明暦戊戌春三月誌之

明暦戊戌者
同四年之歳也

延宝七己未年十月廿日書寫之畢釋氏

第一節　明暦・寛文度造営の前提状況

文禄二年（一五九三）に本願寺留守職を引退して、本願寺北舎に仮住まいしていた教如は、慶長七年（一六〇二）に現在の東本願寺の地を徳川家康より与えられる。翌年には北舎を移建して仮御堂に宛て、同年中に阿弥陀堂を造営、続く慶長九年（一六〇四）には御影堂を造営した。教如は短期間に諸殿にまで及ぶ大造営事業を成し、これより東本願寺の歴史が始まった。

さて、慶長八年（一六〇三）に完成した最初の阿弥陀堂は、わずか二十三年後の元和四年（一六一八）三月十九日より「ゆがみ」の修復を始め、閏三月四日に修復し終えている。(3) この「ゆがみ」はそのころ打ち続いた地震・大風などの自然災害が原因であったとみられる。また、慶長九年完成の御影堂も、阿弥陀堂と同じような状況であったと推定され、元和九年（一六二三）五月三日には落雷による被害も受けている。(4) これより先、慶長十九年（一六一四）十月に教如は五十七歳で死去し、十三歳の子息宣如が継職した。その宣如は元和五年（一六一九）に徳川秀忠より、あらためて寺地を安堵されている。『華頂要略』によれば、元和九年のころに、これまで教如の院号信浄（成）院を呼び名としてきたところを、本願寺とあらため、内外に向けて名実共に独立を表明したという。(5) しかし、秀忠の元和五年朱印状にすでに「本願寺」と宛名に現われていることにも注意が必要である。

宣如の継職後、東本願寺の独立精神の高揚とともに、公式接待の場所である対面所の拡充が急務と考えられたようである。『遷座之記』によれば、両堂再建に先立って寛永六年（一六二九）に「大殿対面処（所）」の建替が行われている。このことは『重要日記抜書』などにもみられず、これまでまったく知られていなかったことである。時に宣如二十八歳のことであった。七月六日付宣如消息中に「仍去頃、令経営屋舎幷官（館カ）々す丶み候[6]」とあるが、これは、年次を伝えてはいないものの、寛永六年の「大殿対面所」建替当時のものかと思われる。

この寛永六年建替の対面所が、慶長度造営の対面所[7]に対して、どれほど拡充されたのかについては、史料不足のため不詳である。恵空筆の『教如様之御時御寺内之図』[8]に慶長度造営の面影が偲ばれ、他の諸堂、諸殿との大きさを見比べることはできても寸法までは知り得ない。建替後の対面所の記録は東本願寺には残されていないが、「寛永年中洛中絵図」[9]中の東本願寺の部分に「広間（東西）十三間半・（南北）十一間」（御影堂北側）の建物図が確認されている。この位置はさきに述べた『教如様之御時御寺内之図』中の対面所の場所と合致するので、広間すなわち対面所と理解してよい。したがって『寛永年中洛中絵図』に記された規模で再建をみたものと考えてよいだろう。東本願寺の堂舎については、時代は下って第十八代従如の時代に、『安永勧進』[10]にみえる寛延二年（一七四九）八月九日の失火で「奥向ノ殿閣並台所悉ク回禄」したが、「両堂ヲ初メトシテ表向ノ殿閣ハ残レルコト不思議ナリ」と伝えられている。しかし、その後の天明八年（一七八八）正月三十日の大火において東本願寺は堂舎のほとんどすべてを失うこととなった。この時、焼失した対面所そのほか諸殿の障壁画の絵師および絵の内容については、『東本願寺故実に関する覚書』[11]に略記されている。この『覚書』は、焼失後間もない時期に作成されたとみられ、現存しているので、内部構造について大略ながら知ることができる。

さて、対面所建替後の宣如の心境について、円智は『遷座之記』のなかで、

唯リ恨クハ境内狭小ニノ事ヲ不レ堪ヘ三建二立スルニ大伽藍一ヲ、由レ茲テ空ク送二春秋一ヲ（中略）受ク二大樹家光公境内新加ノ之命一ヲ、師喜テ認二書簡一ヲ、命シ二諸方ノ之末寺一ニ、告テ二都鄙ノ之門葉一ニ述テ二伽藍建立ノ之趣旨一ヲ（後略）

と代弁して述べている。これにより伽藍再建を発願したのは寛永十八年（一六四一）六月のことであったと推察される。このとき、徳川三代将軍家光によって境内地は加増されている。これが直接の動機となったらしいことは、前記『遷座之記』の記事にその意志のほどが充分にうかがい知られよう。

そこで、新加の地（新屋敷）が与えられると、明暦・寛文度造営にあたり、早速伽藍占有の境内地を拡張している。

先述の『寛永年中洛中絵図』によれば、東西八十二間半、南北百十二間の東本願寺の占有地があり、「教如様之御時御寺内之図」に従ってこれを理解しようとするならば[12]、東側は烏丸通の一つ西、諏訪町筋の南延長上に拡幅された御堂前があり、北は上数珠屋町より南側は下数珠屋町の少し南に至る地にして、明暦・寛文度造営によって東側は烏丸通まで拡長し、南側に墓地が占拠していたが、これを現在の東大谷の地に移して[13]、七条通近くまで拡張している。

慶安五年（一六五二・改元して承応元年）に刊行された『平安城東西南北町並之図』は、拡張以前の図柄の特徴をもっているので、問題を残すとしても、その後の地図とそれ以前の地図では東本願寺占有面積で、右のような差異がみられる[14]。これによって宣如による明暦・寛文度造営の計画内容の一部が知られよう。この造営は、西本願寺の元和造営を意識しつつ、親鸞四百回忌の準備大事業の一つであったことはいうまでもない。

その後の四度の造営が、火災焼失による再建の繰り返しであったのと異なり、この造営のみが狭少を理由とした建替工事であったが、それは当時、著しい発展を示しつつあった教団状況を踏まえて用意周到な計画のもとに工事が進められたのであろう。

ところで、家光加増の年次が恵空の『叢林集』[15]以来、この寛永十八年が寛永十六年と誤られてきたことはすでに指摘されているところであるが[16]、本願寺文書によって十八年の正しいことが証明されている。この加増時の宣如の心境を『遷座之記』は「師喜認二書簡一」と記しており、また、これに関連して「越後国佐渡・松前・出羽国・奥州・信濃国　院家中　惣坊主中　同門徒中」にあてて寛永十九年（一六四二）に出されたと推定される四月二十八日付宣如消息に、

（前略）時節境内新加したまふこと[17]偏に真宗繁昌の根元念仏弘通の因縁となりと覚え侍り、我此時に当て再興乃志是ありといへ共、あまねく其宗門人の力をたのますは聴衆其会乃大伽藍は成就する事を得んや、（中略）此度修造乃事思ひ立候[18]（後略）

とあって、宣如の再建造営に対する決意の心中を察することができよう。

第二節　『遷座之記』とその作者円智

さきに影印で全文を紹介した『遷座之記』は、かつて筆者が京都の古書即売会で入手し架蔵してきたものである。表紙が破損しているため題簽の存否は不明であるが、内題・撰号と奥書は次の通りである。

（内題・撰号）「遷座之記　　釈円智述」

（奥　書）「干時明暦戊戌春三月誌《ス》レ之《ヲ》」

延宝七巳未年十月廿日書写之畢釈恵空（墨印…印文「慧空」）

しかるに、大谷大学図書館に『建立記』と題する一冊があり、『国書総目録』や『仏書解説大辞典』などにも『明暦年度本山建立記』として紹介されてきている。この恵空写本『遷座之記』と本文対校をしてみると誤字脱字以外はまったく同文であり、表紙・内表紙の右下隅に「休是」なる署名があった。書写者となるこの休是の伝は不明であるが、筆跡は本文と同一とみられ、書体などからして、休是は江戸中期ごろの人と思われる（本山堂僧か）。『建立記』には述者が記されていないが、恵空写本『遷座之記』から円智の述であることが知られる。

『遷座之記』とも『建立記』とも呼ばれて今日まで伝えられてきた本書の内容について、次に紹介していこう。さきに紹介した奥書の「明暦戊戌」は明暦四年（一六五八・改元して万治元年）に相当するので、明暦度東本願寺御影堂造営の際の遷座の模様を詳細に伝えたものであることはいうまでもない。

本書は、縦二十五・八センチ、横十六・八センチ、善墨付八枚の薄物であり、本文全体は敬白文の形式で述べられている。次第は次の通りである。

第一段　造立縁由（初～二ノ右末）
第二段　造営経過（二ノ左～三ノ左）
第三段　堂内外荘厳（三ノ左～四ノ右）
第四段　境内景色（四ノ右～五ノ右）
第五段　上棟式　遷座式（五ノ右～七ノ右）

第六段　御影堂造営讃歎（七右〜八左終）

この第二回目の造営は、前述のように拡張を理由としているだけに、他の造営に見られない特色を持っていることが、今回の『東本願寺』[19]でも指摘された。一つには、慶長度造営は移築再建で仮堂的存在であったのに対し、明暦度造営の御影堂においては二倍の規模となり、外型は単層入母屋から重層入母屋へ改められ、以後四度の焼失再建の際の基本モデルとなっていたらしいことがあげられる。

『遷座之記』の著者円智は、誓源寺円智のことで、当時、御堂僧一臈の席を西方寺休之[20]より受け継いだばかりであった。[21]奥書に従えば、親鸞真影遷座之儀を終えた直後の述作で、今日知られている円智の著述のうち最初のものである。彼の著書のうち著名なものとしては、『歎異鈔私記』三巻があり、歎異鈔注疏の最初のものとして、広く知られている。

筆者架蔵本『遷座之記』一冊は、円智の弟子恵空が三十六歳の延宝七年（一六七九）における写本である。撰述後二十二年、著者円智が寛文十年（一六七〇）に没して十年目に、恵空が書写した。それゆえ円智の自筆本が発見されていない今日にあっては、著者を知り得る唯一の伝本である。

類書は大谷大学図書館の粟津文庫中にもあることが知られている。その一、二を挙げれば『明暦四年御影堂遷座之記（二巻二冊）』『同書名（写本一冊）』、その他関係図絵等いくつかの史料を残すが、これは東本願寺の坊官粟津家の記録であるため、私的なものといえよう。

円智の『遷座之記』は、漢文体でしかも敬白文の形態をとっているので、あるいは遷座法会の中で拝読された可能性も考えられる。しかし、『粟津重要日記』のその部分にはこれについて触れていない。著者円智が、その当時、御堂僧一﨟という重席にあり、その後の御堂僧らが書写できる箇所に置かれていたことなどを勘案してみると、公的記録であった可能性が大きい。

この円智については、まとまった伝記は知られておらず、これまで諸先学によって断片的にその伝が語られてきたにすぎない。円智が住した誓源寺がいつごろからか廃寺となって久しく、また寺跡すらも不明ということもあって、円智に関する充分な資料が得られないまま今日に至っている。こうした事情もあって不明な部分が多く、明らかにされつつある部分でも誤り伝えられてきた点も少なくない。

たとえば、著書『西方要決略注』をめぐって、真宗側では、誓源寺円智の述作とし、浄土宗側では、名越流の学匠で誓源寺円智と同世代を送った中阿円智の述作としている。すなわち、『浄土宗大辞典』の円智の頃の③をみると、号を中阿、生年不詳で元禄十六年（一七〇三）まで生存し、滋賀県大津の人であるとする。草津正定寺に住し『西方要決略注』を著わし、『法然上人行状画図翼讃』を業中途にして没したので、同門の義山がこれを重修して完成したという。一方で真宗側では、玄智の三巻本『真宗教典志』以来の伝統として『西方要決略注』を誓玄寺円智の著とし、また望月『仏教大辞典』や『佛教大辞彙』等は亡名・著者不詳とするなど諸説あって一定していない。『国書総目録』の著者別索引に至っては、明らかに誓源寺円智の著であるものまですべて、浄土宗の中阿円智の著と誤るなど混乱を極めていることが知られる。

誓源寺円智の生没年月についていえば、『三講者便覧』[22]の円智伝では、寛文十年（一六七〇）四月十五日を没年年月日としている。そのほか諸説があって一定しないが、『大谷派学事史』がいうように、寛文十年四月十五日より、同年八月三日に至る三か月の間に没したとするが正しいようである。[23]

晩年には御堂僧の一﨟の重席にありながら、多くの聖教注釈書を著わしつつ[24]、堂僧の役務として、異義者紀明、地方の御坊輪番住持、法義宣布として、御堂法談・仏祖給仕などの諸務をまっとうしていった功績に対し、大正十三年（一九二四）贈講師の学階がおくられた。[25] また晩年の円智が、後の初代講師恵空を御堂僧に推挙したのも忘れ難い功績の一つであろう。

以上、著者円智伝についてわずかながら問題点を指摘してきたが、次に項をあらためて明暦度造営の御影堂について論じてみたい。

第三節　明暦度の御影堂造営

明暦度造営の規模について語っている史料は二、三にとどまらないが、示される規模については各々異なっている。そのうちもっとも著名となっているものは、明暦度に造営された御影堂が焼失する前年の天明七年（一七八七）、西本願寺の学匠玄智の著わした『大谷本願寺通紀』巻六所載のものである。[26] そこには、

祖殿　桁間　三十三問　正面七間両余間各九間両椽三間半

とあり、梁行は紹介されていないので、平面図は知ることが不可能である。

また玄智が『大谷本願寺通紀』編輯にあたって参照した可能性が高い史料の一つに、西本願寺の堂僧西光寺祐俊が寛文九年（一六六九）に記した『法流故実条々秘録』がある。[27] この六十一条目に「東之御堂造立年暦之事」が記されており、

（前略）右、御堂二重屋弥、北南三十九問、但内行《ウチユキ》三十六間三尺七寸、丸柱太サ二尺七寸《サシワタシ巾ニテ》、

柱数合九拾本

正面之間、広サ七間二尺、脇之間五間充四間アリ

東御門跡後一家之大工也

一右東之御堂、大工棟梁　西村越前　茨木参河

同八兵衛　同志摩　（後略）

とある。梁行は紹介されていない点は、前掲『通記』の記事と共通しているが、正面の広さで前者とは二尺の相違、両余間（後者では脇之間と表記）において二間の相違がみられ、後者には両椽に関する記録がみられないので、『通記』の記事を参照して、両椽分間を加えると、前者が三十二間と考えてきた寸法は、後者では三十四間二尺となってくるが、ほかに合致する史料を見ることができないので未解決の問題として残しておきたい。以上に紹介してきた史料はいずれも西本願寺のものである。

次に、当事者である東本願寺側の史料について目を向けてみよう。その一つに、親鸞五百回忌の厳修された宝暦十一年（一七六一）、参拝者の便宜をはかって、出版した『京都東六条本願寺御絵図新改正』一葉は注目すべきものであろう[28]。このなかの御影堂図の右肩に、

御ゑいどう

桁行　　三十三間半

梁行　　二十五間半
柱数　　九十六本余
畳数　　千八百九十畳　余

と記されており、初めて梁行の表示を見ることができる。この表示は堂宇の大きさをもっともわかりやすく説明しているが、内部の利用状況については示していない。それは一般参拝客の利用のためで、煩瑣な表現を避けたためとみられる。畳数・柱数等に「余」の字のみられるところから前の間の間数表示が「半」と示してきたのも実数を示したのでなく概略数を示したものとみられる。

この宝暦十一年より五十年前、すなわち親鸞四百五十回御遠忌の翌正徳二年（一七一二）東本願寺より発行した錦絵図一葉がある。[29]これには「御堂東向、南北三十七間半　一東西二十七間二尺七寸、柱九十六本、畳千八百九十、瓦三十万（後略）」と記され、堂宇を東西南北で表示しているので、重層入母屋の下層屋根雨落を基準としているとみて大過ないであろう。したがって宝暦十一年の桁行、梁行寸法より大きく表示されていることもそれを示しているように思われる。以上のように東本願寺側の史料を紹介してきたが、これとて明暦造営後、かなりの時を経た後のものであり、いずれも御遠忌参拝の土産的存在であったことは確かであろう。

それでは、明暦度造営当時の史料が何様に伝えてくれているだろうか。以下この点を中心に以上の諸史料を参照しながら論究してみたい。

明暦四年に成立した円智の『遷座之記』では、

南北三十七間余、東西二十七間半、二重講堂、高サ二十間三尺余

と簡略に表示しているにすぎないが、同年に板行された『御影堂上棟式絵図』(仮題)には、

北南三十七間二尺五寸、うちゆき二十七間三尺七寸、柱のふとさ二尺七寸、はしらかず九十六ほん、石の上よりむなかわら迄二十間三尺五寸、正面ひろさ七間二尺、わきの間五間つゝ四まあり、かわらかず二十万(中略)たゝみ数千八百九十二帖なり(30)

とあって内部の間割についても記している。前掲した西光寺祐俊の『法流故実条々秘録』の記載事項も、これと合致している。この点前述の玄智の『通記』にいう「余間各々九間」というのは、「五間つつ四ま」であれば「十間」とすべきであり、「十間」とすべき五間と四間を加算して九間と記したため、桁間三十三間はそのままとなり、あたかも集計誤りのような観を呈しているのである。

内部間割は『御影堂上棟式絵図』の説明文にあるように、

正面ひろさ　七間二尺

わき間(両余間)　五間つゝ四ま(間)あり

であったことが知られ、それに『通紀』のみ記した両椽三間半、を共とするが妥当と考えられる。

次に外形に目を移してみよう。

東向に建立された御影堂は、『上棟式絵図』や『遷座之記』『法流故実条々秘録』などによれば、本瓦葺・重層入母屋造である。仏教ではこれを講堂建築といい、正面に三間の向拝をそなえていた。棟高は『上棟式絵図』によれば土台石より二十間三尺五寸（『遷座之記』は二十間三尺余）、下層屋根軒廻り南北三十七間二尺五寸、東西二十七間三尺七寸（『遷座之記』では南北三十七間余。東西二十七間半とあらあら合致する）で、『宝暦十一年絵図』にのみ明示された「桁行三十三間半、梁行二十五間半」とも矛盾しない寸法と考えられよう。

これを慶長度造営の旧堂と比較してみよう。

『寛永年中洛中絵図』には慶長度造営御影堂の寸法が「御影堂　東西　十八間　南北　二十二間半」と記されている。棟の高さに触れている史料としては上原芳太郎著『蓮位と頼恭』に引用されている「御影堂建物寸法書」(31)（本山文書）がある。そのなかに「一信浄院殿御影堂高サ十間余リ」とあり、その外形の全容がここに至って知られた。したがって慶長度造営の御影堂と比較して、東西で九間三尺五寸、南北で十四間五尺五寸、棟高を十間として計算すれば、棟高は十間三尺五寸も明暦度造営の御影堂の方が大きくなっている。現在の明治度造営の大師堂（御影堂）よりはやや小規模ながら、当時新しく建立をみた知恩院・西本願寺の規模を凌ぐ大建築なのであった。

以上、御影堂の外観を中心に論じてきたので、以下は堂の内外の建築細部について述べてみたい。

第四節　御影堂内外の建築細部

ここでは『遷座之記』などによって建築細部における荘厳についてうかがってみよう。

破風には金具飾り、上下屋根の四隅には風鐸を釣り、「南北獏《ノ》磨《ハキ》二全容一」とある。その位置ははっきりしないが、南北が破風面を指すとすれば、破風面そのものか、または蟇股の彫物とも考えられるが、一般に近世に入ると拳鼻が獏の彫物に変わってくることから考えれば、向拝部分を支える貫の両端の木鼻部分に、獏の彫物があったと理解した方がよく、御影堂が東面しているので、南北に向いている状態を指したものと考えられよう。また「四維ノ龍」とは建物隅をいうので、隅垂木の飾りとして龍の彫物があったか、また法隆寺金堂にみられるように上層屋根の隅支えとして初重屋根下り棟の上に根をおろし、上屋根の隅垂木を支える柱に巻き彫にされていたかとも考えられるが、これまたその位置を明確にしない。

向拝には神仙歓楽之躰、天人遊戯之相、金搃飛龍を彫っているが、「明暦度上棟式絵図」にはさらに詳しく、「北より御はいのほりもの、らうこうせんにん、しちゃうばうせんにん、きんりうせんにん、ちゅうはくほうせんにん、かれうびん、南も同じ者也」とその位置まで知ることができる。

堂の中に目を移すと、まず内陣正面の欄間の彫物として「雲に天人、かれうびん、きりにはうをう」と前記絵図にあり、記述は『遷座之記』より詳細である。ここまでは参詣者の何人も目にとまるところであり、絵図の説明はここで終っている。しかし、『遷座之記』にはこれに続き、内陣荘厳について詳述しており、この点が絵図と異なる。著者円智が堂僧として責務をはたすべく記したものと思われる。

『遷座之記』によれば、台高柱（他宗で云う来迎柱のこと）は金柱とし、天井板には金箔をおき、正面に須弥壇を置き、宮殿（厨子）、高欄階段を設けて荘厳のほどを極めたらしい。また向かって左側余間となる九字・十字の間は五間《けん》ずつ二間あり、その押板には功徳池を画き、また向かって右側を六字の間、さらにその北側に御簾を懸けて仕切り、その奥一間を御簾の間とし、内障子には菩提樹・安養六種鳥を画いている。

これらの御影堂の絵一切は、『東本願寺故実ニ関スル覚書』の中に「本堂影堂　永敬[32]」とあって、狩野山楽四代目の永敬の筆であったことになるが、永敬は元禄十五年（一七〇二）五月十八日、四十一歳の若さで没したというから、この明暦四年は生まれる五年前にあたり、あるいは父永納の誤記かとも考えられる。または父永納の執筆部分は『遷座之記』に記された部分を画き、その他の部所を永敬が継筆して、完成をみたのは永敬の代となっていたとも考えられるが、これに関しては傍証が得られない限り、結論を急ぐべきではない。

いずれにしても『遷座之記』が著わされるまでには、少なくとも前述してきた堂の内外の荘厳に至るまで完成していたことは事実であったと考えたい。

おわりに

最後に明暦度造営の工事過程について概観しておきたい。

元和五年九月十五日　将軍秀忠、東本願寺寺地公認安堵さる（東本願寺文書）

元和九年七月四日　信成（浄）院号を本願寺と改む（『華頂要略』）

寛永六年　大殿対面処新造（『遷座之記』）

寛永十八年六月廿日　将軍家光、東本願寺（東洞院以東、六条、七条の間之地を寄贈）（『徳川実紀』東本願寺文書）〔十六年説あれども誤り〕

承応元年六月廿八日　これ以前、西村越前・茨木三河の両工に命じて指図を作らしめ、鴨川より沙石を運んで承応元年六月廿八日　工事の準備を整える（『遷座之記』）
　七月廿八日　御影堂鋲始め（『粟津日記』『遷座之記』『安永勧進』等）
二年八月廿六日　真影を仮御堂へ移す（『粟津日記』）
　御影堂石築始め（『御堂日記』。『遷座之記』の注によれば二十五日より九月八日まで）
今年　宣如隠退琢如継職祖廟東山に営む（『分脈』）
明暦二年四月十八日　御影堂立柱式（『御堂日記』『遷座之記』朱注）
　六月十三年　〃　棟上（『法流故実条々秘録』『安永勧進』）
四年三月廿三日　〃　上棟式（『上棟式絵図』『粟津日記』『遷座之記』）
　三月廿七日　〃　遷座
　三月廿八日　〃　遷座法要（准勅会として執行）（安永勧進は四月廿八日とするが誤り。『遷座之記』『重要日記抜書』等による）
　三月末　円智『遷座之記』を著わす
　七月廿五日　宣如遷化
　十一月廿八日　御影堂御厨子舟錠を作り、良工藤原理忠寄進す（青木兼文編『真宗年表』）
寛文元年三月十九日〜廿八日　親鸞四百回忌

以上、年表風に造営過程についてまとめておいたが、御影堂再建の発願主である宣如は、この明暦度造営の本工事の始まった承応二年（一六五三）に突然、琢如に留守職を譲っている。時に五十二歳のことである。この理由については今日なお明らかにされていない。宣如は家光の新加増地内に新屋敷を設け、隠居所として、ここに住することとした。後に「下屋敷」[33]「百間屋敷」[34]「枳殻屋敷」[35]と呼ばれ、人々に親しまれたところである。

この隠居所造営にあたって宣如は、「わさと筆を染候、仍隠居所之作事思立候、各馳走頼入候（下略）」と諸国門葉に消息を送って喜捨を仰いでいる。[36]慶安五年（一六五二・改元して承応元年）の「平安城東西南北町並之図」中に「東本願寺下屋敷」としてその占有地がみえており、宣如の退隠は予期されてのことであったと考えられよう。

それより六年後の明暦四年、三月に御影堂の遷座式を終えてわずか三か月ばかり後の七月二十五日（七月廿三日に万治改元）、宣如は五十七歳の生涯を閉じた。洛陽惣坊主中・同門徒中にあてた十月二十四日付消息は宣如の最晩年のものとみられるが、そこには、

夫以は、光陰のうつりやすき事ハあたかも、なかるゝ水のことし。それば昨日と過、今日と暮ゆく程に、當寺修造の企も既に十ケ年にあまれり、年月日頃何れも懇志をはこれ候によって、かたのことく造営せしめ候といへとも、もとより大伽藍の事にて候へは、今におゐて首尾しかたく候。それにつゐて奉加の義かさねて頼入事に候。（以下略）

と記されている。造営発願より十余年の長きにわたって労を門葉とともにしたことを回顧して、筆を染めたことであった。[37]宣如にとっては没する三か月前に、自らの手で遷座式を終えられた喜びは他に比するものがなかったことであろう。まさにその身一代は「御影堂御造営ノタメニ御出世ナリト世以テ称シ奉ル。又上宮太子ノ御化身トモ申伝ヘ候」[38]と後生の人々の絶讃の声を我々に伝えてくれているのである。

註

（1）『東本願寺　明治造営百年（上・下）』（真宗大谷派本廟維持財団、一九七八年）。
（2）修理報告書としては高山照蓮寺、西本願寺広間、大津別院、長浜大通寺などについて刊行されている。また『浄土真宗寺院大広間の研究―勝興寺大広間及び殿舎構成を中心として―』（高岡市教育委員会、一九七五年）、浅野清・小山正文「参河の浄土真宗本證寺とその本堂」（『史迹と美術』第四七輯第四号、一九七七年）、桜井敏雄「浄土真宗本堂の成立過程」（『仏教芸術』第一〇二・一〇四号）など、研究に著しい進歩のあとがみられる。
（3）『重要日記抜書』元和四年三月十九日・閏三月四日条（『続真宗大系』第十六巻「史伝部下」一三六頁）。
（4）『華頂要略』門主伝元和九年五月三日条（『大日本仏教全書』第一二八、仏書刊行会、一九一三年）。
（5）『華頂要略』門主伝元和九年七月四日条「本願寺信成院礼来（中略）按比時信成院之称号一改二号本願寺一歟是則本願寺開基歟」。
（6）『宣如上人御消息集』（真宗大谷派宗史編修所、一九三四年）九七頁。
（7）『重要日記抜書』慶長十年七月七日条（『続真宗大系』第十六巻「史伝部下」一三二頁）。
（8）大谷大学所蔵。『東本願寺』解説編二一頁参照。
（9）京都大学所蔵。織田武雄『地図と歴史―日本―』七四図。寛永十四年製作とする。『東本願寺』解説編一九頁参照。
（10）『真宗史料集成』第九巻（同朋舎、一九七六年）七六〇頁。
（11）『真宗史料集成』第九巻。
（12）『東本願寺』解説編一一一頁以下参照。
（13）『大谷本廟史』（大谷派宗務所、一九六三年）一七七頁以下参照。
（14）『日本の古地図（四）―京都―』所収の各種京都絵図を比較した結果である。
（15）『真宗史料集成』第八巻。
（16）日下無倫「東本願寺の創立と河原院跡の復興」（『真宗学報』第二二号、一九三九年）、藤島達朗『宣如上人のことども』（真宗大谷派教学局、一九五七年）。
（17）藤島達朗『宣如上人のことども』（真宗大谷派教学局、一九五七年）所収「寛永十八年六月廿日家光寄進状」。

(18)『宣如上人御消息集』一六八頁。
(19)『東本願寺』解説編二三頁。
(20)武田統一『真宗教学史』(平楽寺書店、一九四四年)八頁によれば、賢了といい浄林坊とも称し、『帖外御文』編者の一人であった。明暦三年六月九日没。
(21)日下無倫「東本願寺草創時代の御堂僧」(『日本仏教史学』第三巻一号、一九四四年)。
(22)宗学院編修所報所載。
(23)『大谷派学事史』(『続真宗大系』第二〇巻三〇頁)。
(24)『大谷派先輩著述目録』(『真宗大系総目録』二九一頁)、『三講者便覧』(宗学院編修所報)、『真宗学匠著述目録』三三頁。
(25)『三講者名譜』(『真宗大系総目録』一六一頁)。
(26)『真宗全書』所収本通頁一二四頁。
(27)『真宗史料集成』第九巻四三八頁。
(28)『東本願寺』図録編口絵。
(29)『東本願寺』解説編口絵所載。明治造営発示直後の明治十三年(一八八〇)十二月再刻本があるが、原本は不明。
(30)『東本願寺』解説編口絵所収。
(31)同書二五七頁。
(32)『真宗史料集成』第九巻、七八六頁。
(33)慶安五年刊『平安城東西南北町並之図』
(34)『宝暦十一年大絵図』
(35)安永三年刊『懐宝京絵図』
(36)『宣如上人消息集』一七五頁以下同文のもの三通あり。
(37)『宣如上人消息集』二二五頁。
(38)『安永勧進』(『真宗史料集成』第九巻、七五七頁)。

東本願寺再建と暮戸教会

はじめに

暮戸教会の歴史をひもときながら、江戸中期以降の三河の東本願寺門徒団の活躍の一端を紹介してみたい。

暮戸教会は正しくは「東本願寺暮戸教会」といい、一般には「暮戸の説教場」の名で親しまれてきた。今でもお年寄りから、ときおり「暮戸参りにいってくるからのう」という言葉を耳にし、なつかしい思いのすることがあるが、この時の〝暮戸〟は、暮戸の説教場そのものを指しているのである。

それでは、いったいこの暮戸教会とはどんな所であろうか。

まず、場所を地理の上で示すと、岡崎の中心街から国道一号線を西に向かい、矢作橋を渡って二キロほど進んだ南側に見えてくるのが暮戸教会である。

それは歴史上、由緒ある建物であったが、昭和十九年（一九四四）十二月の南海沖地震で御殿は倒壊し、昭和五十五年（一九八〇）五月には火災により書院の全部と本堂の一部を焼失してしまったため、全面改築ということになった。今日、目のあたりにする建物が新しいのはそのためで、一部を除いて昔日の面影は失われている。しかしながら、田中長嶺が記した『殉教絵詞』[1]の一葉により、明治末頃の旧態を偲ぶことができる。

暮戸教会が寛政四年（一七九二）に創建されて以来、明治二十三年（一八九〇）までの約百年の間に、ここを舞台として繰りひろげられていったいくつかの事件は、後世まで長く語り継がれなくてはならない重要なものばかりである。その精神は私たちの深い信仰心を呼び醒ましてくれるが故に、これからも私たち一人一人の信仰生活の糧とすべきものであろう。

これらの事件をひとつひとつ思い起こしてみるとき、三河真宗史上はもちろん、東本願寺教団全体の歴史からみても暮戸教会の果たしてきた役割は重要な意味をもつといわなければならない。

第一節　暮戸会所の成立と寛政度再建

暮戸教会は、明治のはじめ頃まで暮戸会所と呼ばれていた。この会所は、西三河在住の僧俗が一体となって集会する場所であったことからそう呼ばれていたと思われるが、ここはまた、本山と国元との連絡場所でもあった。

その開設の時期は、今日より二百年前の天明八年（一七八八）十一月とされ、知立の山形屋治郎右衛門宅を借りて仮会所が設けられたという記録が残されている。これが暮戸会所の前史ともいうべきものである。この山形屋治郎右衛門がどのような人であったか今日知る由もないが、開設の動機が以下に触れるように、天明の東本願寺焼失の御手伝いに三河から上洛した人々と国元の人達との間の連絡場所として、また、その関係者の会所として開かれたということから、本山思いで信仰心の篤い人であったに違いない。開設された場所は、三河の最西端の宿場町知立で、ここは三河にあっては京に一番近く、したがって交通・通信にも便利であったからであろう。これより五年後に、一時、知立の称念寺に移されたことがあるが、まもなく寛政四年十一月には、現在地である暮戸に移された。

これが暮戸会所のはじまりである。この地が選ばれるに至ったのは、街道沿いで門徒が集まるにもっとも便利な場所であったからであろう。

天明八年一月三十日、京都は町の三分の一を焼失するという未曾有の大火に見舞われた。これだけの大火は応仁の乱以来であった。この時、荘厳華麗な大伽藍を誇ってきた東本願寺も烏有に帰したのである（この時、西本願寺は焼失をまぬがれて今日に至っている）。時の門主は本願寺第十九世乗如であった。この本山焼失は門主をはじめ、地方在住の門徒にとっても大きな出来事であった。

以来、遠近、老若、男女を問わず続々と再建奉仕の手伝いに京へのぼる門徒があとをたたなかったという。その数、数十万に達したと伝えられている。大火のあとということもあって、上洛する門徒の宿泊施設も思うにまかせなかったことから、境内白洲に御小屋と称する臨時の諸国詰所を開設して、これに応じた。人によっては両堂の再建まで十数年もの間、国元へ帰らず、常駐して御手伝いに専念した者もあったという。もちろん、三河門徒の場合も例外ではなく、在京詰衆と国元衆との連絡、集会のための暮戸会所を中心として、この再建事業を全面的に支援したのである。

天明八年の焼失にあたっては、再建助成のために寛政三年（一七九一）、僧俗一体となって一銭講を設立し、同十二年（一八〇〇）に満会となった。また、木材調達は飛騨白河の幕府御材林からの寄付、地方門徒の献木、信州遠山材の買付等でまかなわれることとなり、そのうち、遠山材の伐採と搬出を三河門徒が引き受けた。買取分は一万七千三百二十五本であったらしいが、暮戸会所の記録によれば実際には一万九千三百十八本もの搬出を行っていたことが知られる。また、天明八年二月下旬から寛政六年（一七九四）までの七年間に、十四万七千七百四十三人が御手伝いに歩いて上山し、飯米九百石あまりを運んだという。

こうした記録を見ても、三河門徒の熱意の一端をうかがうことができよう。この煩雑な受付事務のすべてをこの暮戸会所で行っていたのである。今日も一見の価値ある記録は、暮戸教会の御蔵に大切に保存されている。(2)

この大事業を完遂するにあたっては、遠山の地に「遠山御用材元方会所」を開設し、本山より小型御本尊を受けて安置してきたが、会所の役目が終った後、暮戸会所の内仏本尊として譲り受けている。また遠山のうち木沢の神社に保管されていた光明、御本尊、十二光仏のうち、十二光仏をもらい受けており、現在、暮戸教会の宝物の一つになっている。これについては三河より出役の僧が書いた縁起一巻も残されており、詳しく由来を知ることができる。

いま一つ、暮戸教会に安置されている歓喜光院乗如の絵像を随時、各地の門徒宅に迎えて執り行われる「御真影様」と呼ばれる行事についても紹介しておきたい。

乗如（一七四四〜一七九二）は、従如（一七二〇〜一七六〇）の跡をうけて宝暦十年（一七六〇）に東本願寺第十九世を継ぎ、その翌十一年には親鸞五百回忌を厳修した。こうした盛儀もさることながら、生涯を通じて心痛のきわみとなったのは、いうまでもなく、さきにも触れた天明八年の御堂焼失であった。その復興に励んだが、種々の心労が重り、寛政四年二月二十二日に四十九歳の若さで再建普請なかばにしてこの世を去った。十三歳で第二十世を継いだ達如（一七八〇〜一八六三）は、その遺志を承けて、再建に努力し、寛政十年（一七九八）には両堂が完成した。さらに享和元年（一八〇一）には大門が完成し、本山復興はほとんど終わりに近づいていた。三月、大門供養会が執行され、これまでの長い間、各地から上山奉仕で詰めていた御小屋を解散するにあたり、さきの乗如の黒衣墨袈裟の絵像と「御書立」といわれる消息が三河国門徒中に宛て下付された。今日、石川県の能登四郡では、これを「御崇敬」と称して、盛大な法要が行われている。滋賀県湖北地方では「ジヨウニョサン」とか「マワリボトケ」、新潟では「御影巡回」、富山県では「御書はん」と呼ばれており、三河の「御真影さん」と同様、今日まで門徒の家においてもちまわりの御座が開かれている。その数は、三十か所にも及んだと伝えられている。

第二節　その後三度にわたる東本願寺再建

その後、東本願寺は三度類焼の憂き目にあっている。すなわち、天明の大火焼失で十一年かけて再建完成した大伽藍は、二十年あまりして文政六年（一八二三）十一月に再度類焼している。再び再建完成したが、三十年あまり後の安政五年（一八五八）六月にさらに類焼、六年後の元治元年（一八六四）にまたしても類焼したのである。しかしながらうち続く火災に対して全国の門末は念仏の力に支えられ、苦難を共にしながら再建のために休む間もなく資金や資材の調達、労働奉仕がくり返された。結果、崩壊することなくいくたびもの危機を乗り越えてきた。そして、暮戸会所もそのつど、再建に向けての重要な役の一端を担ってきたのである。

安政五年六月の焼失再建の時には、吉田御坊（現在の豊橋別院）の再建のために用意していた用材をそっくりそのまま本山へ寄進することを決定している。ところが、新川港（愛知県碧南市）より船積して大阪港に向かう途中、万延元年（一八六〇）閏三月晦日、紀州沖で暴風にあい遭難してしまった。このため阿弥陀堂は予定より大幅におくれて完成することになったが、八月四日、遷仏、遷座の儀式を終え、文久元年（一八六一）三月の親鸞六百回忌にまにあわせることができたという。ここでも三河門徒の活躍振りの一端をかいまみることができる。

明治四年（一八七一）三月の菊間藩事件（一名を鷲塚騒動、または大浜騒動ともいう）は、この暮戸会所が舞台となってくりひろげられ、会所の名は、一躍全国に知られるところとなるとともに、門徒の胸深く刻みこまれ忘れ得ないものとなっていった。これは慶応四年（一八六八）に発布された神仏判然令をきっかけとして、廃仏毀釈にまで発展し、全国的規模で発生した一連の事件である。三河門徒は菊間藩の出した命令の内容が宗義に合わぬことを不満として暴徒化し、菊間藩方にも犠牲者を出すに至った。この事件は、真宗の教えが民衆のなかにいかに生きているかということを如実に物語っている。このような動きは、他宗派においてはほとんどみられなかったこともあって注目されているものである。

明治期の出来事をもう一つ紹介しておこう。元治の兵火で類焼した東本願寺は明治十二年（一八七九）、再建の発示をしたが、これを受けて三河門徒は瓦を三河の地で焼きかつ運び、葺くにいたるまでのすべてを引き受けたという。現在、眼のあたりにする両堂をはじめとした雄大な甍の群がそれである。本堂用は十一万千九百六十二枚、御影堂用は十七万五千九百六十七枚、しかも、一枚の大きさは平瓦で縦五十七センチ、横四十三センチもあり、総重量約七十五万貫、約二千二百五十トンにもなるものである。この瓦は、現在の西尾市志貫野町で明治二十年（一八八七）に焼き上げられた。この時、暮戸の同行は、阿弥陀堂を寄進したいと申し出たが、諸国門葉の懇志で成り立つ本廟であるからと断られたというエピソードも伝えられている。

おわりに

このように、暮戸会所を舞台として繰りひろげられてきたいくつかの歴史的事実を紹介しつつ、暮戸会所の果たした重要な役割をみてきた。暮戸会所は、明治二十二年（一八八九）、岡崎に今日の三河別院が創建されたことでその大役を終え、以後、今日に至るまで聞法道場の暮戸教会として存続している。

註

（1）『殉教絵詞』（愛知県西尾市・真宗大谷派聖運寺所蔵）。昭和五十八年（一九八三）に真宗大谷派岡崎教務所において複製が作成され、頒布された。

（2）『三河大谷派記録』（愛知県岡崎市・真宗大谷派暮戸教会所蔵）。

香山院龍温社中名簿について

はじめに

本章で紹介する香山院龍温の社中名簿である『入社人名簿仮記』一冊は、筆者が名古屋の古書店より入手したものである。本書は、真宗大谷派学事史上、貴重な史料である。そこで本書を翻刻紹介し、解題を加えておきたい。

第一節　社中形態について

このような社中名簿は、学系を明らかにするためには欠かせない史料ではあるが、今日に至るまで、その存在はあまり多くは知られていない。というのも、大谷派では他派におけるような学派を重視する傾向とは事情を異にしていたからである。大谷派の学系を論じた住田智見は『大谷派先輩学系略』[1]のなかで、「我が大谷派には、古来学系を立てざるを特色とし、斯かる事を研究するを避けたりと雖も、実際社中と称して互に門下を撫育せる事明白にして（中略）宗意安心は一致なれども、学究の径路は各々其の特色を発揮せりと称するもの歟」と述べている。

結社規模については、小は百数十名から、大は千数百名にも及び、社主の出身地を中心に、全国から入門している。入門にあたっては紹介者を必要とし、入門帳に署名することを原則としていた。筆者の出身校である同朋大学においても、大正十年（一九二一）真宗専門学校開校以来の伝灯を守りつつ、筆者の卒業頃までは入学式には必ず署名奉呈式が加えられていたのである。

結社の歴史的背景をみれば、寛文五年（一六六五）に学寮が派内における公的な僧侶専門教育機関として創建されて以来、宗学興隆ますます盛んとなり、宗学指導体制も次第に拡充されてきた。一方、幕府の文教政策の結実により、地方には各種の民間教育施設として、私塾が開設された。このような社会風潮のなかにあって、宗内にあっても各地に、宗学の達者である講師・嗣講・擬講の三講者に任ぜられた人々を中心に結社をみるに至ったのである。[2]

しかし、このような社中形態も、教育機関の近代化のなかでは急速に衰微し崩壊していった。住田智見の門弟である一柳知成もそれについて、「真宗大学第二回卒業時代までは、尚ほ社中関係の物色すべきものありしも、第三回以後に於ては単に学校に於ける普通の教師生徒の関係に止るもの多く、自然・誰は誰の門人なりと明称する能はざるが如し[4]」と社中形態の終焉を回想している。[3]

ところで、社中にあっては師弟関係は極めて緊密なものであったらしく、自らも冷香院潜龍の社中の一人として清沢満之らとともに撫育せられてきた上杉文秀も、「学問ばかりでなく一身の振方までも指導を受くるに至った[5]」と回想しており、ここにみる限り、全人教育であり、生涯教育が濃密な内容でもって行われていたことを感じとることができるのである。

第二節　現存する社中名簿について

現在知られている社中名簿について触れておきたい。

大正の初め頃、大谷大学図書館にあって、学事史料の一部として、影写本にして収書されたことが、その蔵書目録で知られる。その後、本格的に史料が収集され出版にまでこぎつけたのが、昭和二年（一九二七）七月山田文昭を中心に発足した「宗史編修所」であった。その所報が創刊されたのは、それより五年後の昭和七年（一九三二）秋のことであり、さらに十年後の昭和十六年（一九四一）六月、二十八号をもって、太平洋戦争突入のため、やむなく中止に至ったようである。その詳細は『宗学院紀要』（昭和十五年度版）に報ぜられているので参照されたい。

この宗史編修所⑹で収集せられた社中名簿の一部分は所報に収録されて、刊行されており、現在知られている社中名簿の大半を占めている。これに漏れたものの他で知られている社中名簿では、金沢在住の書店主近弥二郎氏の努力によって、昭和十七年（一九四二）出版せられた『加能真宗僧英伝』の附録に収載せられているもの二、三にすぎない。

これらを学系譜の形式でそのすべてを紹介しておくと次頁にしめした表のとおりである。

第三節　香山院龍温について

次に社主龍温の伝について紹介していきたい。

- 理綱院恵琳
  - 香月院深励
    - 垂天結社簿三巻（福井永臨寺蔵）（全一二四九名）
    - 刊本「宗史編修所報」六号所収
    - 『加能真宗僧英伝』抄出所収
    - 香樹院徳龍
      - 香山院龍温
        - 入社人名簿（豊田市安福寺蔵）
        - 刊本（本章で紹介）
    - 威広院霊曜
      - 本法院義譲
        - 遊僊窟入社隷名録（岡崎市伝誓寺蔵）（一二九〇名）
        - 刊本「宗史編修所報」五号所収
        - 冷香院潜龍
          - 冷香社隷名簿
          - 刊本「宗史編修所報」八号所収
        - 香華院義天
          - 香華院社中名簿（富山県真教寺蔵）（四五八名）
          - 刊本「宗史編修所報」十六号所収
          - 加能真宗僧英伝抄出所収
    - 一蓮院秀存
      - 蓮社簿
      - 刊本「宗史編修所報」十五号所収
  - 円乗院宣明
    - 隷名記（高岡市開正寺蔵）（全四五五名）
    - 刊本 宗史編修所報十二号所収
    - 『加能真宗僧英伝』抄出所収
    - 開悟院霊晧
      - 隷名簿
      - 刊本『加能真宗僧英伝』抄出所収
      - 開神院了栄（戒忍）
        - 開神院了栄社中簿
        - 刊本「修史編修所報」十七号所収
        - 加能真宗僧英伝抄出所収
  - 皆往院頓慧
    - 雲華院大含
      - 護法院哲僧
        - 閲蔵観隷名簿
        - 刊本『加能真宗僧英伝』抄出所収
      - 雲樹院神興
        - 雲洞院了昌
          - 自毫館隷名簿
          - 刊本『加能真宗僧英伝』抄出所収

学系不明

- 純蔵院祐肇
  - 皇学人員簿（一五一名）
  - 刊本 宗史編修所報二十一号

龍温は寛政十二年（一八〇〇）四月、西光寺[7]（福島県喜多方市）に生まれた。十一歳の時、儒学に志を寄せ、文化十年（一八一三・十四歳）会津若松に出て児嶋宗悦の門に入った。後に文政元年（一八一八・十九歳）、香月院門下の龍象の一人香樹院徳龍（一七七二〜一八五八）の門に入り、唯学を学んだ。時に師の徳龍は四十七歳、寮司の学階にあった[8]。徳龍は香月院門下の龍象の一人とされているので、龍温はしたがって香月院の孫弟子である。後に師の徳龍と並んで護法家としてその名声は高かったが、これは宗悦門下時代の排仏思想に起因し、また徳龍の教風の影響に依るものであったことはいうまでもない。

文政六年（一八二三・二十四歳）に上京し、高倉学寮に懸席すること十年、時に天保三年四月二十八日（一八三二・三十三歳）擬寮司に転席した。その後、まもなく寮司に転席し、天保八年（一八三七）、龍温にとっては最初の安居副講として『唯識章』を講じている（三十八歳）。翌九年には請われて、京都円光寺[9]に入寺した。その後、天保十四年（一八四三）『十王経』、弘化三年（一八四六）『成唯識論』、嘉永元年（一八四八）『阿毘達磨倶舎論』を講じている。本山は、これまでの龍温の学問的業績に対して、この年六月二日擬講の学階を与えている。これより六年後の安政元年（一八五四・五十五歳）には当時十八歳の龍山慈影、翌二年には朝倉観霊等の入門が続く。同五年（一八五八）一月恩師徳龍（享年八十七歳）は、この世を去り、二月には本法院義譲が相い次いで没したことから、これらの社中に在席していた、雲英晃耀、楠潜龍等が、龍温の門に入り、この頃から龍温の社中形成は急速に進展していったようである。

その後、文久元年十二月二十日六十二歳で嗣講を拝命、元治二年（一八六五）一月二十五日に六十六歳で、最高学階の講師に任ぜられた。師匠徳龍のなきあと名実ともに重鎮として活躍し、宗門の期待を一身に受けていた。これよりさき、安政五年安居本講として『阿弥陀経』を講じて以来、逝去前年の明治十七年（一八八四）まで、本講を勤めること香月院の二十回には及ばないが、これに次ぐ十五回を記録しているほどであった(10)。

講師昇階の前年元治元年(一八六四)七月二十日自坊は本山東本願寺とともに元治の兵火に類焼、この時、社中名簿の原本も焼失している(11)(12)。

この頃開国後、急速に展開していた尊皇攘夷討幕運動の嵐のなかで、教界内にも新風起こり、国学者の排仏運動、プロテスタントの国内伝道開始により、仏教側からは、護法運動、排耶蘇運動が激化してきた。この基は徳龍に依って醸成され、龍温とその社中の人々がリーダーとなって、積極的行動を開始、全国各地を巡行して、一連の護法運動を展開してきた。やがて新政府は慶応三年(一八六七)神仏判然令を発布したことが導火線となり、明治元年(一八六八)十一月本山は護法場を開設してこれに対処したが、こと廃仏毀釈にまで及んで各地で過激な行動に出る者も現われていた。明治四年(一八七一)三月三河菊間藩事件ではついに犠牲者までも出し、その責任をとって龍温社中で、同門の楠潜龍の弟でもあった二十九歳の台嶺を刑台に送っている。

一方の排耶蘇運動の一連の動きについては、文久二年(一八六二)本山は龍温を耶蘇教防御懸に任命したのを始めとして、慶応二年(一八六六)には耶蘇取締掛を設置、明治元年八月龍温門下の千厳、猶龍の長崎派遣(13)、耶蘇研究、洋学研究の組織化を前述護法場開設のなかで計っている。さらに同門の慈影を加えて研究組織の拡充を急いでいた。

明治五年(一八七二)現如、松本白華、石川舜台(龍温社中)、猶龍(龍温社中)、成島柳北一行の洋行を実現させ、小栗栖香頂(龍温社中)らの海外開教、南条文雄らの海外留学を結実するに至った。

この一連の宗門近代化への動きを、終始支え、見守ってきたのは、護法家龍温であった。その手足となって、師の思想を行動化し、実現していったのは、龍温を社主とする日進館に学んだ多くの社中であった。この日進館の命名には、あるいは龍温生国の会津、若松にあった藩校日新館と音通であり、龍温は若松の児嶋宗悦の門下でもあったので、これと関係あったのかも知れない[14]。この社中のうちから多くの護法家と称せられる人々を輩出したのも当然のことであろう。

以上のように、龍温は幕末維新という激動期に生を受け、多事多難であった教団の近代化への原動力を生み出し、多くの功績を残して、明治十八年（一八八五）七月十二日八十六歳の生涯を終えたのである。

なお、龍温の蔵書の大部分は、大谷大学図書館へ円光寺より寄贈され、円光寺文庫と命名された。昭和四十七年（一九七二）にはその整理も完了し、それにともない、『円光寺文庫目録[15]』一冊が同図書館より刊行されているので参照されたい。また、明治四十三年（一九一〇）には、大須賀秀道編『龍温語録[16]』の刊行されていることも合わせて紹介しておこう。

第四節　『入社人名簿仮記』について

本書は表紙に記されているように仮記として作製されたものである。その作製年次は、元治元年七月二十日兵火で社中連署の本牒焼失後、洛陽願楽寺知城の記憶に従って記され、自序にも「人数・名字・入社之前後不能委録」とあって、さきに紹介した現存社中名簿のような原本ではないので、史料価値の点では前者に優るほどのものではない。しかし、本牒の焼失した今日、仮記をもって龍温師社中構成を知る唯一のものである。

本書の構成は二部からなっており、第一部は元治焼失以前の入社名簿であり、第二部は慶応二年夏安居以後入社したものを晩年の明治十七年に至るまで書き継がれてきたものである。

しかも、一部と二部とに重出して記録されている人もあり、序文に述べているように「洛陽本龍寺覚宗、丹波大輪、若州蓮界等多年随心物故之人、不レ少、今不レ記レ之」とあってその仮記から故意に除外されている人もあった。また随所に落帳追加もみられるので、この他にも落帳者があったことも考えられる。

重出者は一名として、この仮記に登記するものすべて一五〇名に及んでいる。さきに紹介した諸例に比べて規模の小さい社中の一つと考えられ、それだけに、社主の社中への影響大なるものがあった。それ故、多くの宗門有用の人材を輩出せしめている。注意書によれば、他国への転出者も数多く見受けられるが、それは本登録の記載に従うことで最後にそれを一覧しておこう。

北海道	2	加賀	5	美濃	13	河内	4	伊予	1
出羽	9	能登	3	伊勢	9	大和	5	肥後	2
陸奥	3	越前	5	大和	5	丹波	（1）	豊後	6
武蔵江戸	3	若狭	1	近江	22	播磨	12	筑後	2
相模	2		（＋1）	山城京都	4	安芸	1	以上	計150（＋3）
越後	17	三河	9		（＋1）	石見	1		（　）内は序文にみえる三名を含む。
越中	8	尾張	5	摂津	2	讃岐	2		

翻刻凡例

一、頭註の通し番号は原本にはなく便宜上付けたものである。
一、個有名詞の振仮名は原本のまま残すこととした。
一、郵便配達区域等が処々注書してあるが、本文とは直接関係ないため省略した。
一、旧漢字はすべて新字体に改めた。

表紙
（仮綴）

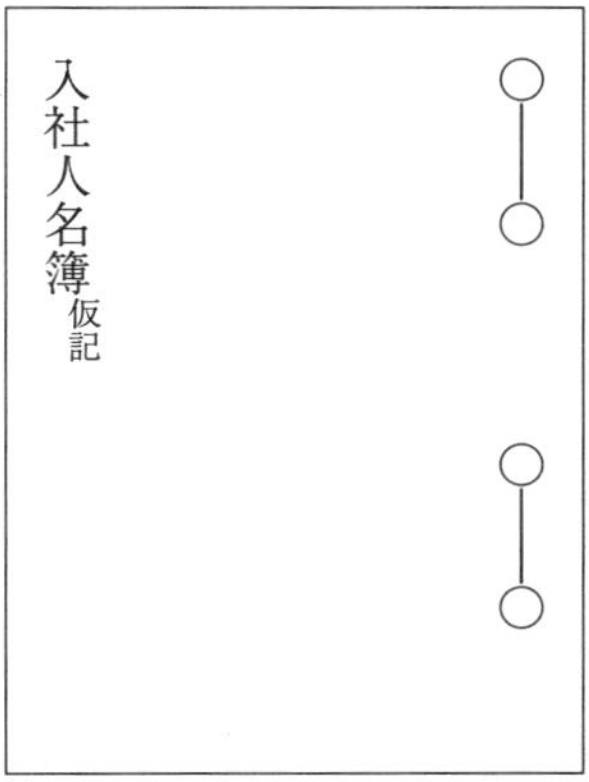

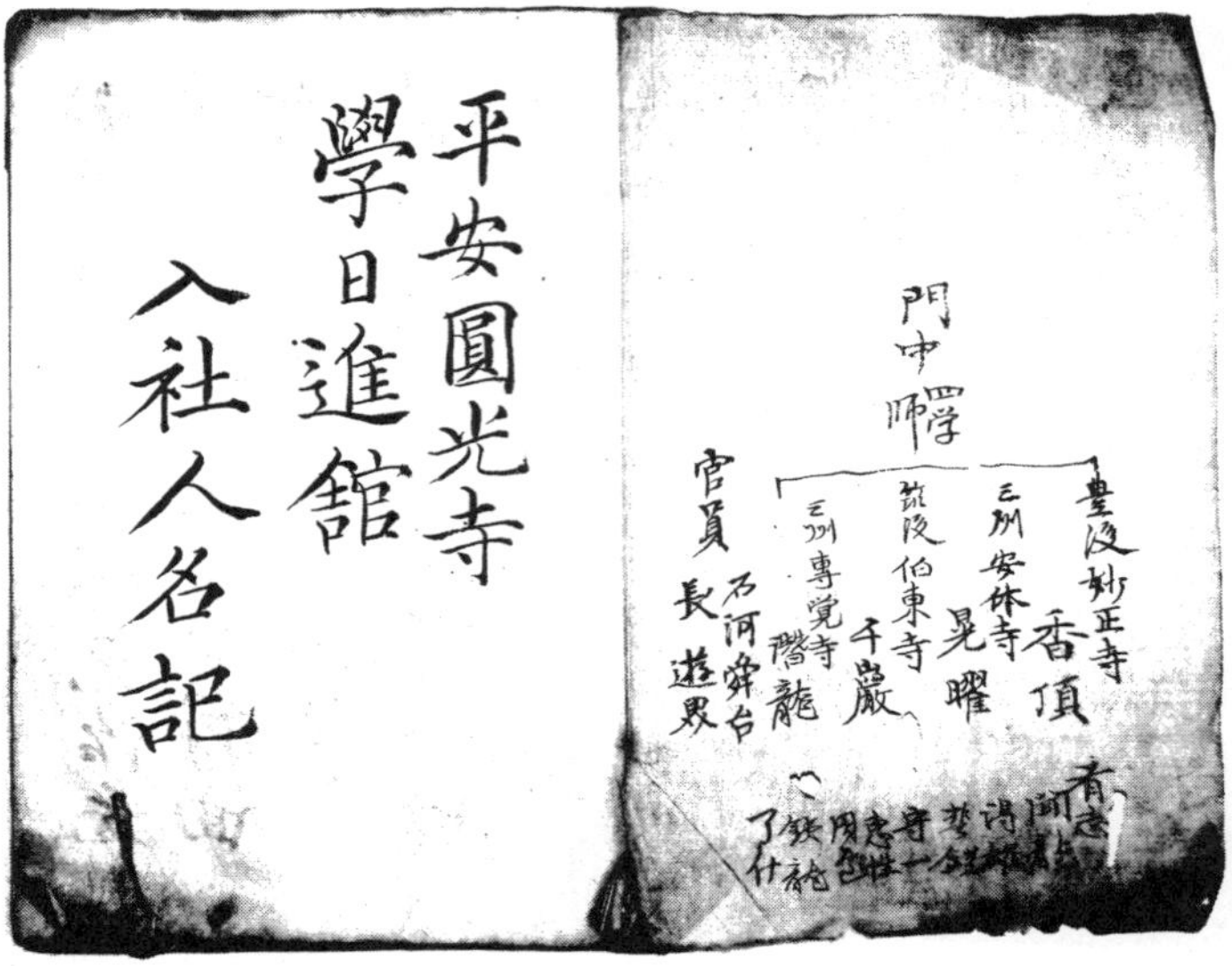

表紙裏

門中四学
師

豊後妙正寺　有志
香頂　聞龍
三州安休寺　得雄
晃曜（ママ）　誓鎧
筑後伯東寺　守一
千巌　恵性
三州専覚寺　周道
潜龍　銕龍
官員　石河舜台　了什
長遊界

（1オ）

平安円光寺
学日進館
入社人名記

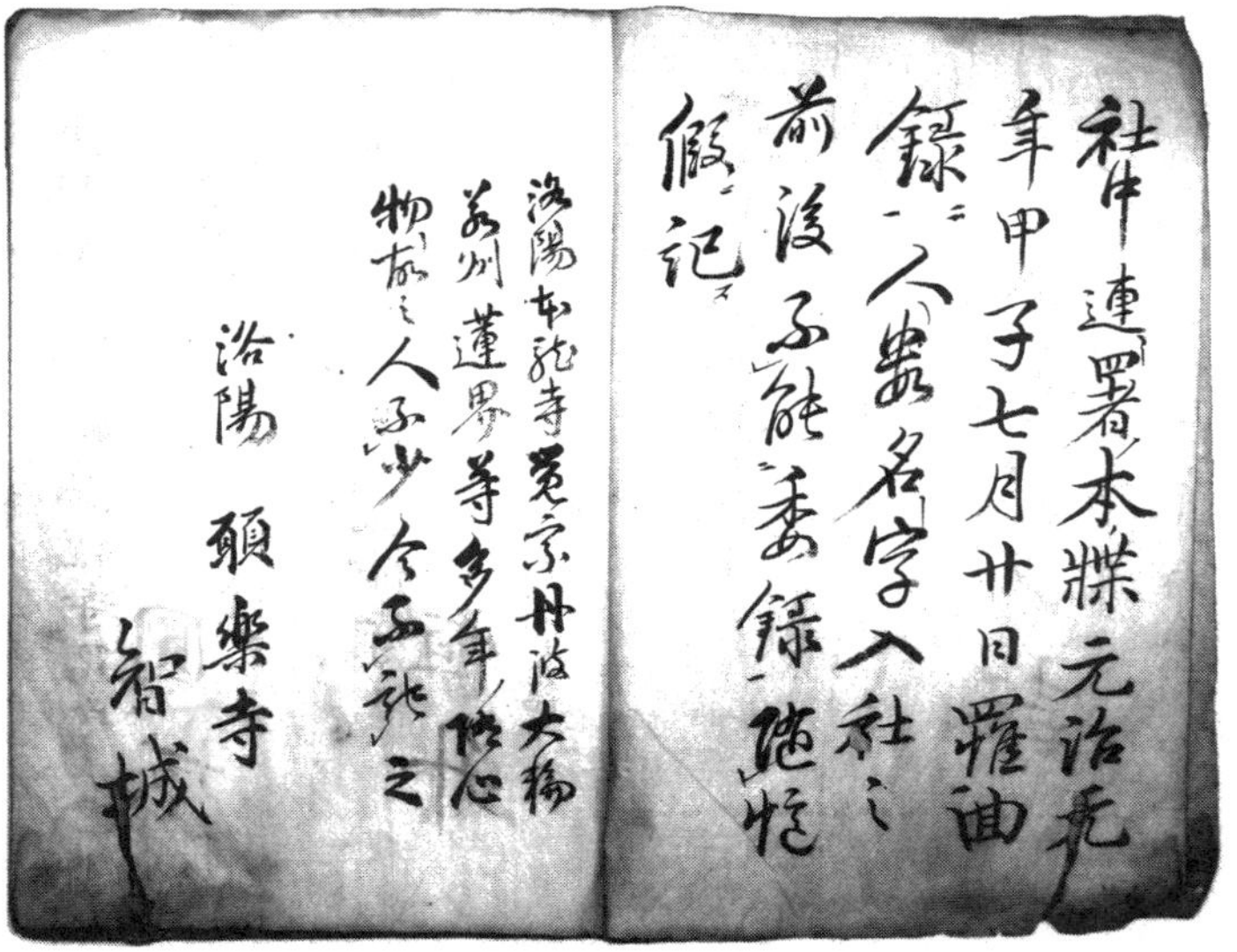

（2オ）　　（1ウ）

社中連署ノ本ノ牒元治元
年甲子七月廿日罹㆓回
録ニ㆒人数名字入社之
前後不㆑能㆓委録㆒随㆑憶
仮ニ記ス
洛陽本龍寺覚宗丹波大輪
若州蓮界等多年ノ随心
物故之人不㆑少今不㆑記㆑之
洛陽　　願楽寺
智城

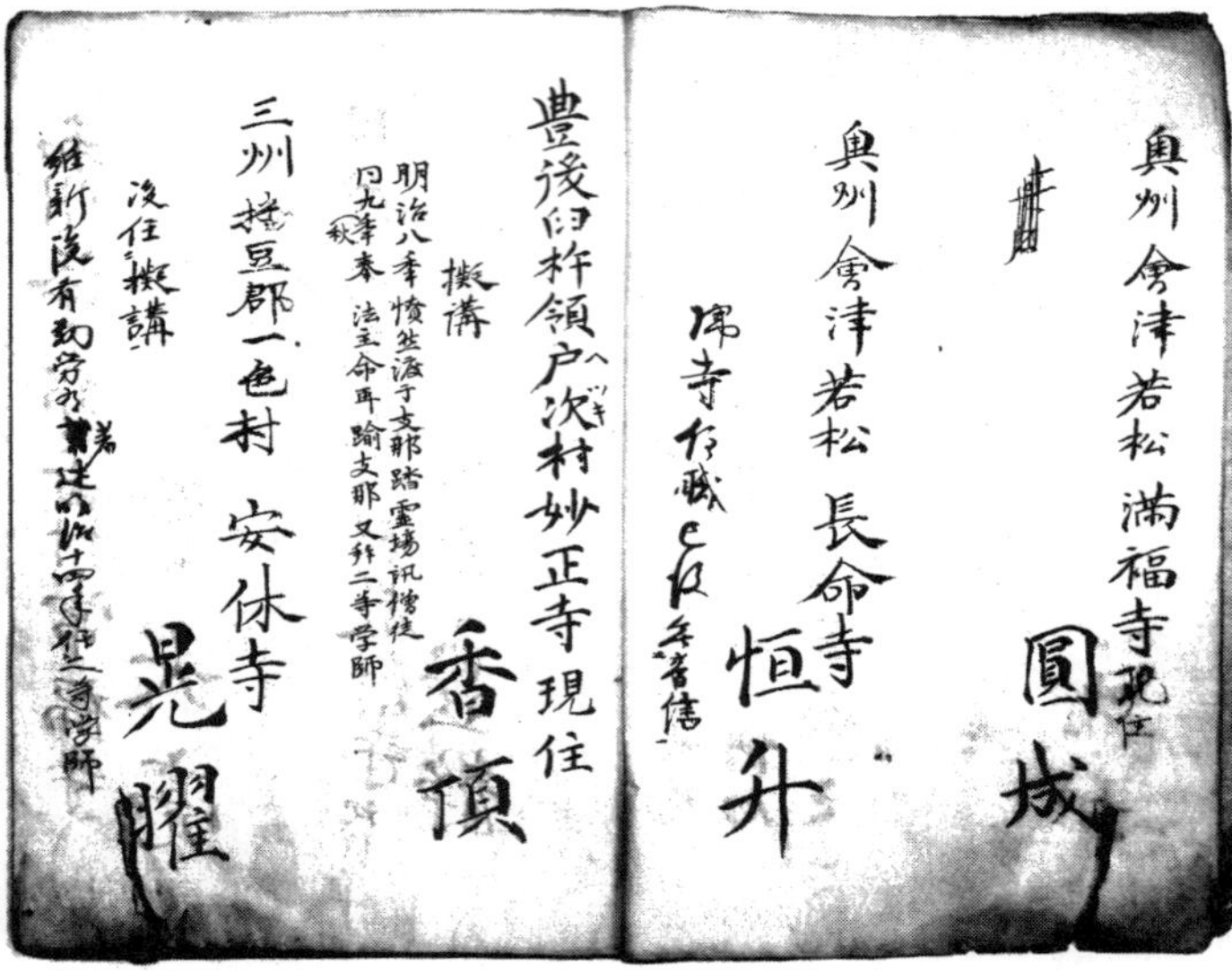

（３オ）　（２ウ）

1
奥州会津若松　満福寺現住
円城

2
奥州会津若松　長命寺
恒升
帰寺住職已後無㆓音信㆒

3
豊後臼杵領戸《ヘ》次《ツキ》村　妙正寺現住
擬講
香頂
明治八季憤然渡于支那踏霊場訊僧徒
同九秋季奉　法主命再踰支那又拝二等学師

4
三州播豆郡一色村　安休寺
後任㆓擬講㆒
晃曜
維新後有勤労有著述明治十四年任㆓二等学師㆒

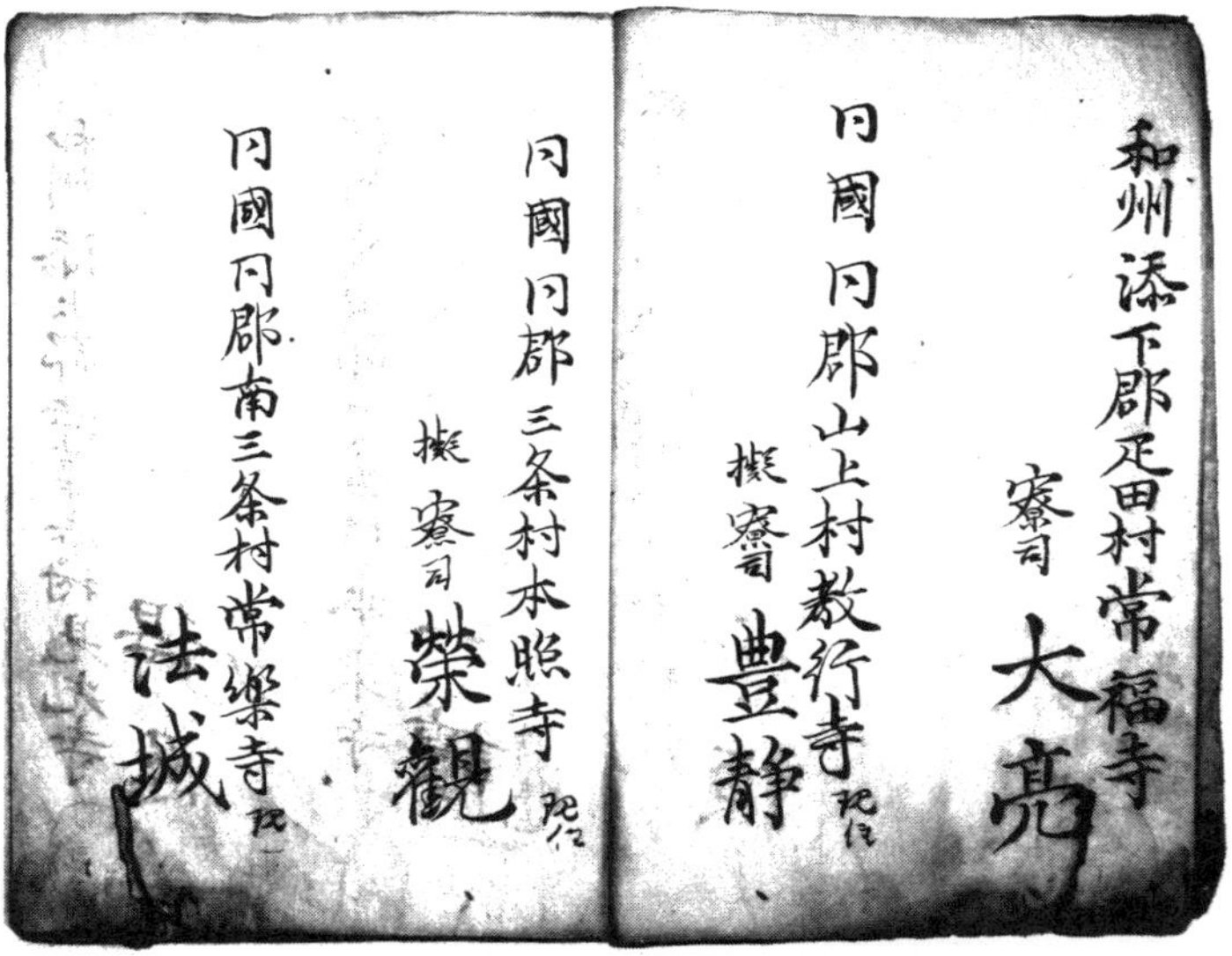

（4オ）　（3ウ）

5
和州添下郡疋田村　常福寺
寮司　大亮

6
同国同郡山上村　教行寺現住
擬寮司　豊静

7
同国同郡三条村　本照寺現住
擬寮司　栄観

8
同国同郡南三条村　常楽寺現（住脱）
法城

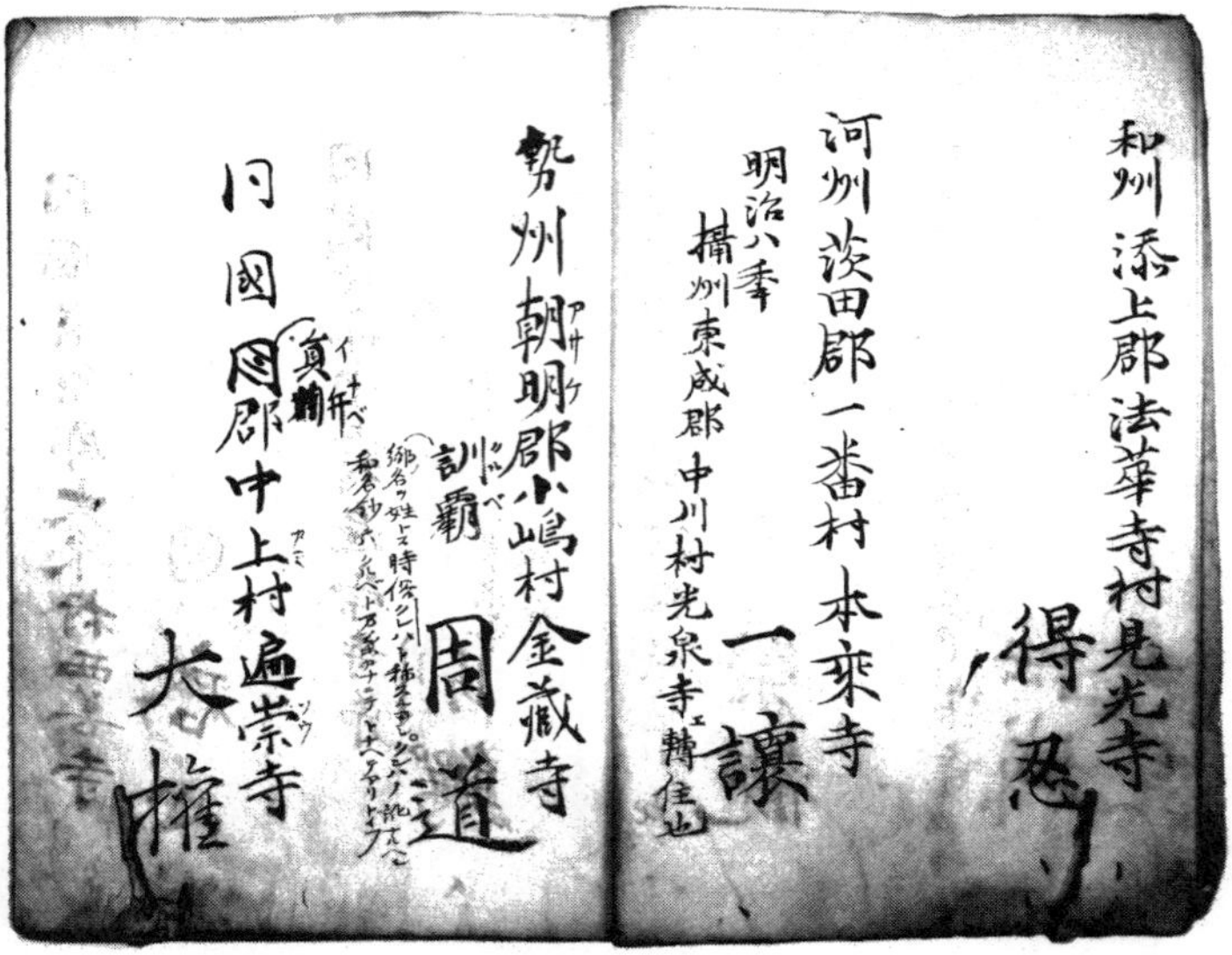

（5オ）　　　（4ウ）

9
和州添上郡法華寺村　見光寺
得忍

10
河州茨田郡一番村　本乗寺
明治八季
摂州東成郡中川村光泉寺ヱ転住也
一譲

11
勢州朝明《アサケ》郡小嶋村　金蔵寺
訓覇《クルベ》　周道
郷名《ノ》ヲ姓トス時俗クレハト称スルヨシ。クンハノ訛ナルヘシ。和名鈔ニハクルベト万葉カナニテトナヘテアリトイフ。

12
同国員弁《イナベ》郡中上《カミ》村　遍崇《ソウ》寺
大権

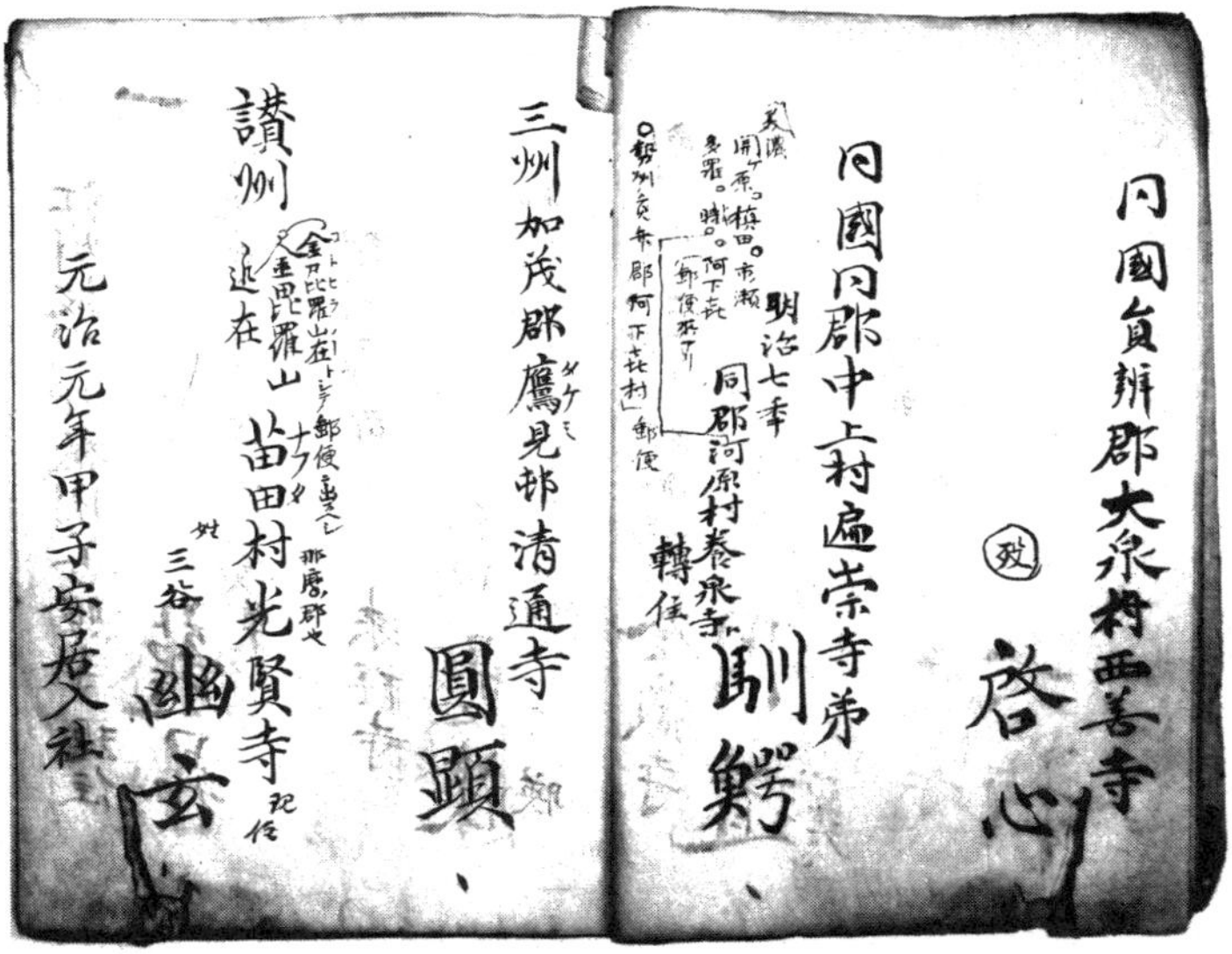

（5ウ）　（6オ）

13　同国員弁郡大泉村　西善寺

㱙 啓心

14　同国同郡中上村　遍崇寺弟

馴鰐

明治七季　同郡河原村養泉寺江転住

15　三州加茂郡鷹見《タケミ》郷　清通寺

円顕

16　讃州金毘羅山近在苗田《ナフタ》村那摩郡也光賢寺現住

姓三谷幽玄

元治元年甲子安居入社

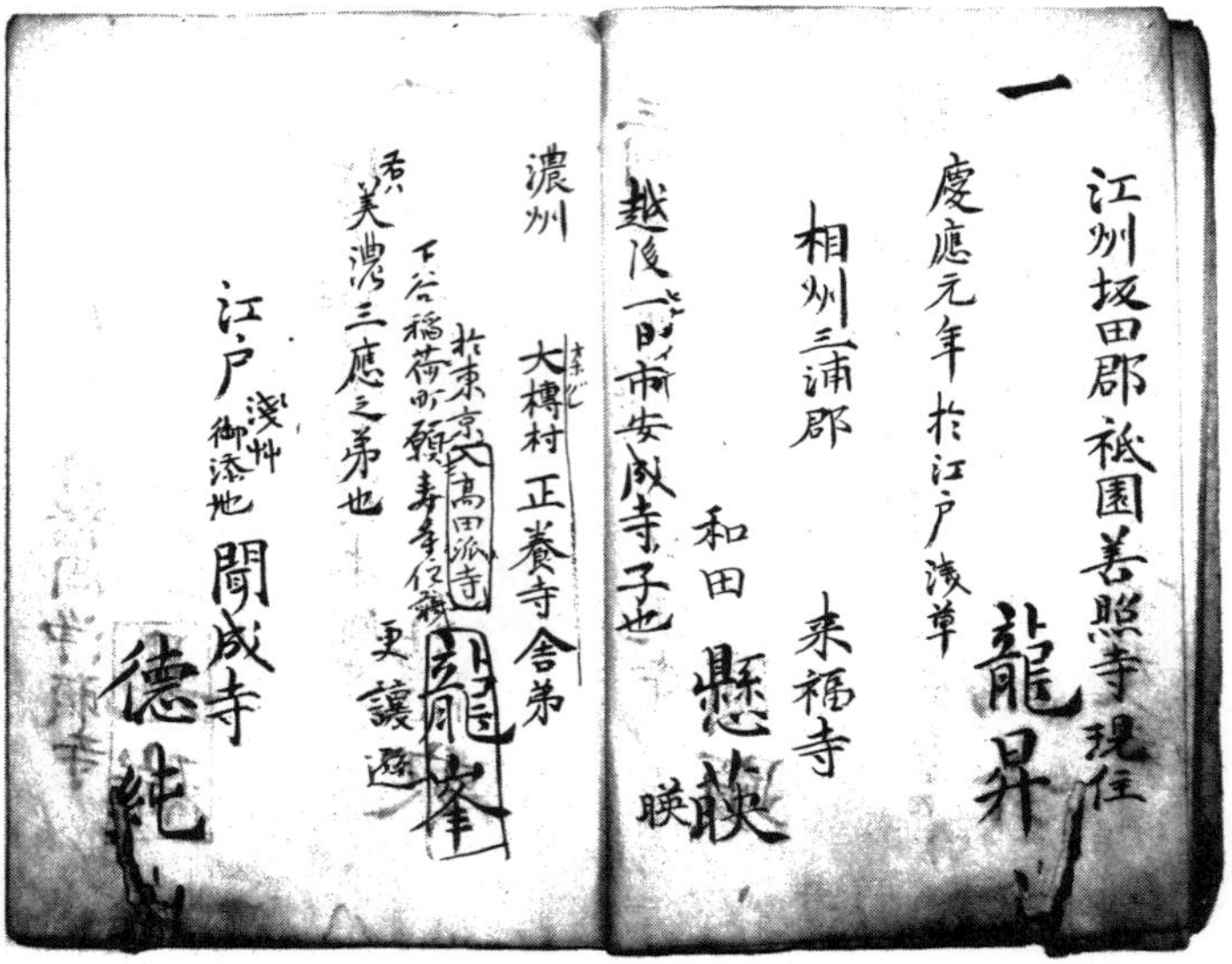

（7オ）　（6ウ）

17 江州坂田郡祇園　善照寺現住

一　龍昇

慶応元年於江戸浅草

18 相州三浦郡　来福寺

和田　懸暎

越後一日市《ヒトイチ》　安成寺ノ子也

19 濃州　大榑《オホグレ》村　正養寺舎弟

於二東京一入二高田派寺一　龍峯

下谷稲荷町願寿寺住職　更譲遜

右ハ美濃三応之弟也

20 江戸浅艸御添地　聞成寺

徳純

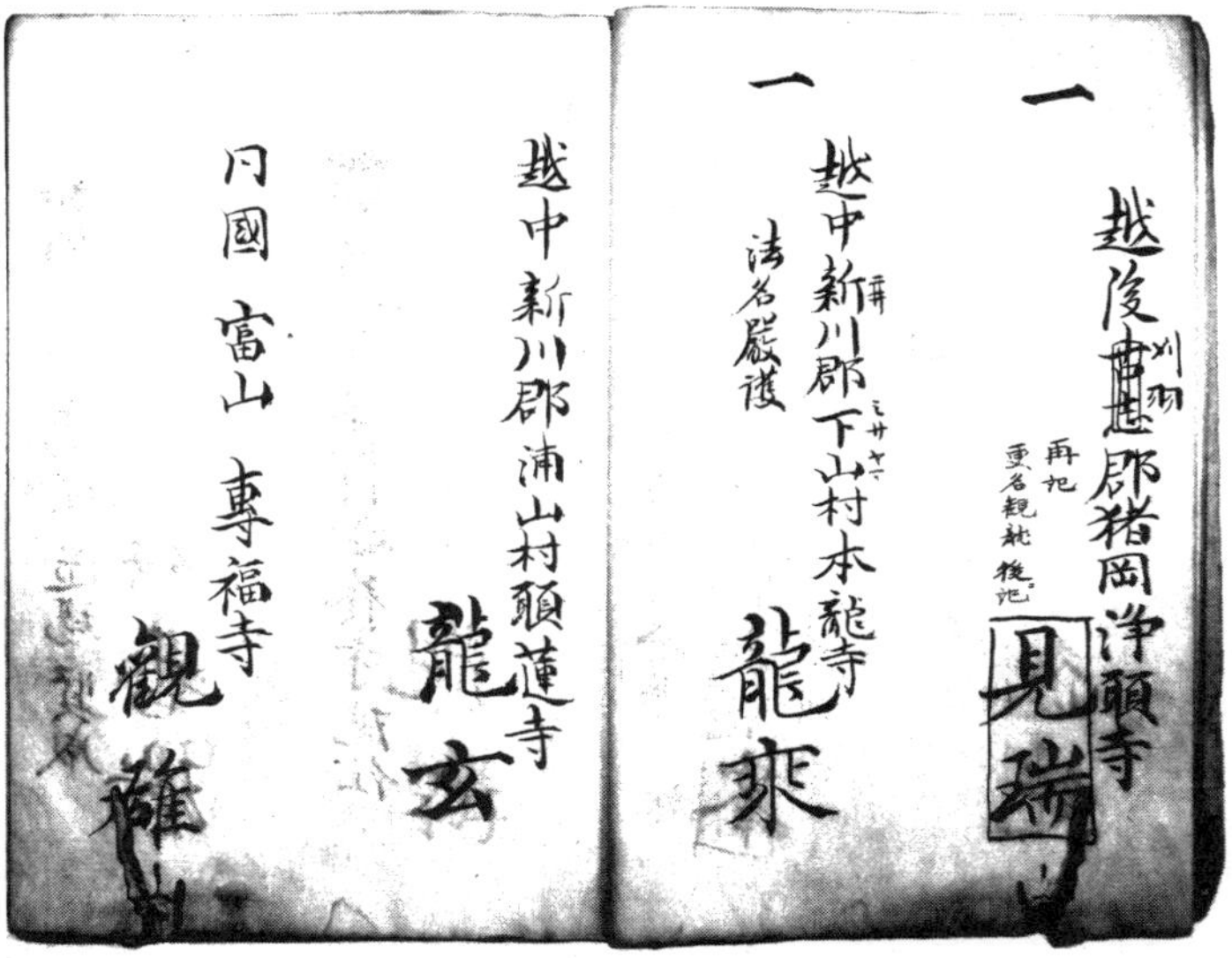

（8オ）　　　　（7ウ）

21
一
越後刈羽郡猪岡　浄願寺
再記
更名観龍後ニ記
見瑞

22
一
越中新川《ニイ》郡下山《ミサヤマ》村　本龍寺
法名厳護
龍乗

23
越中新川郡浦山村　願蓮寺
龍玄

24
同国富山　専福寺
観雄

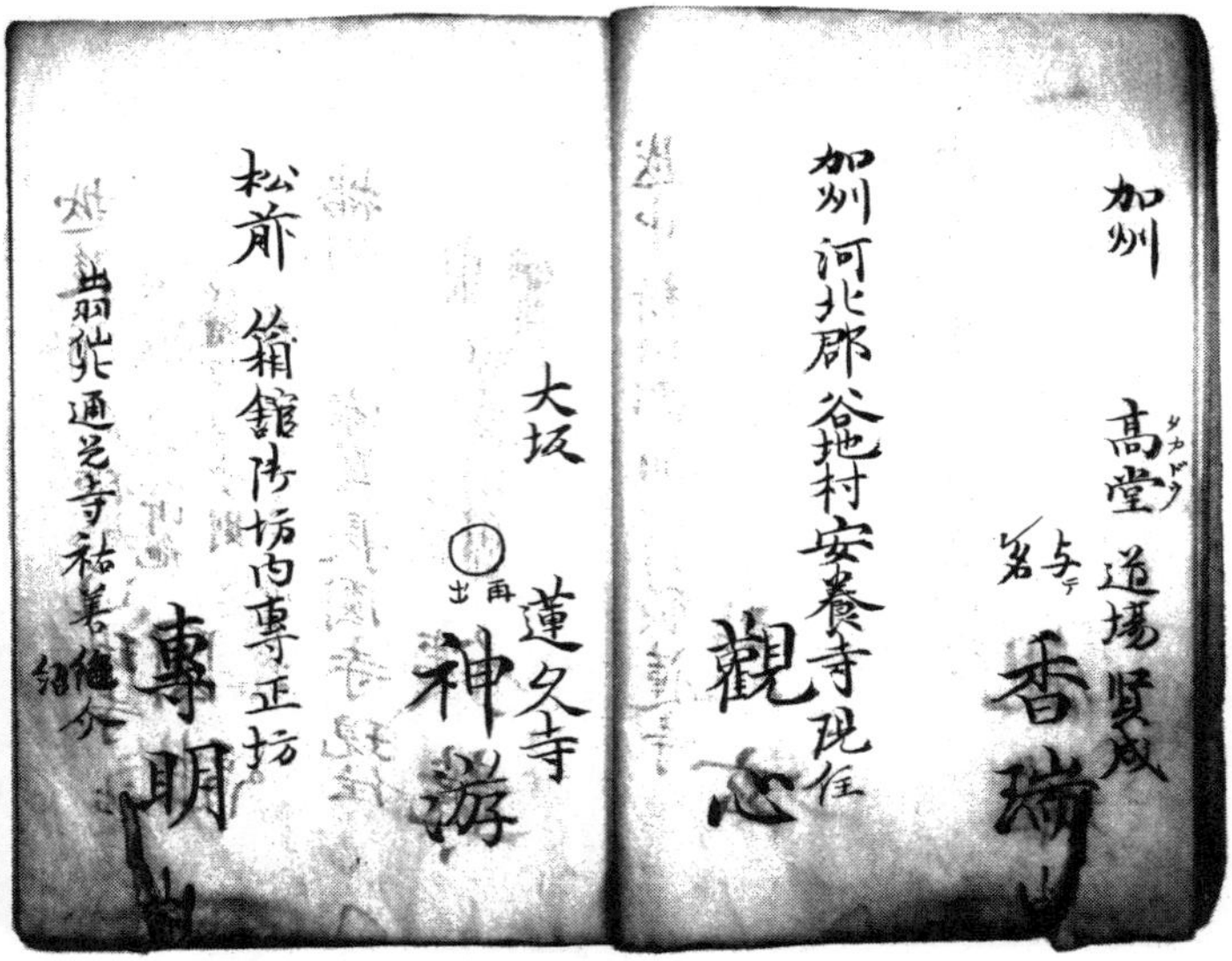

（8ウ）　（9オ）

25 加州高堂《タカドウ》道場　賢成
与テ(ママ)レ名　香瑞

26 加州河北郡谷地村安養寺現住
観心

27 大坂　蓮久寺
○再出神游

28 松前箱舘御坊内専正坊
専明
出羽仙北通覚寺　祐善紹介

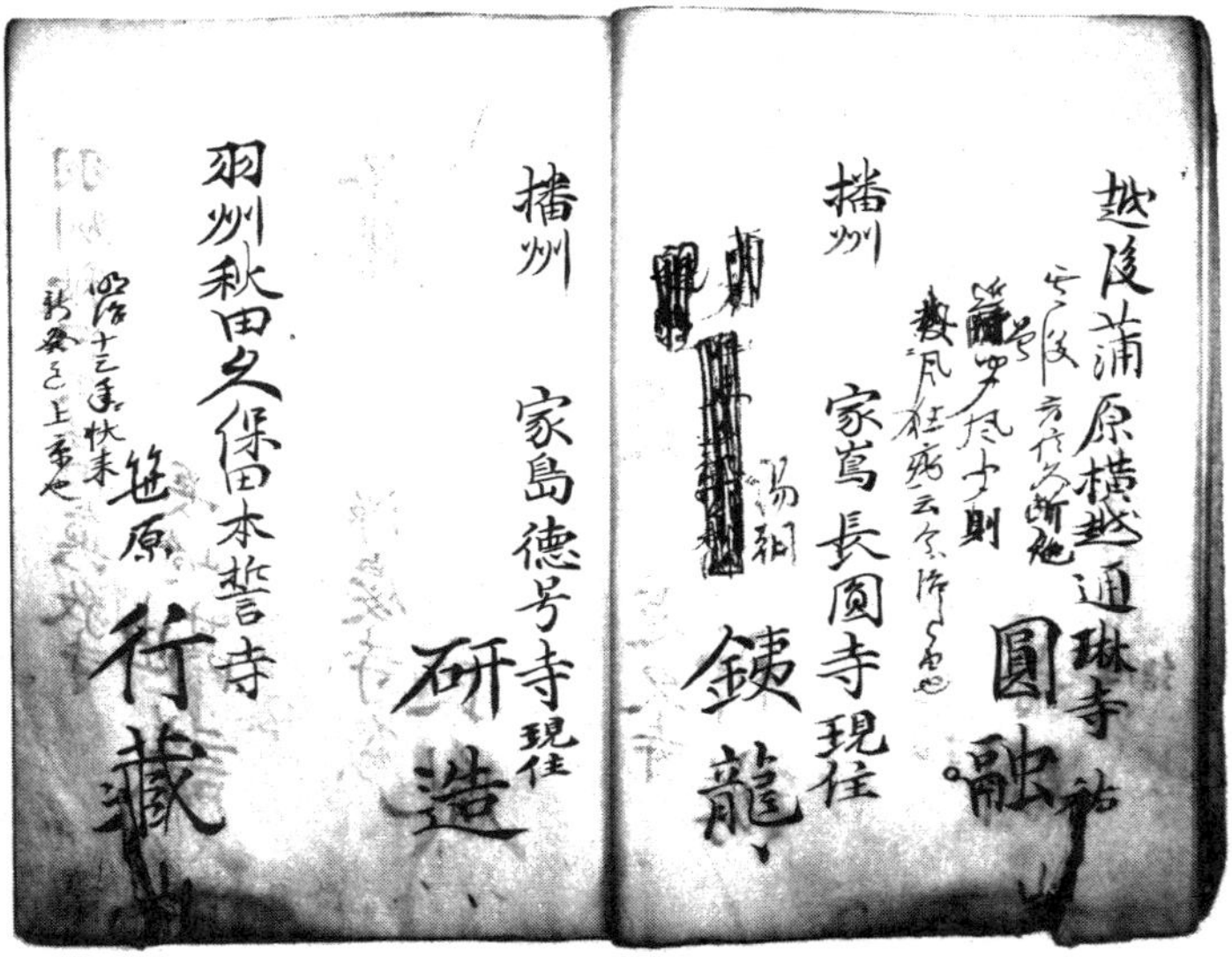

（10オ）　　　　（9ウ）

29　越後蒲原横越　通琳寺

○円融祐

其後音信久断絶近節聞風聞則発㆓風狂病㆒云今ハ

治之由也

30　播州　家島　長円寺現住

湯朝　錬龍

31　播州　家島　徳号寺現住

研造

32　羽州秋田久保田　本誓寺

笹原　行蔵

明治十三年状来

新発意上京也

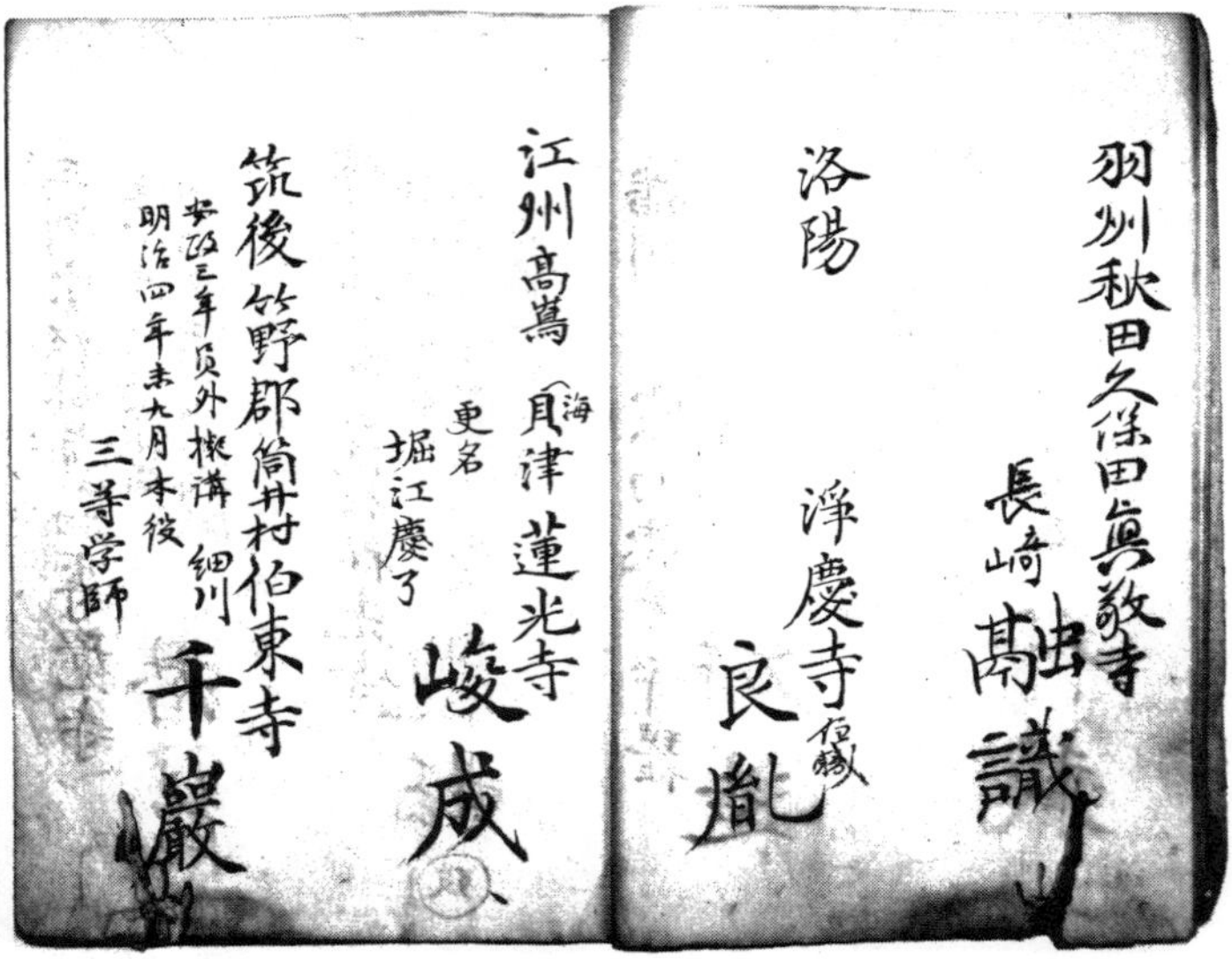

（10ウ）　（11オ）

33 羽州秋田久保田　真敬寺
長崎　融識

34 洛陽　浄慶寺住職
良胤

35 江州高嶌　貝〔海〕津　蓮光寺
更名堀江慶了　峻成

36 筑後竹野郡筒井村　伯東寺
安政三年員外擬講　細川　千巌
明治四年未九月本役
三等学師

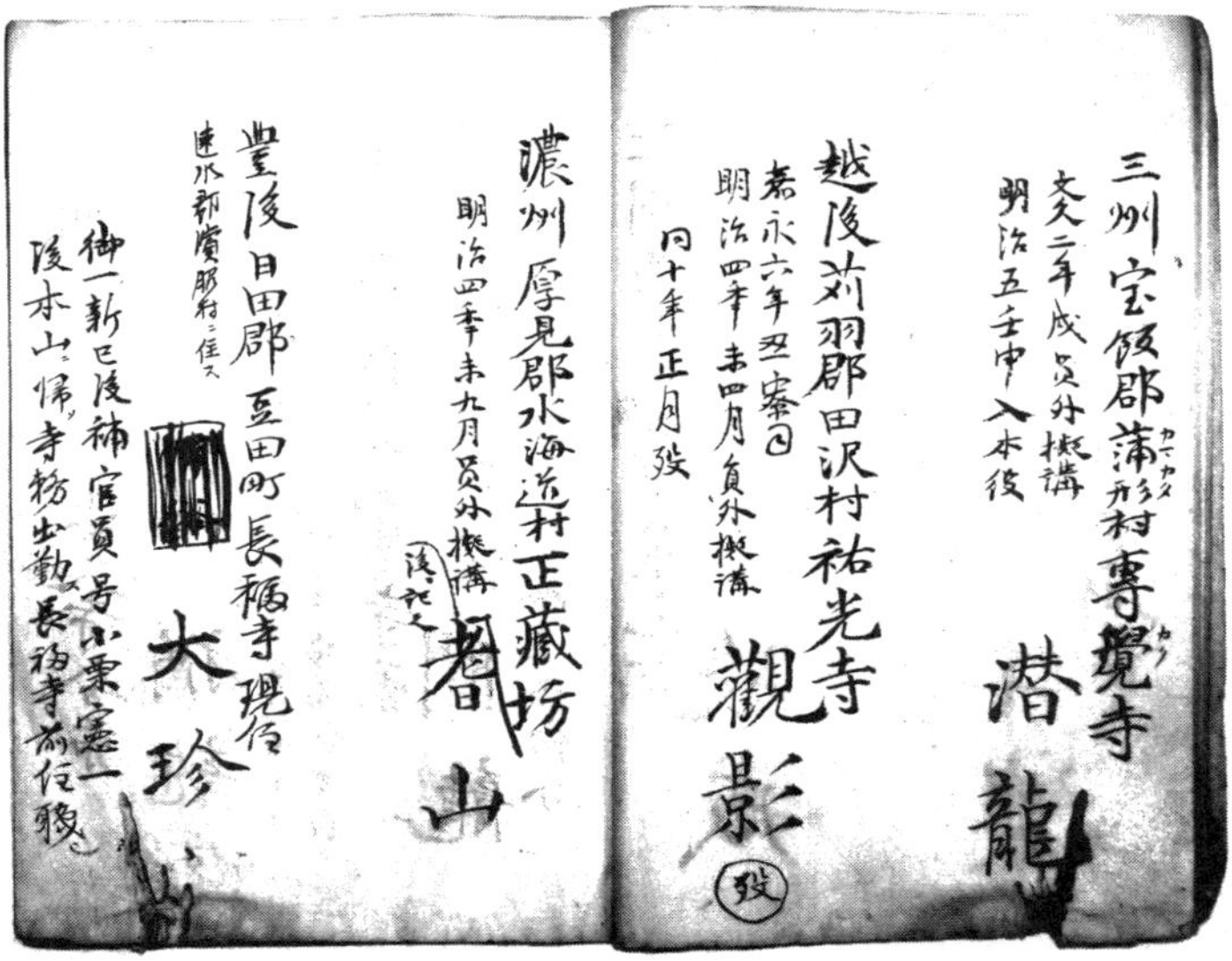

（12オ）　（11ウ）

37　三州宝飯郡蒲形村《ガマカタ》　専覚寺《カク》
文久二年戌員外擬講
明治五壬申入本役
潜龍

38　越後苅羽郡田沢村祐光寺
嘉永六年丑寮司
明治四年未四月員外擬講
同十年正月歿
観影㊀歿

39　濃州厚見郡水海道村　正蔵坊
明治四季未九月員外擬講　耆山
後《ニ》記之

40　豊後日田郡豆田町　長福寺現住
速水郡浜脇村ニ住ス　大珍
御一新己後補官員号小栗憲一
後本山《ニ》帰《ノ》寺務出勤《ス》長福寺前住職也

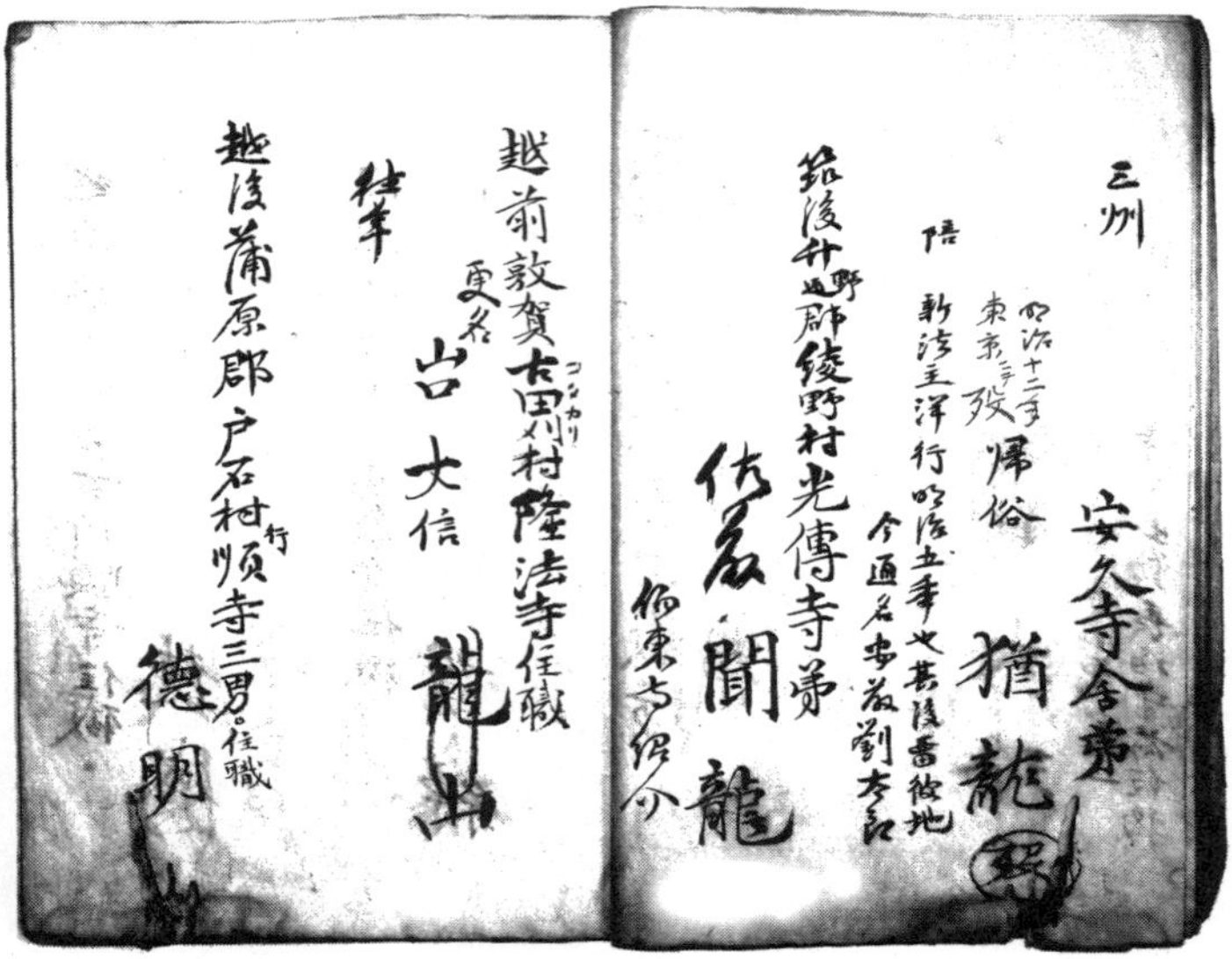

（13オ）　　（12ウ）

41　三州　安久(休)寺舎弟

(朱注)明治十二年東京ニテ歿　帰俗　猶龍　㊀歿

陪　新法主洋行明治五季也其後留彼地

今通名　安藤劉太郎

42　筑後竹野郡綾野村　光伝寺弟

佐藤　聞龍

伯東寺紹介

43　越前敦賀古田刈《コタカリ》村　隆法寺住職

更名　山口大信　龍山

往年

44　越後蒲原郡戸石村行順寺三男　住職

徳明

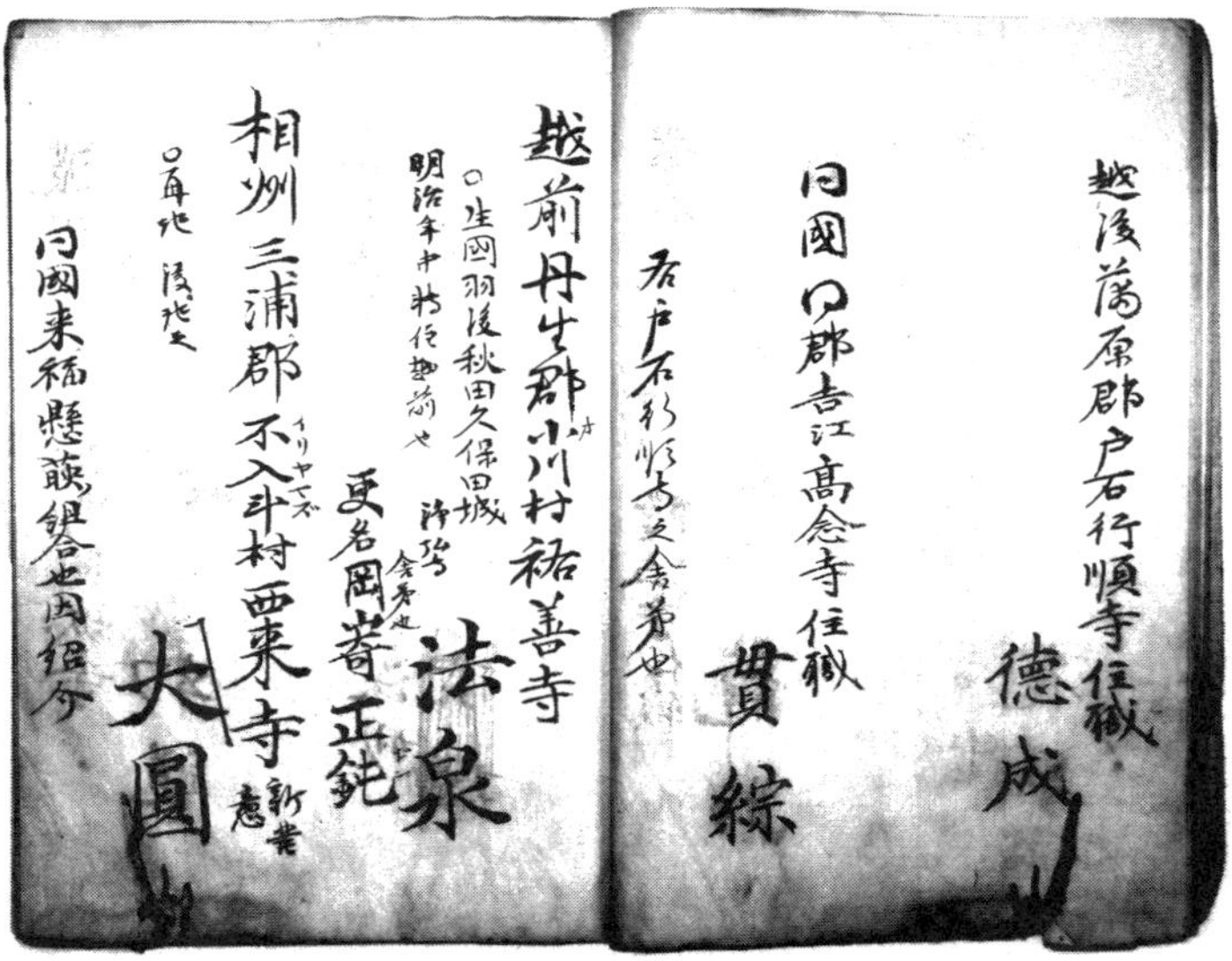

（14オ）　（13ウ）

45　越後蒲原郡戸石行順寺住職
徳成

46　同国同郡吉江高念寺住職
貫綜
右戸石行順寺之舎弟也

47　越前丹生郡小川村　祐善寺
法泉
生国羽後秋田久保田城
明治年中転住越前也 浄弘寺舎弟也　更名　岡崎正鈍《ドン》

48　相州三浦郡不入斗《イリヤマズ》村西来寺 新発意
○再記　後ニ記之
大円
同国来福懸暎ノ組合也因紹介

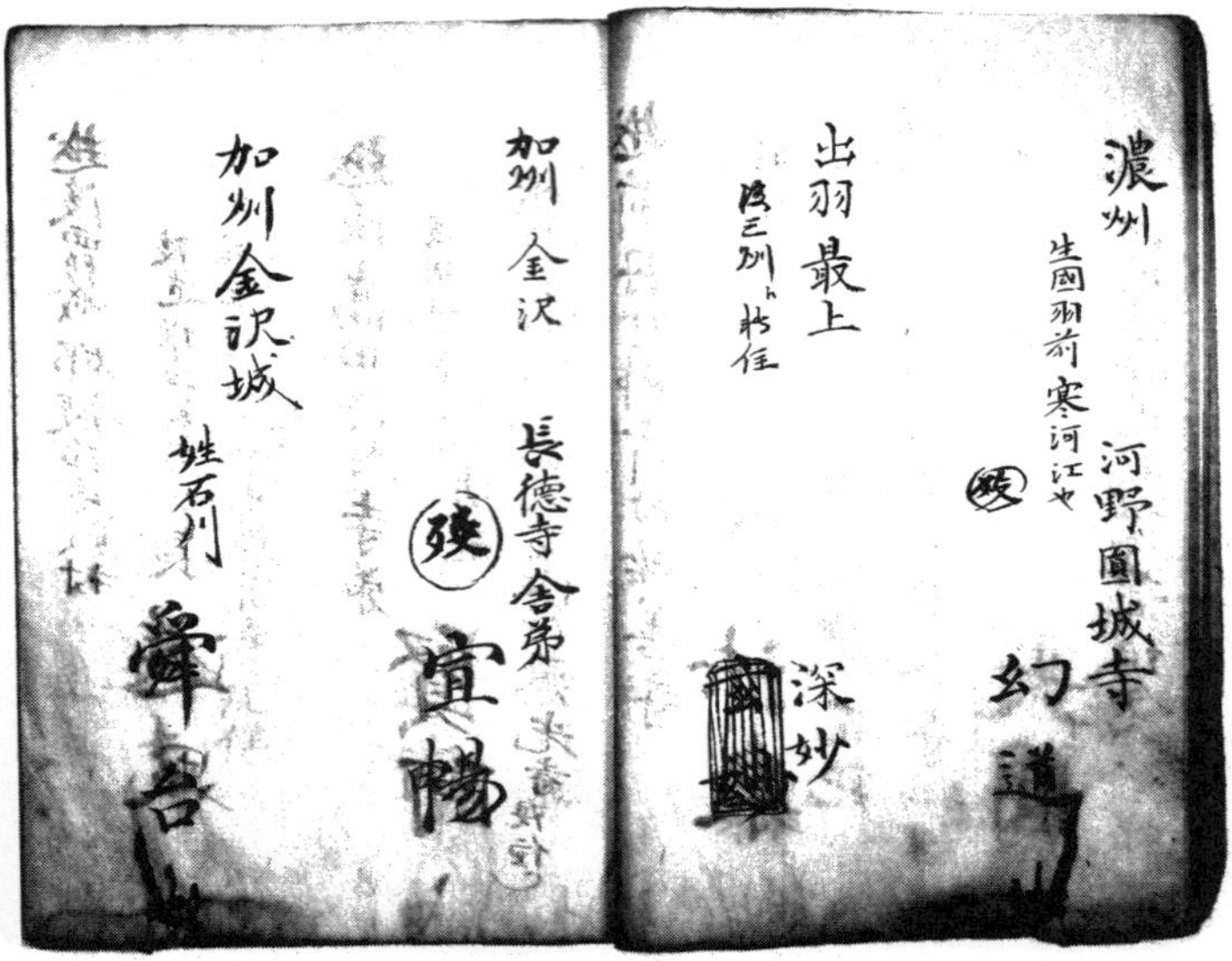

（14ウ）　（15オ）

49 濃州　河野円城寺
生国羽前寒河江也　(殁)　幻道

50 出羽最上
後三州江転住　深妙

51 加州金沢　長徳寺舎弟
(殁)　宜暢

52 加州金沢城
姓石川　舜台

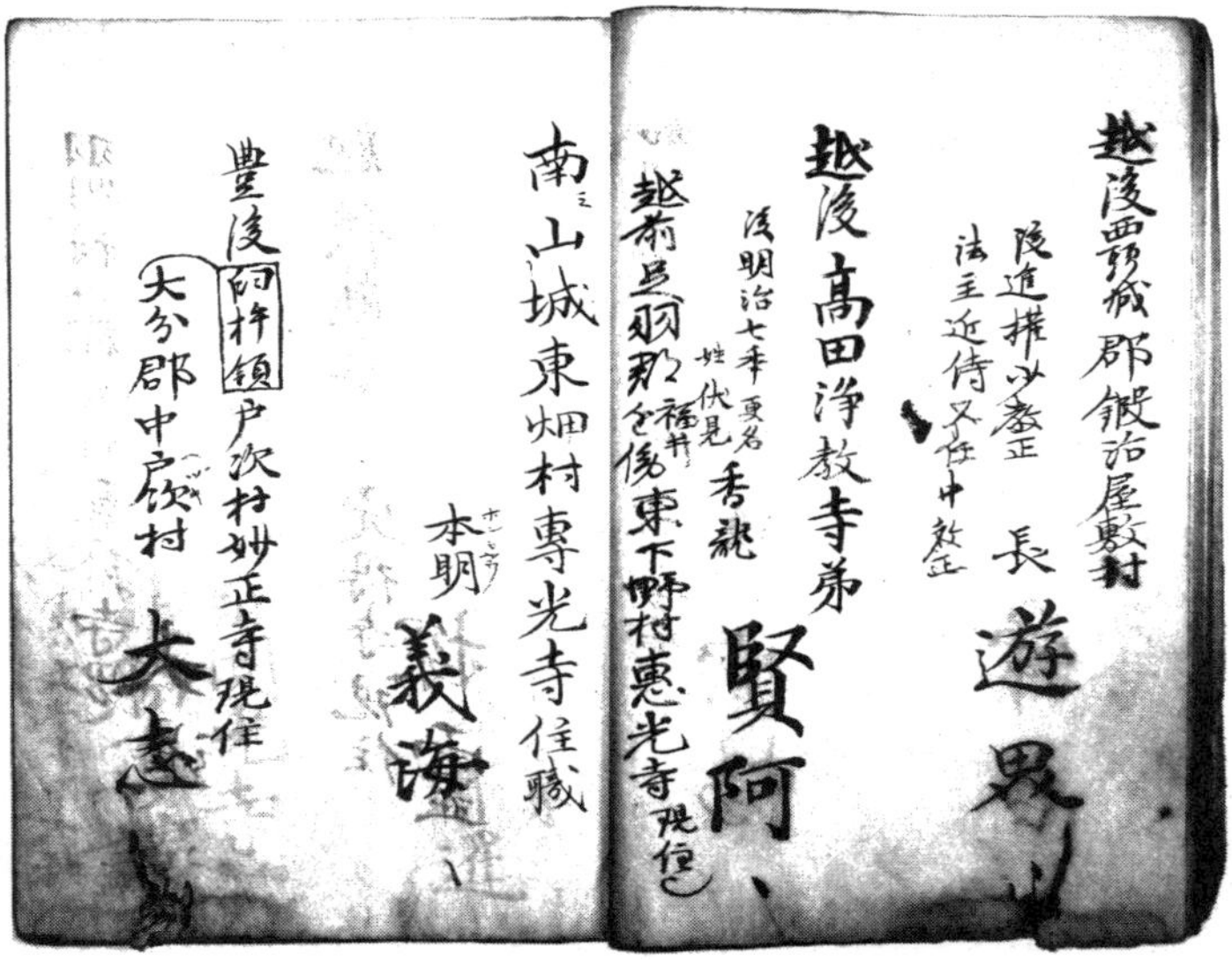

（16オ）　（15ウ）

53
越後西頸城郡鍛治屋敷村
後進権少教正
法主近侍又任中教正　長　遊界

54
越後高田　浄教寺弟
後明治七季更名
姓伏見　香龍　賢阿
越前足羽郡福井進働東下野村恵光寺現住也

55
南《ミ》山城東畑村　専光寺住職
本明《ホンミヤウ》　義海

56
豊後臼杵領戸次村　妙正寺現住
大分郡中戸次《ヘツキ》村　大志

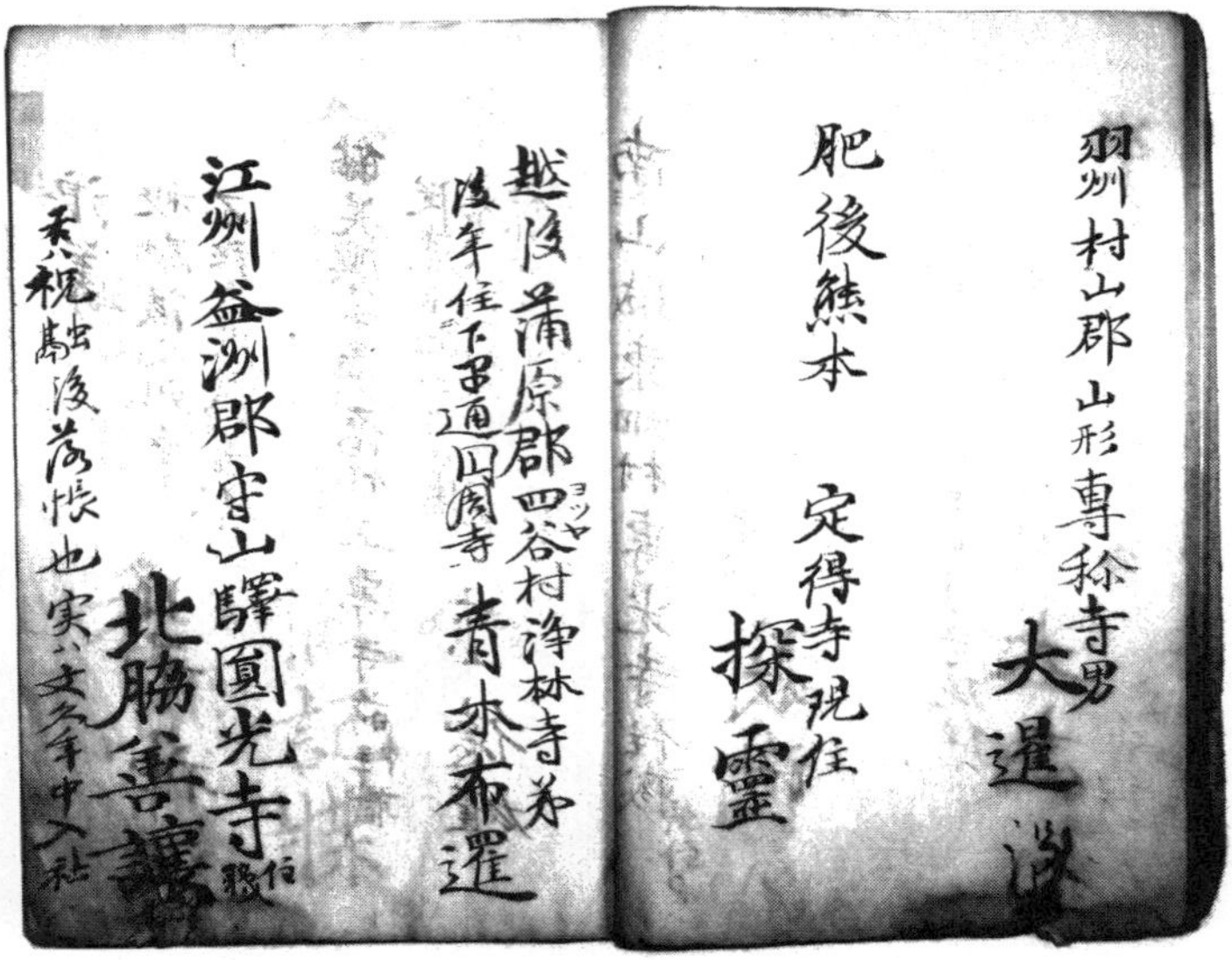

（17オ）　（16ウ）

57 羽州村山郡山形　専称寺男
　大暹

58 肥後熊本　定得寺現住
　探霊

59 越後蒲原郡四谷《ヨツヤ》村　浄林寺弟
　後年住二下平通円周寺一　青木布暹

60 江州益洲郡守山駅円光寺住職
　北脇善譲

右ハ祝融後落帳也　実ハ文久年中入社

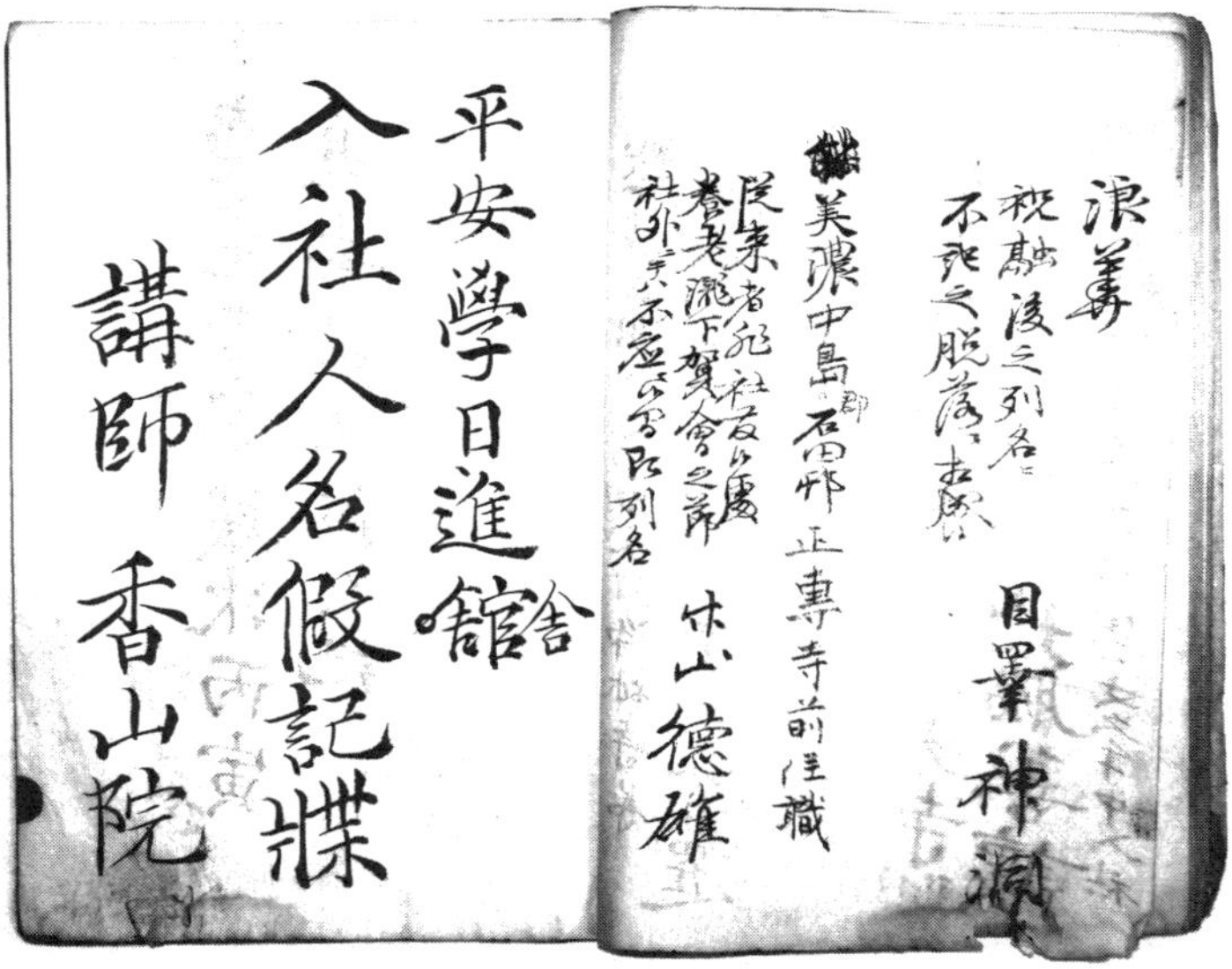

（17ウ）

61　浪華

祝融後之列名ニ
不記之脱落ニ相成候
目睾神洞

62　美濃中島○郡石田邨正専寺前住職
従来者非社友候処
養老滝下賀会之節
社外ニテハ不応ニ候間即列名
竹山徳雄

（18オ）

平安学日進館○舎
入社人名仮記牒
講師　香山院

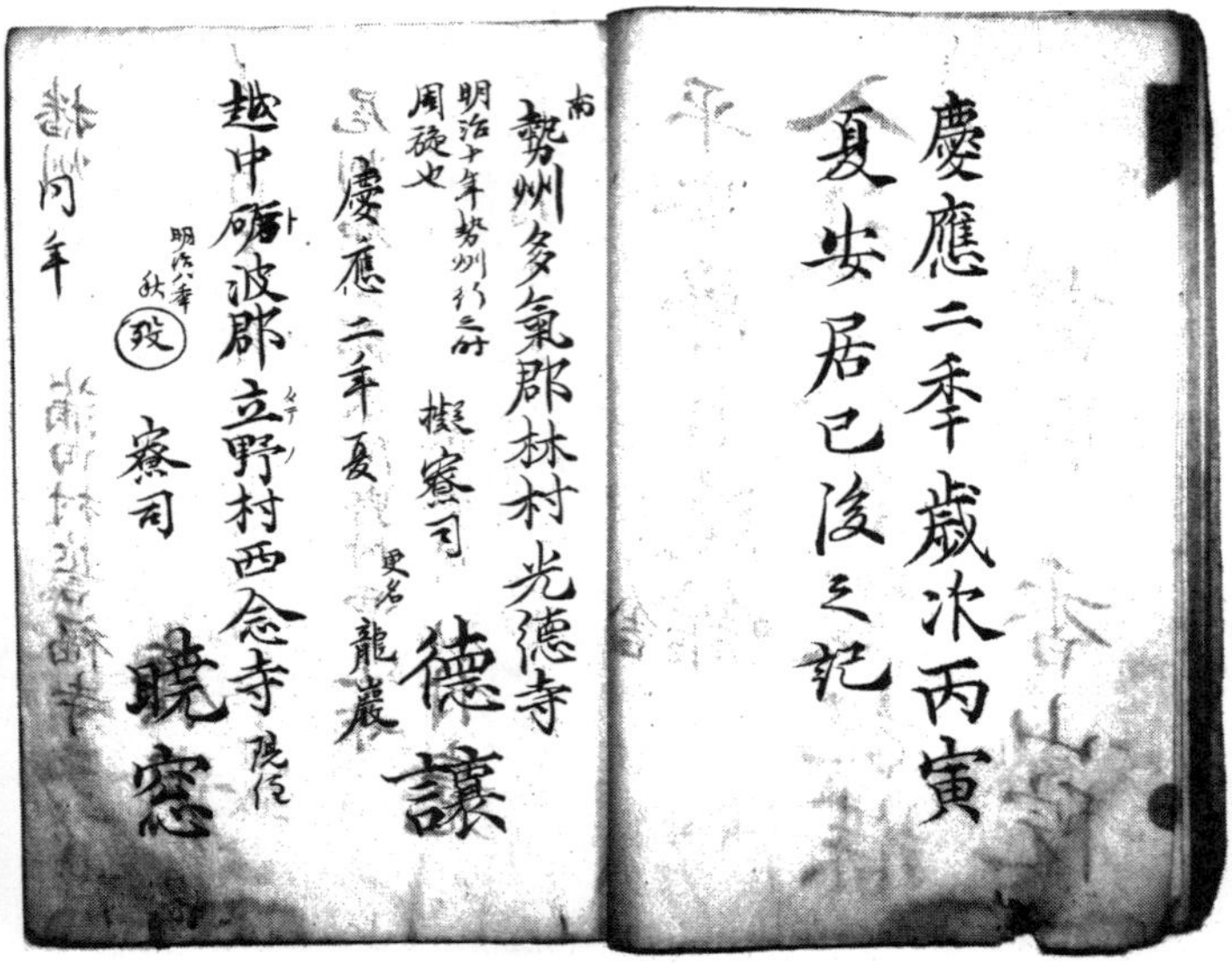

（18ウ）

慶応二季歳次丙寅

夏安居己後之記

（19オ）

63 南
勢州多気郡林村　光徳寺

明治十年勢州行之時
周旋也　擬寮司　徳譲

慶応二年夏

更名 龍厳

64
越中砺《ト》波郡立野《タテノ》村西念寺現住　暁窓

明治八季
秋 歿 寮司

同年

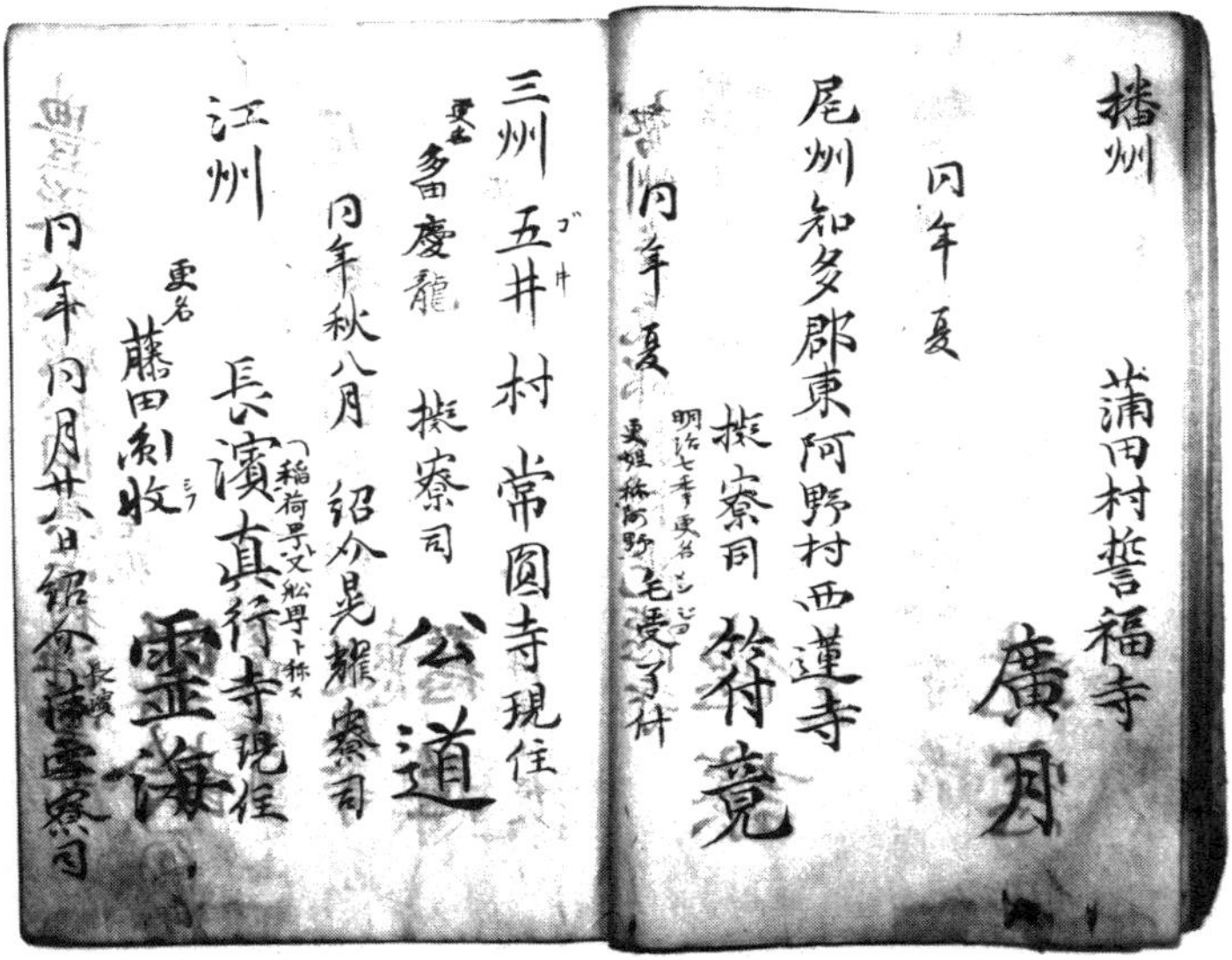

（20オ）　（19ウ）

65
播州蒲田村　誓福寺
同年夏
広月

66
尾州知多郡東阿野村西蓮寺
擬寮司　符竟
同年夏
明治七季更名
更姓称二阿野一
毛受《メンジョ》了什

67
三州五井《ゴキ》村常円寺現住
更名　多田慶龍　擬寮司　公道
同年秋八月　紹介　晃耀寮司

68
江州
稲荷町ト又船町ト称ス
長浜真行寺現住
更名　藤田円収《シフ》　霊海
同年八同月廿八日紹介　長浜法雪寮司

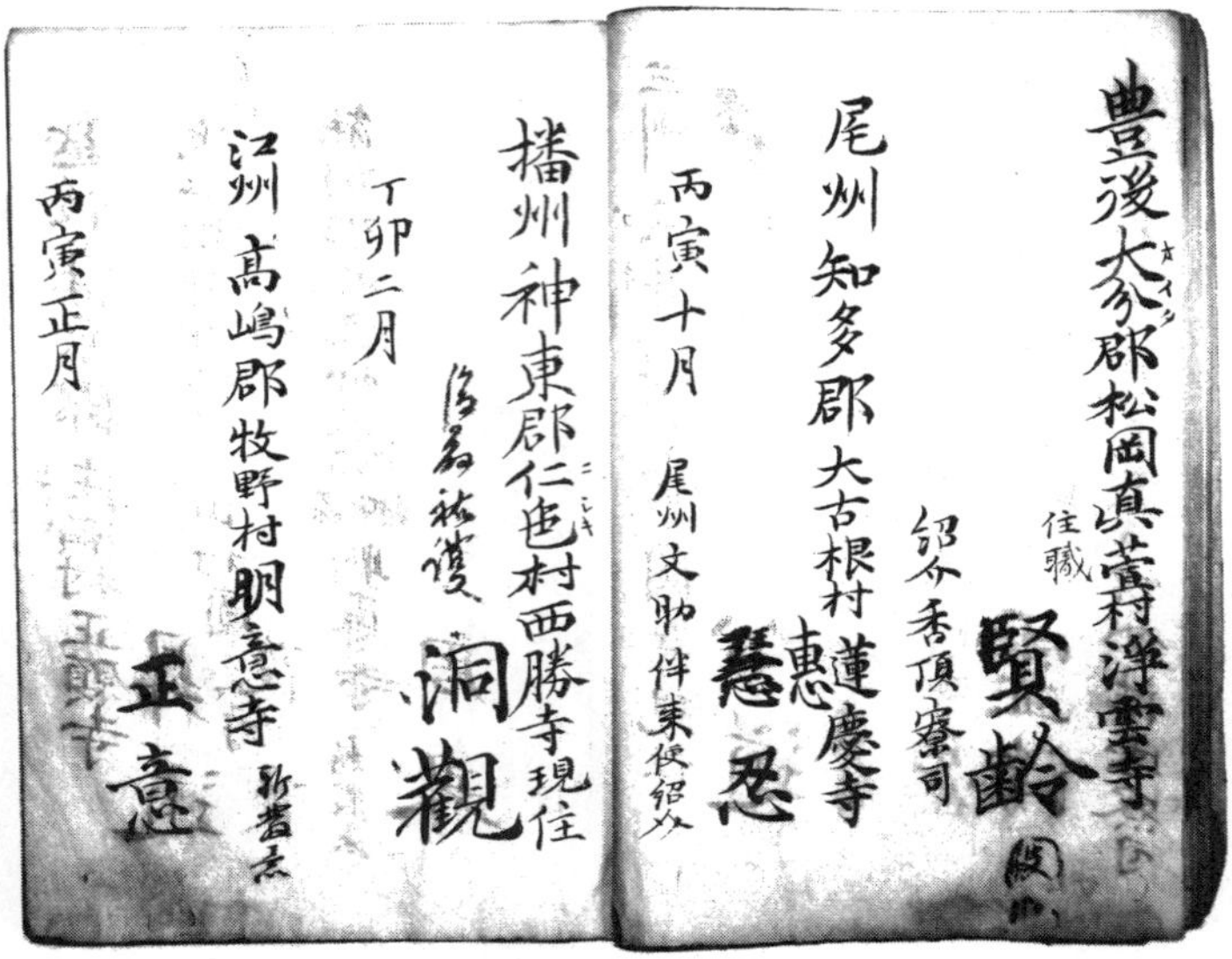

（20ウ）　（21オ）

69

豊後大分《オイタ》郡松岡真萱村　浄雲寺

住職　賢齢　(殁)

紹介　香頂　寮司

70

尾州知多郡大古根村　蓮慶寺

恵忍

丙寅十月　尾州文助伴来便紹介

71

播州神東郡仁色《ニシキ》村　西勝寺現住

後藤祐護　洞観

丁卯二月

72

江州高嶋郡牧野村　明意寺　新発意

正意

丙寅正月

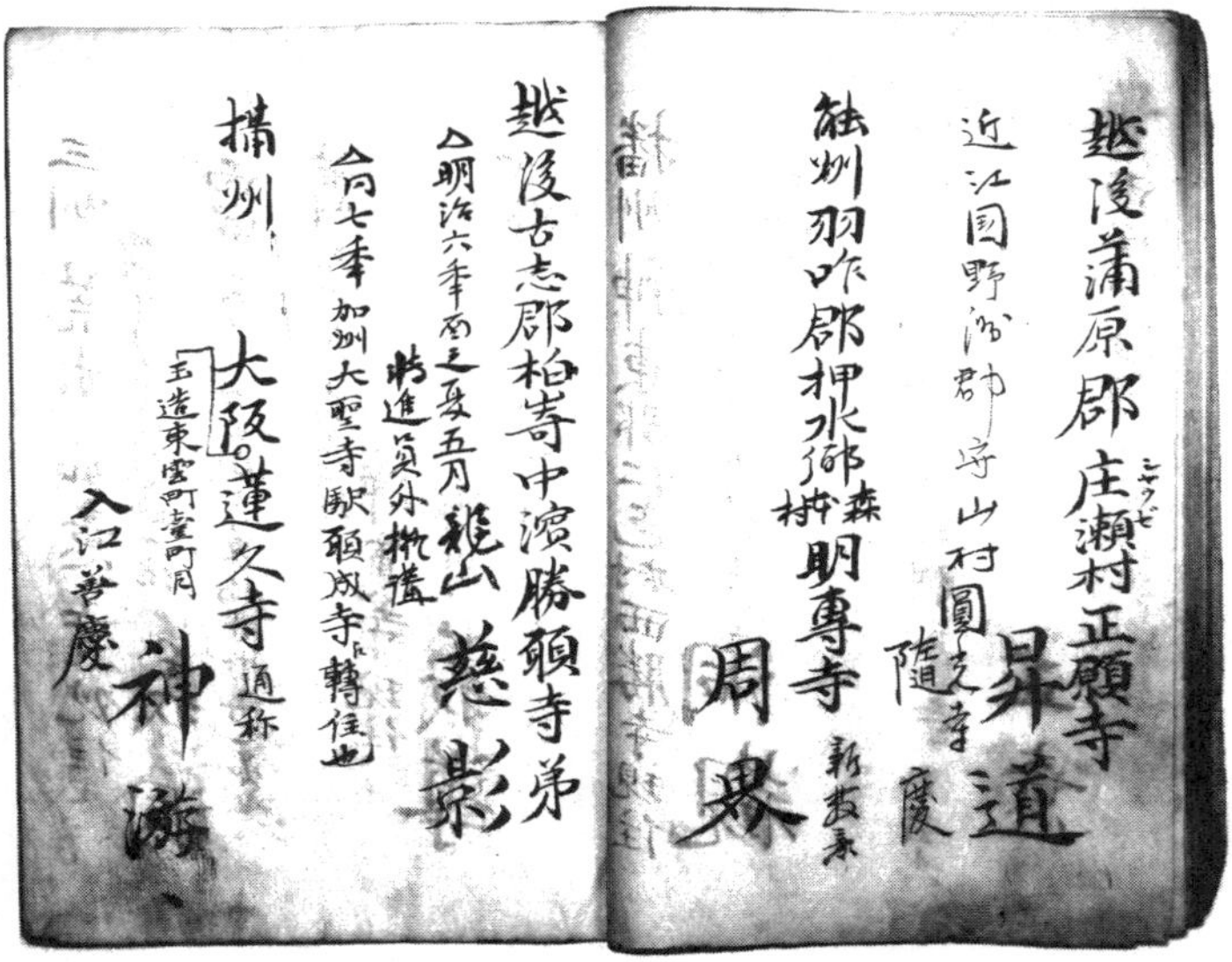

（21ウ）　（22オ）

73
越後蒲原郡庄瀬《シャウゼ》村　正願寺
昇道

74
近江国野洲郡守山村　円光寺
随慶

75
能州羽咋郡押水郷本森村　明専寺
周界　新発意

76
越後古志郡柏崎中浜　勝願寺弟
△明治六季酉之夏五月　龍山
転進員外擬講　慈影
△同七季
加州大聖寺駅願成寺江転住也

77
摂州　大阪○蓮久寺通称
玉造東雲町壱町目
神游
入江善慶

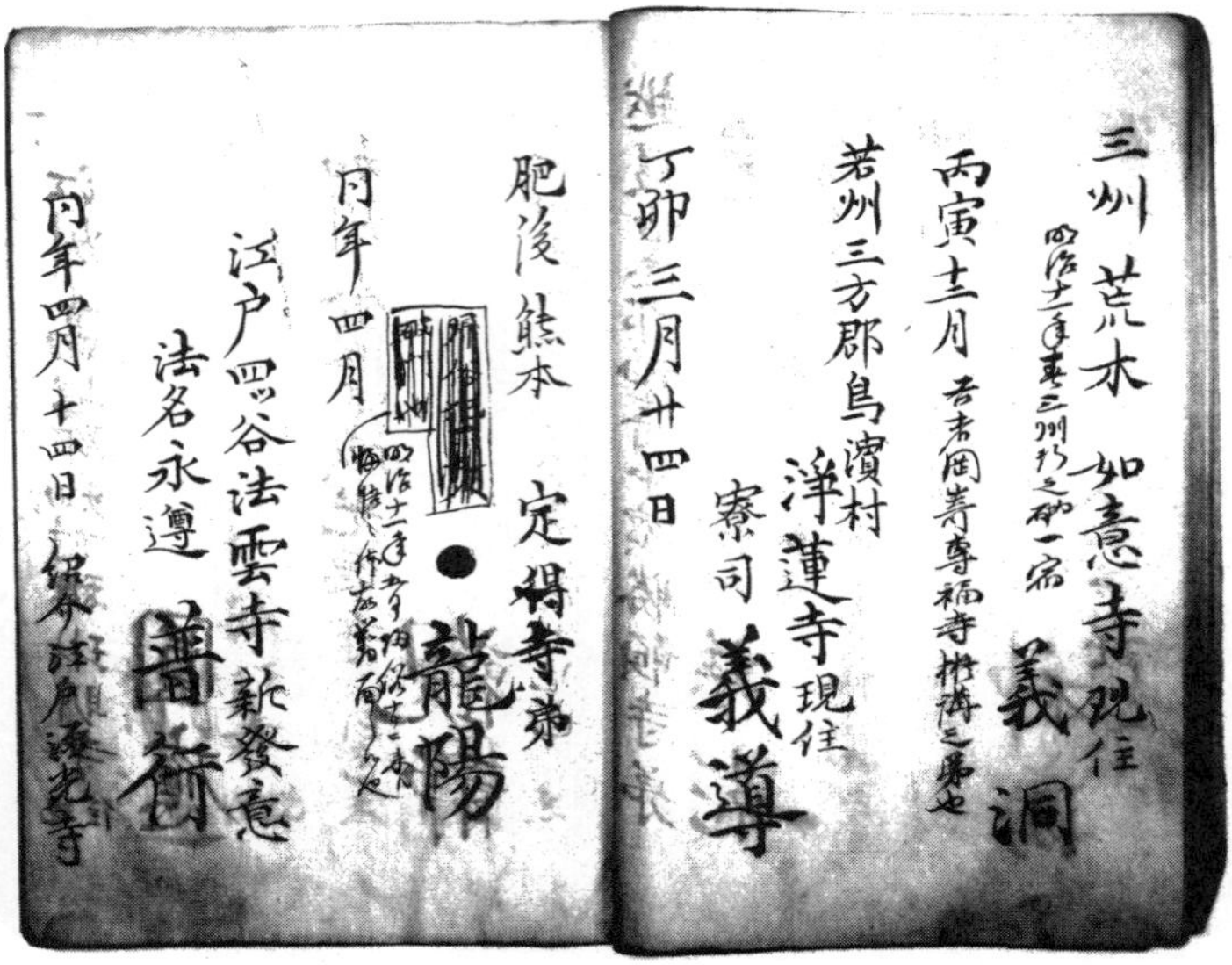

（22ウ）　（23オ）

78 三州荒木　如意寺現住

明治十一年春三州行之砌一宿

丙寅十二月　右者岡崎専福寺擬講之弟也　義洞

79 若州　三方郡鳥浜村　浄蓮寺現住

寮司義導

丁卯三月廿四日

80 肥後熊本　定得寺弟

龍陽

同年四月　明治十一年五月帰俗ナリニ来ル

悔悟之体故対面之候也

81 江戸四ツ谷法雲寺新発意

法名永遵　普行

同年四月十四日　紹介江戸源光寺

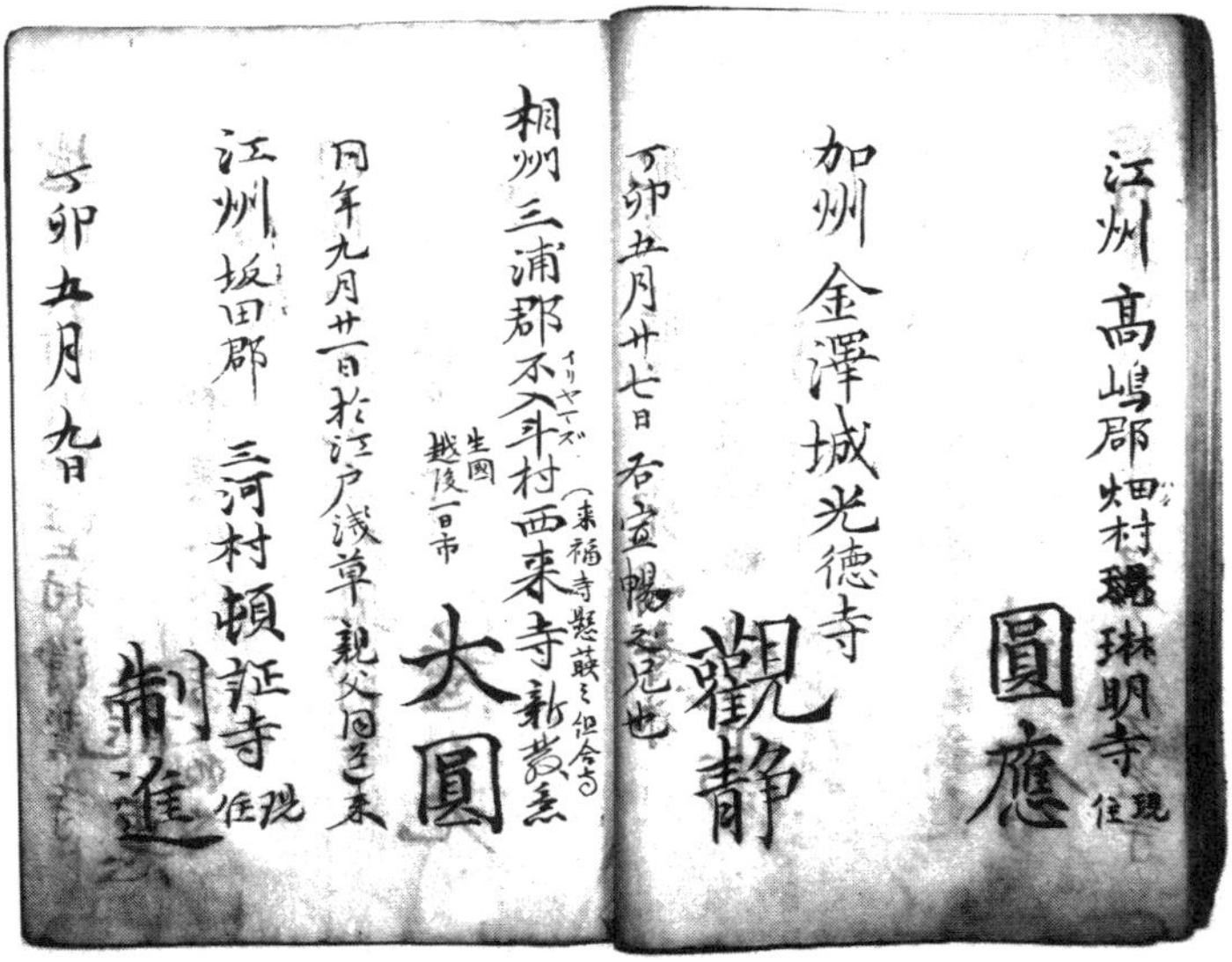

（24オ）　（23ウ）

82　江州高嶋郡畑《ハタ》村　琳明寺現住
円応

83　加州金沢城　光徳寺
観静

丁卯五月廿七日　右宣暢之兄也

84　相州三浦郡不入斗《イリヤマズ》村　来福寺懸映之組合寺 西来寺　新発意
生国越後一日市
大円

同年九月廿一日於江戸浅草親父同道来

85　江州坂田郡　三河村頓証寺現住
制進

丁卯五月九日

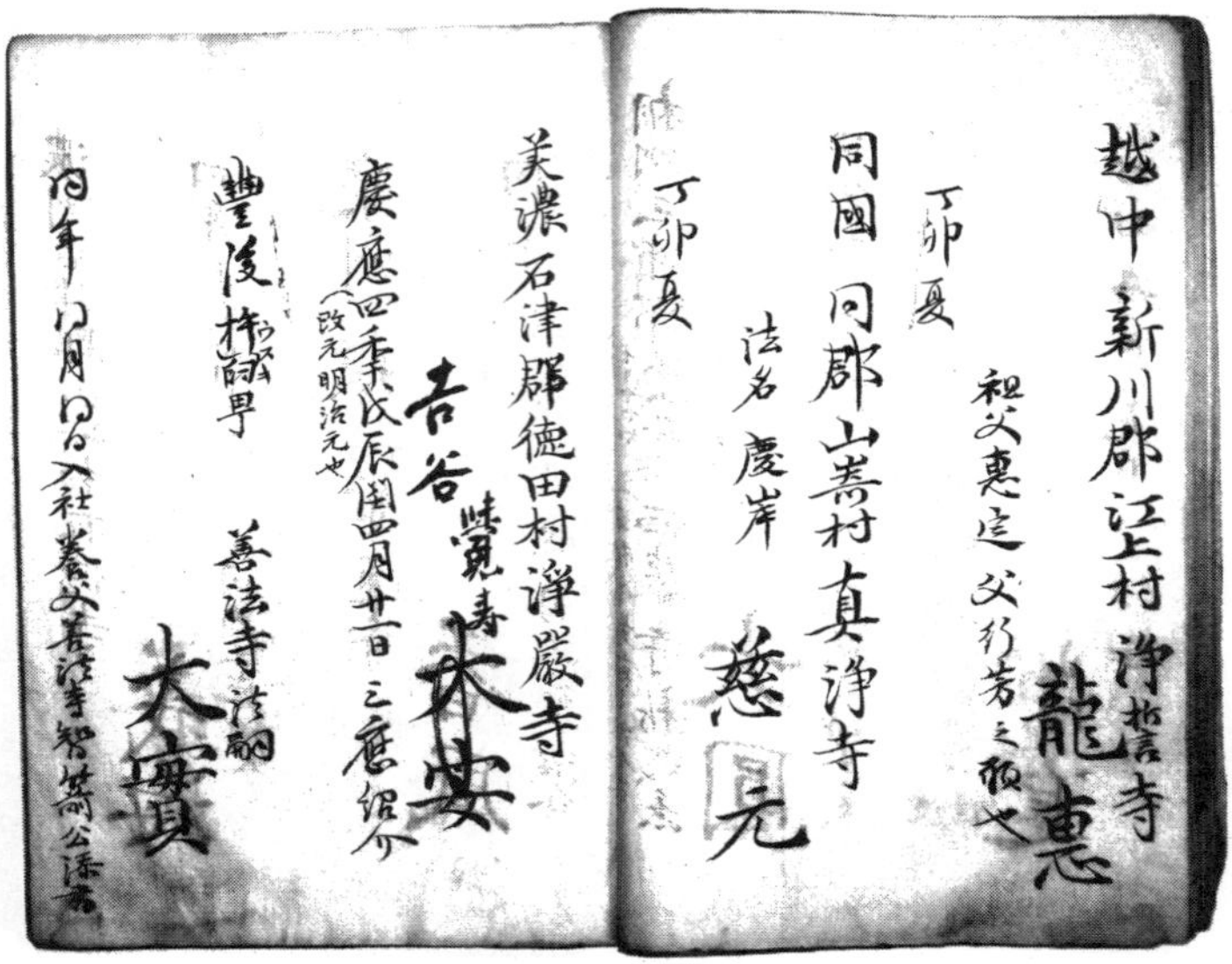

（25オ）　（24ウ）

86　越中新川郡江上村　浄誓寺
龍恵
祖父恵定父行芳之願也
丁卯夏

87　同国同郡山崎村　真浄寺
法名　慶岸　慈元
丁卯夏

88　美濃石津郡徳田村　浄厳寺
吉谷覚寿　大安
慶応四季戊辰閏四月廿一日　三応紹介
改元明治元年也

89　豊後臼杵町　善法寺　法嗣
大実
同年同月同日入社養父善法寺智箭公添書

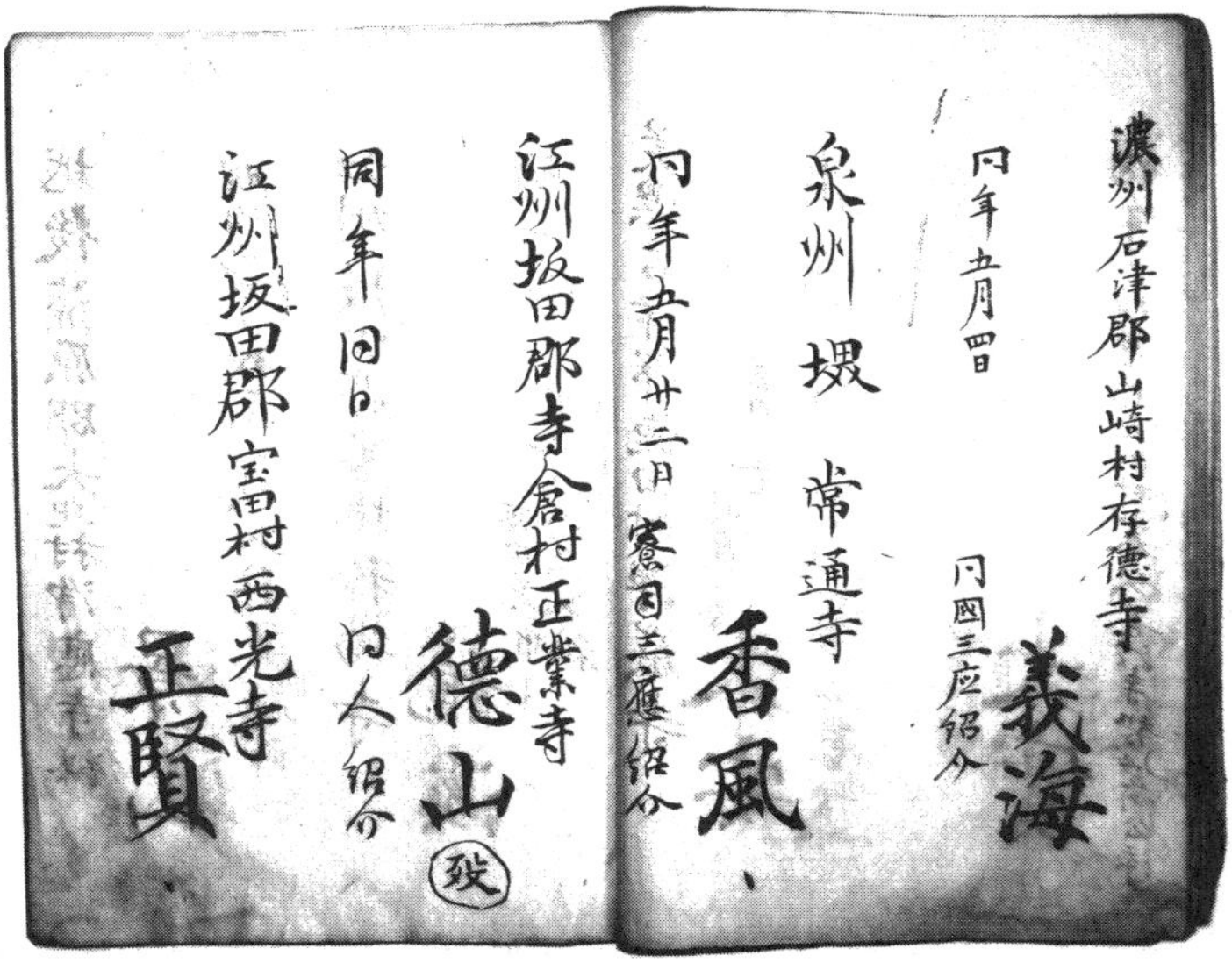

（26オ）　（25ウ）

90　濃州石津郡山崎村　存徳寺

義海

同年五月四日　同国三応紹介

91　泉州堺　常通寺

香風

同年五月廿二日　寮司三応紹介

92　江州坂佃郡寺倉村　正業寺

徳山（殁）

同年同日　同人紹介

93　江州坂田郡宝田村　西光寺

正賢

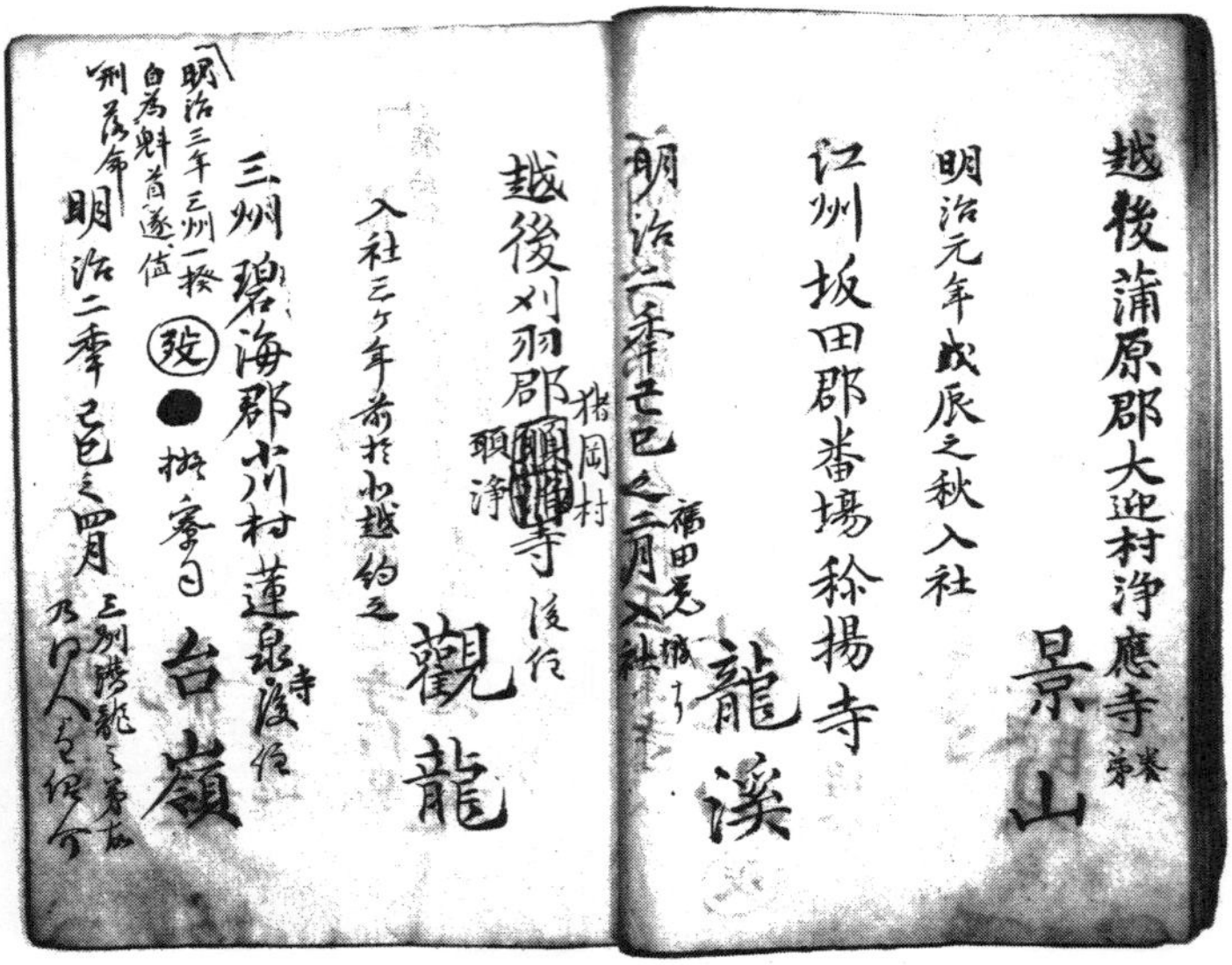

（27オ）　（26ウ）

94 越後蒲原郡大迎村　浄応寺養弟
景山
明治元年戊辰之秋入社

95 江州坂田郡番場　称揚寺
龍渓
明治二年己巳之二月入社　福田覚城ナリ

96 越後刈羽郡猪岡村　願浄寺後住
観龍
入社三ケ年前於北越釣之

97 三州碧海郡小川村　蓮泉寺後住
明治三(四ノ誤リ)年三州一揆　自為二魁首遂ニ値
刑落命　殁　擬寮司　台嶺
明治二季己巳之四月　三州潜龍之弟故乃同人より紹介

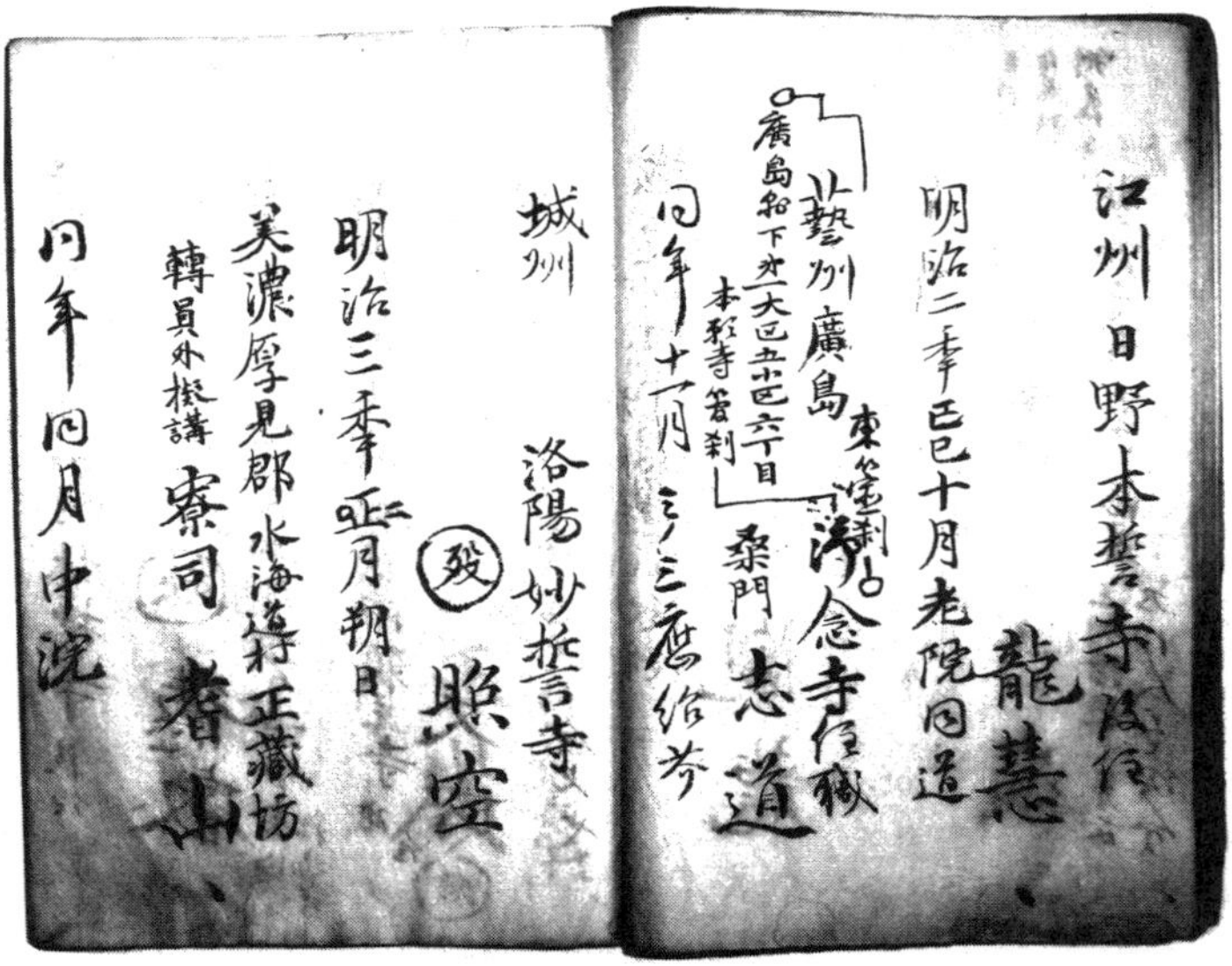

（28オ）　（27ウ）

98　江州日野　本誓寺後住　　龍慧

明治二季己巳十月老院同道

99　芸州広島東管刹　浄(常)念寺住職

広島県下第一大区五小区六丁目
本願寺管刹　桑門　志道

同年十一月　ミノ三応紹介

100　城州　洛陽　妙誓寺　殁　照空

明治三季正《二》月朔日

101　美濃厚見郡水海道村　正蔵坊

転員外擬講　寮司　耆山

同年同月中浣

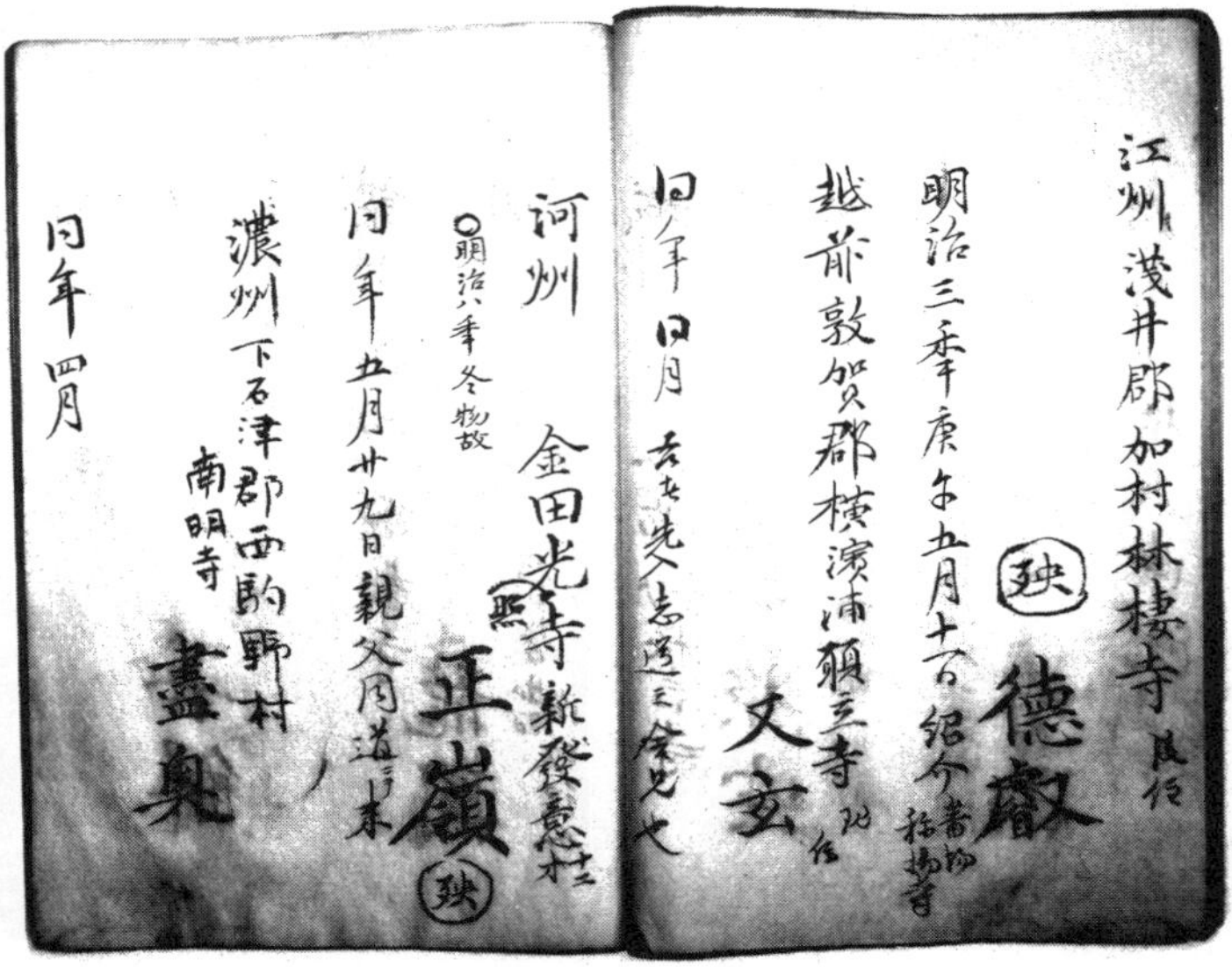

（29オ）　　（28ウ）

102 江州浅井郡加村　林棲寺後住

明治三季庚子五月十一日紹介 番場称揚寺

（殁）徳叡

103 越前敦賀郡横濱浦　願立寺現住

又玄

同年同月　右者先入志道之舎兄也

104 河州　金田光照寺新発意十二才

○明治八年冬物故

正嶺（殁）

同年五月廿九日　親父同道ニテ来

105 濃州下石津郡西駒野村

南明寺　尽奥

同年四月

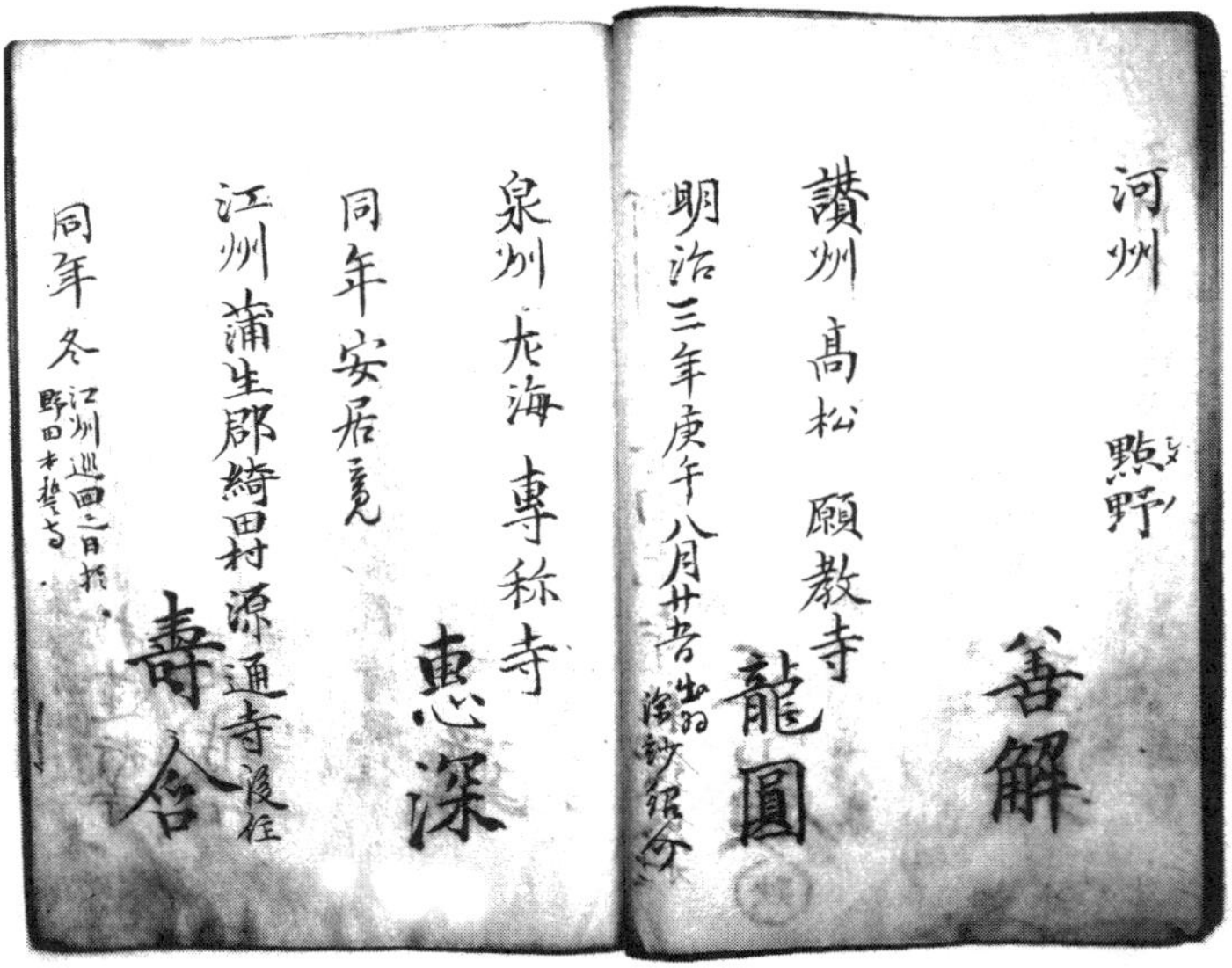

（30オ）　（29ウ）

106　河州　点野《シメノ》　善解

107　讃州高松　願教寺　龍円
明治三年庚午八月廿五日出羽深妙紹介

108　泉州　左海　専称寺　恵深
同年安居竟

109　江州蒲生郡綺田村　源通寺後住　寿含
同年冬、江州巡回之日於野田本誓寺

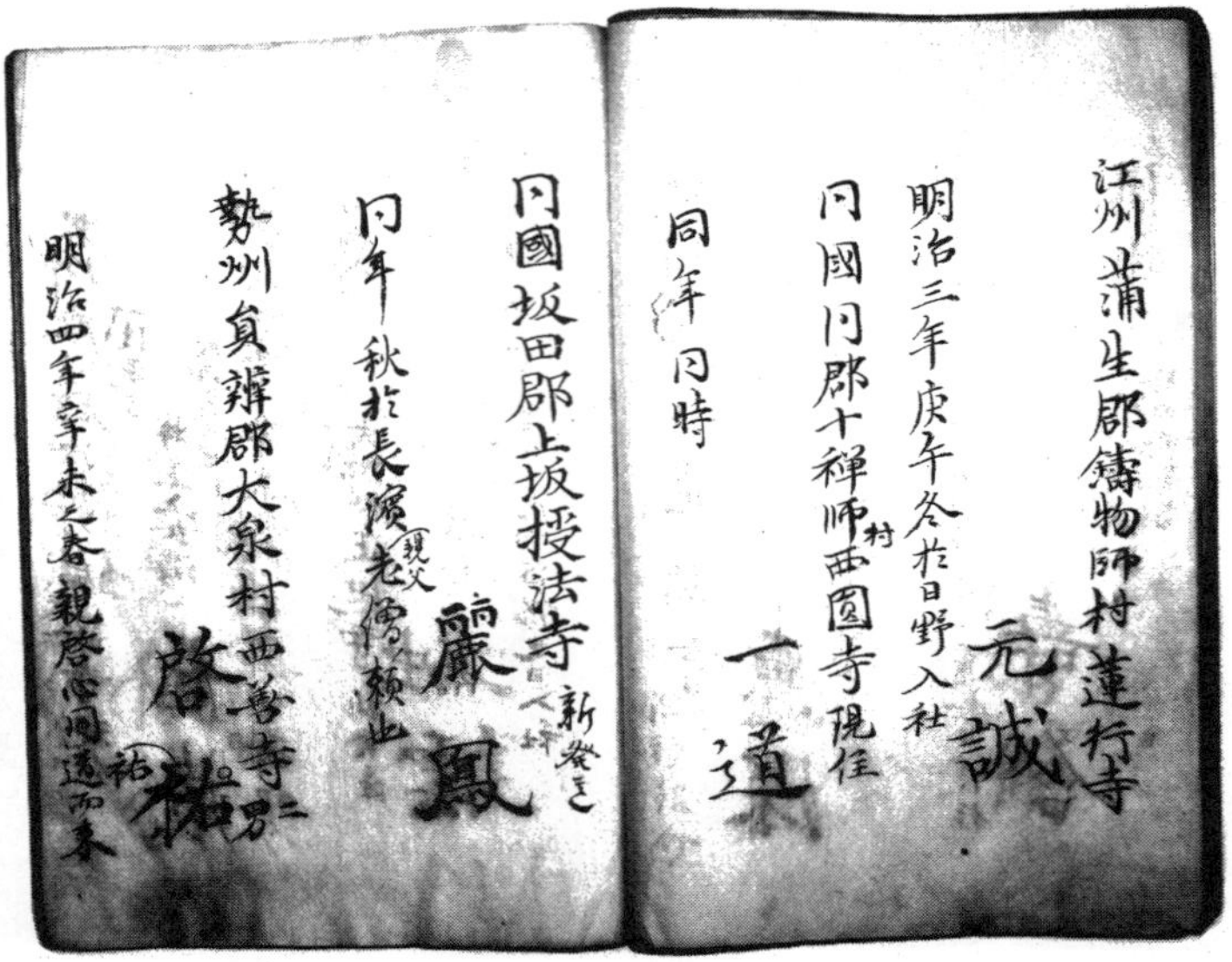

（31オ）　（30ウ）

110 江州蒲生郡鋳物師村　蓮行寺

元誠

明治三年庚午冬於日野入社

111 同国同郡十禅師村　西円寺現住

一道

同年同時

112 同国坂田郡上坂　授法寺新発意

麗鳳

同年秋於長浜親父老僧ノ頼也

113 勢州員弁郡大泉村　西善寺二男

啓祐

明治四年辛未之春親啓心同道而来

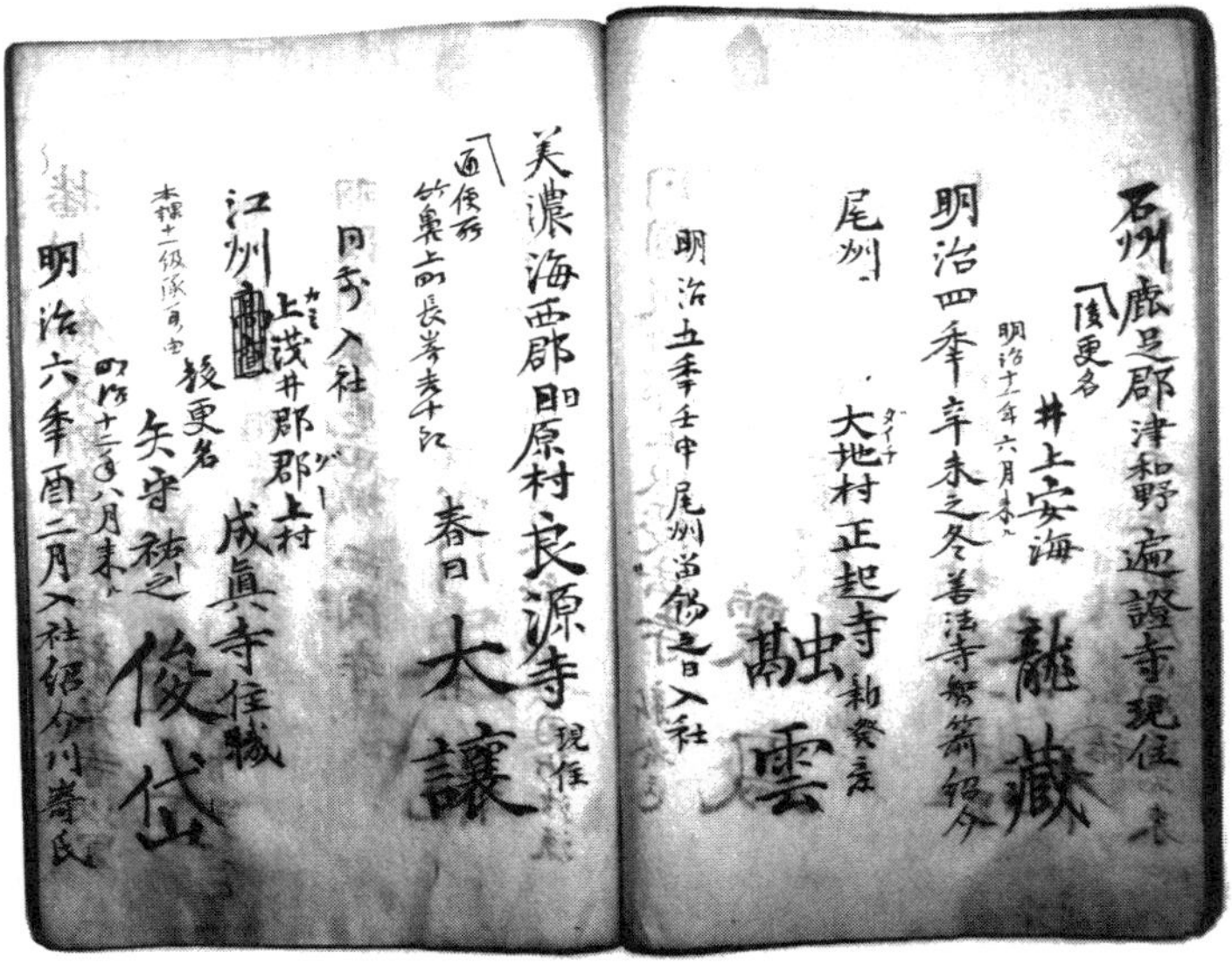

（32オ）　（31ウ）

114
石州鹿足郡津和野　遍證寺現住
後更名　井上安海　龍蔵
明治十一年六月来ル
明治四季辛未之冬善法寺智箭紹介

115
尾州　大地《ダイチ》村　正起寺　新発意
融雲
明治五季壬申尾州留錫之日入社

116
美濃海西郡日原村　良源寺原住
春日大譲
通便所
竹鼻上町長崎吉十郎
同前入社

117
江州上《カミ》浅井郡郡《クー》上村　成真寺住職
後更名
矢守祐之　俊岱
（朱筆）本課十一級承可ノ由
明治十二年八月来ル
明治六季酉二月入社紹介川崎氏

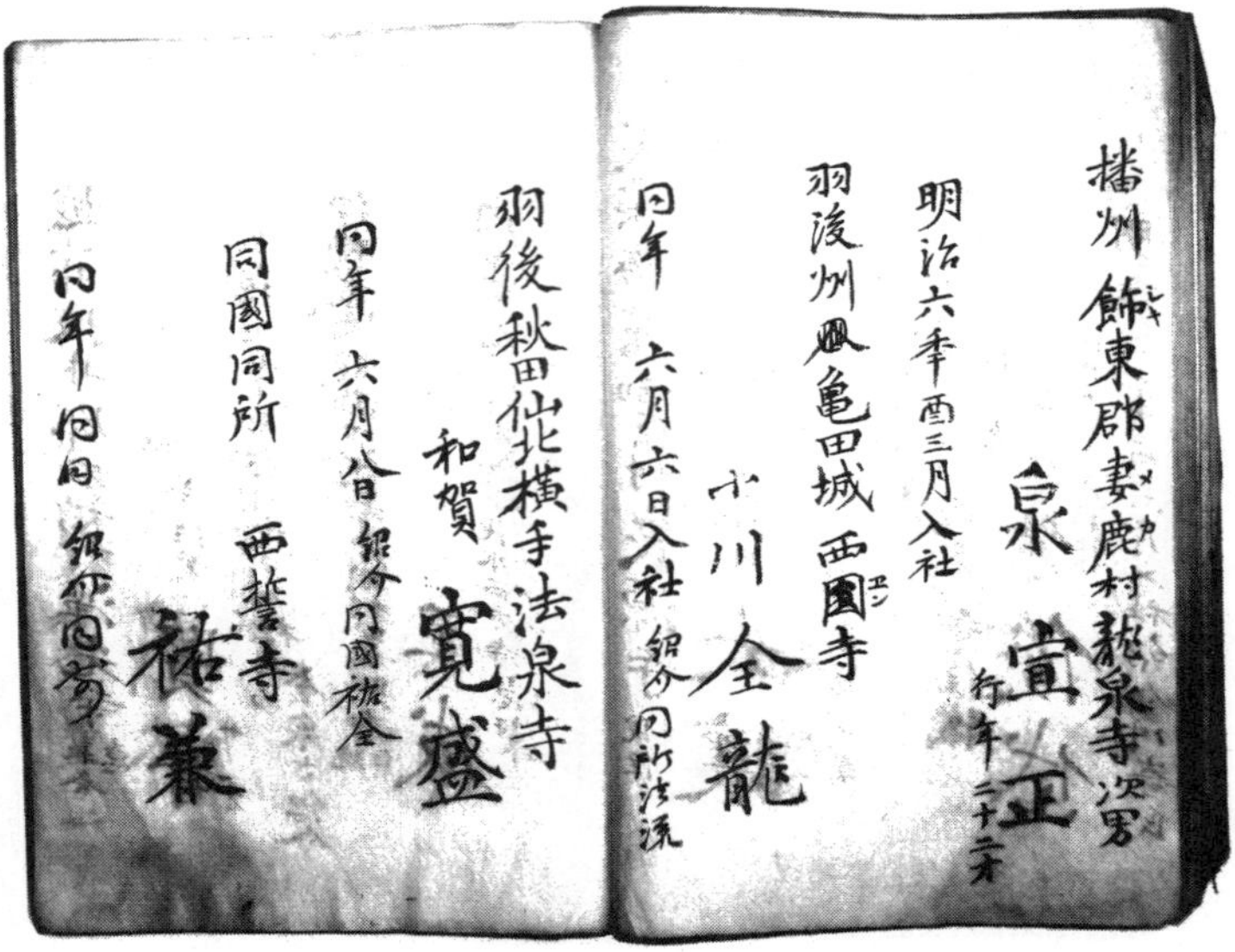

（32ウ）　（33オ）

118
播州飾《シキ》東郡妻鹿《メカ》村　龍泉寺次男
泉　宣正
行年二十二才
明治六季酉三月入社

119
羽後州亀田城　西円寺
小川　金竜
同年六月六日入社　紹介同所法流

120
羽後秋田仙北横手　法泉寺
和賀　寛盛
同年六月八日　紹介　同国祐全

121
同国同所　西誓寺
祐兼
同年同月　紹介同前

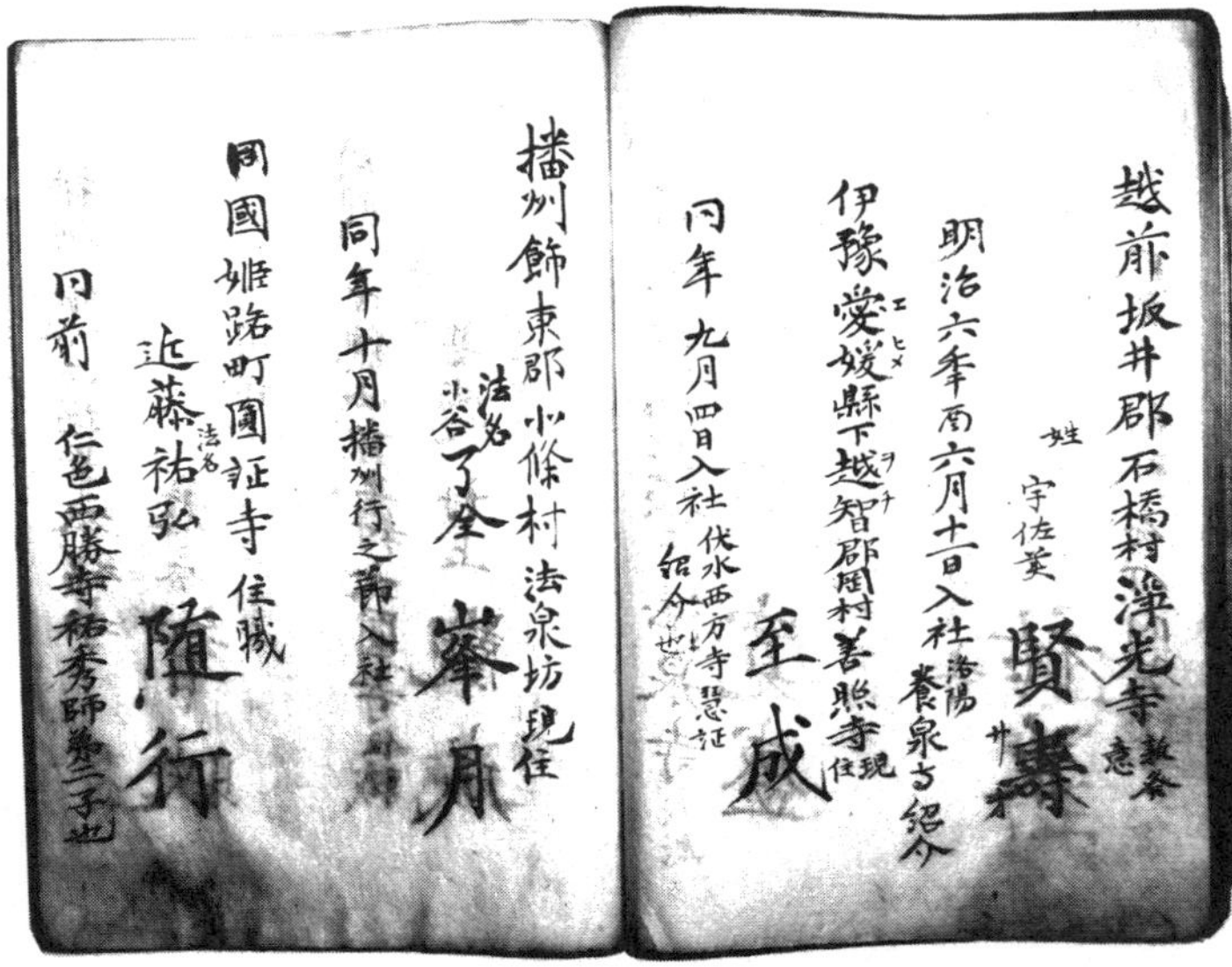

（34オ）　　（33ウ）

122
越前坂井郡石橋村　浄光寺新発意
姓　宇佐美　賢寿　廿才
明治六季酉六月十一日入社　洛陽
養泉寺紹介

123
伊予愛媛《エヒメ》県下越智《ヲチ》郡岡村善照寺現住
至成
同年九月四日入社　伏水西方寺慧証紹介也

124
播州飾東郡北条村　法泉坊現住
法名　小谷了全　峯月
同年十月播州行之節入社

125
同国姫路町　円証寺住職
近藤　法名祐弘　随行
同前仁邑西勝寺祐秀師第二子也

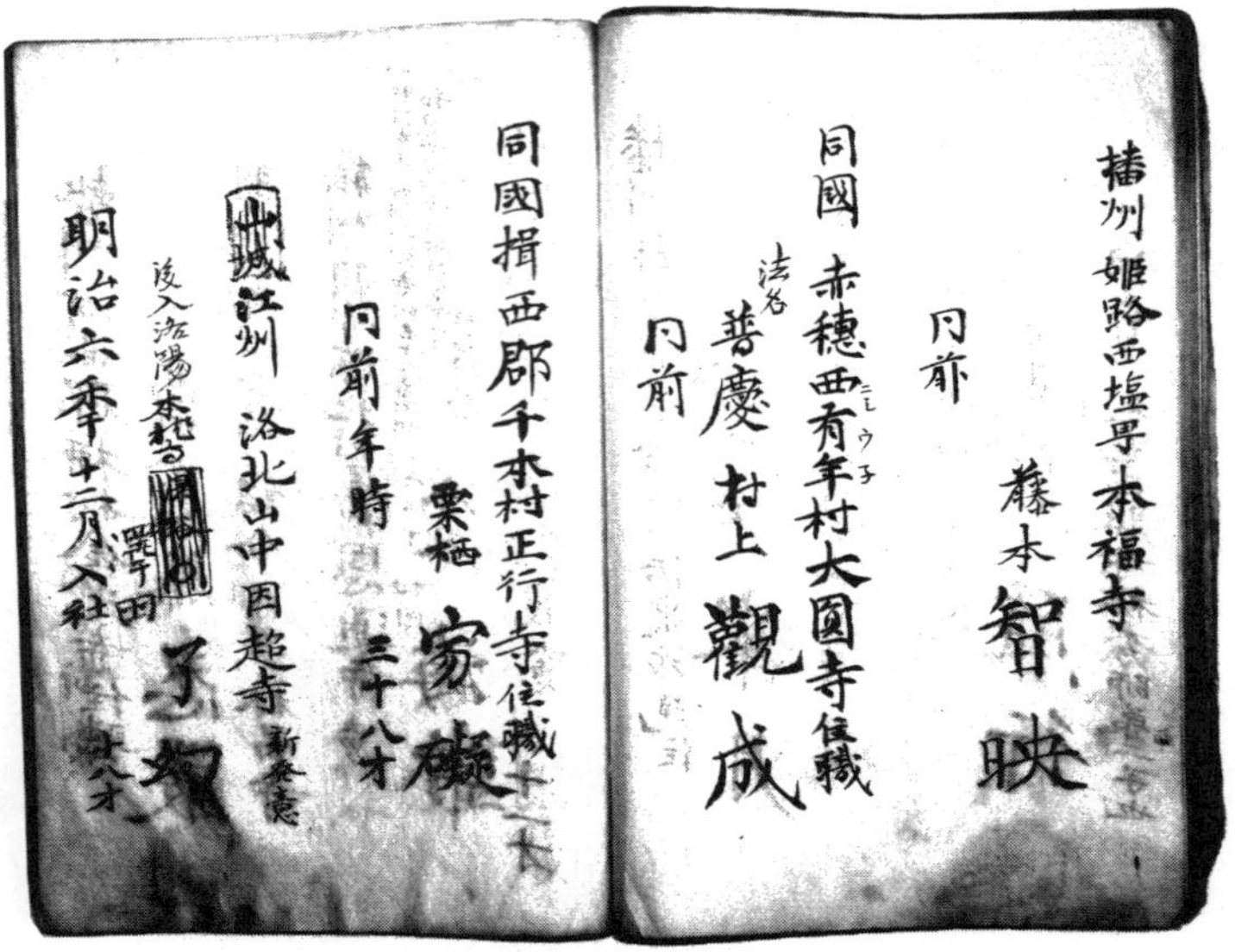

（35オ）　（34ウ）

126　播州姫路西塩町　本福寺
藤本　智映
同前

127　同国赤穂西有年《ニシウ子》村　大円寺住職
法名　普慶　村上観成
同前

128　同国揖西郡千本村　正行寺住職
粟栖　家礙
同前年時　三十八才

129　江州洛北山中　因超寺新発意
後入洛陽本龍寺
沢田　了幻　十八才

明治六季十二月入社

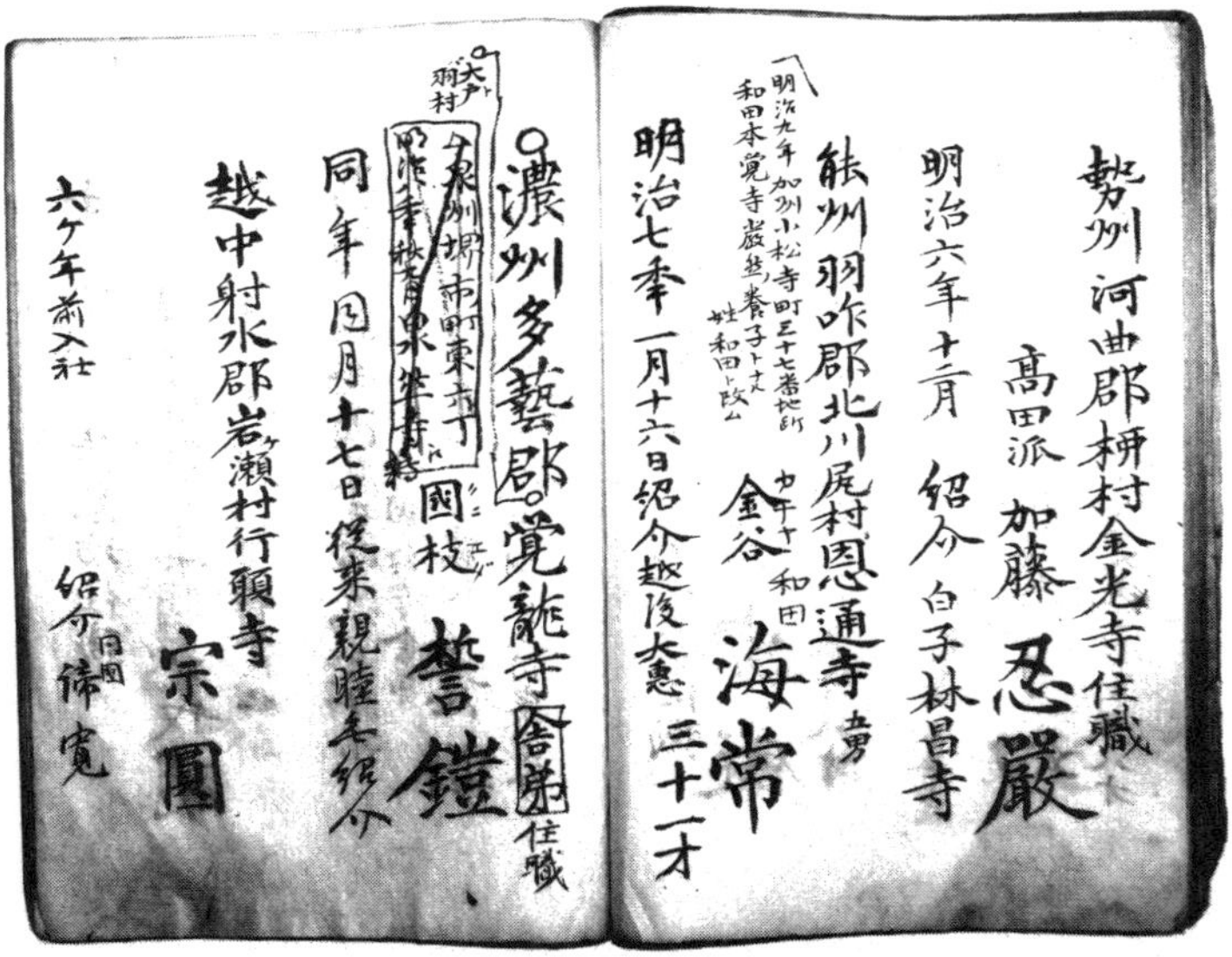

（36オ）　　　　（35ウ）

130　勢州河曲郡柳村　金光寺住職
高田派　加藤忍厳
明治六年十二月　紹介白子林昌寺

131　能州羽咋郡北川尻村　恩通寺五男
金谷《カナヤ》　和田　海常
三十一才
明治九年加州小松寺町三十七番地所
和田本覚寺厳然ノ養子トナル
姓　和田ト改ム
明治七年一月十六日紹介越後大恵

132　濃州多芸郡大戸《ト》羽村覚竜寺舎弟住職
国枝《クニエダ》　誓鎧
同年同月十七日従来親睦無紹介

133　越中射水郡岩ケ瀬村　行願寺
宗円
六ケ年前入社　紹介同国諦寛

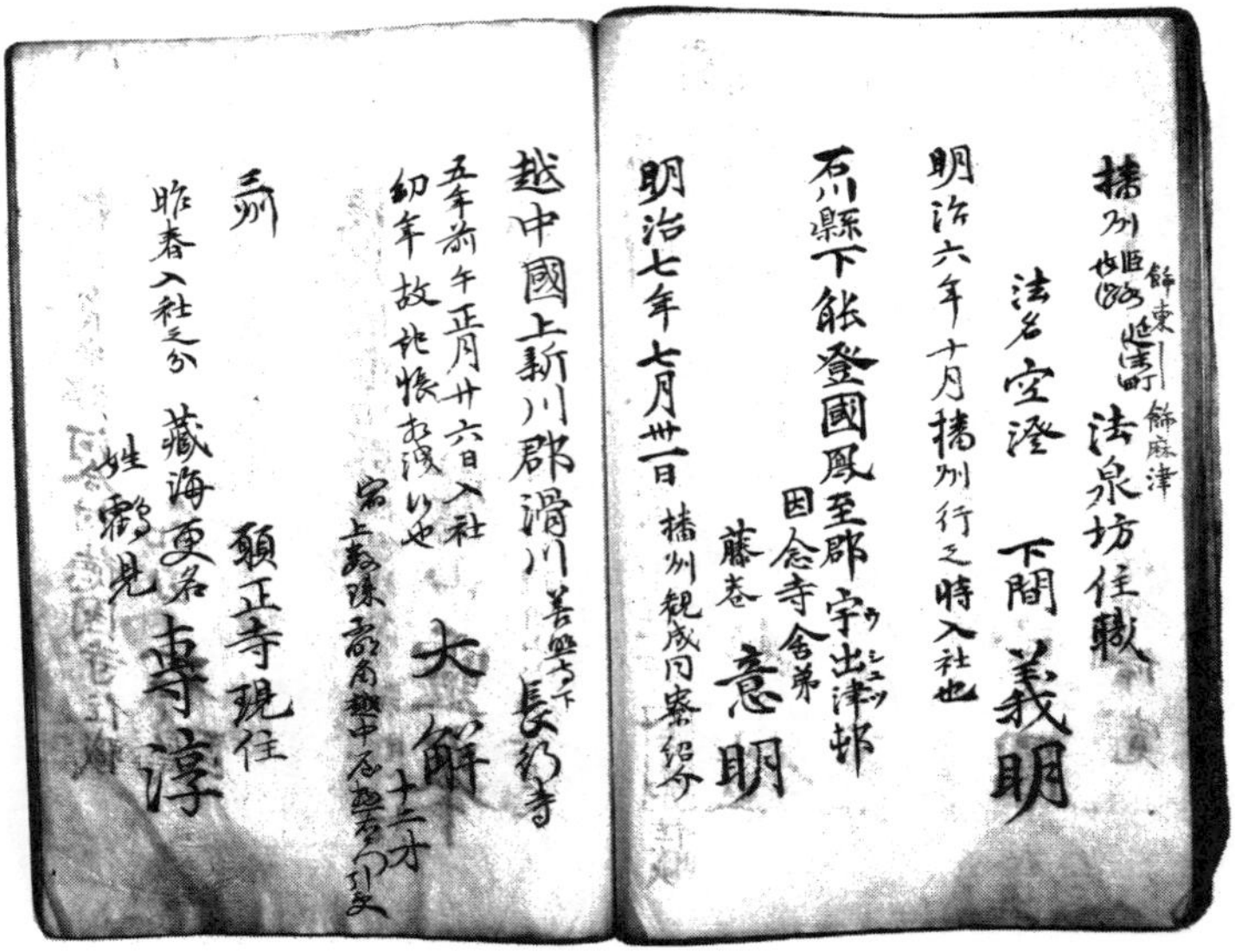

（36ウ）　（37オ）

134

（朱筆）飾東―飾麻津

播州姫路延末町　法泉坊住職

法名　空澄　下間義明

明治六年十月播州行之時入社也

135

石川県下能登国鳳至郡宇出津《ウシュツ》邨

因念寺舎弟

藤巻意明

明治七年七月卅一日播州観成同寮紹介

136

越中国上新川郡滑川善照寺下長行寺

五年前午正月廿六日入社

幼年故記帳相洩候也　大解　十二才

宿上数珠不明角越中屋惣右衛門引受

137

三州

願正寺現住

昨春入社之分　蔵海更名　姓鶴見　専淳

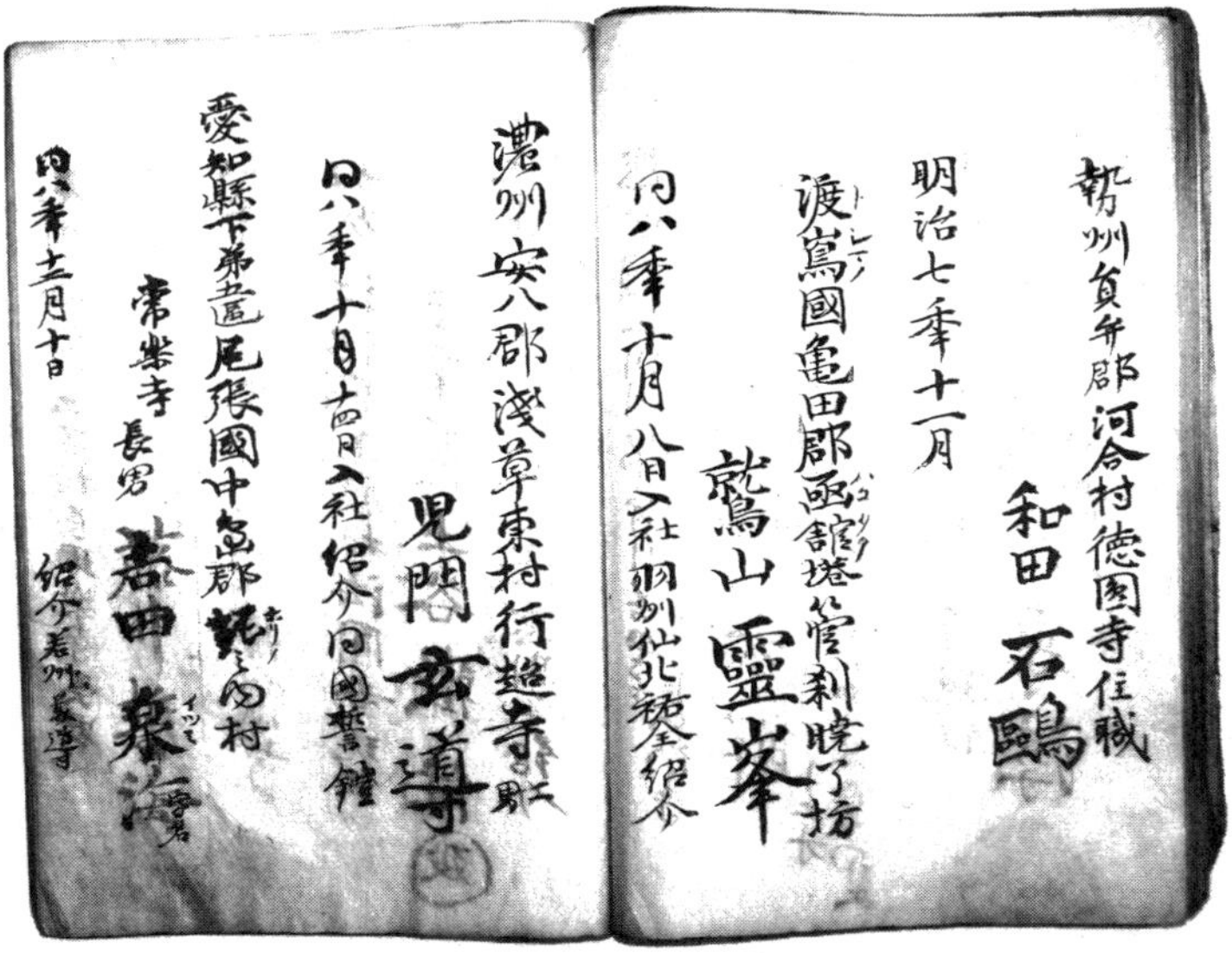

（38オ）　　　　（37ウ）

138 勢州員弁郡河合村　徳円寺住職

和田石鷗

明治七年十一月

139 渡嶌《トシマノ》国亀田郡函舘《ハコタテ》港管刹暁了坊

鷲山霊峯

同八季十月八日入社羽州仙北祐全紹介

140 濃州安八郡浅草東村行超寺二男

児門玄導

同八季十月十四日入社紹介同国誓鎧

141 愛知県下第五区尾張国中島郡堀之内

村　常楽寺　長男　吉田泉　一字名

同八季十二月十日紹介　若州義導

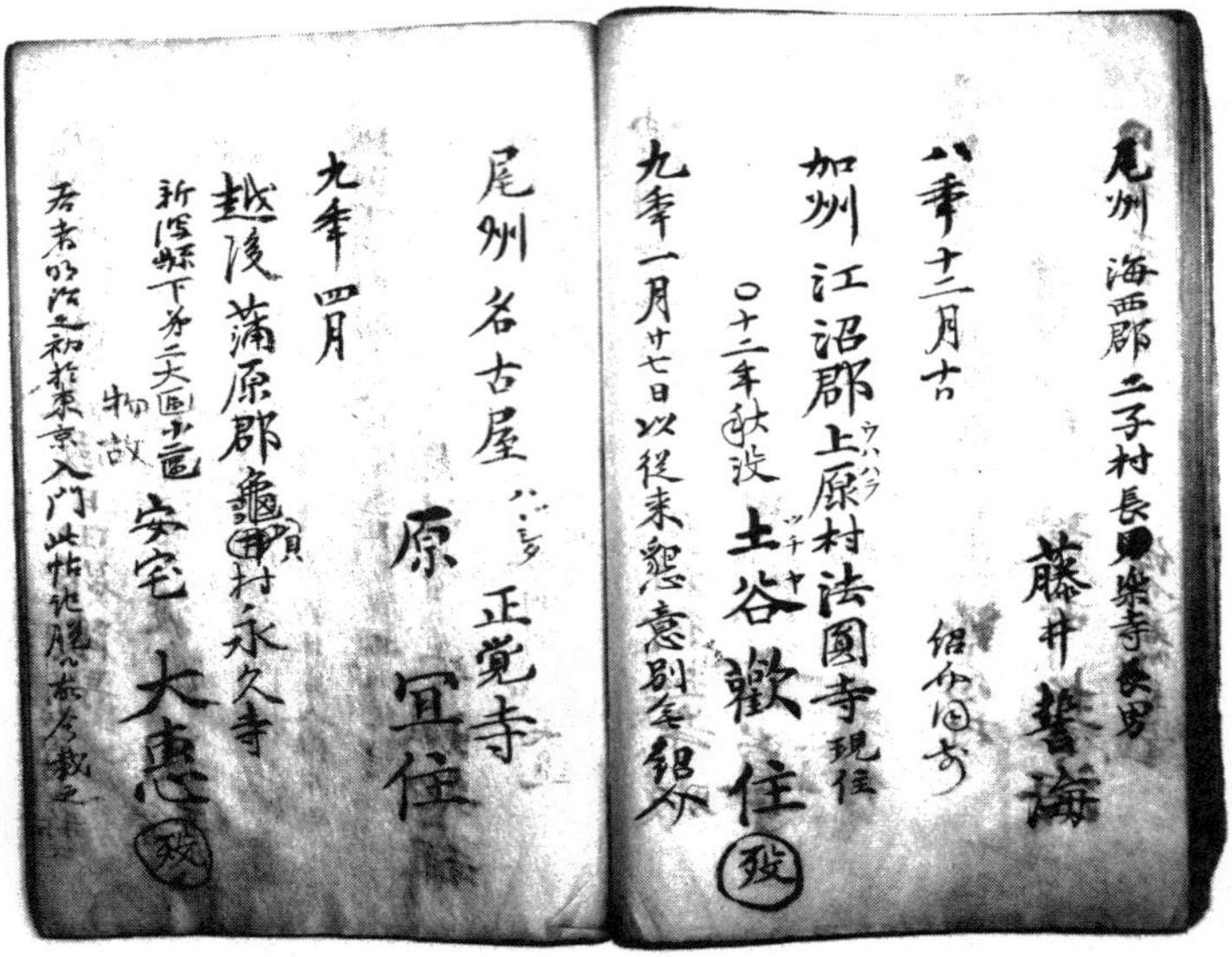

（39オ）　（38ウ）

142 尾州海西郡二子村　長楽寺長男

藤井誓海

八季十二月十日　紹介同前

143 加州江沼郡上原《ウハハラ》村　法円寺現住

○十二年秋歿

土谷《ツチヤ》歓住 (歿)

九季一月廿七日以従来懇意別無紹介

144 尾州名古屋ハバシタ正覚寺

原　宜住

九季四月

145 越後蒲原郡亀貝村　永久寺

新潟県下第二大区小二区

物故

安宅大恵 (歿)

右者明治之初於東京入門此帖記脱候故今載之

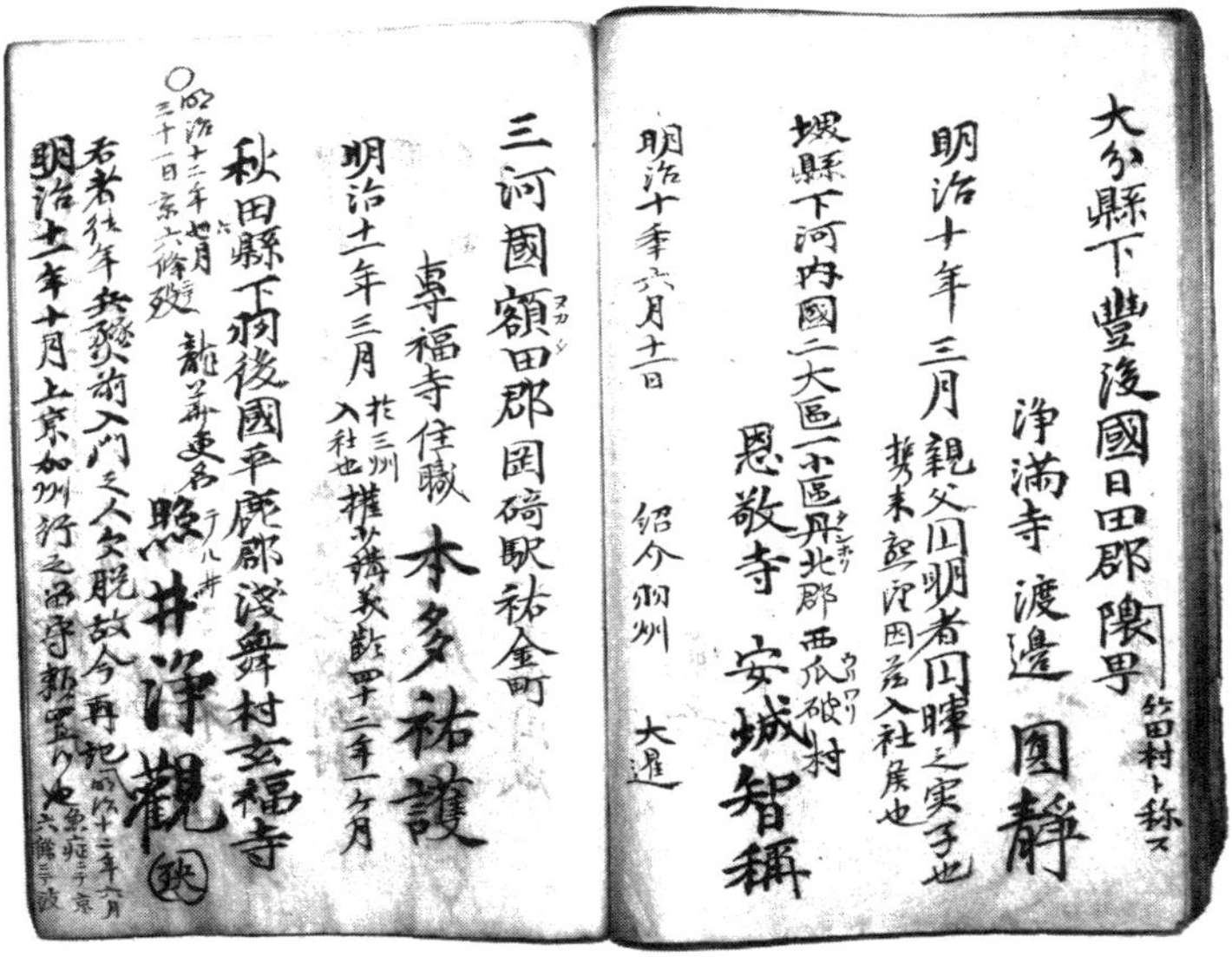

（40オ）　（39ウ）

146　大分県下豊後国日田郡隈町「竹田村ト称ス
浄満寺　渡辺円静
明治十年三月親父円明者円暉之実子也
携来懇望因茲入社候也

147　堺県下河内国二大区一小区丹北《タンホク》郡西瓜砌《ウリワリ》村
恩敬寺　安城智称
明治十季六月十一日　紹介羽州大暹

148　三河国額田《ヌカタ》郡岡崎駅祐金町
専福寺住職　本多祐護
明治十一年三月於三州入社也　権少講義　齢四十二年一ケ月

149　秋田県下羽後国平鹿郡浅舞村玄福寺
龍華更名　照井《テルヰ》浄観　(歿)
明治十二年六月三十一日京六条ニテ歿
右者往年兵焚前入門之人欠脱故今再記
明治十一年十月上京加州行之留守頼置候也
（朱筆）明治十二年六月急症ニテ京六条ニテ歿

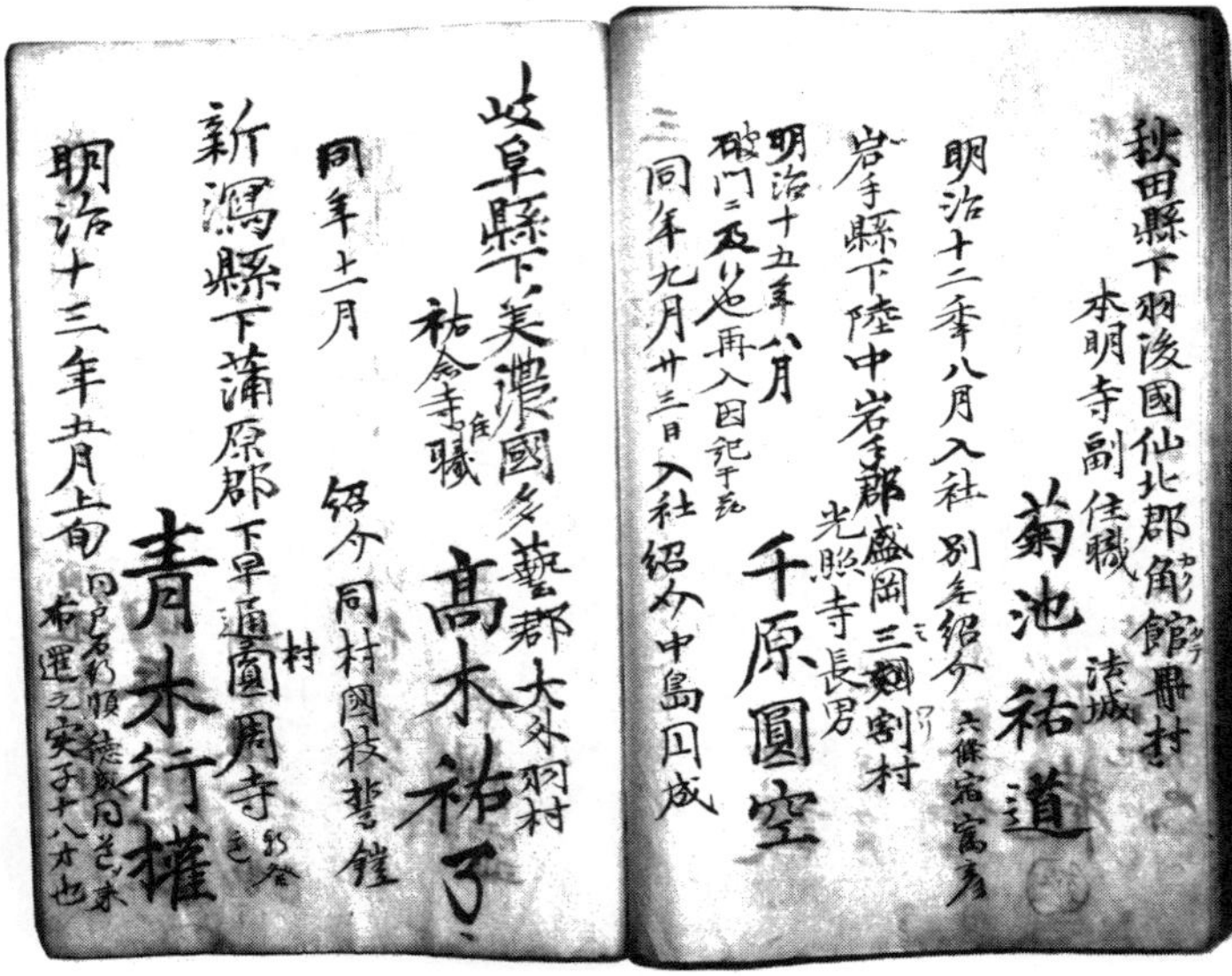

（40ウ）　（41オ）

150
秋田県下羽後国仙北郡角館《カクノタテ》村
本明寺副住職　法城
菊地祐道
明治十二季八月入社別無紹介六条宿富彦

151
岩手県下陸中岩手郡盛岡三《ミ》割《ワリ》村
光照寺長男
千原円空
明治十五年八月
破門ニ及候也再入因記干茲
同年九月廿三日入社紹介中島円成

152
岐阜県下美濃国多芸郡大外羽村
祐念寺住職　高本祐了
同年十一月　紹介　同村国枝誓鎧

153
新潟県下蒲原郡下早通村
円周寺新発意　青木行権
明治十三年五月上旬
同戸石行順徳成同道来
布暹之実子十八才也

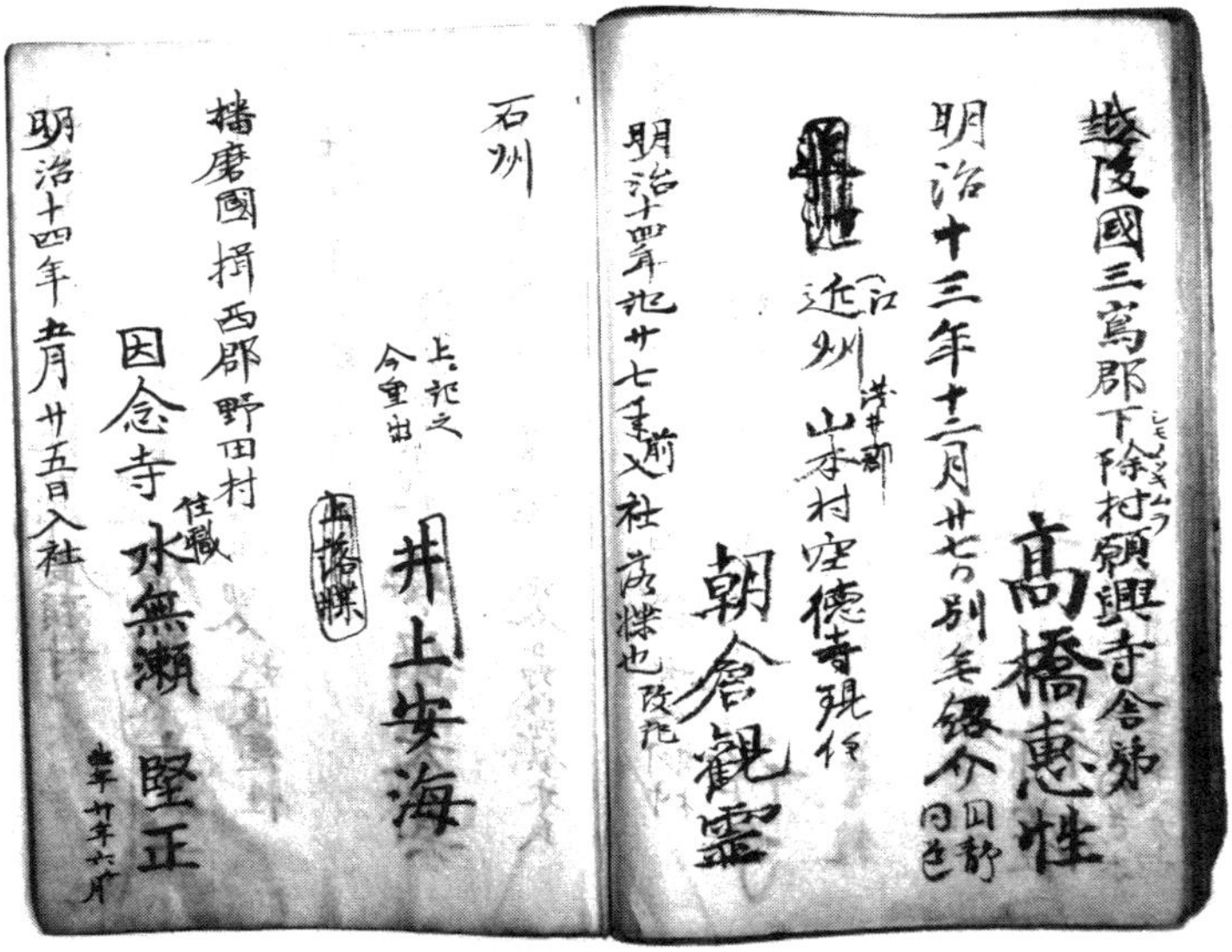

（41ウ）　（42オ）

154
越後国三嶌郡下除村《シモノソキムラ》　願興寺舎弟
高橋恵性
明治十三年十二月廿七日別無紹介 円静同道

155
近江州浅井郡山本村　空徳寺現住
朝倉観霊
明治十四年記廿七年前入社落牒也改記

156
石州
上ニ記之今重出
井上安海

157
播磨国揖西郡野田村
因念寺住職　水無瀬堅正
生年廿年六ケ月
明治十四年五月廿五日入社

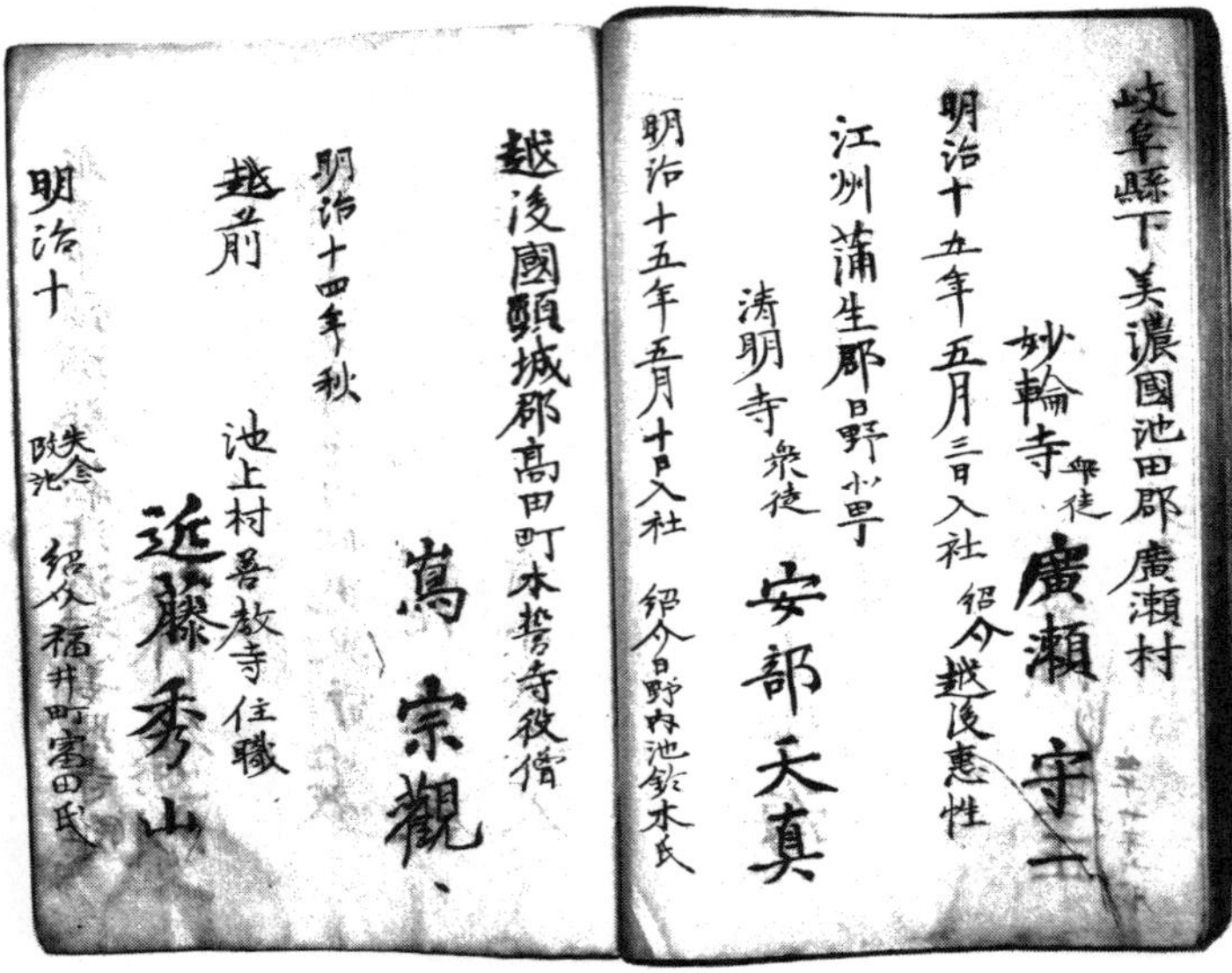

（43オ）　（42ウ）

158
岐阜県下美濃国池田郡広瀬村
明治十五年五月三日入社紹介越後恵性
妙輪寺衆徒　広瀬守一

159
江州蒲生郡日野北町
清明寺衆徒　安部天真
明治十五年五月十日入社
紹介　日野内池鈴木氏

160
越後国頸城郡高田町本誓寺役僧
嶌　宗観
明治十四年秋

161
越前　池上村　善教寺住職
近藤秀山
明治十　失念改記
紹介　福井町富田氏

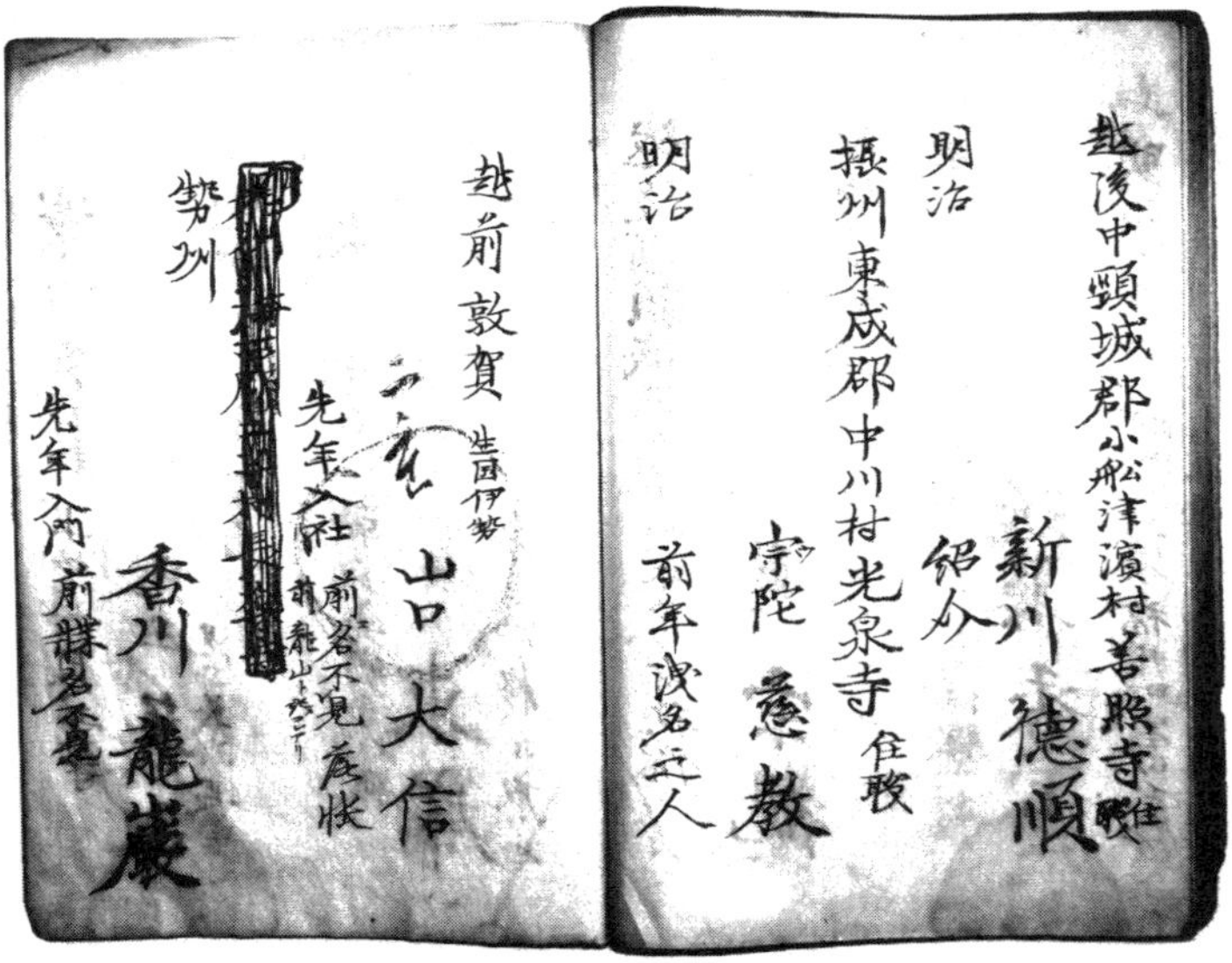

（44オ）　（43ウ）

162　越後中頸城郡小船津浜村
善照寺住職
新川徳順

明治
紹介

163　摂州東成郡中川村　光泉寺住職
宇《う》陀慈教
前年洩名之人

明治

164　越前敦賀　生国伊勢
二重　山口大信
先年入社前ニ名不レ見落帳
前ニ龍山ト記スコレアリ

165　勢州
香川龍巌
先年入門前牒名不見

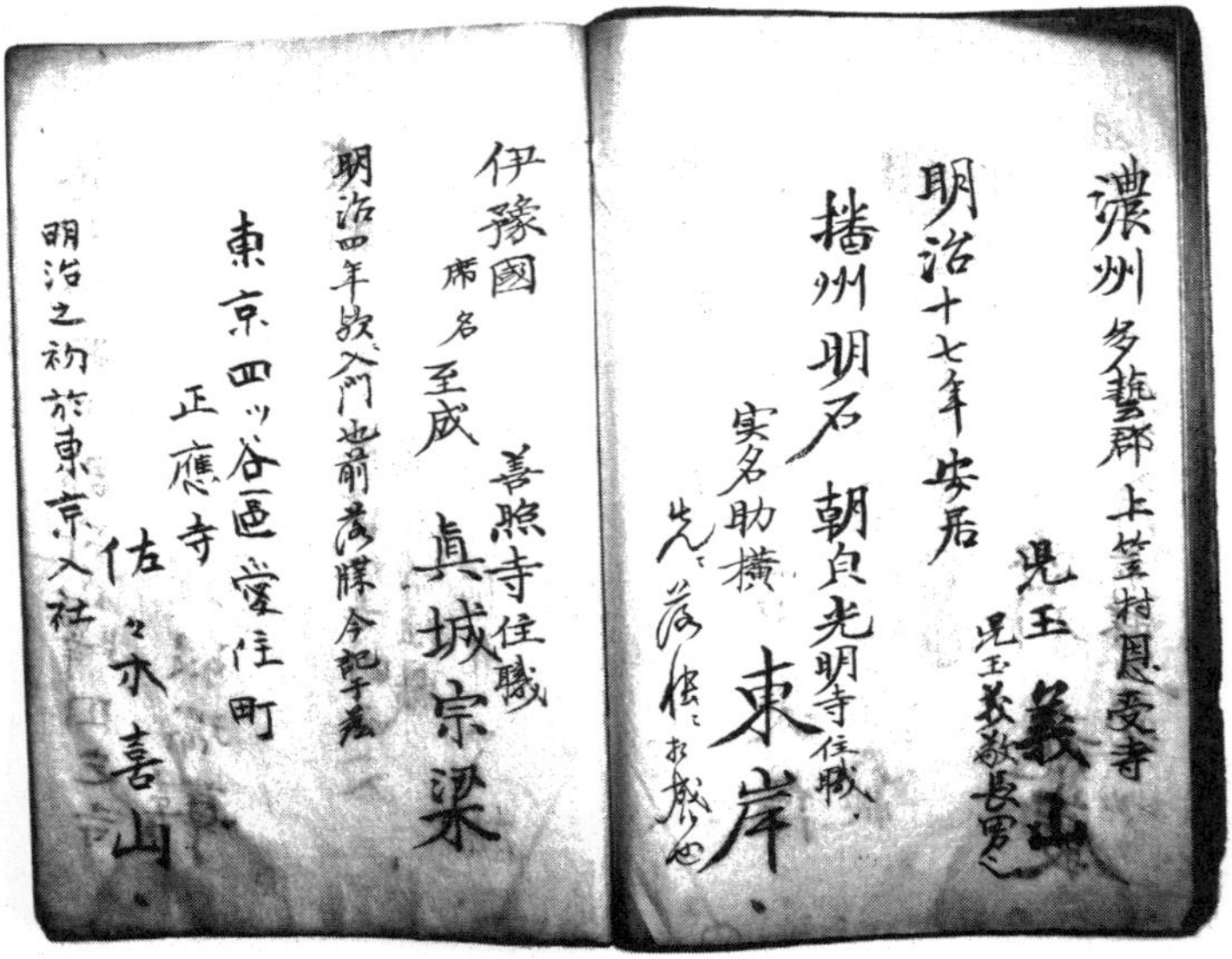

（45オ）　　（44ウ）

166 濃州多芸郡上笠村　恩受寺

児玉　義山

児玉義敬長男也

明治十七年安居

167 播州明石朝貝光明寺住職

実名助横　東岸

先ニ落帳ニ相成候也

168 伊予国　善照寺住職

席名　至成　真城宗梁

明治四年敕ニ入門也前落牒今記干茲

169 東京四ツ谷区愛住町

正応寺　佐々木喜山

明治之初於東京入社

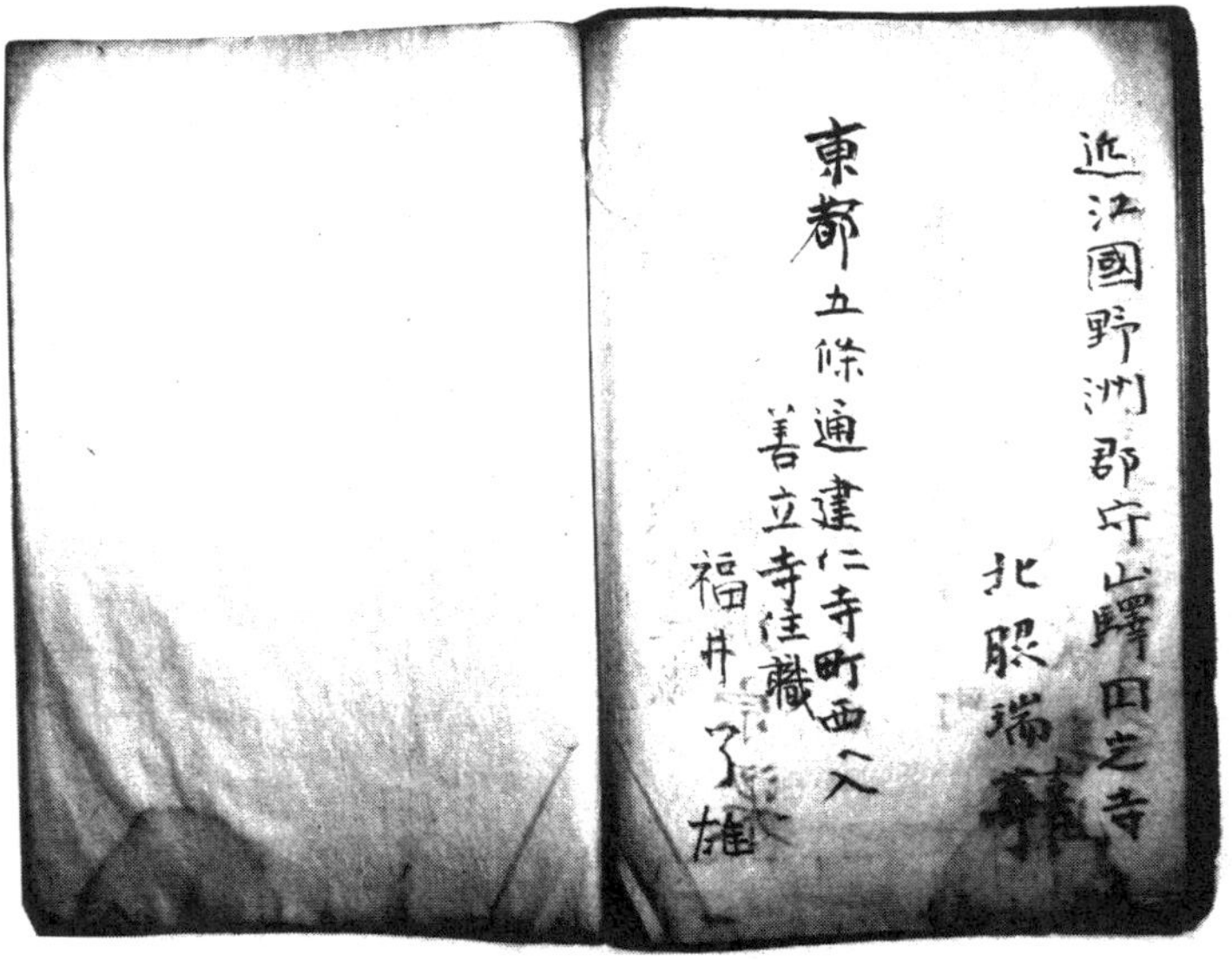

（45ウ）

170　近江国野洲郡守山駅円光寺
北脇瑞喜

171　東都五条《ママ》通建仁寺町西へ入
善立寺住職
福井了雄

（以下余白）

註

（1）住田智見『無尽燈』第九巻一一号（無尽燈舎、一九〇四年）。
（2）赤松俊秀・笠原一男編『真宗史概説』（平楽寺書店、一九六三年）四九六頁以下。
（3）明治二十九年（一八九六）条例改正により、開校故、明治二十四年付。
（4）一柳知成「（香月院）門下学系譜附言」（『布教界』第一巻一一号、一九一六年）四三頁。
（5）上杉文秀「円乗院宣明講師の遺風」（『大谷学報』第九巻三号、一九二八年）九五頁。
（6）昭和七年（一九三二）宗学院編修部に改組。
（7）浄土真宗本願寺派。
（8）文政三年（一八二〇）擬講、同六年嗣講、弘化四年講師。
（9）京都市左京区・真宗大谷派。
（10）『学寮講義年鑑』。
（11）『入社人名簿仮記』による。なお『大谷派学事史略年表』（『続真宗大系』、国書刊行会、一九七七年）では十九日とする。
（12）『入社人名簿仮記』序文。
（13）拙稿「安休寺猶龍伝攷」（『同朋大学論叢』第二七号）、本書第四部第五章。
（14）『日本歴史大辞典』（河出書房新社、一九五八年）「日新館」の項参照。
（15）『円光寺文庫目録』（大谷大学図書館、一九七二年）。
（16）大須賀秀道編『龍温語録』（法藏館、一九一〇年）。

安休寺猶龍（別名関信三）について
――幼稚園教育の先覚者――

はじめに

猶龍については、これまでにも、耶蘇教諜者「安藤劉太郎定正」、わが国における幼稚園教育の先覚者「関信三」として、多くの人々によって語られてはきた。しかし、一人の人間として語られることはなかった。一人の人間として語られるには、あまりにも不明な点が多すぎたことにもよるのであろう。もっとも重要な生没年次すら明らかでなかったほどである。

彼は天保十四年（一八四三）一月に生まれて明治十二年（一八七九）に没していることが明らかとなった。すなわち、幕末維新という時代に生をうけながら、しかも三十七歳というあまりにも短命な生涯を送ったこと、また業中途にして死去したことなど、彼の伝記には最悪の条件が重なっていた。

彼の生涯を特色づけるものは、若き学僧として、熱心な護法者として、キリスト教研究に専心し、明治新政府のキリスト教公認後は幼児教育、婦人教育に専念してわが国での先覚者として活躍してきたことであろう。この三十七年にわたる猶龍の生涯はまさに日本の近代化への幕明けを象徴するものであった。

さらに彼の伝記を構成する上で困難にした最大の要因は、諜者という仕事の性格上、本名猶龍を名乗り得なかったこと、洋行する際、還俗して出発し、帰国後再び僧籍に戻ることなく、在野で活躍し、前歴をあまり語ろうとしなかったこと。それゆえ知人も彼についての正しい経歴を知り得ず、誤って語り伝えてきたことも数多くあった。

これらの厳しい条件に制限されながら、あえてここに筆を取ろうとしたのは、わが国の近代化への大きな足跡の持主であるにもかかわらず、多くの人々によって手掛けられながらも、多くの疑問を残し、事実の誤認も多く、不確実な彼についての知識を一掃し、より真実に近い彼の伝記を再構成し、その行績を確認しておきたかったからである。

第一節　出生および少年時代

個人の伝記を知るためには欠くことのできない事柄の一つに生没年時がある。猶龍についていえば、これまでの研究成果では没年のみ知られていたが、それも異説を生ずるような状況であり、したがって享年何歳すらわからなかったのである。

『一色町誌』（昭和四十五年刊）によれば、猶龍は天保十四年一月二十日、安休寺[1]に生まれたことが知られる。没年については異説があって、明治十三年四月十二日という誤説がキリスト教研究者の間で広まっていた。これは大正十一年（一九二二）十一月の「福音新報」に掲載された植村正久の思い出に起因し、『日本幼稚園史』[2]を始め『日本キリスト教大辞典』[3]も継承してきている。猶龍の知人正久ですらこうした誤りをおかしているのである。

正しくは明治十二年十一月四日である。これは関信三墓碑刻銘、安休寺伝等によるものである。これで享年三十七歳でこの世を去ったことも明らかとなった。順序としてまず彼の家系を明示しておきたい。

安休寺二十二世
元了
＝信子（村上氏）

安休寺二十三世
晃耀（一八三一～一九一〇）―安休寺二十四世 龍護
浩然 高浜市吉浜　正林寺入寺
巨海 幼名點容　早世
理々丸 夭逝
姉 多田氏嫁
猶龍（幼名　理々丸　席名　猶龍）
（別称　安藤劉太郎　改　関信三）

『真宗講師因明院寿頌碑』より作製
（『厳如宗主履歴大谷派講者列伝碑文集』所収　大日本仏教全書本）

右に示した家系によって知られるように、六人兄弟の末子に生まれ、彼の出生前年、天保十三年（一八四二）冬には父が没している。それゆえ父親の顔をまったく知らず、父が没した当時、長兄の晃耀が十二歳というから母親の苦労も並大抵ではなかったようである。その母親も猶龍が十七歳の安政六年（一八五九）八月没して、温い家庭的愛情からは訣別せねばならなかった。しかし、そうしたなかでの兄弟愛は強く、一人の脱落者もなく、立派に生長していった。こうした逆境のなかで育ったことが、後に彼をして幼児教育に専念させる一遠因となっていたであろうことも推察に難くないところである。

夭逝した理々丸を除いた男兄弟四人とも学問の道に志しており、長兄の晃耀は天保十一年（一八四〇）十歳で高倉学寮の平席に名を連ね、嘉永元年（一八四八）擬寮司、同三年寮司、慶応三年（一八六七）擬講、明治十四年（一八八一）二等学師、明治十九年（一八八六）嗣講、明治二十六年（一八九三）講師となる。明治四十三年（一九一〇）

二月十四日八十歳で天寿を全うした。

次兄浩然は、弘化四年（一八四七）十四歳で学寮平席に列名し、嘉永四年（一八五一）擬寮司、安政二年（一八五五）寮司、明治三年（一八七〇）擬講、後正林寺[4]に養子して、明治九年（一八七六）一月十一日四十三歳で没し、大正十一年（一九二二）贈嗣講となる。

巨海は嘉永三年（一八五〇）平席、安政二年擬寮司、文久二年（一八六二）寮司に転進しておりながら、早世のため行績が認められていない。ここに記した学階昇階年次については大部分、暮戸会所[5]所蔵の『隷名簿』[6]平席分、入役分の中より抽出したものである。

上三兄は同郷の本法院義譲の主催する『遊仙窟社中名簿』に名を連ねており、兄晃耀が護法家として当代随一となり得たのも、師匠義譲師の薫陶によるものであろう。

猶龍自身の名は前記名簿からは発見できないが、前出の暮戸会所所蔵の『隷名簿』によれば、嘉永七年（一八五四）十二歳にして平席、安政六年擬寮司、元治元年（一八六四）寮司に転進している。しかし、安居での副講、都講などの役を勤めた様子はまったくみられない。とはいえ『大谷派学事史略年表』[7]によれば、彼の学寮入席以後本法院の講義は、安政二年『往生礼讃』、翌三年には三河三か寺の一つ本證寺にて『二種深信』、四年には『高僧和讃』を学寮で講じ、翌五年二月四日に本法院は没している。これらの講義を聴講してきたことが前記『隷名簿』で知られるので、三兄とともに本法院義譲の指導下にいたことは明らかである。また猶龍は長兄晃耀の訓導を得ており、その影響が強く彼の上に顕現していることも注目に値する。その一つはキリスト教への関心を文久末年頃より急速に高めていることによっても知られる。それについて詳しくは次節で述べることとする。

また彼が漢籍を学ぶにも兄晃耀が咸宜園の広瀬旭荘の門下生であったことから、猶龍も咸宜園に学んでいる。後に伊勢の書家洞津土井翁門に連なっている。[8]このように漢学を学び、書を学ぶことは当時の青年僧侶の必須であったことからいえば特筆すべき事項ではない。しかし、このような修養過程がその後の生涯に与える影響を考えれば、重要なことといわねばならないであろう。

第二節　耶蘇教研究「安藤劉太郎」時代

彼は『諜者報告書』[9]の中で「抑微臣義ハ、今ヨリ凡ソ十年前、洋教ノ潜入ニ注目スル処アリテ竊ニ慷慨セリ」と告白している。明治五年（一八七二）より十年前とすれば文久三年（一八六三）となり、彼二十一歳の時である。彼が耶蘇教に関心をもち始めたのは正しくこの時であった。

わが国でのキリスト教布教は江戸時代を通じて禁止となっていたが、幕末開国以後、宣教使の渡来もあり、これら宣教使は禁制下にあって用心深く活動し始め、約二十年間の準備期を終えて、安政五年（一八五八）『日本国米利堅合衆国修好通商条約』第八条に「日本に在る亜米利加人自ら其国の宗法を念じ、礼拝堂を居留場の内に置も障りなし」との一ケ条を加えさせ法的保護を確立した。その翌年、ウイリアムス、ヘボン、ブラウン等宣教使が渡来することとなり、わが国初期プロテスタントの活躍が始まるのである。その拠点は、フランス人宣教使ジエラールにより横浜居留地八十番地に文久二年十二月（一八六三年一月にあたる）献堂され、当時本格的な西洋建築として衆目の的となり、異人寺とも呼ばれていたものである。[10]その荘厳振りについて、晃耀が文久二年に見聞したところを彼の著『護法総論』より引用してみよう。

私文久壬亥《二年》冬、関東ニ行キ、横浜ニ行クニ一堂アリ。コレヲミレバ天主堂トアル。額ヲ上テソノ勢堂々タルコトナリ。感慨ムネヲツキ、フンパッヒヂヲイカラシ、声ヲ上テタンソク致セシコトナリ。（中略）莫大ナル天主堂、長サ十三間、ハバ七間余、クリノ長サ十四間余、ハバ五間余、堂ノ頂ニハ十字ヲ高々トタテテ、入口ニハ大文字ニテ天主堂ノ額ヲ上テ、堂ノ中ニハ、ヤソ釘死ノ像ヲ本尊トシテ、門前ニハ二三丁斗リ大道ヲ押シ開キ、中々堂々タルイキホヒ、教師常ニ八九輩滞留シ、七日々々ノドンタクニハ、堂々説法ヲ致シ、異人ハ勿論、近国近在ノ日本人、幾千人トモ知ラズ群集ス。又左ノ方ノ山腹ニハ、広大ナルヤソ堂ヲ立、是又教師多ク留在シテ、日本ノ才子英雄ヲ誘引スル赴ナリ。(11)

見聞後八年経過してもこのような鮮明な発言であることは、見聞当時においては一層強い印象を受けていたに違いない。この時の模様を、さらに詳細に晃耀より猶龍は聞いていたと思われ、この事が猶龍の耶蘇研究の直接の導火線となったものとみてさしつかえないであろう。

この事は猶龍一人を奮起せしめたばかりでなく、宗門にも大きな打激を与え、本願寺も次第に対策を強化して行く結果となった。

すなわち、文久二年の天主堂視察直後には香山院龍温を耶蘇教防御懸に任命(12)したが、龍温もまた晃耀とともにこの年春、横浜の天主堂を視察している。その時の模様を晃耀とは別の面からとらえて、『急策文』（文久三年刊）のなかで次のように語り、その方面への感心のほどを示している。

余昨年江戸留杖ノ間、正シク横浜ニ至リテ見聞スルニ、巍然タル天主堂ヲ建テ、カノ自国ノ輩ニ教ル為ナリトテ、耶蘇ノ僧モワタリ来ル。然ルニ其意ハ専ラ日本ニヒロメタキ存念ユヘニ、和語ヲモテ法ヲ説タルコト凡ソ五日、ソノ九日目ニ日本役所ヨリ捕手ヲ向ケラレ、吾国人ノソノ席ニ列リタルヲ捕ヘテ獄ニ下シタマヒタル者凡ソ三十余人ソレヨリ関東ハ一段厳シクナリタル事ナリ[13]

つづいて、慶応元年（一八六五）に起こった「浦上四番くずれ」は、事態に一層の拍車をかけ、翌二年東本願寺では正月耶蘇取締掛を設置、続いて五月十五日には学寮所化に対し取締の御書立が発せられた[14]。

慶応四年（一八六八）三月、新政府は高札取替を全国に命じたが、「切支丹耶宗門」としたことから外交問題に発展し、「浦上四番くずれ」における捕縛者の教諭を真宗五派連名で政府要人の添書付で、七月十七日付をもって出願した。しかし、政府は無用を理由にそれを不許可としたのであった[15]。この経緯について、すでに本山から派遣の内命を受けていた晃耀は、

昨辰（慶応四年・明治元年）閏四月、肥前大浦浦上ニ於テ、邪宗信仰ノ者、三千七百七十人ヲ、三十二家ノ諸侯ヘ御預ケナサレ、教諭ヲ加ヘ候上ヨリ、良民ニ立戻候ハ御免シナサレ、悔悟セザル者ハ厳刑ニ処セラルベキ朝儀御決定ノ処、我真宗五派ノ本山ヨリ、勤王ノ為教諭ヲ加ヘ度旨御願ニ相成候ニ付、不肖乍ラ拙僧モ邪徒教諭ノ為肥前ニ赴クベキ内命ヲ蒙リタルコトナレドモ、朝廷ヨリ御免無レ之、肥前ノ藩ヘ急度取締被二仰付一旨、御沙汰相成候事ナリ[16]。

と語り、さらに口調を強めて排耶の言に及び、「大法の危急弁了」と結んでいることから、政府の処置に反感をい

だきつつあったのである。

本山は不許可の報に接した翌二十五日には、寮司千厳ならびに晃耀末弟猶龍を耶蘇教研究のために長崎へ派遣することを定めており、[17]大谷派ではこれよりさき七月二十五日付をもって次のように達令されている。

御　達

此度、真宗御一同御示談ノ上、各寺御願書ヲ以テ、為二護法一切支丹ノ義断然、御国禁ノ趣キ及二教諭一可レ申、弁事御中ヘ被二仰立一候ニ付、若ヤ只今ニテモ右御願ノ旨御採用に相成候節、講者并ニ是迄修学ノ寮司ヲ始メ、右御用ニ御召仕可レ被レ為レ在候思召ノ処、其節ニ相成リ、邪教ノ旨趣彼教ノ一端モ其心得無《シ》レ之候テハ、万一其出張先ニテ如何成候宗ノ試問ニ出会、其返答ニ差詰リ候テハ、第一御本山ノ瑕瑾、学寮講者、寮司共、精学不行届ノ御名ヲ流シ、御隣山(西本願寺)ノ学匠ニ対シ、其以テ恥辱ノ至ニ候間、今日ヨリ在京講者ハ勿論、寮内寮外副講相勤居候程ノ寮司、又末々所化迄モ、其才力相応ニ、邪教ノ次第為二心得一急速ニ致二研究一置、何時ニテモ御用ノ御差支ニ不二相成一様、精々取調ノ名前書上可レ被二申置一事。右ハ御上(法主)ニモ深ク御案被レ為レ在候間、別其段申達置候也。

辰七月[18]

このなかに「御隣山ノ学匠ニ対シテ……」とあって西本願寺を強く意識していることがうかがわれ、一方で五派協調を計りつつ、一方では派内独自にその対策を実行に移さんとしていたことが知られる。これは他派にても同じであった。その具体的あらわれが、千厳・猶龍の長崎派遣であった。八月末日付で本山から両人の逗留地となる大浦明（妙）行寺、ならびに同行中へ世話の依頼状が出され、千厳は八月付で香山院龍温、闡彰院空覚へ返礼を出しているが、その最初のところで「今般私義為邪書研究、崎陽表江発行仕候義、願之通蒙御許容、難有奉敬承候[19]」と述べているように、進んでその役を買って出ている。彼は出身が今の福岡県浄羽郡田主丸町伯東寺であり、長崎にも近かったこと、そして猶龍は早くから耶蘇教の研究に志していたことにより、二人が選ばれたようである。これより先三月には、猶龍が慶応三年海援隊の著わした『閑愁録』を護法家の間を持ち廻っていたことも知られているので、彼も護法場とは深い関係にあったと考えられる。[20]

一方洋学研究を組織化するために、空覚、龍温等を中心に学寮附属機関の一つとしてこの八月八日に護法場が開設された。[21]これも慶応三年の神仏判然令公布とともに急進的に活動が開始された護法運動の一環をなすものであり、明治二年には全国各地に同様な施設が開かれ、護法精神の徹定には重要な役割を果たしてきた。晃耀が各地の護法会で大活躍をしたのも、師自身『護法総論[22]』で、「……コレハ現ニ私ノ実弟寮司猶龍ナルモノ、本山ノ内命ヲ蒙リテ此度長崎ノ大浦妙行寺ニ滞在セリ。夫ヨリ送リ来レル述書ノ中ニ申シテアリ」と述べており、弟猶龍の報告を通じて耶蘇教への新たな認識を持ちつづけていたことによるであろう。

その後、慈影を加えて千厳、猶龍の三名は活動を開始し、連名で報告書を京都へもたらしたのであった。本山に対して逐一報告しているのであって一般に理解されているように[23]彼の長崎での諜者活動は、弾正台派遣の諜者ではなく、本願寺派遣の諜者であったことは彼の立場を考える上で重要なことである。

ところで、この三人の西下の時日について、徳重浅吉氏は『維新政治宗教史研究』（四三四頁）にその唯一の史料として、『瓊浦在勤記録』の表紙裏に、後年香温院慈影の追記を紹介している。

明治三年（二カ）庚午己巳（本文抹消本人の記録違いで二年己巳が正しく年令も三十三歳となる）一月廿九日京都出発、大阪ヨリ肥前佐賀公藩士ト同行、肥前長崎桶屋町光栄寺ニ着ス、歳卅四歳（以下ペン書）光栄（永）寺の周旋ニヨリ税官吏ノ宅ニ於テ寄留探索ス。此二階ヲ借リ妙行寺の隣ノ天主堂ニ往来、ウリヤンスニツキ新旧二書ノ研究ヲナセリ。此時島原ノ嫌疑ヲウケ尋問ヲウク

これによると二年一月二十九日京都を出発としているが、これは慈影一人の行実と考える方が正しいと思われる。その理由は、本山より西下を命じたのは千厳・猶龍の二人で、後に慈影が加えられていること、今一つは、前にも引用したように、二年二月九日晃耀が『護法総論』を開講したが、そのなかで大浦妙行寺滞在中の猶龍の報告を伝えており、一月二十九日出発で二月九日遠州にまで報告がもたらされたとは考えられない。別に出発しても目的は一つであって、長崎にあっては合流して行動を開始している。猶龍自身は『諜者報告書』のなかで「後明治元辰秋御一新の際ニ当テ真宗五派一致憤発〆肥前浦上村ノ異宗徒説諭ノ一挙蒙官命度旨出願スルノ機ニ微臣東本願寺ノ内命ニ依リ殊ニ官許ヲ得テ弁事伝達所ヨリ御印鑑ヲ賜リ崎陽ニ赴キ耶蘇教師ヱムールニ従テ彼カ情実ノ一端ヲ捜索シ」（明治五年三月十五日付）とあって、少なくとも猶龍は昨年の秋長崎に入っていることが明らかにされるのである。また、東本願寺・西本願寺も長崎において合流して、その目的を達成せしめんとして努力し、身の危険を冒しての仕事であったので、脱落者を防がんとして千厳、猶龍、慈影、良厳、教阿、達朗、隆瑞の七名は次のごとき誓約書に連判してその結束を堅くしている。

誓定

一、異人教僧或者排仏之輩ニ対シ讒訴等決而致間敷、且又一派限り右様之儀為致問敷事。

一、褒貶共惣而外評之事件者互ニ相通シ、将又盡精実（誠）他之侮を禦可申事。

一、従来者必ず先進ニ准シ盟約之條々屹度相守、一派限取締可致事。

右之件々誓于

（神明）仏陀致盟約候上者万一違犯候ニ於テハ自身辞職退去之義者勿論巨細本利江建訴シ今宗之域内を可令擯出者也。為後証仍而如件

明治二己巳　三月廿日

長崎在勤　唯宝寺　良厳

同　伯東寺　千厳、

同　安休寺　猶龍、

同　斎聖寺　教阿

同　勝願寺　慈、影、

右盟約議定之件々拙寺共可為証拠候、仍之同志戮力可致所置候。以上

同年月日

御坊　大光寺　達朗

御垢　光永寺　隆瑞　各在判

追　加

一、懐中仏持参朝夕勤行且　祖師善知識御命日其御坊江参詣無之分ハ何時従　官被捕候而も、決而助力致間敷事。

一、教僧より書籍等貰受候節ハ同志之者江披露致可申事。

同年月日

〆[24]　（傍点筆者）

このように結束した彼等の活動に対して、身の危険を感ぜしめたのは、維新政府のゆとりができ始め、排外・排仏の動きが全国的に再開されてきたことである。なかでも横浜、長崎はその風あたりが強く、浄栄、一道の捕縛事件は、耶蘇教研究のために西下していた僧侶達に与えた心理的影響は大きく、二年四月二十二日付慈影、猶龍の伺書[25]によれば、千厳寺の暗殺計画までに進展し、ついに長崎を離れねばならない切迫な事態におちいっているのである。

また次の『諜者報告書』の言葉から、本年秋には大阪へ逃れていることが知られるので、長崎での彼の活躍は約一年間であった。

翌明治二巳秋故アリテ大阪へ引移リ、洋学校へ入学、教師ベキロニ従フ。然ルニ彼地ハ人気頗ル頑固ニシテ開化ノ道モ進歩シ難ク随テ洋教信徒ノ土民モ甚ダ寂寥ニ〆臣等長ク潜居スルニ益ナキヲ察シ[26]

という状況であったところ、翌三年九月十三日に至って、本願寺は洋学研究のために安休寺猶龍、勝願寺慈影を東京に派遣することを決定している[27]。宮崎彰氏によればこの時、闡彰院空覚の命で慈影・猶龍両人は横浜に潜入し、弾正台諜者として渡辺昇の指揮下に入って、政府直属の諜者として配置され、伊沢道一とともに安藤劉太郎の名で活動を開始していたらしい[28]。時に猶龍二十八歳の時であり、明治五年東本願寺法嗣現如と洋行するまでの約二年間、横浜の野毛大聖院下片山龍太郎方に身を置き、上等諜者として一日二十両の給金をもって身の危険を押して活動していた。これまでの研究成果を思う存分発揮できたのもこの時期であったと思われる。彼は早くから語学に堪能であったことが、ここでの生活を一層有利にしていたのである。これより先明治三年には本願寺門主の家従に登用され名を安藤劉太郎と改めた。この時初めて俗名を得たのである。その後洋行出発までの横浜諜者時代を通して用いていたのであった。(29)

この間の諜者報告書は、早稲田大学図書館所蔵の大隈文書中にあって、この詳細はすでに小沢三郎氏の労作『幕末明治耶蘇教史研究』(30)に紹介されており、ここでは触れないことにする。前にも触れた諜者報告書によるとこの間の活動の様子を端的に知ることができるのでそれをここに掲げておくと、

一昨明治三年秋当港《（横浜）》へ来り爾後チ元弾正台渡辺大忠《（昇）》殿ノ内命ニ依リテ美国ノ教師ベロニ、ゴープル、ヘボン、バラ英国ノ教師ベヤリン此他女教師キダ、ブロエン等へ出没シ捜索ノ事情一々言上セシナリ

と語っている。

やがて明治五年二月二日（隔暦三月十日に当たる）諜者としてはもっとも至難事である洗礼をバラより受けている。先述の諜者報告書に猶龍は次のように語っている。

先達テ乍不本意蒙　御内許教師バラヨリ受洗イタシ爾来晩餐祈等《（禱カ）》惣〆彼カ宗式ニ任セ一身正ニ死地ニ入リ日夜彼輩ニ親炙罷在ルコトニ御座候

ここにもいっているように上司の内許を得て不本意ながらの受洗であった。この日の情況を諜者報告書によって森岡清美氏は「近代社会におけるキリスト教の発展㉛」のなかで詳しく述べている。

この日はまた日本キリスト教史のなかで新しい一頁を飾る日でもあった。それは「日本基督公会」設立のことである。本公会はいうまでもなく、プロテスタント教会として我国最初のものであり、しかも、日本人によって創設された。その所在地は横浜居留地一六七番バラ英学校内であり、後に横浜海岸教会と称せられるに至った。これは安政五年の日米通商条約で居留地内に礼拝堂建立が確認されて以来、十五年の間に、ここまで発展していたのである。こうした事実も禁教下にあっては、居留地においてのみ許されることであって、その他の地域ではもちろん、許されるはずはなかった。ここに参加した日本人は、前にも触れたように、諜者として潜入していない限り、命の保障はまったくなかったのである。諜者は最初弾正台より派遣されていたのであるが、明治四年（一八七一）七月政府の組織改正により、諜者は太政官下に移管され、改めて任命されてそれぞれその地方で活躍していたが、明治六年（一八七三）二月十九日切支丹禁制の高札撤去、ついで浦上切支丹を三月十四日釈放することを宣言するに及んで、日本キリスト教も新局面を迎え諜者も自然解散する運命にあった。しかも、これら一連の政府の処置は、外交上不利な点となることを恐れてのことで、岩倉具視等の意見によるものである。

第三節　海外留学時代

猶龍の洋行は、出発時点では自らにその要因はなく、東本願寺法嗣現如の随行の一員として加わっていたに過ぎない。しかし、出発後の彼の行動には随行的意味は次第に薄れ、自発的行動へと心境の変化を認めねばならず、この点を最初に注意しておきたい。その意味で彼の生涯を通じてより大きな意義を認めねばならないであろう。幕末維新における東西本願寺の関係は極めて複雑なもので、一面で協調主義をとるかと思えば、一方ではこれを否定して競い合う一面がみられることは前にも触れた通りである。

明治四年十一月政府は岩倉具視を特命全権大使として欧米諸国に派遣した。西本願寺派遣もこれに加わる予定であったが、機を逸したので、翌五年一月二十七日横浜を出港、一行は明如の代理で連枝梅上沢融、島地黙雷、留学生三名のうちには、同派より耶蘇研究のため、長崎へ行き猶龍らと共に誓約書に連判した一人、堀川教阿も含まれていた。この計画が実施されるについて、木戸孝允、大洲鉄然らの力が働いていた。(32)

一方東本願寺もこの壮挙半年後の六月頃から画策され始めていたが、西本願寺とはかなり当時の事情が異なっており、変則的な行動をとってきたことに注意したいのである。

明治元年（一八六八）八月護法場を開設して以来、若手僧侶が多く結集し、ここで新知識を与えられた学生達が、明治三年四月宗門間の革新を叫んで本山と対立するに至ったが、ついにその極に及んで護法場の創設者闡彰院空覚が四年十月本山旧臣某の手にかかって暗殺されて以来、ついに護法場は閉鎖に至る一件は後に与えた影響は大きく、宗門内における旧新の対立の溝が如何に深かったかを思い知らされるのである。そのために法主の洋行についても極秘裏に工作が進められてきたのも当然のことであった。

次に裏工作の段取りを前出の『現如上人年譜』をもとに追記しておけば、

六月二十七日　三条実美（当時三十六歳）は厳如・現如に外遊を進める。

七月十八日　本誓寺松本白華、万徳寺、仰明寺蓑輪対岳、法因寺渥美契縁、円重寺鈴木慧淳、永順寺石川舜台と外遊の事謀る。

八月二十五日　現如、白華と共に江藤新平を問うて、その意志を決定関係者に意志表示せられる。柳北を随行に命じている。

これより先、七月十七日には急拠西本願寺殿養女、従五位木下家より新裏方を迎えられたのも、そのためであったかと思われる。(33)

九月十三日、一行わずか五名で組織し、横浜でフランス船に乗船出発の途についた。しかも一行はすべて還俗改名して、密に準備をして置文を残して出発している。現如の父厳如にもその由を伝えられていなかった。

この一行のなかで当時もっとも宗政に明るかった石川舜台の置文にこの間の諸事情が詳しく伝えられているのでそれを紹介しておこう。(34)

秋気遂日帯霜候処、御多祥奉賀候。爾レハ　新法主様今度洋行被㆑遊候ニ付、僕供奉被㆑命、来ル十三日仏艦へ乗込ミ発途仕候。渡洋中改名左ノ通リ。

新法主様　藤原　光栄《ミツナガ》
本誓寺白華　松本　白華《キヨテル》
拙　石川　倫弘《ツネヒロ》
此外、成島柳北、関信三、都合四人《（ママ）》

右洋行ノ義ハ、元ヨリ不容易ノコトユヘ段々ノ議論モ有之コト故、御談申候上決可㆑申筈ニ御座候処、一応ノ御報知モ不㆓申上㆒、且又円覚寺若《篠原順明》御東上中モ余リ相欺キ候様ノ次第、従来同盟ノ所詮モ無㆑之候へ共、元来洋行ノ義ハ、法因寺若《渥美契縁》御承知ノ通リ、植村《正直》参事公モ曾テ御慫慂有㆑之候コト。況ンヤ三条公《実美》・江藤《新平》卿等段々ノ御開諭、右ノ且ツ時勢ノ変遷、教法ノ泰否明々白々ノコトニ御座候へ共、首謀人ノ可否ハ暫ク措クコトハ則候ト云フヘシ。此一挙海内ノ僧気ヲ振起スルニ足ヲ。而モ彼此教法ノ布不布ノ所以ヲ親見シ、一角ノ大道興復ノ道路ヲ認ムヘキ者、此ヨリ善トスルハナシ。コレ僕ノ論スル所ニ御座候。而シテコト他ニ洩レテハ、当春憐山ノ覆轍アリ。故ニ、新法主ノ秘㆑之、恒姫君ノ愛、浅井之親、仰明《蓑輪対岳》万徳之近ト雖モ、尚之ヲ一言セス。況ンヤ我輩各君ハ同盟スト雖トモ、事情形勢不㆑可㆓吐露㆒、其罪ハ奉㆓深謝㆒候。何分事ノ挙リ候ヲ期極ト致シ、此地位ニ至リ候上ハ、御翼賛成功相成候様御祈被㆑下度、奉㆓深願㆒候。種々腹中有物ニ候へ共、人中ニ不㆑可㆑書ノ書故筆不㆑尽、洋渡後万々可㆓申上㆒奉㆑存候。　以上

重陽　　　　永順寺　舜台

契縁殿
順明殿
大船殿

これによって一行は新法主（当時二十一歳）松本白華（当時三十五歳）石川舜台（当時三十一歳）成島柳北（当時三十六歳）関信三（当時三十歳）の五名で、そのうち関信三というのは、次に記す柳北の置文によって知られるところであるが、安休寺猶龍その人である。彼はなお諜者としての任務は終えたわけではないが、これまでの諜者としての実績が実を結んでこの壮挙となったと考えられ、政府要人三条実美等の理解ある態度にあったことも考慮され

ねばならないであろう。出発時点ではなお禁制中であるので、諜者としての任務を背負わされていたことも、その後の彼の行動からも推察されるが、英国滞留中六年二月切支丹禁制の高札は取りはずされたので自然政府派遣の諜者の使命は、何れにしても除かれることとなったのである。諜者時代の安藤劉太郎についで再度の改名であった。幼稚園教育界で彼の伝を扱っているものの大半が帰国後に関信三と名乗ったというが、これは誤りであることが明らかになったのである。

宗内の苦しい事情がこれによって明らかにされたが、そのなかにあって、この壮挙をなし得た事情は柳北の置文の中に明らかにされているので次にそれをみてみよう。[35]

成島柳北ノ書

一簡拝啓、急忙前略。九日円覚若申上候通リ、御洋行説弥決定、御入費等諸方結撥仕リ、先御差支無レ之、御支度モ内々被レ為レ遊候テ、日限御問合ノ処、明十四日出帆候仏郎西船有レ之、右ハ司法省役々乗組候ニ付都合可レ爾ト一決、明日出帆ト決議相成リ、横浜へ出張仕リ候。諸君ニ申上候テモ間ニ合不レ申始末、誠ニ不都合恐入候次第。乍レ去三条公ヘモ罷出、副島外務卿ヘモ面認仕リ候処、至テ御深切ニ御世話被レ下、先不安心ノ義無レ之、大蔵省ニ永順寺骨折、金子拝借ニ相成リ候。誠ニ至急、何ノ支度モ出来ス申二御供仕一候。御供人員ハ、本誓寺永順、僕ト関信三安久(休)寺弟ト申ス者、通弁ニ相越申候。十四日出帆上海ヘ係リ、印度、地中海ヨリ仏国ヘ十一月朔日頃御着、夫ヨリ英・蘭・独逸・亜米利加ト申順ニ御座候由、多分来夏帰朝ト奉レ存候。誠ニ俄ニ相成リ、御相談モ出来レ申コト、如何ニモ遺憾。是ヨリハ後事可レ爾御尽力奉レ願候。過日申上候門徒モ未穏候、寺務方甚夕手弱シ、早々円覚寺君外御一両人、御東下被レ下可ク候。浅井君モ御出無レ之テハ、御裏様其外御困リノ義、且致方有レ之間敷奉レ存候。速ニ御参駕可レ爾奉レ存候。此度ハ小生モ真ニ怱忙極リ申候。何事モ急遽ノ場合、実ニ困ルコトノミ多ク候。乍レ去、此度ノ御供ハ小生死力ヲ尽シ御世話可ニ申上一決意仕リ候間、妻子ニモ不レ構奮励仕候。何卒情実御賢察可レ被レ下、右ノ趣　大門様へ可レ然御上声奉ニ願上一候。段々篤キ御伺モ被レ下候儀有レ之候処、此度軽挙妄動ニ通キ所置、恐入候次第ニ候へ共、新門様御奮励ノ処モ又当今ノ処ニ於テハ至当ト奉レ存候間、謹テ奉命仕候。右ニ付、諸事書緘ニシテ東京代理局へ申置候。御問合可レ被ニ成下一候。今日乗組ニテ、御荷物其外急忙甚敷、漸書残シ申上候。何事モ御海容可レ被レ下候。早々頓首　於横浜

九月十三日八字　成島　弘

円覚寺様（篠原順明）
法因寺様（渥美契縁）
円重寺様（鈴木慧淳）
浅井鹿政様

これまでして困難を乗りこえてこの事業を成しとげられねばならなかったのか、当時二十一歳の新法主として意志堅固にさせたのは三条実美等の進言もさることながら、幕末維新という荒波のなかにあって、しかも背後に大教団を統卒して、うちに困難な諸問題をかかえこれらに対して、解決の方向を与えねばならぬという時局に立たされてきたことが最大の要因であったことは次の新法主の置文に充分読みとられるところであり、その意志を表示していると考えられるので次にその全文を記しておこう。(36)

余此度　朝廷ノ御趣意ヲ奉体シ、大法主ニ代テ宗教興隆ノ為メニ洋行致候。其方共ヘモ一応ハ申聞候上発途可㆑致筈ナレ𪜈、非常ノ旅行、彼是異議申出候輩モ有之、左候而者　朝旨ヲ奉ズルコト能ハス、宿志ヲ果スコト得ザル場合ニ立至リ可㆑申哉ト深ク心痛致シ、断然及㆓出帆㆒候。

此度ハ、天竺ニ趣キ釈尊ノ遺跡ヲ拝シ、大教ノ根源生起ノ地ヲ探リ、且ハ西洋ノ風俗ヲ通覧シ、且ハ異教ノ巣穴ヲ看破シ候上、皈国ノ心得ニ候。斯ク万里ノ波濤ヲ越ヘ、危キ旅ヲ致シ候モ宗教護持ノ心ヨリ出候コトユヘ、何卒一同モ、是ヨリ旧ノ頑固ヲ一洗シ、非常ノ勉強ヲナシ、学術ヲ励ミ、宗教維持ノ為メ同心戮力頼入候。大法主ニモ追々老境ニ被㆑及候コト、弟共ハ未タ弱年ニ有㆑之候処、海外ノ国々ヘ渡リ苦行致ス余ノ心中能々相察シ、如何様ニモ本山ノ為メニ粉骨砕身シテ、此仏教ヲ持支候様頼存候。出立前、暇乞モ不㆑致、如何ニモ残リ惜シク存シ候ヘ共、非常ノ事柄ユヘ不㆑得㆑已候。右ノ趣能々体認イタシ、和合ノ上ヨリ護法ノ義専一ニ相成候様、希望致ス所ニ候。

光　瑩

両京役者、府下及諸国末寺并総門徒中

この事態を知らされた法主厳如も驚きの色を隠すことができなかった。がしかし、このような事態に至ってしまった以上、誤解なきよう門末一同に周知せしめる必要から、次のような添書とともに、出発後一週間を経た十九日に至って御教書を発している。上述の三置文につづいて、

右、御洋行ノコト、九月十九日御礼席ニ於テ御披露ニ相成、左ノ添御直書アリ。

抑法嗣光瑩事、権大教正ノ職ヲ辞シ、断然洋行セシ趣報知ヲ聞クノ始、驚愕イタスト雖、予并ニ門徒中ヘ書

残シオクル文ヲツラ〳〵見オヨフニ、カヽル大事至急ノ義ニオヨヒシコト、方今開化文明ノ御政体ヲ恐察シ、海外ノ風俗ヲモワキマヘ、知識ヲ拡充セサレハ布教ノ実効ヲ奏スル能ハサル故ト覚ヘ候。已ニ宮方華族ノ面々等ニモ、追々航海シ玉フコトハオノ〳〵見聞スル所也。爾ルニ、予、老境ニオヨヒテ跋渉ノ労ニ堪ス候処、幸哉、法嗣壮齢ニシテ、今度万里ノ波濤ヲ越ヘテ知識ヲ拡ムルハ、全ク我宗教ヲ以テ王化ヲ翼賛シ奉ラン為ナレハ、一派ノ僧侶、此時ニアタリ頑固陋習ノオモヒヲハナレ、愛国護法ノ志ヲヒトシクシテ、学業ヲ勉励イタスヘキモノナリ。猶、門徒末々迄モ心得違ナキヤウ、兼々示ス通リ、王法ヲ本トシ倫常ヲ守リ、内心ニハ他力ノ信心ヲ獲得シ、天恩ノ程ヲ深ク感戴致スヘキモノナリ。アナカシコ〳〵

追テ、事務所ヨリ、左ノ添書ヲ以テ門末一同ヘ通達ニ及ブ。

添　書

今般、法嗣様、権大教正辞職ノ上、申残書ヲ以テ為㆓示置㆒候通リ、去月十三日横浜表発艦ニテ洋行被㆑遊候。就テハ、法主様直書ヲ以テ被㆑為㆓申示㆒候通リ、宗教護持ノ志ヨリ知識ヲ拡充被㆑成候趣意、一同感佩可㆑有㆑之候。此折節、自然訛伝誤説等申触候者有之候様ニテハ、実以テ歎ハ敷次第ニ候。右ノ趣篤ク敬承イタシ、弥法義相続大切ニ可㆑致旨被㆓仰出㆒事。

壬申十月　　寺務所

このようにさとされたことで一応門末一同安堵したことであった。

この洋行について当事者の直接の記録等を参考のために列挙しておくと、

松本白華　　航海録
成島柳北　　航西日乗
〃　　明治五年柳翁洋行会計録

後二本は、『明治文化全集』第一六巻[37]に収められているので一般に管見しやすいのであるが、『航海録』は徳重浅吉氏によって印刷せられ部数が少ないため不便である。一行は以上によって知られるように、二十一歳の現如当人と随行として松本白華、石川舜台らの両人は宗教上重要のポストにあったので、その責任をとる結果となった。成島柳北は、外国生活の経験者であり、会計面で国の仕事まで経験しているのでその意味で、通訳ならびに会計を分担することになり、関信三はこれまでのキリスト教研究の実績と通訳を担当しており、教会視察には重要な役割をもたせられていたのである。

一行はこの後、東南アジア、インドの仏跡巡拝を終えて、十一月一日パリに到着している。その間も猶龍はキリスト教について各地で教会探索、情報聴取を怠ってはいなかった。

松本白華の『航海録』によれば、パリ着後のそれぞれの行動と目的についてもすでに船中で語られて計画されていた。松本白華は、フランスに停まって学び、関信三はロンドンにおもむいて、英文学を学びたいことを意志表示していた[38]。

翌年一月八日、関信三は一行と別れてロンドンにおもむいている。その後の一行の行動は、イタリア、オランダ、オーストリア、ベルギー、ドイツ、イギリス等の各国を巡視した後、成島柳北、石川舜台はロンドンより別れて、米国経由で一足さきに帰国、現如と白華は六年七月二十三日帰国、八月六日帰山、一週間後の十四日には早くも洋行の成果を取り入れて宗政改革を断行し、総務には現如、執事補に松本白華、改正掛に石川舜台を、飜訳局長に成島柳北を登用して発足した。

この現如の洋行を契機として、東本願寺では明治九年海外留学生として、南条文雄、笠原研寿の二名をイギリス、オックスフォード大学マックスミュラーのもとに送り、近代仏教学の先鞭をつけていることも忘れてならない成果の一つである。しかし、全体的にはこの洋行は初期の目的には程遠いものとなったことも正直にいって認めねばならないであろう。しかし、その後の猶龍のイギリスでの行動について触れたものがこれまでなく、わずかに地元で発行した『一色町誌』にのみ紹介されている。

それによると、ロンドン近郊のレッゾレグの町にあるミッショナリー・カレッジに入学してブレン教授に師事して三か月の間英文学を学びつつ教会の事情探索をも続けてきたのである。

同六年四月に至ってブロッケレーに転住、ここに一年五か月の時を過したのであった。同七年八月ロンドンに帰り十一月帰国の途につき、八年一月四日帰朝している。この帰国の年次についてもこれまでの諸論文には明治七年初めとしており、一年の誤差を生じているが、この八年一月四日の帰朝が正しいのである。

出発より帰国までの二年三か月余りの在学生活を通じて彼の脳裏を離れなかったことは、あらためていうまでもなくキリスト教研究であった。しかし、彼がキリスト教に興味を示し始めたのが文久二年、二十歳の時であったが、二十六歳の明治元年には本願寺の長崎派遣の諜者となり、明治三年九月政府派遣の横浜諜者として、伊沢道一とともに活動を開始している。(39) 二年余の活動中に明治五年九月十三日一行の通訳として、キリスト教研究者として選ばれ出発したが、出発後半年翌六年二月には、国内では寛永以来禁止されてきた切支丹禁制高札の廃止とともに諜者としての役割は自然消滅したことになり、以来十三年間にわたるキリスト教研究に帰国後は別れを告げることとなったのである。

第四節　教育者「関信三」時代

猶龍は明治八年（一八七五）一月四日帰国後も、関信三の俗名で通してきたので、次第に猶龍の名は忘れ去られようとしていた。宗善寺過去帳[40]によれば、晩年には金剛坂上金富町四十二番地[41]に居を構えていたらしいが、横浜諜者時代からの知人武村耕靄女史は下谷中御徒町三丁目二十番地[42]の信三宅をも訪らっているので、帰国後は後者に住していたと考えられよう。帰朝まもない彼は、横浜在住時代の下宿先の片山龍太郎女シズを妻に迎え九年六月には長女せいを、十年十二月には次女ふみをもうけて二児の父親となった。帰国後はもっぱら教育に専念し、幼稚園教育、婦人教育に大きな功績を残してきた。

しかし、その動機はまったく明らかにすることができないが、さきにも触れたように、自らが若くして父母に別れた体験はその遠因とはなり得ても直接的なものとはいえない。もし直接的要因を求めるとするならば、彼の洋行時における諸施設の見学に求めるか、あるいは横浜諜者時代に外人居留地に設けられていた「亜米利加婦人教授所」の活動に刺激されたものと考えられよう。ことに後者にあっては中村敬宇も一役を買って出ており、因縁深いものがあるので後者の方に重点が置かれるべきであろう。

さて、猶龍は浅草本願寺に出入しながら著述活動を行い、その余暇を利用しながら塾生を教授していた。帰国後半年あまりして九月東京開成学校助教員に任ぜられ、つづいて東京英学校兼勤の命に従っていたが、翌九年二月開校よりまだ日も浅い東京女子師範学校に転勤することとなった。

当校の摂理には横浜時代の知人中村敬宇がいた。また本校開設にあたって、田中不二麿の功大であった。田中不二麿は、後にも触れるように、信三と同じ愛知県人であったことから、彼には少なからず心を寄せていた人でありまた時を同じくして欧米教育視察をしてきた人でもあった。若き彼を陰ながら支援してきた一人でもあった。彼が本校に転勤したのも、中村、田中等の要請もあったためではなかろうか。

さて敬宇が『教育雑誌』四号に[43]「ドウアイ氏幼稚園論の概旨」という論文を発表後、まもなく七月には Dh. Adolf Douai; The Kinder-garten を訳出して『幼稚園記』[44]と題して本校より出版している。時に帰国後一年半を経過したばかりである。本書の成立過程における敬宇のこの論文の影響は極めて大きかったことは想像に難くないところである。

本書の評価についてはすでに多くの先輩によって論ぜられているので[45]、ここでは結論のみとしよう。すなわち、前年発表された近藤真琴『子育の巻』九年一月、桑田新五の訳になる『おさなごのその幼稚園』について発表され、それに続くもので、その後しばらくの間、類本が発表されていないこと、彼のもとで働いていた保母達によって地方の保育園、幼稚園の開設をみている。豊田芙雄の鹿児島幼稚園をはじめとして、これがわが国幼児教育史の第二期を形成していることは、与えた影響が極めて大きかったことを示す一例である。

すでにわが国の幼稚園教育は一連の動きのなかで、関信三と同郷の愛知県出身の田中不二麿の努力によって、明治八年九月十三日認可をとっており、開園準備が進められ、九年六月一日は、保育方法、建物の設計等具体的相談が始まっている。同二十一日には「第一回日本婦人之会議」を東京女子師範学校にて開催し、関信三、中村敬宇（正直）等の講演が行われた。これは我国最初の幼児教育に関する集会の最初のものであった。その直後のことであり、また今夏フィラデルフィア米国百年期博へ我国よりフレーベルの恩物四十一種が陳列され、国をあげて幼児教育への関心が高揚されつつあった時でもあった。十一月六日には園舎の完成、これを記念して、十三日には六月に続いて「第二回日本婦人之会議」が本校で開催され、関信三の『幼稚園の説』等の講演が行われている。そして十六日より保育を開始し、関信三がその初代の監事に選ばれているが、これまでの彼の実績によるもので、中村正直（敬宇）も絶対の信頼を彼に寄せていたようである。

この頃彼は、女子教育不振を慨歎して「東京日々新聞」に「女子教育得失論」を発表して世論を喚起し、[46]翌十年十月には[47]『アダムス烈女言行録』および『フルロム婦人史』から抄出して編訳『古今万国英婦列伝』二巻をものしており文明開化期における婦人の理想像をこの本によって求められてもよいであろう。長い封建社会下における女性の理想像をうち破り新しい女性像形成に大きな役割を果たしてきた。それだけに女性の活動にかなりの機待をかけている信三の志気がここにはただよっているように受けとられるのである。

その間、明治十年（一八七七）七月本校附属幼稚園規則が制定され、[48]本規則は信三没後の明治十四年六月に改正し、より充実したものにしている。

この規則制定について、条文の起草には信三も加わっていたであろうことは、次の『幼稚園創立法』の起草経過などからみても大過ないものと思われる。

本法は、文部大輔田中不二麿の内諭を受けて明治十一年四月脱稿したもので、[49]現存するものは、豊田芙雄に与えたものの写本が鹿児島幼稚園に、また明治十二年一月木村末に与えたものが大阪愛珠幼稚園に、明治十九年一月の校正写本とともに保存されている。このようにわが国初期幼稚園の設立の基礎となっていたことが知られる。これをさらに改訂増補して『教育雑誌』第八四号[50]にも発表してきたのである。四月脱稿後十一月十一日文部省に提出し[51]たが、[52]その後の法令的処置がどのようになされたかは明らかではないが、その後の改正のたびごとに、幼稚園の位置づけは上昇の一途をたどってきたことは認めねばならない。

つづいて明治十二年三月には『幼稚園法二十遊嬉』一巻を纂輯出版している。[53]

またこの前年五月『幼稚園創立之法』を書いて一か月後幼稚園教育のより充実を計るために、時の学校長中村敬宇《（正直）》に保母練習科を幼稚園内に設置すべきことを進言して、文部省より許可になったのであった。

以上みてきたように、信三の幼稚園教育は、著述を通じてフレーベルの思想を紹介しながら、わが国へその思想を定着させることに成功し、一方現場にあっては東京女子師範学校附属幼稚園の初代監事として、三十有四歳でその重職を稟け、さらにその間婦人教育にも関心を寄せつつあった。しかし、自己の目標に到達することなく、病を得て、明治十二年十一月四日三十七歳をもって没しているのである。なお没年についての異説については先述の通りであるが、横浜諜者時代からの知己の間柄にあった武村耕靄女史の日記十一月五日の条に「関幼稚園監事病死ス」とある。[54]一日の相違をみるが、これは死亡の報告を受けた日であったと考えたい。保育実習科の第一回卒業生の手によって、宗善寺境内[55]に建墓した。それはフレーベルの碑に模して、立方体、円柱体、円体を組合せたものであった。当時の墓碑としては思い切ったデザインであったことも、関信三の遺徳を偲ぶに充分なものであった。[56]

墓には「関信三・明治十二年十一月四日法名松嶽院釈寛静居士」と刻まれている。

おわりに

以上、述べてきたように、幕末維新における一人の若き僧侶の歩んだ人生を返り見る時、まさに日本の近代の夜明けを思わしめるものがある。

開国によるプロテスタントの伝道開始は、わが国の宗教政策の転向を余技なくせしめ、宗教界の覚醒に果たした役割は大きかった。それを早くから意識して護法運動に兄弟そろって身を挺してきた猶龍は、本願寺に対してキリスト教研究の土台を与え、近代化にそなえて宗教の近代化をも押し進め、若き新法主の洋行にも参画し、帰国後は次の世代を荷う幼児教育の活動に、また世の多くの母親に対して幼児教育の必要を説きつつ、婦人の覚醒をうながしてきた行績は、埋没していいはずはない。この行績も若輩の彼一人によってなし遂げられたものではなく、側面から彼に支援の手を指しのべてきた同郷の田中不二麿、横浜時代の知人中村敬宇、長崎時代からの知人細川千厳、渡辺昇等その他多くの知人・友人等の努力の賜物でもあったことを忘れてはならないであろう。

註

（1）愛知県幡豆郡、真宗大谷派、一色氏菩提寺。
（2）倉橋物三・新庄よしこ共著『日本幼稚園史』（フレーベル館、一九五六年）。
（3）『日本キリスト教大辞典』（一九六三年）「安藤劉太郎」項。
（4）現在、愛知県高浜市。
（5）愛知県岡崎市。
（6）天保十五年（一八四四）以後、当国より上京して安居に出席した人名簿。
（7）『続真宗大系』第二十巻（国書刊行会、一九七七年）。
（8）愛知県教育会・愛知一師偉人文庫編『新編愛知県偉人伝』（川瀬書店、一九三四年）二三二頁。『一色町誌』（一色町、一九七〇年）七三六頁。
（9）明治五年三月十五日付。
（10）坂本勝比古『明治の異人館』（朝日新聞社、一九六五年）写真九五、九六、九七・解説二八頁、九五頁参照。

（11）徳重浅吉編『明治仏教全集』第八巻（春陽堂、一九三五年）護法篇二六二頁。
（12）『大谷派学事史略年譜』（『続真宗大系』第一九巻、国書刊行会、一九七七年）。
（13）『明治仏教全集』第八巻（春陽堂、一九三五年）三四頁。
（14）『上檀間日記』
（15）この間の経過等については、徳重浅吉『維新政治宗教史研究』（目黒書店、一九三五年）一五八頁以下を参照されたい。
（16）『護法総論』（徳重浅吉編『明治仏教全集』第八巻、春陽堂、一九三五年）護法篇二六二頁。
（17）宗学院編修部編『東本願寺史料』第四巻（名著出版、一九七三年）明治元年八月廿五日条、六八頁。
（18）『厳如上人御事跡記』明治元年八月廿五日条（『教化研究』第六三号、一九七〇年）七三頁。
（19）宗学院編修部編『東本願寺史料』第四巻（名著出版、一九七三年）明治元年八月末日等参照。徳重浅吉『維新政治宗教史研究』（目黒書店、一九三五年）（目黒書店、一九三五年）四二頁。
（20）義導『随喜閑愁録』（徳重浅吉『維新政治宗教史研究』、目黒書店、一九三五年）四〇八頁。
（21）『護法総論』（徳重浅吉編『明治仏教全書』第八巻、春陽堂、一九三五年）二六一頁。
（22）徳重浅吉編『明治仏教全集』第八巻（春陽堂、一九三五年）二六〇頁。
（23）『幼児の保育』第六一巻二号五九頁。
（24）『維新政治宗教史研究』四三九頁。
（25）同右、四四四頁。
（26）明治五年三月十五日付。
（27）『現如上人年譜』（『宗史編纂所報』第九号）。
（28）「近代日本における仏教とキリスト教との交渉」（法藏館編集部編『講座近代仏教』第二巻歴史編、法藏館、一九六一年、一三六頁）。
（29）『一色町誌』（一色町、一九七〇年）七三六頁。
（30）小沢三郎『幕末明治耶蘇教史研究』（亜細亜書房、一九四四年）。

(31) 森岡清美「近代社会におけるキリスト教の発展」(『アジア仏教史』日本編第八巻、佼成出版社、一九七二年、八八頁)。
(32) 本願寺史料研究所編『本願寺史』第三巻(浄土真宗本願寺派宗務所、一九六九年)二七〇頁以下。
(33) 『厳如上人御事跡記』(『教化研究』第六五号、一九七一年)
(34) 『厳如上人御事跡記』明治五年九月二十日条(『教化研究』第六七号、一九七二年)。
(35) 『厳如上人御事跡記』明治五年九月二十日条(『教化研究』第六七号、一九七二年)。
(36) 『厳如上人御事跡記』明治五年九月二十日条(『教化研究』第六七号、一九七二年)。
(37) 徳重浅吉編『明治文化全集』第一六巻(春陽堂、一九三五年)。
(38) 『航海録』明治五年十月五日条。
(39) 『講座近代仏教』第二巻一二三六頁。法蔵館、一九六一年)。
(40) 東京都台東区。
(41) 東京都文京区。
(42) 『女史日記』明治九年三月二十九日条。
(43) 『教育雑誌』第四号(明治九年〈一八七六〉五月十五日刊)。
(44) 『幼稚園記』本文三巻・附録一巻(関信三訳、東京女子師範学校、一八七六年)。
(45) 日本保育学会『日本幼児保育史』第一巻(フレーベル館、一九七〇年)その他。
(46) 『一色町誌』(一色町、一九七〇年)七三七頁。
(47) 明治期刊行の『図書総目録』による。
(48) 日本保育学会『日本幼児保育史』第一巻(フレーベル館、一九七〇年)九二頁以下、本文ならびに解説紹介。
(49) 『幼稚園創立法』奥書。
(50) 『教育雑誌』第八四号(明治十一年〈一八七八〉十二月九日発行)。
(51) 明治十二年『文部省年報』。
(52) 日本保育学会『日本幼児保育史』第一巻(フレーベル館、一九七〇年)一〇七頁以下。

（53）徳重浅吉編『明治文化全集』第一〇号（春陽堂、一九三五年）所収。日本保育学会『日本幼児保育史』第一巻（フレーベル館、一九七〇年）一三六頁。
（54）『幼児の教育』第六一巻二号（日本幼稚園協会、一九六二年）関信三の幼稚園紹介、六八頁。
（55）東京都台東区。
（56）『幼児の教育』第三三巻（日本幼稚園協会、一九二九年）所収、手記。

東本願寺における特殊教育活動について

――明治期の盲人教育――

はじめに

東本願寺が教団の近代化に向かって、専心努力を続けて、特色ある成果を残してきたものの一つに、社会事業活動が指摘できる。なかでも監獄教誨事業、あるいは盲人教育事業等にあっては、その成果は著しいものがあり、事業発展のために大いに貢献してきたところである。その他近代社会事業史上多くの成果を収めた事は枚挙にいとまないほどである。

以下一例として、私立岡崎盲唖学校の草創期を舞台に東本願寺の活躍してきた盲人教育活動の一端を紹介することにしたい。なお、現在では差別用語として注意すべき語句を使用することになるが、すべて研究のためである。

第一節　わが国における盲唖教育の歴史

わが国における近代的盲唖教育の始源は、明治四年（一八七一）に発表された山尾庸三氏の建白書「盲唖学校ヲ創建センヿヲ乞ノ書」(1)にあると、一般に考えられている。その後、彼の意志は京都訓盲学校の古川太四郎、東京訓盲学校の古川正雄、中村正直、岸田吟香、津田仙、その他熊谷実弥等に継承されてきた。すなわち山尾氏の提唱以来、四年後の明治八年（一八七五）には、クリスチャンのバチャード、前記の古川、中村、岸田、津田等によって、東京銀座の岸田の経営していた楽善堂薬舗を拠点に楽善会を組織し、盲人教育の実現に努力してきた。翌九年（一八七六）三月、東京訓盲院の設立認可があって後、十二年（一八七九）にはその具体的構想がまとめられて翌十三年（一八八〇）には開院の運びとなったが、すでにこの頃には発起人の一人バチャード氏は除外され、日本人の手による経営方針に変更されていた。さらにその中核的存在となったのは、津田、中村等ではなく、島地黙雷、大内青巒、高津柏樹等実質上仏教徒の経営になり、財政的援助もその方面より多額の金品が寄せられ、仏教徒の近代的慈善事業の事実上の発端となったことは注目してよいであろう。

このような楽善会の盲人教育界における地位は高く評価されてきたが、東京訓盲院の設立認可の年に東京ではすでに熊谷実弥による盲学校が開校されており、独立した盲学校としてはわが国最初のものであった。また、実験的には京都でこの前年（明治八年）には先述の古川太四郎によって待賢小学校で唖者二名の教育を試みるに至っている。これが、その後、発展して明治十年（一八七七）には京都訓盲院を開校するに及び、これまで等閑視されがちであった特殊教育が近代教育の一環としてようやく独立し始めていたことも、楽善会の活動を容易にしてきた事実として認めないわけにはいかないであろう。

やがて明治十八年（一八八五）には東京訓盲院は文部省直轄校となり、国家的事業として軌道にのりはじめた。それでも、フランス人アウイ（Haüy, V）が一七八四年、一人の盲人をもって出発し、一七九一年に国立少年訓盲院（L'institution nationale des jeunes avengles）として、その重要性が認められて国家事業として取り上げたのに比べれば一世紀の遅れをみせている。

とはいえ、その後のわが国の盲唖教育の発展は著しいものがあり、明治二十八年（一八九五）には公私合わせて四校、生徒二百二十九人となり、十年後の明治三十八年（一九〇五）には教育機関数二十六校、生徒数四百二十一人と増加をみるに至り、これ以後の増設収容者の増加はこれまでとは比較にならないほどである。[2] しかし、これらの施設の大半は個人または慈善団体で創設せられてきたもので、公的存在性は極めて希薄であったといわねばならない。それに加えてわが国では出発点が教育の一環としてよりも社会事業活動の一部分と考えられていたことである。このような状況下にあって仏教徒の顕著な活躍の背景には、仏教徒自身のもっている慈善思想に発露するのはいうまでもないが、それにもまして、明治以後活発に活動を開始したキリスト教徒のこのような事業に対峙していたことを忘れてはならないであろう。

以上のことを念頭におきながら、つづいて岡崎盲学校の歴史について明らかにしてみよう。

第二節　岡崎盲唖学校の歴史

岡崎盲学校の歴史を明らかにする上で致命的損傷となったのは、大正七年（一九一八）二月四日の火災による全焼の事実と、太平洋戦下の昭和二十年（一九四五）七月二十日の岡崎大空襲による焼失によって重要書類の大半を失ってしまっていることである。

当時、県内でもすでに明治三十一年（一八九八）成瀬文吾は宝飯郡捨石村[3]に捨石盲唖義塾を開いていた。これは修業年限三年で教育内容は普通学であり、塾生三名という小規模なものであったが、県下では最初のものとして注目したい。[4] その後、明治三十三年（一九〇〇）七月、本塾は豊橋訓盲院に合併されて私立豊橋盲唖学校として存続することとなった。また明治三十四年（一九〇一）には盲人長岡重孝は名古屋市中区鍛冶屋町に私立名古屋盲啞学校を設立している。それに続いて名古屋と豊橋の中間にあたる、当時岡崎町康生に盲人佐竹政次郎が二十四歳の若さをもって明治三十六年（一九〇三）六月二日私塾を開き聾啞生三名を訓育していたのである。

佐竹が開塾後、二か月して八月十五日には私立岡崎盲啞学校の設立認可を得ており、開塾の目的は当然開学への前段階であったと考えられる。佐竹が開学に努力したのは、佐竹自身生来強度の弱視に悩んでおり、妻もまた難聴であったことが最大の理由であった。またすでに豊橋・名古屋に開校されていた盲啞学校の地理的条件がこれらの人々にとってもっとも重大な関心事であり、これにも考察が払われたことと思われる。

佐竹自身、東京盲学校に学ばれた経験を生かしての開学であったから、地域社会ではその成果を期待していたことはいうまでもない。それは私塾から私立学校への移行過程にあって町役場跡の無償貸付等はそのもっとも顕著な例であろう。開塾以来、三十年間にわたって盲啞教育のために献身され、全生涯をここに送った人であった。その間、主として労作教育に主眼をおいて生徒を指導し、身の不自由もあって生家を離れて学内に寄宿生と寝食を共にしてこられたほどであった。その間、紆余曲折はあったにせよ、数多くの同窓生を世に送って彼らにも一筋の光明を与えて生きる喜びを教え、生業につくことのできるようにしてきたのであり、その功績は大なるものがある。

さて、明治三十六年八月十五日、私立岡崎盲啞学校設立の件で認可となったが、その当時の設立認可の規定に関して、『愛知県学事十七年報』（明治三十六年度）は次のように伝える。

岡崎盲啞学校ハ本年度始メテ岡崎町ニ設置シタルモノニシテ普通科技芸科ヲ置キ修業年限ハ四カ年トス。而シテ年令満八年ヨリ二十年迄ノ子弟ヲ収容ス、現在生徒盲五人、啞十人ヲ有スルモ開校日尚浅キヲ以テ其成績如何そして、創設者佐竹政次郎は九月二十二日付で校長兼教員に就任した。校長就任後、まもなく、明治三十七年一月十日には付近にあった岡崎町役場跡に校舎を移し、二年有余の後、明治三十九年（一九〇六）四月二十日には東本願寺のかつて経営してきた三河教校が明治三十二年（一八九九）以来廃校になっていたので、その一画に移転した。以来、大正七年（一九一八）火災に遭遇して伊賀町に移るまでの十二年あまりの間、この地で過ごすこととなった。この間の事情については後述するので、ここではその後の状況について略記しておくこととしよう。

大正十一年（一九二二）より毎年宮内省より下賜金の下付があり、これより大正四年（一九一五）には財団法人私立岡崎盲唖学校となり、経営形態は理解ある人々の寄付行為のみに頼ることなく次第に自活の道が開かれようとしていた。十二年（一九二三）には創立以来二十周年を迎えて記念式典をあげまた復興記念写真帳も刊行するに至った。

昭和六年（一九三一）八月二十二日、本校創設者の佐竹政次郎は、三か月あまりの入院生活も空しくついに五十三歳の生涯を終えた。後任には九月十四日付で岡崎高等女学校教諭であった中島勇が第二代校長に就任した。翌々八年十月には岡崎盲唖学校創立三十周年記念式典を挙行したが、昭和二十年（一九四五）七月二十日、不運にも空襲にあい、その犠牲となった。

戦後新教育体制のもとに昭和二十二年（一九四七）四月、県に移管されて県立盲唖学校と改称、翌年一月一日には聾唖部を独立せしめ、県立聾唖学校と改称した。ここに創立以来ともにしてきた盲・聾唖生の分かれることとなり、昭和二十七年（一九五二）四月に聾唖生を旧地に残して現在の明大寺町に移ることとなった。昭和三十八年

（一九六三）ともに創立六十周年記念式典を挙行して現在に至っている。

次に、東本願寺が岡崎盲唖学校を活動の場として行ってきたことがらについてとりあげ、東本願寺の活動状況を明らかにしてみよう。

第三節　岡崎盲唖学校と東本願寺

岡崎盲唖学校と東本願寺が直接関係をもつに至ったのは、さきにもふれたように大谷派本願寺側の土地提供に始まる。明治三十六年六月開校以来、康生町の一民家より、岡崎町役場跡へ移し、さらに明治三十九年四月二十日をもって、旧三河小教校敷地内に移転したのである。(5)

この三河小教校とは東本願寺が、専門教育機関の近代化をめざして、明治八年七月五日、時の法主厳如が学制についての親諭を発布、同月二十二日に至って大・中・小三教校条規を制定されたのにもとづき、明治九年六月十三日暮戸会所内に開業式を行ったものである。(6)翌々年十一年三月暮戸の教校を岡崎町康生に移転、(7)あらためて明治十四年（一八八一）十月十一日に開校式を挙行し、新法主現如および、県令の国貞氏もこれに参列している。(8)

さらに明治二十二年（一八八九）十月暮戸会所の廃止を企図し、さきに移転していた三河小教校内に別院を仮設した。別院は翌年六月、現在地の岡崎市中町に移転し、(9)一方の三河小教校はそのまま康生町にとどまることとなった。これより先、明治十九年（一八八六）二月十日付の地方教校規則の改正にともなって、三河教校は同年四月二十五日に再開校されている。その翌年二十年一月には兼学部初等科課程の規則に従うことと決定され、実施に移された。また明治二十七年（一八九四）には、これまでの地方教校を改め中学寮と改制され、明治二十九年（一八九六）七月、大谷派学制が新たに定められた。さらに九月五日には真宗中学条例が制定され、それにともなって三河小教校は真宗三河中学と改められ、初代中学長に中島覚亮が就任したのは十二月二十六日のことであった。中島はその後在職二年ならずして真宗美濃中学長に転任し、後任には児門賢象が登用された[10]。翌三十三年、真宗中学条例の改定が五月四日付で発布され、全国の真宗中学を京都真宗中学と、東京真宗中学に吸収されることになって、同年七月末日をもって真宗三河中学も閉校となった。その後は三河別院の管理地として空地となっていたところ、先述のように明治三十九年四月二十日に佐竹政次郎の経営する私立岡崎盲唖学校に貸与することとなったのである。

その後、大正八年（一九一九）岡崎市の好意によって岡崎市伊賀町の旧広幡小学校の地に移転するまでの十四年間における本校の活動のなかで、仏教教化活動にはみるべきものがあり、その盛んなることには驚嘆する。このような活動を可能にしたことには、次の二つの条件が備っていたことが考えられる。

一つには、東本願寺の土地を借りうけていたことであり、今一つは校長の佐竹政次郎が二十代後半の若い青年でありながら身体障害者であったこともてつだって、信仰深い人柄の人であったと伝えられている人だったことである。佐竹家は当地方にあっては常陸佐竹氏の末裔として、室町中期の寛正頃から当地方に君臨してきたが、その菩提寺は地下の赤阪町長福寺[11]であり、家は、やはり元来浄土宗の門徒であった。

それが明治四十一年（一八六八）にはいって急速に両者の関係は親密となり、ことに本願寺側の態度は積極的なものが見うけられるのである。まず五月十一日には、これは盲唖学校側の要望もあったかにみえるが、新法主彰如筆の六字名号一幅を寄贈して崇教護持せられんことを願い、時の寺務総長大谷瑩誠の名で御印書が下されている。続いて、五月十四日には次のような諭達第一号を大谷派の機関雑誌『宗報』に出している。

論達第一号

三河国門末中

三河国有志ノ設立ニカヽル岡崎盲唖学校ハ去三十六年已来国内ノ盲唖者ヲ収容シ彼等ヲシテ斉シク聖代ノ恩恵ニ浴シ以テ身神ノ慰安ヲ与ヘシムルニ勉メ復盲唖慈善会ヲ組織シ世ノ喜捨金ヲ請フテ該校ノ維持ニ充テ益々発展隆盛ナランコトヲ企図セリ就テハ国内門末一同仁慈博愛ノ金言ニ遵ヒ応分ノ寄附ヲナシ以テ援助致スベシ

明治四十一年五月十四日

大谷派寺務総長　大谷瑩誠

別紙ノ通リ諭達相成候条部内御門末へ無洩御通達相成度此段進申候也

明治四十一年五月十六日

岡崎教務所

この諭達にもみられるように、三河国門末中に対して財政的援助を奨励し、末寺へは十七日付で教務所より諭達にもとづき重ねて依頼が出され、加えて次のような訓示が出されている。

訓　示

岡崎ニアル岡崎盲唖学校ハ去三十六年六月十一日ノ創立ニシテ現今ハ旧三河教校ノ南北寄宿舎ヲ以テ校舎ニ充テ国内ノ盲生唖生ヲ収容シテ教育相成居候其維持資金ハ盲唖慈善会ノ寄附金ト県及郡町ノ補助トヲ以供給セラレ候依之幸ニ創立已来年ヲ追フテ隆盛ニ趣キツヽアリ今般該校ニテハ進ンデ将来ノ基礎ヲ鞏固ナラシメン為メ維持ノ基本金ヲ積立ツルノ方針ニテ各地ニ出張シ募集ニ着手セラレシニ至ル所有志ノ賛助ヲ得且他ノ宗派ニテ

モ同情ヲ表セラレ候趣ニ候我大谷派門末ニ於テモ慈善ノ趣旨ニ基キ普ク同情ヲ表シ金品ノ寄附ハ勿論演説会場ノ貸附等夫々援助ヲ与ヘラレ候様致度組内ヘ無洩伝達方御取計相成度此段申進候也

三河別院内

岡崎教務所印

これまでの多くの私立盲唖学校が経営の苦しさを宗教界に援助を求めてきたのに対し協力する態度をとっただけの関係であったのだろうか。

この訓示にもみえるように、これまでの経費は盲唖慈善会の寄付金と、県および郡町の補助に頼りきってきたが、創立以来五年目を迎えて、盛におもむきつつある学校の将来を考えてみれば、その一策として維持資金の確保も当然とせねばならなかったであろう。こうした問題はいずれの場合も同じであり、苦心のあとが偲ばれるのである。その他の例をみても大阪盲唖学校では持株組織で経営しており、いずれの場合もその経費捻出には急を要していたことが知られる。その結果、大正四年には財団法人の認可をとるに至っている。明治四十一年七月には寄付者に対する規定を次のように発表している。

一、寄附者ノ芳名ハ台帳ニ登録シ永遠ニ保存シ時々発行スル報告書及ビ新聞紙上ニ掲載シ広ク其徳行ヲ紹介ス

一、三十円以上寄附者ハ名誉会員十五円以上寄附者ハ特別会員三円以上ノ寄附者ハ正会員壱円以上ノ寄附者ハ賛助員トス

一、寄附者ニ対シテハ左ノ方法ニ依リ法要ヲ営ム（法名ヲ通知アリタシ）

一、金壱円以上　毎年春秋各宗寺院僧侶参集追弔大法要ヲ執行ス
但シ五円以上ノ寄附者ニハ特ニ招待状ヲ贈呈ス
一、金壱円以下米一升以上毎年追弔法要ヲ執行ス
明治四十一年七月　旧真宗教校内
岡崎盲唖学校

このように借屋住いの盲唖学校では、土地提供者である三河別院の尽力なしでは如何ともしがたき状況にあった。その成果はこれまでになく著しいものがあり、明治四十三年わが国最初の仏教に関する点字本が出版されたことは記念すべきことであった。しかもこれが盲人伝道のためであってみれば、宗教界にあってはその影響大なるものがあったと想像するのである。その反響を記した資料は寡聞にして聞いてはいないが、その内容が蓮如の『五帖御文』抜粋であったので、本願寺では早速これを『宗報』(12)に予告宣伝した。その内容は次の通りである〔（　）内は筆者注〕。

明治二十八年頃（これは明治三十六年の誤り以下同じ）岡崎康生に創立したる同校は地方大谷派僧俗の援助を得て（明治四十一年募財の件）熱心なる佐竹政次郎氏主任（時ニ当人三十一歳）に経営し、目下生徒四五十名を収容し得れたる《ママ》が今回盲人布教の機関として、仏教書籍を点字に印刷し以て大悲の光明に浴せしめ一味平等の安心を得せしめんとの精神より比程まづ蓮如上人の御文約二十通を抄録せる点字本を出版することに決し、定価も一部実価弐拾銭宛にて憐れなる全国多数の盲人に頒布する筈にて次回より聖教の要文のみを選び刊行すべ

く経営中なり、仏教書籍の点字出版は我国に於て最初の事業なるべしという、尚聞く所によれば一昨年法主台下御染筆の御名号御下附（明治四十一年五月十一日名号下付）ありて同年四月盛大なる入仏式（書類上五月であるが現本尊はこれ以前に到着していたと思われる）を挙行し、爾来発展を勗めたる結果校舎為に狭隘を告ぐるに至りしかば目下増築の準備中なりと

当時の情況をもっともよく伝えている。ところで、点字本『五帖御文』の具体的内容を次に一覧しておくと、

一帖目　三通　②③⑦
二帖目　五通　①②④⑥⑦
三帖目　六通　②④⑥⑨⑫⑬
四帖目　七通　②③④⑨⑩⑬⑭
五帖目　十通　①②③④⑤⑥⑧⑨⑩⑪

となっており、『五帖御文』全体の三分の一以上に及んでいる。その撰定の基準があったとはこの表からは認められないが、もっとも一般的なもので比較的短篇のものが入っているのは、点字本の頁数は一頁が他の本の三分の一頁にもみたないことが考慮されたことは認められよう。本書もすべて七十頁で刊行されている。

点字の歴史について少しく紹介しておこう。『御文』出版にあたって用いられた点字も現行のものと同じであるが、これが日本で用いられるようになったのは、明治二十三年（一八九〇）十一月一日の第三回東京盲学校の先生

と生徒で組織された点字撰定委員会で決定をみたものである。その後、使用結果として良好であるとされ、十年後の明治三十四年四月二十二日の官報に掲載され、文部省からは同時に『日本訓盲点字説明』が発行され、一般に普及するに至ったのである。

　これより以前にも江戸時代以来盲人のための文字については多くの人々の苦心があり、現在までに発見されているもののみでも数種に及び、ろう盤文字、松やに文字、木刻うるし塗文字、凸文字、針文字、こより文字等が知られているが[13]、すべて文字を版面より凸出させており、かつての版本にあるいは新聞の活字そのもののようなものであった。

　なお、『宗報』一〇八号[14]に第二回目の刊行物として親鸞の『三帖和讃』の出版を予告しながら不刊に終り、さきに触れた聖教要文の出版も計画のみに終っているようである。御文に引続いて出版の日の眼をみたのは、三河出身の大谷大学教授佐々木月樵の著書である『親鸞聖人伝と教義』であった[15]。本書の装釘は四六倍版六十余頁にして製本も本校の生徒によって行われており、全国五十有余の盲唖学校に寄贈することとなった。この年はあたかも両本山を始め、各本山・末寺では親鸞六百五十回忌が厳修され、本校においてもその記念出版として内容もそれにふさわしいものであった。その頃、浄土宗関係のもので『法然上人法語』も発刊されたというが、これについては現在のところ詳細は不明である。

　さて、三十四名の私塾より発展した本校も創立十周年を二年後に控えた頃には、四、五十名の生徒をかかえて、明治三十九年の移転当時の校舎（旧三河教校の南北寄宿舎二棟）では狭隘に感ぜられ、教育効果も向上しないことが明らかとなっていた。そこで、明治四十三年には話が進められ、明治四十四年には新たに教校の三棟を無償で貸与し、改築工事を行い、盲唖を区別して教育する方針となった。そして、翌年六月十九日には工事も一応完成し、大正二年創立十周年記念式典とともに、建築落成祝賀会も盛大に行われたのである。このとき、本文一〇一頁にも及ぶ記念誌が併せて出版されているので、当時の状況を目のあたりに偲ぶことができる。[16]

また大正三年十二月八日には、前年九月欧米留学より帰国し、後に救済事業調査委員ともなり（大正七）、社会事業には造詣の深い宣暢院大谷瑩韶が、三河別院参向の際に学校参観をし、[17]法話をしている。

またいつ頃から始められたかは明らかでないが、毎月一回全校の関係者が三河別院に詣でる機会があり、逆に別院よりは僧侶を派遣して法話を行っていたという。その頃入学した学生の中に法話を聞いてすでに六十年にもならんとしているのにその内容まで覚えている人もあるほどであり、その成果にはみるべきものがあったようである。しかし、これも第二次大戦が激しくなるにつれて次第に消滅する運命にあった。戦後学制改革により県立移管後は、このような活動は禁止され、復興には及ばなかったのである。

ところで、創立以来十有余年を経た本校も、大正四年八月九日付で改めて財団法人の認可を得て経営体系を新たにした。ここに至り、いつまでも財政援助の不安定な経営はつづけられるべきではないとして明治四十一年以来行われてきた維持資金積立も、目標額まで達し得たものと思われる。

順調に発展の一途をたどってきた本校であったが、不運にも大正七年二月三日、火災を引き起し、校舎はもちろん図書、器具等に至るまで焼失してしまった。授業は一週間後の十一日より三河別院内にある女人講の建物を借りて再開し、支障をきたさず行いえたのは不幸中の幸いであった。これを知った各方面から温い援助の手がさしのべられたことはもちろんであるが、なかでも東本願寺は格別であった。すなわち、復興までの漸定措置として即刻別院の女人講の建物を開放し、復興資金については八月六日付[18]で当国門末に対し、時の宗務総長阿部恵水の名で寄付の依頼を公布している。その時の再建寄付芳名簿一冊は現在も本校に大切に保存されている。

さらにこの復興に力を貸したのは岡崎市であった。焼失の翌年十一月、先述のように市内伊賀町にあった広幡小学校の旧地を無償で貸与し、ここで再建復興の工事が進められ、臨時に置かれていた別院内女人講の建物より移ることになった。ここに十有余年の長きにわたって住みなれた旧三河小教校の地を離れて、新たな土地に移って再開されることになったのである。その後、本願寺は旧地を売却処分に附している。ちなみに旧地は現在の岡崎公園の北口国道一号線の北側あたりであったと古老は伝えている。

しかし、その後も月一回の法話は欠かさず行われてきたことは、先述の通りである。しかし、戦後県立移管後はまったくこうした活動は制限され行い得なくなってしまったので、次第に本願寺との関係は希薄となっていったのである。経営主体が宗教関係である場合は、このような全人教育も行い得たとしても不思議ではないが、まったく関係のなかった一般教育機関において前述のような教育を行い得たことは注目さるべき行績であろう。

おわりに

以上みてきたように、本校の十四年間は、まさに本願寺の宗教教育実践の場として、その成果も著しいものがあった。なかでも点字本の仏教書の出版は他の追随を許さないものがあり、監獄教誨に長い伝統をもちつづけてきた本願寺は、特殊な環境におかれていた盲唖学校でもそれを試み毎月の法話会をもち、優秀な成果をおさめてきたことはここに特筆してよいことであろう。

仏教の使命の一つである伝道は、個々人の人格形成の上では重要な役割を果たしてきたのであり、広い意味での教育の一部分をなすと考えられる。本願寺の土地を借りた岡崎盲唖学校において、このような盲人を対象とした新分野の布教伝道活動が、近代には行われてきたのであった。

註

(1) 永井徳隣評編『維新奏議集』(常青堂、一八七七年)。
(2) 『日本社会事業年表』(日本図書センター、一九九五年)。
(3) 愛知県蒲郡市。
(4) 「明治期における愛知県中等教育」(『愛知県科学教育センター研究紀要』第三九号。
(5) 現在の岡崎公園の北。
(6) 『配紙』。暮戸会所は現在の真宗大谷派暮戸教会。
(7) 和田康道編『常葉年表』(常葉年表発行所、一九〇三年)。
(8) 和田康道編『常葉年表』(常葉年表発行所、一九〇三年)。
(9) 和田康道編『常葉年表』(常葉年表発行所、一九〇三年)。
(10) 『真宗大谷派三河中学生姓名一覧休校記念』(筆者蔵)。
(11) 愛知県宝飯郡、浄土宗鎮西派。
(12) 『宗報』第一〇二号(明治四十三年〈一九〇〇〉三月二十五日付)。
(13) 文部省編「目でみる教育のあゆみ」(昭和四十二年〈一九六七〉刊)。
(14) 『宗報』第一〇八号、明治四十三年九月二十五日刊。
(15) 『宗報』第一一七号、明治四十四年六月二十五日刊。
(16) 岡崎聾学校蔵。
(17) 『宗報』第一五九号、大正三年十二月二十五日刊。
(18) 『宗報』第二〇三号、大正七年八月号。

初出一覧

第一部　初期真宗史の研究

三河国初期真宗教団門流考―荒木門徒を中心として―
　未発表論文・成稿一九五九年

荒木源海上人伝研究序説―謝徳講式と源海因縁―
　『東海仏教』第一九号、一九七四年

源海上人とその周辺―師の真仏について―
　未発表論文・成稿一九七四年

加賀掾正本古浄瑠璃『源海上人』について
　原題「天理図書館蔵加賀掾正本古浄瑠璃『源海上人』について」（『同朋仏教』第六・七合併号、一九七四年）

神仏習合について―岸部本『真仏因縁』の紹介―
　『同朋仏教』第九・一〇合併号、一九七六年

浄勝寺本『信海聞書』について
　『同朋大学論叢』第五〇号、一九八四年

第二部　親鸞絵伝・絵像の研究

慶長末年以前在銘「親鸞聖人絵伝」目録稿

『同朋大学仏教文化研究所紀要』第一〇号、一九八八年

十四段『善信聖人親鸞伝絵』の成立―新出『御伝鈔』をめぐって―

『同朋仏教』第二〇・二一合併号、一九八六年

親鸞聖人絵伝の展開について―十三段本から十五段本へ―

『真宗重宝聚英』第四巻〈関連解説〉、同朋舎、一九八八年

新知見親鸞聖人康永本系三幅絵伝考

『同朋仏教』第二九号、一九九四年

『安城御影』模本成立と祖師信仰

『名古屋教学』第三号、一九八六年

第三部　三河真宗史の研究

三河国平田庄についての覚書（上・下）―『室町幕府引付史料集成』上所収文書一通をめぐって―

『同朋大学論叢』第四三号・第四四号、一九八〇・八一年

佐々木如光とその周辺

原題「佐々木如光とその周辺」（『真宗研究』第一〇輯、一九六五年）と原題「続・佐々木如光とその周辺」（『真宗研究』第二六輯、一九八二年）を併せて改稿

三河三か寺門徒団の基礎的研究―勝鬘寺末寺を中心として―

『同朋大学論叢』第二四・二五合併号、一九七一年

『本宗寺』考

原題「『本宗寺』考（一）」（『真宗教学研究』第三号、一九七九年）と原題「地方における中本寺の末寺支配と御堂番制」（『真宗大谷派教学大会紀要　昭和四十五・四十六年度』、一九七〇・七一年）を併せて改稿

三河一向一揆に関する諸記録について

原題「三河一向一揆に関する諸記録について」（『仏教史学研究』第二〇巻第一号、一九七八年）と原題「『黒本尊縁起』について」（『真宗大谷派教学大会紀要　昭和四十八年度』、一九七三年）を併せて改稿

『参州一向宗乱記』と類書に関する覚書―書誌を中心として―

北西弘先生還暦記念会編『中世仏教と真宗』、吉川弘文館、一九八五年

第四部　近世・近代東本願寺史の諸研究

東本願寺一如とその時代

原題「一如上人とその時代」（『名古屋別院史』通史編、一九九〇年）

明暦度再建東本願寺御影堂造営について―新出『遷座之記』を中心に―

『同朋仏教』第一二号、一九七八年

東本願寺再建と暮戸教会

『三河の真宗』、真宗大谷派三河別院、一九八八年

香山院龍温社中名簿について

原題「大谷派講師香山院龍温社中名簿について」（『同朋大学論叢』第三四号、一九七六年）

安休寺猶龍（別名　関信三）について―幼稚園教育の先覚者―

原題「我国幼稚園教育の先覚者安休寺猶龍（別称安藤劉太郎関信三伝考）」（『同朋大学論叢』第二七号、一九七二年）

東本願寺における特殊教育活動について―明治期の盲人教育―

『日本仏教学会年報』第三六号、一九七一年

＊本書収録にあたり、すべての文章に大幅な修正を加え、表現の統一を図ったが、論旨は変えていない。

＊各論文初出以後、自治体史の史料編や真宗関係の史料集の刊行が相次ぎ、充実したが、それらすべてを本書の註に反映することはできなかった。本書収録の論文の多くが、史料集充実以前の営みであることもまた、研究史を考える上で意味のあることと考える。

＊近年の市町村合併による地名変更も、本書の文章校正の際に注意すべき問題となった。

＊史料本文中には、現代における人権の視点からすれば差別的な表現も散見されるが、時代を反映するものとして受けとめ、学術的史料として重要と考え、原文のまま記載することとした。

あとがき

小生、還暦を過ぎたころから体調を崩し、生死の境をさまようことが続いた。ために昭和四十二年（一九六七）より三十七年余り勤めてきた同朋大学も平成十六年（二〇〇四）十二月、年度途中で依願退職、やむなく研究生活も中断し、養生に専念する日々を送ってきた。

還暦以来、十年の歳月も夢のごとく去り、奇しくもここに古稀を迎えることができた。これを期に、中断していた研究生活に一区切りを付けておきたいとの思いに駆られるようになり、そこで、折に触れ書き残しておいたものの中から真宗教団史に関わる論考を選んで上梓することにした。これによって研究生活の一端を振り返っておきたい。

思えば、小生が真宗史研究に入るきっかけとなったのは、愛知県立岡崎高校に入学した昭和二十八年（一九五三）四月、歴史クラブの顧問であった故天野義静先生との出遇いであった。天野先生は岡崎市内の真宗寺院の住職であり、クラブを通じて三年間お世話をいただいた。高校の所在する岡崎は、歴史的環境に恵まれ、近在に名立たる真宗寺院の古寺が点在している。これらの諸寺では毎年、夏になると伝持する法宝物の虫干しを年中行事として行なっていた。この虫干しに、歴史クラブは天野先生の引率で毎年、訪れていた。そこで天野先生が口角泡を飛ばして熱意あふれるご指導くださったことは、今も瞼に焼き付いてはなれない程、印象深いものであった。

昭和二十八年は親鸞聖人七百回御遠忌を八年後に控えた時期であったが、各寺で虫干し法要が始まる直前の七月、名古屋の百貨店を会場に、親鸞聖人展が催された。天野先生のお誘いを受け、小生も一緒にこの展覧会に出かけていった。このときの図録は横物十六頁に過ぎないものであったが、今も大切に架蔵している。出品物の中には、坂東本教行信証や、妙源寺（岡崎市・真宗高田派）蔵の親鸞聖人直筆名号など、真宗史料の一級品がならび、目を見張るものであった。

その直後の八月七・八日、妙源寺・上宮寺（岡崎市・真宗大谷派）の虫干しに歴史クラブの学外活動で出向いたが、先の展覧会で拝見したばかりの妙源寺蔵親鸞聖人直筆名号、親鸞聖人三幅絵伝、光明本尊などに再び出遇えたことは、その後の研究に大きな影響を与えてきたように思う。それは、博物館等所定の距離を置いて展示物を見るときと、法宝物を伝持してきた各寺院において、それを目の当たりに実見する場合との違いを初めて実感したことであった。そのほか、妙源寺では初期真宗寺院建築の唯一の事例とされる太子堂（俗に柳堂）や、初期真宗の状況を知ることのできる「親鸞聖人門侶交名牒」などを、あわせて拝見した。続いて上宮寺では『三河念仏相承日記』に接し、三河真宗の源流の実態を知ることができた。

これらの高校生時代の体験が縁となって、次第に大学進学の目標も定まっていったのであった。

こうして迷うことなく選んだ同朋大学は、地元にあって自宅通学が可能であったこと、時を選ばずして現地調査が可能であったなど、小生にとって絶好の学び舎であった。そこで出遇ったのが、後に卒業論文を指導してもらった故小串侍教授であった。入学してみて知ったことであるが、当時の同朋大学といえば、全学あわせても百名に満たない小規模大学であった。ために教職員と学生の間の交流は親密そのものであった。

この大学は、戦前の旧学制下では真宗専門学校と称し、戦後に大学に昇格したもので、その学風は、学祖住田智見先生のそれに基づくものであった。住田先生の学風は、真宗史・真宗学・教化学の境界区分を設けず、相互に関連するというもので、小生は在学中にその学風に憧憬の念さえ懐くようになっていた。毎年、報恩講の時分になると、教職員・学生全員参加の史跡踏査が行なわれたり、毎月学内や知文会館（名古屋駅前にある同朋大学の研修施設）などで定例布教を行なったりしてきたことは、そういった学風の具体的な表れであろうと思う。

こうした、小生にとって、たいへん恵まれた教育環境のなかにあって、入学当初より小串先生とともに過ごす時間が多くあったことも、研究生活に拍車をかけることとなった。小串先生が図書館長在職中などには、図書館の書庫にも入って自由に貴重書の閲覧も許された。ために時間さえあれば、図書館の事務も手伝いながら書庫内を徘徊するという学生生活を送ることができた。なかでも、寄託されていた蓬戸山房（住田智見先生蔵書）の書籍にじかに接することができたことは、たいへん貴重な糧となった。

卒業論文の作成にあたっては、諸寺の史料調査を進めたが、そのなかで満性寺（岡崎市・真宗高田派）、専福寺（岡崎市・真宗大谷派）、万徳寺（瀬戸市・真宗高田派）などにおいて新出史料に出遇い、後の史料紹介へと繋がっていった。また、これまで調査記録を残しながら所在不明となった史料もあることを知った。

卒論の清書段階に入っていた矢先、忘れもしない九月二十六日、未曾有の伊勢湾台風が東海地方を直撃した。浸水地域に住していた友人などは、資料はもちろん、家屋の倒壊激しく、同朋大学も救援活動に自主的に参加し、さらに二か月に及ぶ休校措置をとるに至った。ために卒論作成作業はやむなく中断となったが、それでも最終的に卒論は全員提出することができ、三月十四日の卒業式にのぞんだ。

その日、大学の事務職員の一人で、住田智見先生の甥に当たる故山本千三氏より、一冊の和装本を手渡された。

それは『三本対照親鸞聖人門侶交名牒・三河念仏相承日記』（昭和八年、丁字屋刊）であった。本書の存在は高校生時代から知ってはいたが、入手は困難で、手書きで写しを持っていたくらいであった。手渡された一書を開巻してみて驚いたのは、小生あての墨書為書まで記されていたからである。それには、

伯父成徳院釈智見第廿三年忌の年に当たり、遺著を学業達成の資とせらるることを願望し、玆に呈す。

とあった。このときほど、住田先生の学恩を深く感じたことはほかになかった。

卒業後の進路としては、小串先生からの慫慂もあって、大谷大学大学院への進学が決していた。大学院入学後は小串先生の紹介もあって、藤島達朗先生のもとで学ぶことになった。京都は本山東本願寺の所在地である。下宿先は大学近くではなく、本山近く、東本願寺の正面を選んだ。下宿の前には為法館という大谷大学の諸先生方のサロン的存在の仏書屋もあり、真宗を学ぶにはうってつけの環境にあった。このころは、本山では親鸞聖人七百回御遠忌を翌昭和三十六年に控えて湧き立っていた時期でもあった。これを期に各地で親鸞聖人展が開催され、小生はその見学には余念がなかった。後の展観では企画メンバーに加わったこともあった。今これらの図録を紐解いてみると当時の思い出が彷彿とよみがえってくる。

京都で七年間、院生時代を送ることとなったが、その間、分野を異にする諸先生方にも貴重なご意見をたまわったことなど思い出深いことばかりである。また多くの同学の士にめぐりあえたことも生涯よろこびとするところである。

小生の研究生活はこうして真宗史の一拠点三河に生まれ育ち、親鸞聖人の故郷京都で学び、それを迎えてくれたのが親鸞聖人七百回御遠忌であったとすれば、恵まれすぎていたように思う。

次に本書の内容について触れておきたい。収録する二十二篇（もと二十六篇）の論考は随時執筆したもので、断片的で統一性を欠くが、多少なりとも統一性を持たせる意味で、整理して四部構成とした。

第一部は「初期真宗史の研究」と題し、小生の研究の出発点となった初期真宗史の研究成果を、卒業論文であつかった源海を祖とする荒木門徒を中心に、整理した。

荒木源海といえば、仏光寺門徒の祖として知られているが、小生の研究は、三河地方に散在する光明本尊に了源以下の門弟を含まないもののあることに注目したところからはじまった。三河の初期真宗門徒といえば、『三河念仏相承日記』の伝える専信を中心とする平田・和田門徒、また越前大町門徒を指すものとされていたが、これに対し、別流の荒木門徒を加えて考えていくことに一歩踏み込んでみたのである。

続いて源海伝についての史料研究、『真仏因縁』や『信海聞書』など初期真宗に関わる貴重な史料の紹介しつつ若干の検討を加えた。史料紹介をご許可くださった所蔵者の方々には感謝の念にたえない。初期真宗史に関しては、本書を上梓する現在においては、研究はさらに進んでいるが、早くより史料の基礎的研究を行なってきた小生の研究にも、いまだ少なからず研究史上の意味があると考え、諸論考を収録した次第である。

第二部「親鸞絵伝・絵像の研究」では、第一部と時期的には重なり、第三部との関連も深いが、浄土真宗の祖である親鸞に関わる絵画史料研究をテーマに諸論考を配列した。

まず、慶長年間以前の裏書銘を持つ親鸞絵伝を目録化し、それぞれに若干の解説を付した。ただし、これは一九八八年段階の情報であり、それ以後に発見された裏書や諸情報を反映できなかったので、留意していただきたい。

続いて親鸞絵伝の成立と諸本の形成・展開について、新出史料を具体的に取り上げつつ、検討した。親鸞絵伝には諸本があり、おおよそ永仁三年（一二九五）の初稿（十三段）本から、康永二年（一三四三）の増補改訂（十五段）

本（康永本）への展開が認められている。また、伝絵（絵巻物）から御伝鈔（詞書）・絵伝（掛幅）への分離展開も確かめられる。その展開過程でも注目すべきは、妙源寺、如意寺（豊田市・真宗大谷派）、願照寺（岡崎市・浄土真宗本願寺派）といった三河の真宗古刹が、三幅仕立てで、永仁初稿本の異色ある絵伝を伝持してきたことであった。

ところで、三河伝来の親鸞史料、初期真宗史料としてもっとも有名なものが、現在は西本願寺の所蔵である「安城御影」であろう。三河門徒の出発点には親鸞聖人面授の専信がおり、この専信が建長七年（一二五五）、親鸞の在世中に「安城御影」を授与されている。このことは、親鸞自身が師法然より『選択集』の書写を許され、その節、法然の寿像として「選択相伝の御影」を授与されたことに通ずるように思われるが、この「安城御影」自体は模本が多く展開している。そこに注目して祖師信仰の一端を垣間見た。真宗の絵画史料研究についても近年、進展が著しいが、なお研究の余地があり、重要な課題である。

第三部「三河真宗史の研究」では、真宗教団の最大の特色とする教化伝道を主軸に、真宗教団が各地に根付いて展開していった、その具体的事例を、三河に据えて捉えてみた。

まず、実態に不明な点の多い三河国平田庄について検討した。平田は『三河念仏相承日記』にも記される地名で、三河における初期真宗展開の具体的場となる地域である。

続いて、三河門徒発展の基礎を築いた上宮寺如光とその門流の動向を検討した。発表年次の異なる二本の論文を接続したため、文章を整合的に編集しなおしている。さらに三河三か寺の一つ、勝鬘寺とその末寺群についても、中世から近世にわたる史料をできるだけ活用しつつ検討した。なお、本證寺と二百か寺にも及ばんとするその末寺群については、本證寺所蔵文書が一万数千点にも達することもあり、いまだ網羅的にまとめられずにいる。今後の課題としたい。

ところで、戦国時代に、こうした三河三か寺の上位に位置したのが土呂本宗寺で、本山本願寺の三河出張所ともいうべき存在であった。しかし、当寺は三河一向一揆で壊滅的打撃を受け、その由緒寺院についても、長らく未調査のままとなっていた。また、平地に再興された本宗寺が残念ながら、昭和四十三年（一九六八）に火災により全焼し、史料の多くが焼失してしまった。そのような史料的制約のなかで、土呂本宗寺の歴史地理学的検討を行ない、さらに、本山と地方教団を結ぶ紐帯として御堂番制が敷かれていたと同様、本宗寺を頂点とする三河門徒においても御堂番制が敷かれていたことに注目した。三河以外にもその存在をうかがわせる史料が各地に散在しているから、戦国期本願寺教団は一向一揆の背後にこのような強固な御堂番体制を有していたものとみられる。

また、三河一向一揆の諸記録について論じた二本も収録した。『三州一向宗乱記』の諸本や、黒本尊縁起などに注目している。

第四部「近世・近代東本願寺史の諸研究」では、まず東本願寺第十六世で、当時から名君といわれた一如の生涯についてまとめた。

続いて時代は相前後するが、明暦・寛文度の東本願寺両堂造営を検討した。この論考と、その次に収める寛政度の両堂再建をめぐる三河門徒の動きと暮戸会所の設立についてまとめたものは、東本願寺の両堂再建史研究であり、現在なされている東本願寺の平成の御修復を考える際にも重要な歴史的課題である。

さらに、その後の東本願寺教団内で輩出された学匠らの活躍に注目した。学匠らの動向を知る史料の一つに社中名簿なるものがある。ここではその一事例として龍温社中名簿を取り上げてみた。

また、幕末の開国を期に教団内でも開明的行動が目立つようになってきたが、個人の動向の一つとして、安休寺猶龍を取り上げた。猶龍は安藤劉太郎・関信三と名を変えつつ、さまざまな分野で活躍し続けてきたことで激変する時代を乗り越えてきたのである。幼稚園史研究において関信三は注目されているが、その人物伝の先駆的、基礎的検討として重要なものである。

明治に入ると、宗政の変化に伴い、教団が社会教育にも眼を向けるようになったが、その一つに盲唖学校への支援があった。岡崎盲唖学校と東本願寺の関わりを論じた一本を第四部最後の論考として、本書を結ぶこととなった。第四部のテーマはとりわけ多岐にわたる。近世・近代の真宗史をめぐる課題の多さを思う。

以上の内容については、史料の基礎検討を主とするものが多い。その意味で書名に「基礎的研究」と付けたわけであるが、綿密な史料検討こそ、歴史研究の基礎となる部分と考え、また小生の研究を特徴付けるものと思われる。なお、初出一覧の付記にも記したが、小生の研究は、現在のように史料検討に利便な自治体史や史料集の刊行が盛んになる以前に始まっている。このことを思うにつけても、研究生活の長きを懐かしく思うとともに、今後も研鑽を続けてみたいと思うことである。

末尾となったが、小生の研究生活のなかで直接指導を蒙った天野義静・小串侍・藤島達朗の諸先生には、仏前に本書を捧げて報恩の誠を尽くしたい。一書を著わすには機を逸し、生前中にお目にかけられなかった思いは、無念の一言に尽きる。

元同朋大学学長池田勇諦先生には、ご多忙にもかかわらず、身に余る序文をたまわり、ここに篤く御礼申し上げます。

学恩を享けた諸先生・先輩・同学の士一人ひとりのご尊名を記して謝意を表すべきところであるが、ここでは平松令三先生、名畑崇大谷大学名誉教授、大桑斉大谷大学名誉教授、小山正文先生、同朋大学仏教文化研究所の渡辺信和氏の名を挙げるにとどめさせていただきたい。また、本書作成のすべての労を取ってくださった同朋大学専任講師の安藤弥君には深甚の謝意を表するばかりである。

法藏館の前社長西村七兵衛氏、現社長西村明高氏、上山靖子さんには、出版・編集上の労を重ねていただいた。紙面を借りてここに御礼申し上げげたい。

最後となったが、これまで小生の学究生活を、陰日なたにあって支えてくれた両親の法名前にこれを報告し、合わせて妻照子にも心からの御礼を述べたい。

平成二十年七月十二日

安福寺光闡蔵書斎にて

織田顕信　記

織田顕信（おだ　あきのぶ）
1937年愛知県豊田市に生まれる。1960年同朋大学仏教学科卒業。1967年大谷大学大学院文学研究科仏教文化専攻博士後期課程満期退学。1967年同朋大学図書館主事兼司書。同朋大学助手を経て、1970年同専任講師。同助教授を経て1983年同教授。在職中に、学内では同朋学園大学部附属図書館館長、同朋大学仏教文化研究所所長、学外では豊田市中央図書館建設準備委員会副委員長等を歴任。2005年退職。同朋大学名誉教授。真宗大谷派安福寺住職。真宗大谷派学階擬講。
本書収録以外の主な論文として、「廃寺三聖寺・研究覚書」（『同朋学園仏教文化研究所紀要』創刊号、1979年）、「新出慶安二年版『万民之徳用』について―解題翻刻―」（『同朋大学論叢』第64・65合併号、1991年）、「真宗寺院の形成」（『同朋仏教』第42号、2005年）など。

真宗教団史の基礎的研究
二〇〇八年九月三〇日　初版第一刷発行

著　者　織田顕信
発行者　西村明高
発行所　株式会社　法藏館
京都市下京区正面通烏丸東入
郵便番号　六〇〇-八一五三
電話　〇七五-三四三-〇〇三〇（編集）
〇七五-三四三-五六五六（営業）

印刷　立生株式会社　製本　新日本製本株式会社

ISBN978-4-8318-7474-0 C3021